MAMMOTH
MOUNTAIN
GIGANT
Basketball
floor pounding
pick setting
WIBE
Däckia
WIBE
Däckia

GUINNESS WORLD RECORDS 2006

★ À PROPOS DE CE LIVRE

L'édition de cette année utilise la police de caractères DIN. Pour une meilleure lisibilité, cette typographie créée pour la signalisation du réseau routier allemand – DIN est l'abréviation de *Deutsche Industrie Norm* (norme industrielle allemande) – a été adaptée par le typographe néerlandais Albert-Jan Pool.

La plupart des éditions – Grande-Bretagne, États-Unis, Canada, Australie, Nouvelle-Zélande, Brésil, Danemark, Pays-Bas, Finlande, France, Italie, Norvège, Portugal, Russie, Espagne, Amérique du Sud et Suède – sont imprimées à Barcelone (Espagne), sur trois presses offset de 30 m de long.

L'impression de ces éditions – qui requiert 95 jours – utilise 48 500 litres d'encre – suffisamment pour remplir le réservoir de carburant de quatre 747 jumbo jets ou plus de 600 baignoires ! – et exactement la moitié de colle. Les couvertures sont imprimées sur 471 km de papier argent – soit assez pour décorer la longueur du Grand Canyon – et revêtiront 672,7 tonnes de papier cartonné. Enfin, 3 500 tonnes de papier Finesse 220 de 110 g en provenance de Finlande et d'Allemagne sont utilisées – un poids supérieur à celui d'une navette spatiale ayant son réservoir plein.

Les autres éditions – Allemagne, Grèce, Israël, Chine, Japon, Croatie, République tchèque, Estonie, Hongrie, Islande, Lettonie, Pologne et Roumanie – sortent des presses de différents imprimeurs à travers le monde.

LA LISTE COMPLÈTE DES CRÉDITS PHOTOS ET LES REMERCIEMENTS SE TROUVENT PAGE 286.

 L'éditeur tient à remercier Sophie Galibert pour sa précieuse collaboration.
ISBN : 2012369991X – 23-03-6991-6-01 – dépôt légal : août 2005

DIRECTEUR DE LA PUBLICATION
Craig Glenday

ÉDITEURS
Rob Dimery
Carla Masson
Ben Way

LECTEURS
Richard Emerson, Mike Flynn, Ron Hewit, Nick Minter

DIRECTION ARTISTIQUE
Keren Turner pour Blue Oyster Creative

MAQUETTE DE COUVERTURE
Ron Callow pour Design 23

DIRECTION DE LA PRODUCTION
Patricia Langton/ Victoria Grimsell

COORDINATEUR DE PRODUCTION
Colette Concannon

IMPRESSION & FAÇONNAGE
Printer Industria Grafica
Barcelone (Espagne)

CONSULTANTS TECHNIQUES
Esteve Font Canadell
Roger Hawkins

PHOTOGRAVURE
Resmiye Kahraman pour Colour Systems, Londres

RESPONSABLE DE L'ICONOGRAPHIE
Betty Halvagi

RECHERCHES ICONOGRAPHIQUES
Claire Gouldstone
Maureen Kane
Caroline Thomas
Louise Thomas

PHOTOGRAPHES
David Anderson
Drew Gardner
Paul Hughes
Ranald Mackechnie

ILLUSTRATEURS
Cliff Tan Anlong
Ian Bull

TRADUCTION FRANÇAISE
Stéphanie Alglave
Dominique Darbois Clous
Cécile Giroldi
Cristèle Rispal

RÉALISATION DE L'ÉDITION FRANÇAISE
Dédicace, Villeneuve-d'Ascq

GARDIEN DES RECORDS
Stewart Newport

ÉQUIPE DE RECHERCHE
Stuart Claxton
David Hawksett
Keely Hopkins
Kim Lacey
Hein le Roux
Chris Marais
Susan Morrison
Della Torra Howes

ASSISTANTS
Scott Christie
Laura Hughes
Sophie Whiting

Une sélection des interviews exclusives qui figurent dans cette édition peut être consultée sur le site Internet **www.guinnessworldrecords.com/2006**

Consultez régulièrement notre site Internet pour connaître les nouveaux records et ceux qui ont été battus. Vous y trouverez également des vidéos exclusives de tentatives de record. Vous pouvez également participer à la rédaction de *Off The Record*, la newsletter officielle du Guinness World Records.

AVERTISSEMENT
Guinness World Records Limited utilise un système de vérification très élaboré. Cependant, malgré tous les efforts mis en œuvre, des erreurs ont pu rester. Guinness World Records Limited ne peut en être tenu responsable. Toute correction ou précision des lecteurs sera bienvenue.

ABRÉVIATIONS & MESURES
Guinness World Records Limited utilise à la fois le système métrique et le système de mesure britannique. Les seules exceptions concernent les données scientifiques, pour lesquelles seul le système métrique est utilisé et universellement reconnu, et pour certaines données à caractère sportif. Les taux de conversion de changes utilisés dans cette édition sont les suivants : 1 US $ = 0,8 €, 1 £ = 1,35 €. RDA (République démocratique allemande) fait référence à l'État d'Allemagne de l'est, qui s'est réuni avec la République fédérale allemande en 1990. URSS fait référence à l'Union des Républiques socialistes soviétiques qui s'est divisée en un grand nombre d'États en 1991, le plus important d'entre eux étant la Russie. Ces abréviations sont utilisées pour les records sportifs réalisés avant 1990.

ATTENTION
Essayer de battre un record peut s'avérer dangereux. Les candidats doivent s'entourer des conseils et précautions nécessaires et les tentatives sont à leurs seuls risques. En aucun cas, Guinness World Records Limited ne prend part à ces tentatives et décline toute responsabilité à cet égard.

GUINNESS WORLD RECORDS 2006

HACHETTE
Pratique

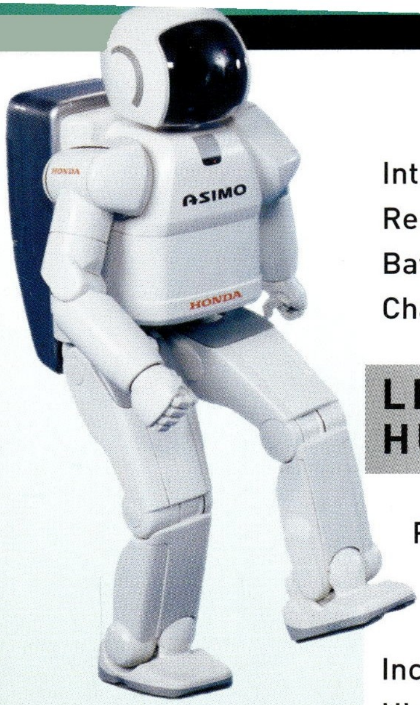
ASIMO
HONDA

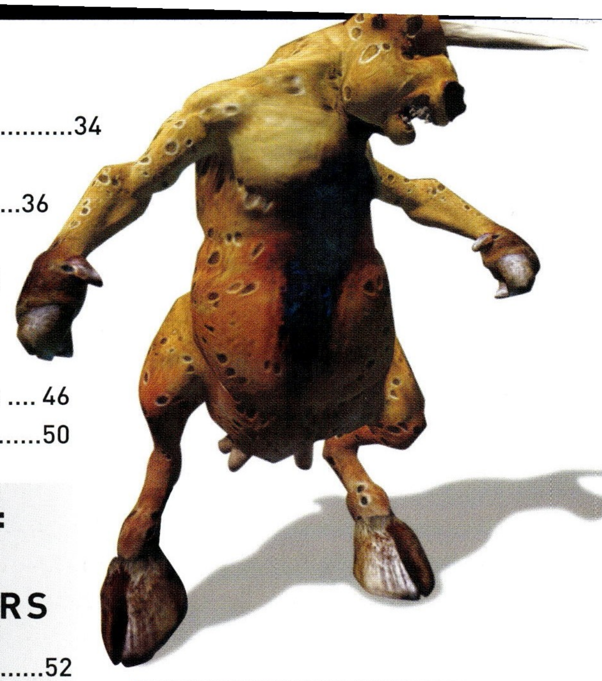

MENU

ARTS & MÉDIAS 136

★ ENCARTS : SIGNES PARTICULIERS

PERFORMANCES TECHNOLOGIQUES 182

SPORTS 208

INTRODUCTION

LA FRANCE DES RECORDS

Voici les nouveaux records battus en France :

Le tour du monde à la voile par équipe le plus rapide
À la tête d'un équipage de 14 marins, Bruno Peyron a accompli le tour du monde à la voile en 50 jours 16 h 20 min et 4 s.

Assiettes cassées à l'aide d'un nunchaku en 1 min
Le 2 août 2004, Thierry Guyon a cassé 51 cibles en argile avec un nunchaku sur le plateau de *L'Été de tous les Records*, à Bénodet.

Saut le plus haut dans l'eau en skate-board
Le 14 juillet 2004, sur le plateau de *L'Été de tous les Records*, à Argelès-Gazost, Stéphane Fargues s'est propulsé à 2,30 m de haut en s'élançant d'un tremplin, avant de retomber dans l'eau.

Record de marches gravies à bicyclette
Le 26 mai 2004, Xavi Casas (Andorre) a gravi à vélo les 1 374 marches de l'escalier de la tour Eiffel.

Karine Ruby (France) mérite son surnom de reine des sports d'hiver. Elle a remporté plus de 20 coupes du monde en snow-board et détient 7 titres de championne du monde. Elle a également gagné 2 médailles olympiques dans cette discipline : un autre record !

DÉCOUVREZ LE GUINNESS WORLD RECORDS 2006, SÛREMENT L'UN DES OUVRAGES LES PLUS ÉTONNANTS...

En France, 2006 a été une année faste en terme de records ! La publication en 2005 d'une édition pour le cinquantenaire du *Guinness World Records* et la popularité de l'émission *L'Été de tous les Records*, ont contribué à propulser la France au dixième rang des pays comptant des détenteurs de records. L'année dernière, plus de 400 personnes nous ont adressé leurs demandes d'homologations. Chaque semaine, sept à huit records ont donc été établis. Vous trouverez nos préférés ci-contre, à gauche.

Notre anniversaire a été un événement important, mais un problème s'est posé. Comment préparer l'édition 2006 après le succès de la cinquantième édition, d'ailleurs épuisée ? Nous avons décidé de relever ce défi en introduisant toute une série de nouveautés, notamment des pages dépliables, des photographies grandeur nature ainsi qu'une partie consacrée aux résultats sportifs (p. 266-277). Nous avons essayé de couvrir la plus grande variété de domaines. Vous pouvez ainsi trouver des informations très récentes concernant la musique numérique (p. 156-157), les sports extrêmes (p. 167-169) ou les magiciens (p. 178-179). Nous cherchons par tous les moyens à vous aider à mettre en valeur vos talents. Soyez à l'affût des tentatives de records organisées dans votre ville l'année prochaine, et ne soyez pas étonné si nos délégués viennent dans votre école ou assistent à une manifestation dans votre région ! Pour en savoir plus, rendez-vous sur notre site Internet, www.guinnessworldrecords.com/fr

Si vous souhaitez battre un record, la démarche est précisée en p. 10-11. Sinon, plongez-vous dans la lecture du livre le plus vendu au monde. Rappelez-vous qu'en France, aujourd'hui, au moins dix personnes vont tenter de battre un record. J'espère que cet ouvrage saura, une fois de plus, susciter votre enthousiasme...

↑ *Bruno Peyron et ses 14 membres d'équipage fêtent leur retour à terre, après le tour du monde de 50 jours 16 h 20 min et 4 s qu'ils ont effectué du 24 janvier au 16 mars 2005, à bord du maxi catamaran* Orange II. *Cette expédition est partie et s'est achevée sur la côte d'Ouessant.*

Craig Glenday
Directeur de la publication

Le record du plus grand nombre de marches gravies sur un vélo est détenu par Xavi Casas (Andorre). Il a monté les 1 374 marches de la tour Eiffel, le 26 mai 2004.

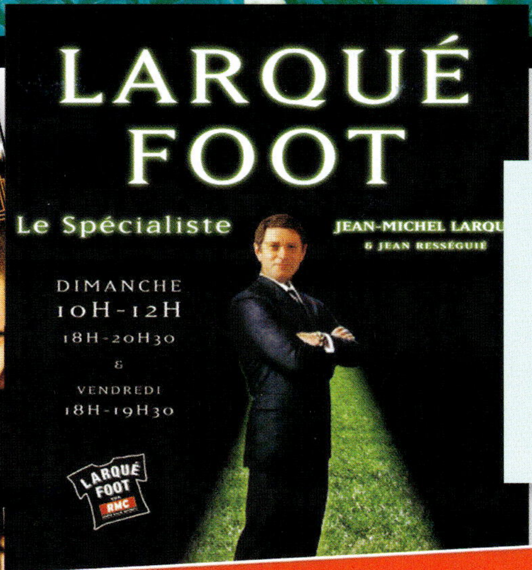

RMC, partenaire radio du *Guinness World Records 2006*

60 heures de sport par semaine : du jamais vu à la radio !

RMC, la seule radio qui retransmet les grands événements sportifs dans leur intégralité : Coupe du monde et Euro de football, Championnat du monde d'athlétisme, Grands Prix de Formule 1, Jeux olympiques, etc.

RMC, la radio de tous les records !

PARTICULARITÉS DU GUINNESS WORLD RECORDS 2006

Voici les nouveautés de l'édition 2006 du *Guinness World Records* :

★ Nouveaux records
Le symbole ★ indique une nouvelle catégorie de record, ou un record figurant pour la première fois dans le *Guinness World Records*.

● Records mis à jour
Ces records ont déjà été publiés mais ont été récemment battus.

Des records grandeur nature **100%**

Rubriques
Là où c'était nécessaire, nous avons classé les records dans des rubriques et inclus des sous-titres, qui vous permettront de les retrouver plus facilement.

Comparaisons
Comparez la taille du record avec un objet courant servant d'étalon.

RECORDS RÉALISÉS À LA TV

Les Guinness World Records ont voyagé sur les écrans de télé du monde entier.

L'Été de tous les records est incontestablement la plus importante et ambitieuse émission de télé dédiée aux **Guinness World Records** : une pluie de records réalisés en direct chaque jour pendant huit semaines en été.

Aujourd'hui dans sa troisième année de succès, *L'Été de tous les records* a permis de réaliser des records dans des domaines aussi variés que l'escalade, le cyclisme sous l'eau ou encore le wakeboarding. Lors de l'émission de cette année, de nombreux nouveaux records ont été réalisés en rugby, en minibike et en natation. *L'Été de tous les records* est présentée par Pierre Sled, Emma Cubaynes et Taïg Khris, sous la haute autorité de Barry White, ancienne star de la NBA et juge, sévère mais juste, du **Guinness World Records**. Caroline Barbeau, ancienne championne du monde junior de windsurf, les a rejoint cette année.

Taïg Khris détient de nombreux records du monde, il en a d'ailleurs déjà réalisé quatre sur le plateau de l'émission avant d'en devenir l'un des présentateurs.

L'émission *L'Été de tous les records* est devenue une des étapes obligées de nombreux champions du monde de sports extrêmes !

LE PLUS GRAND NOMBRE D'INDIE FLIPS CONSÉCUTIFS EN SKATE-BOARD

Le 29 juin 2004, Terence Bougdoir (France) a réalisé 10 indie flips consécutifs sur le plateau de *L'Été de tous les records* à Biscarrosse.

Le plateau de l'*Été de tous les records* est présent dans certaines des plus belles villes françaises. Chaque ville qui accueille l'émission a la possibilité de figurer au palamrès du **Guinness World Records** en réalisant un Record de Ville.

L'an passé, les habitants de Port Leucate ont battu le record du nombre de personnes ensevelies sous le sable. Les villes en compétition cette année sont Saint-Cyprien, Biscarrosse, Bénodet, Argelès-Gazost, Cabourg, Port-Medoc, Soulac et La Tranche-sur-Mer.

Vous pouvez également devenir le détenteur d'un record du monde : visitez notre site Internet www.guinnessworldrecords.com/fr et **VOUS** pourrez peut-être devenir une des vedettes de *L'Été de tous les records* !

Le 20 juillet 2004, Alain Sahas (France) a soulevé 14 fois une balle de foin de 45 kg à une hauteur de 8 m sur le plateau de L'Été de tous les records, à Port Leucate.

Florian Januel (France) a tenté de réaliser le plus long smash de basket-ball à partir d'un trampoline.

Sascha Müller (Allemagne) a établi un nouveau Guinness World Record en réalisant 34 front side ollies consécutifs, sans toucher le skate avec les mains.

TAIG KHRIS

Taïg Khris pratique les sports extrêmes depuis 1997. Détenteur de 5 médailles, il a réalisé le premier double flip arrière sur des rollers en ligne lors d'une compétition en halfpipe.

Vous êtes le pratiquant de roller en ligne le plus récompensé au monde. Quel est votre palmarès actuel ?
J'ai participé à 110 compétitions, j'ai raté six fois le podium pour 73 victoires.

Pourquoi avoir choisi le roller en ligne ?
J'ai commencé le roller avec mon frère quand j'avais 6 ans, juste pour m'amuser avec mes copains. Peu à peu, j'ai essayé de réaliser certaines figures comme dévaler des escaliers.

La sécurité est fondamentale dans les sports extrêmes. Comment gérez-vous cet aspect ?
C'est en effet très important. Le sport extrême, c'est fun mais c'est très dangereux, même les professionnels portent un équipement de protection. Par exemple, il est impératif de porter un casque.

Quels conseils donneriez-vous à quelqu'un qui débute ?
Tout d'abord, il faut aimer ce que l'on fait. Vous allez connaître de mauvaises passes et au contraire de très grands moments. Vous devez toujours vous entraîner, apprendre à contrôler votre peur, faire des choix pour continuer à progresser.

Vous détenez 4 Guinness World Records pour l'invert et le drop in les plus élevés, le plus grand nombre de McTwists consécutifs et le crossover en l'air. Quel est le prochain ?
Je vais essayer de les battre ! Je m'entraîne pour réaliser un invert plus élevé. J'aimerais faire un crossover avec cinq personnes mais c'est très difficile. De même, le plus haut drop est difficile à battre. Ce n'est pas complexe techniquement mais la moindre défaillance ne pardonne pas. Mais je vais tout de même essayer d'aller plus loin.

Qui était votre idole à vos débuts ?
Quand j'ai commencé, la discipline venait d'apparaître, il n'y avait pas vraiment de spécialiste du roller en ligne. Mais j'étais fan de Tony Hawk qui faisait du skate-board. Il m'impressionnait car il tentait toujours de nouvelles figures. Tony a été présent pendant des années. C'est ça que j'aime, qu'un athlète domine sa discipline pendant longtemps.

Quelle est la chose la plus importante que votre sport vous ait apprise ?
Il m'a appris la vie. Comment se battre, comment respecter les autres. Comment travailler dur. Savoir que vous inspirez d'autres personnes est plus important que n'importe quelle médaille.

De gauche à droite : l'équipe de L'Été de tous les records *composée de Taïg Khris, Caroline Barbeau, Barry White, Pierre Sled et Emma Cubaynes.*

Maxime Mitaut et Hugo Laberine (France) essaient de battre le record d'eskimautages en kayak.

Sous l'œil de Barry White (à droite), Élodie Cottin (France, à gauche) établit un nouveau record en atteignant 11 cibles à l'aide d'un pistolet à air.

BATTEZ UN RECORD

↑ *Le 30 octobre 2004, Nicola Savage (en haut), juge du* Guinness World Records, *chronomètre un concurrent qui trie des bonbons, lors du Southampton Road Show. Steve Bugdale (ci-dessus) a tenté d'établir un nouveau record, en réalisant le* ***plus grand nombre de pompes en 1 min, en prenant appui sur le dos de ses mains****, sous le regard attentif du juge Chris Marais.*

Steve Fossett (au centre) vient de recevoir le certificat remis par le Guinness World Records *pour avoir accompli* ***le premier tour du monde en solitaire en avion sans ravitaillement.*** *Il se trouve en compagnie de Richard Branson (à gauche) et de David Hawksett (à droite).* ↘

Si vous pensez que vous pouvez battre un record, lisez ce qui suit...

Si vous souhaitez battre un record, choisissez le domaine qui vous intéresse parmi les milliers qui existent. Vous pouvez aussi accomplir un exploit inédit. Notre équipe est constamment à la recherche de nouvelles catégories, particulièrement celles qui présentent un réel intérêt, requièrent un savoir-faire et sont susceptibles d'inciter d'autres personnes à relever des défis.

1. COMMENT FAIRE UNE DEMANDE

Battre un record demande du temps et de la patience. Contactez-nous avant d'effectuer la moindre tentative. Ne nous envoyez aucune preuve ou aucun document avant que nous ayons accepté votre proposition.

Chaque record homologué par *Guinness World Records* obéit à des règlements très stricts. Il est essentiel que vous les connaissiez avant d'essayer d'accomplir un exploit.

Si vous avez une idée de nouveau record, vous devez nous la soumettre avant de tenter quoi que ce soit.

Si nous la validons, nous créerons des règles spécifiques afin de juger correctement votre tentative de record.

Pour faire facilement et rapidement votre demande, contactez-nous sur le site **www.guinnessworldrecords.com**

Cliquez sur le lien « Make a Record Attempt » et suivez les instructions.

Fournissez-nous le maximum d'informations pertinentes.

Choisissez un mot de passe que nous vous enverrons avec votre numéro de membre. Ce dernier donne accès à un espace personnalisé qui vous permet de suivre l'avancée de votre demande ou de nous interroger.

Une fois votre demande enregistrée, imprimez un formulaire d'inscription, signez-le et envoyez-le-nous immédiatement par courrier ou fax. Nous ne pouvons traiter votre proposition tant que nous n'avons pas reçu ce document.

Toutes les tentatives de records doivent être **approuvées par le siège londonien du *Guinness World Records***. Aucune autre entité ne peut formuler les règles ou homologuer un record.

Tant que vous n'avez pas reçu la **copie contresignée** du formulaire d'inscription, nous vous déconseillons d'établir un record. Nous **refuserons** d'ailleurs de le considérer.

Si votre demande doit être examinée de façon urgente, nous vous proposons un service plus rapide. Une personne s'occupe alors de votre proposition dès réception de votre formulaire d'inscription signé et vous donne une réponse dans les trois jours ouvrables. Ce service est payant et ne garantit nullement une réponse positive de notre part (de plus amples informations se trouvent sur notre site).

↑ *Le 11 février 2005, au centre commercial de Deira, à Dubaï (Émirats arabes unis), Stewart Newport, le « gardien des records », et Sophie Whiting du* Guinness World Records *ont assisté au* ***plus grand nombre de poignée de mains simultanées.***

PRÉSENCE D'UN DÉLÉGUÉ

Les personnes qui souhaitent établir un nouveau record le font souvent sans la présence d'un représentant du *Guinness World Records*. Elles envoient ensuite des preuves afin d'homologuer leur exploit. Un de nos délégués peut assister à votre tentative. Ce service est payant et fonction de la disponibilité de nos délégués. Si vous souhaitez plus d'informations sur cette possibilité, cochez la mention « Présence d'un juge », lorsque vous effectuez votre demande.

Le 17 janvier 2005, 31 personnes se sont levées simultanément lors d'une manifestation organisée par la radio britannique, sous le regard du juge Della Torra Howes (la personne tenant le livre).

*Les **plus grandes bottes de cow-boy mesurent** 1,38 m de haut et 1,19 m de long.*

2. ATTENDEZ DE NOS NOUVELLES

À réception de votre formulaire d'inscription, un de nos experts examine votre demande. Si votre proposition est validée, nous vous contactons et vous transmettons les règles à respecter. Si elle est rejetée, nous vous expliquons de façon détaillée les raisons de notre refus. Sachez que nous faisons tout notre possible pour vous répondre dans les plus brefs délais. Votre attente ne devrait de toute façon pas excéder huit jours.

3. COMMENT TENTER VOTRE RECORD

Une fois que vous avez reçu nos instructions, c'est à vous d'organiser votre tentative de record. Dans la mesure où elle répond à notre règlement, vous pouvez la réaliser comme vous l'entendez. Vous devez ensuite nous envoyer tous les documents qui l'attestent. Adressez-nous les preuves nécessaires en indiquant dessus le numéro d'identification que nous vous aurons fourni préalablement.
Si votre record est authentifié et que le « Gardien des records » le juge valable, vous serez proclamé détenteur d'un *Guinness World Record* !
À condition bien sûr que personne ne le batte entre-temps !
Sachez que chaque année, plus de 40 000 records sont soumis à notre jugement et que la procédure d'homologation prend de deux semaines à trois mois. Par conséquent, armez-vous de patience.

PHOTOGRAPHIEZ VOTRE RECORD

CONSEILS POUR PHOTOGRAPHIER VOTRE RECORD

1. **Évitez de bouger.** Utilisez un trépied.
2. **Le soleil doit être derrière vous.** Si vous êtes à l'extérieur, ne prenez pas de photographie lorsque le soleil est face à vous. Vérifiez que la personne que vous photographiez n'est pas éblouie par la lumière !
3. **Optez pour la simplicité.** N'encombrez pas votre photographie de détails inutiles. La présence d'un fond blanc donne souvent d'excellents résultats.
4. **Concentrez-vous sur ce qui est intéressant.** Si vous photographiez votre chien parce qu'il est très long, assurez-vous qu'il ne déborde pas du cadre. En revanche, si vous photographiez ses cils, faites un gros plan. Il n'est pas nécessaire de le voir en entier. Vous pouvez nous envoyer plusieurs photos, mais veillez à ce que l'une d'elles montre bien la spécificité du record.
5. **Prenez le sujet sur le vif.** Si vous photographiez un exploit auquel plusieurs personnes ont participé, veillez à ce que ces dernières soient bien visibles au moment où le record est établi. Nous souhaitons les voir en pleine action, et non une fois leur performance accomplie ! Ainsi, s'il s'agit d'une bataille de polochons géante, les personnes doivent se lancer des polochons sur la photographie.
6. **Ayez le sens de l'échelle.** Si vous voulez faire ressortir la taille de quelque chose, photographiez-le à côté d'un objet dont les dimensions sont connues (placez une paire de bottes normales à côté d'une paire de bottes gigantesques). La présence d'une personne sur la photographie constitue souvent un bon point de comparaison. Demandez à un ami de vous prendre avec votre réalisation. Si celle-ci est minuscule, placez une pièce de monnaie à côté, voire une règle.
7. **Cadrez votre photographie.** Veillez à ce que votre record figure sur la photo, surtout s'il est impressionnant du fait de ses dimensions.
8. **Utilisez votre flash.** La plupart des appareils photographiques en sont aujourd'hui dotés. Veillez à ce qu'il soit enclenché. Si votre appareil est muni d'un dispositif permettant d'éviter le phénomène des yeux rouges, utilisez-le.

FAITES DÉVELOPPER VOS PHOTOS

Envoyez des photographies développées par des professionnels. Ne nous adressez pas des photocopies exécutées avec des imprimantes laser ou à jet d'encre.

LA PHOTOGRAPHIE NUMÉRIQUE

Utilisez toujours le meilleur cadrage. Celui-ci laisse souvent à désirer et la résolution ne permet pas une bonne impression. Les photographies numériques doivent mesurer 15 x 10 cm, et avoir une résolution de 300 dpi.

4. HOMOLOGATION DE VOTRE RECORD

Tous les détenteurs d'un *Guinness World Record* reçoivent un certificat, attestant leur exploit. Nous ne pouvons toutefois vous garantir que votre record apparaîtra dans la nouvelle édition de notre livre. Votre certificat constitue donc la seule preuve de la performance que vous avez accomplie.

*En janvier 2005, Susan Morrison décerne à Blair Morgan son certificat lors des X-Games d'hiver, pour avoir **remporté 7 médailles en snocross.***

CHAMPIONS EN HERBE

★ LA PLUS LONGUE LIGNE D'EMPREINTES DE PIED →

Une seule ligne continue de 10 932 empreintes de pied réalisées par des enfants des quatre coins du monde a été créée par les lecteurs de *National Geographic Kids* et inaugurée à la National Geographic Society, à Washington DC, le 9 novembre 2004. Mises bout à bout, les empreintes mesuraient 3 038,75 m. Elles ont été réalisées à partir de divers matériaux – peinture, paillettes, coquillages, grains de riz, argile et goudron – et ont été présentées par des pays aussi lointains que la Mongolie ou l'Australie.

★ LA PLUS GRANDE ASSIDUITÉ SCOLAIRE PAR UNE FAMILLE ENTIÈRE

Sharon (née le 14 mai 1967), Neil (né le 28 septembre 1968), Honor (né le 18 octobre 1969), Howard (né le 16 septembre 1972), Olivia (née le 26 mars 1977), Naomi (née le 17 juin 1981) et Claire Stewart (née le 14 janvier 1983) de Markethill, Armagh (GB), ont fait tout leur cursus scolaire de 4 à 16 ans sans jamais manquer l'école (de l'école élémentaire Markethill au lycée).

★ LA CLASSE LA PLUS NOMBREUSE SANS AUCUN ABSENTÉISME

En 1984-1985, les 23 écoliers de Melanie Murray de l'école élémentaire David Barkley, San Antonio (Texas) n'ont jamais été absents.

★ RECORD DE VITESSE POUR POUSSER UN KART SUR 1 000 KM

En septembre 2001, 30 écoliers de l'école élémentaire Laeveld à Nelspruit (Afrique du Sud) ont poussé un kart sans moteur sur 1 000 km en 62 h et 43 min pour la première étape de leur voyage de 2 061 km entre Komatipoort et Cape Town (Afrique du Sud). Cette tentative faisait partie d'un événement appelé la course contre la criminalité (NICRO).

★ COURSE À L'ŒUF : RECORD DE PARTICIPANTS EN UN SEUL LIEU

859 étudiants du lycée Raynes Park, à Londres, ont participé à une course à l'œuf, le 24 octobre 2003.

★ LA PLUS LONGUE CHAÎNE DE BALLONS

La OMR Heerbrugg School (Suisse) a créé une chaîne de 30 000 ballons de 2 007,55 m, le 19 septembre 2003.

← ● LE PLUS JEUNE PRÉSENTATEUR TÉLÉ

Luis Tanner (Australie, né le 9 mai 1998) anime sa propre émission télévisée hebdomadaire, *Cooking for Kids with Luis* sur Nickelodeon (chaîne de télévision pour les enfants). La première émission a été diffusée le 25 octobre 2004 alors que Luis n'avait que 6 ans et 168 jours.

● LA PLUS GRANDE MOSAÏQUE EN CAPSULES DE BOUTEILLE

Le 23 octobre 2003, des étudiants de l'Akiba Junior High School, à Yokohama (Japon), ont créé une mosaïque sur laquelle se dessinent les mots « amour et paix » qui rassemble un nombre record de 150 480 capsules de bouteilles.

● RECORD DE VITESSE POUR CRÉER UN MILE DE CENTIMES

Un mile (1,6 km) de 79 200 pences, soit 634 €, ont été alignés en 2 h 42 min et 29 s par des élèves de l'école The Willows, à Stratford-upon-Avon, dans le Warwickshire (GB), le 19 octobre 2002.

● LA PLUS LONGUE CHAÎNE DE PAILLES

Une chaîne de 41 996 pailles de 6 223,33 m a été créée par 16 étudiants sur le campus de Hayground, Bridgehampton (New York), le 11 juin 2004.

● LA PLUS LONGUE CHAÎNE DE CANNETTES

Une chaîne de 7,69 km composée de 66 129 cannettes attachées ensemble avec de la ficelle a été créée par l'école primaire Hillcrest, à Kloof, KwaZulu-Natal

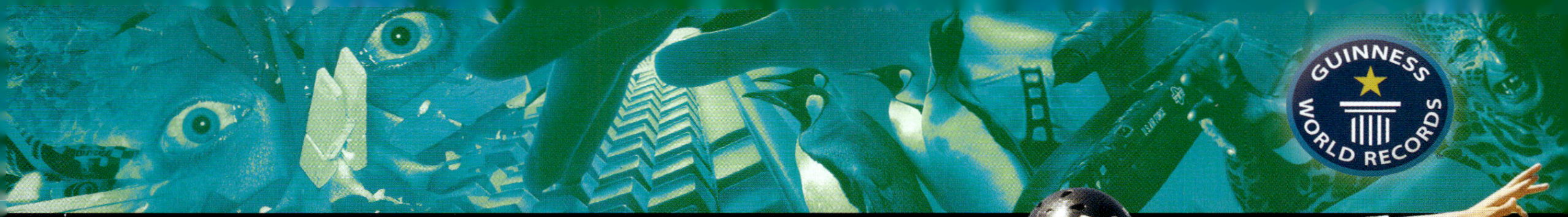

RYAN SHECKLER

Ryan Sheckler (USA) est devenu le plus jeune médaillé d'or au X-Games après avoir gagné le skatepark à 13 ans.

Quand as-tu commencé le skate ?
À 18 mois ! J'empruntais le skate de mon père et j'en faisais à genoux ! À 4 ans, je me servais de meubles pour réaliser des figures de skate !

Quelle impression cela fait-il d'avoir remporté une médaille d'or si jeune ?
J'adore le skate ! Et je suis heureux d'en faire. Je suis passionné et toujours très très enthousiaste d'en faire.

Il faut que tu saches te faire respecter pour entrer en compétition contre des skaters plus âgés ?
Ces types m'ont accepté et je fais exactement ce qu'ils font. Je suppose qu'ils s'en rendent compte.

Quel est ton prochain objectif ?
Continuer à faire du skate, revenir l'année prochaine, remporter de nouveau le X-Games et surtout bien m'amuser !

Quelle impression cela fait-il d'être dans le Guinness World Records ?
C'est dingue ! En primaire, j'allais à la bibliothèque avec mes copains pour lire les noms qui y figuraient et j'imaginais quelle impression formidable cela devait être de voir le sien y apparaître ! Mon rêve s'est réalisé et j'en suis vraiment très très fier !

(Afrique du Sud). Elle a été achevée le 29 novembre 2003.

★ LE PLUS GRAND NUMÉRO DE DANSE ET DE CHANT (DANS PLUSIEURS LIEUX)

À l'initiative du North London Performing Arts Centre, 7 596 enfants du nord de Londres ont dansé et chanté la chanson *To the Show* pendant 5 min, le 22 mars 2002.

★ LE PLUS LONG RANG DE DANSEURS

Le 9 juillet 2004, 331 enfants de l'école primaire Seathorne, dans le Lincolnshire (GB), ont formé un rang de 145 m et ont dansé pendant 6 min sur *5, 6, 7, 8*, la gigue irlandaise à claquettes.

★ LA PLUS GRANDE DANSE DE MACARENA

1 712 écoliers de l'école St Bede, de Redhill (GB), ont dansé la macarena pendant au moins 5 min, le 9 mars 2004. Cet événement a été organisé par le 6e « rag week » (semaine pendant laquelle les étudiants préparent des divertissements au profit d'œuvres caritatives).

★ LE PLUS GRAND TWIST

Le 30 avril 2004, 1 691 membres du personnel et élèves du St Aidan's Church of England et de la St John Fisher Catholic High School, dans le North Yorkshire (GB), ont dansé pendant 5 min sur le *Twist* de Chubby Checker.

★ RECORD DE SAUTE-MOUTON EN 1 MIN

Le 29 septembre 2004, Marius Martinsen Benterud et Christel Ek Blanck (Norvège) ont fait 59 saute-mouton en 1 min, au Jetix Challenge in Ski (Norvège).

● RECORD DE PERSONNES SE BROSSANT LES DENTS EN MÊME TEMPS

31 424 écoliers de 261 écoles à Hessen (Allemagne) se sont brossés les dents en même temps pendant 60 s – après avoir entendu le top départ sur les ondes de HR1 –, le 21 mai 2003.

LE PLUS JEUNE CHANTEUR N° 1 AU HIT-PARADE

En septembre 1993, à 4 ans et demi, Jordy a été 1er au hit-parade français avec *Dur dur d'être bébé*.

→ VOUS SOUHAITEZ BATTRE UN RECORD ? REPORTEZ-VOUS AUX FORMALITÉS P. 10.

★LE PLUS JEUNE COMPOSITEUR D'UNE COMÉDIE MUSICALE →

Adám Lörincz (Hongrie, né le 1er juin 1988) avait 14 ans et 76 jours lorsque sa comédie musicale de 92 min, *Star of the King*, a été jouée le 16 août 2002, à Szekesfehervar (Hongrie). La comédie est un hommage au chanteur Elvis Presley et réunit 23 artistes. Elle a été jouée dans de nombreux endroits en Hongrie.

CORPS HUMAIN

SOMMAIRE

LES PLUS GRANDS PIEDS
APPARTENANT À UNE PERSONNE VIVANTE

Si l'on excepte les cas d'éléphantiasis, les plus grands pieds sont ceux de l'acteur Matthew McGrory (USA), qui chausse du 63. Avec 44,45 cm, son pied droit fait 1,27 cm de plus que son pied gauche. Vedette de *Big Fish* de Tim Burton (USA, 2003), Matthew mesure 2,29 m. Ses chaussures coûtent jusqu'à 22 745 $ (18 000 €).

PHYSIQUES EXTRÊMES

LA PLUS GRANDE FEMME VIVANTE

Sandy Allen (USA) est la seule femme encore vivante qui mesure 2,317 m. Elle pèse actuellement 142 kg et chausse du 55. Ses chaussures de sport lui ont été offertes par la star de basket, Rick Smits (Pays-Bas) qui mesure 2,235 m.

←

★ TRIPLÉS – LES PLUS PETITS NOURRISSONS →

Peyton (585 g), Jackson (420 g) et Blake (380 g), de Coffey (USA), sont les plus petits triplés ayant vécu. Ils sont nés à Charlottesville (Virginie), le 30 novembre 1998.

« POIDS PLUMES » ET « POIDS LOURDS » POUR LES NOUVEAU-NÉS

LE PLUS LÉGER…	POIDS	NOMS
Enfant unique	283 g	Marian Taggart (née Chapman, GB)
Jumeaux	860 g	Roshan et Melanie Gray (Australie)
		Anne et John Morrison (Canada)
★Triplés	1 385 g	Peyton, Jackson et Blake Coffey (USA)
LE PLUS LOURD…	POIDS	NOMS
Enfant unique	10,8 kg	mis au monde par Anna Bates (Canada)
Jumeaux	12,58 kg	de Patricia Jane & John Prosser Haskin (USA)
Triplés	10,9 kg	mis au monde par Mary McDermott (GB)
Quadruplés	10,426 kg	mis au monde par Tina Saunders (GB)

LE PLUS GRAND…

HOMME VIVANT

Xi Shun (Chine, né en 1951) mesure 2,36 m. Il a été mesuré 6 fois le 15 janvier 2005 à l'hopital Chifeng City en Mongolie Intérieure. Xi Shun déclare que sa taille a été normale jusqu'à 16 ans.

HOMME

L'homme le plus grand de tous les temps est Robert Pershing Wadlow (USA, 1918-1940), qui – lorsqu'il fut mesuré pour la dernière fois le 27 juin 1940, atteignait 2,72 m. Sa taille gigantesque est le résultat de l'hyperactivité de l'hypophyse qui sécrèteune hormone de croissance appelée la somatotrophine.

FEMME

Zeng Jinlian (Chine, née le 26 juin 1964) de Bright Moon Commune dans la province de Hunan (Chine) mesurait 2,43 m lorsqu'elle est morte le 13 février 1982. Ce chiffre représenterait sa taille avec une lordose spinale normale. Elle souffrait en effet d'une grave scoliose et ne pouvait donc se tenir droite.

JUMELLES VIVANTES

Ann et Claire Recht (USA) ont été mesurées verticalement et horizontalement 3 fois le 19 juin 2003, dans l'Oregon (USA), elles atteignent respectivement 1,98 m et 1,97 m.

JUMEAUX VIVANTS

Michael et James Lanier (USA) de Troy (Michigan) mesurent tous deux 2,23 m. Leur sœur Jennifer mesure, elle, 1,57 m !

LE PLUS PETIT…

HOMME VIVANT

Younis Edwan (Jordanie) mesurerait 65 cm (il n'a pas été mesuré officiellement par le GWR). Gul Mohammed (Inde, 1957-1997) était le plus petit homme du monde. Il fut examiné au Ram Manohar Hospital de New Delhi (Inde), le 19 juillet 1990 et ne mesurait que 57 cm.

FEMME

Née à Ossendrecht (Pays-Bas), le 26 février 1876, Pauline Musters mesurait 30 cm à la naissance. Elle mourut d'une pneumonie avec méningite le 1er mars 1895 à New York (USA) à 19 ans. Une autopsie a montré que Pauline,

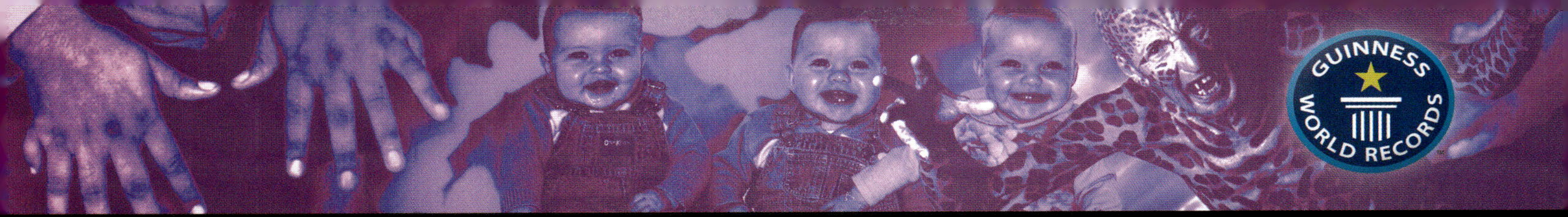

LE PLUS GRAND TOUR DE POITRINE →

En février 1958, peu avant sa mort à 32 ans, Robert Earl Hughes (USA) pesait 484 kg. Son tour de poitrine était de 3,15 m et la circonférence de son avant-bras de 1,02 m. À 6 ans, il pesait 92 kg ; à 10 ans, 171 kg et à 25 ans, 406 kg.

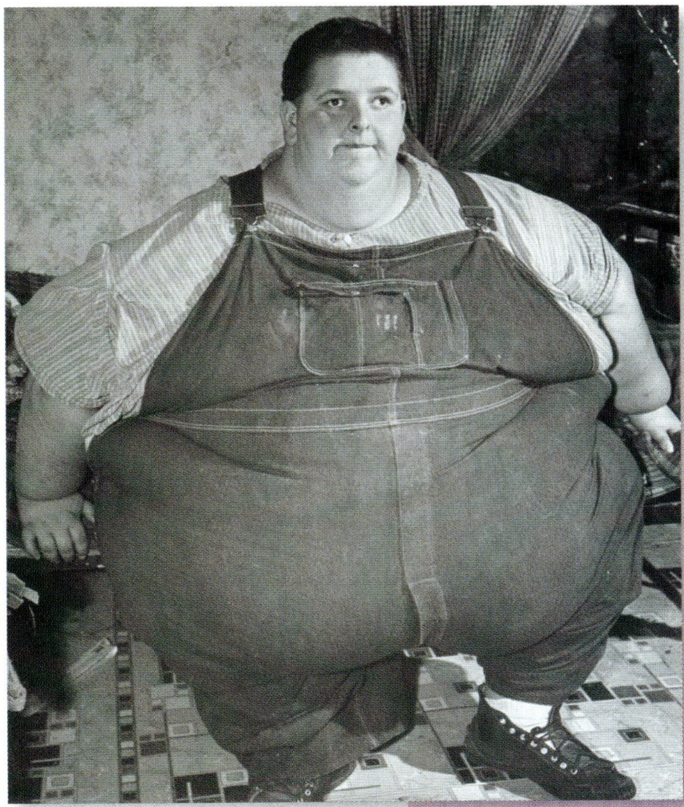

plus connue sous le nom « Princess Pauline », mesurait précisément 61 cm.

JUMEAUX

Matyus et Béla Matina de Budapest (Hongrie), naturalisés Américains, mesuraient tous deux 76 cm. Les jumeaux les plus petits encore vivants détiennent aussi le record des **plus petits vrais jumeaux**. Pour en savoir plus, reportez-vous p. 22.

VRAIES JUMELLES ENCORE VIVANTES

Dorene Williams et Darlene McGregor (USA) mesurent 1,244 m.

★BÉBÉ

Nisa Juarez (USA) est née le 20 juillet 2002 et mesurait 24 cm à sa naissance au Children's Hospital and Clinic, dans le Minnesota (USA). Elle est née 108 jours avant terme, pesait 320 g et a quitté l'hôpital le 6 décembre 2002.
Le plus grand bébé fut mis au monde par Anna Bates (née Swan, Canada, 1846-1888), à Seville (Ohio), le 19 janvier 1879. Avec ses 76 cm à la naissance, le bébé était plus grand que Gul Mohammed (Inde), **le plus petit homme**.

LE PLUS LOURD...

HOMME

En mars 1978, Jon Brower Minnoch (USA) est entré à l'hôpital universitaire de Seattle (USA) où le Dr Robert Schwartz, endocrinologue, a estimé son poids à 635 kg. Une grande partie de ce poids était due à une rétention d'eau causée par une insuffisance cardiaque congestive. L'épouse de Minnoch, Jeanette (USA), pesait 50 kg : ainsi, ils détenaient le record de la plus grande différence de poids entre mari et femme : environ 585 kg.

FEMME

Rosalie Bradford (USA) a pesé jusqu'à 544 kg en janvier 1987. Après un problème de santé, elle a réduit son apport nutritionnel journalier à 1 200 calories et a commencé à faire du sport en tapant dans ses mains. Cinq ans plus tard, elle avait perdu l'équivalent du poids de 7 personnes et détenait ainsi le record de la plus importante perte de poids par une femme.

JUMEAUX

En novembre 1978, Billy Leon et Benny Loyd McCrary, alias McGuire, (USA) pesaient respectivement 337 kg et 328 kg.

ÊTES-VOUS LA PERSONNE LA PLUS LOURDE DU MONDE ?
Bien que nous connaissions les personnes vivantes ayant un excès de poids de 508 kg, nous avons été dans l'incapacité d'authentifier le record de la personne la plus lourde du monde – dans la plupart des cas, les demandeurs ne voulaient pas être pesés dans des conditions contrôlées.

Nous ne désirons en aucun cas encourager l'excès de poids. Si vous souhaitez néanmoins vous inscrire dans cette catégorie, nous vous prions de joindre à votre demande un certificat médical attestant de votre mensuration et une copie de votre acte de naissance.

← LA PLUS PETITE FEMME VIVANTE

Madge Bester (Afrique du Sud) mesure 65 cm. Elle est atteinte d'ostéogenèse imparfaite (multiples fractures spontanées et déformations osseuses). Elle se déplace en fauteuil roulant comme sa mère Winnie qui mesure 70 cm.

MERVEILLES DE LA MÉDECINE

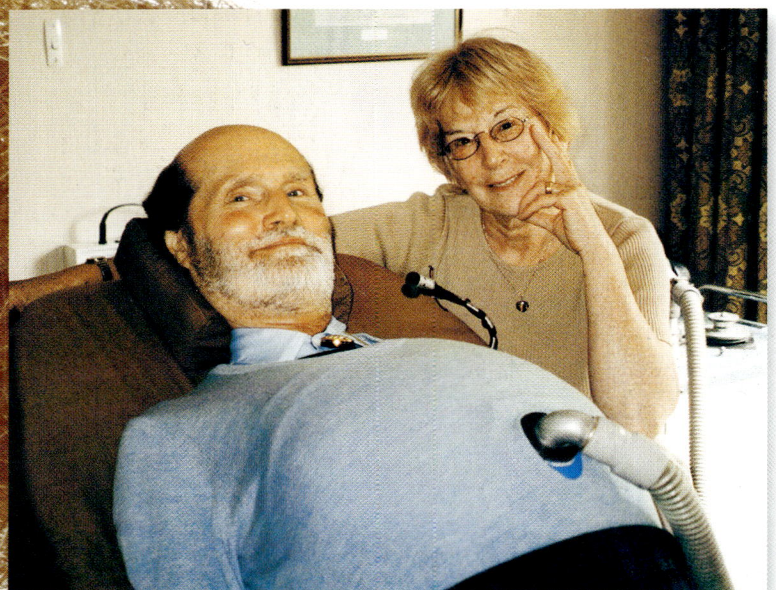

← L'HOMME AYANT SURVÉCU LE PLUS LONGTEMPS AVEC UN POUMON D'ACIER

Atteint de la polio à 17 ans, John Prestwich (GB) respire depuis le 24 novembre 1955 grâce à un poumon d'acier. Ce ventilateur mécanique modifie la pression dans la cage thoracique, contraint le poumon à s'emplir d'air et garde en vie les malades dont les muscles respiratoires sont paralysés par la polio.

↑ LE PLUS GRAND OBJET RETIRÉ DE L'ESTOMAC

Une boule de poils de 2,53 kg a été retirée de l'intestin d'une femme de 20 ans au South Devon and East Cornwall Hospital (GB), le 30 mars 1895.

GREFFES

● LE RECEVEUR AYANT SURVÉCU LE PLUS LONGTEMPS À UNE GREFFE DU POUMON

Le 15 septembre 1987, Wolfgang Muller (Canada) a subi une greffe d'un poumon à Toronto General Hospital, à Ontario (Canada). Le 19 juillet 2004, il est devenu le receveur ayant survécu le plus longtemps : 16 ans et 307 jours.

● LE RECEVEUR AYANT SURVÉCU LE PLUS LONGTEMPS À UNE GREFFE DU CŒUR

Derrick Morris (GB) a subi une greffe du cœur le 23 février 1980 à Harefield Hospital, Grand-Londres (GB). Il a reçu le cœur d'une femme de 26 ans.

★LE PLUS VIEUX TRANSPLANTÉ DU CŒUR-POUMONS-FOIE

Mark Dolby (GB) a subi une triple greffe cœur-poumons-foie, le 21 août 1987 à Harefield Hospital, Grand-Londres (GB). Le 4 juin 2004, 16 ans et 288 jours plus tard, il est le patient ayant survécu le plus longtemps à une triple greffe.

★LE PLUS VIEUX RECEVEUR D'UNE GREFFE DU REIN

Carroll Basham (USA) a subi une greffe d'un rein à l'âge de 77 ans et 185 jours le 2 octobre 2002, au Methodist Speciality and Transplant Hospital, à San Antonio (Texas). C'est sa propre belle-fille qui lui a fait don de son rein.

★LA PREMIÈRE GREFFE CŒUR-POUMON

Après deux ans d'expérience, le Dr Bruce Reitz (USA) est parvenu à la première transplantation cœur-poumon à l'hôpital Stanford Medical Center à Stanford (Californie), en 1981.

LA PLUS PETITE TRANSFUSION DE SANG LORS D'UNE GREFFE

En juin 1996, les chirurgiens du St James University Hospital de Leeds (GB) ont effectué une greffe du foie sur une patiente de 47 ans, Linda Pearson (GB), sans aucune transfusion de sang. Une telle intervention exige normalement jusqu'à 3,5 l de sang. Témoin de Jéhovah, elle ne pouvait accepter de transfusion.

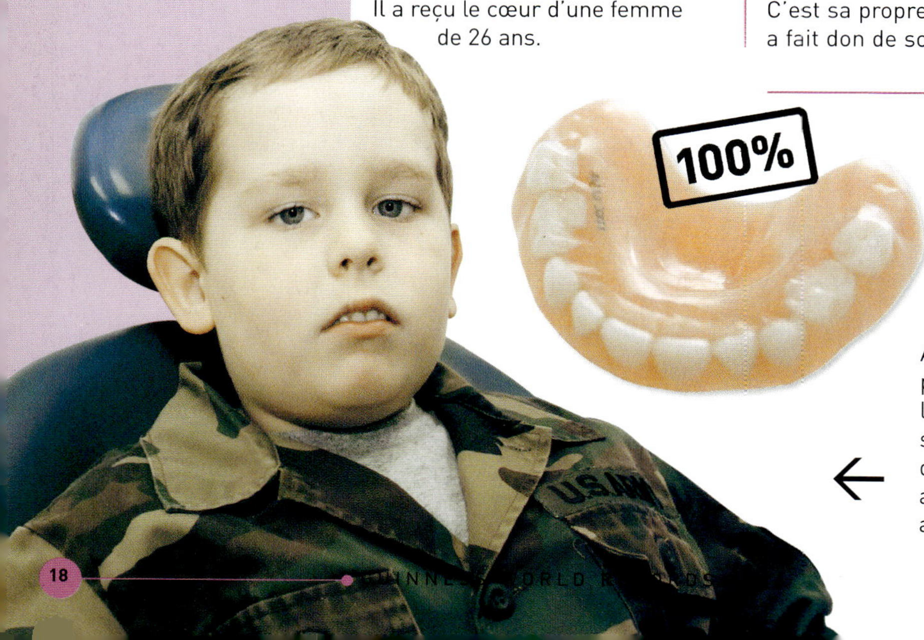

★LA PLUS JEUNE PERSONNE À PORTER UNE PROTHÈSE DENTAIRE

Alexander Stone (USA) est devenu la plus jeune personne à porter une prothèse dentaire complète le 7 juin 2001 à l'âge de 4 ans et 301 jours. Alexander souffre d'une pathologie héréditaire, la dysplasie de Capdepont, une abrasion rapide de la dentition atteignant la pulpe dentaire. Le Dr Joseph E Morton a posé l'appareil dentaire. ←

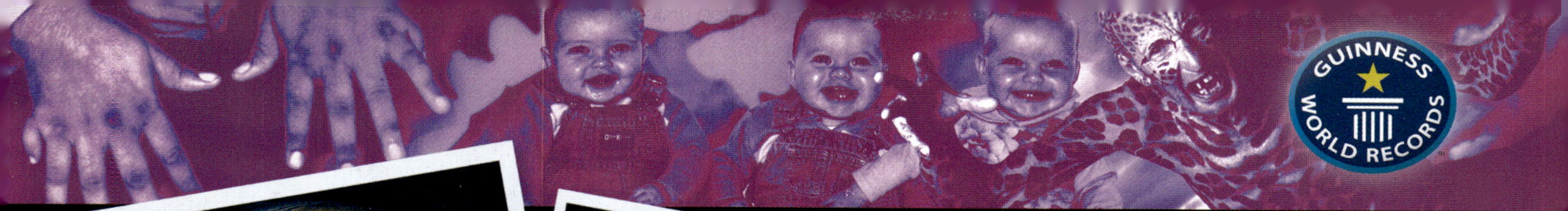

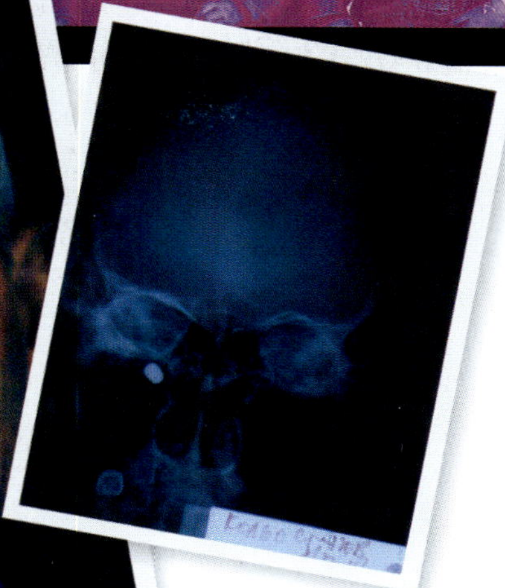

★L'HOMME AYANT VÉCU LE PLUS LONGTEMPS AVEC UNE BALLE DANS LA TÊTE

En 1942, à 17 ans, Kolyo Tanev Kolev (Bulgarie) se tire une balle accidentellement avec un pistolet derrière l'oreille droite. 61 ans plus tard, le 5 juillet 2003, des radiographies révèlent la balle.

RECORD DE TRANSFUSION DE SANG

Le corps humain contient environ 5,5 litres de sang. Lors d'une opération à cœur ouvert au Michael Reese Hospital à Chicago (Illinois), en décembre 1970, Warren C Jyrich (USA), une hémophile de 50 ans, a eu besoin de 2 400 flacons normalisés de sang – l'équivalent de 1 080 l ou environ 15 baignoires de sang !

OPÉRATIONS

★PATIENT AYANT SURVÉCU LE PLUS LONGTEMPS À UN TRIPLE PONTAGE

Richard Smith (GB) a subi un triple pontage le 8 février 1978 au Papworth Hospital de Cambridge (GB), devenant ainsi le plus vieux patient ayant subi ce genre d'intervention le 12 mai 2004, 26 ans et 93 jours plus tard.

★PATIENT AYANT SURVÉCU LE PLUS LONGTEMPS À UNE OPÉRATION À CŒUR OUVERT

Sadie Purdy (GB), née en 1924 avec un trou dans le cœur, a subi à 17 ans une intervention à cœur ouvert au St Bartholomew's Hospital, de Londres (GB), le 4 décembre 1941. L'opération effectuée par Oswald Tubbs dura 6 h et était alors expérimentale ; elle permit néanmoins de prolonger sa vie de 63 ans.

LE PLUS GRAND CALCUL BILIAIRE

Un calcul biliaire de 6,29 kg a été retiré chez une patiente de 80 ans par Humphrey Arthure (GB) au Charing Cross Hospital à Londres, le 29 décembre 1952.

● LE PLUS GRAND APPENDICE

L'appendice retiré sur un patient de 55 ans au Pakistian Institute of Medical Sciences d'Islamabad (Pakistan), le 11 juin 2003, faisait 23,5 cm (la largeur de cette page).

★LA PLUS GROSSE TUMEUR POSTNATALE

Une bursite kystique bénigne de 1,2 kg a été ôtée dans le cou d'un bébé par une équipe dirigée par Palin Khundongbam (Inde), au Shija Hospitals and Research Institute, Imphal (Inde), le 17 mars 2003. La tumeur représentait 40 % du poids du nourrisson.

DIVERS

★EXTRACTION DE DENT DE SAGESSE SUR LE PLUS JEUNE PATIENT

On a ôté 2 dents de sagesse à Matthew Adams (USA, né le 19 novembre 1992), au Midland Oral and Maxillofacial Surgery (Michigan), le 24 octobre 2002, à 9 ans et 339 jours.

LA PREMIÈRE TRANSPLANTATION D'UNE MAIN

En 1998, une équipe internationale de huit chirurgiens a greffé une main au poignet de Clint Hallam, un Australien de 48 ans, qui avait perdu la sienne neuf ans auparavant en manipulant une scie circulaire. L'opération de 14 h a eu lieu à Lyon.

RECORD DE DON DU SANG

Maurice Creswick (Afrique du Sud) a fait don de son 336e flacon de sang le 9 juillet 2003, ce qui correspond à 188,9 l. Donnant son sang depuis ses 18 ans (en 1944), soit 59 ans de suite en 2003, il détient aussi le record de **●celui qui a donné le plus de sang sur plusieurs années consécutives**.

★LE PLUS GRAND → CALCUL RÉNAL

Peter Baulman (Australie) avait un calcul rénal de 356 g qui mesurait 11,86 cm au niveau le plus large. Il fut enlevé de son rein droit en décembre 2003 au Gold Coast Hospital à Southport, Queensland (Australie).

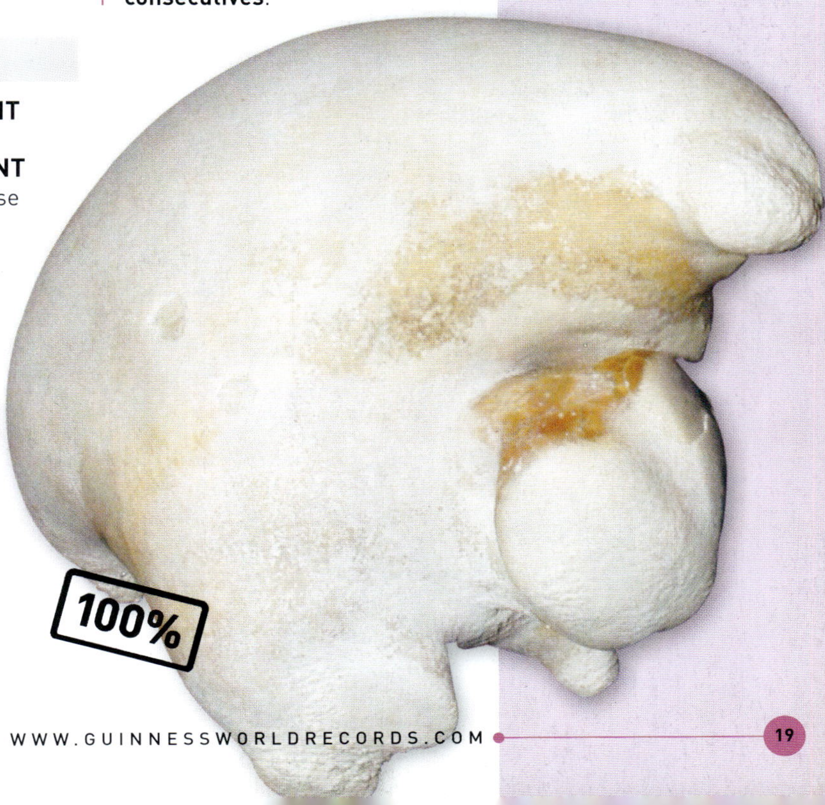

INCROYABLES SENIORS

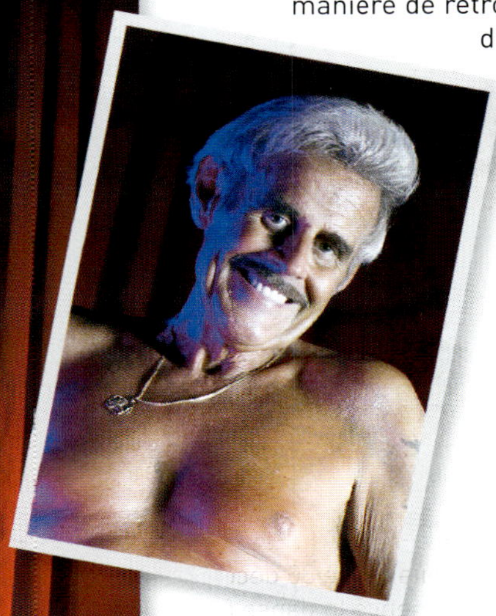

← STRIPTEASEUR

Bernie Barker (USA, né le 31 juillet 1940) a commencé sa carrière de stripteaseur en 2000 – à 60 ans – comme une manière de retrouver la forme alors qu'il se remettait d'un cancer de la prostate. Depuis qu'il a quitté son emploi d'agent immobilier, Barker, alias Silver Tom Selleck a gagné plus de 40 concours de strip-tease et se produit régulièrement dans des clubs de Las Vegas (Nevada).

LE PLUS ÂGÉ...

★ LA FEMME LA PLUS ÂGÉE À DÉCOUVRIR L'APESANTEUR

Le 22 juillet 2004, Dorothy Simpson (USA, née le 27 novembre 1924) a participé à un voyage spatial suborbital à bord du *Ilyushin IL-76*, à 79 ans et 237 jours. Le voyage était organisé par Space Adventures (USA).

★MONARQUE RÉGNANT

Taufa'ahau Tupou IV (né le 4 juillet 1918) est devenu roi de Tonga lorsque sa mère, la reine Salote Tupou III, mourut en 1965, et règne depuis lors. Il détient aussi le record **du monarque le plus gros du monde**. En septembre 1976, il pesait 209,5 kg. En 1985, il aurait maigri pour peser 139,7 kg, en 1993 il pesait 127 kg et en 1998, il avait encore minci grâce au fitness.

★ROYAL

Princesse Alice, duchesse de Gloucester (GB, née Lady Alice Christabel Montagu Douglas Scott, 1901–2004), est devenue le membre le plus âgé de la famille royale à 101 ans et 69 jours, le 20 septembre 2003. Elle mourut le 29 octobre 2004.

★COUPLE MARIÉ

Thomas Morgan (GB, né le 4 mai 1786) épousa Elizabeth (GB, née le 17 janvier 1786) à Caerleon, Wales, le 4 mai 1809. Ils furent mariés 81 ans et 260 jours jusqu'au décès d'Elizabeth, le 19 janvier 1891. Elle avait 105 ans et 2 jours et Thomas 104 ans et 260 jours, soit 209 ans et 262 jours à eux deux. Retrouvez le couple encore en vie marié depuis le plus longtemps p. 123.

★TREK AU PÔLE SUD SANS AUCUN SPONSOR

Simon Murray (GB, né le 25 mars 1940) a effectué un trek au pôle Sud à 63 ans et 309 jours. Il quitta le littoral antarctique, près de Hercules Inlet, le 2 décembre 2003 et est arrivé au pôle avec son équipier, Pen Hadow (GB), le 28 janvier 2004. Ils ont parcouru environ 1 100 km.

★RÉCIPIENDAIRE D'UN DIPLÔME HONORIS CAUSA

Bridget Dirrane (Irlande, née le 16 novembre 1894) a reçu un diplôme *honoris causa* de l'université national d'Irlande, Galway, le 18 mai 1998, à 103 ans et 183 jours. Cette distinction honorifique a été suivie par la publication d'un livre qui explore sa perception de la vie pendant plus d'un siècle.

ACTRICE

Jeanne Louise Calment (France, 1875–1997) a joué son propre rôle à 114 dans le film intitulé *Vincent and Me* (Canada, 1990) – une fiction qui raconte l'histoire d'une fille qui voyage à travers le temps pour rencontrer Vincent van Gogh. Jeanne détient **le record de longévité humaine légalement prouvée** (par des actes d'état civil), avec 122 ans et 164 jours.

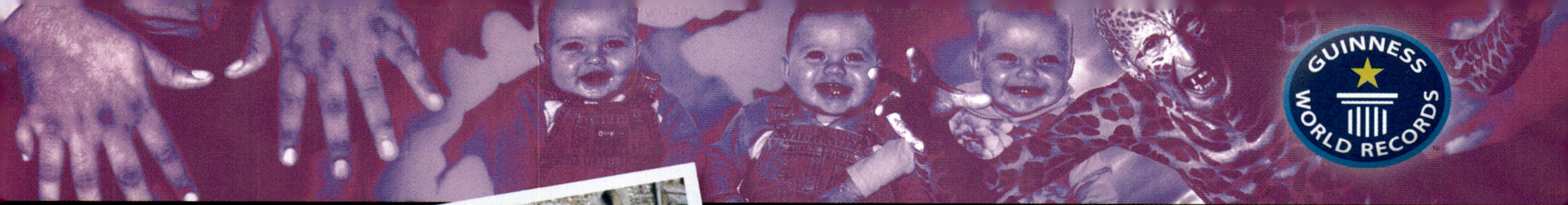

★ DEMOISELLE D'HONNEUR

Flossie Bennett (GB, née le 9 août 1902, à gauche sur la photo) fut dame d'honneur au mariage de Leonard et Edna Petchey (GB), le 6 février 1999, à l'église de St Peter, Holton, Suffolk (GB), à 97 ans et 181 jours. L'Australienne Minnie Munro détient le **record de la mariée la plus âgée**. À 102 ans, elle épousa Dudley Reid (Australie), 83 ans, à Point Clare (Australie), le 31 mai 1991.

★CHRONIQUEUR RÉGULIER

Simon Blumenfeld (GB, né le 25 novembre 1907), alias Sidney Vauncez, écrit une chronique dans le guide des spectacles et des arts *The Stage*, depuis juin 1994.

★JOUEUR DE DOMINOS

Alf Hill (GB, né le 31 août 1908), qui a soufflé ses 92 bougies en 2000, est devenu le joueur de dominos le plus âgé. Il joue dans l'équipe du pub Jolly Carter et est membre de la Ligue des joueurs de dominos et de fléchettes de Lowton, depuis plus de 25 ans.

BASE JUMPING

James Talbot Guyer (USA, né le 6 juin 1928) a effectué une chute libre en parachute à 148 m de hauteur, du Perrine Bridge, près de Twin Falls (Idaho), le 2 août 2002, à 74 ans et 47 jours.

★CHANTEUR D'OPÉRA

Luo Pinchao (Chine, né le 19 juin 1912) a commencé sa carrière de chanteur d'opéra en 1930 et se produit régulièrement à l'opéra de Canton. Il a fêté ses 93 ans sur les planches du Guandong Cantonese Opera Grand Artistic Theatre, Guangzhou (Chine), le 20 juin 2004.

★RELIGIEUSE

Sœur Julia (France, née Augustine Teissier), née le 2 janvier 1869 à Florensac, est morte à 112 ans et 66 jours, le 9 mars 1981, à Nîmes.

★BALLERINE

Charin Yuthasastrkosol (USA, née en Thaïlande le 30 décembre 1930) a commencé la danse à 47 ans et danse régulièrement depuis. Sa plus récente représentation était en l'honneur de l'ambassadeur de Thaïlande aux États-Unis, Sakthip Krairikish, au Nouveau-Mexique, le 21 juillet 2002, à 71 ans et 203 jours.

●ALPINISTES

Carl F. Haupt (USA, né le 21 avril 1926) a atteint le sommet du Kilimandjaro (Tanzanie), le 30 août 2004, à 78 ans et 131 jours. L'alpiniste le plus âgé à avoir gravi l'Everest est Yuichiro Miura (Japon, né le 12 octobre 1932), il a atteint le sommet à 70 ans et 222 jours, le 22 mai 2003.

●TITULAIRES DU PERMIS DE CONDUIRE

On a délivré le permis de conduire à Fred Hale Sr (USA, 1890–2004), en février 1995. Il a conduit jusqu'à l'expiration du document le jour de son 108e anniversaire, en 1998. Il est ainsi **l'homme le plus âgé du monde** ; il est mort à 113 ans et 354 jours, le 19 novembre 2004. On a délivré le permis de conduire à Layne Hall (USA, né le 24-25 décembre 1884 ou le 15 mars 1880), le 15 juin 1989, à 104 ans (selon l'acte de décès) ou 109 ans (selon la date de son permis de conduire). Son permis était valide jusqu'en 1993, mais il mourut le 20 novembre 1990. Maude Tull (USA), la femme la plus âgée ayant son permis de conduire, a commencé à conduire à 91 ans à la mort de son mari ; son permis a été renouvelé le 5 février 1976 alors qu'elle avait 104 ans.

★ LE CLOWN LE PLUS ÂGÉ

Andrew Beyer (USA, né le 4 mars 1918) joue le rôle du clown Bumbo depuis 1952. Le 9 novembre 2004, il est devenu le clown le plus âgé toujours en activité, à 86 ans et 250 jours. Nombre d'artistes ont vécu et joué très vieux le rôle de clown. Grock (Allemagne, 1880-1959) et Otto Griebling (Allemagne, 1896-1972) ont travaillé jusqu'à 74 ans. Lou Jacobs (Allemagne, 1903-1992) a continué jusqu'à 82 ans et Charlie Rivel (Espagne, 1896-1983) a pris sa retraite à 85 ans.

DANSEUSE DANS UNE TROUPE

La « girl » la plus âgée qui se produit régulièrement dans une troupe s'appelle Beverly Allen (USA, née le 4 novembre 1917) de Santa Maria (Californie). Membre de *The Fabulous Palm Springs Follies*, sa performance de *jitterbug* – figure où son partenaire la soulève au-dessus de sa tête puis la fait glisser sur son épaule – est devenue le clou du spectacle.

HISTOIRES DE FAMILLES

LES PLUS PETITS JUMEAUX →

Nés le 3 décembre 1951, John et Greg Rice (USA) sont de vrais jumeaux : ils mesurent 86,3 cm. Les **plus grands jumeaux** sont Michael et James Lanier (USA) et mesurent 2,235 m.

LES « SUPER » MAMANS

nom	record
Maddalena Granata (Italie, 1839-1886)	**Record de triplés** Elle a mis au monde 15 fois des triplés.
Mme F. Vassilyev (Russie, 1707-1782)	**La mère la plus féconde** En 27 accouchements, elle a mis au monde 69 enfants (16 paires de jumeaux, 7 fois des triplés et 4 fois des quadruplés). Elle détient aussi le record des quadruplés et celui des jumeaux nés de la même mère.
Merryl Thelma Fudel (née Coward, en Australie, en 1942)	**La mère la plus âgée** Elle a accouché de quadruplés. Elle a donné naissance à 3 filles et 1 garçon, le 18 avril 1998, à 55 ans et 286 jours.

LA PLUS GRANDE FRATRIE À PARTICIPER À UN MARATHON ↘

Les 11 frères et sœurs Flaherty – Terence, Kathleen, Dennis, Michael, David, Kevin, Brian, Margaret, Patricia, Gerard et Vincent (GE) – ont participé au Marathon de Londres, le 18 avril 2004.

FRATRIES

★LA PLUS GRANDE FRATRIE À ATTEINDRE L'ÂGE DE LA RETRAITE

Les 7 fils et 5 filles de John Zacher Sr (Canada, 1877–1968) et Elizabeth (Canada, 1886–1981) sont nés entre 1907 et 1929. Ils ont tous pris leur retraite en 1999. Ils avaient entre 70 et 92 ans. Les 12 filles d'Albert Scott (GB, 1889–1977) et Edith (GB, née Chittenden, 1889–1978), nées entre 1910 et 1931, ont pris leur retraite en novembre 2002. Ils avaient entre 71 et 92 ans.

●LA PLUS GRANDE FRATRIE D'ALBINOS

Des 8 enfants de George et Minnie Sesler (USA), 4 des 5 fils aînés sont atteints d'albinisme, maladie héréditaire rare. Les vrais jumeaux John et George, Kermit et Kenneth sont tous nés avec la peau translucide, les yeux bleu rosé et les cheveux blancs. Les 4 enfants de Mario et Angie Gaulin – Sarah, Christopher, Joshua et Brendan (Canada) – sont nés souffrant d'albinisme oculocutané. Leurs parents sont eux aussi atteints de cette affection et leur mère est porteuse du gène.

★LA PLUS LONGUE SÉPARATION DES MEMBRES D'UNE FRATRIE

William James Pring (GB) a retrouvé sa sœur Elsie May Ashford (GB, née Pring) le 20 novembre 1988 par l'intermédiaire de l'Armée du Salut. Ils se sont retrouvés à Londres grâce au major Colin Fairclough, exactement 81 ans après leur séparation.

★LA PLUS GRANDE FRATRIE À AVOIR SERVI PENDANT LA SECONDE GUERRE MONDIALE

Les 9 frères Albert, Jim, Harry, Arthur, Bill, Tom, Dick, Sid et Wally Windsor (GB) ont tous servi pendant la Seconde Guerre mondiale. Ils détiennent ce record avec les frères Lewtas – Edward, Robert, William, Charles, George, Harry, Matthew, Thomas et Christopher (GB) – qui ont servi dans diverses divisions des forces armées de 1939 et 1945.

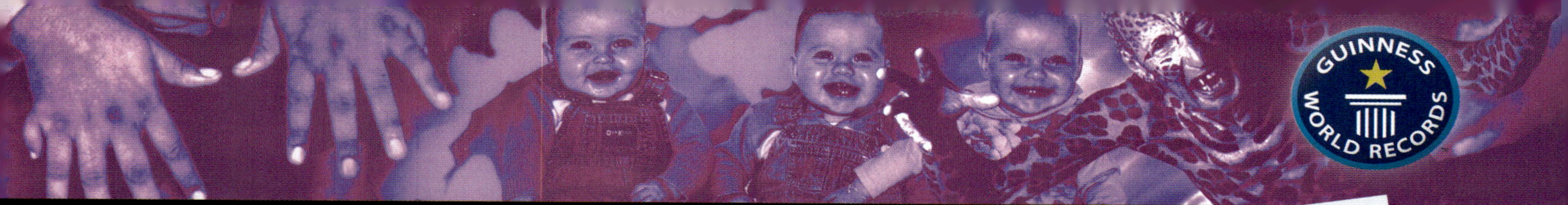

★RECORD DE DEUX PAIRES
DE JUMEAUX NÉS LE MÊME JOUR

Il existe deux cas de mère ayant mis au monde deux paires de jumeaux le même jour. Il s'agit de Laura Shelley (USA), qui a mis au monde Melissa Nicole et Mark Fredrick Julian Jr, le 25 mars 1990, et Kayla May et Jonathan Price Moore, le même jour, en 2003 (en haut, à droite). Le second cas est celui de Caroline Cargado (USA), la mère de Keilani Marie et Kahleah Mae, nées le 30 mai 1996, et de Mikayla Anee et Malia Abigail, nées le même jour, en 2003 (en bas, à droite). →

GÉNÉALOGIE

LE PLUS LONG ARBRE GÉNÉALOGIQUE

La lignée de Confucius (Chine, 551–479 av. J.-C.) détient le record du plus long arbre généalogique de tous les temps. Son arrière-arrière-arrière-arrière grand-père, Kung Chia, vivait au VIIIe siècle av. J.-C. Kung Chia a 86 descendants directs.

LE PLUS DE DESCENDANTS

Dans les pays polygames, le nombre de descendants est presque incalculable. À sa mort, le 15 octobre 1992, Samuel S. Mast (USA), alors âgé de 96 ans, avait 824 descendants encore vivants : 11 enfants, 97 petits-enfants, 634 arrière-petits-enfants et 82 arrière-arrière-petits-enfants.

LE DESCENDANT LE PLUS ÉLOIGNÉ RETROUVÉ PAR ADN

Adrian Targett (GB) descend directement, du côté maternel, de l'homme de Cheddar, un homme fossilisé de 9 000 ans, l'un des hommes fossilisés les plus âgés (dont le squelette est complet) retrouvés au Royaume-Uni. Ce lien s'étend sur 300 générations.

★RECORD DE GÉNÉRATIONS VIVANT EN MÊME TEMPS

Le plus grand nombre de générations au sein d'une famille à vivre au même moment est de 7. Augusta Bunge (USA), la **plus jeune arrière-arrière-arrière-arrière-grand-mère**, a 109 ans et 97 jours. Sa fille a 89 ans, sa petite-fille 70 ans, son arrière-petite-fille 52 ans, son arrière-arrière-petite-fille 33 ans et son arrière-arrière-arrière-petite-fille avait 15 ans à la naissance de son arrière-arrière-arrière-arrière-petit-fils, le 21 janvier 1989.

ADOPTION

★LES PARENTS ADOPTIFS LES PLUS ÂGÉS

Frances Ensor Benedict (USA, née le 11 mai 1918) avait 83 ans et 329 jours quand elle a adopté Jo Anne Benedict Walker (USA), le 5 avril 2002, à Putnam County (Tennessee).

★LA PERSONNE ADOPTÉE LA PLUS ÂGÉE

Jo Anne Benedict Walker (USA) avait 65 ans et 224 jours quand elle fut adoptée par Frances Ensor Benedict (USA), le 5 avril 2002, à Putnam County (Tennessee).

→ DÉCOUVREZ VITE P. 21 LA MARIÉE LA PLUS ÂGÉE DU MONDE !

●NOMBRE RECORD D'ENFANTS NÉS D'UN MÊME ACCOUCHEMENT →

Bobbie McCaughey (USA) a donné naissance par césarienne à des septuplés, le 19 novembre 1997, au Blank Children's Hospital, Des Moines (Iowa). Kenneth, Nathaniel, Brandon, Joel, Kelsey, Natalie et Alexis pesaient à la naissance entre 1 048 g et 1 474,3 g. Le 14 janvier 1998, Hasna Mohammed Humair (Arabie Saoudite) a mis au monde 4 garçons et 3 filles nés prématurément au Abha Obstetric Hospital, Aseer. Le plus petit bébé pesait 907 g.

PARTIES DU CORPS

→

LA PEAU LA PLUS ÉLASTIQUE

Garry Turner (GB) peut étirer sa peau jusqu'à 15,8 cm. Il souffre du syndrome d'Ehlers Danlos, une maladie affectant les tissus conjonctifs de la peau, des ligaments et des organes internes. Il détient aussi le record ● **du plus grand nombre de pinces à linge accrochées sur le visage**, soit 159 au total.

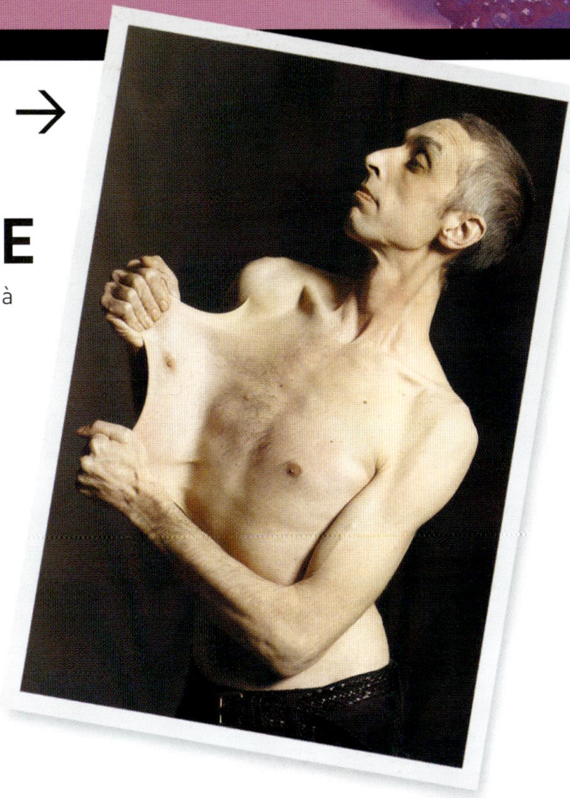

UNE TAILLE IMPRESSIONNANTE...

POITRINE

Annie Hawkins-Turner (USA) a un tour de buste de 109,22 cm et un tour de poitrine de 177,8 cm. Elle porte actuellement un soutien-gorge 135 bonnet I, mais elle aurait besoin d'un 125 bonnet V, introuvable sur le marché.

PIEDS

Robert Wadlow (USA), le plus grand homme ayant jamais vécu, chaussait du 72, ce qui correspond à des pieds de 47 cm.

★ BOUCHE

Lorsque J. J. Bittner (USA) ouvre la bouche au maximum, la longueur entre le sommet des incisives centrales de son maxillaire inférieur et celui des incisives centrales de son maxillaire supérieur est de 8,4 cm.

UNE LONGUEUR RECORD...

BARBE

Le 18 août 1997, la barbe de Shamsher Singh (Inde) mesurait 1,83 m. La femme ayant la plus longue barbe est Vivian Wheeler (USA) : sa barbe atteignait récemment 27,9 cm.

★ LOBES D'OREILLES

Monte Pierce (USA) peut étirer son lobe gauche jusqu'à 12,7 cm et le droit jusqu'à 11,43 cm. Pour connaître les records de longueur de lobes d'oreille, reportez-vous à l'article sur les tribus du Sud-Est asiatique, p. 52.

QUELQUES RECORDS

Le cerveau le plus lourd
En décembre 1992, le docteur George Mandybur (USA) de l'université de Cincinnati (Ohio) a rapporté le cas d'un Américain de 30 ans dont le cerveau pèse 2,3 kg. Un cerveau pèse normalement de 1,3 à 1,4 kg.

★ Le plus long poil de sourcil
Un poil du sourcil gauche de Franklin Ames (USA) mesuré le 26 février 2004 atteignait 7,81 cm.

Les yeux les plus exorbités
Kim Goodman (USA) peut faire sortir ses globes oculaires jusqu'à ce qu'ils dépassent de leur orbite de 11 mm.

★ Le cil le plus long
Mark Gordon (USA) possède un cil blanc sur sa paupière gauche qui, lorsqu'il a été mesuré le 4 juin 2004 à Batavia (Ohio), atteignait 4 cm.

Le plus long poil d'oreille
Radhakant Bajpai (Inde) possède des poils poussant à l'extérieur de ses oreilles (au centre du pavillon) qui mesurent jusqu'à 13,2 cm.

Le nez le plus long à l'heure actuelle
Mehmet Ozyurek (Turquie) a un nez de 8,8 cm de long de la racine à la pointe. Il a été mesuré dans sa ville natale d'Artvin, le 31 janvier 2001.

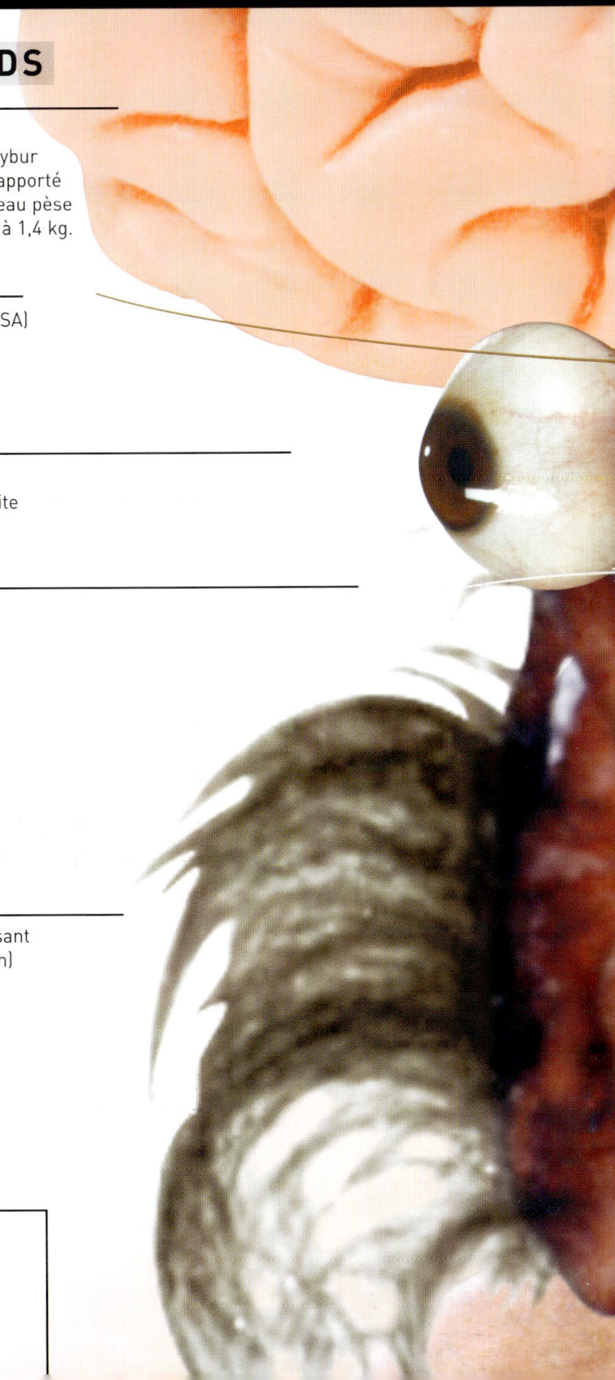

MAINS
Les mains de Robert Wadlow (USA) mesuraient 32,3 cm du poignet à l'extrémité du majeur.

★ DENTS
En janvier 2005, une dent extraite de la bouche de Mark Henry (Canada) mesurait 1,2 cm de large.

TAILLE
À son poids maximal (545 kg), Walter Hudson (USA) avait un tour de taille de 302 cm.

● CHEVEUX
Xie Qiuping (Chine) a les cheveux les plus longs du monde. Le 8 mai 2004, ils mesuraient 5,627 m. Elle les laisse pousser depuis 1973, l'année de ses 13 ans.

★ DENTS DE LAIT
Le 9 avril 2004, Daniel Valdes (USA) a subi l'extraction de trois dents de lait, à Westlake (Ohio). La plus longue mesurait 1,69 cm, et sa couronne atteignait 0,5 cm.

● NOMBRE RECORD DE DOIGTS ET D'ORTEILS D'UNE PERSONNE

Tribhuwan et Triloki Yadav (Inde), deux frères atteints de polydactylie, ont des mains ayant 5 doigts et 1 pouce et des pieds ayant 6 orteils.

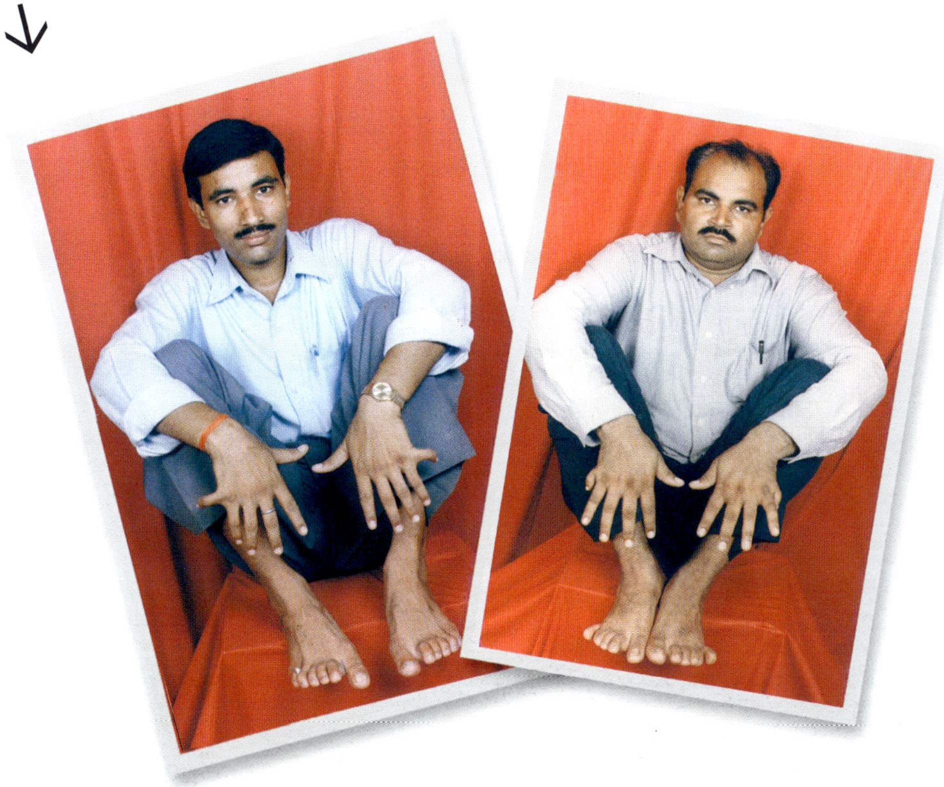

Le nez le plus long de l'histoire
Selon certains comptes-rendus historiques, Thomas Wedders qui vivait en Angleterre vers 1770 et faisait partie d'un cirque ambulant avait un nez de 19 cm.

La langue la plus longue
Stephen Taylor (GB) a une langue de 9,4 cm de l'extrémité à sa lèvre supérieure lorsque sa bouche est fermée. Elle a été mesurée au centre médical Westwood de Coventry, dans le Warwickshire (GB), le 29 mai 2002.

L'orteil le plus long
Si l'on exclut les personnes atteintes d'éléphantiasis, Matthew MacGrory (USA) a des orteils de 12,7 cm. Il est également la personne vivante ayant les pieds les plus larges.

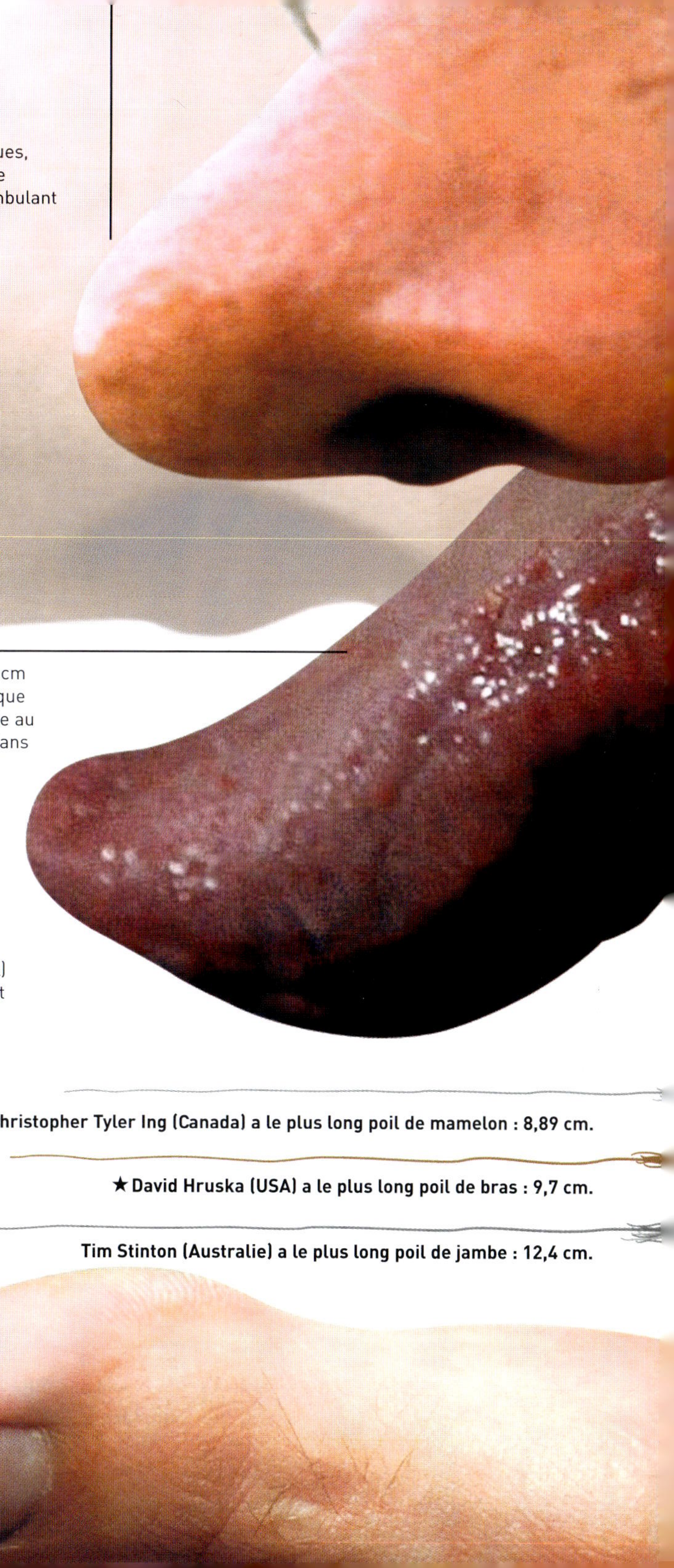

★ Christopher Tyler Ing (Canada) a le plus long poil de mamelon : 8,89 cm.

★ David Hruska (USA) a le plus long poil de bras : 9,7 cm.

Tim Stinton (Australie) a le plus long poil de jambe : 12,4 cm.

EXPLOITS HUMAINS

SOMMAIRE

LE RÉGIME LE PLUS ÉTONNANT

Michel Lotito (France) porte le surnom de Monsieur Mange-tout. Il avale depuis 1969 du verre et du métal. Depuis 1966, il a mangé 18 bicyclettes, 15 caddies, 7 télévisions, 6 lustres, 2 lits, 1 paire de skis, 1 ordinateur et 1 avion léger Cessna. Il a aussi démontré qu'un cercueil peut se trouver à l'intérieur d'un homme... Le bilan en octobre 1997 : Monsieur Mange-tout a englouti près de 9 t de métal. Malgré sa constitution de fer, il affirme que les bananes et les œufs durs le rendent malade.

VOYAGES ÉPIQUES

← LE PLUS LONG VOYAGE EN FAUTEUIL ROULANT

Rick Hansen (Canada), paraplégique depuis 1973, suite à un accident de moto, a parcouru en fauteuil roulant 40 075 km sur quatre continents et traversé 34 pays. Il commença son périple à Vancouver, Colombie-Britannique (Canada), le 21 mars 1985, et le boucla au même endroit le 22 mai 1987.

LE PLUS LOIN...

→ DÉCOUVREZ P. 32 LE PREMIER VOYAGE MARITIME AUTOUR D'UN CONTINENT !

N. B. : pour des raisons de sécurité routière, le Guinness World Records ne contrôle plus les records de vitesse effectués d'un point à un autre sur la voie publique.

● LE PLUS LONG VOYAGE EN VOITURE

Depuis le 16 octobre 1984, Emil et Liliana Schmid (Suisse) ont fait plus de 587 000 km à bord de leur Toyota Land Cruiser, et ont traversé plus de 150 pays et territoires.

★LE PLUS LONG VOYAGE EN POUSSANT UNE BROUETTE

Bob Hanley (Australie) a commencé à pousser sa brouette à travers l'Australie le 24 avril 1975 et a terminé son périple le 6 mai 1978 – après 14 500 km. Il commença et termina son voyage à Sydney, en passant par Townsville, Alice Springs, Perth, Adélaïde et Melbourne.

● LE PLUS LONG PARCOURS AVEC UN SCOOTER DES NEIGES SUR L'EAU

Tory Allan (Canada) a parcouru sans s'arrêter 25,26 km sur le Last Mountain Lake, Saskatchewan (Canada), sur un scooter des neiges, le 3 septembre 2004.

● LE PLUS LONG VOYAGE EN TRACTEUR

Vasiliy Hazkevich (Russie) a parcouru 5 512 km sur un tracteur du 12 juin au 5 juillet 2004, en commençant et en terminant son voyage à Novosibirsk (Russie).

LE PLUS LONG VOYAGE EN SKATE-BOARD

Er juillet 1976 et de nouveau en juillet 1984, Jack Smith (USA) a parcouru un peu moins de 4 830 km entre Lebanon (Oregon) et Williamsburg (Virginie).

★LE PLUS LONG VOYAGE EN AQUABIKE

Paul Fua, Lynden Parmenter et Randall Jones (Australie) ont fait le tour d'Australie – 6 478 km – en 106 jours, à partir du 20 août 2000, en aquabike.

↑ LE PLUS LONG VOYAGE EN CANOT DE SAUVETAGE

Sir Ernest Shackleton (GB) et ses 28 membres d'équipage abandonnèrent *L'Endurance*, pris dans les glaces de l'Antarctique, pour rejoindre, à bord de trois canots, Elephant Island (160 km au nord). Avec cinq de ses hommes, à bord du plus grand canot, il fit 1 300 km en 17 jours et rejoignit l'île de Géorgie-du-Sud, le 19 mai 1916 où, après 10 jours de marche, il arriva à une station baleinière. Les hommes restés sur Elephant Island furent tous secourus.

LES TRAVERSÉES DE L'ATLANTIQUE LES PLUS RAPIDES

MOYEN DE TRANSPORT	NOM DE L'EMBARCATION	PILOTE/COMMANDANT	ROUTE	DATE	DURÉE
Aquabike/PWC	–	Alvaro de Marichalar (Espagne)	les îles Canaries – Antigua	04-21/05/2002	17 jours 1 h 11 min
Hors-bord	Destriero	Cesare Fiorio (Italie)	New York (USA) – Cornwall (GB)	06-09/08/1992	2 jours 10 h 32 min
Avion	SR-71 Blackbird	Maj. J Sullivan & N Widdifield (USA)	New York (USA) – Londres (GB)	01/09/1973	1 h 54 min 56 s
Avion commercial	BA Concorde	Leslie Scott (GB)	JFK (New York) – Heathrow (Londres)	07/02/1996	2 h 52 min 59 s
Yacht	Playstation	Steve Fossett (USA)	New York (USA) – Cornwall (GB)	10/10/2001	4 jours 17 h 28 min
Yacht monocoque	Mari-Cha IV	Robert Miller (GB)	New York (USA) – Cornwall (GB)	02-09/10/2003	6 jours 17 h 52 min
Planche à voile	–	Sergio Ferrero (Italie)	les îles Canaries – La Barbade	06-30/06/1982	24 jours
Sur flotteurs	–	Remy Bricka (France)	les îles Canaries – Trinidad	02/04-31/05/1988	59 jours

★ NOUVEAU RECORD ● MISE À JOUR

★LA TRAVERSÉE DE LA MANCHE LA PLUS RAPIDE EN VÉHICULE AMPHIBIE

Sir Richard Branson (GB) « a conduit » une Gibbs Aquada, conforme au code de la sécurité routière, entre Douvres (GB) et Calais (France), en 1 h 40 min et 60 s, le 14 juin 2004.

←

LE PLUS LONG TRAJET À VÉLO EFFECTUÉ PAR UN INDIVIDU

Walter Stolle (Allemagne), conférencier, a parcouru plus de 646 960 km à vélo, du 24 janvier 1959 au 12 décembre 1976. Il est parti de Romford, Essex (GB) et a visité 159 pays.

LE PLUS RAPIDE...

TOUR DU MONDE EN VOITURE

Le premier homme et la première femme à détenir le record de vitesse du tour du monde en voiture à travers six continents, selon le règlement en vigueur en 1989 et 1991 qui prévoit une distance parcourue supérieure à celle de l'équateur (40 075 km), est détenu par Saloo Choudhury et sa femme Neena Choudhury (tous deux indiens). Leur voyage a duré 69 jours 19 h 5 min, du 9 septembre au 17 novembre 1989. Le couple conduisait une Hindustan « ContessaClassic » 1989, départ et arrivée à Delhi.

★VOYAGE À PIED À TRAVERS L'AUSTRALIE

David Parker (GB) a traversé l'Australie à pied, en partant de Cottesloe Beach, Perth, jusqu'à Bondi Beach, Sydney, New South Wales, en 69 jours 11 h 28 min, du 1er juillet au 8 septembre 1998.

★VOYAGE EN MONOCYCLE À TRAVERS L'AUSTRALIE

Entre le 30 juin et le 20 août 1985, Hanspeter Beck (Australie) a parcouru 6 237,96 km sur son monocycle de Port Hedland (Australie-Occidentale) à Melbourne (Victoria), en 51 jours 23 h 25 min.

★TRAVERSÉE SOUS-MARINE DE LA MANCHE

Le 28 juillet 1962, Simon Paterson (GB) a effectué la traversée de la Manche en nageant sous l'eau avec un tuyau d'air fixé à son bateau pilote. Il a effectué la traversée – plus de 35 km – en 14 h 50 min.

VOYAGE À PIED SUR LA ROUTE PANAMÉRICAINE

Du 26 janvier 1977 au 18 septembre 1983 (2 426 jours), George Meegan (GB) a parcouru à pied 30 431 km, d'Ushuaia (Argentine), la ville la plus au sud de l'Amérique du Sud, à Prudhoe Bay (Alaska), lieu situé à l'extrême nord des États-Unis.

★COURSE CYCLISTE ENTRE CAPE TOWN ET LE CAIRE

Chris Evans, David Genders, Michael Kennedy (GB), Paul Reynaert (Belgique), Jeremy Wex, Steve Topsham, Scotty Robinson, Andrew Griffin (Canada) et Sascha Hartl (Autriche) ont parcouru 10 957 km à vélo, du Caire (Égypte) à Cape Town (Afrique du Sud), en 119 jours 1 h 32 min, du 18 janvier au 17 mai 2003, lors du premier Tour d'Afrique.

★LE PLUS LONG PARCOURS À VÉLO À MAIN ↓

Paraplégique suite à un accident de la route en 2000, David Abrutat (GB), ancien militaire de la Royal Air Force, a parcouru 5 421,34 km à vélo à main le long du littoral britannique. Parti de Tower Bridge (Londres), le 10 mai 2002, il a bouclé la boucle le 5 août 2002.

EXPÉDITIONS

← ★CONDUITE EN ALTITUDE

Le 29 janvier 2005, Rainer Zietlow et Ronald Bormann (Allemagne) ont conduit une Volkswagen Touareg SUV standard sur les pentes du volcan Ojos del Salado, à 6 081 m au-dessus du niveau de la mer, à la frontière entre le Chili et l'Argentine. Ils ont atteint une altitude supérieure à celle du camp de base de l'Everest qui se trouve à 5 500 m ou à celle du Kilimanjaro, le plus haut sommet d'Afrique, qui culmine à 5 895 m.

La montagne des montagnes
Exigeant des ascensions très techniques, dans des conditions climatiques extrêmes, le K2 passe pour être plus difficile à escalader que l'Everest. Si ce dernier a été gravi par près de 1 200 personnes, seuls 200 alpinistes ont conquis le K2. Il n'est donc pas étonnant que Reinhold Messner, alpiniste de légende, l'ait baptisé la « montagne des montagnes ».

L'EVEREST ET LE K2

LA PLUS RAPIDE ASCENSION DE L'EVEREST PAR LE VERSANT NORD

Entre le 23 et le 24 mai 1996, Hans Kammerlander (Italie) a mis 16 h et 45 min pour atteindre le sommet de la montagne (8 850 m) en partant du camp de base.

●LA PLUS RAPIDE ASCENSION DE L'EVEREST PAR LE VERSANT SUD

Le 21 mai 2004, le sherpa Pemba Dorje (Népal) s'est hissé du camp de base au sommet en 8 h et 10 min, réalisant **l'ascension de l'Everest la plus rapide**.

RECORD D'ASCENSIONS DE L'EVEREST

Le sherpa Apa (Népal) a réussi sa 14e ascension du sommet le 17 mai 2004.

PREMIÈRE ASCENSION EN SOLITAIRE DE L'EVEREST

Reinhold Messner (Italie) a mis 3 jours pour parcourir en solitaire et sans bouteille d'oxygène la distance séparant le camp de base avancé de l'Everest à 6 500 m d'altitude au sommet, le 20 août 1980.

★LE PLUS GRAND NOMBRE D'ENFANTS D'UNE MÊME FAMILLE SUR L'EVEREST

En mars 2003, deux frères népalais, les sherpas Nima Gombu et Mingma Tsiri, ont gravi 8 fois l'Everest. Le même mois, leurs frères, les sherpas Ang Tsering et Nima Temba, ont effectué la même ascension.

★LA PREMIÈRE ASCENSION DU K2

Le 31 juillet 1954, Achille Compagnoni et Lino Lacedelli (Italie) ont gravi le K2, 2e plus haut sommet du monde (8 611 m). Les deux hommes faisaient partie de l'équipe italienne conduite par Ardito Desio. Le K2 est à la frontière entre le Pakistan et la Chine. C'est l'un des sommets de la chaîne du Karakoram.

LE PÔLE NORD ET L'ARCTIQUE

★LE PLUS RAPIDE PARCOURS À SKI RÉALISÉ PAR DES FEMMES

Catherine Hartley et Fiona Thornewill (GB) ont mis 55 jours pour gagner le pôle Nord, du 11 mars au 5 mai 2001. Elles sont parties de l'île de Ward-Hunt (Canada), et ont été ravitaillées en cours de route.

LA PREMIÈRE EXPÉDITION EN SOLITAIRE AU PÔLE NORD

Naomi Uemura (Japon) est la première personne à avoir atteint le pôle Nord en solitaire, le 1er mai 1978. Parti le 7 mai du Cap Edward, sur l'île d'Ellesmere (Canada), il a traversé l'océan Arctique et parcouru 725 km.

★LE PLUS RAPIDE TREK JUSQU'AU PÔLE NORD EN SOLITAIRE, SANS ASSISTANCE

Entre le 2 mars et le 23 avril 1994, Børge Ousland (Norvège) a mis 52 jours pour aller à ski de l'archipel de Sévernaïa Zemlia (Russie) au pôle Nord. C'était la **première personne à effectuer une pareille expédition en solitaire et sans assistance**. Il n'a utilisé ni engin motorisé ni parafoil (type de cerf-volant).

★LA PLUS RAPIDE TRAVERSÉE SANS ASSISTANCE DE L'ARCTIQUE

Torry Larsen et Rune Gjeldnes (Norvège) ont traversé l'océan Arctique, via le pôle Nord en 109 jours, sans aucune assistance. Ils sont partis de l'archipel de Sévernaïa Zemlia (Russie), le 15 février 2000 et sont arrivés sur l'île d'Ellesmere (Canada), le 3 juin 2000.

← ★K2 : PREMIÈRE ASCENSION PAR UNE FEMME

Le 23 juin 1986, Wanda Rutkiewicz (Pologne) a atteint le sommet du K2, la 2e montagne la plus haute du monde. Elle est la première femme à escalader ce pic de 8 611 m.

←★LA PLUS JEUNE PERSONNE AYANT EFFECTUÉ UN TREK AU PÔLE SUD

Sarah Ann McNair-Landry (USA/Canada, à l'extrême gauche) avait 18 ans quand elle est parvenue au pôle Sud le 11 janvier 2005, sans chiens de traîneau ni véhicules motorisés. Elle a parcouru 1 100 km en s'aidant d'un cerf-volant, dans le cadre d'une expédition conduite par sa mère, Matty McNair (à droite), guide spécialisé dans le trekking polaire. Son frère, Éric (au milieu), 20 ans, faisait aussi partie de l'équipée.

★LE PLUS RAPIDE TREK FÉMININ SANS AIDE JUSQU'AU PÔLE NORD

Tina Sjögren et son mari Thomas Sjögren (Suède) ont accompli cette randonnée en 68 jours, entre le 22 mars et le 29 mai 2002. Ils sont partis de l'île de Ward-Hunt (Canada) et n'ont reçu aucune aide durant leur trajet.

PÔLE SUD ET ANTARCTIQUE

LA PLUS RAPIDE TRAVERSÉE DE L'ANTARCTIQUE EN SOLITAIRE

Børge Ousland (Norvège) a fait cette traversée de 2 690 km en 64 jours, du 15 novembre 1996 au 18 janvier 1997. Il a tiré son traîneau de vivres et de matériel de 185 kg, de l'île de Berkner, dans la mer de Weddell, à la base Scott de la station McMurdo.

★LE PLUS JEUNE HOMME AYANT TRAVERSÉ L'ANTARCTIQUE EN SOLITAIRE

À 26 ans, le 20 décembre 1998, Ola Skinnarmo (Suède) est parvenu sans aucune assistance à la base Scott de la station McMurdo dans l'Antarctique au terme de 47 jours de marche. Ayant parcouru 1 200 km à ski en tirant un traîneau de 120 kg, il est arrivé avec 10 jours d'avance sur la date prévue.

★LE PLUS RAPIDE VOYAGE SANS ASSISTANCE AU PÔLE SUD

Børge Ousland (Norvège) est allé jusqu'au pôle Sud à ski, en s'aidant d'un parafoil, entre le 15 novembre et le 19 décembre 1996. Il a mis 34 jours pour faire ce parcours en solitaire, sans bénéficier d'aucune aide.

★LE PLUS RAPIDE VOYAGE TERRESTRE JUSQU'AU PÔLE SUD

L'aventurier Shinji Kazama (Japon) s'est rendu des Patriot Hills, sur le littoral antarctique, jusqu'au pôle Sud, sur une moto Yamaha conçue pour ce voyage accompli en 24 jours, du 10 décembre 1991 au 3 janvier 1992. Il était escorté par une motoneige transportant du matériel d'urgence, qui l'a aidé quand le terrain était trop accidenté.

→ QUELLE EST LA DISTANCE LA PLUS LONGUE JAMAIS PARCOURUE SUR UNE AUTRE PLANÈTE ? VOUS TROUVEREZ LA RÉPONSE P. 104.

LE PLUS RAPIDE VOYAGE EN SOLITAIRE JUSQU'AU PÔLE SUD →

Fiona Thornewill (GB) s'est rendue à pied et à ski de la crique d'Hercules, au bord du continent antarctique, jusqu'au pôle Sud, en 41 jours 8 h et 14 min, du 30 novembre 2003 au 10 janvier 2004. Elle a tiré un traîneau de vivres de 130 kg (qui ne pesait plus que 45 kg à l'arrivée), parcourant en moyenne 27,3 km par jour.

TOURS DU MONDE

★LE PLUS RAPIDE TOUR DU MONDE LE LONG DE L'ÉQUATEUR SANS ENGIN MOTORISÉ

Mike Horn (Afrique du Sud) a effectué ce voyage en vélo, en pirogue, à bord d'un trimaran, puis à pied en 513 jours, entre le 2 juin 1999 et le 27 octobre 2000. Il a commencé et achevé son périple près de Libreville (Gabon). Son tour du monde comportait 6 étapes : il a d'abord navigué sur l'Atlantique, le Pacifique et l'océan Indien, avant de traverser l'Amazonie et l'Afrique centrale.

LA COURSE À LA VOILE LA PLUS ANCIENNE →

La Volvo Ocean Race est la plus ancienne course à la voile. Elle se tient tous les quatre ans. Elle eut lieu la première fois en 1973 sous le nom de Whitbread, nom qu'elle garda jusqu'en 2001-2002. La prochaine course débutera en novembre 2005 à Vigo (Espagne), et s'achèvera à Goteborg (Suède), en juin 2006.

●LE PLUS RAPIDE TOUR DU MONDE À LA VOILE EN SOLITAIRE →

Ellen MacArthur (GB) a fait le tour du monde en 71 jours 14 h 13 min et 33 s, du 28 novembre 2004 au 7 février 2005, à bord du trimaran *B & Q*. Partie de Ouessant, elle a contourné le cap de Bonne-Espérance (Afrique du Sud), puis s'est dirigée vers le sud de l'Australie, a fait le tour du cap Horn (Chili), avant de regagner Ouessant.

EN BATEAU

●LE PLUS RAPIDE TOUR DU MONDE À LA VOILE EN ÉQUIPAGE

Il fut réalisé par Bruno Peyron (France) avec un équipage de 14 marins, en 50 jours 16 h 20 min et 4 s, à bord du maxi-catamaran *Orange II*, entre le 24 janvier et le 16 mars 2005. Le périple débuta et s'acheva à Ouessant.

LE PREMIER TOUR DU MONDE

Le 9 septembre 1522, après avoir fait le tour du monde, le vaisseau espagnol *Vittoria*, placé sous le commandement du navigateur espagnol Juan Sebastian de Elcano, atteignit Séville. Il avait pris la mer en 1519 en compagnie de quatre autres vaisseaux, dans le cadre d'une expédition conduite par Ferdinand Magellan (Portugal). Après avoir contourné le cap Horn et traversé le Pacifique via les Philippines, il longea le cap de Bonne-Espérance et revint en Europe. Ce fut le seul bateau qui arriva à bon port.

★LA PLUS LONGUE SÉRIE DE TOURS DU MONDE À LA VOILE

Jon Sanders (Australie) a réalisé 3 tours du monde en solitaire à la voile, sans escale, à bord du *Parry Endeavour*, son sloop de 13,9 m, en 657 jours. Parti le 25 mai 1986 de Fremantle (Australie), il est revenu le 13 mars 1988. Il a fait un tour du monde en allant vers l'ouest et deux vers l'est.

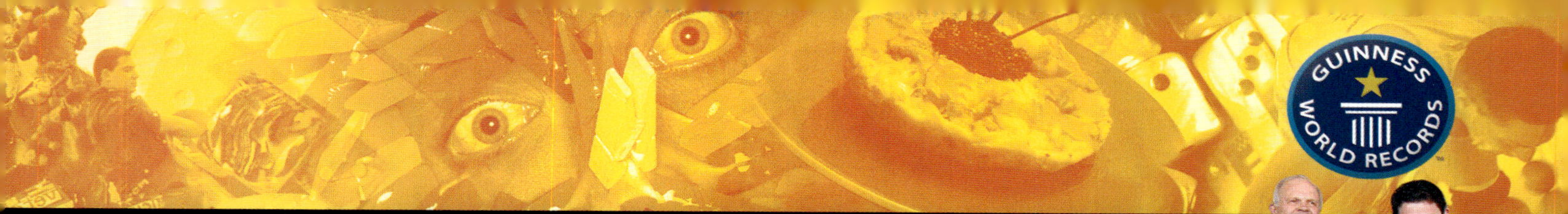

★ NOUVEAU RECORD ● MISE À JOUR

LA PLUS LONGUE COURSE À LA VOILE EN SOLITAIRE

Le Vendée Globe Challenge débute et s'achève aux Sables-d'Olonne (France). Les voiliers doivent parcourir 22 500 milles nautiques (soit 41 652 km) sans escale.La course est destinée aux monocoques de 15 à 18 m, manœuvrés par un seul marin.

DANS L'AIR

★LE PREMIER TOUR DU MONDE EN SOLITAIRE EN BALLON

Entre le 19 juin et le 2 juillet 2002, Steve Fossett (USA) a fait le tour du globe à bord du *Bud Light Spirit of Freedom*, un ballon de 42,6 m de haut, gonflé par un mélange de gaz. Il a décollé de Northam (Australie), et a atterri à Eromanga, dans le Queensland, après avoir parcouru 33 195 km.

★LE PLUS GRAND NOMBRE DE VOLS AUTOUR DU MONDE

Le cosmonaute Sergueï Avdéiev (Russie) a décrit 11 968 orbites autour de la Terre durant sa carrière. Il détient le record du **temps le plus long passé dans l'espace** (voir p. 109).

★LE TOUR DU MONDE LE PLUS RAPIDE À BORD D'UN AVION À HÉLICES

Joe Harnish et David Webster (USA) ont fait le tour du monde à bord d'un avion à turbo propulseur, le Gulfstream Commander 695A twin, à la vitesse moyenne de 490,51 km/h, entre les 21 et 24 mars 1983. Ils ont décollé et atterri à Eckhart (Californie).

STEVE FOSSETT

Steve Fossett (USA, à gauche) est la première personne à avoir fait le tour du monde en avion sans escale, en 67 h et 1 min, entre le 1er et le 3 mars 2005. Son voyage a débuté et s'est terminé à Salina (Kansas). Construit par Scaled Composites (USA), son avion, le *Virgin Atlantic Global Flyer* (ci-dessous), était équipé d'un seul réacteur turbofan et transportait 5 t de carburant.

Quel est votre premier record ?
J'ai réalisé le tour d'Irlande à la voile en 45 h, en septembre 1993, alors que le précédent record était de 72 h !

Comment vous préparez-vous à ces tentatives de record d'endurance ?
Je cours beaucoup et j'essaie de faire de l'exercice tous les jours. Parfois, j'ai besoin de m'habituer à l'altitude. Ainsi, j'ai suivi un régime spécial pauvre en fibres.

Quel est votre prochain défi ?
Piloter un planeur dans la stratosphère. Je devrai porter une combinaison spatiale et collaborerai une fois de plus avec la NASA. Le record d'altitude actuel pour un planeur est 15 000 m.

Quels sont vos héros ?
Les explorateurs du pôle. J'aime surtout Shackleton, mais aussi Nansen qui est le premier à avoir traversé le Groenland sans déplorer aucune perte humaine.

Quand avez-vous été le plus en danger ?
En août 1998, un orage a provoqué la rupture de mon ballon à 8 800 m. Je suis tombé dans la mer de Corail. J'ai réussi à ralentir la chute du ballon, ce qui m'a sauvé.

De quel record êtes-vous le plus fier ?
De mon premier tour du monde en solitaire en ballon. J'y suis parvenu après 8 ans de travail et 6 tentatives. J'étais le seul à pouvoir manœuvrer une montgolfière et supporter la solitude.

★LE TOUR DU MONDE LE PLUS RAPIDE VIA LES DEUX PÔLES

Le capitaine Walter H. Mullikin (USA) a accompli ce trajet à bord d'un boeing 747 SP en 54 h 7 min et 12 s (avec des escales pour se ravitailler en carburant), entre les 28 et 31 octobre 1977. Son voyage a débuté et s'est achevé à San Francisco (Californie).

●LE TOUR DU MONDE LE PLUS RAPIDE AU MOYEN DE VOLS RÉGULIERS, VIA LES SIX CONTINENTS

Entre les 6 et 8 juillet 2004, Michael Quandt (Allemagne), rédacteur du journal *Bild am Sonntag*, a fait le tour du monde en empruntant des vols réguliers et en faisant des escales sur les six continents, en 66 h et 31 min. Parti de Singapour, il est passé par Sydney, Los Angeles, Houston, Caracas, Londres, Le Caire et Kuala Lumpur, avant de revenir à Singapour.

FORCE & ENDURANCE

← ★LE POIDS LE PLUS LOURD SOULEVÉ AVEC LA LANGUE

Thomas Blackthorne (GB) a soulevé 11,025 kg sur le plateau de *Guinness World Records : 50 Ans, 50 Records* aux London Television Studios (GB), le 11 septembre 2004.

●RECORD DE HAUTEUR SUR UNE MACHINE À GRIMPER EN 1 H

Neil Rhodes (GB) a gravi 2 238,75 m, tout en portant un sac à dos de 18 kg, au Cannon's Health Club, Yeovil, Somerset (GB), le 2 novembre 2004.

★RECORD DU LANCER DE FÛT DE BIÈRE (PAR UNE FEMME)

Heini Koivuniemi (Finlande) a lancé un fût de bière pression de 12,3 kg par-dessus un bar de 3,46 m, le 9 août 2001. Juha Rasanen (Finlande) a lancé un fût de bière pression de 12,3 kg par-dessus un bar de 6,93 m, le 21 septembre 2001, c'est **le lancer de fût de bière le plus haut réalisé par un homme.**

★LE POIDS LE PLUS LOURD SOULEVÉ AVEC L'OREILLE

Zafar Gill (Pakistan) a soulevé des haltères de 51,7 kg à l'aide d'une pince attachée à son oreille droite pendant 7 s, le 26 mai 2004, à Lahore (Pakistan).

LA PLUS LONGUE SUSPENSION À 4 DOIGTS

Le 14 mai 2002, Daniel Dulac (France) est resté suspendu à une barre avec deux doigts de chaque main pendant 2 min et 18,1 s.

●LE PLUS LONG MAINTIEN EN POSITION DE CROIX (10 KG)

Bras tendus latéralement, Yannick Olivier (France) a soulevé un haltère de 10 kg dans chaque main pendant 1 min et 18 s, sur le plateau de *L'Été de tous les records*, à Bénodet (France), le 3 août 2004.

RECORD DE FORCE

Le 24 mai 2002, Frederick Nicholas (France) a remporté une compétition de force en effectuant 15 tractions verticales, en grimpant 2 fois à la corde lisse avec ses deux mains et en réalisant 15 tractions sur barre en 3 min et 36 s.

●RECORD DE VITESSE SUR 100 MILES SUR UNE ROUE MUE PAR UN HOMME

Arulanantham Suresh Joachim (Australie) a parcouru 161 km sur une roue en 13 h 42 min et 33 s, à Square One, Mississauga, Ontario (Canada), le 28 novembre 2004.

★RECORD DE HAUTEUR À LA CORDE À GRIMPER (5 M EN 1 MIN)

À la force de ses bras et dans une position assise, Stéphane Bock (France) a grimpé à la corde de 5 m à 15,44 m, le 27 juillet 2004.

POMPES

SITUATION	TEMPS	RECORD	NOM	NATIONALITÉ	DATE
Sur un doigt	consécutif	124	Paul Lynch	GB	21 avril 1992
Sur un bras	1 min	120	Yvan de Weber	Suisse	23 octobre 2001
★Sur un bras	1 h	1 777	Doug Pruden	Canada	22 octobre 2004
Sur le dos d'une main	1 h	441	Bruce Swatton	GB	12 mai 2003
●Sur le dos des deux mains	1 min	95	Steve Bugdale	GB	13 novembre 2004
●Sur deux mains	1 min	138	Roy Berger	Canada	28 février 2004
Sur deux mains	1 h	3,416	Roy Berger	Canada	30 août 1998
★En faisant le poirier	1 min	37	Murad Gadaborchev	Russie	20 juillet 2004

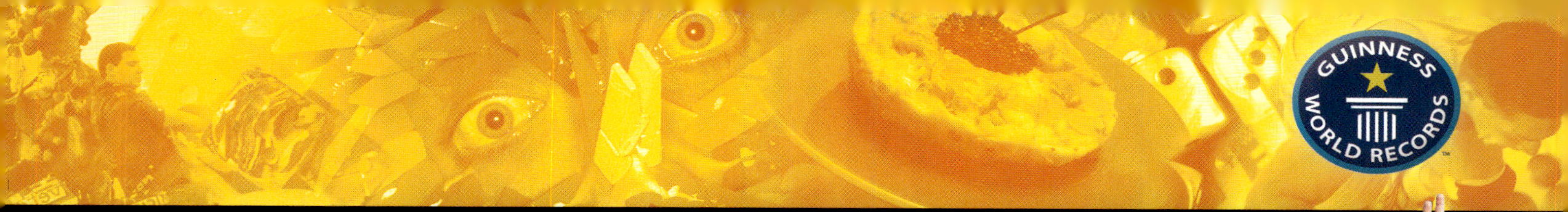

★ NOUVEAU RECORD ● MISE À JOUR

●RECORD DE VITESSE POUR TORDRE UNE BARRE DE FER ET LA METTRE DANS UNE VALISE

Le 17 juillet 2004, Les Davis (USA) a tordu une barre de fer de 6 m de long et 12 mm de diamètre, puis l'a placée dans une valise mesurant 50 x 70 x 20 cm, en 29 s, à Dothan (Alabama). Il a tordu la barre 11 fois au total.

★RECORD DE TRACTIONS EN 1 H

Stéphane Gras (France) a effectué 445 tractions à la barre fixe en 1 h à Artix (France), le 26 avril 2004.

★RECORD DE TRACTIONS CONSÉCUTIVES

Lee Chin-Yong (Corée) a effectué 612 tractions consécutives au parc Jongmyo, Séoul (Corée-du-Sud), le 29 décembre 1994.

RECORD DE SAUTS À CLOCHE-PIED SUR UN TAPIS DE JOGGING

Le 27 mai 2002, Didier Lecomte (France) a sauté 23 fois à cloche-pied sur sa jambe droite en 1 min, à Boulogne-Billancourt (France).

●TEMPS RECORD → POUR GRAVIR LES MARCHES DE L'EMPIRE STATE BUILDING

À l'occasion de sa 26e « ascension » de l'Empire State Building (New York), le 4 février 2003, Paul Crake (Australie) a gravi les 1 576 marches en 9 min et 33 s. La **femme** ayant gravi les marches le plus rapidement s'appelle Belinda Soszyn (Australie) avec un temps record de 12 min et 19 s, en 1996.

RECORD DE CHARGES SOULEVÉES EN 2 MIN

Le 20 juillet 2004, Alain Sahas (France) a soulevé 14 fois un poids de 40 kg à une hauteur de 8 m à l'aide d'une poulie sur le plateau de *L'Été de tous les Records*, à Port-Leucate (France).

●LE CORPS IMMERGÉ DANS LA GLACE...

Wim Hof (Pays-Bas) est resté en contact direct avec de la glace pendant 1 h et 8 min sur le plateau de *Guinness World Records : 50 Ans, 50 Records* aux London Television Studios (GB), le 11 septembre 2004. Wim se sert de la méditation et pratique le yoga pour surmonter les dangers liés à ce genre d'activité.

●RECORD D'ANNUAIRES TÉLÉPHONIQUES DÉCHIRÉS EN 3 MIN

Edward Charon (USA) a déchiré 39 annuaires (de 1 004 pages chacun) de haut en bas en 3 min, à Roseburg (Oregon), le 14 août 2004.

RECORD DE MARCHES GRAVIES À VÉLO

Le 26 mai 2004, Xavi Casas (Andorre) a gravi à vélo 1 374 marches de l'escalier de la tour Eiffel.

RECORD DE SAUTS EN FAISANT LE GRAND ÉCART

Le 31 mars 2001, Ernest Louvilov (France) a réalisé 19 sauts consécutifs en faisant le grand écart, à Munich (Allemagne).

TRACTER L'AVION LE ← PLUS LOURD

David Huxley (Australie) a tiré un Boeing 747-400 de 187 t sur 91 m en 1 min et 27,7 s, le 15 octobre 1997, à Sydney (Australie). Huxley a tiré son premier avion, un Boeing 737 de 37 t, en 1991, puis s'attela à encore plus lourd... un Concorde de 105 t sur 143 m, pour finir avec le 747, à 39 ans.

PROUESSES MARATHONIENNES

↑

LE PLUS LONG BAISER

Louisa Almedovar et Rich Langley (USA) se sont embrassés sans interruption pendant 30 h 59 min et 27 s, sur le plateau de télévision de Ricki Lake (New York), le 5 décembre 2001. Le couple est resté débout sans faire de pause !

★AIR HOCKEY (HOCKEY SUR TABLE)

Jaron Carson et Jordan Ouanounou (Canada) ont effectué un marathon d'air hockey de 20 h (sans arrêt), au Dave & Busters, Toronto, Ontario (Canada), les 26 et 27 août 2003.

BLACK JACK

Stephen De Raffaele (Malte) a joué la plus longue partie de 21 (51 h et 33 min), du 24 au 27 août 2001, au Casino Oracle, Qawra (Malte).

LA PLUS LONGUE PARTIE DE CARTES

Gareth Birdsall, Sonia Zakrzewski, Gad Chadha, Finn Clark, Sebastian Kristensen, Simon MacBeth, Tim West-Meads et David Gold ont joué sans s'arrêter une partie de bridge durant 72 h et 9 min, au club de bridge St John's Wood, Londres (GB), du 31 octobre au 3 novembre 2003. 1 012 mains ont été jouées.

●RÉANIMATION CARDIOPULMONAIRE

Deux équipes – d'un côté, Ray Edensor et Emma Parker, de l'autre, Paul Gauntlett et Mark Brookes (GB) du service ambulancier du Staffordshire – ont effectué une réanimation cardiopulmonaire (15 compressions et 2 insufflations) record qui a duré 151 h à Asda Superstore, Stafford (GB), du 19 au 25 janvier 2004.

HULA HOOP

Kym Coberly (USA) a dansé le hula hoop pendant 72 h, à Denton (Texas), du 17 au 20 octobre 1984.

REPASSAGE

Eufemia Stadler (Suisse) a repassé 228 chemises pendant 40 h sans s'arrêter, du 16 au 18 septembre 1999.

CONFÉRENCES

Errol E T Muzawazi (Zimbabwe) a discouru sur la démocratie pendant 62 h et 30 min, du 12 au 15 décembre 2003, à la résidence universitaire Politechnika Wrocklawska, à Wrocklaw (Pologne).

MAH-JONG

Chris Pittenger, Betty Vance, Doris Natale, Mary Ann Blansett, Rosemarie Cannon, Judy Burt, Ann Wells et Doris MacKenzie ont joué deux parties de mah-jong simultanément pendant 25 h, en deux groupes de quatre joueurs. Ils ont joué au Sun City Hilton Head, Bluffton (Caroline-du-Sud), du 28 février au 1er mars 2003.

●CINÉMA

Timothy Weber (Allemagne) a regardé 32 films pendant 70 h et 1 min, lors du festival organisé par CinemaxX Würzburg, à Würzburg (Allemagne), du 16 au 19 décembre 2003. Son exploit s'est achevé à la 49e minute du 33e film, *Le Monde de Nemo* (USA, 2003).

LA PLUS LONGUE → SOIRÉE DANSANTE

Le « Heart Health Hop », marathon de danse organisé par St Joseph Aspirin and Rowland Communications Worldwide, au Rock and Roll Hall of Fame and Museum, Cleveland (Ohio), a commencé le 29 juillet 2003 à 5 h 10 avec 42 danseurs, 41 ont achevé le marathon après 52 h et 3 min, le 31 juillet 2003.

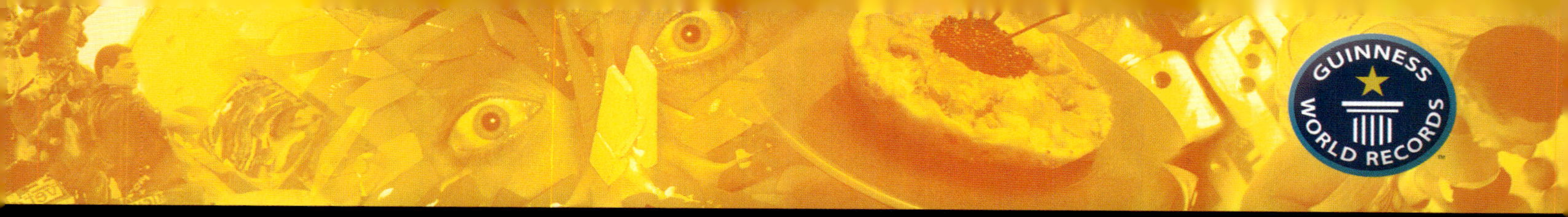

LES PLUS LONGS MARATHONS

DISCIPLINES	HEURES	DÉTENTEUR (S) DU RECORD	DATE
Trampoline	1,248	Équipe de 6 (USA)	24-15 août 1974
Natation	240	Équipe de 6 (USA)	14-24 août 1979
★Hockey-sur-glace	203	Sudbury Angels (Canada)	3-11 avril 2004
Montagnes russes	192	Richard Rodriguez (USA)	20-28 août 2003
★Snowboard	180 h et 34 min	Berhard Mair (Autriche)	9-16 janvier 2004
Ski	168	Christian Flühr (Allemagne)	8-15 mars 2003

→ QUELLE EST LA PLUS LONGUE SESSION DE KARAOKÉ ? DÉCOUVREZ LA RÉPONSE P. 172.

★PARTIE DE POKER (INDIVIDUEL)

Larry Olmsted (USA) a joué au poker 72 h et 2 min, au Foxwoods Resort & Casino, à Manshantucket (Connecticut), du 10 au 13 juin 2004.

●PUNCHING BALL

Ron Sarchian (USA) a tapé dans un punching-ball (un coup toutes les 2 s) pendant 36 h et 3 min au Premier Fitness, à Encino (Californie), du 15 au 17 juin 2004.

JEU TÉLÉVISÉ

Gavin Dare (GB) a posé 3 668 questions de culture générale sans interruption pendant 32 h et 15 min, au Goff's Oak Public House, à Hertfordshire (GB), les 25 et 26 octobre 2003.

●LECTURE À VOIX HAUTE (INDIVIDUELLE)

Adrian Hilton (GB) a récité les œuvres complètes de Shakespeare pendant 110 h et 46 min au Shakespeare Festival (Londres), et à l'église baptiste Gold Hill, à Chalfont St Peter, Buckinghamshire (GB), du 16 au 21 juillet 1987.

●LECTURE À VOIX HAUTE (EN GROUPE)

Amy White, Kristy Wright, Brian Jones, Michael Dahl, Jeanette Dean et Georgina Konstana (Australie) ont lu à voix haute pendant 81 h 15 min, à la bibliothèque Sutherland, à Sydney (Australie), les 24 et 25 mai 2004. Ils ont battu ce record pour fêter la Semaine des bibliothèques australiennes et ont recueilli des dons au profit d'associations caritatives pour la jeunesse.

RING-BOARD

Joe Norman, Robert Norman, Paul Harkes, Faye Savill, Marion Daly, Betty Murphy, Hazel Gannon et Dennis Curtis (GB) ont joué au ring-board (lancer d'anneau au mur) pendant 24 h, au Silver Hall Social Club, à Rainham, Essex (GB), les 12 et 13 juillet 2003.

●SAUT À LA CORDE (INDIVIDUEL)

Jed Goodfellow (Australie) a sauté à la corde 27 h, au Oasis Shopping Mall, Queensland (Australie), les 5 et 6 décembre 2003.

★CRIEUR DE SQUARE DANCE

Dale F. Muehlmeier (USA) a dicté les figures aux danseurs pendant 28 h au profit de l'association américaine contre le cancer, sur le parking de Wal-Mart, à Norfolk (Nebraska), les 26 et 27 mai 2000.

★BABY-FOOT

Andre Raison, Ghislain De Broyer, Rudy Mortier et Daniel Vanbellinghen (Belgique) ont joué au baby-foot 24 h et 1 min, au pub Young Band Brass, à Lembeek, les 19 et 20 octobre 2002.

★BOB-LUGE D'ÉTÉ

Michael Kinzel (Allemagne) a fait du bob-luge d'été au parc Panorama, à Kirchhundem (Allemagne), pendant 56 h, les 4 et 6 mai 2002. Un bob-luge est une combinaison entre une luge et un bobsleigh.

PARTIE DE TCG (JEU DE CARTES À COLLECTIONNER)

William Stone, Bryan Erwin et Christopher Groetzinger (USA) ont joué au *Seigneur des Anneaux (TCG)* 128 h, du 27 décembre 2002 au 1er janvier 2003, au Courtyard, Colorado Springs.

●LE RECORD DEVANT LA TÉLÉVISION

Terrye Jackson (USA) a regardé les Jeux olympiques sur NBC, au bar Pat O'Brien, Orlando (Floride), pendant 50 h et 7 min, du 15 au 17 août 2004.

RECORD DE DISTANCE ↗ SUR UN BÂTON À RESSORT

Ashrita Furman (USA) a parcouru 37,18 km sur un bâton à ressort en 12 h et 27 min, le 22 juin 1997, sur la piste du Queensborough Community College (New York). Il détient aussi le record de ★**sauts en bâton à ressort en 1 min** (156), du **mile (1,6 km) parcouru le plus rapidement en bâton à ressort** (12 min et 15 s) et le **record de vitesse pour gravir la Tour CN sur un bâton à ressort** (57 min et 51 s). Le record de sauts consécutifs sur un bâton à ressort est détenu par Gary Stewart (USA), qui a effectué 177 737 sauts à Huntington Beach (Californie), les 25 et 26 mai 1990.

GRANDS RASSEMBLEMENTS

★ ARC-EN-CIEL HUMAIN

Le 18 septembre 2004, l'École polytechnique des Philippines a demandé à 30 365 personnes de former un arc-en-ciel... qui s'est majestueusement déployé dans le parc Qurino Grandstand, Rizal Park, de Manille.

←

→ DÉCOUVREZ P.128 LE PETIT DÉJEUNER AVEC LE PLUS DE PARTICIPANTS !

●COFFEE MORNING

La fondation britannique dédiée aux soins palliatifs, Macmillan Cancer Relief, a battu son record de 2002 en organisant le plus grand coffee morning : 576 157 personnes ont participé à plus de 26 000 réunions, à travers le Royaume-Uni, le 26 septembre 2003.

LE PLUS GRAND...

★CEILIDH

Le « Great Glengoyne Ceilidh » (danse folklorique) a eu lieu le 17 juin 1997 dans plusieurs lieux d'Écosse au même moment, accueillant 6 568 personnes.

●OVATION DE CHEERLEADERS

435 cheerleaders en uniforme du ballet Cheerful ont fait une ovation sur le terrain de football Bedworth United Football Club (GB), le 4 juillet 2004.

●PÉTARD DE NOËL

Le 16 novembre 2003, 986 personnes ont fait exploser en même temps les fameux « crackers » de Noël (sorte de petits pétards enveloppés), à Culver Square, Colchester, Essex (GB).

●SAUTE-MOUTON

1 100 personnes ont participé au plus grand saute-mouton lors de la soirée Virgin Group qui a eu lieu à Kidlington, Oxfordshire (GB), le 4 septembre 2004.

LA PLUS GRANDE ÉTREINTE EN GROUPE

Le 23 avril 2004, 5 117 étudiants, membres du personnel et amis du lycée catholique St Matthew se sont étreints pendant 10 s à Orleans, Ontario (Canada). L'étreinte venait soutenir The Force, une association caritative locale contre le cancer.

CHENILLE HUMAINE

2 026 personnes – parmi eux les étudiants du lycée Nagoya Otani et leurs parents et professeurs – ont formé la plus longue chenille humaine du monde sur la piste Tsuruma du stade Field, Nagoya (Japon), le 13 juin 2001. Leurs chevilles étaient solidement attachées les unes aux autres ; la chenille s'est déplacée sans encombre sur 30 m.

LIGNE DE DOMINOS HUMAINS

Le 30 septembre 2000, 9 234 étudiants de 18 à 21 ans participant au projet NYAA-Poly Connects ont formé une chaîne de dominos humains sur 4,2 km le long de la Siloso Beach, île de Sentosa (Singapour). Elle a été organisée par le NYAA (National Youth Achievement Award), en collaboration avec l'École polytechnique de Singapour.

LOGO HUMAIN

Le 24 juillet 1999, 34 309 personnes se sont rassemblées au stade national de Jamor, à Lisbonne, pour former le logo portugais de l'Euro 2004. Cet événement faisait partie des manifestations proposées pour le championnat européen de football 2004.

★CHAPEAUX ORNÉS DE BALLONS... →

Lors d'une manifestation organisée par Sentosa Leisure Management (Singapour), 1 039 participants ont fabriqué des chapeaux avec des ballons et les ont portés à l'occasion du Sentosa Balloon Hats Festival qui a eu lieu sur la plage de Palawan, Sentosa (Singapour), le 13 mars 2004.

★ NOUVEAU RECORD ● MISE À JOUR

DRAPEAU NATIONAL HUMAIN

Le plus grand drapeau du monde formé par des humains comptait 10 371 personnes. Ils ont créé la forme et les couleurs du drapeau allemand dans les tribunes, lors du match de foot de qualification pour l'Euro – Écosse-Allemagne -, au Westfalenstadion, Dortmund (Allemagne), le 10 septembre 2003.

FANFARES

11 157 personnes rassemblées en 317 fanfares, dont 1 092 personnes pour le drapeau, ont défilé lors de la *Japan International Exposition Memorial Grand* à Osaka (Japon), le 11 mai 1997, pour célébrer le 60e anniversaire de la Ligue des instruments à vent (Music for Wind Instruments League) dans le Kansai.

●DÉMONSTRATION D'ARTS MARTIAUX

Le 10 avril 2004, 30 648 personnes ont effectué du *wushu shadow-boxing* pendant 16 min et 40 s, lors de la cérémonie d'ouverture du 22e festival Luoyang Peony à Henan (Chine).

●BATAILLE DE POLOCHONS

2 773 personnes ont participé à la plus grande bataille de polochons du monde qui a eu lieu à Dodgeville (Wisconsin), le 29 septembre 2004.

●COMPTINE EN FAISANT LA RONDE

1 953 écoliers se sont pris par la main pour faire la plus grande ronde en chantant une comptine au People's Park, Waterford (Irlande), le 20 avril 2004. La chanson a été répétée 6 min et 30 s, les écoliers s'accroupissant et se relevant à l'unisson.

●BRANLE ÉCOSSAIS

C'est une danse folklorique écossaise à laquelle ont participé 1 254 écoliers de Ellon Academy, Ellon, Aberdeenshire (GB), le 21 septembre 2004.

●SAUT À LA CORDE

Le 25 mai 2004, 2 350 écoliers ont sauté à la corde en même temps sur le terrain de sport Redlands, Weymouth, Dorset (GB).

BATAILLE DE BOULES DE NEIGE

2 473 personnes (deux équipes : l'une de 1 162 personnes et l'autre de 1 311) ont participé à une bataille de boules de neige au domaine skiable de Triel à Obersaxen-Mundaun dans le canton des Grisons (Suisse), le 18 janvier 2003.

●BROSSAGE DE DENTS

10 240 étudiants se sont brossé les dents en même temps pendant au moins 1 min, à Ai Guo Road, quartier Luohu District, Shenshen (Chine), le 20 septembre 2003. Cet événement a été organisé par le bureau de la Santé, le bureau de l'Éducation et la chambre du commerce de Luohu. Il a été sponsorisé par Colgate–Palmolive (Guangzhou) Co. Ltd.

★FAIRE ROULER DES PNEUS...

Lors d'un événement sponsorisé par Michelin, 138 employés de la MAA Nationwide Building Society MAA division ont fait rouler simultanément des pneus de voiture sur 100 m à la maison mère à Swindon (GB), le 2 juillet 2004.

MARCHE

77 500 personnes ont fait la « New Paper Big Walk 2000 », qui a commencé au stade national (Singapour), le 21 mai 2000. Elle fut organisée par The Singapore Press Holdings, The Singapore Amateur Athletic Association et The Singapore Sports Council.

●BATAILLE DE BALLONS DE BAUDRUCHE REMPLIS D'EAU

993 personnes ont participé à une bataille de ballons. Ils ont lancé 8 000 ballons de baudruche. La bataille a eu lieu au Peace River Bible Institute, Sexsmith, Alberta (Canada), le 1er octobre 2004.

●COUSSIN-PÉTEUR

Les joueurs de hockey du Quad City Mallards se sont assis en même temps sur des coussins-péteurs ; 3 614 personnes y ont participé à Moline (Illinois), le 19 mars 2004.

↑ DES ŒUFS EN ÉQUILIBRE

Des étudiants de l'université Brigham Young (Utah) ont fait tenir en équilibre 1 290 œufs en 6 h et 30 min, au Wilkinson Student Centre, Provo (Utah), le 15 mars 2003.

RECORD → DE SURFEURS

38 surfeurs ont surfé sur la même vague en même temps à Manly Beach, Sydney, New South Wales (Australie), le 1er décembre 2002.

GRANDS RASSEMBLEMENTS

ET QUE ÇA SAUTE !

À 11 h, le 7 septembre 2001, 559 493 personnes ont commencé à sauter à pied joint pendant 1 min, pour marquer le début de l'Année de la science au Royaume-Uni. On comptait 569 069 participants plus 9 576 personnes – des écoliers handicapés – qui ont contribué à l'activité « sismique » en faisant tomber des objets au sol.

COURSE À 31 PATTES SUR 50 M

Des élèves de l'école primaire de Sugikami, dans la préfecture de Kumamoto (Japon), ont fait une course à 31 « pattes » de 50 m, en 8,94 s dans l'arène Yokohama (Japon), le 23 novembre 2002.

★FRISBEE ET COURSE...

5 personnes ont lancé et attrapé un Frisbee en 16 s tout en courant sur un terrain de 20 m, le 4 août 2004. Le record a été établi par Emmanuelle Tartoue, Yoann Greau, Michel Affile, Vincent Levievse et Amaury Guerin (France), sur le plateau de *L'Été de tous les records*, à Bénodet (France).

★PARCOURS SUR BARRES SUSPENDUES

Jean-Philippe Causse, Nicolas Bec et Guillem Briançon (France) ont fait un parcours sur des barres de suspension en 1 min et 23 s, sur le plateau de *L'Été de tous les records*, à Saint-Pierre-la-Mer (France), le 8 septembre 2003.

LE PLUS RAPIDE...

★COURSE... À L'ÉCHARPE

Une équipe de St John Ambulance a mis en écharpe les bras de 57 personnes en 1 h. Les participants sont notamment Tony Lazell, Neil Fitch, Dawn Kemp, John Mowles, Rob Perris, Sheila Scott et Bert Wilkins (GB), travaillant en binome au centre de loisirs Felixstowe, Suffolk (GB), le 27 juin 2004.

CONSTRUCTION D'UN PONT

Une équipe de soldats britanniques du 35ᵉ régiment d'ingénierie, basé à Hameln (Allemagne), a construit un pont à poutres de cinq travées à niveau unique au-dessus d'une trcuée de 8 m de large dans un temps record de 8 min et19 s à Hohne (Allemagne), le 12 novembre 1998.

ENFOURNER DU CHARBON

Le temps record pour remplir de charbon une benne de 508 kg, en utilisant uniquement une pelle, en binome, est de 15,01 s. Brian McArdle et Rodney Spark (Australie) ont réussi cet exploit lors du festival de Fingal Valley, Tasmanie (Australie), le 5 mars 1994.

↗ LE PLUS GRAND GOÛTER

Un goûter organisé par le ERoSH, organisme d'hébergement d'urgence, a rassemblé, le 11 juin 2004, 11 760 participants en même temps dans différents lieux à travers le Royaume-Uni.

LE PLUS GRAND COURS D'AÉROBIC →

46 824 personnes ont fait de l'aérobic, pendant 61 min, sur le terrain Royal Pramane Ground, Sanam Luang (Thaïlande), le 23 novembre 2002. La **★plus grande démonstration d'aérobic jamais effectuée simultanément (dans plusieurs endroits)** a eu lieu le 27 septembre 2003. 4 845 098 personnes y ont participé à travers le Kazakhstan.

★ NOUVEAU RECORD ● MISE À JOUR

← RECORD DE PERSONNES DÉGUISÉES EN GROUCHO MARX AU MÊME MOMENT

Le 23 mai 2003, 937 étudiants et membres du personnel du lycée East Lansing (Michigan) se sont amusés : ils se sont réunis pour porter en même temps des lunettes accompagnées d'un faux nez et de gros sourcils « à la Groucho Marx ».

LE PLUS DE...

★SKIEURS TIRÉS PAR UN JET-SKI

Un jet-ski Yamaha GP1300R WaveRunner a tiré 10 skieurs nautiques de l'équipe « H2O Entertainment waterski team », à Cockle Bay, Sydney (Australie), le 4 septembre 2004.

● VISAGES PEINTS EN 1 H (EN ÉQUIPE)

Le 2 octobre 2004, 5 enseignants de l'école élémentaire de Szczecin (Pologne) ont peint en 1 h les visages de 351 personnes, en utilisant au moins trois couleurs sur chaque visage.

SAUTS SIMULTANÉS À LA CORDE

Le 28 juin 1990, lors d'un concours international de saut à la corde, 200 personnes ont sauté ensemble avec la même corde, à Greeley (Colorado).

DIVERS

RECORD DE DISTANCE EN POUSSANT UNE BAIGNOIRE EN 24 H

Les 11 et 12 mars 1995, 25 membres de l'église baptiste Tea Tree Gully ont poussé une baignoire et ses « baigneurs » sur 513,32 km, à Westfield Shopping Town Tea Tree Plaza (Australie).

★RECORD DE GLISSADES SUR UN TOBOGGAN D'EAU EN 24 H (EN ÉQUIPE)

10 maîtres nageurs ont parcouru 696,81 km sur un toboggan d'eau à la piscine de Pfaffenhofen (Allemagne), le 12 juillet 2003.

RECORD DE DISTANCE EN PORTANT DU CHARBON

8 hommes ont porté un sac de charbon de 51 kg sur 128,7 km en 11 h 28min et 33 s, à West Yorkshire (GB), le 20 mai 2000.

●LA PLUS LONGUE CHAÎNE DE TROMBONES (EN ÉQUIPE)

Les 26 et 27 mars 2004, des élèves du lycée Eisenhower, Taylorsville (Utah) ont fabriqué une chaîne en trombones de 35,63 km de long.

RECORD DE DISTANCE EN POUSSANT UN FAUTEUIL ROULANT EN 24 H

75 bénévoles ont poussé un fauteuil roulant sur 386 km en 24 h à Cumbria, (GB), les 8 et 9 septembre 2000.

LA PLUS GRANDE → PLONGE...

Après avoir servi 3,75 t de pâtes à la bolognaise, 150 personnes de Vester Hæsinge Idrætsforening, Brobyværk Idrætsforening et Sandholt-Lyndelse Forsamlingshus (Danemark) ont lavé 23 892 assiettes, en utilisant 1 l de produit vaisselle, durant le festival Langelandsfestivalen à Rudkøbing (Danemark), le 28 juillet 2004.

TALENTS BIZARRES

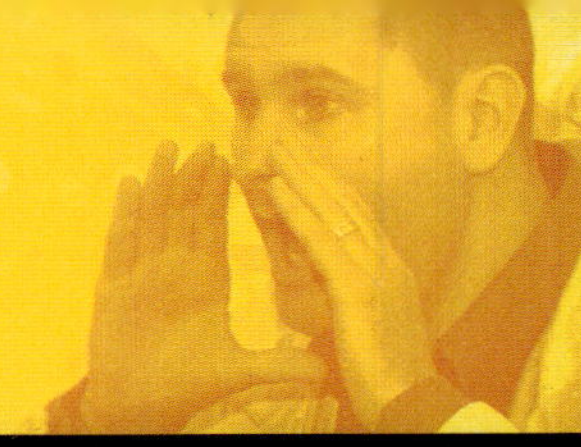

●LE PLUS DE PAILLES → DANS LA BOUCHE

Le 20 septembre 2003, au parc Heide de Soltau (Allemagne), Marco Hort (Suisse) a enfourné 249 pailles dans sa bouche et les y a gardées 10 s.

LE PLUS BRUYANT...

★CLAQUEMENT DE DOIGTS

En claquant des doigts, Bob Hatch (USA) a produit le 17 mai 2000 un son de 108 décibels, soit un bruit équivalent à celui d'une tondeuse à 1 m de distance.

CONCERT

Le 12 avril 2003, 109,1 décibels ont été enregistrés durant un concert du groupe Jérôme Experience (France), lors du 10e anniversaire des Celtic Warriors au Woodgreen Animal Shelter de Cambridgeshire (GB).

ORDRE

Le 16 avril 1994, à Belfast (GB), Annalisa Wray (GB) a hurlé à une intensité de 121,7 décibels durant le tournoi des Citybus. L'ordre était « Silence ! »

★CLAQUEMENT DE LANGUE

À Richmond Hill, Ontario (Canada), le 6 août 2003, Kunal Jain (Canada) a produit un son de 114,2 décibels avec sa langue.

★SIFFLEMENT

Le 5 mars 2004, aux studios d'enregistrement Schtung à Santa Monica (Californie), Marco Ferrera (USA) a émis un sifflement de 125 décibels mesuré à 2,5 m de distance.

RONFLEMENT

Ronfler n'est pas une prouesse, mais Kåre Walkert (Suède), qui souffre d'apnée du sommeil, a atteint un record de bruit de 93 décibels, le 24 mai 1993.

★APPLAUDISSEMENT

Le 9 mars 2005, à Harrogate (GB), Martha Gibson (GB) a produit 73 décibels en frappant dans ses mains à 2,5 m de distance d'un enregistreur de niveau sonore.

LE PLUS DE VERRES EN ÉQUILIBRE SUR LE MENTON

↖ Dans son arrière-cour de Jamaica (New York), le 26 avril 2001, Ashrita Furman (USA) a réussi à maintenir 75 verres à bière d'une pinte (47 cl) en équilibre sur son menton pendant 10,6 s. Il en avait cassé des centaines à l'entraînement.

LE PLUS GRAND NOMBRE DE...

●PINCES À LINGE ATTACHÉES AU VISAGE

Lors de la tournée du *Guinness World Records 2005*, à Manchester (GB), le 27 novembre 2004, Garry Turner (GB) s'est attaché au visage 159 pinces à linge en bois.

★SOUTIENS-GORGE DÉGRAFÉS EN 1 MIN

À Londres, le 11 septembre 2004, Chris Nicholson (GB) a dégrafé 20 soutiens-gorge en 1 min avec une seule main sur le plateau du *Guinness World Records*.

●DESSOUS-DE-VERRE RATTRAPÉS

Le 9 mai 2001, à la librairie Waterstone de Nottingham (GB), Mat Hand a fait sauter et a rattrapé d'une main une pile de 112 dessous-de-verre en carton. Il lui a fallu plus de 4 h et 129 essais pour parvenir à ce résultat.

★CLAQUEMENTS DE FOUET

Le 19 septembre 2004, au 3e festival de l'Esprit du Far West, à Sioux Falls (Dakota du Sud), Robert Dante (USA) a fait claquer son fouet 214 fois en 1 min.

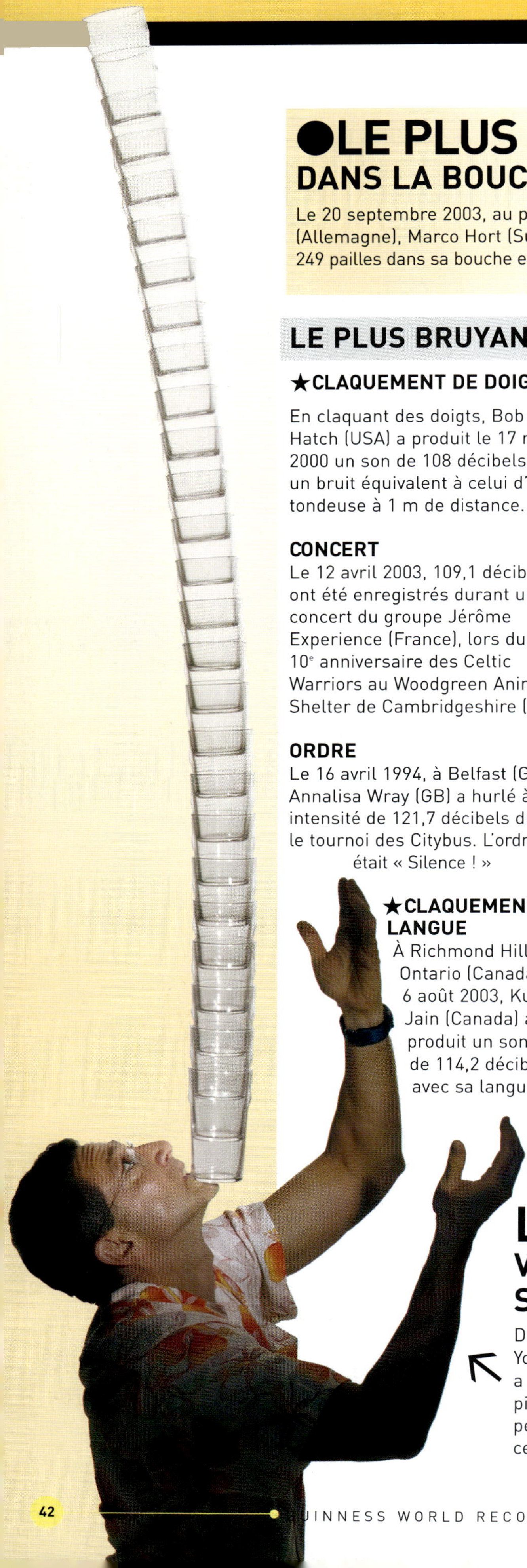

LE PLUS LONG...

★JET DE CAPSULE DE BIÈRE

Le 15 mai 1999, sur l'aérodrome de Lime Acres (Afrique du Sud), Paul van der Merwe (Afrique du Sud) a jeté une capsule de bière à 69,9 m.

★ÉCHANGE DE CARABINES EN L'AIR

Sur le campus de l'université George Mason à Fairfax (Virginie), le 23 avril 2004, Constantine Wilson et Clarence Robbins (USA) ont échangé leurs carabines à 5,48 m en les faisant tourner 1,5 fois sur elles-mêmes avant de les rattraper.

ÉQUILIBRE D'UNE FEUILLE SUR L'ARÊTE DU NEZ

Dans *L'Émission des Records*, à Paris, le 26 octobre 2000, Smaïn a gardé une feuille de papier A5 en équilibre sur l'arête de son nez et sur son front pendant 5 min.

LE PLUS RAPIDE...

★POUR ENFILER UN SEUL FIL SUR 20 AIGUILLES DANS SA BOUCHE

Au Monument du millénaire à Pékin, le 10 décembre 2003, Meng Xu (Chine) a enfilé 20 aiguilles sur un fil dans sa bouche en 6 min 45 s, en n'utilisant que sa langue.

●POUR LAVER DES VITRES

Au Centre national des expositions de Birmingham, le 2 mars 2005, Terry « Turbo » Burrows (GB) a nettoyé trois fenêtres de bureau standard (1,14 m x 1,14 m) en 9,24 s, avec une raclette de 30 cm et 9 l d'eau. La ★**laveuse de vitres la plus rapide est** Janet Palfreyman (GB). Elle a nettoyé les mêmes vitres standard avec le même matériel en 25,99 s, à Hinkley, dans le Leicestershire, le 24 avril 2004. Les compétitions de laveurs de carreaux sont très réglementées : on compte des pénalités de temps pour chaque trace d'eau laissée sur les vitres.

SAUT DE GRENOUILLE

Le 23 mai 2002, dans L'Émission des Records, Bastien Lecomte (France) a parcouru 10 m en 11,58 s en sautant comme une grenouille.

★POUR CRÉER UN CHIEN EN BALLONS, MAINS DANS LE DOS

Le 25 mai 2004, les mains dans le dos, Craig « Blink » Keith (GB) a fait un caniche en ballons en 9,26 s.

GRAHAM HICKS

Graham « G-Force » Hicks (GB) est sourd et aveugle. C'est pourtant lui qui détient, et de loin, le record de vitesse en quad. Il a aussi battu des records de vitesse en jet-ski. Il remporte ses victoires avec l'aide d'un passager arrière, qui lui indique où se diriger par des pressions convenues.

Comment êtes-vous devenu aveugle et sourd ?
Mes nerfs optiques ont été gravement endommagés à la naissance, me laissant une vision résiduelle très réduite. Ma surdité s'est installée progressivement à partir de 7 ans, à cause d'une maladie infantile, probablement la rougeole.

Pourquoi choisir la compétition motorisée pour vaincre des défis ?
La moto et la mer m'ont toujours fasciné. Adolescent, je réparais les vieilles bécanes pour les conduire. Le quad et le jet-ski sont mes deux grandes passions !

Qu'est-ce qui vous pousse à tenter ces records ?
Je veux démontrer que, avec la bonne attitude et le bon soutien, cécité et surdité ne sont pas une barrière pour accéder aux sports extrêmes. Je suis soutenu par l'association Deafblind (Sourds et Aveugles, GB).

Qu'est-ce que votre famille et vos amis pensent de ce passe-temps plutôt risqué ?
Je crois que la plupart se sont faits à l'idée que je suis un peu barjot. Ma nièce m'a dit une fois : « Il vaut mieux mourir debout que vivre à genoux. »

Quels autres défis vous êtes-vous lancés ?
Mon plus grand défi n'a rien à voir avec mon handicap. Il concerne les préjugés des autres et les barrières qui en résultent.

●LE ROT LE PLUS PUISSANT →

Le 20 juillet 2004, dans les bureaux du Guinness World Records de Londres, Paul Hunn (GB) a fait un rot de 104,9 décibels, plus bruyant qu'une machine à enfoncer les pieux à 30 m de distance. Le rot a été mesuré à 2,5 m de distance et 1 m de haut sur un sonomètre homologué et calibré.

EXCENTRICITÉS

← ●LA PLUS LONGUE CHAÎNE EN PAPIERS DE CHEWING-GUM

En mars 2005, Gary Duschl (USA) a fêté le 40e anniversaire du début d'une chaîne en papiers de chewing-gum qui bat des records de longueur. Depuis le 11 mars 1965, Gary assemble des papiers de chewing-gum pour fabriquer cette chaîne, qui mesure à ce jour 14 037 m, soit plus de 125 terrains de football. Gary la fait mesurer chaque année par des experts. Au dernier compte, elle pesait 286 kg et contenait 1 076 656 papiers, soit 53 833 $ (43 066 €) de chewing-gum !

LE MEILLEUR TEMPS POUR TAPER LES CHIFFRES 1 À 1 MILLION EN LETTRES

Entre 1982 et décembre 1998, Les Stewart (Australie) a tapé sur un clavier les nombres de un à un million en lettres. Cela lui a coûté sept machines à écrire, 1 000 rubans d'encre, et 19 900 feuilles de papier. À demi paralysé par une blessure au Vietnam, Les ne tape qu'avec un doigt.

LA PLUS LONGUE MARCHE À L'ENVERS

Le plus grand défenseur de la marche à rebours est Plennie L. Wingo (USA, né le 24 janvier 1895) qui, du 15 avril 1931 au 24 octobre 1932, a effectué, en marchant à l'envers, un parcours de 12 875 km à travers plusieurs continents, de Santa Monica (Californie) à Istanbul (Turquie).

LA PLUS LONGUE STATION DEBOUT IMMOBILE

Les 13 et 14 août 1997, à Allahabad (Inde), Om Prakash Singh est resté debout sans bouger pendant 20 h 10 min et 6 s.

LA PLUS LONGUE STATION SUR UNE JAMBE

Du 22 au 25 mai 1997, Arulanantham Suresh Joachim (Sri Lanka) est resté en équilibre sur une jambe pendant 76 h et 40 min, sans reposer le pied resté en l'air sur l'autre, ni se servir du moindre support ou balancier.

LE PLUS LONG PARCOURS SUR LES MAINS

En 1900, Johann Hurlinger (Autriche) a parcouru 1 400 km sur les mains entre Vienne et Paris, en 55 étapes quotidiennes de 10 h, à la vitesse moyenne de 2,54 km/h.

LE PLUS LOURD VÉHICULE TIRÉ PAR LES CHEVEUX

Le 1er mai 1999, sur le terrain militaire de Bruntingthorpe dans le Leicestershire (GB), Letchemanah Ramasamy (Malaisie) a tiré un bus à impériale Routemaster version longue de 7 874 kg sur 30 m, uniquement avec ses cheveux.

LA PLUS LONGUE CHUTE LIBRE

Le 2 septembre 2000, à Davis (Californie), Yasuhiro Kubo (Japon) a sauté d'un avion à 3 000 m sans

← LE MOBILIER LE PLUS RAPIDE

Edd China (photo) et David Davenport (GB) conçoivent et produisent le mobilier le plus rapide du monde, y compris baignoires et lits à baldaquin. À ce jour, le plus rapide reste le « Casual Lofa », un canapé motorisé qui atteint 140 km/h. Entraîné par un moteur de Mini de 1 300 cm^3, il peut circuler sur les routes britanniques, et a roulé 10 000 km depuis sa création.

parachute, pour s'accrocher, après 50 s, à un parachute lancé auparavant.

LE PLUS LONG PARCOURS EN TONDEUSE À GAZON

Gary Hatter (USA) a conduit une tondeuse à gazon 260 jours consécutifs sur 23 487,5 km. Il a entamé son circuit à Portland (Maine), le 31 mai 2000, a roulé dans les 48 États contigus des États-Unis, au Canada et au Mexique, avant d'arriver à Daytona Beach (Floride), le 14 février 2001.

★LE MAXIMUM DE PAYS VISITÉS AVANT DE REVENIR CHEZ SOI

Le 18 mars 1997, Mariea Crasmaru a quitté son logement de Bucarest (Roumanie), pour visiter 102 pays et 7 continents, créant un passeport de 154 pages. Son voyage de 300 000 km l'a emmenée au nord jusqu'à Mourmansk (Russie, 69°N), et au sud jusqu'à la base scientifique de Marambio, dans l'Antarctique (64°S). À mi-chemin, elle a dû vendre son logement pour trouver des fonds. Pendant son voyage, elle a appris six langues et reçu huit demandes en mariage !

LE MAXIMUM DE SCORPIONS AVALÉS

Rene Alvarenga (Salvador) a mangé 35 000 scorpions vivants. Il les attrape à mains nues et en mange 20 à 30 par jour.

MONSIEUR MANGE-TOUT

Michel Lotito, de Grenoble mange du verre et du métal depuis 1959.

Quand avez-vous commencé ?
À 8 ans, j'ai pratiqué la sophrologie [« science de l'esprit tranquille », une forme d'auto-hypnose et de relaxation qui peuvent aider à contrôler la douleur]. À 16 ans, j'ai cassé un verre en buvant, et j'ai gardé un morceau dans la bouche. Je savais que des gens avaient mangé du verre, et j'ai décidé que je pouvais le faire. Puis je suis passé aux lames de rasoir, assiettes et aux petites pièces de métal comme les vis.

Vous avez mangé des objets plus gros ?
Oui, les gens ont commencé à me demander si je voulais manger des objets de plus en plus gros, et j'ai dit : « D'accord. Je peux manger un vélo. » J'ai eu un grand succès. On m'a proposé de faire des spectacles en Amérique du Sud et au Canada.

Cela veut dire que vous arrivez vraiment à digérer le métal ?
J'ai des dents d'une force incroyable, qu'on a estimée à 8 t par centimètre. Je sécrète par ailleurs une salive puissante, qui commence à faire fondre les lames de rasoir dans ma bouche. Mes sucs gastriques sont si actifs que lors d'une endoscopie, les médecins ont pu voir qu'ils attaquaient les objets avec une mousse corrosive.

Est-ce que vous avez bénéficié d'un suivi médical ?
Oui, j'ai toujours demandé la présence des médecins. Ils me donnaient des conseils, par exemple, manger des artichauts ou de la paraffine avec le métal pour faciliter les choses. Très vite, je me suis rendu compte que je m'en sortais mieux en buvant simplement plusieurs litres d'eau.

LE PLUS LONG SÉJOUR SUR UNE COLONNE

Le moine saint Siméon le stylite (env. 386–459 apr. J.-C.) a passé près de 39 ans au sommet d'une colonne en pierre sur la Colline des Merveilles, près d'Alep (Syrie). Son but était de se mortifier pour les péchés du peuple, et de se rapprocher de Dieu. Il n'en est descendu qu'à une seule occasion, pour qu'on puisse surélever sa colonne de 12 à 18 m.

★LE PLUS LONG SÉJOUR DANS UN GRENIER

Stephan Kovaltchuk a passé 57 ans dans son grenier à Montchintsi (Ukraine) avant d'émerger en 1999, à 75 ans, parce que sa sœur, qui s'occupait de lui, était décédée. Au départ, il s'était caché à cause de l'occupation de l'Ukraine par les Nazis en 1942, mais après la victoire de l'URSS sur l'Allemagne, il est resté caché pour ne pas être recruté par l'Armée rouge.

LE PLUS LONG TRICOT AU TRICOTIN

Depuis qu'il a commencé en avril 1989, Edward Peter Hannaford (GB) a produit un tricot de 18,7 km au tricotin.

PARTAGER SA BAIGNOIRE AVEC UN MAXIMUM DE SERPENTS À SONNETTES

Sur le plateau du *Guinness World Records Primetime* à Los Angeles, le 24 septembre 1999, Jackie Bibby (photo) et Rosie Reynolds (USA) ont partagé l'exploit de rester chacun dans une baignoire en compagnie de 75 serpents à sonnettes (*Crotalux atrox*) vivants.

JEUX & PASSE-TEMPS

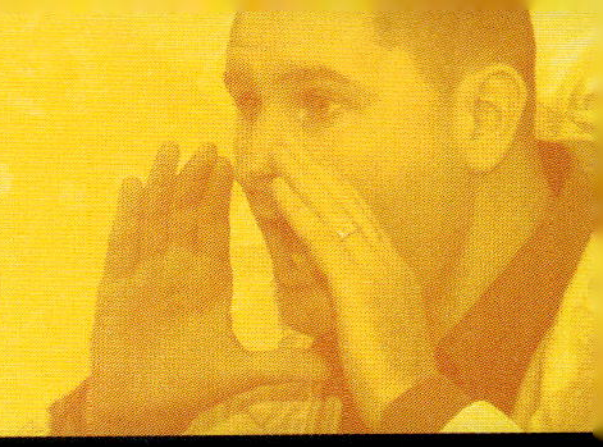

HULA HOOP

↙ Alesya Goulevich (Biélorussie) a fait du hula hoop avec 99 cerceaux au Big Apple Circus Big Top, à Boston (Massachusetts), le 26 avril 2004. Goulevich a effectué trois tours complets de hula hoop autour des épaules et autour de la taille.

JEU D'ÉCHECS : RECORD DE COUPS EN UNE PARTIE

Les maîtres Goran Arsovic et Ivan Nikolic (Serbie et Monténégro) ont joué une partie d'échecs en 269 coups, le 17 février 1989. Le match nul a été joué à Belgrade (ex-Yougoslavie, actuelle Serbie et Monténégro) et a duré 20 h et 15 min.

★ RECORD DE CASINOS EN 24 H

Les 29 et 30 mars 2004, les frères Martin et David Lawrance Hallgarth (GB) ont joué dans 55 casinos en 24 h, à Las Vegas (Nevada).

JEU D'ÉCHECS : LA PLUS LONGUE PARTIE À DISTANCE

Dr Reinhart Straszacker et Dr Hendrik Roelofvan Huyssteen (Afrique du Sud) ont joué leur première partie d'échecs à distance en 1946. Après 112 matchs – chaque joueur ayant remporté la moitié des parties –, leur partie record a duré plus de 53 ans et s'est terminée à la mort de Straszacker, le 13 octobre 1999.

● JEU D'ÉCHECS : LE PLUS GRAND NOMBRE DE PARTIES SIMULTANÉES

Andrew Martin (GB) a affronté 321 adversaires au Wellington College (GB), le 21 février 2004. Il a gagné 294 parties, fait 26 matchs nuls et perdu 1 partie. Cette manifestation a duré 16 h et 51 min.

JEU D'ÉCHECS : LES MEILLEURS CLASSEMENTS

Le meilleur classement pour un homme est de 2 851 points et a été réalisé par Garry Kasparov (Russie), en janvier 2000. Le meilleur classement pour une femme est de 2 675 points, il s'agit de Judit Polgar (Hongrie), en 1996.

★ MARRONS : LE PLUS GRAND NOMBRE DE MATCHS SIMULTANÉS

Le 14 octobre 2004, 143 286 joueurs ont tenté de casser un marron tenu au bout d'un fil par leur adversaire (soit 143 matchs), au concours d'inauguration pour la Croft City Conker Cup, à Londres.

● PILE DE TASSES : RECORD DE VITESSE

Emily Fox (USA) a empilé en cercle des tasses en plastique (une suite de piles qui combine une pile de 3-6-3, une pile de 6-6 et une pile de 1-10-1, en finissant avec des tasses faisant une tour de 3-6-3, en 7,43 s au championnat Rocky Mountain Cup Stacking (Colorado), le 6 avril 2002.

DOMINOS : LE PLUS GRAND NOMBRE DE DOMINOS EMPILÉS SUR UN SEUL DOMINO

Matthias Aisch (Allemagne) a empilé 726 dominos sur un seul domino, le 28 décembre 2003. La pile est restée debout 1 h.

DOMINOS : LA PLUS GRANDE CHUTE DE DOMINOS

Ma Li Hua (Chine) a placé et fait tomber manuellement 303 621 dominos au parc des expositions de Singapour, le 18 août 2003. Ma Li Hua a passé 10 h tous les jours, du 7 juillet au 17 août, pour placer les dominos. La manifestation a été organisée par LG Electronics, Inc.

● LA PLUS GRANDE COURSE À L'ŒUF (DANS PLUSIEURS ENDROITS)

La plus grande course à l'œuf a réuni 1 277 participants dans plusieurs lieux, en même temps,

FOOTBAG WORLD RECORDS

Un footbag est une petite balle contenant des billes en plastique, maintenue en l'air aussi longtemps que possible en la tapant avec les pieds sans la faire tomber...

Coups consécutifs (simple hommes)	63 326	Ted Martin (USA) 8 h 50 min et 42 s	14 juin 1997
Coups consécutifs (simples femmes)	24 713	Constance Constable (USA) 4 h 9 min et 27 s	18 avril 1998
Coups consécutifs (doubles)	132 011	Gary Lautt, Tricia George (USA)	21 mars 1998
Le plus de coups en 5 min	1 019	Andy Linder (USA)	7 juin 1996
Coups consécutifs avec 2 footbags	68	Juha-Matti Rytilahti (Finlande)	30 septembre 2001
Record de participants	964	Festival Cornerstone (Illinois)	6 juillet 2001

★ NOUVEAU RECORD ● MISE À JOUR

← PUZZLE : LE PLUS GRAND (NON COMMERCIALISÉ)

Le plus grand puzzle du monde mesurait 5 428,8 m² et était constitué de 21 600 pièces. Inventé par Great East Asia Surveyors & Consultants Co. Ltd, il a été assemblé par 777 personnes dans l'ancien aéroport de Kai Tak, à Hong Kong (Chine), le 3 novembre 2002.

dans le Herefordshire (GB). Cette manifestation a été organisée par Ready Steady Win (GB), le 30 mars 2004.

GO : RECORD DE JOUEURS EN MÊME TEMPS

1 000 joueurs ont joué en même temps 500 parties de go dans les rues commerçantes de Take-machi-dohri et Chuo-cho, à Oita (Japon), le 6 juin 1999.

LA PLUS LONGUE PISTE DE CIRCUIT AUTOMOBILE MINIATURE

Composée de 2 100 éléments de construction, elle mesurait 502,92 m. Organisée par Mattel Canada, Inc. pour Big Brothers Big Sisters of Canada, la piste a été achevée le 7 juillet 2002 sur la Thunder Alley, à Toronto (Canada).

● HULA HOOP : RECORD DE DISTANCE

Ashrita Furman (USA) a marché en faisant du hula hoop pendant 14 min et 25 s, à Moskvoretskaya, Moscou (Russie), le 31 mai 2004.

● HULA HOOP : RECORD DE DURÉE

Le 1er janvier 2004, Nozomi Tsuji et Ai Kago (Japon) ont fait du hula hoop avec un cerceau de 4,08 m pendant 30 s chacun sur le plateau de Nippon Television Network studios, à Tokyo (Japon).

LE JENGA : L'ÉLÉVATION DE 30 NIVEAUX LA PLUS RAPIDE

Sabrina Ibrahim, John Chua et Alex Agboola (GB) ont construit une tour stable en cubes Jenga de 30 niveaux (selon la règle du jeu) en 11 min et 55 s, dans le studio de *Big Toe Radio Show*, à Londres (GB), le 28 janvier 2003.

LE PLUS GRAND PUZZLE (NOMBRE DE PIÈCES)

Un puzzle de 212 323 pièces (10,8 x 11,68 m) a été assemblé par le Yew Tee CC Youth Executive Committee du musée d'Histoire de Singapour lors du Youth Discovery Challenge 2002, à Singapour, le 29 juin 2002.

LE PLUS GRAND DRAPEAU EN LEGO

Un drapeau en lego de 7,72 x 10,4 m a été construit au Franklin Institute Science Museum, le 22 août 2001, pour fêter le X Games de Philadelphie (Pennsylvanie).

LE PLUS LONG MILLE PATTES EN LEGO

20 000 enfants ont construit un mille-pattes en lego de 1 398 m à Montréal (Canada), le 15 août 2004.

● DOMINOS : LA PLUS GRANDE CHUTE PAR UNE ÉQUIPE →

Une équipe a placé puis fait tomber 3 992 397 dominos, dans le cadre du « Domino Day 2004 », à Leeuwarden (Pays-Bas), le 12 novembre 2004. Les 81 participants hollandais, allemands, français, espagnols, polonais, estoniens, lituaniens, hongrois, tchèques, suédois, autrichiens et slovaques ont créé 46 projets à thème ayant tous un lien entre eux. Ils s'étendaient sur une surface de 85 x 90 m.

JEUX & PASSE-TEMPS

● PARACHUTE : RECORD DE JEUX SIMULTANÉS

Le 17 janvier 2004, le YMCA chinois, dans le village de la jeunesse Wu Kwai Shai, à Hong Kong, a organisé un record de 21 jeux simultanés avec un parachute. Les 510 participants devaient effectuer quatre activités avec le parachute : le lever du sol et l'abaisser jusqu'à ce qu'il soit tendu quatre fois de suite, contrôler une balle autour du parachute dans les deux directions : dans le sens des aiguilles d'une montre et dans le sens contraire.

←

● LOTERIE : LE PLUS GROS GAIN INDIVIDUEL

Andrew « Jack » Whittaker Jr (USA) a décroché le jackpot du jeu Powerball, soit 314,9 millions $ (251,92 millions €), le 24 décembre 2002. Il décida de toucher uniquement la moitié de la somme en une fois – soit 170 millions $ (136 millions €) avant impôt – plutôt que la totalité en 30 annuités.

↙

● LEGO : LA CONSTRUCTION LA PLUS HAUTE

Une tour en lego a été construite au Legoland de Carlsbad (Californie), le 21 février 2005. Elle mesure 28,19 m de haut.

★ GOLF MINIATURE : LE PLUS DE TROUS EN 24 H

Matt Majikas (USA) a joué 3 035 trous en 24 h au golf miniature de Mulligan (Massachusetts), les 26 et 27 mai 2004. Le 18 trous était long de 334 m et Matt a effectué le parcours environ 169 fois en 24 h – soit une distance de plus de 54 km.

MONOPOLY : LE PLUS GRAND JEU PERMANENT

Un Monopoly en granite de 9,44 x 9,44 m a été ouvert au public, le 26 juillet 2002, à San Jose (Californie). La taille des billets, dés, hôtels et maisons est en proportion.

LE 100 M LE PLUS RAPIDE EN PORTANT UNE PERSONNE SUR LE DOS

Le record pour la course en portant quelqu'un sur le dos sur plus de 100 m est de 19,6 s. Andrew Gadd a porté sur son dos Lance Owide (GB), à Kings Langley, dans le Hertfordshire (GB), le 31 août 2003.

CHÂTEAU DE CARTES : RECORD DE NIVEAUX

Le 6 novembre 1999, Bryan Berg (USA) a construit un château de cartes à jouer de 131 niveaux. Haut de 7,71 m et composé de 91 800 cartes standard, il a été élevé dans le hall du casino sur la Potsdamer Platz, à Berlin (Allemagne). Il a été filmé pour l'émission télévisée *Guinness die Show der Rekord*.

★ BÂTON SAUTEUR : RECORD DE SAUT À LA CORDE EN 1 MIN

Ashrita Furman (USA) a effectué en 1 min 156 sauts au-dessus d'une corde avec un bâton sauteur au parc national de Yellowstone (Wyoming), le 25 septembre 2004. Il détient aussi **le record de vitesse (1 mile) en bâton sauteur** : il a mis 12 min et 16 s pour parcourir 1 mile (1 609 m), à Iffley Field, Oxford (GB), le 24 juillet 2001.

● RUBIK'S CUBE : LA RÉSOLUTION LA PLUS RAPIDE

Shotaro Makisumi (Japon) a trouvé la solution pour un Rubik's cube en 12,11 s au tournoi Caltech Fall, à Pasadena (Californie), le 16 octobre 2004. Durant la même manifestation, Shotaro a également obtenu le record **★ de la meilleure moyenne pour résoudre un Rubik's cube en compétition**, qu'il a réussi en 14,52 s. Enfin, Shotaro est aussi le détenteur du record de **● vitesse pour résoudre**

un Rubik's cube les yeux bandés. Il a réussi cette prouesse en 3 min et 10,54 s, lors de la même manifestation. Jusqu'à présent, Shotaro détient tous les records du monde Guinness pour la manipulation d'un Rubik's cube.

COURSE EN SAC : RECORD DE PARTICIPANTS

Le 11 octobre 2002 à Zwolle (Pays-Bas), 2 095 concurrents ont pris

★ NOUVEAU RECORD ● MISE À JOUR

part à une course en sac. Il y avait parmi eux des étudiants du Agnieton College et des élèves de l'école primaire de Zwolle, Wezep et Hattem.

★ CORDE À SAUTER : RECORD DE SAUTS EN 1 MIN

S Namasivayam (Inde) a sauté 234 fois à la corde au stade Indira Gandhi, à Pondichéry (Inde), le 3 juillet 2004.

JEU DE PUCE : LE LANCER LE PLUS RAPIDE DE 10 000 JETONS

Allen R. Astles (GB) a placé 10 000 jetons dans le pot en 3 h 51 min et 46 s, à Aberystwyth, Ceredigion (GB), en février 1966. Le jeu de puce est un jeu pour enfant (souvent joué par les adultes en compétition) qui consiste à faire sauter un jeton en plastique dans un pot en appuyant sur le bord du jeton à l'aide d'un jeton plus gros appelé « squidger ».

JEU DE PUCE : LE MILE LE PLUS RAPIDE

Edward Wynn et James Cullingham (GB) ont parcouru le mile (1,6 km) le plus rapide au jeu de puce : ils ont parcouru cette distance en faisant sauter les jetons en 52 min et 10 s, à Stradbroke, dans le Suffolk (GB), le 31 août 2002.

● JEU DE CARTES →

REMIS DANS L'ORDRE LE PLUS RAPIDEMENT

Kunihiko Terada (Japon) a remis dans l'ordre un jeu de cartes composé des as, dix, valets, reines et rois de carreau, trèfle, cœur et pique en 40,36 s (cartes en main), au Hard Rock Café de Tokyo (Japon), le 25 janvier 2004.

JEU DE PUCE : LA PLUS GRANDE DISTANCE EN 24 H

Le 22 novembre 2003, Sean Booth et Barry Green (GB) ont parcouru la distance de 3,9 km entre Bacup et Rawtenstall, dans le Lancashire (GB), en avançant seulement au gré du saut des jetons.

TUNNEL BALL : RECORD DE JOUEURS

60 écoliers de l'école de St Columba, à Wilston, dans le Queensland (Australie), ont participé à une partie de tunnel ball, le 27 novembre 2002.

LE PLUS GRAND TAPIS DE TWISTER

En février 1998, un tapis de sol d'une seule pièce de 18,28 x 6 m a été fabriqué par Vision International de Salt Lake City (Utah).

COURSE DE BROUETTES : RECORD DU 100 M

Le 31 août 2003, Andrew Gadd (qui poussait la brouette) et Freddie Gadd (le pilote !) ont effectué un 100 m en 18,1 s, à Framptons, Kings Langley (GB).

LE PLUS GRAND YO-YO

Un yo-yo mesurant 3,17 m de diamètre et pesant 407 kg a été conçu par J N Nichols (Vimto) Ltd et fabriqué par les étudiants ingénieurs du Stockport College (GB), à Manchester (GB). Il fut lancé par une grue à une hauteur de 57,5 m, le 1er août 1993 ; il est monté et descendu environ quatre fois.

● RECORD DE YO-YO EN 1 MIN

Hans Van Dan Helzen (USA) a fait monter et descendre son Yo-Yo 51 fois en 1 min, sur le plateau de *Blue Peter*, à Londres (GB), le 17 mai 2004.

LA PLUS GRANDE SÉRIE DE POUPÉES RUSSES

Youlia Bereznitskaia (Russie) a peint à la main 51 pièces d'un jeu de poupées russes (matriochkas). La plus grande poupée mesure 54 cm et la plus petite 0,31 cm. Les poupées ont été achevées le 25 avril 2003.

←

À TOUT PRIX

LE CAFÉ LE PLUS CHER

Seuls 227 kg de café provenant de Kopi Luwak sont récoltés chaque année et vendus au prix de 300 $ (245 €) la livre. Le mode de récolte justifie son prix : les grains de café sont ramassés dans les excréments de la civette de Sumatra (Paradoxurus) vivant au cœur des chaînes montagneuses de l'île Irian Jaya, en Indonésie. La civette grimpe dans les caféiers et mange les cerises les plus mûres, les digère et les évacue dans ses excréments. Ramassées par les autochtones, elles sont ensuite vendues.

● L'OMELETTE LA PLUS ONÉREUSE

Au menu du restaurant Norma's du Parker Méridien Hôtel (New York), on trouve l'omelette la plus onéreuse au monde : la Zillion Dollar Lobster frittata coûte 1 000 $ (800 €).

OBJECTIF : GÉANT...

● GÂTEAU : LA FORÊT NOIRE

Spanhacke (Allemagne) a fait un gâteau géant de 7 m de large et de 2,5 t, qui a été exposé au restaurant Vielstedter Bauernhaus à Hude, le 17 août 2003.

CONFISERIE

Un caramel dur au beurre a été confectionné par Nidar (Norvège) en août 1997. Il pèse 1,6 t. Le bonbon ★ **le plus long est une ceinture pesant** 1 t, parfumée à la fraise confectionnée par Candy Castle (Pays-Bas). Déroulée le 28 août 2004 à 's-Heerenberg (Pays-Bas), elle mesurait 2,004 m.

★CHOCOLAT

En février 2004, le Hard Rock Café de Madrid a exposé une pièce en chocolat en forme de cœur pesant 6,816 t. Cette création de www.match.com en collaboration avec Marco de Comunicación faisait 5 m de large et 4 m de haut.

● MUG A CAFÉ

Un mug pouvant contenir 3,002 l de café au lait a été fabriqué par Nestlé et inauguré à New York, le 13 mai 2004. Il mesure 1,69 m, a un diamètre de 1,41 m et contient 20 kg de café.

● FUDGE

La NorthwestFudgeFactory.com (Canada) a fabriqué une dalle en caramel au chocolat et sirop d'érable de 1,36 t à l'occasion de la foire FedNor Pavilion Royal Winter Fair de Toronto, le 5 novembre 2004. Épais de 10,16 cm, le caramel mesurait 4,87 x 2,43 m.

● HOT CROSS BUN (petite brioche aux raisins marquée d'une croix vendue à Pâques)

La boulangerie Manna European Bakery & Deli (Canada) a confectionné un *hot cross bun* pesant 52,08 kg, le 16 avril 2004, au profit de la Société canadienne du cancer.

● GLACE

Carvel (USA) a confectionné une glace géante de 5,48 t qui a été exposée le 25 mai 2004 au Union Square Park (New York), pour fêter le 70e anniversaire de l'entreprise.

LES ALIMENTS ET BOISSONS LES PLUS ONÉREUX

Si vous n'avez pas de problème pécuniaire, laissez-vous tenter par les aliments et les boissons les plus chers au monde !

● Hamburger*	Bistro Moderne (New York, USA) *db Double Truffle*	120 $ (96 €)
Cocktail*	Hemingway Bar, Paris Ritz *Ritz Side Car*	420 €
Fruit	Helpston Garden Centre (Cambridge, GB). *A single grape*	700 £ (832 €)
Vin (bouteille)*	*Château d'Yquem Sauternes, 1787*	60 000 $ (48 000 €)
Vin (bouteille)	Christie's (Londres, GB) *Château Lafite claret, 1787*	105 000 £ (124 000 €)
Vin (verre)	Pickwick's Pub (Beaune, France) *Beaujolais Nouveau, 1993*	56 000 €
Spiritueux (bouteille)	Fortnum & Mason (Londres, GB) *60 ans d'âge whisky Macallan*	11 000 £ (12 500 €)
Barre de chocolat	Christie's (Londres, GB) *une barre de chocolat Cadbury's du Captain Robert Scott's (GB) 1901 expédition en Antarctique*	470 £ (550 €)
★truffe	(Alba, Italie) *1,08 kg truffe blanche, 2004*	32 800 €
Pièce montée	Sotheby's (New York, USA) *la pièce montée pour le duc et la duchesse de Windsor (GB), 1937*	29 900 $ (24 000 €)

* disponible dans le commerce

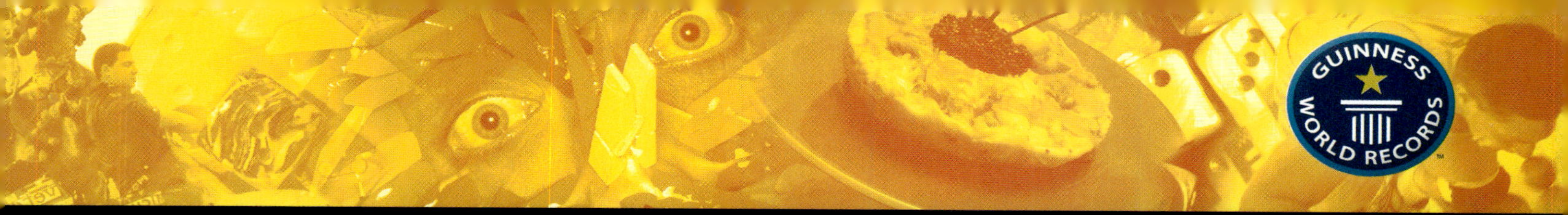

← ●LE PLUS LONG HOT DOG

Des étudiants de l'université de Pretoria (Afrique du Sud) ont fabriqué un hot dog mesurant 10,5 m. Ils ont ainsi battu le record précédent de 6,9 m d'août 2002. La saucisse en une seule partie – presque 60 fois plus longue qu'une saucisse ordinaire – a été exposée à l'hôtel Sonop à Pretoria, le 18 octobre 2003. Pour cuire la saucisse, ils ont dû dessiner et fabriquer leur propre four au charbon de bois.

★BONBON DUR

Nick Calderaro (Canada), confiseur chez Oak Leaf Confection, a fabriqué un bonbon dur d'une circonférence de 94,6 cm. Il pesait 12,6 kg ; il fallut 476 h de travail pour le réaliser entre le 7 janvier et le 29 mai 2003.

● PÂTES ALIMENTAIRES

Un récipient contenant 3 336 kg de pâtes a été réalisé pour l'émission télévisée *The Keeler Show* (USA) conjointement avec la Tony's Pizzeria au Sangerton Square Mall, Hartford (New York), le 14 février 2004. L'émission a sponsorisé un jeu au cours duquel « l'heureux couple gagnant » fut marié dans le récipient géant.

● CHIPS (SACHET)

Le 11 mars 2004, Seabrook Potato Crisps of Bradford, West Yorkshire (GB), a inauguré un sachet géant contenant 51,35 kg de chips dentelées. Haut de 1,79 m, large de 1,21 m et profond de 0,62 m, le sachet contient plus de 275 000 chips et autant de calories !

● STEAK

Le 14 mai 2002 à Evron, Jean-Yves Renard (France) a confectionné un steak de 27,68 m.

● SANDWICH

Un sandwich au jambon, mayonnaise et fromage de 2,403 t a été confectionné par Grupo Bimbo (Mexique) avec la McCormick, Fud, Chalet et Pétalo Jumbo sur le Zócalo, le 24 avril 2004. La garniture comprenait 445 kg de jambon, 367 kg de fromage, 67 kg de mayonnaise et 37 kg de salade.

PLAT DE MOULES

Le plus grand plat de moules a été confectionné sur le plateau de *L'Été de tous les records*, à Saint-Pierre-sur-Mer, le 5 septembre 2003, avec 2 t de moules, 220 kg d'oignons, 70 kg de carottes, 50 kg d'ail, 5 kg de persil, 20 l d'huile d'olive et 170 l de vin blanc.

●LE PLUS CHER ↗ SUNDAE

Le Sundae « Serendipity Golden Opulence » présenté au menu du restaurant *Serendipity 3 restaurant* à New York, en septembre 2004 pour le 50e anniversaire du restaurant – coûte 1 000 $ (800 €).

CORPS D'EXCEPTION

LE PLUS LONG COU

Le plus long cou humain mesure 40 cm. Créé par l'empilement successif d'anneaux de cuivre, c'est un symbole de beauté pour les femmes des tribus Padong ou Karen (Myanmar, Birmanie). À la fin, le cou devient si long et si faible qu'il ne peut soutenir la tête sans anneaux. Certaines tribus ôtent les anneaux du cou des femmes en punition de l'adultère.

★LA PERSONNE LA PLUS MODIFIÉE

Depuis 1988, Cindy Jackson (USA) a dépensé 99 600 $ (79 680 €) pour 47 opérations de chirurgie esthétique, dont 3 liftings complets, 2 liftings des paupières ; des liposuccions ; 2 opérations du nez et d'autres sur les cuisses, les genoux, la taille, l'abdomen et la mâchoire ; la pose d'implants pour les lèvres et les joues ; des peelings chimiques ; une réduction du menton ; un maquillage semi-permanent.

★LA TECHNIQUE ESTHÉTIQUE LA PLUS PRATIQUÉE

Une étude menée dans 46 pays en 2003 montre que **★le geste non-chirurgical le plus pratiqué en esthétique** est l'injection de Botox, qui représente 14,73 % des opérations esthétiques pratiquées.

★L'opération de chirurgie esthétique la plus pratiquée est la blépharoplastie (lifting des paupières) qui représente 10,89 % des opérations.

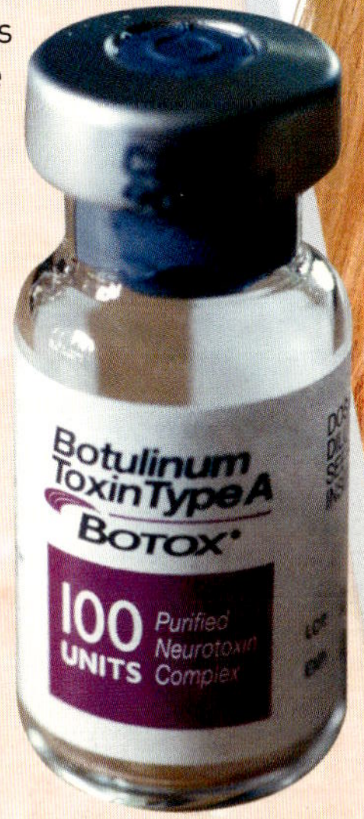

LE PLUS GRAND NOMBRE DE PIERCINGS EN 1 SÉANCE

Le 26 mai 2002, Kam Ma (GB) a subi 600 nouveaux piercings sans anesthésie, tous pratiqués par Charlie Wilson (GB) au cours d'une seule séance de 9 h 15 à 17 h 47, au Sunderland Body Art, comté de Tyne et Wear (GB).

LES PLUS GRANDS PLATEAUX À LÈVRE

Le plateau dans la lèvre est d'abord un ornement, mais pour le peuple Surma (Éthiopie), c'est aussi un symbole financier. Fabriqués par les femmes du village en argile locale, colorés ensuite à l'ocre et au charbon de bois, puis cuits au four, les plateaux sont peu à peu insérés environ un an avant le mariage. Le format final indique le nombre de vaches demandé par la famille en échange de la main de la jeune fille. Le diamètre peut atteindre 15 cm, il correspond alors à 50 têtes de bétail.

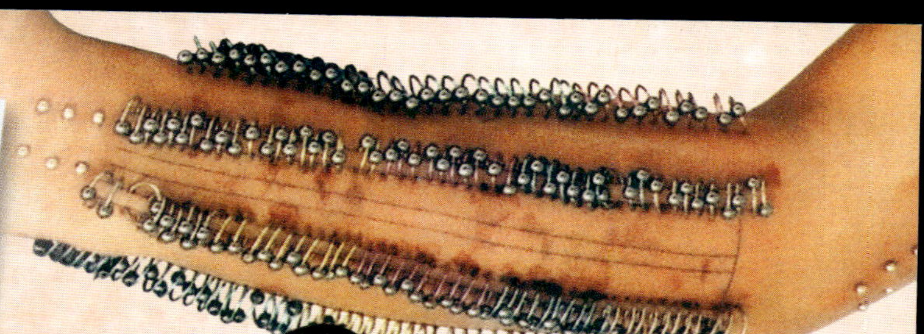

★LE PLUS GRAND CRÂNE

Le plus grand crâne noté dans un ouvrage médical appartenait à un simple d'esprit au volume crânien de 1 980 cm³ (la norme se situe entre 950 et 1 800 cm³). On a découvert au Mexique et en Amérique du Sud des crânes allongés (à droite) faisant 2 500 cm³. Pour modifier ces crânes, on a sans doute entouré la tête des bébés de bandes serrées dès la naissance.

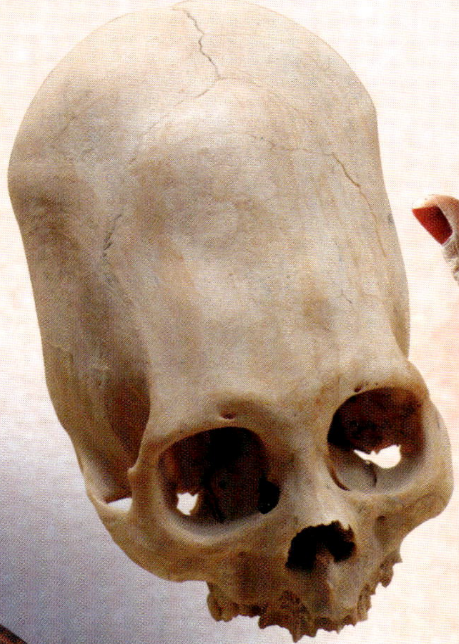

●LA REINE DES PIERCINGS

Entre janvier 1997, date de son premier piercing, et le 13 octobre 2004, Elaine Davidson (GB) s'est fait poser 2 520 piercings, à l'extérieur et à l'intérieur du corps. Au dernier comptage, elle en avait 192 uniquement sur le visage, oreilles, front, sourcils, menton, nez et langue compris. Elle en a aussi, entre autres, sur l'abdomen, la poitrine et les mains.

L'HOMME LE PLUS PIERCÉ

Habitant de La Havane (Cuba), Luis Antonio Agüero porte 230 piercings sur le corps et la tête. Il a plus de 175 anneaux sur le visage.

L'HOMME LE PLUS TATOUÉ

Tom Leppard (GB, ci-contre) et Lucky Rich (GB) se sont tous les deux fait tatouer 99,9 % du corps. Tom a choisi le motif léopard, faisant tatouer sa peau jaune safran entre les taches brunes. Lucky Rich a fait noircir ses premiers tatouages, puis les a fait recouvrir de motifs blancs.

★LE PLUS D'INTERVENTIONS
POUR UN CHANGEMENT DE SEXE

Fulvia Celica Siguas Sandoval (Pérou) a subi 64 opérations chirurgicales depuis décembre 1979 pour achever sa transformation sexuelle. Plus de 25 d'entre elles concernaient le visage et le cou ; les autres comprenaient la réduction des oreilles, la liposuccion des bras et la transformation des jambes. Fulvia a fait la une en 1998 quand elle s'est portée candidate aux élections municipales de Lima (Pérou).

★LES PLUS LONGS LOBES D'OREILLE

Pratiqué sans doute depuis le néolithique (env. 8 000 à 6 000 ans av. J.-C.), l'étirement des lobes d'oreille existe toujours chez certaines tribus d'Asie du Sud et du Sud-Est. Ce signe traditionnel de longévité, de beauté ou d'identité culturelle s'obtient par l'insertion dans le lobe de bouchons ou de lourds anneaux, allant parfois jusqu'à 500 g par oreille. Sur les statues hindouistes ou bouddhistes où ils figurent souvent, ces lobes distendus symboliseraient la sagesse infinie et l'éveil spirituel.

BÊTES VOLANTES ET RAMPANTES

DES ARAIGNÉES DE LA TAILLE D'UNE ASSIETTE ? DES ESCARGOTS PLUS LOURDS QUE VOTRE TÊTE ? DES FOURMIS POUVANT TUER UNE FAMILLE EN QUELQUES MINUTES ? LES RECORDS DU GUINNESS DES INVERTÉBRÉS DE L'EXTRÊME.

↙ LA PLUS GRANDE ARAIGNÉE

La plus grande araignée connue au monde est un mâle de la mygale géante « mangeuse d'oiseaux » (*Theraphosa blondii*), découvert en avril 1965 par les membres de l'expédition Pablo San Martin à Rio Cavro (Venezuela). L'envergure de ses pattes battait tous les records : 28 cm, de quoi recouvrir une assiette. Cette espèce vit dans les forêts pluviales côtières du Surinam, de la Guyana et de la Guyane, mais on a vu des individus au Venezuela et au Brésil.

↖ LES INSECTES LES PLUS LOURDS

Les insectes les plus lourds sont les cétoines géants (famille des *Scarabaeidae*) d'Afrique équatoriale. Les plus grands sont *Goliathus regius*, *G. meleagris*, *G. goliathus* (*G. giganteus*) et *G. druryi*. En mesurant une série de mâles (les femelles sont plus petites), on en a trouvé d'une longueur allant jusqu'à 11 cm, de l'extrémité des petites cornes frontales à la pointe de l'abdomen, avec un poids allant de 70 à 100 g.

LE PLUS GRAND PAPILLON DE NUIT

Le papillon de nuit le plus grand du monde par ses mensurations est le bombyx atlas (*Attacus atlas*), natif d'Asie du Sud-Est. L'envergure de ses ailes atteignant 30 cm, il est souvent pris pour un oiseau. Dépourvu de bouche, le bombyx atlas ne vit qu'environ quatre jours, en puisant dans ses réserves de graisse. ↘

← L'ANIMAL LE PLUS GLOUTON

Au cours des 56 premiers jours, la larve du polyphème d'Amérique (*Antheraea polyphemus*) engloutit en nourriture 86 000 fois son poids de naissance. L'équivalent pour l'homme supposerait qu'un bébé de 3,2 kg dévore… 273 tonnes d'aliments !

À l'origine, le mot insecte – dérivé du mot grec signifiant découper – décrit les petits animaux dont le corps, organisé en deux ou trois parties, semble « découpé ». En principe, les membres de cette famille, qui comprend les mouches, les papillons et les abeilles, ont six pattes et un corps en trois parties. Limaces et escargots ne sont bien sûr pas des insectes, mais des mollusques. Les araignées, quant à elles, sont des arachnides.

'INSECTE LE PLUS LONG

secte le plus long que l'on connaisse est un phasme des forêts viales de Bornéo. Le plus grand spécimen se trouve au Natural tory Museum de Londres. Son corps mesure 32,8 cm ; longueur totale, pattes incluses, atteint 54,6 cm. trouve souvent dans la nature des phasmes cette espèce auxquels il manque des pattes : ause de leur longueur démesurée, elles se coincent facilement durant la mue de l'insecte.

L'ARAIGNÉE LA PLUS PUISSANTE

La mygale *Bothriocyrtum californicum* peut résister à une force 38 fois supérieure à son poids. Pour un homme, cela reviendrait à essayer de maintenir fermée une porte tirée par un petit avion à réaction.

LE PLUS GRAND CAFARD

La plus grosse blatte ailée du monde est la M*egaloblatta longipennis*, qui vit au Pérou, en Équateur et au Panama. Dans la collection d'Akira Yokokura, à Yamagata (Japon), figure une femelle naturalisée de 9,7 cm de long et 4,5 cm de large. La longueur d'un cafard ordinaire se situe entre 0,6 et 7,6 cm.

L'INSECTE LE PLUS CHER

Le 19 août 1999 à Tokyo, un lucane géant (*Dorcus hopei*) de 8 cm aurait été vendu pour 10 035 000 yens (90 000 $ de l'époque). C'est un acquéreur âgé de 36 ans, resté anonyme pour ne pas risquer de devenir la cible des voleurs, qui l'a acheté pour sa collection.

ANIMAUX DE COMPAGNIE

NOUS N'ACCEPTONS PAS DE DOSSIERS SUR « L'ANIMAL DE COMPAGNIE LE PLUS LOURD » : MERCI DONC DE NE PAS GAVER UN ANIMAL DANS LE BUT DE BATTRE UN RECORD GUINNESS !

LE SAUT → LE PLUS HAUT RÉALISÉ PAR UN CHI

Le record du monde du saut en hauteu réalisé par un chien, 167,6 cm, revient au lévrier Cinderella May A. Holly Grey, entraîn par Lourdes Edlin et Sally Roth et propriété de Kathleen Conroy et Kate Long (USA). Le saut record a été effectué le 3 octobre 2003 lors d'une exposition canine à Gray Summit (Missouri).

● LE PLUS PETIT CHIEN (EN LONGUEUR)

Le 31 janvier 2005, Heaven Sent Brandy, femelle chihuahua appartenant à Paulette Keller (USA), mesurait, de la truffe au bout de la queue, 15,2 cm. →

● LE PLUS PETIT CHIEN (EN HAUTEUR) ↗

Le 30 mai 2004, le chihuahua à poil long Danka Kordak Slovakia d'Igor Kvetko (Slovaquie) mesurait en hauteur 13,8 cm pour une longueur de 18,8 cm.

● LES PLUS GRANDES MOUSTACHES DE CHAT ↓

Le 30 juillet 2004, une des moustaches du chat Maine coon Mingo, qui vit avec sa maîtresse Marina Merne à Turku (Finlande), mesurait 17,4 cm.

↖

LE COCHON D'INDE LE PLUS ADULÉ

En 2001, Sooty, un cochon d'Inde de 3 ans du sud du pays de Galles (GB), est devenu mondialement célèbre pour avoir « séduit » 24 partenaires en une seule soirée, et engendré 43 bébés. Cette année, à la Saint-Valentin, il a démontré que sa réputation de séducteur était toujours vivace : il a reçu plus de 206 cartes d'« admiratrices » en provenance de pays aussi éloignés que la Nouvelle-Zélande.

LES DANGEREUX

UNE FOURMI

La fourmi bélier d'Australie (*Myrmecia pyriformis*, ci-dessous, en haut) est la plus redoutable. Elle doit son nom à l'acharnement avec lequel elle passe à l'attaque. Elle pique sa victime plusieurs fois, en injectant à chaque fois une quantité plus importante de venin. Elle s'agrippe grâce aux longs crochets de ses mandibules et incurve son abdomen pour enfoncer son long dard sous la peau de sa victime. Sa piqûre peut tuer un homme en 15 minutes.

UNE ABEILLE

L'abeille africanisée ou abeille tueuse (*Apis mellifera scutellata*) descend d'une sous-espèce africaine.
Très aggressive quand on la dérange, elle défend avec férocité un territoire qui peut couvrir un rayon de 800 m. Son venin n'est pas plus puissant que celui des autres abeilles, mais c'est l'essaim tout entier qui attaque, et il peut infliger un nombre de piqûres fatal.

↓

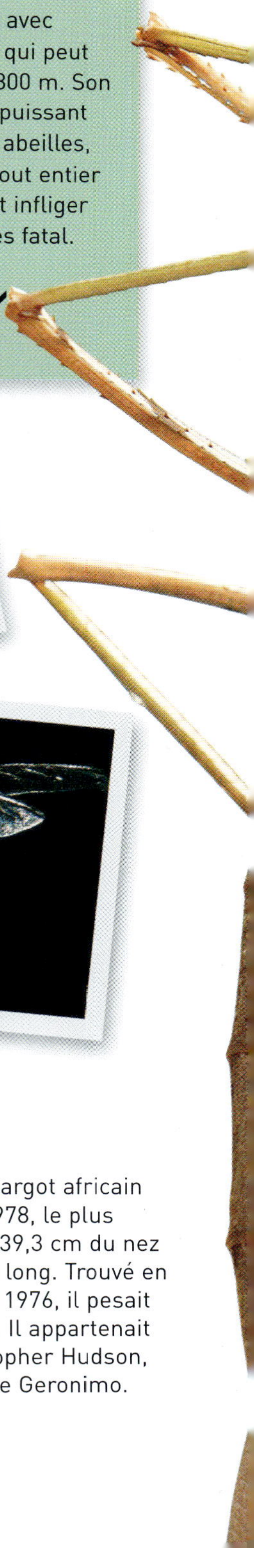

LE PLUS GRAND ESCARGOT

Le plus grand gastéropode terrestre connu est l'escargot africain géant *Achatina achatina*. Observé en décembre 1978, le plus gros spécimen mesurait en pleine extension 39,3 cm du nez à la queue ; sa coquille faisait 27,3 cm de long. Trouvé en Sierra Leone en juin 1976, il pesait exactement 900 g. Il appartenait à l'Anglais Christopher Hudson, qui l'a baptisé Gee Geronimo.

←

● LA PORTÉE DE CHIOTS LA PLUS NOMBREUSE

Le 29 novembre 2004, à Manea, dans le Cambridgeshire (GB), Tia, mastiff napolitain de Damian Ward (GB) et Anne Kellegher (Irlande), a donné naissance à 24 chiots.

● LE PLUS PETIT CHAT VIVANT

Cette année, nous avons reçu deux dossiers de chat le plus petit : le premier venait des propriétaires de Mr Peebles (photo), haut de 15,5 cm et long de 49 cm. Puis, nous avons reçu celui de Mayo et Dea Whitton (USA) pour Itse Bitse, encore plus petit avec 9,5 cm de haut et 38 cm du bout de la truffe au bout de la queue.

ÂGES RECORDS

ANIMAL	NOM	LONGÉVITÉ MAX.	NORME	PROPRIÉTAIRE	DATE DÉCÈS
Chat	Creme Puff	37 ans et 6 mois	10 à 15 ans	J. Perry (USA)	en vie
Chinchilla	Bouncer	27 ans	10 à 14 ans	J. Bowen (GB)	en vie
Chien	Bluey	29 ans et 5 mois	12 à 15 ans	L. Hall (Australie)	1939
Poisson rouge	Tish	43 ans	+ de 20 ans	H. et G. Hand (GB)	1999
Cochon d'Inde	Snowball	14 ans et 10,5 mois	4 à 8 ans	M.A. Wall (GB)	1979
Hamster	Anonyme	4 ans et 6 mois	2 à 2,5 ans	K. Smeaton (GB)	inconnue
Cheval	Old Billy	62 ans	25 à 30 ans	E. Robinson (GB)	1822
Souris	Fritzy	7 ans et 7 mois	1,5 à 2 ans	B. Beard (GB)	1985
Poney	Sancho	54 ans	30 ans	E. Saunders (GB)	2003
Lapin	Flopsy	18 ans et 10,75 mois	5 à 10 ans	L. B. Walker (Australie)	1982
Rat	Rodney	7 ans et 4 mois	2 à 2,5 ans	R. Mitchell (USA)	1990

★LE PLUS LONG TUNNEL HUMAIN PROPOSÉ À UN CHIEN

Lors d'une présentation organisée par le club canin du Northumberland, le 25 juillet 2004, au tournoi du château d'Alnwick au Northumberland (GB), 222 personnes ont formé avec leurs jambes le plus long tunnel humain du monde, et y ont fait passer 4 chiens.

★LE SAUT LE PLUS HAUT POUR UN COCHON

Le record du monde de saut pour un cochon est 70 cm, atteint par le porc Kotetsu (Japon), le 22 août 2004, à la ferme de Mokumoku Teds Gburi, à Mie (Japon).

●LES PLUS LONGUES OREILLES DE LAPIN

Lors de l'exposition nationale des éleveurs de lapins américains qui s'est déroulée le 1er novembre 2003 à Wichita (Kansas), on a mesuré les plus longues oreilles de lapin : elles faisaient 79 cm de bout en bout, plus longues que... le dépliant que vous êtes en train de lire. Propriété de Waymon et Margaret Nipper (USA), l'animal est un lope anglais baptisé Nipper's Geronimo.

LE PLUS GRAND CHEVAL

Le 27 juillet 2004, lors du championnat belge et nord-américain de London, dans l'Ontario (Canada), Radar, un cheval de trait belge, a été mesuré à 2,02 m au garrot, sans fers. Il appartient à Priefert Manufacturing, Inc., à Mount Pleasant (Texas).

MAXIMUM DE BALLES DE TENNIS DANS LA GUEULE D'UN CHIEN

Le 6 juillet 2003, le golden retriever Augie, de la famille Miller à Dallas (Texas), a réussi à ramasser et garder dans sa gueule 5 balles de tennis de format réglementaire.

PROUESSES ALIMENTAIRES

LE PLUS GRAND NOMBRE DE BIG MAC MANGÉS

Donald Gorske (USA) a mangé son 20 500e Big Mac le 27 mars 2005. Depuis 33 ans, son régime quotidien se compose de Big Mac. Donald s'enorgueillit d'avoir consommé des Big Mac des 50 États américains, dans les 32 stades de ligue nationale de football, les 30 principaux stades de ligue de base-ball et dans plus de 30 autodromes NASCAR/Busch.

JOUER AVEC LA NOURRITURE...

TRIER LE PLUS RAPIDEMENT DES DRAGÉES AVEC UNE PAILLE

Richard Parry (GB) a trié avec une paille des dragées à la gelée selon cinq parfums en 27,78 s lors de la tournée mondiale *Guinness World Records* 2005 au Trafford Centre, Manchester, Lancashire (GB), le 27 novembre 2004.

LE PLUS LONG JET DE LAIT

Après avoir bu du lait, Ilker Yilmaz (Turquie) l'a fait jaillir de son œil sur une distance de 279,5 cm à l'hôtel Armada, Istanbul (Turquie), le 1er septembre 2004.

LE PLUS RAPIDE MANGEUR D'OIGNON CRU

Brian Duffield (GB) a mangé un oignon cru en 1 min et 32 s sur le plateau de l'émission télévisée *The Paul O'Grady Show* à Londres (GB), le 17 novembre 2004. L'oignon pesait 212 g après avoir été épluché. Le poids minimum exigé était de 210 g.

LE PLUS RAPIDE ÉPLUCHEUR DE BANANES

Thomas Schuster (Allemagne) a épluché 72 bananes en 1 min à la foire de Ravensburg (Allemagne), le 6 septembre 2003.

BRISER UN MAXIMUM DE PASTÈQUES À COUP DE TÊTE

Leonardo D'Andrea (Italie) a brisé avec sa tête 22 pastèques en 1 min sur le plateau du *Guinness World Records : 50 ans, 50 records*, dans les London Studios, Londres (GB), le 11 septembre 2004.

BRISER UN MAXIMUM D'ŒUFS AVEC LES ORTEILS

Alan « Nasty » Nash (GB) a écrasé 23 œufs avec ses orteils sur le plateau du *Guinness World Records : A Few Records More* à Londres, le 11 septembre 2004.

PRÉPARER UN MAXIMUM DE GLACES

Mitch Cohen (USA) a rempli de glace 18 cônes en 1 min à Times Square (New York), sur le plateau de l'émission d'ABC *Good Morning America*, le 22 juillet 2004.

LA PLUS GRANDE BATAILLE DE TARTE À LA CRÈME

Le 11 avril 2000, 20 personnes ont jeté 3 312 tartes à la crème en 3 min au Millennium Dome à Londres (GB). Une demi-tonne de crème instantanée a été mélangée à 1 000 l d'eau dans six bétonnières pour faire les tartes.

POUSSER LE PLUS VITE POSSIBLE UNE ORANGE AVEC LE NEZ SUR 1,6 KM

En utilisant uniquement son nez, le détenteur de plusieurs records, Ashrita Furman (USA), a poussé une orange sur 1,6 km (1 mile) en 24 min et 36 s au Terminal 4 de l'aéroport JFK, New York (USA), le 12 août 2004. Ashrita doit en partie son succès au fait d'avoir utilisé une orange verte.

LES MANGEURS LES PLUS RAPIDES DU MONDE

NOURRITURE	EN 30 S	DÉTENTEUR
Glace	264 g	Diego Siu (USA)
● vers de terre	200	C Manoharan 'Snake' Manu (Inde)
	EN 1 MIN	
Choux de Bruxelles	43	Dave Mynard (GB)
Chili aux petits piments verts	8	Anita Crafford (Afrique du Sud)
Saucisses (mâchées)	8	Stefan Paladin (Nouvelle-Zélande)
● Saucisses (avalées entières)	8	Cecil Walker (USA)
● Smarties (avec des baguettes)	170	Kathryn Ratcliffe (GB)
Boulettes de viande (avec piques)	27	Nick Marshall (GB)
Blattes	36	Ken Edwards (GB)
	EN 3 MIN	
Raisins (avec cuillère à café)	133	Mat Hand (GB)
Hot dog (y compris le pain)	4	Peter Dowdeswell (GB)
Beignets (confiture)	6	Steve McHugh (GB)
Beignets (avec sucre glace)	4	Simon Krischer, Jay Weisberger, Adam Fenton, Anthony Albelo (tous USA)
Huîtres	187	Rune Naeri (Norvège)
Crevettes	272,1 g	William E Silver (USA)
Maïs doux (avec piques)	236	Ian Richard Purvis (GB)
Grains de riz (avec des baguettes)	64	Tae Wah Gooding (Afrique du Sud)
Petits pois en boîte (avec piques)	211	Mat Hand (GB)

★LE PLUS RAPIDE AVALEUR DE PIZZA

Zaphod Xerxes Leigh (GB) a englouti une pizza de 12 pouces (dimension réglementée) en 4 min 56 s au Caffé Mamma, Richmond (GB), le 16 novembre 2003. La pizza pesait 340 g.

● LA LIVRAISON LA PLUS ÉLOIGNÉE

Le 17 novembre 2004, Domino's Pizza (GB), avec la Fondation Make-A-Wish (GB), a livré une pizza sur le plateau de l'émission *Neighbours*, à Melbourne, Victoria (Australie), fabriquée par Domino's Pizza de Feltham, à Londres (GB) : soit 16 659 km à vol d'oiseau.

● LE PLUS RAPIDE MANGEUR DE CRACKERS

Ambrose Mendy (GB) a mangé 3 crackers en 37 s 44 sur le plateau de MTV à Londres, le 16 novembre 2004.

LE PLUS RAPIDE PLUMEUR DE DINDE

Vincent Pilkington (Irlande) a plumé une dinde en 1 min 30 s sur le plateau de la RTE à Dublin (Irlande), le 17 novembre 1980.

...ET LES BOISSONS

★LE PLUS RAPIDE BUVEUR DE MILK-SHAKE

Dan Orchard (Canada) a bu 500 ml de milk-shake à la paille en 10 s lors de la soirée organisée par Nestlé's Grab, Gulp and Go' au Yonge-Dundas Square de Toronto (Canada), le 18 septembre 2003.

● LE PLUS IMPORTANT CUL SEC !

1 044 étudiants de l'université Macquarie, North Ryde, New South Wales (Australie) ont fait cul sec, le 26 septembre 2003, pour commémorer sa fondation.

LE PLUS RAPIDE BUVEUR DE LAIT

Peter Dowdeswell (GB) a bu 1,13 l de lait en 3,2 s au Dudley Top Rank Club, West Midlands (GB), le 31 mai 1975.

LE PLUS RAPIDE AVALEUR DE KETCHUP

Dustin Phillips (USA) a consommé 91 % du contenu d'une bouteille de ketchup Heinz de 396 g avec une paille de 0,63 cm de large en 33 s sur le plateau de *Guinness World Records*, en prime time à Los Angeles (Californie), le 23 septembre 1999.

● LA PLUS GRANDE TOUR EN SUCRE

Anita Cash (GB) a érigé une tour circulaire composée de sucre en morceaux qui mesure 140,5 cm, dans les bureaux du *K-Zone Magazine* à Shrewsbury, Shropshire (GB), le 30 septembre 2003.

● DÎNER EN ALTITUDE...

Henry Shelford, Thomas Shelford, Nakul Misra Pathak, Robert Aitken, Robert Sully (tous GB), Caio Buzzolini (Australie) et leur maître d'hôtel attitré Joshua Heming (GB) se sont délectés d'un repas officiel à 6 805 m d'altitude sur le Lhakpa Ri (Tibet), le 3 mai 2004. L'équipe a porté les tables, les chaises et l'argenterie pour fêter le 30e anniversaire de Henry Shelford.

★NOUVEAU RECORD ●MISE À JOUR

COLLECTIONS

← CÔNES DE SIGNALISATION

David Morgan (GB) a rassemblé une collection de 137 cônes de signalisation différents. Propriétaire d'une usine de plastiques produisant annuellement plus de 1 million de cônes, David possède en un exemplaire environ deux types de cônes sur trois réalisés.

EST-CE QUE VOTRE COLLECTION BAT UN RECORD ?

1. La collection susceptible de battre un record est fonction du nombre de pièces, dont on peut voir qu'elles sont, d'une façon ou d'une autre, toutes différentes (il ne doit pas y en avoir deux semblables).

2. Toutes les pièces doivent avoir été réunies par une seule personne au cours d'une période suffisamment longue.

3. Un inventaire précis de la collection doit être établi en présence de deux témoins. Le nombre total de pièces doit figurer dans les attestations écrites distinctes des deux témoins.

4. Étant donné le nombre infini de thèmes de collection possibles, la priorité sera accordée à ceux qui reflètent un intérêt reconnu pour le grand public.

Pour obtenir tous les éléments, et connaître la marche à suivre pour déclarer un record, visitez le site www.guinnessworldrecords.com ou consultez la page 10.

● VOMI-BAGS

Niek Vermeulen (Pays-Bas) a accumulé 3 728 pochettes distribuées par 802 compagnies aériennes, collectionnées depuis les années 1970. « Il fallait bien que quelqu'un le fasse », commente Niek, qui s'est lancé dans cette collection après un pari avec un ami, pour voir lequel accumulerait le plus grand nombre de spécimens d'un objet particulier pour figurer dans le *Guinness World Records*.

COPIES D'OBJETS D'ART

Christophe Petytfounder (France), faussaire de renom, possède un peu plus de 2 500 copies d'objets d'art.

● BADGES

Daniel Hedges (GB) a commencé sa collection de badges en 1994. Depuis, il a réuni 13 516 badges différents. Madonna et Janet Jackson lui en ont offert.

★SERVIETTES DE COMPTOIR

Terry Sanderson (GB) possède 1 815 serviettes de comptoir, qu'il collectionne depuis 1997 dans le monde entier. Terry estime qu'une fois étalées, elles couvriraient une surface de 189,6 m², de quoi recouvrir au moins deux terrains de badminton !

LABELS DE FRUITS

Antoine Secco (France), de Bourbon-Lancy (France), a accumulé 34 500 labels de fruits différents entre 1993 et 2004.

● CHEWING-GUMS

Ancien professeur d'arts plastiques, Steve Fletcher (GB) a commencé une collection de paquets de chewing-gums et de bubble-gums en 1980. Aujourd'hui, sa collection compte plus de 5 100 paquets.

CHASSEURS À RÉACTION

Michel Pont (France) possède 110 chasseurs à réaction, des MIG russes, des Jaguars britanniques et des Mirages français. Il a commencé à les acheter aux gouvernements des pays concernés, en 1985. Il n'a pas l'autorisation d'utiliser l'espace aérien français.

★PAQUETS DE CHIPS

Bernd Sikora (Allemagne) est propriétaire de 1 482 paquets de chips en provenance de 43 pays. Il les collectionne depuis 1993.

★CROIX

Depuis 1938, Ernie Reda, de San Jose (Californie), a rassemblé 13 014 croix religieuses. Sa maison et son garage abritent aussi une collection de plus de 4 000 objets et livres religieux différents.

CARTES DE CRÉDIT →

Walter Cavanagh (USA) a collectionné 1 497 cartes de crédit différentes. Se les procurer n'a rien coûté à « M. Plastic Fantastic », mais elles représentent plus de 1,3 million € en possibilité de crédit.

« J'ai dit à ma femme : mon dernier vœu est qu'on m'enterre avec un sac de boutons, une aiguille, du fil et une lampe-torche… juste au cas où je me réveillerais et je n'aurais rien d'autre à faire ! »

DALTON STEVENS, LE ROI DU BOUTON

← BOUTONS

Dalton Stevens (USA) a rassemblé 439 900 boutons qui n'existent qu'en un seul exemplaire. Le « roi du bouton de Bishopville » souffrant d'insomnie chronique, s'est mis à orner de boutons de multiples objets pour lutter contre l'ennui de ses nombreuses nuits blanches. Dans sa collection figurent une voiture, un cercueil, un corbillard, une guitare…

★DÉS

Kevin Cook (USA) possède une collection de 11 097 dés, rassemblés depuis 1977. Membre du Dice Maniacs Club (appelé aussi Random Fandom), Kevin a commencé à les collectionner dans les boutiques de jeux quand il s'est mis à jouer à *Dungeons & Dragons*. Depuis 1998, il a acheté pratiquement 80 % de ses dés dans les ventes aux enchères en ligne d'eBay.

● TÉTINES

Depuis 1995, le Dr Muhammad Mustansar de l'Hôpital pour enfants de Lahore (Pakistan) a collectionné des tétines dans le cadre d'un projet éducatif de prévention contre leurs éventuels dangers. Aujourd'hui, sa collection compte 1 994 tétines différentes, de couleurs et de formes variées. Chacune lui a été donnée par une maman différente.

★GOMMES

Depuis 1998, Leanna Allison (USA) a rassemblé 6 003 gommes uniques.

★CLUBS DE GOLF

Robert Lantsoght (Espagne) possède une collection de 4 393 clubs de golf différents, qu'il réunit depuis 1992.

OBJETS LIÉS AUX CHATS

Florence Groff (France) collectionne des objets ayant trait aux chats, depuis 1979. Elle en possède 11 717.

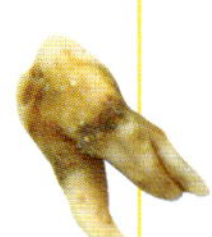

★PETITES VOITURES

Michael Zarnock (USA) possède 3 711 voitures miniatures, qu'il collectionne depuis 1968. Ses préférées sont les reproductions de voitures de son enfance, dont la Ford Panel de 1956, la Mustang de 1965 et le Road Runner de 1970.

★PASSEPORTS

Guy Van Keer (Belgique) détient 8 110 passeports ou documents de voyage faisant office de passeport déjà utilisés. Ils représentent 30 administrations délivrant des laissez-passer, y compris des pays qui n'existent plus. Le plus ancien date de 1615.

★CANARDS EN PLASTIQUE

Charlotte Lee (USA) possède 1 439 canards en plastique, qu'elle collectionne depuis 1996.

LE TOP 20 DES COLLECTIONS

Voici les 20 plus grandes collections enregistrées dans les archives du Guinness World Records.

1.	Pochettes d'allumettes	Ed Brassard (USA)	3 159 119
2.	Dents humaines	Giovanni Battista (Orsenigo, Italie)	2 000 744
3.	Livres (collection privée)	John Q Benham (USA)	1 500 000
4.	Étiquettes de boîtes d'allumettes	Teiichi Yoshizawa (Japon)	743 512
5.	Boutons	Dalton Stevens (USA)	439 900
6.	Étiquettes de bière	Jan Solberg (Norvège)	424 868
7.	Tickets à gratter	Darren Haake (Australie)	319 011
8.	Stylos-billes	Angelika Unverhau (Allemagne)	285 150
9.	Bagues de cigare	Alfred Manthe (Allemagne)	211 104
10.	Billets de train	Frank Helker (Allemagne)	163 235
11.	Dessous-de-verre	Leo Pisker (Autriche)	152 860
12.	Sacs papier et plastique	Heinz Schmidt (Bachem, Allemagne)	150 000
13.	Paquets de cigarettes	Claudio Rebecchi (Italie)	143 027
14.	Capsules de bouteille	Poul Høegh (Poulsen, Danemark)	101 733
15.	Canettes de bière	William B Christensen (USA)	75 000
16.	Balles de golf	Ted Hoz (USA)	74 849
17.	Trèfles à quatre feuilles	George J Kaminski (USA)	72 928
18.	Briquets	Francis Van Herle (Belgique)	58 529
19.	Magnets de frigo	Louise J Greenfarb (USA)	35 000
20.	Étiquettes de fruits	Antoine Secco (France)	34 500

★ LE PLUS VASTE APPEL D'URGENCE DE L'ONU

Le 26 décembre 2004, un tsunami a ravagé les côtes de 12 pays de l'océan Indien, faisant 285 000 morts, **★le plus grand nombre de décès jamais causé par un tel séisme**. L'appel d'urgence qui a suivi a été le plus important qu'ait lancé l'ONU après une catastrophe naturelle : il a généré une aide de 765 millions d'euros destinée à cinq millions de personnes.

→ SOMMAIRE

LA TERRE

← LA PLUS GRANDE EXTINCTION DE MASSE

Il y a environ 248 millions d'années, à la fin de la période géologique du permien, 90 % des espèces marines et 70 % des animaux terrestres ont été anéantis par une extinction de masse.
Au nombre des facteurs qui pourraient y avoir contribué figurent la collision de la Terre avec un astéroïde ou une comète (illustration de gauche), un changement climatique lié à la dérive des continents et une modification de la composition des océans.

DÉFINITIONS

Météoroïde : Particule de poussière, pas plus grosse que le point de cette phrase, en orbite autour du Soleil.

Météore : Étoile filante créée par un météoroïde qui se vaporise en entrant dans l'atmosphère terrestre à des vitesses avoisinant 50 km/s.

Météorite : Souvent aperçues lorsqu'elles pénètrent dans l'atmosphère sous forme d'une boule de feu, ces masses plus importantes de fer ou de roche provenant de l'espace parviennent à atteindre notre sol.

Tektite : Morceau de roche vitreuse qui se forme lors de l'impact de grandes météorites et d'astéroïdes sur la surface terrestre.

→ OÙ SE TROUVE LE LAC LE PLUS DANGEREUX DE LA PLANÈTE ? DÉCOUVREZ-LE P. 71

CRATÈRES DE MÉTÉORITES

LES PLUS GRANDS CRATÈRES

Près de Johannesburg, le cratère Vredefort a un diamètre de 300 km : c'est le plus vaste parmi les 150 cratères d'impact recensés. Formé il y a 2 milliards d'années lorsqu'un astéroïde est entré en collision avec la Terre, il est assez grand pour accueillir 270 000 courts de tennis !

LA COLLISION LA PLUS CATASTROPHIQUE

Les astronomes pensent qu'une planète de la taille de Mars est entrée en collision avec la Terre il y a 4,5 milliards d'années. Une partie des débris de ce cataclysme sont partis en orbite autour de la Terre, pour se réunir et former la Lune. L'effet d'un tel impact aurait été cataclysmique pour la Terre : la croûte terrestre se serait pulvérisée, laissant une terre dont la surface n'était qu'un océan de magma en fusion.

LE PLUS ANCIEN IMPACT

Le 23 août 2002, une équipe de scientifiques américains, sous la direction de Gary Byerly et Donald Lowe, a fait part de la découverte de l'impact d'un astéroïde entré en collision avec la Terre il y a 3,47 milliards d'années. Les indices font supposer qu'il avait un diamètre de 20 km, mais aucun cratère n'a été trouvé, car les processus géologiques de la planète en ont effacé la marque.

LA PLUS GRANDE MÉTÉORITE

En 1920, on a découvert à Hoba West (Namibie) une météorite de 2,7 m sur 2,4 m, dont le poids est estimé à 59 tonnes.

★LA PLUS GRANDE MÉTÉORITE LUNAIRE

Environ 30 des météorites trouvées sur Terre proviennent de la Lune. La plus grande, Dar al Gani 400, pèse 1 425 kg et a été découverte en Lybie en 1998.

★LA PLUS GRANDE MÉTÉORITE MARTIENNE

Avec 18 kg, la météorite Zagami, qui a heurté la Terre le 3 octobre 1962 dans un champ près de Zagami (Nigeria), est la plus grande des trente météorites qui proviendraient de Mars.

★LA PLUS GRANDE TEKTITE

En 1932, on a découvert à Muong Nong (Laos) une tektite de 3,2 kg. Elle est exposée ajourd'hui au Muséum d'histoire naturelle à Paris.

LE DÉSERT

← LE PLUS VASTE

Près d'un huitième de la surface solide de notre Terre est aride, avec moins de 250 mm de pluie par an. Au nord de l'Afrique, le Sahara est le plus grand désert chaud du monde. Dans sa plus grande largeur, il s'étend d'est en ouest sur 5 150 km. Il couvre entre 1 280 et 2 250 km du nord au sud. Le désert saharien occupe une superficie de près de 9 269 000 km².

★ NOUVEAU RECORD ● MISE À JOUR

MONTAGNES

LA MONTAGNE LA PLUS HAUTE

L'Everest culmine à 8 848 m. Son sommet est le plus élevé de la Terre. Il a été conquis pour la première fois en 1953 par le sherpa Tenzing Norgay et Sir Edmund Hillary (Nouvelle-Zélande).

LA PLUS GRANDE DES MONTAGNES

Le Mauna Kea (Montagne Blanche) à Hawaï (USA) est la montagne la plus grande du monde : de sa base, sous l'océan dans la fosse de Hawaï, à son sommet, elle atteint 10 205 m, dont 4 205 m sous la mer.

● LES PERSPECTIVES LES PLUS LOINTAINES

En Alaska (USA), on peut apercevoir le mont McKinley (6 194 m) du mont Sanford (4 949 m), distant de 370 km. Grâce aux effets de réfraction, on aperçoit parfois le glacier Vatnajökull en Islande (alt. 2 119 m) des îles Féroé, à quelque 550 km de distance.

PROFONDEURS TERRESTRES

● LA GROTTE LA PLUS PROFONDE

Krubera (ou Voronja) s'ouvre sous le massif de l'Arabika (Géorgie). En 2004, l'association spéléologique d'Ukraine a exploré ses profondeurs jusqu'à – 2 080 m.

LA CAVERNE LA PLUS VASTE

La chambre de Sarawak à Lubang Nasib Bagus, dans le parc national de Gunung Mulu au Sarawak (Malaisie), fait 700 m de long, avec une hauteur minimum de 70 m. On pourrait y parquer bout à bout dix Boeings 747.

LA VALLÉE LA PLUS PROFONDE

La gorge du Yarlung Zangbo (Tibet) a une profondeur moyenne de 5 000 m. En 1994, on a découvert que son point le plus bas se trouve à 5 382 m du sommet. On pourrait y empiler presque dix fois la tour CN, le plus haut bâtiment du monde (voir p. 163).

LE PUITS NATUREL LE PLUS PROFOND

Le Vrtiglavica (« vertige »), au mont Kanin (Slovénie), est un puits vertical profond de 643 m, où l'on pourrait superposer deux tours Eiffel.

LE PLUS GRAND CRISTAL

Le noyau interne de la planète est une sphère de 2 442 km de diamètre, essentiellement composée de fer, et où la température atteint 5 000 à 6 000 °C. Des géologues pensent que cette boule est un cristal unique, ayant une masse de cent milliards de milliards de tonnes. Ils appuient leur hypothèse sur les différences de comportement des ondes sismiques traversant le noyau dans différentes directions.

LA PLUS GRANDE MASSE LIQUIDE

Le noyau externe de la Terre est liquide. Son épaisseur est de 2 300 km, son volume de 1,719 x 10^{20} m^3, soit 30 % de la masse terrestre et 16 % de son volume.

LA PLUS ANCIENNE TRACE DE LA TECTONIQUE DES PLAQUES

Le 8 juillet 2002, des scientifiques chinois et américains ont découvert des roches indiquant que la tectonique des plaques existait déjà il y a 2,5 milliards d'années, soit 500 millions de plus que ce que l'on pensait.

LA PLUS LONGUE CHAÎNE DE MONTAGNES ←TERRESTRE

La Cordillère des Andes (Amérique du Sud) s'étire sur 7 600 km, traverse sept pays et comprend plus de 50 sommets de plus de 6 000 m. Sur l'essentiel de sa longueur, elle est large de près de 300 km.

L'ARCHE LA PLUS LONGUE ↓

Landscape Arch (ci-dessous), dans Arches National Park, ainsi que Kolob Arch dans Zion National Park – dans l'Utah – enjambent un espace de 94,5 m. Landscape Arch, la plus spectaculaire, passe au-dessus d'un ravin et fait 5 m d'épaisseur en son point le plus étroit.

L'arche naturelle la plus haute – Rainbow Bridge, dans le parc Lake Powell National Monument (Utah) – ne fait que 82,3 m de long, mais s'élève à 88 m, soit deux fois la hauteur de la statue de la Liberté de New York.

LA TERRE

★LE PLUS VASTE MARÉCAGE →

Au Brésil, dans les états du Mato Grosso et du Mato Grosso do Sul, la plus vaste étendue marécageuse du monde, le Pantanal, couvre 109 000 km^2. Les différentes régions du marais comprennent rivières, lacs, prairies inondées une partie de l'année, forêts et zones humides. À la saison des pluies, les fortes averses tropicales font déborder les eaux du Pantanal : elles noient une région plus vaste que l'Islande. À la saison sèche, les eaux reculent, laissant un beau paysage de lacs, de forêts et de lagunes.

GLACE ET GLACIERS

★LA BANQUISE LA PLUS VASTE

Dans l'hémisphère Sud, l'océan qui entoure l'Antarctique forme une étendue de glace plus vaste que la Russie. L'hiver, entre 17 et 20 millions de km^2 d'océan se recouvrent de glace, pour revenir à 3-4 €millions de km^2 en été.

En comparaison, l'océan Arctique gèle en hiver sur 16 millions de km^2, qui deviennent l'été 7-9 millions de km^2.

LE GLACIER LE PLUS RAPIDE

En 1999, on a mesuré que le glacier Columbia, entre Anchorage et Valdez en Alaska (USA), avançait à une vitesse moyenne de 35 m par jour.

LE GLACIER LE PLUS LONG

Découvert en 1956-1957 par l'équipage d'un avion australien survolant le territoire australien de l'Antarctique, le glacier Lambert atteint 64 km de large. Si l'on inclut son extension dans la mer (la banquise Amery), il s'étend sur 700 km, plus que la distance Paris-Nice. Il draine près d'un cinquième de la calotte glaciaire orientale de l'antarctique.

LE PLUS GRAND LAC SUB-GLACIAIRE

En analysant les images radar du continent antarctique, on a découvert, en 1994, le lac Vostok. Enfoui sous 4 km de glace, c'est un des lacs les plus anciens et les plus vierges de pollution au monde, car il a été isolé du reste de la planète pendant 500 000 ans. Couvrant 14 000 km^2, il arrive au 18e rang mondial par la taille. Sa profondeur atteint 100 m.

★LA PLUS LONGUE CAROTTE DE GLACE

En 1998, on a extrait de la glace surplombant le lac Vostok une carotte de 3 623 m. On a stoppé le forage à 150 m au-dessus de la surface du lac pour éviter une éventuelle contamination de son environnement vierge.

LE PLUS GRAND PINGO

Un pingo – colline conique qui renferme un noyau de glace – se forme lorsqu'un lac se vide dans une région au sol gelé en permanence. L'eau qui imbibe le sous-sol du lac gèle et gonfle, poussant vers le haut une colline de terre. Ibyuk Pingo (côte ouest de l'arctique canadien) est le plus grand pingo avec 50 m de haut et 300 m de circonférence.

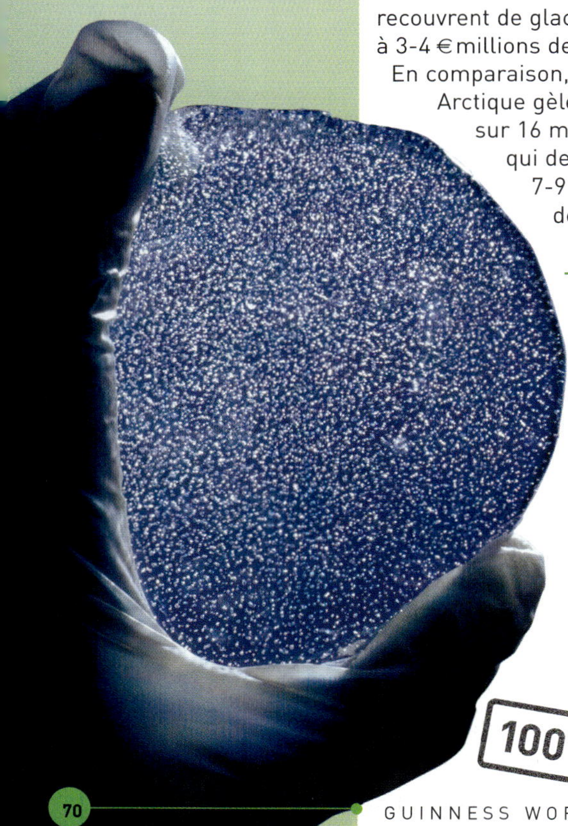

★LA PLUS ANCIENNE CAROTTE DE GLACE

↖ Il s'agit d'un cylindre extrait d'une couche glaciaire. Plus on fore, plus la glace est ancienne. Les scientifiques peuvent étudier les changements climatiques en coupant la carotte et en étudiant l'air qui s'y trouve. La carotte la plus ancienne fournit 740 000 années d'archives climatiques. Avec 3 139 m et 10 cm de diamètre, elle a été forée dans l'Antarctique, dans le cadre d'EPICA (European Project for Ice Coring in Antarctica), qui en a fait l'annonce le 9 juin 2004.

100%

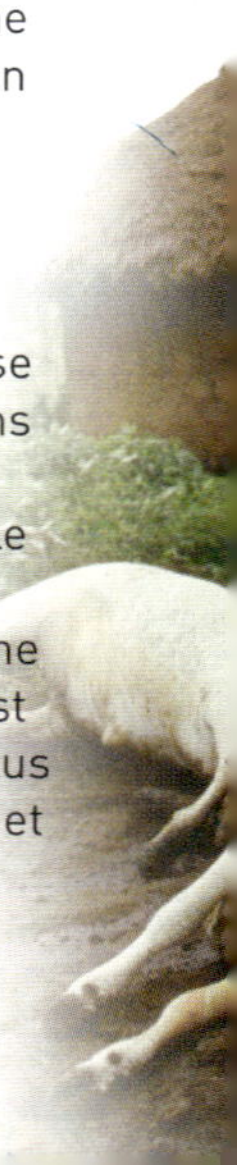

★ NOUVEAU RECORD ● MISE À JOUR

★LACS

LE PLUS GRAND LAC
La mer Caspienne (Azerbaïdjan, Turkménistan, Iran, Russie et Kazakhstan) s'étend sur 1 225 km et couvre 371 800 km². Elle pourrait recouvrir deux tiers de la France. Sa profondeur atteint 1 025 m. Sa surface est à 28,5 m au-dessous du niveau de la mer.

LE LAC LE PLUS PROFOND
En 1974, le service hydrographique de la marine soviétique du Pacifique a estimé la profondeur du lac Baïkal (sud de la Sibérie orientale) à 1 637 m, dont 1 181 au-dessous du niveau de la mer.

LE PLUS GRAND LAC À L'INTÉRIEUR D'UN LAC
Le plus grand lac à l'intérieur d'un lac est le lac Manitou, qui couvre 106 km² sur la plus grande île lacustre du monde, l'île Manitoulin (2 766 km²), dans la partie canadienne du lac Huron. Le lac Manitou comporte lui aussi plusieurs îles.

LE LAC D'EAU DOUCE LE PLUS VASTE
Le lac Supérieur (frontière américano-canadienne) présente la plus grande superficie du monde pour un lac d'eau douce. Il couvre 82 100 km², et plus de 500 000 habitants vivent le long de ses 4 385 km de rives.

LE LAC D'EAU DOUCE LE PLUS GRAND EN VOLUME
Le lac Baïkal (Sibérie) contient un volume d'eau de 23 000 km³, soit un cinquième des eaux douces de surface du globe. Formé il y a 20 à 25 millions d'années, c'est aussi le plus vieux lac d'eau douce du monde.

LE PLUS GRAND LAC SOUTERRAIN
En 1986, on a découvert un lac à 66 m de profondeur dans la grotte Drachenhauchloch (souffle du dragon) près de Grootfontein (Namibie). Il a une superficie de 2,61 ha et fait 84 m de profondeur.

LE LAC LE PLUS SALÉ
Don Juan Pond, dans Wright Valley (Antarctique), a une salinité de 671 g/l (en comparaison, l'eau de mer est à 35 g/l). Il est si salé qu'il demeure liquide par des températures aussi basses que – 53 °C.

ÎLES

LES ÎLES LES PLUS HAUTES DU MONDE
Le lac Orba (Tibet) se trouve à 5 209 m d'altitude. Ses 100 km² abritent plusieurs petites îles.

LA PLUS GRANDE ÎLE À L'INTÉRIEUR D'UNE ÎLE
Sur le lac Toba, à Sumatra (Indonésie), Samosir a une superficie de 630 km².

LES PLUS GRANDS FLEUVES DU MONDE

FLEUVE	SOURCE	LONGUEUR
Nil	Burundi	6 670 km
Amazone	Lac Villafro (Pérou)	6 448 km
Yangzi Jiang	Kunlun Shan (Chine)	6 300 km
Mississippi-Missouri	Montana (USA)	6 020 km
Ienisseï-Angara	Mongolie	5,540 km
Hwang He (fleuve Jaune)	Qinghai (Chine)	5,464 km

← LE LAC LE PLUS DANGEREUX
Le lac qui a causé le plus de morts pour une autre raison que la noyade est le lac Nyos (Cameroun). Ses gaz toxiques ont tué 2 000 personnes. En une nuit, en août 1986, 1 800 personnes et de nombreux animaux sont morts par un dégazage naturel de gaz carbonique. Les scientifiques ne s'accordent pas sur l'origine de ces gaz. Le lac occupe un volcan éteint, le gaz serait donc volcanique. Mais la décomposition de matières organiques et des variations de la température pourraient aussi en être la cause.

LE FLEUVE LE PLUS LONG ↑
Le Nil a pour source principale le lac Victoria (centre-est de l'Afrique). À partir de son cours le plus éloigné, qui prend naissance au Burundi, il coule sur 6 670 km, presque deux fois la longueur de la Muraille de Chine. L'illustration ci-dessus montre le Nil en Égypte.

LES VOLCANS

★LA NUÉE ARDENTE ← LA PLUS MEURTRIÈRE

Le 8 mai 1902, la montagne Pelée sur l'île de la Martinique est entrée en éruption, et a généré un flux pyroclastique ou *nuée ardente* : le volcan a déversé des roches incandescentes et du gaz le long de ses versants à 160 km/h. Le flux pyroclastique a entouré la ville de Saint-Pierre, et tué quelque 30 000 habitants.

→ DÉCOUVREZ P.76 LA CHAÎNE SOUS-MARINE LA PLUS LONGUE.

ÉRUPTION

RECORD DE SCORIES DÉVERSÉES

La quantité de matière libérée lors de l'éruption de Tambora, volcan sur l'île indonésienne de Sumbawa, en avril 1815, était de 150–180 km³ – ce qui équivaut à 72 000 Grandes Pyramides. À titre de comparaison, 65 km³ de scories ont été rejetées par le volcan de Santorin (Grèce) et 20 km³ par le volcan Krakatau. Le Tambora détient aussi le triste record du **plus grand nombre de victimes** : on estime que 92 000 personnes ont péri à la suite de l'éruption de 1815.

★LA PLUS GRANDE COULÉE DE BASALTE

L'éruption des trapps sibériens a commencé il y a 248,3 millions d'années et a duré 1 million d'années. Le volume de lave rejetée par le volcan est estimé à plusieurs millions de km³, ce qui est suffisants pour recouvrir la surface du globe d'une couche épaisse de quelques mètres.

LE VOLCAN LE PLUS « BRUYANT »

L'éruption du Krakatau (Indonésie), en 1883, a été entendue à 4 653 km par les habitants de l'île Rodrigues. Ce qui en fait le son le plus puissant entendu par des hommes. Cette éruption était à peu près 10 000 fois plus puissante que la bombe d'Hiroshima. Elle provoqua un raz-de-marée dont l'une des vagues de 40 m de haut fit dériver un bateau à vapeur sur 2,5 km.

★LE VOLCAN LE PLUS AU NORD

Le mont Beerenberg (2 276 m), sur l'île de Jan Mayen (71°05'N) dans la mer du Groenland, est entré en éruption le 20 septembre 1970. Les 39 habitants, tous employés par des stations baleinières, ont été évacués.

★LE VOLCAN LE PLUS AU SUD

Toujours actif, le volcan Erebus se dresse à 3 794 m sur l'île de Ross (77°35'S) dans la région de la mer de Ross (Antarctique).

LE VOLCAN ACTIF LE PLUS VOLUMINEUX →

Le Mauna Loa (Hawaï) en forme de bouclier renversé : long de 120 km et large de 50 km au-dessus du niveau de la mer, il s'élève à 4 170 m et détient le record du volcan le plus volumineux du monde (42 500 km² dont 84,2 % sont immergés). Sa caldeira (cratère), le Mokuaweoweo, mesure 10,5 km² et sa profondeur varie entre 150 et 180 m. Le Mauna Loa est un volcan actif, sa dernière éruption date de 1984.

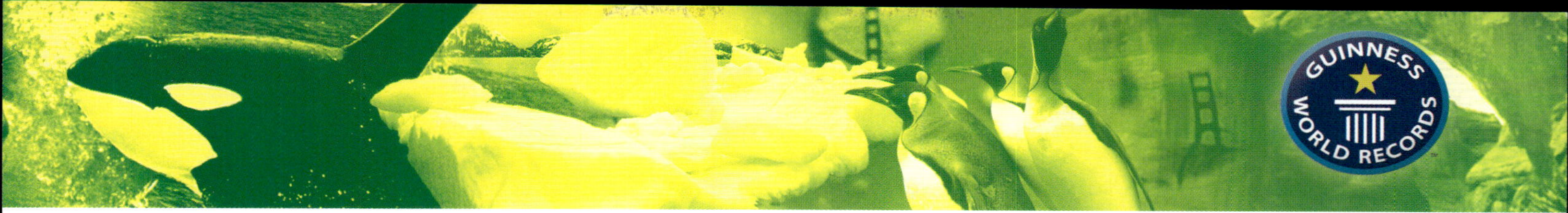

★ NOUVEAU RECORD ● MISE À JOUR

★LE PLUS HAUT VOLCAN

Cerro Aconcagua, un pic enneigé de 6 960 m dans les Andes argentines, est le plus haut volcan du monde, bien qu'il ne soit plus en activité. Le **plus haut volcan en activité** est le Ojos del Salado (6 887 m), situé entre le Chili et l'Argentine.

★LE VOLCAN LE PLUS JEUNE

Le Paricutín, cône volcanique à 320 km à l'ouest de Mexico (Mexique), naquit au milieu d'un champ de blé, le 20 février 1943. Il entra en éruption et demeura actif jusqu'en 1953. La plupart des éruptions ont eu lieu au cours de la première année pendant laquelle le cône « poussa » de 336 m, offrant aux vulcanologues l'occasion d'observer la naissance, l'évolution et la mort d'un volcan.

LES PLUS GRANDS ANNEAUX DE VAPEUR

L'Etna (Sicile) est le plus grand et le plus actif volcan européen. Un processus chimique complexe provoque une formation d'anneaux de vapeur gigantesques, semblables à des anneaux de fumée. Ils mesurent environ 200 m de large et peuvent perdurer 10 min, puis s'élèvent doucement à 1 000 m d'altitude au-dessus de la cheminée du volcan. Ces anneaux seraient dus à la forme géométrique inhabituelle de la cheminée.

LAVE

★LA COULÉE DE LAVE LA PLUS RAPIDE

Le volcan Nyiragongo (Congo) est entré en éruption le 10 janvier 1977. La lave déferla à 60 km/h et fit 2 000 victimes lorsqu'elle atteignit la ville de Goma.

LE PLUS GRAND GLISSEMENT DE TERRAIN

Un survivant a témoigné du plus grand glissement de terrain sur le mont Saint-Helens, le 18 mai 1980. 2 800 millions m^3 de rochers se sont décrochés de la montagne avant l'éruption – soit un bloc de terre de 1,5 km de haut, de profondeur et de long !

★LE PLUS GRAND TUNNEL DE LAVE

Le **plus long tunnel de lave** (une sorte de tube ouvert dans la coulée de lave) est le tunnel Kazumura à Hawaï (USA). Long de 59,3 km, il descend à 1 099 m de profondeur dans le versant est du volcan Kilauea.

LA LAVE... LA MOINS CHAUDE !

La température de la lave basaltique s'élève entre 1 100 et 1 200 °C lors d'une éruption, celle de la lave natrocarbonatite du Ol Doinyo Lengai (Tanzanie) varie entre 500 et 600 °C.

LE PLUS GRAND DÉTOURNEMENT DE LAVE

En 1973, le volcan Eldfell sur l'île de Heimaey (Islande) est entré en éruption ; une grande quantité de lave en fusion a dévalé vers Vestmannaeyjar. Un tiers de la ville fut détruit avant que les Islandais aient pu répandre de gigantesques quantités d'eau sur la lave pour la refroidir afin qu'elle se solidifie et forme des barrages naturels.

↑

LES VOLCANS LES PLUS ACTIFS

Le Kilauea sur l'île d'Hawaï (USA) est le volcan le plus actif du monde ; il entre régulièrement en éruption depuis 1983 et déverse des coulés de lave de 5 m^3 toutes les secondes, ce qui lui vaut le nom de « Kilauea » signifiant « vomissant » ou « grande étendue ».

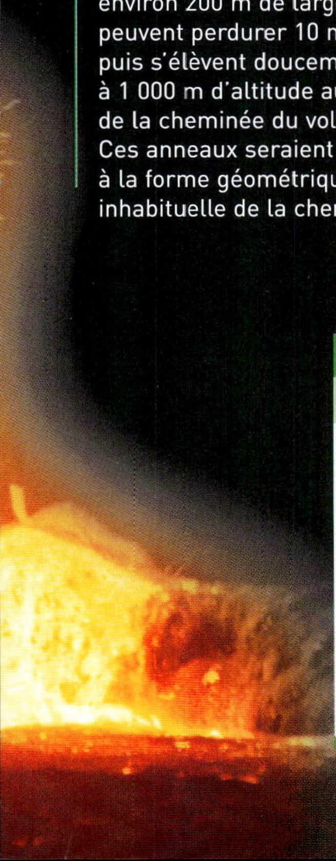

LES PLUS IMPORTANTES ÉRUPTIONS VOLCANIQUES DE L'HISTOIRE

VOLCANS	DATE	CONSÉQUENCE
Mont Saint Helens (Washington, USA)	1980	Une avalanche d'une vitesse record de 402,3 km/h ; fumée et cendres se sont élevées à 6 000 m ; on a retrouvé de la cendre à plus de 800 km.
Krakatau (Krakatau, Indonésie)	1883	10 000 fois plus puissant que la bombe Hiroshima ; des rochers projetés à plus de 55 km de hauteur ; la poussière continuait de tomber dix jours après l'éruption à plus de 5 330 km.
Etna (Sicile, Italie)	1669	L'éruption a duré pendant plus d'un mois ; la coulée de lave a recouvert la partie ouest de la ville de Catania située à 28 km du volcan et fit jusqu'à 20 000 victimes.
Vésuve (Baie de Naples, Italie)	79	Les villes de Pompéi, Stabiae et Herculanum ont été ensevelies sous les scories et la cendre. Ceci a préservé les sites jusqu'en 1748 ; on estime le nombre de victimes à 35 000.
Santorin (Cyclades, Grèce)	1550 av. J.-C.	Une gigantesque explosion – quatre fois plus puissante que l'éruption du Krakatau de 1893 – qui a pratiquement détruit toute l'île.

LE CLIMAT

58°C (136°F) — **Le record de chaleur**
À l'Aziziyah, Sahara (Libye), 13 septembre 1922

31.4°C (88.5°F) — **Le record de stabilité**
De 1927 à 1935, Garapan (île de Saipan, océan Pacifique) n'a connu qu'une fourchette de température de 11,8 °C.

19.6°C (67.3°F)

14.6°C (58.2°F) — *Température moyenne mondiale (2004)*

7°C (45°F) — **La hausse de température la plus impressionnante**
Le 22 janvier 1943, la température est montée de – 20 °C à 7 °C en 2 min à Spearfish (Dakota-du-Sud).

-20°C (-4°F)

-49°C (-56°F) — **Le plus grand écart de température en un jour**
À Browning (Montana), la température a chuté de 58 °C les 23-24 janvier, de 7 à – 49 °C.

-68°C (-90°F) — **Le lieu habité le plus froid**
Oymyakon, Sibérie (Russie).

-89.2°C (-128.6°F) — **La plus basse température enregistrée**
Vostok (Antarctique), 21 juillet 1983.

LA PLUS FORTE DÉPRESSION MESURÉE DANS ← UNE TORNADE

Le 24 juin 2003, le spécialiste des orages Tim Samaras (USA) a placé une sonde sur le chemin d'une tornade de force F4, près de Manchester (Dakota-du-Sud). Il a noté une baisse de pression de 100 millibars. La tornade a tout détruit sur une bande de 40 km. L'étude était cofinancée par *National Geographic*. F4 fait référence à l'échelle de Fujita d'intensité des tornades : une tornade F4 tourne à 93-116 m/s.

LES NUAGES

LES PLUS HAUTS NUAGES

Plus visibles aux latitudes extrêmes, les nuages de haute atmosphère sont appelés noctilucents. Beaux et fragiles, ces phénomènes se forment à une altitude de 80 km, au-dessus de 99,9 % de l'atmosphère. On les aperçoit au coucher du soleil, quand, du fait de leur altitude, ils restent illuminés par ses rayons. Ils seraient formés d'un mélange de cristaux de glace et de poussière de météores.

RECORDS DES NUAGES ORDINAIRES

Le nuage commun le plus haut est le cirrus, qui se forme à 9 000 m, mais le rare nuage nacré peut s'élever à 24 500 m. Le **nuage commun le plus bas**, le stratus, ne dépasse pas 460 m.

LES NUAGES QUI S'ÉTIRENT LE PLUS EN HAUTEUR

Sous les tropiques, on a observé des cumulonimbus qui s'élevaient à presque 20 000 m, avec une base tout près du sol : près de trois fois la hauteur de l'Everest.

LA PLUIE

LES PLUS FORTES PRÉCIPITATIONS EN 1 JOUR

Les 15 et 16 mars 1952, une hauteur record de 1 870 mm de pluie s'est abattue sur Cilaos (La Réunion), soit 1 870 l par m^2.

LE PLUS GRAND NOMBRE DE JOURS DE PLUIE

Le mont Wai-`ale-`ale (1 569 m), à Hawaï, subit jusqu'à 350 jours de pluie par an, avec une moyenne des précipitations dépassant 10 m.

LES PLUS VIEILLES GOUTTES DE PLUIE FOSSILES

Le 15 décembre 2001, le géologue indien Chirananda De annonce la découverte d'empreintes fossilisées de gouttes de pluie sur des roches de la chaîne basse des Vindhyan, dans le Madhya Pradesh (Inde). Les roches attestent que cette pluie a arrosé la Terre il y a au moins 1,6 milliard d'années.

★LES PLUS GROSSES GOUTTES DE PLUIE

À deux occasions, on a observé des gouttes de pluie de 8,6 mm de diamètre : en septembre 1995, au Brésil, et en juillet 1999, aux îles Marshall. Ces gouttes ont été mesurées au moyen d'un instrument embarqué dans un avion affrété par les chercheurs Peter V. Hobbs et Arthur Rango (université de Washington).

LE LIEU LE PLUS ARROSÉ →

En considérant la moyenne annuelle des précipitations, le lieu le plus arrosé est Mawsynram, dans le Meghalaya (Inde), avec 11 873 mm de pluie par an. Au Meghalaya – signifiant « le pays des nuages » –, l'essentiel de la pluie tombe pendant la mousson humide, de juin à septembre. La plus forte moyenne mensuelle des pluies (9 300 mm) a été mesurée à Cherrapunji, aussi au Meghalaya, en juillet 1861.

★ NOUVEAU RECORD ● MISE À JOUR

NEIGE ET GRÊLE

LA PLUS GROSSE CHUTE DE NEIGE

Entre 1971 et 1972, il est tombé 31,1 m de neige à Paradise, sur le mont Rainier (État de Washington). La **plus grande épaisseur de neige** enregistrée est 11,46 m, à Tamarac (Californie), en mars 1911.

LA TEMPÊTE DE NEIGE LA PLUS MEURTRIÈRE

La tempête de neige qui a traversé la côte est des États-Unis les 12 et 13 mars 1993 a fait 500 morts. Décrite par un météorologue comme « une tempête avec le cœur d'un blizzard et l'âme d'un ouragan », elle a causé 1,2 milliard de dollars de dégâts (environ 1 milliard €).

LES GRÊLONS LES PLUS GROS

Le 14 avril 1986, des grêlons pesant 1 kg ont tué 92 personnes dans le district de Gopalganj (Bangladesh). La tempête de grêle du 20 avril 1888 qui a eu lieu à Moradabad dans l'Uttar Pradesh (Inde) a fait le plus grand nombre de victimes : 246 personnes ont péri lors de cet orage.

LA FOUDRE

LE PLUS GRAND NOMBRE DE FLASHES POUR UN ÉCLAIR

Les éclairs ont lieu en plusieurs « flashes », correspondant à des décharges de courant électrique. Ces flashes donnent parfois l'impression que l'éclair « clignote ». Marx Brook (USA) détient le record du plus grand nombre de flashes aperçus dans un seul éclair au Nouveau-Mexique en 1962 : il en a compté 26 pour un éclair reliant un nuage et la Terre.

L'ÉCLAIR LE PLUS LONG

À chaque seconde, près de 100 éclairs frappent la Terre. La longueur d'un éclair est d'environ 9 km. En 1956, le météorologue Myron Ligda (USA) a enregistré, grâce à un radar, un éclair qui a parcouru une distance de 149 km dans les nuages.

LE PLUS GRAND NOMBRE DE VICTIMES DE LA FOUDRE

Le 8 décembre 1963, 81 passagers d'un Boeing 707 ont été tués quand leur avion a été frappé par la foudre près d'Elkton (Maryland, USA).

● LE JET-STREAM → LE PLUS RAPIDE

Les *jet-streams* sont d'étroits courants d'air filant dans les hautes couches de l'atmosphère. Ils atteignent 400 km/h. Le plus rapide à ce jour a atteint 656 km/h à 47 000 m au-dessus de South Uist (Écosse), le 13 décembre 1967. La photo ci-contre montre des nuages emportés par un *jet-stream* à 160 km/h au-dessus de l'Égypte et de la mer Rouge.

LE SURVIVANT DE LA FOUDRE

Roy C. Sullivan (USA) est le seul homme à avoir survécu après avoir été frappé sept fois par la foudre. « L'homme-paratonnerre » est frappé la première fois en 1942 (il perd l'ongle d'un orteil), puis en 1969 (les sourcils), 1970 (épaule gauche brûlée), 1972 (sa chevelure flambe), 1973 (cheveux brûlés à nouveau, jambes touchées), 1976 (cheville blessée) et 1977 (brûlures au thorax). Il se donne la mort en 1983, à la suite d'une peine de cœur.

LE VENT

LE PLUS GRAND NOMBRE D'ARBRES DÉTRUITS

270 millions d'arbres ont été abîmés par la tempête qui a traversé la France, les 26 et 27 décembre 1999.

L'ENDROIT LE PLUS ARIDE

Entre 1964 et 2001, la moyenne des précipitations a tout juste atteint 0,5 mm dans la station météorologique de Quillagua, dans le désert d'Atacama (Chili). C'est au cours du tournage de la série documentaire *Going to Extremes* par Keo Films, en 2001, que l'observation a eu lieu. Les dépôts de sel aux formes étranges que vous voyez ci-dessous tapissent le fond d'un ancien lac dans ce désert. ↓

LES OCÉANS

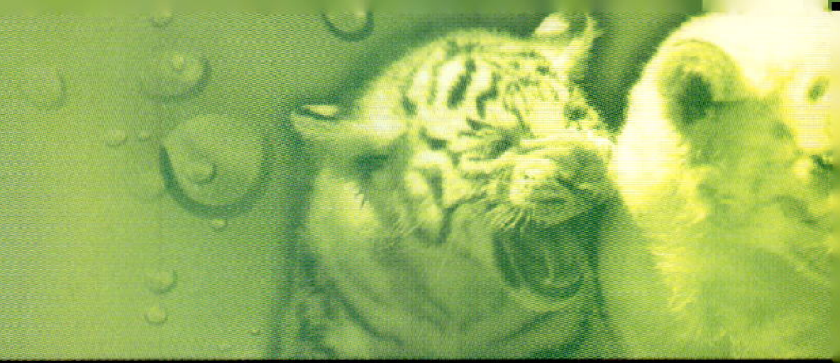

←LE RÉCIF LE PLUS LONG

Au large du Queensland (Australie), la Grande Barrière de corail s'étire sur 2 025 km. Il s'agit en fait de milliers de récifs. C'est aussi la plus grande formation marine construite par des créatures vivantes, puisqu'elle consiste en des milliards et des milliards de coraux durs, morts et vivants (madrépores et scléractiniens).

OCÉANS DU GLOBE

océan Pacifique	155 557 000 km^2
océan Atlantique	76 762 000 km^2
océan Indien	68 556 000 km^2
océan Austral	20 327 000 km^2
océan Arctique	14 056 000 km^2

LE PLUS GRAND OCÉAN ↑

Le Pacifique est le plus vaste océan du monde. Sans compter les mers voisines, il représente, avec 155 557 000 km^2 de superficie, 45,9 % des océans du globe. Sa profondeur moyenne est de 3 940 m.

★LES EAUX LES PLUS CLAIRES

La mer de Weddell, au large de l'Antarctique, possède l'eau de mer la plus claire. Le 13 octobre 1986, des scientifiques de l'Institut Alfred Wegener de Brême (Allemagne) ont mesuré sa transparence avec un disque de Secchi en PVC noir et blanc de 30 cm de diamètre, que l'on plonge dans l'eau et que l'on observe jusqu'à ce qu'il ne soit plus visible. Dans la mer de Weddell, le disque est resté visible jusqu'à 80 m : une limpidité comparable à celle de l'eau distillée.

★LE PLUS PUISSANT TOURBILLON NATUREL

Il existe plusieurs maelströms permanents, créés par la convergence de la marée, d'un détroit et de courants. Les plus puissants sont le Moskenstraumen près des îles Lofoten (Norvège) et Old Sow, au large du Maine (USA). On y a mesuré des courants de 28 km/h.

LA TEMPÉRATURE LA PLUS ÉLEVÉE

La température la plus forte dans l'océan, 404 °C, a été relevée à la sortie d'une source thermale sous-marine par un sous-marin américain, à 480 km de la côte ouest américaine en 1985.

LE COURANT LE PLUS PUISSANT DU MONDE

Le courant circumpolaire antarctique, lié à des vents d'ouest, est le plus vaste courant des océans. Il déplace 130 millions de m^3 par seconde, soit six ou sept fois le débit du Gulf Stream.

LE COURANT LE PLUS RAPIDE

Dans le nord de l'océan Indien, durant la mousson, le courant de Somalie coule à 12,8 km/h.

SOUS L'EAU

LA PLUS HAUTE MONTAGNE

Le mont Pico, dans l'archipel des Açores (Portugal), se dresse à 2 351 m au-dessus du niveau de la mer, mais descend aussi 6 098 m sous la surface de l'océan. Il mesure au total 399 m de moins que l'Everest.

LA CHAÎNE SOUS-MARINE LA PLUS LONGUE

Une grande dorsale court au milieu de l'océan sur 65 000 km, de l'Arctique à l'Atlantique en contournant l'Afrique, l'Asie et l'Australie, et sous le Pacifique jusqu'à la côte ouest de l'Amérique du Nord. Son altitude culmine à 4 200 m au-dessus du fond de l'océan.

★LE PLUS GRAND PLATEAU CONTINENTAL

Un plateau continental est le prolongement sous la mer d'une plaine côtière, formant une vaste terrasse. 7,4 % de la surface des mers se trouvent sous un plateau continental, qui recouvre l'eau sur 78 km. Le plus vaste plateau continental s'avance dans l'océan Arctique sur 1 210 km au large des côtes sibériennes (Russie).

LE PLUS GRAND ARCHIPEL

Le plus grand archipel du monde est le croissant d'îles de l'archipel malais qui forme l'Indonésie. Long de 5 600 km, il contient plus de 17 000 îles, dont Sipadan (photo), totalisant plus de 80 000 km de côtes.

★ NOUVEAU RECORD ● MISE À JOUR

LES RECORDS

LE GOLFE LE PLUS VASTE
Le golfe du Mexique s'étend du cap Sable en Floride (USA) au Cabo Catoche (Mexique). Couvrant une superficie totale de 1 544 000 km², il baigne 5 000 km de côtes.

LA PLUS GRANDE BAIE
La plus grande baie pour la longueur des côtes est la baie d'Hudson (Canada), avec 12 268 km de rives, soit la longueur des côtes des îles Britanniques, et une superficie de 1 233 000 km². Le golfe du Bengale (océan Indien) est plus vaste, avec 2 172 000 km².

LE PLUS GRAND ATOLL
Kwajalein, qui appartient aux îles Marshall dans l'océan Pacifique, est le plus grand atoll du monde. Son anneau corallien de 283 km enferme un lagon de 2 850 km².

LE PLUS GRAND POLYNYA
Un polynya est une surface de mer libre entourée par la banquise. Pendant les hivers de 1974, 1975 et 1976, on a observé un polynya d'environ 350 000 km² dans la mer de Weddell (Antarctique).

★LA PLUS VASTE ÉTENDUE D'EAU CALME
Les eaux paisibles de la mer des Sargasses, au nord de l'océan Atlantique, couvrent 6,2 millions de km². La mer est si calme que l'algue des Sargasses s'y développe et recouvre l'essentiel de sa surface.

← LE PLUS GRAND DELTA
Le plus grand delta du monde – vaste triangle d'argile, sable et limon déposés à l'embouchure d'un fleuve – est celui du Bengale, formé par le Brahmāpoutre et le Gange au Bangladesh et dans le golfe du Bengale (Inde). Il couvre une superficie de 75 000 km² – presque deux fois la Suisse.

VAGUES ET MARÉES

LA VAGUE LA PLUS HAUTE
La vague la plus haute enregistrée (dépendant du climat ou de la météo) a été estimée à 34 m, du creux à la crête. Le lieutenant Frederic Margraff (USA) l'a mesurée à partir du vaisseau USS *Ramapo* lorsqu'il faisait route de Manille à San Diego, dans la nuit du 6 au 7 février 1933, pendant un ouragan avec des vents de 126 km/h.

★LA PLUS GRANDE LONGUEUR D'ONDE POUR UNE VAGUE
La plus grande distance entre des crêtes ou des creux successifs pour une vague de l'océan avoisine 12 000 km et correspond aux marées causées par le Soleil et la Lune.
Les vagues ordinaires ont une longueur d'onde de 50 à 100 m.

LA PLUS FORTE AMPLITUDE DES MARÉES
Les plus fortes marées ont lieu dans la baie de Fundy, qui sépare la Nouvelle-Écosse (Canada) du Maine (USA) et du Nouveau-Brunswick (Canada). À Burntcoat Head, dans le bassin Minas (Nouvelle-Écosse), on observe la plus forte amplitude des marées d'eaux vives : 14,5 m.

LA PLUS FORTE MARÉE
En 1953, on a enregistré au Québec une marée de 16,6 m dans le bassin de la Rivière aux Feuilles.

LE PLUS GRAND SYSTÈME DE COURANT PERMANENT
La circulation thermohaline est un système de circulation des océans, causé par les différences de densité et de salinité de l'eau de mer. L'eau froide et salée de l'Atlantique Nord se déplace vers l'océan Austral, puis vers l'est et le nord dans le Pacifique et l'océan Indien. Là, l'eau se réchauffe et retourne vers l'ouest, où elle redescend pour replonger dans l'Atlantique Nord. Un cycle peut durer 1 000 ans.

LE PLUS HAUT TSUNAMI
Le plus grand tsunami connu (« vague dans le port » en japonais) a atteint 524 m ! Il s'est produit le 9 juillet 1958 en Alaska (USA) le long du fjord formé par la baie Lituya. Créée par un énorme glissement de terrain, la vague s'est déplacée à 160 km/h. Elle aurait pu engloutir l'Empire State Building à New York qui, avec ses 449 m, était à l'époque le plus haut bâtiment du monde. ↘

LES ABYSSES

202 m **Grotte sous-marine la plus profonde** : Dean's Blue Hole, Bahamas

210 m **Le plus grand piqué d'oiseau** : Guillemot de Brünnich (*Uria lomvia*)

282,6 m **Plongée la plus profonde en eau douce** : Nuno Gomes (Afrique du Sud), Boesmansgat Cave, Afrique du Sud

307,8 m **Plongée sous-marine la plus profonde** : John Bennett (GB), Escarcia Point, Puerto Galera, Philippines

534 m **Plongeon le plus grand par un oiseau** : manchot-empereur (*Aptenodytes forsteri*)

1 200 m **Plongeon le plus profond par un chélonien** : tortue-luth (*Dermochelys coriacea*)

1 529 m **Plongeon le plus profond par un pinnipède** : éléphant de mer boréal (*Mirounga angustirostris*), Californie, USA

2 000 m **Plongeon le plus profond par un mammifère** : cachalot (*Physeter macrocephalus*)

2 400 m **Émission en direct la plus profonde** : *Abyss Live* (BBC, GB), crête médio-atlantique

4 500 m **Le plus profond repêchage financé par des fonds privés** : vaisseau spatial américain *Liberty Bell* (océan Atlantique)

5 650 m **Éponge la plus profonde**

6 526 m **Profondeur la plus grande atteinte par un submersible** : *Shinkai 6500* (Japon)

7 584 m **Étoile de mer la plus profonde** : *Porcellanaster ivanovi*

8 370 m **Poisson vivant dans les eaux les plus profondes** : abadèche (*Abyssobrotula galatheae*)

10 911 m **Fosse marine la plus profonde** : Challenger Deep

SAUVETAGE ET RÉCUPÉRATION

★ RÉCUPÉRATION À LA PLUS GRANDE PROFONDEUR

Le 27 février 1992, l'équipage du USS *Salvoron* a repêché un hélicoptère qui s'était abîmé dans le Pacifique à une profondeur de 5 258 m, en août 1991, pour étudier et découvrir la cause de l'accident.

★ LE PLUS PROFOND REPÊCHAGE FINANCÉ PAR DES FONDS PRIVÉS

Le 20 juillet 1999, le vaisseau spatial américain *Liberty Bell 7* a été repêché au fond de l'Atlantique, où il avait amerri, le 21 juillet 1961, à 4 500 m de profondeur. Il fut tiré par le navire *Ocean Project*. Ce projet fut financé par Discovery Channel.

★ LE PLUS PROFOND SAUVETAGE PAR DES PLONGEURS

Le croiseur HM *Edinburgh* a sombré le 2 mai 1942 dans la mer de Barents au large de la Norvège, à 245 m de profondeur. Du 7 septembre au 7 octobre 1981, 12 plongeurs, par équipe de deux, ont exploré l'épave pour récupérer 460 lingots d'or.

↑ ★ LA PLUS GRANDE DISPROPORTION ENTRE ŒIL ET CORPS

Le Vampyroteuthis infernalis – littéralement le vampire des enfers – vit dans les eaux tropicales, à 600 m de profondeur. Son corps mesure au maximum 28 cm et ses yeux 2,5 cm de diamètre – soit un rapport de 1 à 11 : le plus important du monde animal. Si l'on rapporte cela à l'homme : nos yeux auraient la taille d'une balle de tennis de table !

★L'ÉPAVE DANS LES EAUX LES PLUS PROFONDES

Le 28 novembre 1996, Blue Water Recoveries Ltd (GB) a découvert dans l'Atlantique Sud l'épave du SS *Rio Grande* grâce à un sonar latéral. En utilisant un véhicule téléopéré, la Blue Water a confirmé le 30 novembre 1996 qu'il s'agissait du SS Rio Grande. L'épave, un forceur de blocus allemand de la Seconde Guerre mondiale, dormait à 5 762 m.

LE PLUS GRAND TRÉSOR REPÊCHÉ DANS UNE ÉPAVE

On estime à 2 500 millions €, l'or et le platine retrouvés en août 1984 dans le navire de guerre du tsar-amiral *Nakhimov* qui se trouvait à 60 m de profondeur au large des côtes de l'île japonaise de Tsushima. Le *Nuestra Señora de Atocha*, qui s'abîma au large des côtes californiennes en 1622, fut repêché le 20 juillet 1985. Le navire contenait 40 t d'or et d'argent et 31,75 kg d'émeraudes.

LE PLUS PROFOND...

LES HOMMES AYANT ATTEINT LE POINT LE PLUS PROFOND DU MONDE

Le 23 janvier 1960, à bord du bathyscaphe suisse *Trieste*, Jacques Piccard (Suisse) et Donald Walsh atteignent 10 911 m au cœur du Challenger Deep, dans la fosse des Mariannes. À 400 km au sud-ouest de Guam dans le Pacifique, ce point est considéré comme le plus profond de la Terre.

LA PLONGÉE SOUS-MARINE LA PLUS PROFONDE

John Bennett (GB) a plongé à 307,8 m le 6 novembre 2001 à

L'ORGANISME RÉSISTANT À UNE CHALEUR EXTRÊME

Strain 121 est une bactérie appartenant au plus ancien groupe de bactéries appelées « archae ». Strain 121 a été découvert dans les eaux surchauffées par des courants hydrothermiques au fond du Pacifique et peut survivre à des températures allant jusqu'à 121 °C. →

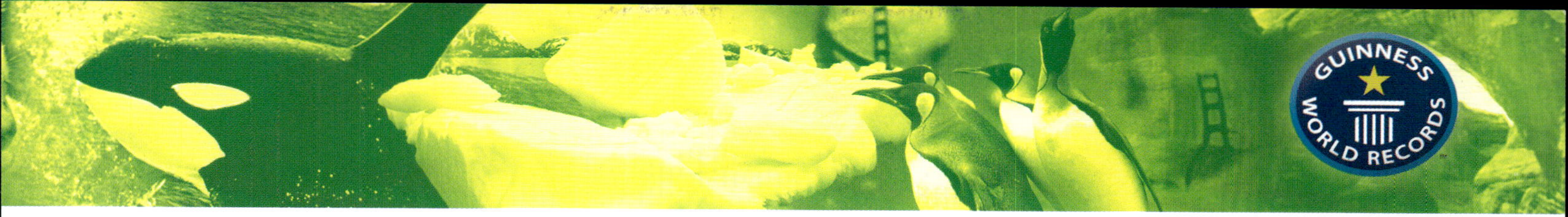

LA PLUS GRANDE PLONGÉE D'UN SUBMERSIBLE HABITÉ →

Faisant partie des submersibles en service, le *Shinkai 6500* accueille jusqu'à 3 personnes. Il mesure 9,5 m de long, 2,7 m de large et 3,2 m de haut. Il a fait une plongée d'essai au large de Sanriku, le 11 août 1989, à 6 526 m : c'est la plus grande profondeur atteinte par un submersible habité.

Escarcia Point (Philippines). Il lui a fallu 12 min pour descendre et 9 h et 36 min pour remonter. Bennett a utilisé 60 bouteilles d'air comprimé.

VIE SAUVAGE

LA PLANTE « LA PLUS PROFONDE »

La profondeur record à laquelle on a trouvé des végétaux est 269 m. Il s'agit d'algues découvertes en octobre 1984 par Mark et Diane Littler (USA) au large de l'île San Salvador (Bahamas). Ces algues marron survivent bien que 99,9995 % de la lumière soit filtrée.

LE POISSON VIVANT LE PLUS PROFONDÉMENT

Un abadèche (famille Ophidiidae) appelé *Abyssobrotula galatheae* a été découvert dans la fosse de Puerto Rico à 8 370 m.

LA PLUS GRANDE PLONGÉE D'UN MAMMIFÈRE

Elle a été faite en 1991 par un cachalot (*Physeter Macrocephalus*), au large des côtes de la Dominique (Caraïbes). Des scientifiques de l'Institut océanographique Woods Hole (USA) ont calculé que le cachalot a plongé à 2 000 m de profondeur pendant 1 h et 13 min.

★L'ÉTOILE DE MER « LA PLUS PROFONDE »

En mai 1989, des scientifiques ont testé l'éléphant de mer boréal (*Mirounga angustirostris*) au large de l'île San Miguel (Californie) : un mâle adulte a atteint la profondeur de 1 529 m.

★LA PLUS GRANDE CRÉATURE OBSERVÉE DANS SON HABITAT

Les scientifiques ne savent pas où vit le poulpe géant (*Architeuthis dux*), et ne l'ont pas encore vraiment étudié. On sait juste que certains spécimens mesurent 18 m de long et pèsent 900 kg.

L'ANIMAL LE PLUS LONG

Le siphonophore *Praya dubia* (une méduse) est considéré comme le plus long organisme. Il mesure jusqu'à 50 m – soit la longueur d'une piscine olympique. Cette recluse bioluminescente bleue occupe les eaux moyennes, jusqu'à 300 m de profondeur. Elle se pare de deux nectophores sur la tête et traîne une longue queue portant les organes de reproduction appelés cormidia, et de fins tentacules pourvus de cellules urticantes.

LES DENTS LES PLUS LONGUES PAR RAPPORT À LA TÊTE (POISSON) →

Le poisson dragon (*Chauliodus sloani*) a des dents si longues qu'il doit ouvrir sa gueule pour placer ses joues parallèlement, avant d'engloutir sa proie. Son corps fait 28 cm, sa tête 2 cm et ses dents 1 cm. Elles chevauchent les joues quand sa gueule est fermée. Il se nourrit de grandes proies en abaissant son squelette interne dans ses ouïes, ce qui permet de faire passer la proie dans la gorge. Il se rue sur ses proies et les empale. Sa première vertèbre, derrière la tête, lui permet d'amortir le choc.

VIE AQUATIQUE

← LA PLUS HAUTE DENSITÉ DE CRABES

L'île Christmas située dans l'océan Indien réserve ses 135 km^2 à une population de crabes rouges (*Gecarcoidea natalis*) estimée à 120 millions – une densité d'environ un crabe par m^2. Chaque année de novembre à Noël, les crabes quittent par millions leur terrier de la forêt équatoriale pour se reproduire et pondre sur le rivage maritime.

CRUSTACÉS

LE PLUS LOURD CRUSTACÉ

Un homard d'Amérique du Nord (*Homarus americanus*) pêché en Nouvelle-Écosse (Canada), le 11 février 1977, mesurait 1,06 m de sa queue à l'extrémité de sa plus grande pince et pesait 20,14 kg. Il a été vendu au propriétaire d'un restaurant new-yorkais.

→ DÉCOUVREZ P. 56 L'ANIMAL LE PLUS GLOUTON DU MONDE !

LE PLUS GRAND CRUSTACÉ

Le plus grand crustacé existant est l'« araignée de mer » géante *Macrocheira kaempferi*. On a trouvé un spécimen avec des pattes d'une envergure de 3,7 m, pesant 18,6 kg.

LE PLUS GRAND CRABE TERRESTRE

Le crabe voleur ou crabe des cocotiers (*Birgus latro*) vit sur les îles et les atolls de la région indo-pacifique et peut peser jusqu'à 4,1 kg. L'envergure de ses pattes peut atteindre 1 m. Mauvais nageur à l'âge adulte, il mène une existence essentiellement terrestre !

LES ANIMAUX LES PLUS ABONDANTS

Présents dans tous les milieux aquatiques, les copépodes sont des crustacés qui représentent plus de 12 000 espèces et, avec le krill, forment la plus grande famille des zooplanctons. Ils forment des groupes pouvant atteindre des milliards d'individus. La plupart sont minuscules – moins de 1 mm –, mais certaines espèces rares mesurent plus de 1 cm. Ce sont aussi les **seuls animaux connus ne possédant qu'un œil**.

★LE PLUS ANCIEN CRUSTACÉ FOSSILISÉ

La découverte d'un crustacé entier fossilisé mesurant moins de 0,5 mm a été annoncée en juillet 2001 par les biologistes Mark Williams, David Siveter (GB) et Dieter Waloszek (Allemagne). Âgée de 511 millions d'années, cette forme de vie – trouvée dans le Shropshire (GB) – est le plus ancien crustacé découvert.

POISSONS

LE POISSON LE PLUS RAPIDE

Lors de concours de vitesse au Long Key Fishing Camp (Floride), un voilier cosmopolite (*Istiophorus platypterus*) a parcouru 91 m en 3 s – ce qui équivaut à 109 km/h.
À titre de comparaison, le guépard – le mammifère le plus rapide sur de courtes distances – peut atteindre 100 km/h.

LE PLUS GRAND POISSON

Le requin baleine se nourrit de plancton (*Rhincodon typus*) et affectionne les eaux chaudes de l'Atlantique, du Pacifique et de l'océan Indien. Le plus grand spécimen enregistré par les scientifiques mesurait 12,65 m, et la partie la plus large de son corps mesurait 7 m ; son poids est estimé entre 15 et 21 t.

LE POISSON LE PLUS LÉGER

Le gobie nain de l'Indo-Pacifique (*Schindleria praematurus*) pèse seulement 2 mg et est long de 12 à 19 mm.

LE PLUS GRAND POISSON PRÉDATEUR

Le plus grand poisson prédateur s'appelle le grand requin blanc (*Carcharodon carcharias*). Adulte, il mesure de 4,3 à 4,6 m et pèse entre 520 et 770 kg. Certains de ces terrifiants grands requins blancs peuvent mesurer plus de 6 m.

LA PLUS LONGUE NAGEOIRE

La plus grande et la plus commune des espèces de requins renards (*Alopias vulpinus*) a une énorme nageoire caudale en forme de faux, dont la taille égale presque la longueur du corps. Il vit partout dans le monde dans les mers tempérées et tropicales et peut atteindre 6 m, dont presque la moitié forme sa nageoire caudale supérieure très allongée.

★LE PLUS PETIT BATRACIEN ↙

La plus petite grenouille est l'*Eleutherodactylus limbatus* (Cuba). Adulte, elle mesure de 8,5 à 12 mm. **La plus grande**, la grenouille Goliath (*Conraua goliath*), peut mesurer 36,8 cm de la tête à l'anus.

100%

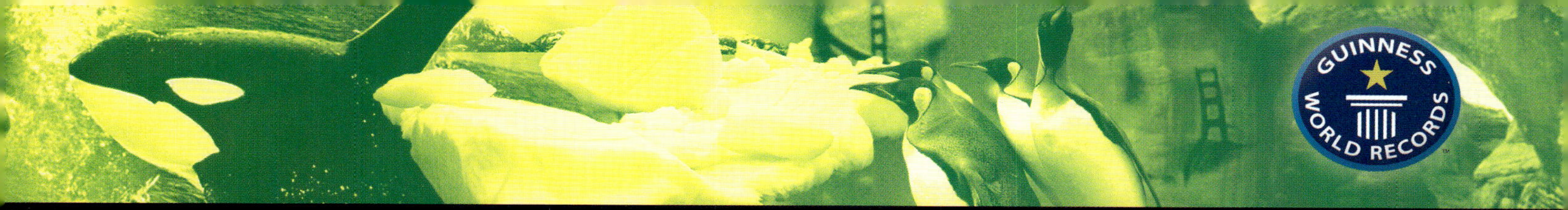

★ NOUVEAU RECORD ● MISE À JOUR

← LE POISSON COMESTIBLE LE PLUS VENIMEUX

Nombre de poissons sont venimeux, mais le plus venimeux est le poisson globe (*Tetraodon*) de la mer Rouge et de la région indo-pacifique. Ovaires, œufs, sang, peau, foie et intestins contiennent de la tétrodoxine, un poison fatal, l'un des plus violents poisons non protéiniques : un peu moins de 0,1 g suffit pour tuer un homme en 20 min.

AMPHIBIENS

L'AMPHIBIEN LE PLUS GRAND

L'un des spécimens de la salamandre géante de Chine (*Andrias davidianus*) – le plus grand amphibien – trouvé dans le Hunan (Chine) mesurait 1,8 m et pesait 65 kg. Les salamandres géantes sont les amphibiens qui vivent le plus longtemps, elles peuvent atteindre 55 ans.

LE PLUS LONG SAUT DE GRENOUILLE

Une grenouille au nez pointu d'Afrique du Sud (*Ptychadena oxyrhynchus*) nommée Santjie a effectué un « triple saut » de 10,3 m – soit la moitié d'un terrain de basket – à une course de grenouilles qui a eu lieu à Petersburg, KwaZulu-Natal (Afrique du Sud), le 21 mai 1977. Les sauts de compétition sont d'une longueur totale de trois bonds consécutifs.

L'ANIMAL QUI RÉSISTE LE MIEUX AU FROID

La grenouille des bois (*Rana sylvatica*) est le seul animal capable de survivre après avoir été gelé. Elle vit au nord du cercle polaire arctique et survit des semaines dans un état de congélation. Le glucose de son sang fait office d'antigel qui se concentre dans ses organes pour les protéger.

MOLLUSQUES

LE PLUS GRAND MOLLUSQUE

Le calmar géant (*Architeuthis dux*) retrouvé dans la baie de Thimble Tickle, Newfoundland (Canada), le 2 novembre 1878 mesurait 6 m. L'une de ses tentacules mesurait 10,7 m.

LA PLUS GRANDE HUÎTRE

En 1999, une huître commune (*Ostrea edulis*) trouvée dans la baie de Chesapeake (Virginie) mesurait 30,5 cm de long, 14 cm de large et pesait 3,7 kg.

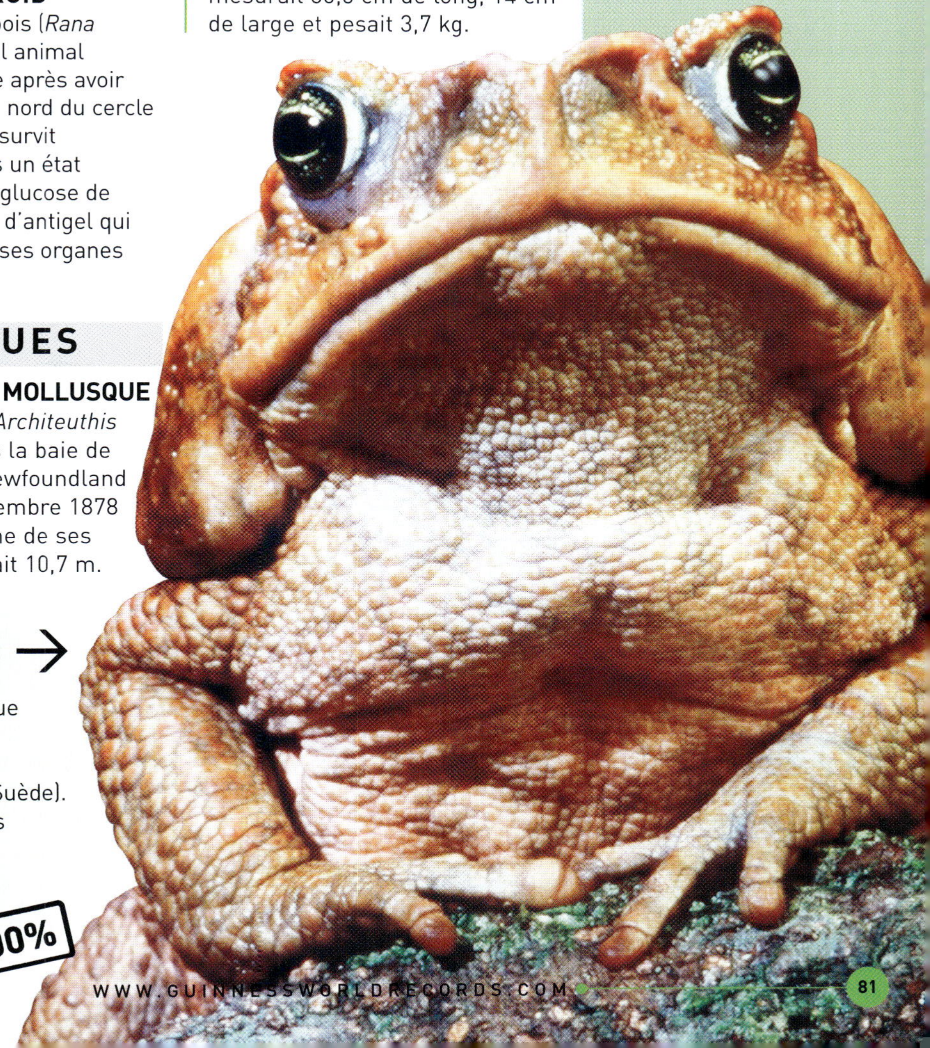

LE PLUS GROS CRAPAUD →

Le crapaud bœuf (*Bufo Marinus*) des tropiques d'Amérique du Sud et du Queensland (Australie) – introduit et non natif – pèse en moyenne 450 g. Le plus grand spécimen connu était un mâle qui appartenait à Håkan Forsberg (Suède). En mars 1991, il pesait 2,65 kg et mesurait 38 cm, pattes non comprises ! À titre de comparaison, le plus petit crapaud, le *B. taitanus beiranus* d'Afrique, mesure seulement 24 mm.

100%

VIE DU ZOO ET DE LA FERME

↗

LES PLUS GROSSES CORNES DE BŒUF

Propriété de Janice Wolf (USA), Lurch, un bœuf watusi africain, arbore des cornes dont la circonférence était de 95,25 cm le 6 mai 2003. **Les ★plus grosses cornes de taureau** mesuraient 1,35 m de circonférence le 20 septembre 2004. Elles appartiennent à C T Woodie, un taureau ankolé watusi, propriété de Duane et Kolene Gilbert (USA).

●LA PLUS GRANDE PORTÉE D'OURSONS

C'est une portée de 5 ours bruns (*Ursus arctos*) nés en captivité le 6 janvier 2002 au zoo de Kosice, à Kosice-Kavecany (Slovaquie) : 3 mâles et 2 femelles, que l'on a baptisés Miso, Tapik, Dazzle, Bubu et Cindy.

→

FERMES ET MARCHÉS

★LA PLUS GRANDE FOIRE AUX BESTIAUX

12 000 à 18 000 têtes de bétail, c'est le nombre d'animaux échangés chaque jour au marché Liniers de Buenos Aires (Argentine). La foire aux bestiaux s'étend sur une superficie totale de 34 ha, offre 450 entrées-sorties pour le bétail, 2 000 enclos pour la vente, 40 balances pour le pesage et emploie environ 4 000 personnes.

LA PLUS GRANDE FERME DE TOUS LES TEMPS

À la mort du pionnier brésilien Laucídio Coelho en 1975, sa ferme près de Campo Grande au Mato Grosso (Brésil) comptait 250 000 têtes de bétail sur une superficie de 8 700 km², plus grande que celle de la Corse.

LA PLUS GRANDE RACE BOVINE

Originaire du Moyen-Orient, la vache chianina a été importée avant l'époque romaine dans la vallée de Chiana (Italie). Il en existe quatre espèces, dont la plus grande est la Val di Chianini, élevée dans la plaine et les collines d'Arezzo et Sienne. La taille moyenne d'un taureau est de 1,73 m au garrot, son poids moyen est de 1,3 t, mais certains bœufs chianini auraient atteint une hauteur de 1,9 m.

★LA PLUS PETITE RACE BOVINE

La taille moyenne de la race bovine Vechur, du sol à la bosse, est de 81 à 91 cm pour la vache et de 83 à 105 cm pour le taureau. Elle est originaire du Kerala (Inde).

LA PLUS LARGE ENVERGURE DE CORNES POUR UN BŒUF DOMESTIQUE

Les cornes d'un longhorn texan, mesurées en juillet 2002, ont atteint 2,51 m d'envergure. Posées au sol et mesurées en droite ligne de l'extrémité à la base, l'une d'elle a atteint 1,282 m, l'autre 1,228 m. Elles sont la propriété de Jim Williams de Midland (Texas).

REFUGES

★LE PLUS GRAND REFUGE CANIN

Près de Pitesti (Roumanie), le refuge canin germano-roumain Ute Langenkamp/Iubiti Maidanezii peut accueillir dans le confort jusqu'à 3 000 chiens, sur 45 543 m². Ce refuge fonctionne depuis mai 2001, avec l'objectif de protéger et soigner les chiens et de leur trouver une maison d'accueil.

★LE PLUS VIEUX DES KOALAS

En 2001, un koala femelle nommé Sarah est mort à l'âge de 23 ans. Née en 1978, Sarah a vécu au refuge des koalas de Lone Pine, dans le Queensland (Australie). La durée de vie moyenne des koalas est de 12 ans dans la nature, 16 ans en captivité.

★ NOUVEAU RECORD ● MISE À JOUR

★LA PLUS LONGUE GESTATION POUR UN PANDA

Dans la province de Séchouan (Chine), au Centre de recherche sur le panda géant de Chengdu, Shu Lan, un panda géant femelle (*Ailuropoda melanoleuca*) a vécu une gestation de 200 jours avant de donner naissance à un bébé panda en pleine santé, le 21 octobre 2004. Chez le panda, la gestation dure habituellement 95 à 160 jours.

★LE PLUS ANCIEN REFUGE DE KOALAS

En 1927, l'Australien Claude Reid a fondé le refuge des koalas de Lone Pine à Brisbane (Queensland), toujours en activité. Au 9 décembre 2004, le refuge abritait 137 koalas, plus importante population de koalas en captivité.

ZOOS

LE PREMIER

La première collection d'animaux vivants connue a été rassemblée entre 2097 et 2094 av. J.-C. dans la ville actuelle de Puzurish (Irak), par Shulgi, un souverain de la IIIe dynastie d'Ur.

●LE PLUS VIEIL ÉLÉPHANT

Lin Wang, un éléphant d'Asie (*Elephas maximus*), est mort à 86 ans le 26 février 2003 au zoo de Taipei (Taïwan). Grandpapa Lin avait transporté le ravitaillement des troupes japonaises dans la jungle birmane pendant la Seconde Guerre mondiale. Les Chinois l'ont fait prisonnier en 1943.

LE PLUS GRAND DES LIONS

En juillet 1970, Simba, un lion à crinière noire, mesurait 1,11 m au garrot et pesait 375 kg. Il a vécu en Angleterre, au zoo de Colchester dans l'Essex, puis au zoo de Knaresborough, dans le Yorkshire, jusqu'à sa mort à 14 ans, le 16 janvier 1973.

★LA PLUS GRANDE PORTÉE DE TIGRES NÉS EN CAPTIVITÉ

Le 18 novembre 2003, au zoo de Buenos Aires (Argentine), Bety et Conde sont devenus parents de 6 petits (3 mâles et 3 femelles). Ce sont des tigres blancs du Bengale (*Panthera tigris tigris*).

LA DÉFENSE LA PLUS LONGUE

Excepté pour les spécimens préhistoriques, la paire de défenses la plus longue provient d'un éléphant d'Afrique, (*Loxodonta africana*). Recueillies en République démocratique du Congo et conservées à la Société zoologique de New York, Bronx Park à New York, celle de droite mesure 3,49 m sur sa courbe extérieure, celle de gauche 3,35 m.

ANIMAUX HYBRIDES

PARENTS	PROGÉNITURE
Lion + tigre	Ligre; tigron; tigon; tiglon
Cheval + zèbre	Zébroïde; zébrule
Bison + vache	Cattalo
Cheval + âne	Mulet; bardot
Lion + léopard	Léopon
Chameau + lama	Cama
Vache ou taureau + yack	Dzo
Chien + loup	Crocotte
Baleine + dauphin	Wolphin

★LE PLUS GRAND FÉLIN HYBRIDE →

Il s'agit du ligre, produit d'un lion mâle et d'une tigresse. Le ligre dépasse souvent en taille chacun de ses parents, atteignant une longueur de 3 à 3,6 m. La taille et l'apparence du ligre varient selon les sous-espèces de lion et de tigre concernées. Ces hybridations pourraient arriver dans la nature, là où tigres et lions fréquentent les mêmes territoires, mais ce type de croisement survient surtout dans les zoos et les ménageries privées.

MAMMIFÈRES

★LE PLUS GRAND MARSUPIAL CARNIVORE

Le mâle adulte du diable de Tasmanie (*Sarcophilus harrisii*) mesure en moyenne 30 cm au garrot, fait 78 cm de long et pèse 12 kg. Vivant à l'état naturel uniquement en Tasmanie (Australie), il utilise ses mâchoires puissantes et ses longues dents pour dévorer mammifères, oiseaux, reptiles et insectes, avalant tout, même les os et la fourrure. L'Australie héberge aussi **le plus petit marsupial carnivore** : le planigale d'Ingram à longue queue (*Planigale ingrami*) qui peut ne peser que 4,5 g, dont le corps fait 5,5-6,3 cm ; le ninguai du Pilbara (*Ninguai timealeyi*) mesure 4,6-5,7 cm et pèse moins de 9,5 g.

→ QUEL ANIMAL POSSÈDE LE PLUS GROS CERVEAU ? RÉPONSE P. 87

CARNIVORES

LE PLUS GROS CARNIVORE TERRESTRE

L'ours polaire adulte mâle (*Ursus maritimus*) pèse 600 kg. Du nez à la queue, il fait 2,4 à 2,6 m. En 1960, des chasseurs ont tué un ours d'environ 900 kg sur la banquise de la mer de Chukchi, au large de l'Alaska (USA). Il faisait 3,5 m du nez à la queue en suivant le contour de son corps, et 1,5 m de circonférence.

★LE MAMMIFÈRE TERRESTRE AU PLUS GRAND TERRITOIRE

L'ours polaire occupe le plus vaste territoire. Il arpente chaque année 30 000 km², surface équivalente à la Belgique.

★LE MAMMIFÈRE TERRESTRE À L'ODORAT LE PLUS FIN

L'ours polaire peut détecter son gibier à plus de 30 km, souvent au-dessous d'une épaisse couche de glace. On a déjà vu un ours polaire se diriger en trace directe vers sa proie sur 32 km.

★LA PLUS GROSSE PROIE

L'estomac d'un ours polaire mâle adulte a une capacité de 68 kg. Il peut tuer des proies de la taille d'un morse de 500 kg ou d'un bélouga de 600 kg. Son appareil digestif, mieux conçu pour digérer la viande que les plantes, en fait une des espèces d'ours les plus carnivores.

LE PLUS GRAND FÉLIN CARNIVORE

Le tigre de Sibérie mâle (*Panthera tigris altaica*) mesure en moyenne 3,15 m de long, du museau au bout de la queue, 99-107 cm au garrot, et pèse autour de 260 kg. Comme il peut rester pendant des jours sans absorber la moindre nourriture, il est aussi capable de dévorer 45 kg de viande en un seul repas.

LE PLUS PETIT FÉLIN CARNIVORE

Le chat léopard de l'Inde (*Prionailurus rubiginosus*), qui vit dans le sud de l'Inde et au Sri Lanka, est long (tête et corps) de 35-48 cm, avec une queue de 15-25 cm. La femelle pèse 1 kg, le mâle 1,5 kg.

RONGEURS

LE PLUS GRAND GROUPE DE MAMMIFÈRES

Habitant tous les continents sauf l'Antarctique, les rongeurs composent 40 % des espèces de mammifères. Sur 4 000 espèces de mammifères, les rongeurs en composent 1 500, suivis des chauve-souris comptant 1 000 espèces.

LA PLUS IMPORTANTE COLONIE D'ANIMAUX

Les chiens de prairie à queue noire (*Cynomys ludovicianus*), rongeurs de la famille des *Sciuridae* qui vivent dans l'ouest des États-Unis et le nord du Mexique, se rassemblent en immenses colonies. En 1901, on a découvert une seule « ville » regroupant 400 millions d'individus et occupant 61 400 km², soit 2 fois la Belgique.

←★ LE MANGEUR LE PLUS RAPIDE

D'après les travaux publiés en février 2005 par le Dr Kenneth Catania, de l'université Vanderbilt au Tennessee (USA), le condylure ou taupe au nez étoilé (*Condylura cristata*) sait « gérer » sa nourriture – la trouver comestible, s'en emparer, la dévorer et passer à la suite – en 230 millisecondes en moyenne, avec un record de 120 millisecondes ! Cette taupe semi-aquatique doit son nom à son museau doté de 22 tentacules tactiles, les plus sensibles organes du toucher chez un mammifère, cinq fois plus que la main de l'homme.

★LE PLUS GROS RONGEUR

Le capybara ou cabiai (*Hydrochoerus hydrochaeris*) d'Amérique du Sud mesure, sans sa petite queue, 1-1,3 m et peut peser jusqu'à 79 kg. Un spécimen en cage a atteint le poids record de 113 kg.

LE PLUS PETIT RONGEUR

Au moins deux espèces sont en compétition pour le titre : la souris pygmée du nord (*Baiomys taylori*), qui vit au Mexique et aux États-Unis, et le rat sauteur nain du Baloutchistan (*Salpingotus michaelis*), au Pakistan. Leur longueur (tête et corps) n'atteint que 3,6 cm. Leur queue mesure 7,2 cm.

PRIMATES

LE PLUS GRAND PRIMATE

Le gorille mâle des plaines de l'Est (*Gorilla gorilla graueri*) vit dans l'est du Congo. Il mesure jusqu'à 1,75 m debout, et pèse jusqu'à 163 kg.

LE PLUS PETIT PRIMATE

Si on excepte les musaraignes arboricoles, classées à part, le plus petit vrai primate est une souris lémurienne naine (*Microcebus myoxinus*) découverte dans la forêt à feuillage caduc de l'ouest de Madagascar. Tête et corps mesurent 6,2 cm, la queue 13,6 cm, pour un poids de 30,6 g.

★LE PLUS GRAND MAMMIFÈRE VIVANT DANS LES ARBRES

L'orang-outan vit dans la canopée de la forêt pluviale tropicale de Bornéo et Sumatra, dans la région malaise. Le mâle de l'orang-outan de Sumatra (*Pongo abelii*) et celui de Bornéo (*P. pygmaeus*) pèsent 83 kg pour 1,5 m. En malais, « orang-outan » veut dire « l'homme de la forêt ».

★LE PRIMATE LE PLUS RAPIDE

Le patas ou singe rouge (*Erythrocebus patas*) vit en Afrique de l'Ouest et de l'Est. Au sol, il peut atteindre 55 km/h. Ses longs membres minces lui ont valu le surnom de « primate guépard ».

ANIMAUX FOUISSEURS

★LE PLUS GRAND FOUISSEUR

Le wombat (*Vombatus ursinus*), un marsupial australien, peut atteindre 1,20 m et peser 35 kg. Doté de pattes larges, de griffes et d'une poche ventrale qui s'ouvre vers l'arrière, il creuse des terriers jusqu'à 20 m de long et 2 m de profondeur.

★LE PLUS PETIT FOUISSEUR

La musaraigne étrusque ou vespère de Savi (*Suncus etruscus*) a un corps de 3,6-5,3 cm et une queue de 2,4-2,9 cm, ce qui lui permet d'emprunter les tunnels et les trous creusés par les gros vers de terre !

LE PLUS GRAND MAMMIFÈRE TERRESTRE

Le mâle adulte de l'éléphant d'Afrique (*Loxodonta africana*) mesure en moyenne 3-3,7 m au garrot et pèse 4-7 t (voir plus loin le plus grand spécimen observé).

Mammifères terrestres de l'extrême :

Le plus grand : Des chasseurs ont abattu en 1974 un éléphant d'Afrique mâle de 4,16 m au garrot, qui pesait 12,24 t.

Le plus haut : En 1959, le zoo de Chester (GB) hébergeait une girafe masaï mâle appelée George qui mesurait 5,8 m.

Le plus petit : La chauve-souris à nez de porc de Thaïlande a une longueur moyenne de 2,9-3,3 cm et pèse 1,7-2 g.

★Le plus petit (non volant) : La musaraigne étrusque ou vespère de Savi mesure 3,6-5,3 cm et pèse 1,5-2,6 g.

Le plus rapide : En 1965, un guépard femelle de 35 kg a été chronométré à 104,4 km/h sur une distance de 200 m.

MAMMIFÈRES

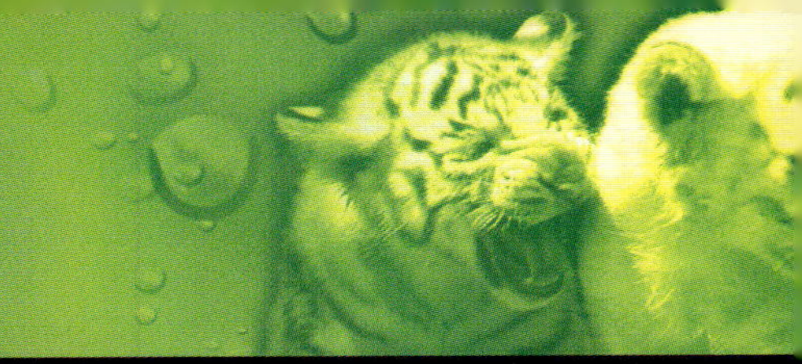

L'ANIMAL MARIN LE PLUS RAPIDE →

Le 12 octobre 1958, une orque mâle (*Orcinus orca*) a été observée nageant à 55,5 km/h dans le Pacifique Nord-Est. On a aussi relevé de brèves pointes de vitesse analogues chez un marsouin de Dall (*Phocoenoides dalli*).

★LES PLUS GRANDES GRIFFES

Le troisième doigt de la patte antérieure du tatou géant (*Priodontes maximus*) porte une griffe de 20 cm. Ces tatous, qu'on trouve en Amérique du Sud, utilisent leurs griffes, les plus longues du règne animal, pour fouir dans les termitières et les démolir. Le tatou est aussi le **★mammifère terrestre doté du plus grand nombre de dents** : sa mâchoire en contient jusqu'à 100.

★LE PLUS GRAND MAMMIFÈRE VOLANT

L' écureuil volant géant d'Asie, du genre *Petaurista,* peut « voler » entre les arbres en déployant les membranes de peau de ses flancs, qui lui servent de parachute. Mesurant jusqu'à 1,1 m, queue comprise, cet écureuil peut planer sur 400 m. La distance record (et le **★plus long vol plané effectué par un mammifère**) est 450 m, soit quatre fois la longueur d'un terrain de football.

★LE PLUS PETIT MAMMIFÈRE VOLANT

Malgré sa petite taille, seulement 6,5 à 8 cm, une souris volante marsupiale *(Acrobates pygmaeus)* d'Australie peut planer jusqu'à 25 m entre les arbres, soit un peu plus que la longueur d'un court de tennis.

PINNIPÈDES

LE PLUS GRAND PINNIPÈDE

Parmi les 34 espèces de pinnipèdes (sous-ordre des animaux aquatiques comprenant phoques et morses), la plus grande en taille est l'éléphant de mer austral (*Mirounga leonina*) qui peuple les îles proches du cercle polaire antarctique. Le mâle mesure en moyenne 5 m, de son nez en trompe au bout de ses nageoires caudales ; sa circonférence maximale est 3,7 m ; son poids va de 2 000 à 3 500 kg. **Le plus gros spécimen mesuré avec précision** est un mâle capturé en 1913, qui faisait 6,5 m et pesait au moins 4 t.

← LE PINNIPÈDE LE PLUS DANGEREUX

Le léopard de mer (*Hydrurga leptonyx*), carnivore, est la seule espèce réputée attaquer l'homme sans avoir apparemment été provoquée. Un certain nombre de cas ont été observés de phoques-léopards surgissant de crevasses de la banquise pour happer les pieds des humains. Il existe un cas d'attaque de plongeurs, et plusieurs cas de personnes poursuivies sur la glace par ces phoques sur une distance allant jusqu'à 100 m. Les scientifiques pensent que le phoque confond la silhouette verticale de l'homme avec celle du manchot empereur.

★ NOUVEAU RECORD ● MISE À JOUR

LE PLUS PETIT PINNIPÈDE
Le femelle de l'otarie à fourrure des Galapagos (*Arctocephalus galapagoensis*) fait en moyenne 1,2 m de long, et pèse environ 27 kg. Souvent plus grand, le mâle atteint en moyenne 1,5 m et pèse autour de 64 kg.

LE PLUS VIEUX PINNIPÈDE
Les chercheurs de l'Institut limnologique d'Irkoutsk (Russie) ont déterminé l'âge le plus avancé atteint par des pinnipèdes : 56 ans pour un phoque femelle du lac Baïkal (*Phoca sibirica*), et 52 ans pour un mâle. Cette estimation est déterminée par les couches successives de cément recouvrant les canines.

LA PLUS IMPORTANTE COLONIE DE PHOQUES GRIS
Tous les hivers, à la période de reproduction, la colonie de phoques gris (*Halichoerus grypus*) de l'île de Sable, au large de la Nouvelle-Écosse (Canada), rassemble 100 000 individus. Au bout de 18 jours, les petits doivent se débrouiller seuls.

CÉTACÉS

LE PLUS GRAND MAMMIFÈRE
La baleine bleue (*Balaenoptera musculus*) est le plus grand mammifère – et **le plus gros animal**. Sa longueur moyenne est de 24 m et son poids peut atteindre 160 t. Un individu colossal, capturé dans l'océan Austral en Antarctique le 20 mars 1947, pesait 190 t : c'est **l'animal le plus lourd** jamais observé. **Le mammifère le plus long** est une baleine bleue femelle de 33,58 m qui s'est échouée en 1909 à Grytviken (sud de la Géorgie), dans l'Atlantique austral. Par comparaison, la baleine bleue pèse 80 millions de fois plus que le plus petit mammifère existant ! Tête et corps réunis, la chauve-souris à nez de porc (*Craseonycteris thonglongyai*) ne mesure que 2,9-3,3 cm et ne pèse que 1,7-2 g. Elle habite dans des grottes de la rivière Kwae Noi, dans la province de Kanchanaburi (sud-ouest de la Thaïlande).

LE MAMMIFÈRE AU POULS LE PLUS LENT
Parmi les animaux à sang chaud, la baleine bleue présenterait le rythme cardiaque le plus lent, avec 4 à 8 battements par minute, selon qu'elle est en plongée ou non. Par comparaison, un cœur humain adulte bat en moyenne à 70 pulsations par minute.

LE SON LE PLUS PUISSANT
En « chantant » pour communiquer, le rorqual commun (*Balaenoptera physalus*) et la baleine bleue émettent des sons courts à basse fréquence qui atteignent l'intensité de 188 décibels : c'est le son le plus puissant émis par une source vivante. Les scientifiques ont pu détecter des chants à 850 km.

LA PLUS GRANDE MÂCHOIRE D'ANIMAL
Le Muséum d'histoire naturelle de Londres a exposé la mâchoire d'un cachalot (*Physeter macrocephalus*) qui mesurait 5 m. Cette mâchoire inférieure appartenait à un mâle de près de 25,6 m. Le cachalot est aussi **le plus gros des cétacés à dents**.

LA BALEINE LA PLUS PETITE
Deux cétacés sont en course : le dauphin de Hector (*Cephalorhynchus hectori*) et le marsouin de Californie ou vaquita (*Phocoena sinus*). Ils ne dépassent pas 1,2 m.

↑

LA FOURRURE LA PLUS DENSE
La loutre de mer (*Enhydra lutris*), qui vit surtout au large des côtes de l'Alaska (USA), est dotée de la fourrure la plus dense qui soit, avec plus de 101 560 poils au cm^2. En comparaison, l'être humain ne possède que 156 cheveux au cm^2.

→ COMBIEN PESAIT LE CERVEAU HUMAIN LE PLUS LOURD ? RÉPONSE P.24

LE PLUS GROS CERVEAU D'ANIMAL ←
De tous les animaux, le cachalot (*Physeter macrocephalus*) a le plus gros cerveau : autour de 9 kg. En comparaison, le poids de celui de l'éléphant mâle d'Afrique (*Loxodonta africana*) peut atteindre 5,4 kg. Un cerveau humain pèse en moyenne 1,4 kg.

OISEAUX

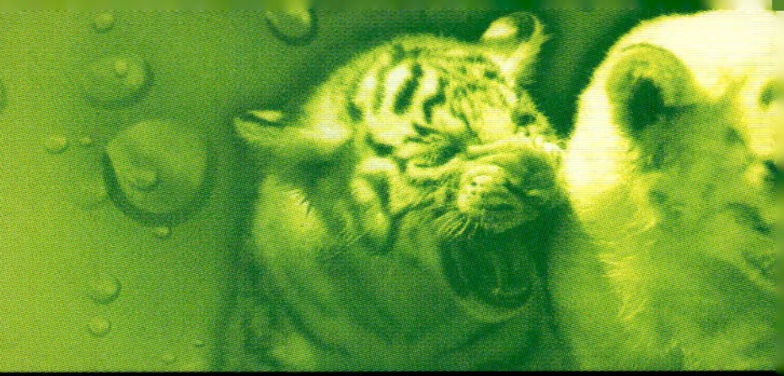

← LES OISEAUX QUI VOLENT LE PLUS HAUT

La plus haute altitude enregistrée pour un oiseau est 11 300 m pour un vautour Rüppell (*Gyps rueppellii*), entré en collision avec un avion au-dessus d'Abidjan (Côte d'Ivoire), le 29 novembre 1973. L'impact endommagea l'un des moteurs de l'avion provoquant son arrêt, mais l'engin atterrit sans autre incident. Les restes de l'animal ont permis à l'American Museum of Natural History d'identifier ce haut voltigeur rarement rencontré à plus de 6 000 m.

LE PLUS PETIT ŒUF D'OISEAU

Le colibri nain de Jamaïque (*Mellisuga minima*) pond le plus petit œuf du monde (voir ci-dessous, placé à côté d'un œuf d'autruche, le **plus grand œuf d'oiseau**). Deux spécimens connus mesurent moins de 10 mm et pèsent 0,365 et 0,375 g.

TAILLE

LE PLUS LOURD OISEAU DE PROIE

Le condor des Andes mâle (*Vultur gryphus*) pèse de 9 à 12 kg et a une envergure de 3 m. Le condor de Californie mâle (*Gymnogyps californianus*) conservé à la Société des sciences de Californie pesait 14,1 kg ; cette espèce est en général bien plus petite que le condor des Andes et excède rarement 10,4 kg.

LE PLUS PETIT OISEAU DE PROIE

Le titre est détenu conjointement par le fauconnet moineau (*Microhierax fringillarius*) d'Asie du Sud-Est et le fauconnet septentrional de Bornéo (*M. latifrons*). Les deux espèces ont une longueur de 14 à 15 cm, incluant 5 cm pour la queue, et pèsent environ 35 g.

LE PLUS LOURD OISEAU POUVANT VOLER

Le cygne tuberculé (*Cygnus olor*) peut atteindre 18 kg, bien qu'un cob mâle en Pologne ait pesé 22,5 kg. Trop lourd, il ne pouvait plus voler.

L'OISEAU LE PLUS GRAND

Certaines autruches mâles d'Afrique du Nord (*Struthio camelus camelus*) peuvent mesurer jusqu'à 2,75 m et peser 156,5 kg. Les autruches d'Afrique du Nord sont des ratites (aptères donc dépourvus d'ailes).

LE PLUS GRAND AIGLE

Le pygargue à queue blanche (*Haliaeetus albicilla*) pèse entre 5 et 9 kg avec une envergure de 2,2 à 2,45 m. Il vit en général en Russie, mais il a été aussi localisé en Corée et au Japon.

LE PLUS PETIT OISEAU APTÈRE

Le râle atlantique (*Atlantisia rogersi*) d'Inaccessible Island (Atlantique Sud) ne pèse que 40 g.

LE PLUS GROS ŒUF D'OISEAU

Un œuf d'autruche pesant 2,35 kg a été pondu en juin 1997 à l'élevage d'autruches Datong Xinda, Datong, Shanxi (Chine).

LE PLUS GRAND ORGANE REPRODUCTEUR AVIEN

En Argentine, un canard des lacs (*Oxyura vittata*) exhibe le pénis le plus long du monde avien : 42,5 cm ! L'organe a été mesuré en période de reproduction. La base de ce pénis rétractable est couverte de piquants, tandis que l'extrémité est douce et ressemble à une brosse.

EN PLEIN VOL

L'OISEAU QUI DEMEURE LE PLUS EN VOL

Après avoir quitté le nid fabriqué sur le sol, la sterne fuligineuse (*Sterna fuscata*) passe la plus grande partie de sa vie dans les airs (3 à 10 ans), se pose parfois sur l'eau et gagne la terre ferme pour se reproduire.

LE PLUS GRAND OISEAU SACHANT VOLER

Les grues (échassiers) font partie de la famille des Gruidae. La plus grande, lorsqu'elle est debout, mesure presque 2 m.

LE PLUS LONG VOL

Une sterne pierregarin (*Sterna hirundo*), baguée le 30 juin 1996 en Finlande, a été capturée à Rotamah Island (Australie), en janvier 1997, 26 000 km plus loin. Pour atteindre sa destination, on pense que l'oiseau a effectué 200 km par jour.

↙ LE PLUS PETIT OISEAU

Le plus petit oiseau s'appelle le colibri d'Helen (*Mellisuga helenae*) de Cuba et de l'île Youth. Les mâles pèsent 1,6 g et mesurent 57 mm, dont la moitié est prise par le bec et la queue. Les femelles sont légèrement plus grandes. On pense que le colibri possède le poids le plus bas de tous les animaux à sang chaud.

★ NOUVEAU RECORD ● MISE À JOUR

LA PLUS LONGUE MIGRATION
La sterne arctique (*Sterna paradisea*) se reproduit dans le nord du cercle arctique. Elle s'envole ensuite vers l'Antarctique pendant l'hiver boréal puis revient. Elle parcourt donc environ 35 000 km, plus de deux fois le diamètre de la Terre. Les ternes passent le second été dans l'hémisphère Sud pour utiliser les longues journées à se nourrir.

LE PLUS LONG

LES PLUS LONGUES PLUMES
Une volaille phoenix (ou de Yokohama) – une race de coq sauvage rouge (*Gallus gallus*) – avait une queue emplumée de 10,6 m en 1972. Elle appartenait à Masasha Kubota (Japon).

L'OISEAU SAUVAGE AUX PLUS LONGUES PLUMES
Le faisan Argus ocellé (*Rheinhartia ocellata*) déploie son plumage jusqu'à 1,73 m lorsqu'il fait la cour à la femelle.

LE PLUS PETIT NID D'OISEAU →
Le nid (à droite) fabriqué par un colibri nain (*Mellisuga minima*) a la taille d'une demi-coque de noix, tandis que celui du colibri d'Helen (*M. helenae*) est plus profond et plus étroit et a la taille d'un dé à coudre.

L'OISEAU AU PLUS LONG BEC
Le bec du pélican australien (*Pelecanus conspicillatus*) mesure de 34 à 47 cm, mais le plus long bec par rapport à la longueur totale du corps est celui du colibri porte-épée (*Ensifera ensifera*) : il mesure 10,2 cm – plus long que le corps si l'on exclut la queue. Le **bec le plus court** appartient au plus petit martinet (Apodidae) : il s'agit de la salangane soyeuse (*Collocalia esculenta*), dont le bec est presque inexistant.

100%

LE PLUS VIEUX

L'OISEAU LE PLUS VIEUX
On aurait déclaré à la Fondation internationale des grues de Baraboo (Wisconsin) une grue cendrée mâle (*Grus leucogeranus*) de 82 ans surnommée Wolf. Le plus grand âge irréfutable jamais enregistré est 80 ans pour un cacatoès mâle à huppe jaune (*Cacatua galerita*) baptisé Cocky, mort au zoo de Londres en 1982.

LE PLUS VIEUX PIGEON VIVANT
Ex-pigeon voyageur de compétition, « Old Man », qui appartient à George Seagroatt (GB), est né le 16 février 1980.

LES OISEAUX LES PLUS RAPIDES

Le piqué le plus rapide : faucon pèlerin (*Falco peregrinus*) 300 km/h

Le plus rapide en vol horizontal : canards et oies (Anatidae) 90–100 km/h

Le plus rapide sur la terre ferme : Autruche (*Struthio camelus*) 72 km/h

Manchot papou : le nageur le plus rapide (*Pygoscelis papua*) 27 km/h

Le plus lent en vol : Bécasse d'Amérique (*Scolopax minor*) et bécasse eurasienne (*S. rusticola*) 8 km/h

LA PLUS GRANDE ENVERGURE D'AILE
Un albatros hurleur mâle (*Diomedea exulans*) des océans du Sud, capturé par les membres de l'équipage du navire *Eltanin* dans la mer de Tasman le 18 septembre 1965, avait une envergure de 3,63 m – ce qui équivaut à la longueur d'une Mini Cooper !

REPTILES

LES PLUS VIEUX CHÉLONIENS

Le terme « chélonien » se réfère à l'ordre des Testudines, comprenant les tortues terrestres et marines. Une tortue géante femelle des Galápagos (*Geochelone nigra porteri*) surnommée Harriet, l'une des trois recueillies par Charles Darwin dans les îles Galápagos en 1835, est, à 175 ans, la plus vieille insulaire !

Née le 15 novembre 1830, elle pèse environ 81 kg et vit à présent dans un zoo australien près de Brisbane. *(Pour en savoir plus sur Harriet, lisez l'interview de Steve Irwin, ci-dessous.)*

STEVE IRWIN

Chasseur de crocodiles connu dans le monde entier, il est fasciné par les reptiles depuis son enfance. Il dirige une réserve à Queensland (Australie), avec son épouse Terri. Il travaille aussi dans le zoo où vit Harriet, la tortue géante des Galápagos.

Harriet est le plus vieux chélonien en vie, mais est-elle aussi la plus vieille créature sur notre globe ?
Elle est sûrement le plus vieil animal encore vivant. Elle est née en 1830 sur l'île de Santa Cruz (archipel des Galápagos). Harriet a été recueillie par Sir Charles Darwin en 1835 alors qu'elle avait 5 ans, puis elle fut amenée en Australie – après un court séjour en Angleterre –, par John Wickham, en 1842.

Comment va-t-elle ?
Elle a 175 ans et est en pleine forme !

Peut-on estimer les années qui lui restent à vivre ?
Je ne crois pas ; mais pourquoi ne pourrait-elle pas atteindre 200 ans !

Quelle est la plus grave blessure que vous ait infligé un animal ?
Lors du tournage de *Le Chasseur de crocodiles,* en 2000, un crocodile a donné un violent coup de queue et j'avais tout son poids sur mon genou – il arracha tout le cartilage de chaque côté du ligament et brisa des os. Je porte à présent une prothèse du genou.

Comment devient-on naturaliste ?
Vous devez suivre des études supérieures. Il est important de ne jamais perdre l'enthousiasme qui vous anime, malgré l'énorme travail que cela représente. La passion et l'enthousiasme sont les deux moteurs qui permettent d'aller jusqu'au bout, partout dans le monde…

SERPENTS

LE PLUS RAPIDE AU SOL

Le mamba noir (*Dendroaspis polylepis*), originaire d'Afrique tropicale, peut atteindre 16 à 19 km/h, en faisant de petits sauts au-dessus du sol.

LE PLUS LOURD EN VIE

Un python molure birman (*Python molurus bivittatus*), nommé Baby, pesait 182,76 kg le 20 novembre 1998. Il mesurait alors 8,22 m, avec une circonférence de 71,12 cm. Il fallait 9 personnes pour le porter. Baby engloutit 4 à 5 poulets tous les 15 jours et vit au Serpent Safari Park, à Gurnee (Illinois). Son propriétaire s'appelle Lou Daddano (USA).

★LE PLUS RARE

Vous ne rencontrerez le colubridé (*Alsophis antiguae*) qu'au cœur de l'île d'Antigua (Petites Antilles), sur 9,9 ha. De 1996 à 2001, on comptait entre 51 et 114 spécimens âgés de plus de 1 an. Aujourd'hui, ils ne sont plus que 80.

LE SERPENT VENIMEUX LE PLUS LOURD

Le crotale diamantin de l'Est (*Crotalus adamanteus*), que l'on rencontre dans le sud-ouest des États-Unis, pèse de 5,5 à 6,8 kg et mesure de 1,52 à 1,83 m. Le plus lourd jamais recensé pesait 15 kg et atteignait 2,36 m de long.

LE PLUS LONG

Le python réticulé (*Python reticulatus*) d'Asie du Sud-Est, d'Indonésie et des Philippines atteint très souvent plus de 6,25 m. La longueur record de cette race de serpent est 10 m pour un spécimen abattu à Celebes (Indonésie), en 1912.

LE SERPENT VENIMEUX LE PLUS RÉPANDU

Très agressive lorsqu'elle se sent menacée, la vipère d'Égypte, encore appelée vipère à écailles carénées (*Echis carinatus*), que l'on trouve en Afrique du Sud-Ouest, et d'Asie en Inde, mord et tue plus de personnes dans le monde que toute autre espèce. Son venin est particulièrement dangereux : il provoque de redoutables hémorragies, souvent fatales.

100%

★ NOUVEAU RECORD ● MISE À JOUR

SERPENT POSSÉDANT LES PLUS LONGS CROCHETS →

La vipère du Gabon (*Bitis gabonica*), espèce très venimeuse, détient les plus longs crochets à venin du monde. Les crochets d'un spécimen long de 1,83 m mesuraient 5 cm.

LE PLUS VIEUX

L'âge maximal recensé pour un serpent est de 40 ans, 3 mois et 14 jours : ce record est détenu par un boa mâle (*Boa constrictor*) surnommé Popeye, qui est mort au zoo de Philadelphie (Pennsylvanie), le 15 avril 1977.

CROCODILES

★LE PLUS GRAND NOMBRE DE VICTIMES ATTAQUÉES PAR DES CROCODILES

Le 19 février 1945, une unité de l'armée impériale du Japon, qui protégeait une forteresse sur l'île birmane de Ramree, fut débordée par les forces navales britanniques. Elle dut traverser une mangrove de 16 km pour rejoindre l'infanterie japonaise. Les marais étaient infestés de crocodiles marins de 4,5 m (*Crocodylus porosus*). Le 20 février au matin, seuls 20 soldats sur les 1 000 qui pénétrèrent dans le marécage en sortirent sains et saufs.

LE PLUS GRAND

Le crocodile de mer ou d'estuaire (*Crocodylus porosus*), qui vit dans toutes les régions tropicales de l'Asie au Pacifique, est le plus grand crocodile de notre planète. Dans la réserve naturelle Bhitarkanika Wildlife Sanctuary, en Inde, 4 crocodiles d'estuaire mesurent plus de 6 m. Le plus long dépasse 7 m. On a même signalé la présence de plusieurs spécimens mesurant plus de 10 m.

TORTUES

★LA PLUS RAPIDE

Le 2 juillet 1977, une tortue surnommée Charlie a parcouru 5,48 m en 43,7 s, lors du championnat national de course de tortue à Tickhill, South Yorkshire (GB) – soit 0,45 km/h.

LA CRÉATURE LA PLUS ESSEULÉE

Aux Galápagos, il ne reste qu'un seul spécimen de la tortue terrestre de l'île d'Abingdon. Dernière de son espèce (*Geochelone elephantopus abingdoni*) et malgré moult tentatives d'accouplement avec des espèces qui lui sont proches, elle est vouée à vivre le restant de ses jours dans la solitude, d'où son surnom de « George le Solitaire ».

LÉZARDS

LE PLUS RAPIDE

Un iguane à queue épineuse d'Amérique centrale (*Ctenosaura*) détient le record de vitesse de 34,9 km/h. Il est le reptile terrestre le plus rapide du monde.

LE PLUS GRAND

Le varan de Komodo mâle (*Varanus komodoensis*), connu aussi sous le nom de lézard moniteur, mesure en moyenne 2,25 m et pèse environ 59 kg. On le rencontre sur les îles indonésiennes de Komodo, Rintja, Padar et Florès.

LE PLUS GROS CROCODILE DU MONDE

Le *Sarcosuchus imperator* était une espèce de crocodile qui vivait il y a quelque 110 millions d'années. Des fossiles découverts récemment dans le Sahara semblent indiquer que cette créature atteignait sa taille adulte entre 50 et 60 ans et mesurait alors de 11 à 12 m pour un poids d'environ 8 t. ↙

PRÉHISTOIRE

LE PLUS PETIT DINOSAURE

Compsognathus, de la taille d'un poulet, a vécu dans le sud de l'Allemagne et dans le sud-est de la France. Il mesurait 60 cm (de la tête à la queue) et pesait 3 kg.

Noms des dinosaures

Archaeopteryx – « aile ancienne »

Brachiosaurus brancai

Compsognathus – « jolie mâchoire »

Dilong paradoxus – en mandarin, « dilong » signifie dragon et empereur ; « paradoxal » se réfère aux traits peu communs de cette créature.

Diplodocus – « pont suspendu »

Dromornis stirtoni – « siffleur doré de Stirton », en référence au paléontologue Reuben Stirton

Pachycephalosaurus – « lézard a tête épaisse »

Pederpes finneyae – « Peder » est l'équivalent norvégien du prénom Pierre (Peter) (Peter Aspen, celui qui l'a découvert), « erpes » signifie « qui rampe » et « finneyae » pour Sarah Finney, qui a préparé le fossile pour l'Étude

Pikaia gracilens – de Mount Pika (colombie-britannique), et « gracilens » qui signifie « mince »

Protarchaeopteryx – primitif ou premier « aile ancienne »

Protohadros byrdi – « oiseau primitif hadrosaure » (canard) – ou « premier hadrosaure » ; découvert par Gary Byrd

Sauroposeidon – « le dieu lézard qui fait trembler la terre »

Sinornithosaurus millenii – « l'oiseau lézard de Chine »

Titanis walleri – « oiseau terrifiant »

Tyrannosaurus rex – « roi des reptiles tyran »

TAILLE

★LE PLUS GRAND SQUELETTE DE DINOSAURE RECONSTITUÉ

Le squelette d'un *Brachiosaurus brancai* de Tanzanie a été reconstitué avec les restes de plusieurs spécimens. Il mesure 22,2 m de long et 14 m de haut (la tête levée).

★LA BOÎTE CRÂNIENNE LA PLUS ÉPAISSE

Pachycephalosaurus, un herbivore dont la boîte crânienne en forme de coupole était longue de 60 cm et épaisse de 20 cm, vivait au crétacé, il y a entre 76 et 65 millions d'années.

LE PLUS GRAND INSECTE PRÉHISTORIQUE

D'après des fossiles découverts à Commentry (France), les ailes de *Meganeura monyi*, qui vivait il y a environ 280 millions d'années, auraient eu une envergure de 70 cm.

LE DINOSAURE AU PLUS LONG COU

Des fossiles découverts à Oklahoma City (USA), en 1994, montrent que le *Sauroposeidon* était un herbivore avec un cou qu'il pouvait étirer sur 17 m. On a retrouvé un *Sauroposeidon* vertébré de 1,2 m de long. *Sauroposeidon* vivait il y a environ 110 millions d'années, au crétacé moyen.

★LE COPROLITHE DU PLUS GRAND CARNIVORE

En 1995, un coprolithe (matière fécale fossilisée) *Tyrannosaurus rex* a été découvert. Il mesurait 50 cm et pesait environ 7 kg.

LE PLUS ANCIEN...

★DINOSAURE À BEC DE CANARD

Les fossiles d'un hadrosaure *Protohadros byrdi* découvert près de Flower Mound (Texas), en 1994, par Gary Byrd (USA), dateraient de 95,5 millions d'années.

★TYRANNOSAURE

Dilong paradoxus, l'ancêtre le plus vieux que l'on connaisse de *T. rex*, vivait entre 139 et 128 millions d'années. Il mesurait quelque 1,5 m de long et se tenait sur deux pattes. On sait que cette créature possédait des protoplumes sur ses joues et le bout de la queue. Le *D. paradoxus* a été mis au jour dans la province du Liaoning (Chine).

★LES CHORDÉS CONNUS

Pikaia gracilens est le chordé le plus vieux que l'on connaisse (un membre du phylum auquel appartiennent les êtres humains et les vertébrés). Il vivait au cambrien moyen, il y a plus de 500 millions d'années. Le premier spécimen de *P. gracilens* fut découvert dans les schistes de Burgess, Colombie-Britannique (Canada). *P. gracilens* ressemblait à un invertébré marin sans mandibule.

PEINTURES

Les peintures de la grotte de Chauvet dans le sud de la France sont authentifiées comme les plus anciennes. Découvertes en 1994, elles auraient de 23 000 à 32 000 ans.

★LA PLUS PETITE EMPREINTE DE DINOSAURE

La plus petite empreinte de dinosaure découverte à ce jour mesure seulement 1,78 cm (du talon jusqu'à l'extrémité de l'orteil. Il fut découvert sur l'île de Skye, dans les Highlands (GB), par le Dr Neil Clark (GB) (photo), de l'université de Glasgow (GB). Cette découverte fut annoncée publiquement en juin 2004. L'empreinte date du jurassique moyen, il y a environ 165 millions d'années.

100%

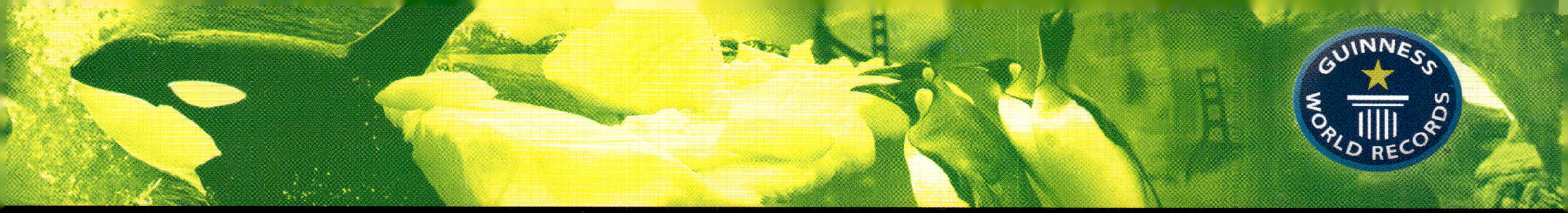

★ NOUVEAU RECORD ● MISE À JOUR

★LE PREMIER OISEAU QUI NE VOLE PAS

Le premier oiseau qui ne vole pas est un dinosaure à plumes appelé *Protarchaeopteryx*. Un fossile a été découvert dans la province du Liaoning (nord-est de la Chine), en 1997. De la taille d'une dinde et ressemblant aux théropodes carnivores, cette espèce a des bras relativement courts et des plumes symétriques, ce qui prouve qu'il ne pouvait pas voler. *Protarchaeopteryx* serait l'ancêtre des **premiers oiseaux**, les *Archaeopteryx* (voir ci-contre, à gauche).

↑

★LA PLUS GRANDE COLLECTION D'ŒUFS DE DINOSAURES

Le Heyuan Museum dans la province du Guangdong (Chine) abritait 10 008 œufs de dinosaures, en novembre 2004. Tous proviennent de la fin du crétacé (il y a 89 à 65 millions d'années).

OISEAUX

L'OISEAU PRÉHISTORIQUE LE PLUS GRAND

Dromornis stirtoni était une créature ressemblant à un émeu. Il vivait en Australie centrale entre 15 millions et 25 000 années. Les os des jambes fossilisés découverts près de Alice Springs, en 1974, indiquent que l'oiseau mesurait 3 m (debout) et pesait 500 kg.

★LE FOSSILE DE DINOSAURE AVEC DES PLUMES MERVEILLEUSEMENT CONSERVÉES

En avril 2001, un fossile complet de *Sinornithosaurus millenii*, un proche du *Velociraptor*, fut découvert par des fermiers à Yixian dans la province du Liaoning (Chine). Il mesurait 60 cm de long et était recouvert d'un doux duvet et de plumes primitives. Il ressemblait à un gros canard avec une longue queue. Cette première découverte d'un fossile complet confirme la théorie selon laquelle les oiseaux actuels viennent des dinosaures.

LE PLUS GRAND OISEAU PRÉHISTORIQUE CARNIVORE

Le corps de *Titanis walleri* mesurait 2,5 m et pesait certainement 200 kg. Il vécut jusqu'à la fin du pléistocène (période glacière).

EMPREINTES DE PAS

LE PLUS GRAND ENSEMBLE D'EMPREINTES DE PAS DE DINOSAURE

La carrière Cal Orcko, près de Sucre (Bolivie), abrite plus de 5 000 empreintes individuelles de dinosaures. Plus de 250 trajectoires ont été identifiées. La plus longue, celle d'un thérapode, date de 68 millions d'années et mesure 350 m.

LE PREMIER ANIMAL TERRESTRE

Des restes d'un tétrapode, *Pederpes finneyae*, découvert en 1971 au nord de Dumbarton, West Dunbartonshire (GB) datent de 350 millions d'années. Les jambes et un pied entier ont été identifiés par le Dr Jenny Clack (GB) du musée de zoologie de l'université de Cambridge (GB). Cette découverte fut révélée publiquement le 4 juillet 2002.

● RECORD D'EMPREINTES DE DINOSAURE À UN ENDROIT

Cal Orcko (Bolivie) abrite un mur de calcaire de 800 m de long et 260 m de haut qui contient plus de 5 000 empreintes individuelles de dinosaures. La diversité de ces empreintes témoigne de la grande variété de dinosaures présents sur Terre, jusqu'à leur extinction il y a 65 millions d'années.

LE DINOSAURE HERBIVORE LE PLUS GRAND →

Les animaux terrestres les plus grands du monde furent des dinosaures sauropodes, un groupe d'herbivores à long cou, longue queue et quatre pattes, qui déambulaient sur tout le globe pendant le jurassique et le crétacé, il y a 208 à 65 millions d'années. Le plus grand de tous mesurait 40 m et pesait jusqu'à 100 t. L'illustration de droite montre un fémur d'une de ces créatures.

→ **QUEL FUT LE CROCODILE LE PLUS GRAND DE TOUS LES TEMPS ? DÉCOUVREZ VITE LA RÉPONSE P. 91.**

VIE MICROSCOPIQUE

LE PARASITE LE PLUS ← DANGEREUX

Les moustiques du genre anophèle transmettent le parasite responsable du paludisme. Ce parasite serait – en excluant les morts dus à des conflits ou à des accidents – responsable de la moitié des décès humains depuis l'âge de pierre. Selon des estimations de l'OMS de 1998, endémique dans 101 pays et territoires, le paludisme est la cause de plus de 1 million de décès par an.

BACTÉRIES

LA TOXINE NATURELLE LA PLUS MORTELLE

La bactérie anaérobie dans la nourriture souillée – cause du botulisme (*Clostridium botulinum*) – est si mortelle (bien plus que la strychnine, l'arsenic ou le venin de serpent) que 450 g pourraient anéantir la race humaine !

LA PLUS GRANDE BACTÉRIE

Selon la revue scientifique *Science*, la bactérie *Thiomargarita namibiensis* (« perle de souffre de Namibie ») – parfaitement visible à l'œil nu – est environ 750 fois plus grande qu'une bactérie type.

●AGENT PATHOGÈNE À LA MORTALITÉ ET MORBIDITÉ LES PLUS ÉLEVÉES

Un tiers de la population mondiale est infectée par le *Mycobacterium tuberculosis*, la bactérie qui cause la tuberculose (TB). 8 millions de personnes la contractent chaque année et 1 million en meurent. 1 personne serait infectée chaque seconde en absorbant les bacilles de la tuberculose (germes).

LA PLUS VIEILLE BACTÉRIE

En 2000, des scientifiques américains ont découvert des bactéries en suspension dans des cristaux de sel depuis 250 millions d'années. Baptisées *Bacillus 2-9-3*, elles ont été réanimées et cultivées. Elles sont 10 fois plus vieilles que les autres bactéries connues à ce jour.

EXTRÉMOPHILES

RÉSISTANT À L'ACIDE

On a découvert une bactérie vivante qui résiste à un taux d'acidité extrême (pH 0) – ce qui équivaut à l'acide chlorhydrique. Plusieurs organismes se développent dans ces conditions – y compris le *Cyanidium caldarium*, vivant au niveau du cratère des volcans en activité.

RÉSISTANT À L'ALCALIN

Une bactérie découverte en 2003, près de Chicago (Illinois) vit dans les nappes dont la contamination équivaudrait à plus de 1 siècle de rejet industriel de scories ferreux. Elle survit à un pH allant jusqu'à 12,8 qui équivaut à celui d'un décapant pour sols ou à de la soude caustique.

MALADIES

La plus répandue (non-infectieuse)	La maladie parodontale (ex-gingivite)	60 à 90 % des écoliers et la plupart des adultes sont infectés.
La plus répandue (infectieuse)	Le rhume (famille des rhinovirus).	Au moins 40 formes différentes dans l'air et par contact direct, présent partout dans le monde
La plus virulente (recrudescence)	La dengue (et la dengue-fièvre hémorragique)	275 000 cas en Amérique centrale, du Sud et tropicale.
La plus virulente (virale)	Le virus Ebola (fièvre hémorragique)	Il tue 90 % des personnes qui le contractent : 1 200 décès depuis son apparition en 1976.
La plus ancienne et la plus contagieuse	La lèpre	Elle est déjà décrite dans l'Égypte ancienne en 1350 av. J.-C.
La plus rare	La variole	Aucun cas depuis 1978.
Infection à bactérie mangeuse de chair	La fasciite névrosante fulminante	Atteint les fascias hypodermiques et exige une intervention chirurgicale.

Selon l'OMS, 6 **maladies sont les plus mortelles** : le sida, la tuberculose, la malaria, la pneumonie et les maladies diarrhéiques ont été la cause de 90 % des décès dus à une maladie infectieuse depuis 1999. Le HIV est le ● **virus qui se développe le plus vite.**

→ SELON VOUS, OÙ SE TROUVE LA BACTÉRIE QUI RÉSISTE LE MIEUX À LA CHALEUR ? DÉCOUVREZ VITE LA RÉPONSE P. 78.

★LA PLUS PETITE BACTÉRIE →

Le plus petit organisme vivant découvert à ce jour s'appelle les « nanobes ». Ils mesurent de 20 à 150 nm (nanomètres) de long. Le Dr Phillippa Uwins (Australie) et ses collaborateurs de l'université du Queensland (Australie) les ont « dénichés » dans des grains de sable à 3-5 km sous le fond marin. Ces organismes sont environ 10 fois plus petits que la plus petite des bactéries !

★ NOUVEAU RECORD ● MISE À JOUR

LA PLUS LONGUE QUARANTAINE POUR UNE ÎLE →

L'île de Gruinard, au large de l'Écosse (GB), a été mise en quarantaine en 1942 suite à des essais de contamination à l'anthrax qui tuèrent des moutons. Ils furent effectués alors que l'on craignait qu'Hitler commandât des attaques biochimiques ou chimiques.
La quarantaine a été levée le 24 avril 1990, 48 ans après. L'île a été déclarée sans risque après qu'un ministre de la défense s'est rendu sur l'île de 210 ha pour retirer le panneau « défense de pénétrer ».

RÉSISTANT AUX RADIATIONS

La bactérie *Deinococcus radiodurans* peut résister à une radiation atomique de 6,5 millions de röntgen : 10 000 fois plus que le niveau de radiation auquel l'humain peut résister.

LA SURVIE LA PLUS LONGUE DANS L'ESPACE

Du 7 avril 1984 au 11 janvier 1990, les cellules de bactérie *E. Coli* ont survécu non protégées sur le satellite de la Nasa LDEG (Long Duration Exposure Facility) en orbite terrestre.
En novembre 1969, des analyses d'échantillons de matériel du *Surveyvor 3* (la fusée-sonde américaine téléguidée) ont révélé que des organismes bactériens (*Streptoccus mitis*) – qui l'avaient contaminé avant son lancement, le 17 avril 1967, – avaient survécu plus de deux ans et demi dans l'espace.
La plus haute altitude à laquelle une bactérie a été découverte est 41,14 km.

LES VIRUS

LE PLUS GRAND VIRUS

Le Mimivirus contient 900 génomes et a un diamètre de 400 nm. Il fut découvert en 1992 dans un échantillon d'eau issu de tours de climatisation à Bradford (GB). Le virus a été examiné par une équipe de chercheurs du CNRS, qui ont publié leur analyse le 27 mars 2003 dans la revue *Science*. Mimivirus possède des similarités génétiques avec la famille des virus de la variole.

LE PLUS GRAND NOMBRE DE PORTEURS DU VIH

En décembre 2003, l'Afrique du Sud comptait 5,3 millions de porteurs du VIH, soit 1/8e de la population du pays. En décembre 2004, 39,4 millions de personnes dans le monde avaient été contaminées par le virus à l'origine du sida.

★LE SEUL ANIMAL IMMUNISÉ CONTRE LA RAGE

La hyène est le seul animal sauvage naturellement immunisé contre la rage. Des chercheurs ont étudié plusieurs centaines de hyènes du parc national de Serengeti (Kenya) pendant 13 ans et ont découvert que les hyènes semblent porter le virus sans développer aucun des symptômes associés à la maladie comme l'hyperactivité et la paralysie.

VIVANT OU MORT ?

Les virus (« poison », en latin) sont considérés comme étant à la limite entre le monde du vivant et du non-vivant. Ces micro-organismes contiennent un seul type d'acide nucléique contenu dans une capside protéique. Bien plus petit que les bactéries conventionnelles, les virus utilisent les matériaux de la cellule qu'ils parasitent. La cellule se reproduit à partir de son seul matériel génétique, puis éclate et libère des copies du virus qui attaqueront d'autres cellules.

Les bactéries (« tige », en grec, en référence à certains spécimens en forme de tige/barre) sont des micro-organismes constitués d'un noyau dépourvu d'enveloppe et d'un seul chromosome. Elles sont la cause de maladies.

Les extrémophiles sont des organismes qui se développent dans des milieux hostiles : températures très élevées ou acidité excessive. Il s'agit généralement d'organismes unicellulaires.

↙ ★LE FOSSILE LE PLUS LONG

Les stromatolites ont le record de la plus longue forme de vie au monde. En forme de chou-fleur, ces structures semblables à de la roche sont formées grâce à l'activité de cyanobactéries (algues bleu-vert), et sont apparues sur Terre il y a 3,5 milliards d'années, au précambrien.
En 1954, une colonie de stromatolites vivants a été découverte à Shark Bay (Australie) : leur forme ressemblait à celle de leurs ancêtres.

PLANTES SAUVAGES

L'ALGUE LA PLUS LONGUE →

Le varech géant du Pacifique (*Macrocystis pyrifera*) peut atteindre 60 m de longueur. Il pousse de 45 cm/jour, soit la largeur de ce livre ouvert.

LE FRUIT LE PLUS PETIT

Le plus petit fruit au monde provient de la plus petite plante à fleurs, la lentille d'eau, qui appartient au genre *Wolffia*. Le fruit de la lentille d'eau *W. Augusta* mesure 0,25 mm de long et pèse 70 microgrammes – plus petit qu'un grain de sel de table. *(Ci-dessous, quelques fruits à taille réelle puis agrandis.)* ↘

100%

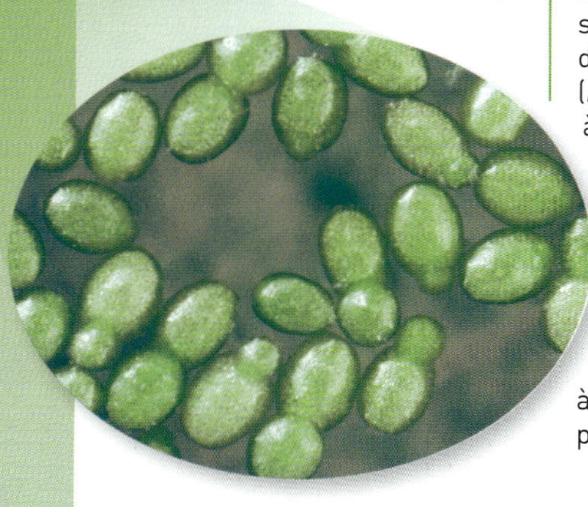

PLANTES

LA PLUS GRANDE FLEUR SIMPLE

La plante parasite mouchetée marron orangé et blanche, *Rafflesia arnoldii*, a les plus grandes fleurs – jusqu'à 91 cm de large et pèse 11 kg. Ses pétales sont épais de 1,9 cm.

★LA PLUS GRANDE INFLORESCENCE

Un *Amorphophallus titanum* du jardin botanique de l'université de Bonn mesurait 3,06 m, le 23 mai 2003. L'espèce a été découverte à Sumatra (Indonésie) en 1878 et exhale un parfum très déplaisant. La **fleur qui sent le plus mauvais** est la « fleur cadavre » dont l'odeur de viande pourrie peut être détectée à 800 m à la ronde.

LA PLUS PETITE GRAINE

Chaque semence de l'orchidée épiphyte (poussant sur les autres plantes sans les parasiter) contient 992,25 millions de graines par gramme. Leur taille équivaut à un grain de poussière.

LA PLUS GROSSE GRAINE

Le palmier géant à éventail, *Lodoicea maldivica*, natif des Seychelles, plus connu sous le nom de « coco-fesse », produit une gigantesque graine pesant jusqu'à 20 kg – soit le poids de six nourrissons.

LA PLUS ÉNORME PLANTE

En décembre 1992, des scientifiques ont estimé que des peupliers faux-semblants (*Populus tremuloides*) poussant à partir d'une seule racine dans les Wasatch Mountains (Utah) s'étendaient sur 43 ha et pesaient 6 000 t. Surnommé « Pando » (du latin « étaler »), cet organisme ressemble à une forêt, et fut appelé « suçoir » parce qu'il pousse à partir d'un système de racine provenant d'un seul arbre.

LA PLANTE LA PLUS TOXIQUE

En fonction de la quantité nécessaire pour tuer un homme, la plante commune la plus toxique du monde est le ricin (*Ricinus communis*). Selon le *Merck Index, répertoire des produits chimiques, biologiques et médicaments* (1997), 70 microgrammes suffisent pour tuer un homme de 72 kg. Le poison de la plante appelé ricine est une glycoprotéine présente dans les graines de ricin. 1 g de ricine est 6 000 fois plus toxique que le cyanure et 12 000 fois plus vénéneux que le venin du crotale.

LA PLUS GRANDE PROIE D'UNE PLANTE CARNIVORE

Les plantes carnivores appartiennent à la famille des Nepenthaceae (genre *Nepenthes*) : *N. rajah* et *N. rafflesiana* sont connues pour manger des grenouilles, des oiseaux, des rats : leur couleur, leur odeur et leur nectar attirent les proies qui sont capturées et digérées grâce à des enzymes. Ces espèces poussent dans les forêts tropicales d'Asie, sur l'île de Bornéo, en Indonésie et en Malaisie.

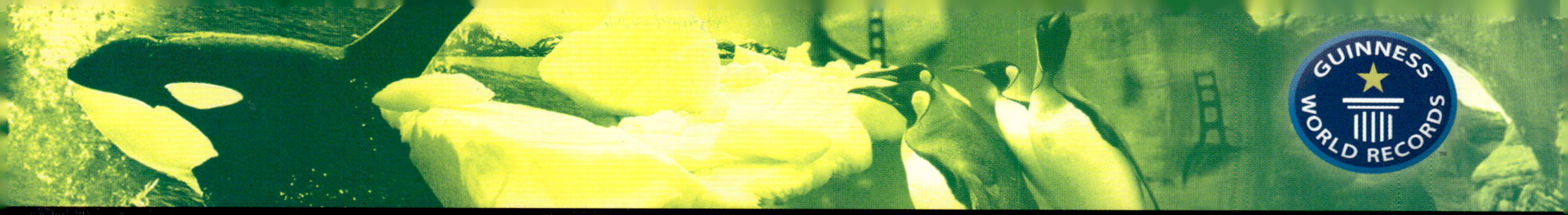

★ NOUVEAU RECORD ● MISE À JOUR

LA PLANTE CARNIVORE LA PLUS EXIGEANTE

La Nepenthes albomarginata se prive plutôt que d'ingurgiter n'importe quoi ! Elle n'attire et ne se nourrit que de termites *Hospitalitermes bicolor*. Poussant dans les forêts tropicales de Malaisie et d'Indonésie, elle est la seule plante au monde à exhiber des rangées de poils blancs comestibles (trichomes) pour attirer l'insecte qui se méprend et glisse dans sa « gueule » pour être digéré.

L'ORTIE LA PLUS DANGEREUSE

L'ongaonga (*Urtica ferox*) est une ortie arbustive de Nouvelle-Zélande. Elle injecte des toxines dans la peau, assez puissantes pour tuer un cheval. Un homme est mort 5 h après l'avoir touchée.

LA PLANTE LA PLUS RARE

Il ne reste que 46 mandrinettes (*Hibiscus fragilis*) sur deux montagnes de l'île Maurice.

LA CROISSANCE LA PLUS RAPIDE ↘

Certains bambous poussent de 91 cm/jour, soit 3 cm/h. À cette vitesse, ce bambou (ci-contre) aurait poussé en 7 h ! La plante à fleurs dont la croissance est la plus rapide est *Hesperoyucca whipplei* (famille des Liliacées) : un spécimen a grandi de 3,65 m en 14 jours, soit à 25,4 cm/jour. La fleur la plus lente est *Puya raimondii* de Bolivie (qui est aussi la plus grande fleur). Sa panicule paraît au bout de 80 à 150 ans.

ARBRES

★LE PLUS GROS BROUSSIN

Les broussins sont des excroissances anormales sur les branches d'un arbre résultant d'un trouble des cellules de la couche cambiale sous l'écorce. Le plus grand pesait 20 361 kg et mesurait 18,7 m à l'endroit le plus large quand il fut coupé et retiré en 1976. Il poussait à la base d'un épicéa de Sitka (*Picea sitchensis*) de 351 ans à Port Mc Neill, Colombie-Britannique (Canada).

★L'ÉCORCE LA PLUS ÉPAISSE

L'épaisseur de l'écorce du séquoia géant pleureur (*Sequoiadendron giganteum*) des montagnes de la Sierra Nevada en Californie varie entre 25 et 121 cm.

NOMBRE RECORD D'ANNEAUX DE CROISSANCE

'Prométhée', un pin à cône épineux de Bristelcone (*Pinus longaeva*) abattu en 1963 sur le Mount Wheeler (Nevada), détient le nombre record de 4 867 anneaux de croissance. Son âge estimé à 5 200 ans en fait l'arbre le plus vieux du monde.

LES EXTRÊMES

Le plus haut arbre connu et encore vivant : 'Stratosphère Géant', un séquoia Redwood (*Sequoia sempervirens*) dans le Parc national Humboldt Redwoods (Californie), fait 112,7 m.
Le plus haut jamais mesuré : un *Eucalyptus regnans* sur le mont Baw Baw, Victoria (Australie), mesurait 143 m en 1885.
Le plus gros encore en vie : 'General Sherman', un séquoia géant (*Sequoiadendron giganteum*) dans le Sequoia National Park (Californie), fait 82,6 m de haut, 8,2 m de diamètre et 25,9 m de circonférence. Suffisant pour fabriquer plus de 5 milliards d'allumettes.
Le plus rare : seuls 43 pins Wollemi adultes (*Wollemia nobilis*) subsistent dans le Wollemi National Park (Australie).
L'espèce la plus ancienne : l'arbre aux quarante écus (*Ginkgo biloba*) de Chine est apparu il y a environ 160 millions d'années.
Le plus isolé : c'est un épicéa commun norvégien *(Picea abies)* sur l'île de Campbell (Antarctique) : l'arbre le plus proche se trouve à plus de 222 km.

← ★LA PLUS GRANDE FAMILLE DE PLANTES

Il est généralement reconnu que la plus grande famille de plantes est la famille des orchidées (Orchidacées), comptant 25 000 espèces classées officiellement depuis avril 2004. La vitesse à laquelle de nouvelles orchidées sont répertoriées prouve cependant qu'il en existe plus de 30 000. Les orchidées occupent presque tous les habitats dans le monde excepté l'antarctique et les milieux sous-marins.

PLANTES ÉTONNANTES

↗ LE PLUS LOURD PANAIS

Le 4 novembre 2003, à la Royale Agriculture Winter Fair, dans l'Ontario (Canada), Norman Lee Craven a remporté le record du panais le plus lourd : 3,8 kg.

● LE MELON CANTALOUPE LE PLUS LOURD

Pesant 29,4 kg, le melon cantaloupe cultivé par Scott et Mardie Robb (USA) fut exposé à la Foire de l'Alaska, à Palmer (USA), le 16 août 2004.

COMPOSITION FLORALE AVEC LA PLUS GRANDE DIVERSITÉ DE FLEURS

Un composition florale de 1 010 espèces de fleurs a été créé le 21 juillet 2002 par 34 fleuristes à la Floriade de Vijfhuizen (Pays-Bas), manifestation organisée par la Société Florale de Hollande. La composition mesurait 110 m de long, 1 m de haut et a été présentée sur une plate-forme de 3 m.

● LA PLUS GRANDE EXPOSITION DE VARIÉTÉS DE POMMES DE TERRE

589 variétés de pommes de terre ont été présentées à l'occasion de l'exposition *Three Countries Potatoes* sponsorisée par Thompson & Morgan, Furrows (Ford) Motors et la société d'horticulture du Shropshire, dans le cadre de l'exposition Shrewsbury Flower les 13 et 14 août 2004. On pouvait y voir entre autres les variétés de pommes de terre suivantes : Adam's Apple, Russian Banana et Voyager.

★LA PLUS GRANDE VENTE AUX ENCHÈRES DE FLEURS

il s'agit du marché aux fleurs Bloemenveiling Aalsmeer (VBA), à Aalsmeer (Pays-Bas). Tous les jours, environ 19 millions de fleurs et 2 millions de plantes des 12 000 variétés existantes sont vendues, avec un chiffre d'affaires journalier de 6 millions €. La vente se déroule dans des bâtiments de 999 000 m², soit l'équivalent de 165 terrains de foot.

★LA PLUS GRANDE FLORAISON D'UNE SEULE PLANTE EN 1 NUIT

Pendant la nuit du 12 au 13 août 2004, 40 fleurs d'une princesse de la nuit (*Selenicereus grandiflorus*) appartenant à Michie Taylor (USA) ont fleuri ! Elle fait partie de la famille des cactus. Les boutons s'épanouissent une fois par an, au milieu de l'été et en règle générale se fâne avant l'aube. Le soir suivant, 23 autres boutons se sont ouverts.

●LE PLUS GRAND TAPIS DE FLEURS

Il s'étendait sur 7 540,40 m², le 23 juillet 2004. Représentant le drapeau britannique, il a été fabriqué par la société The Real

← LE NAVET LE PLUS LOURD

Le navet le plus lourd pesait 17,7 kg et fut cultivé par Scott et Mardie Robb (USA) qui l'ont exposé à la Foire de l'Alaska, à Palmer (USA), le 1er septembre 2004.

LES FRUITS ET LÉGUMES LES PLUS LOURDS

FRUIT/LÉGUME	POIDS	NOM	DATE
Ail	1,19 kg	Robert Kirkpatrick (USA)	1985
Ananas	8,06 kg	E. Kamuk (Papouasie-Nouvelle-Guinée)	1994
Avocat	1,99 kg	Anthony Llanos (Australie)	1992
Betterave	23,4 kg	Ian Neale (GB)	2001
●Cantaloup	29,4 kg	Scott et Mardie Robb (USA)	2004
Carotte	8,61 kg	John Evans (USA)	1998
Céleri	28,7 kg	Scott et Mardie Robb (USA)	2003
Cerise	21,69 g	Gerardo Maggipinto (Italie)	2003
Chou de Bruxelles	8,3 kg	Bernard Lavery (GB)	1992
Chou-fleur	24,6 kg	Alan Hattersley (GB)	1999
Chou rouge	19,05 kg	R. Straw (GB)	1925
Chou	56,24 kg	Bernard Lavery (GB)	1989
Chou-rave	29 kg	Dave Iles (USA)	2004
Citron	5,265 kg	Aharon Shemoel (Israël)	2003
●Citrouille	655,9 kg	Allan Eaton (Canada)	2004
Coing	2,34 kg	Edward Harold McKinney (USA)	2002
Concombre	12,4 kg	Alfred J Cobb (GB)	2003
Courge	61,23 kg	John Handbury (GB)	1998
Courge	436 kg	Steve Hoult (Canada)	1997
Courgette	29,25 kg	Bernard Lavery (GB)	1990
Fraise	231 g	G. Andersen (GB)	1983
Gourde	42,8 kg	Robert Weber (Australie)	2001
Groseille à maquereau	61,04 g	K. Archer (GB)	1993
★Jaque	34,6 kg	George et Margaret Schattauer (USA)	2003
Mangue	1,94 kg	John Painter (USA)	1999
Oignon	7,24 kg	Mel Ednie (GB)	1994
Pamplemousse	3,065 kg	Debbie Hazelton (Australie)	1995
Panais	3,8 kg	Norman Lee Craven (Canada)	2003
●Patate douce	37 kg	Manuel Pérez Pérez (Espagne)	2004
Pêche	725 g	Paul Friday (USA)	2002
Poire	2,1 kg	Warren Yeoman (Australie)	1999
Poireau	8,1 kg	Fred Charlton (GB)	2002
Pomme	1,67 kg	Alan Smith (GB)	1997
Pomme de terre	3,5 kg	K. Sloane (GB)	1994
Radis	31,1 kg	Manabu Ono (Japon)	2003
Rhubarbe	2,67 kg	E. Stone (GB)	1985
Rutabaga	34,35 kg	Scott & Mardie Robb (USA)	1999
Tomate	3,51 kg	G. Graham (USA)	1986

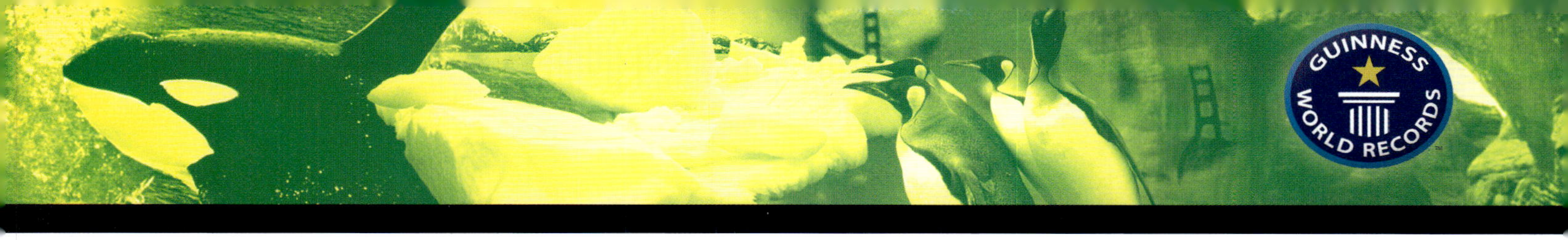

★ NOUVEAU RECORD ● MISE À JOUR

Flower Petal Confetti, qui a utilisé des delphiniums rouges, blancs et bleus provenant de Wick, Worcestershire (GB).

LE PLUS GRAND TOPIAIRE

Depuis 1983, dans son jardin surnommé « Haie du Paradis », à Manipur (Inde), Moirangthem Okendra Kumbi (Inde) façonne un arbuste appelé fleurs du ciel (*Duranta repens variegata*) qui a atteint 18,59 m de haut. Juché sur une échelle spéciale, il a coupé le feuillage 41 fois en forme de parapluie rond suivi de deux disques.

★LA PLUS VIEILLE PLANTE D'INTÉRIEUR

Un *Encephalartos altensteinii* qui fit le voyage d'Afrique du Sud au Royaume-Uni a été planté en 1775. Il est aujourd'hui exposé au palmarium du Jardin botanique royal de Kew, Surrey (GB). Ces cycas (à port de palmier) ressemblant à des fougères sont souvent surnommés « fossiles vivants », car ils font partie des plus vieilles espèces végétales encore vivantes ; des recherches scientifiques prouvent qu'ils existaient déjà il y a 200 millions d'années, au permien.

LE PLUS GRAND CACTUS CULTIVÉ CHEZ SOI

Un cactus (*Cereus uruguayanus*) cultivé par Pandit S Munji à Dharwad, Karnataka (Inde), mesurait 21,3 m, le 1er janvier 2004. Ce « cactus de haie » a été planté en janvier 1990 et a poussé de 6 m.

Les plantes les plus hautes

PLANTE	HAUTEUR	NOM	DATE
●Amaranthus	4, 61 m	David Brenner (USA)	2004
Arbre parapluie	8,22 m	Konstantinos Xytakis et Sara Guterbock (USA)	2002
Cactus (d'intérieur)	21,3 m	Pandit S. Munji (Inde)	2004
Céleri	2,74 m	Joan Priednieks (GB)	1998
Chou de Bruxelles	2,8 m	Patrice et Steve Allison (USA)	2001
Chou	2,79 m	Reggie Kirkman (USA)	1999
Chrysanthème	4,34 m	Bernard Lavery (GB)	1995
★Coléus	2,5 m	Nancy Lee Spilove (USA)	2004
Cosmos	3,75 m	Cosmos Executive Committee, Okayama (Japon)	2003
Coton	7,74 m	DM Williams (USA)	2004
Fuchsia	6,58 m	The Growing Place, Lincolnshire (GB)	2003
Herba cistanches	1,75 m	BOC Hong Kong Baptist University, Hong Kong (Chine)	2003
Jonquille	1,55 m	M. Lowe (GB)	1979
Maïs/épi de maïs	9,4 m	D Radda (USA)	1946
Papayer	13,4 m	Prasanta Mal (Inde)	2003
Persil	1,39 m	Danielle, Gabrielle et Michelle Kassatly (USA)	2003
Pervenche	2,19 m	Arvind, Rekha, Ashish et Rashmi Nema (Inde)	2003
Pétunia	5,8 m	Bernard Lavery (GB)	1994
Pissenlit	1 m	Ragnar Gille et Marcus Hamring (Suède)	2001
Poivrier	4,87 m	Laura Liang (USA)	1999
Pomme de terre	5,5 m	Abdul Masfoor (Inde)	1998
●Rosier (sans tuteur)	3,8 m	Kathleen Mielke-Villalobos (USA)	2004
★Rosier grimpant	27,7 m	Anne et Charles Grant (USA)	2004
Tomate	19,8 m	Nutriculture Ltd, Lancashire (GB)	2000
Tournesol	7,76 m	M Heijms (NL)	1986

● LA PLUS GRANDE VIGNE

La vigne gigantesque du Hampton Court Palace, Surrey (GB) a une circonférence de 3,8 m, certains de ses sarments atteignent 33 m, le plus long mesurant 75 m en janvier 2005. Elle fut plantée par l'architecte paysager connu de tous, Lancelot « Capability » Brown (GB), en 1768, alors qu'il était jardinier en chef sous George III.

★LA PLUS LONGUE FLORAISON

La glycine de Chine (*Wisteria sinensis*) à Sierra Madre (Californie) fut plantée en 1892. En 1994, ses branches mesuraient 152 m. Elle s'étendait sur 0,4 ha et pesait 22 t. On a compté 1,5 million de fleurs pendant sa floraison qui dure 5 semaines.

★LE PLUS HAUT ZINNIA

Le plus grand zinnia élégant (*Zinnia elegans*) mesurait 3,81 m, le 16 novembre 2004. Ce sont Everett W Wallace Jr et Melody Wagner (USA) de Riegelwood (Caroline-du-Nord) qui étaient à ses petits soins !

LE PLUS VASTE LABYRINTHE PERMANENT

Le labyrinthe Peace Maze du Castlewellan Forest Park, à County Down (GB), s'étend sur 11 215 m^2 ; son sentier est long de 3,515 km. Il fut dessiné par Beverley Lear (GB) et construit par les Eaux et Forêts d'Irlande-du-Nord, en collaboration avec le public. Il ouvrit ses portes le 12 septembre 2001.

← LA MARÉE NOIRE LA PLUS GRAVE

Le 24 mars 1989, le pétrolier *Exxon Valdez* a échoué dans l'estuaire du Prince William (Alaska), laissant échapper 41 millions de litres de pétrole. 2 400 km de côtes ont été polluées. Exxon a été condamnée à verser une amende de 5 milliards $ (4 milliards €), le nettoyage du site était estimé à 3 milliards $ (2,4 milliards €).

LES PLUIES LES PLUS ACIDES

En 1982, les pluies tombant sur les Grands Lacs (USA et Canada) avaient un pH de 2,83. En 1983, un pH de 1,87 a été relevé dans la forêt d'Inverpolly (Écosse). Ce sont les pH les plus bas mesurés, et donc les pluies les plus acides jamais constatées.

LE PLUS DE SULFATES DANS DES PLUIES ACIDES

Un taux de sulfates de 5,52 mg/l a été mesuré dans la forêt d'Inverpolly (Écosse), en 1983. Ce taux particulièrement élevé est en grande partie dû aux conséquences atmosphériques des activités industrielles du centre de l'Écosse.

POLLUTION CHIMIQUE : LA VILLE LA PLUS POLLUÉE

Dzerzhinsk (Russie), 285 000 habitants en 1995, est la ville industrielle la plus polluée. L'espérance de vie, dans l'agglomération – qui porte le nom du fondateur de la police secrète soviétique – est de 42 ans pour les hommes et 47 ans pour les femmes. La ville abrite des dizaines d'usines qui durant des années ont produit du chlore, des pesticides et des armes chimiques.

RECORD DE DÉFORESTATION

Entre 1990 et 2000, une surface moyenne annuelle de 22 264 km^2 a été déboisée au Brésil – soit au total une superficie correspondant à celle du Royaume-Uni.

LES PLUS GRAVES DÉSASTRES ÉCOLOGIQUES : QUELQUES EXEMPLES

TYPE/LIEU	DATE	CONSÉQUENCE
Pollution chimique Bhopal (Inde)	3 décembre 1984	Un nuage toxique d'isocyanate de méthyle (MIC) a enveloppé un village. Environ 3 500 personnes sont mortes ; des milliers d'autres ont un handicap permanent.
Explosion industrielle Scunthorpe, Flixborough Lincolnshire (GB)	1er juin 1974	L'explosion d'une usine chimique a tué 55 personnes et en a blessé 75, probablement en raison d'une fuite d'environ 50 t de cyclohexane. La puissance de l'explosion équivaut à peu près à celle de 16 t de TNT.
Pollution du sol Arctic Komi Republic (Russie)	Août–septembre 1994	De 14 000 à 200 000 t de pétrole brut se sont répandues dans la toundra. L'aire contaminée est de 21,1 km^2.
Pollution de la mer Minamata Bay (Japon)	1953–1967	Une usine d'engrais a rejeté des déchets de mercure dans la mer. 20 000 personnes ont été affectées, dont 4 500 gravement – 43 sont mortes ; 800 autres décès seraient dus à un empoisonnement par le mercure ; 111 personnes souffriraient de lésions.
Fuite de déchets nucléaires Kyshtym (Russie)	Décembre 1957	L'explosion d'un container de déchets nucléaires a entraîné l'échappement de produits radioactifs sur 23 000 km^2. Selon un rapport établi en 1992, cet accident aurait provoqué la mort de 8 015 personnes sur une période de 32 ans.
Déversement de pétrole Golfe de Campeche, golfe du Mexique	À partir du 3 juin 1979	Suite à l'explosion d'un puits de pétrole d'Ixtoc, une nappe de pétrole s'est répandue sur 640 km, le 5 août 1979. Fuite jugulée le 24 mars 1980, après des pertes estimées à 500 000 t (636 millions de litres) de pétrole.
Pollution d'un fleuve Bâle (Suisse)	1er novembre 1986	Des pompiers luttant contre un incendie dans l'usine Sandoz ont provoqué le déversement de 30 t de produits chimiques dans le Rhin. 500 000 poissons sont morts.
Émission de dioxyde de soufre Mosul (Irak)	À partir du 24 juin 2003	Un incendie a causé l'émission de 21 000 t de dioxyde de soufre par jour pendant près d'un mois. Au total, les émissions se sont élevées à 600 000 t – il s'agit de la plus grande quantité de SO_2 rejetée à cause d'un seul événement.

LA PLUS GRAVE CATASTROPHE NUCLÉAIRE

L'explosion du réacteur n° 4 de la centrale nucléaire de Tchernobyl (ex-URSS, actuelle Ukraine), le 26 avril 1986, à 13 h 23 (heure locale), a entraîné la mort de 31 personnes selon les chiffres officiels. Les décès consécutifs à cet accident n'ont pas été répertoriés, mais plus de 1,7 million de personnes ont été exposées aux radiations.

LA DISPARITION LA PLUS RAPIDE D'UNE MER

La mer d'Aral, située à la frontière entre l'Ouzbékistan et le Kazakhstan, a perdu plus de 60 % de sa surface et 80 % de son volume depuis 1960. De 1960 à 1998, sa surface est passée de 68 000 km^2 à 28 700 km^2, et son volume d'environ 1 040 km^3 à 180 km^3. Le niveau de la mer a baissé de 18 m au cours de la même période.

Mai 1973

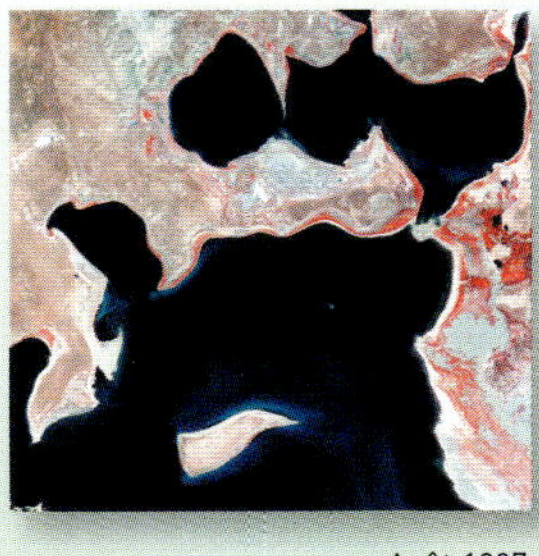

Août 1987

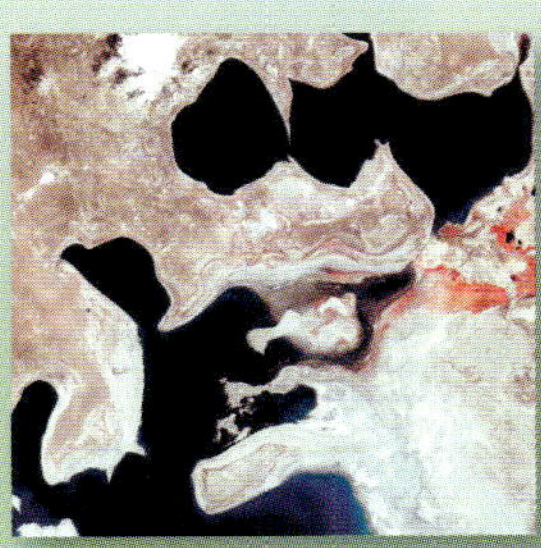

Juillet 2000

LE LAC LE PLUS RADIOACTIF

Le lac Karachay dans la province de Tcheliabinsk (Russie) présente un taux de radioactivité de 120 millions de curies et a absorbé environ 100 fois plus de strontium-90 et de césium-137 que les quantités qui se sont échappées de Tchernobyl. En se tenant sur la rive du lac, une personne serait exposée à un taux de radiations de 600 röntgen par heure – soit une puissance suffisante pour la tuer en 1 h.

LA PLUS GRAVE DESTRUCTION D'UN PAYSAGE NATUREL PAR UN INCENDIE

Les feux de forêt allumés intentionnellement ont fait de 1997 la pire année en matière de destruction de l'environnement. Les feux les plus étendus et les plus nombreux ont touché le Brésil, où ils se sont propagés sur un front de 1 600 km.

LA PLUS FAIBLE ÉMISSION DE CO_2

Parmi les pays industrialisés de l'hémisphère ouest, la France est celui qui produit le moins de CO_2, l'un des gaz responsables de l'effet de serre. En 1999, elle émettait 400 millions de tonnes de CO_2 dans l'atmosphère.

RECORD D'ÉMISSIONS DE DIOXYDE DE SOUFRE PAR UNE USINE

La centrale bulgare Maritsa rejette 350 000 t de dioxyde de soufre par an dans la rivière Maritsa. Le dioxyde de soufre est un gaz acide à l'odeur âcre, produit par des éruptions volcaniques et par la combustion de combustibles fossiles. Lorsque ce gaz est rejeté dans l'air, il se mêle à la vapeur d'eau des nuages et forme de l'acide sulfurique. Cette réaction est l'une des causes des pluies acides en Europe et en Amérique du Nord.

★LE PLUS GROS ARBRE JAMAIS TRANSPLANTÉ

Le 20 janvier 2004, un chêne (*Quercus lobata*) baptisé Old Glory, âgé de 180 à 220 ans, a été déplacé de 400 m par la société Senna Tree (USA) pour être replanté avec succès dans un nouveau parc à Los Angeles (Californie). Cet arbre mesurait 17,6 m de haut et sa ramure faisait 31,6 m de diamètre ; il pesait 415,5 t et son tronc atteignait 5 m de circonférence.

SCIENCE & TECHNOLOGIE

SOMMAIRE

LE PREMIER VOL PRIVÉ DANS L'ESPACE

Le 21 juin 2004, le *SpaceShipOne,* vaisseau spatial développé et construit avec des fonds privés, et exploité par Scaled Composites, de Mojave (Californie), société fondée par Paul G. Allen (USA), a atteint 100 124 m. Piloté par Mike Melvill (USA), il a décollé et atterri à l'aéroport de Mojave.

SYSTÈME SOLAIRE

★PREMIÈRE OBSERVATION DE VÉNUS PASSANT DEVANT LE SOLEIL ←

Le premier homme qui ait observé, mesuré et décrit un passage de Vénus devant le Soleil est Jeremiah Horrocks (GB). Il a enregistré l'événement le 24 novembre 1639 dans le Lancashire (GB). Le passage du 8 juin 2004 (à gauche) a été observé dans le monde entier par des millions de personnes.

↖ ★ L'ALUNISSAGE LE PLUS LOINTAIN

Voici la première image en couleurs de la surface de Titan, la plus grande lune de Saturne, prise par la sonde Huygens de l'Agence spatiale européenne. La sonde s'est posée sur Titan le 14 janvier 2005. Saturne se trouve à environ 1 433 millions de km du Soleil.

TECHNOLOGIE

LA DISTANCE LA PLUS LONGUE PARCOURUE SUR UNE AUTRE PLANÈTE

Entre le 16 janvier et le 23 juin 1973, le robot soviétique *Lunokhod 2* a parcouru 37 km sur la Lune.

●LA DISTANCE LA PLUS LONGUE PARCOURUE SUR MARS EN 1 JOUR MARTIEN (SOIT 1 SOL)

En février 2004 (sol 362-363 en jour martien), *Opportunity*, robot de la Nasa sur Mars, a parcouru 156,55 m sur la plaine Meridiani. Le sol, jour martien, dure 24 h 39 min 35 s.

●LE PLUS LOURD ENGIN SPATIAL DIRIGÉ VERS LES CONFINS DU SYSTÈME SOLAIRE

Le 15 octobre 1997, une fusée Titan IV portant un étage supérieur, Centaure, a lancé le module spatial *Cassini-Huygens*, de 5 655 kg, pour explorer Saturne et ses lunes. Il a atteint l'orbite de la planète aux anneaux le 1er juillet 2004, entamant 4 années d'études du système de Saturne.

★LE VOL LE PLUS LONG VERS LA LUNE

La sonde SMART 1 de l'Agence spatiale européenne (ESA), lancée le 27 septembre 2003, a atteint une orbite lunaire 13 mois plus tard, le 15 novembre 2004. Son moteur ionique d'une poussée maximum de 0,07 newton a propulsé petit à petit la sonde vers des orbites de plus en plus éloignées de la Terre, jusqu'à ce qu'elle soit captée par l'attraction de la Lune et placée en orbite lunaire.

L'IMAGE LA PLUS ÉLOIGNÉE DE LA TERRE

Le 4 février 1990, la sonde spatiale de la Nasa *Voyager 1* a orienté son appareil de prise de vue vers le Soleil et ses planètes. Après 12 ans et demi passés à s'éloigner de la Terre dans l'espace, *Voyager 1* a pris une image de notre planète distante de 5 milliards de km.

★ NOUVEAU RECORD ● MISE À JOUR

LE PLUS VASTE → SYSTÈME D'ANNEAUX

Les anneaux de Saturne, que l'on voit ici sur une photo prise par *Cassini* le 8 mars 2004 (à une distance de 56,4 millions de km), composent une masse de 4 x 1 019 kg, soit 30 millions de fois l'Everest. Ils sont formés de millions de petites particules de glace et de poussière qui gravitent en orbite. Saturne est aussi **la planète la moins dense** avec une densité égale à seulement 0,8 de celle de l'eau. S'il existait un océan assez grand pour l'engloutir, il flotterait à l'intérieur de la planète !

LE PLUS GRAND NOMBRE DE PLANÈTES VISITÉES PAR UN ENGIN SPATIAL

Lancée en 1977, la sonde de la Nasa *Voyager 2* a visité entre 1979 et 1989 les quatre grandes planètes gazeuses : Jupiter, Saturne, Uranus et Neptune.

LE PLUS PETIT CORPS CÉLESTE OÙ SE SOIT POSÉ UN ENGIN SPATIAL

Le 12 février 2001, la sonde *NEAR-Shoemaker* s'est posée sur l'astéroïde Eros, qui mesure 33 km de diamètre. Elle a transmis 69 images de la surface d'Eros.

NATURE

★L'ASTÉROÏDE À LA PÉRIODICITÉ LA PLUS COURTE

L'astéroïde 2004 JG6 tourne autour du soleil en 184,46 jours. Brian Skiff (USA) de l'observatoire Lowell à Flagstaff (Arizona) l'a découvert et déclaré le 13 mai 2004. L'astéroïde mesure entre 500 et 1 000 m de diamètre.

★LA PLUS HAUTE CHAÎNE DE MONTAGNES DU SYSTÈME SOLAIRE

L'observation par *Cassini* le 31 décembre 2004 de Lapetus, une lune de Saturne, a révélé une chaîne de montagnes de 1 300 km de long, atteignant une altitude de 20 000 m au-dessus de sa surface. Lapetus ne fait que 1 400 km de diamètre.

★LE CORPS LE PLUS RÉFLÉCHISSANT DU SYSTÈME SOLAIRE

Enceladus, une petite lune de Saturne, réfléchit environ 90 % de la lumière du soleil qui la touche ; sa surface est plus réfléchissante que la neige fraîche.

LA PLANÈTE LA PLUS CHAUDE

Avec une température moyenne de 480 °C, Vénus a la surface la plus chaude de toutes les planètes du système solaire. Si vous posiez le pied sur Vénus, vous seriez écrasé par la pression, incinéré par la chaleur, brûlé par l'acide sulfurique et asphyxié par le gaz carbonique ambiant. Vénus est aussi **la planète qui a le jour le plus long**, équivalent à 243,16 jours terrestres.

●LE CORPS CÉLESTE LE PLUS « VOLCANIQUE » DU SYSTÈME SOLAIRE

Les images de Io, une des lunes de Jupiter, prises en 1979 par *Voyager 1*, montrent d'immenses nuages volcaniques, dont certains s'élèvent à plusieurs centaines de kilomètres. L'activité sur Io est liée à la gravitation en jeu à l'intérieur de la lune, dues aux interactions de Jupiter, Io et Europe, une autre lune de Jupiter. Rosaly Lopes (USA) a découvert 71 volcans actifs sur Io. C'est ainsi la personne qui a découvert le plus grand nombre de volcans actifs !

L'APPAREIL PHOTO À PLUS HAUTE RÉSOLUTION PLACÉ SUR MARS

Cette image a été prise par un Pancam (appareil photo stéréoscopique) fixé sur le robot *Opportunity* (encadré page ci-contre). Cet appareil, le plus précis utilisé sur une autre planète, photographie des objets à 3 m avec une définition allant jusqu'à 1 mm/pixel. Conçus pour durer quelques mois, les robots martiens *Spirit* et *Opportunity* fonctionnaient encore à plein régime en mars 2005. Espérons qu'ils déblaient bien le terrain pour les futurs explorateurs de la planète rouge !

↓

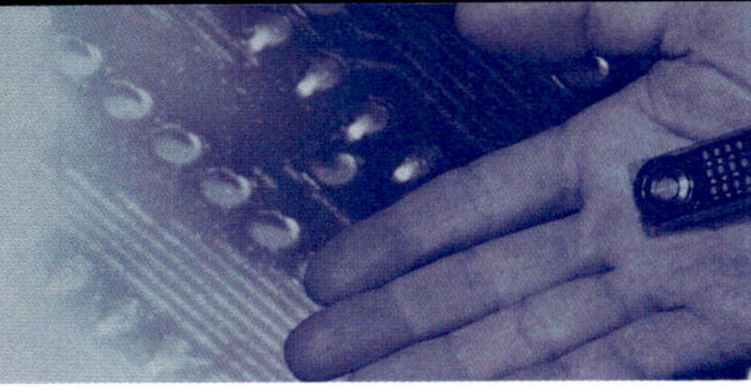

LE PLUS ÉLOIGNÉ DES TROUS NOIRS →

Le plus éloigné des trous noirs connus se trouve au cœur du quasar SDSS J1148 + 5251. Ce quasar a un décalage spectral vers le rouge de 6,41 qui indique une distance de 13 milliards d'années-lumière. On estime la masse de ce trou noir à 3 milliards de fois celle du soleil. Ces données, rendues publiques le 20 mars 2003, ont été fournies par le télescope à infrarouges du Royaume-Uni UKIRT, à Hawaï.

Définition des termes

Pour l'observation astronomique, brillance et luminosité sont deux choses différentes. **La magnitude apparente** mesure la brillance perçue par l'œil et dépend de la distance autant que de la lumière émise par l'objet. **La magnitude absolue** mesure la luminosité réelle de l'objet, indépendamment de la distance à laquelle il se trouve de la Terre.

LE PLUS BRILLANT...

NUAGE

Avec une magnitude apparente de 4, la nébuleuse d'Orion est la plus brillante du ciel. On la voit facilement à l'œil nu près de l'Épée, dans la constellation d'Orion.

RESTE DE SUPERNOVA

La nébuleuse du Crabe (M1) dans la constellation du Taureau, a une magnitude de 8,4. C'est un immense nuage de gaz et de débris en rapide expansion (à environ 1 800 km/s). L'explosion en supernova de l'énorme étoile qui en est à l'origine a été observée en 1054 par des astronomes chinois. Elle a émis assez de lumière pour être visible à l'œil nu dans le ciel durant 23 jours.

AMAS OUVERT D'ÉTOILES

Dans la constellation du Taureau, les Pléiades (M45), ou Sept Sœurs, regroupent environ 500 étoiles dans une partie de l'espace large de 20 années-lumière et distante de 380 années-lumière de la Terre. Même avec la pollution visuelle que produit une grande ville, on en aperçoit facilement en moyenne six à l'œil nu.

AMAS GLOBULAIRE D'ÉTOILES

Le plus brillant amas globulaire du ciel est Oméga du Centaure, au sud de la constellation du Centaure. Avec sa magnitude apparente de 3,6, on l'aperçoit facilement à l'œil nu : il ressemble à une étoile floue. Oméga du Centaure est un amas de plusieurs millions d'étoiles distinctes et fait partie de la Voie Lactée, halo stellaire d'environ 140 groupes de même genre entourant notre galaxie.

LE PLUS LUMINEUX...

« SOLEIL » DE LA GALAXIE

L'observation de l'étoile LBV 1806-20, à 45 000 années-lumière de la Terre, indique qu'elle est 5 à 40 millions de fois plus lumineuse que le Soleil. Sa masse est au moins 150 fois celle du Soleil, son diamètre au moins 200 fois celui du Soleil.

OBJET CÉLESTE

En mars 1998, une équipe d'astronomes utilisant le télescope Isaac Newton (INT) long de 2,5 m de La Palma (Canaries) a découvert le quasar APM08279 + 5255. Il est de 4 à 5 millions de milliards de fois plus lumineux que le Soleil et plus de dix fois plus lumineux qu'aucun autre quasar connu. La plupart des astronomes pensent qu'un quasar est un type de galaxie avec, au centre, un trou noir à la masse et à l'énergie énormes.

LE PLUS GRAND TÉLESCOPE SPATIAL ←

Le télescope Hubble de la Nasa, qui a coûté 21 milliards $ (16,8 milliards €), pèse 11 t. Il mesure 13,1 m, son miroir 2,40 m. Il a été placé en orbite à une altitude de 613 km, le 24 avril 1990, par la navette spatiale Discovery. La Nasa a renoncé à risquer de nouvelles missions humaines de réparation pour Hubble. Il poursuivra ses observations jusqu'à ce que ses instruments tombent en panne.

LE PLUS GRAND...

★FLASH COSMIQUE

Un sursaut gamma du corps stellaire ultra-dense SGR 1806-20 a causé une émission de rayons gamma équivalant à 10 000 trillions de trillions de trillions de watts. Ce type d'étoile,ou magnétar, consiste en une boule de neutrons de 20 km de diamètre, mais avec une masse comparable à celle du Soleil et tournant sur elle-même en 7,5 s. Elle se trouve à 50 000 années-lumière, de l'autre côté de notre galaxie : la Voie Lactée. Si ce flash s'était produit à moins de 10 années-lumière de la Terre, il aurait pu entraîner une extinction de masse. Le flash a été détecté le 27 décembre 2004.

★DIAMANT DE L'UNIVERS

En février 2004, le premier élément de preuve a montré que l'intérieur des naines blanches se cristallise en diamants géants. L'observation de BPM 37093 a permis aux chercheurs du centre d'astrophysique Harvard-Smithsonian (Massachusetts), de déduire que cette naine blanche de carbone avait cristallisé en un diamant de 4 000 km de diamètre.

★LA PLUS GRANDE → DESTRUCTION PLANÉTAIRE

En janvier 2002, une prise de vue accélérée du télescope Hubble montre l'illumination des coques de poussière entourant l'étoile V838 Monocerotis d'un éclat titanesque, quand l'astre a atteint 600 000 fois sa brillance habituelle. Certains chercheurs pensent que ce phénomène unique a été causé par l'énergie qui s'est dégagée lorsque l'étoile a « avalé » trois planètes gazeuses géantes de son orbite, événement cosmique prédit mais encore jamais observé.

● STRUCTURE DE L'UNIVERS

En octobre 2003, une équipe d'astrophysiciens dirigés par les Américains Richard Gott III et Mario Juric, de l'université de Princeton (New Jersey), a annoncé la découverte d'un immense mur de galaxies long de 1,37 milliard d'années-lumière. Ils ont exploité les données du Sloan Digital Sky Survey, un projet qui cartographie 1 million de galaxies de l'univers.

★LA NÉBULEUSE D'ALCOOL

En 1970, l'observation d'un nuage moléculaire du Sagittaire B2, proche du centre de notre galaxie, a révélé de grandes quantités d'alcool gazeux. Si on pouvait le concentrer sous forme liquide, il faudrait un récipient de 1 milliard de milliards de milliards de litres. La nébuleuse mesure 150 années-lumière.

★UNE NÉBULEUSE VISIBLE À L'ŒIL NU

La nébuleuse de la Tarentule, qui se trouve dans la constellation de la Dorade, dans le ciel austral, est suffisamment grande et brillante pour être visible à l'œil nu malgré sa distance : 170 000 années-lumière. L'énorme nuage de gaz lumineux, au diamètre de 1 000 années-lumière, est la seule nébuleuse hors de notre galaxie qui soit visible à l'œil nu.

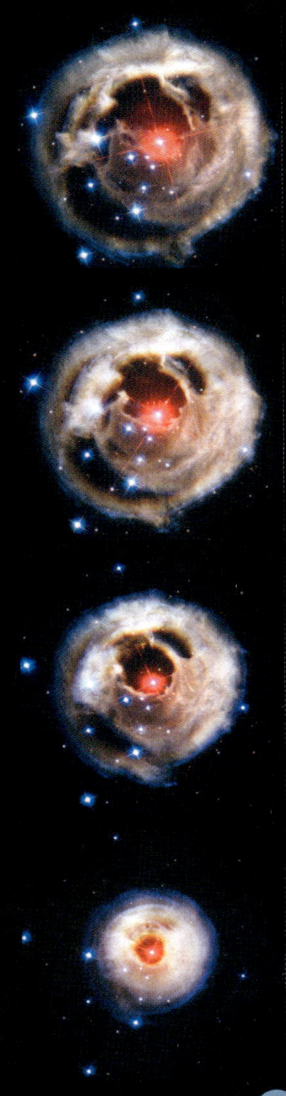

← LA PREMIÈRE GALAXIE SPIRALE

La galaxie du Tourbillon (M51), ici sur un des plus célèbres clichés pris par le télescope Hubble, a été le premier objet céleste identifié en forme de spirale. Cette découverte est due, en 1845, à l'Irlandais William Parsons, troisième comte de Rosse. Il utilisait son télescope personnel, le Léviathan, à l'époque le plus grand du monde, au château de Birr (comté d'Offaly, Irlande).

EXPLORATION SPATIALE

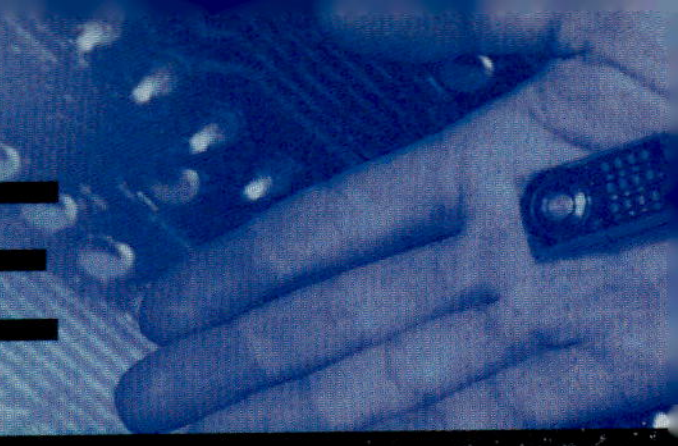

★LA PLUS LONGUE MARCHE LUNAIRE

Le 12 décembre 1972, lors de leur deuxième excursion sur le sol lunaire au cours de la mission Apollo 17, *les astronautes* Eugene Cernan (photo) et Harrison Schmitt (USA) ont passé 7 h et 37 min hors de leur module lunaire, *Challenger*. Ils ont parcouru 20,4 km tout en récoltant des spécimens géologiques de la région au sud et à l'ouest de leur zone d'alunissage, près du cratère Littrow dans les monts Taurus.

N. B. : Dans le texte, URSS signifie Union des Républiques socialistes soviétiques, l'union des États socialistes qui a existé de 1917 à 1991.

La CEI, Communauté des États indépendants, regroupe certains des anciens États socialistes depuis le 8 décembre 1991, après la dissolution de l'Union soviétique.

STS = Space Transportation System = navette spatiale

PREMIER VOL SPATIAL HABITÉ

Le 12 avril 1961, à bord de *Vostok 1*, le cosmonaute Youri Alekseïevich Gagarine (ex-URSS) a effectué un vol de 40 868 km dans l'espace. Il a atteint une altitude maximum de 327 km à 28 260 km/h.

LES PREMIERS HOMMES SUR LA LUNE

À 21 h 56 min 15 s (GMT), le 21 juillet 1969 (ou 3 h 56 min 20 s, le 20, heure de Paris), Neil Armstrong, commandant de la mission américaine *Apollo 11*, pose le pied sur la Lune dans la mer de la Tranquillité. Edwin « Buzz » Aldrin le suit hors du module lunaire Eagle, tandis que Michael Collins pilote le module de commande Columbia, resté en orbite.

LA PREMIÈRE SORTIE DANS L'ESPACE

Le 18 mars 1965, Alexeï Arkhipovich Leonov (ex-URSS) a été le premier homme à effectuer une sortie dans l'espace, ou sortie extra-véhiculaire.

LA PREMIÈRE FEMME DANS L'ESPACE

À 9 h 30 (GMT), le 16 juin 1963, Valentina Vladimirovna Tereshkova (ex-URSS) s'est envolée à bord de *Vostok 6* du centre spatial de Baïkonour (Kazakhstan). Elle a atterri à 8 h 20, le 19 juin, après un vol de 2 jours 22 h et 50 min, et 48 tours de la Terre, soit 1 971 000 km.

LA DISTANCE LA PLUS ÉLOIGNÉE DE LA TERRE

Le 15 avril 1970, l'équipage américain d'*Apollo 13* (Jack Swigert, Jim Lovell, Fred Haise) a atteint la distance record de 400 171 km de la Terre, 254 km de la Lune.

LA STATION SPATIALE AU PLUS LONG COURS

Le 20 février 1986, Mir, le module central de la station spatiale *Mir* (ex-URSS/Russie) a été mis en orbite. Au cours des 10 ans qui ont suivi, 5 modules et un sas d'amarrage pour les navettes spatiales américaines ont été ajoutés à la station. Le 23 mars 2001, elle a quitté son orbite pour être détruite lors d'un retour programmé au-dessus du Pacifique. Plus de 100 personnes ont séjourné dans la station durant ses 15 ans de fonctionnement.

★LA STATION SPATIALE LA PLUS ARMÉE

Lancée le 25 juin 1974, *Saliout 3* (ex-URSS) fut la seule station spatiale armée. Pour des motifs de défense, elle était équipée d'un canon antiaérien Nudelmann de 23 mm. Il n'a été utilisé qu'une fois, le 24 janvier 1975, lors d'un essai pour détruire un satellite-cible.

LE PLUS GRAND NOMBRE DE PERSONNES DANS L'ESPACE

Le 14 mars 1995, 7 Américains occupaient la navette spatiale STS-67 *Endeavour*, 3 cosmonautes (CEI) la station Mir, 2 cosmonautes russes et 1 Américain la cabine *Soyouz TM21*, soit 13 personnes en même temps dans l'espace.

L'ÉQUIPAGE LE PLUS NOMBREUX POUR UNE NAVETTE SPATIALE

Deux navettes ont eu un équipage de 8 personnes : STS-61A *Challenger*, lancée le 30 octobre 1985, et STS-71 *Atlantis*, qui s'est reliée à la station Mir le 7 juillet 1995. La photo montre les équipages d'*Atlantis* et de *Mir*.

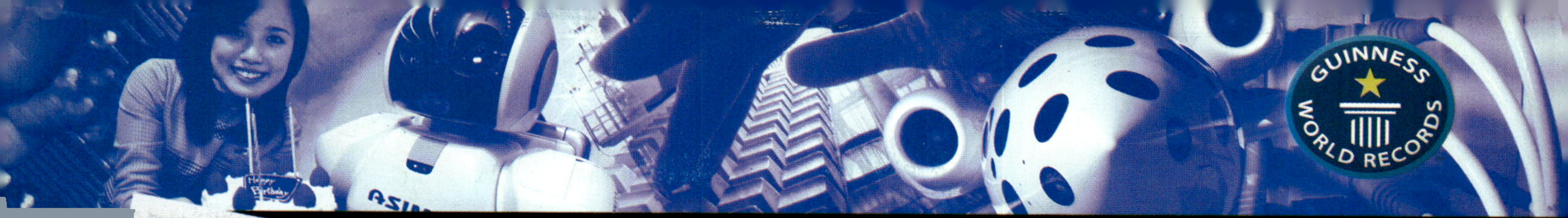

↑

LE PLUS DE TEMPS PASSÉ DANS L'ESPACE

Entre juillet 1992 et juillet 1999, le cosmonaute Sergei Avdeïev (Russie, photo ci-dessus) a cumulé 747 jours 14 h et 22 min sur trois vols dans la station spatiale *Mir*.

Avdeïev est aussi l'homme qui a vécu **la plus importante dilatation du temps**. Conséquence directe du temps qu'il a passé en orbite basse autour de la Terre, voyageant à environ 27 000 km/h, il a voyagé 1/50e de seconde dans un temps futur, si l'on en croit la théorie de la relativité d'Einstein.

LE PLUS LONG VOL SPATIAL HABITÉ

Le 8 janvier 1994, Valeri Poliakov (Russie) a été envoyé sur la station Mir à bord de *Soyouz TM18*. Après un séjour dans l'espace de 437 jours, 17 h 58 min et 16 s, il est revenu à bord de *Soyouz TM20*.

LE VAISSEAU SPATIAL LE PLUS UTILISÉ

Discovery, la navette spatiale de la NASA, a été lancée le 10 août 2001 à 15 h 10 (heure du Centre), avec pour mission (STS-105) d'emmener un nouvel équipage et le module logistique Leonardo à la station orbitale internationale. C'était la 30e mission de *Discovery*, en service depuis 1984.

★LA PLUS LONGUE CARRIÈRE D'ASTRONAUTE

John Young (USA) a été recruté par la NASA en septembre 1962. Il a participé à deux missions orbitales *Gemini* et deux missions Apollo (10 et 16). Il a commandé STS-1, le premier vol de la navette spatiale en 1981. Sa 6e mission a été de commander STS-9, toujours sur *Columbia*. Il est resté en service actif jusqu'à sa retraite en décembre 2004.

LE DRIVE LE PLUS LOINTAIN

En février 1971, l'astronaute Alan Shepard (USA) a frappé deux balles de golf sur la Lune, dans la région de Fra Mauro, à l'aide d'un fer de 6 fixé à un outil à échantillonner. Une des balles a effectué un parcours d'environ 15 m.

★LA PLUS GRANDE PIÈCE DANS L'ESPACE

Le plus grand volume habitable jamais envoyé dans l'espace est la station Skylab de la NASA (USA), lancée le 14 mai 1973. Avec ses dimensions intérieures de 14,66 m de long sur 6,7 m de diamètre, la cabine cylindrique offrait un espace habitable de 295,23 m^3.

★LE PLUS LONG VOL SPATIAL EN SOLITAIRE

Le plus long vol spatial d'un cosmonaute seul a eu lieu sur *Vostok 5*, piloté par Valeri Bikovski (ex-URSS). Lancé le 14 juin 1963, il a atterri le 19 juin 1963, et sa mission a duré 4 jours 23 h et 7 min.

PREMIÈRES DANS L'ESPACE

Premier être humain dans l'espace : Youri Gagarine (ex-URSS), 12 avril 1961

Première femme dans l'espace : Valentina Tereshkova (ex-URSS), 16 juin 1963

Première sortie dans l'espace : Alexei Leonov (ex-URSS), 18 mars 1965

Premier rendez-vous dans l'espace : *Gemini 6* et *7* (USA), 16 décembre 1965

Premier arrimage dans l'espace : Neil Armstrong et David Scott (USA), 16 mars 1966

Première mission spatiale internationale : Apollo-Soyouz (USA et ex-URSS), du 15 au 24 juillet 1975

Première sortie sans cordon : Capt. Bruce McCandless II (USA), 7 février 1984

Premier Français dans l'espace : Jean-Loup Chrétien, 24 juin 1982

★PREMIER VOL SPATIAL HABITÉ PRIVÉ

Conçu et construit par Scaled Composites, société du pilote légendaire Burt Rutan, SpaceShipOne a quitté l'atmosphère pour son premier vol sous-orbital, le 21 juin 2004. L'astronaute Mike Melvill (USA) était aux commandes.

↓

TÉLÉCOMMUNICATIONS

★LE PLUS GRAND ← TÉLÉPHONE PORTABLE

Le 7 juin 2004, un téléphone portable géant a été installé au Rotmain Centre de Bayreuth (Allemagne). Ses dimensions sont les suivantes : 2,05 x 0,83 x 0,45 m.

Constitué de bois, de polyester et de métal, il est doté d'un écran couleur plat TFT. Il fonctionne parfaitement et permet d'envoyer et recevoir des SMS et des MMS.

The razor-toothed piranhas of the genera serrasalmus and pygocentrus are the most ferocious freshwater fish in the world. In reality they seldom attack a human.

POUVEZ-VOUS BATTRE LE RECORD DE VITESSE POUR IMPRIMER LE TEXTE CI-DESSUS ? SI VOUS LE PENSEZ, CONTACTEZ LE *GUINNESS WORLD RECORDS* ! VOIR P. 10.

●LE TEXTO LE PLUS RAPIDE

Le 27 juin 2004, Kimberly Yeo Sue Fern (Singapour) a tapé sur son téléphone portable un message préparé de 160 caractères en 43,2 s, lors du Singtel SMS Shootout, qui s'est déroulé à Singapour. Pour tenter d'égaler ce record, utilisez le texte de la p. 39 du *Guinness World Records* 1996 (à gauche).

LE PREMIER TÉLÉPHONE CELLULAIRE

Le concept du téléphone portable est apparu en1947 aux laboratoires Lucent Technologies Bell (New Jersey). Le premier téléphone fut inventé par Martin Cooper (USA) de la société Motorola. Ce dernier l'a utilisé pour la première fois le 3 avril 1973 pour joindre son rival, Joel Engel, directeur des recherches chez Bell. Le premier réseau de téléphones portables fut lancé au Japon en 1979.

●LE PLUS GRAND NOMBRE D'ABONNÉS AU TÉLÉPHONE MOBILE

Le 31 décembre 2004, le groupe Vodafone comptait 1 518 millions d'abonnés.

★LE MÊME NUMÉRO DE TÉLÉPHONE PORTABLE DEPUIS 1985

David Contorno (USA) n'a pas changé de numéro de téléphone portable depuis le 2 août 1985, et est resté fidèle à son fournisseur, Ameritech Mobile Communications. Son premier téléphone était un Ameritech AC140.

LA PLUS GRANDE TÉLÉCONFÉRENCE

Le 29 septembre 2003, Howard Dean (USA), candidat démocrate à la présidence des États-Unis, a pris part à une téléconférence depuis Los Angeles (Californie), avec quelques-uns de ses partisans. Il y eut 3 466 connexions simultanées pendant au moins 10 s.

★LE PLUS VIEUX SERVICE DE TÉLÉTEXTE

Lancé en Grande-Bretagne le 28 septembre 1974, Ce fax fut conçu par des ingénieurs de la BBC. Ces derniers cherchaient à mettre au point un système de sous-titrage pour les téléspectateurs sourds. Ils incorporèrent des mots et des images simples en utilisant les premières « lignes libres » des signaux de télévision analogique.

LE PREMIER SATELLITE DE COMMUNICATION GÉOSTATIONNAIRE

Syncom 3 fut lancé de Cap Canaveral (Floride), le 19 août 1964, puis placé en orbite à 35 788 km de la Terre. Il met exactement 24 h pour décrire une orbite et semble donc stationnaire. Aujourd'hui, plus de 200 satellites sont en orbite géostationnaire ou orbite de Clarke, du nom de l'écrivain de science-fiction Arthur C.

★LE PLUS GRAND RÉSEAU DE SURVEILLANCE DES TÉLÉCOMMUNICATIONS

En 1947, les États-Unis, la Grande-Bretagne, l'Australie, la Nouvelle-Zélande et le Canada créèrent Echelon, un réseau d'écoute électronique géré par leurs services de renseignements respectifs, afin de partager leurs informations. Certains journalistes pensent qu'Echelon peut maintenant intercepter 90 % du trafic sur Internet, et contrôler l'ensemble des communications par téléphone et satellite. Sur la photographie, vous pouvez voir les radômes, paraboles cachées par des enveloppes en forme de balles de golf géantes et utilisées par Echelon, à Menwith Hill, près de Narrowgate, North Yorkshire (GB).

★ NOUVEAU RECORD ● MISE À JOUR

Le morse fut la **première forme de télécommunication instantanée.** Pouvez-vous déchiffrer le premier message envoyé depuis Washington DC à Baltimore, dans le Maryland, en mai 1844 ?

Réponse : What hath god wrought (ce que Dieu a créé)

LE PREMIER SATELLITE DE COMMUNICATION

Le satellite *Echo 1*, également appelé *Echo 1A*, fut lancé le 10 juillet 1962 de Cap Canaveral (Floride). Ce « ballon » de 30 m de diamètre était recouvert d'une couche d'aluminium réfléchissant les signaux de radio et de télévision en direction de la Terre. Il a cessé d'être exploité le 24 mai 1968.

Clarke, qui jeta les bases de la communication par satellite.

★LE PLUS GRAND SATELLITE DE COMMUNICATION CIVILE

Construit par Boeing (USA), *Anik F2* fut lancé en juillet 2004 pour diffuser des services Internet à large bande au Canada et aux États-Unis. Entièrement déployé, il mesure 47,9 m. Sa masse atteint 5 950 kg au sol, mais n'est que de 3 805 kg lorsqu'il est en orbite. *Anik F2* est censé fonctionner 15 ans.

RECORD DE RADIODIFFUSION EN DIRECT PAR SATELLITE

Le 13 février 2002, la chanteuse Ana Ann (GB) interpréta *Ride*, son 1er single, dans les bureaux de l'entreprise Worldspace, Soho Square, à Londres (GB). La chanson fut transmise au satellite AfriStar de Worldspace, puis diffusée en Europe occidentale, en Afrique et au Moyen-Orient.

★LA PLUS LONGUE LIGNE DE COMMUNICATION

En 1977, la sonde *Voyager 1* (USA) fut lancée afin d'étudier le système solaire. En février 2005, elle se trouvait à plus de 14 milliards de km du Soleil. À cette distance, les commandes radiotransmises depuis la Terre à la vitesse de la lumière mettent environ 13 h à lui parvenir.

★RECORD DE TRANSMISSION D'UN MESSAGE EN MORSE

Le 6 mai 2003, Andrei Bindasov (Biélorussie) a transmis 216 symboles en 1 min.

LE FAX LE PLUS GRAND

La société WideCom Group, Mississauga, Ontario (Canada), a fabriqué le WIDEfax 36, un fax capable d'imprimer, de copier et de transmettre des documents de 91 cm de largeur.

LE SIGNAL RADIO LE PLUS PUISSANT ENVOYÉ DANS L'ESPACE

Le 16 novembre 1974, des scientifiques du radiotélescope Arecibo (Puerto Rico) ont envoyé un signal radio binaire en direction de l'amas globulaire M13 situé dans la constellation d'Hercule, afin de communiquer avec une civilisation extra-terrestre. Ce message, qui comporte des données fondamentales sur l'humanité, dure 169 s avec une fréquence de 2 380 MHz. Il arrivera dans 25 000 ans. S'il y a une réponse, celle-ci mettra également 25 000 ans à nous parvenir.

INTERNET

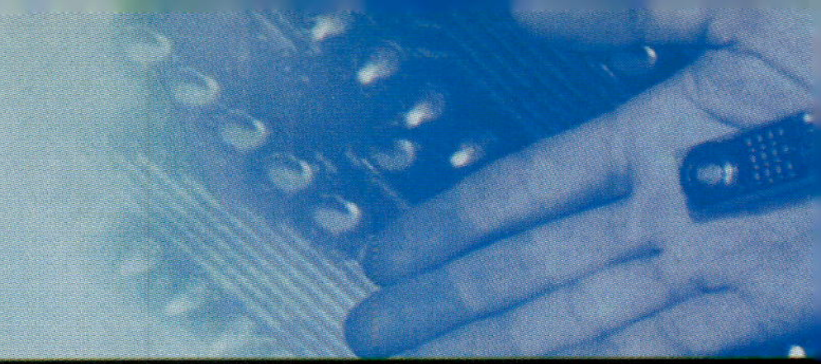

★LA PLUS LONGUE CONNEXION À « BANDE PASSANTE » SANS FIL

En juillet 2004, Ben Corrado, Andy Meng et Justin Rigling (USA) ont établi une connexion sans fil, entre deux PC distants de 88,6 km dans le désert, aux portes de Las Vegas. Ils ont utilisé une antenne conçue par leurs soins et la norme 802.11b. Ils ont gagné le concours Wi-Fi Shootout du DefCon 2004.

★LA PLUS GRANDE PHOTO NUMÉRIQUE PANORAMIQUE

Des chercheurs de la société TNO (Pays-Bas) ont réalisé une immense photographie panoramique de Delft (Pays-Bas). Constituée de 2,5 milliards de pixels, l'image se compose de 600 clichés numériques.
Il a fallu 3 jours pour les assembler, en juillet 2004.
Vous pouvez admirer cette photographie en consultant le site www.guinnessworldrecords.com/panorama

→

★LE PLUS GRAND SITE DE TRANSACTIONS COMMERCIALES

Fondé en 1995, eBay est un site américain permettant à des particuliers du monde entier d'acheter et de vendre des biens de consommation. En 2004, 56,1 millions d'internautes l'ont utilisé. Fin 2004, eBay comptait 135,5 millions d'usagers.

●RECORD DE VITESSE D'INTERNET 2

Le 9 novembre 2004, des chercheurs japonais de l'université de Tokyo, du groupe informatique Fujitsu et de la société Wide Project, ont transmis 541 gigabits de données (soit l'équivalent de plus de 100 DVD) via Internet sur 20 645 km, en 10 min. Ce record de vitesse de 148 850 terabits m/s a été établi grâce au protocole IPv4.

LA PLUS LARGE AUTOROUTE DE L'INFORMATION CONTINENTALE

En 2003, les routes du Net reliant l'Europe et le continent nord-américain affichaient une capacité de 386 221 Mbps (mégabits par seconde). Juste derrière venaient celles connectant l'Amérique du Nord et le Canada à la région Asie/Pacifique, avec 103 282,3 Mbps. La capacité la plus réduite était celle reliant le continent nord-américain à l'Afrique, avec 1 351,5 Mbps.

★LE PLUS GRAND NOMBRE DE JOUEURS EN LIGNE

En août 2004, plus de 1,4 million d'internautes jouaient avec la console Sony PlayStation 2. Lancé en août 2002, ce service de jeux en ligne enregistre chaque jour 1 400 joueurs supplémentaires.

★FILM RÉALISÉ SOUS L'EAU ET MONTRÉ EN DIRECT SUR INTERNET

Le 24 juillet 2001, un véhicule sous-marin actionné à distance (ROV) a permis de diffuser sur Internet les images du navire de guerre *HMS Hood* qui se trouvait à 2 800 m de profondeur, dans le détroit du Danemark (où il avait coulé en 1941). Le film a été réalisé après la découverte de l'épave par David Mearns (GB) de Bluewater Recoveries Ltd (GB), lors d'une expédition organisée par ITN Factual pour Channel 4.

★LA PLUS GRANDE PLATEFORME WEB INDÉPENDANTE

Le Linx fait circuler 76 gigabits de données par seconde aux heures de pointe comme ce fut le cas en mars 2005. Il regroupe

GARY THUERK

Le 3 mai 1978, Gary Thuerk (USA) a expédié le 1er « spam » (courrier non sollicité, généralement de nature publicitaire) via ARPAnet, un système considéré comme l'ancêtre d'Internet.

Pourquoi avez-vous envoyé votre premier spam ?
Je voulais vanter aux habitants de l'ouest des États-Unis les mérites de notre système informatique.

Combien de noms figuraient sur votre liste d'adresses ?
Plus de 400, soit 25 % des internautes de l'époque. Nous avons relevé leurs noms dans un annuaire téléphonique.

Que pensez-vous des spams ?
Je n'en reçois pas beaucoup car je ne laisse pas mes coordonnées sur Internet. Les personnes qui envoient des spams se servent souvent des listes d'adresses qui figurent sur les courriers que s'échangent les internautes.

Est-ce que l'on vous a déjà reproché la quantité actuelle de spams ?
Oh oui ! Certaines personnes m'en veulent mais lorsque je leur parle, nous finissons par en rire.

Vous sentez-vous coupable ?
Non, bien sûr. Lorsque vous prenez l'avion et que vos bagages se perdent en route, vous ne maudissez pas pour autant les frères Wright (les inventeurs de l'aviation) !

D'où vient le nom de « spam » ?
Il vient d'un sketch des Monty Python. Un internaute qui venait de le regarder s'était plaint des mails indésirables qu'il avait reçus. Les personnes qui l'entouraient s'étaient alors mises à chanter la chanson des Monty Python : «Spam, spam, spam, spam... » !

8 points d'interconnexion Internet de grande capacité situés à Docklands, à Londres.

●LE PLUS GROS MOTEUR DE RECHERCHE

Avec plus de 8 milliards de pages, Google est le plus gros moteur de recherche. Fondée par Larry Page (USA) et Sergueï Brin (Russie), la société se composait de quatre personnes à sa création en septembre 1998. Le premier bureau se trouvait dans un garage de Menlo Park (Californie).

●LE PLUS GRAND FOURNISSEUR D'ACCÈS SANS FIL

La société NTT DoCoMo (Japon) comptait plus de 43,24 millions d'abonnés à son service *i-mode* en janvier 2005.

LE PREMIER E-MAIL

En 1971, Ray Tomlinson, ingénieur de la société informatique Bolt, Beranek and Newman, de Cambridge (Massachusetts), a expédié le 1er e-mail lors d'une expérience dont l'objectif était d'établir une communication entre deux ordinateurs. Le contenu du message était QWERTYUIOP. C'est Tomlinson qui a décidé d'utiliser le symbole @ pour séparer le nom du destinataire de son adresse.

LE SITE WEB ÉVÉNEMENTIEL LE PLUS VISITÉ

Le site web de la coupe du monde de football 1998, www.france98.com, détient plusieurs records : celui du site le plus visité en 1 jour (73 030 828 connections), le 30 juin 1998 ; en 1 h (10 290 429 connections), le 30 juin 1998 et en 1 min (235 356 connections), le 29 juin 1998. Entre le 10 juin et le 12 juillet 1998, il a reçu 1 137 218 296 visites.

LES PREMIERS JPEG ↑

Quatre images créées à Copenhague (Danemark), le 18 juin 1987 et intitulées *Bateaux*, *Barbara* (ci-dessus), *Jouets* et *Zelda* furent les premières réalisées en jpeg. Elles furent élaborées par un groupe d'experts en photographie qui voulait standardiser les techniques de compression d'images numériques. Internet et les appareils photo numériques utilisent le jpeg.

★LA PREMIÈRE → TENTATIVE DE CONNEXION À DISTANCE

Le 29 octobre 1969, vers 10 h 30, des informaticiens de l'université de Californie, à Los Angeles, ont essayé d'établir une connexion avec un ordinateur du Stanford Research Institute. Cette première tentative, qui annonçait le futur développement d'Internet, échoua, mais la seconde, illustrée ci-contre, et réalisée peu de temps après, fut couronnée de succès.

ÉNERGIE

★LA PLUS LONGUE CHAÎNE DE RALLONGES ÉLECTRIQUES

Les 14 et 15 juin 2003, une chaîne de rallonges électriques de 14 690 m a été assemblée entre Thal et Stattegg (Autriche) pour faire passer du courant et allumer un panneau lumineux.

↘

★ LA PUISSANCE MAXIMALE PRODUITE PAR LA FUSION NUCLÉAIRE →

Le réacteur à fusion nucléaire Tokamak du Joint European Torus (JET), à Culham (GB), a produit, en 1997, la plus forte puissance générée par la fusion nucléaire, soit 16 MW (mégawatts). Sur les photos, on voit ce réacteur en forme d'anneau à l'instant de la fusion (à gauche) et à l'arrêt (à droite).

LA PLUS GRANDE...

RÉSERVE DE GAZ NATUREL

Découvertes en 1966, les réserves du champ de gaz de la région d'Urengoy en Sibérie (Russie) sont estimées à 8 000 milliards de m^3. Ce champ produit plus d'un tiers de la production annuelle de gaz russe.

★ SOUS-STATION ÉLECTRIQUE

À Chiba (Japon), la sous-station Shin-noda a une puissance maximale de 7 860 MVA. Mise en service en 1961, elle a atteint cette capacité le 19 mai 1995. Cette sous-station de la Compagnie électrique de Tokyo alimente les quartiers est de Tokyo et la région nord de la préfecture de Chiba.

★ CENTRALE HYDROÉLECTRIQUE

Sur la frontière entre le Paraguay et le Brésil, la centrale du barrage d'Itaipu a une puissance de 12 600 mégawatts (MW). Cela suffirait à alimenter un sixième de la France. Mise en service en 1985, elle a été complétée en mars 1991 pour atteindre sa capacité actuelle.

★ CENTRALE NUCLÉAIRE

Sur la côte nord de l'île de Honshu (Japon), la centrale nucléaire de Kashiwazaki Kariwa a une capacité de 8 212 MW.

PAYS PRODUCTEUR D'ÉNERGIE

Les États-Unis sont les premiers producteurs d'énergie. En 2001, ils ont fourni 75 295 milliards de MJ (mégajoules) en combustibles solides, liquides et gazeux, et en électricité primaire.

ÉOLIENNE

Le générateur Mod-5B de Oahu, à Hawaï (USA), possède deux gigantesques pales : 97,5 m d'envergure, soit la hauteur d'un immeuble de 25 étages. Installée en août 1987, la turbine construite par Boeing pour le ministère de l'Énergie américain a coûté 55 millions $ (44 millions €). Elle produit 3 200 kW pour un vent de 51 km/h.

LA PLUS PUISSANTE...

★ USINE MARÉMOTRICE

L'usine marémotrice située sur l'estuaire de La Rance (France) fonctionne depuis 1966. Actionnées par la force des marées montante et descendante, ses 24 turbines produisent 240 MW d'électricité.

★ BATTERIE

En novembre 2003, en Alaska (USA), la régie électrique de la Golden Valley a mis en service

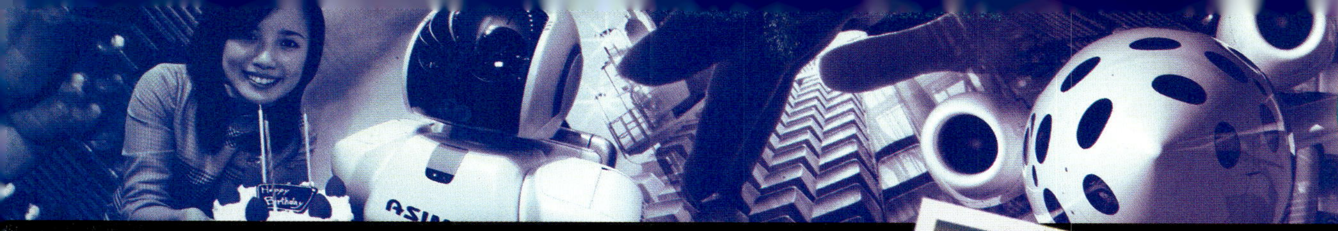

★ NOUVEAU RECORD ● MISE À JOUR

un système de stockage d'énergie par batterie. Le 10 décembre 2003, lors d'essais de performance, elle s'est déchargée en délivrant une puissance de 46 MW pendant 5 min. Elle est destinée à l'alimentation électrique des habitants de la vallée en cas de coupure du réseau général.

★ CHEMINÉE SOLAIRE

À Manzanares (Espagne), le prototype de centrale à cheminée solaire d'Enviromission (Australie) a produit 50 kW d'électricité entre 1982 et 1989. La centrale consiste en un ensemble de serres dans lesquelles l'air, chauffé par le soleil, se dilate et s'élève dans une tour centrale de 200 m, actionnant des turbines avant de s'échapper dans l'atmosphère.

DIVERS

★ LE PLUS LONG CIRCUIT ÉLECTRIQUE HUMAIN

Le plus long circuit électrique constitué par des hommes a rassemblé 50 personnes le 21 novembre 2004 au Harrogate International Centre, dans le North Yorkshire (GB). La chaîne humaine a transmis assez de courant (de 200 milliampères à 2 ampères) pour allumer une ampoule. L'expérience a eu lieu dans le cadre du show télévisé *Zapped*, de YAP Screenhouse Productions (GB).

★ LA PLUS LONGUE DURÉE DE FONCTIONNEMENT CONTINU

L'unité 4 de la centrale électrique de la Stanwell Corporation, dans le Queensland (Australie), a fonctionné sans arrêt du 8 septembre 1999 au 16 août 2002, soit 1 073 jours et 1 h de service continu.

★ LA PLUS LONGUE DURÉE DE VIE D'UNE CENTRALE NUCLÉAIRE

Première centrale nucléaire du monde, celle d'Obninsk (Russie) a fonctionné entre le 27 juin 1954 et le 30 avril 2002, date de sa mise à l'arrêt définitif.

★ LA PLUS PETITE PILE À COMBUSTIBLE

En juin 2004, Toshiba (Japon) a annoncé la mise au point d'un prototype de mini-pile au méthanol, destinée aux équipements mobiles comme le téléphone portable. Mesurant 22 x 56 x 4,5 mm, pesant 8,5 g, elle peut alimenter un lecteur MP3 pendant environ 20 h avec une seule recharge de 2 cm^3 de méthanol à haute concentration.

★ LE FOUR SOLAIRE LE PLUS PUISSANT

Dans le désert de Mojave (Californie), *Solar II* déploie 1 800 héliostats, miroirs incurvés qui concentrent la lumière et la chaleur solaire sur une tour centrale, générant à pleine puissance 10 MW d'électricité.

LE PLUS GRAND CHAMP D'ÉOLIENNES

Au col d'Altamont en Californie (USA), la Pacific Gas and Electric Company a installé sur 140 km^2 un champ de 7 300 éoliennes. Depuis 1981, les turbines ont produit plus de 6 milliards de kWh, assez pour alimenter 800 000 foyers californiens pendant près de 1 an.

Glossaire :
kWh (kilowatt-heure) : énergie fournie par une puissance de 1 kilowatt (1 000 watts) pendant 1 h
MJ (mégajoule) : 1 million de joules, unité d'énergie, de travail ou de chaleur
MVA (mégavoltampère) : 1 million de voltampères, unité de puissance apparente
MW (mégawatt) : 1 million de watts, puissance correspondant à 1 MJ par seconde.
Mwe : mégawatt de production électrique

SCIENCE ÉTONNANTE

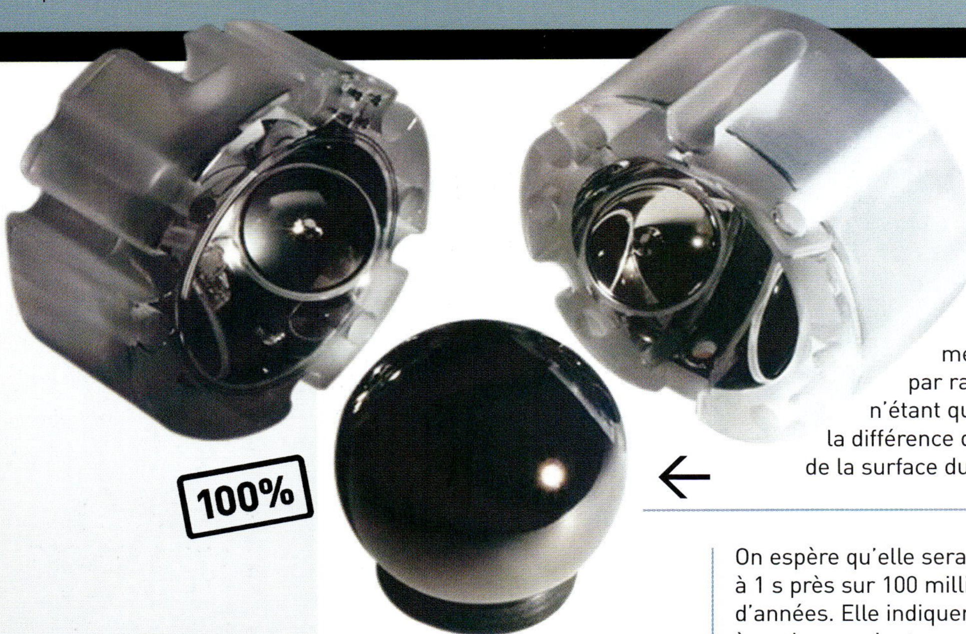

★ LA SPHÈRE ARTIFICIELLE LA PLUS PARFAITE

Les sphères les plus parfaites jamais réalisées par l'homme sont les rotors en quartz fondu des gyroscopes qui équipent la sonde spatiale de la Nasa Gravity Probe B. Chacune des 4 sphères mesure 3,81 cm de diamètre, l'écart moyen par rapport au diamètre de la sphère mathématique n'étant que de 1,8 x 10^{-7}. Ramenée à l'échelle de la Terre, la différence d'altitude entre un point élevé et un point bas de la surface du globe ne dépasserait pas 1,5 m.

LA PLUS RAPIDE...

HORLOGE ATOMIQUE

Une équipe de physiciens du National Institute of Standards and Technology (USA) menée par Scott Diddams a réalisé une horloge atomique qui marque le temps environ 10^{15} fois par seconde. On espère qu'elle sera précise à 1 s près sur 100 millions d'années. Elle indiquerait ainsi à quelques minutes près la durée de vie totale de l'Univers.

★ MATIÈRE DANS L'UNIVERS

Les objets cosmiques les plus rapides sont les amas de plasma surchauffé éjectés par les trous noirs au cœur des galaxies hyperactives appelées blazars. On a observé ces amas, dont la masse est comparable à celle de Jupiter, se déplaçant à une vitesse de 99,99 % de celle de la lumière (environ 300 000 km/s).

LA PLUS GRANDE...

★ CENTRIFUGEUSE

La centrifugeuse TsF-18 du centre d'entraînement de cosmonautes Youri Gagarine, à la Cité des Étoiles de Moscou (Russie), a un bras rotatif de 18 m qui peut simuler une gravité jusqu'à 30 G avec une charge utile de 350 kg.

MACHINE ÉLECTROSTATIQUE VAN DE GRAAF

Le générateur Van de Graaf construit en 1931 au Massachussetts Institute of Technology (USA) comprend

← ★L'OBJET LE PLUS LOURD JAMAIS PESÉ

Le 23 janvier 2004, au centre spatial Kennedy de la Nasa (Floride), la structure de service pivotante (RSS) de la plate-forme de lancement 39B a été soulevée par 21 vérins, qui ont mesuré ensemble sa masse : 2 423 t. Ce travail a été réalisé par Industrial Steel, Inc. et Buffalo Hydraulic (USA).

★L'OBJET LE PLUS LÉGER JAMAIS MESURÉ

Le professeur Harold Craighead et Rob Ilic (USA) de l'université Cornell ont utilisé de minuscules leviers oscillants pour détecter physiquement une masse de 6,3 attogrammes (milliardièmes de milliardièmes de gramme). Leurs travaux ont été publiés en avril 2004.

★ NOUVEAU RECORD ● MISE À JOUR

← LA PLUS GRANDE CHAMBRE À VIDE

Au Centre de recherches Glenn de la Nasa de Plum Brook Station à Sandusky (Ohio), la Space Power Facility, enceinte de 30 m de diamètre et 37 m de haut, peut supporter un vide de 10^{-6} torr. Elle peut aussi simuler les radiations solaires au moyen d'un système de lampes à quartz chauffantes de 4 MW ou atteindre une température de - 195 °C. Elle sert à éprouver les performances du matériel et des engins spatiaux avant le lancement.

2 colonnes, chacune terminée par une sphère creuse en aluminium de 4,5 m de diamètre.

LE PLUS PETIT...

★ PROTOTYPE D'HORLOGE ATOMIQUE

En août 2004, le National Institute for Standards and Technology (NIST) de Boulder a présenté un prototype d'horloge atomique de la taille d'un grain de riz. Avec un volume de moins de 10 mm^3, nécessitant 75 milliwatts d'énergie, l'horloge à vapeur de césium de la taille d'une puce électronique a une précision de 1 s sur 300 ans.

★ HOMINIDÉ

Le 28 octobre 2004, des savants indonésiens et australiens ont annoncé dans *Nature* la découverte des ossements du plus petit membre connu de la famille des hominidés, dans une grotte à Liang Bua sur l'île de Flores (est de Java, Indonésie). Ils ont baptisé l'espèce *Homo floresiensis*. Haut de 1 m en station debout, l'hominidé habitait Flores il y a juste 13 000 ans. Cela signifie qu'il a cohabité avec l'espèce humaine moderne, et l'a sans doute rencontrée.

★ TUBE À ESSAIS

Le tube à essai fait à partir d'un nanotube de carbone à paroi simple mesure 2 micromètres de long et 1,5 nanomètre de large, avec un volume intérieur de 3,5 zeptolitres ($3,5 \times 10^{-21}$ de litre ou 3,5 millièmes de milliardièmes de milliardièmes de litre). Présenté en décembre 2004, il a été créé par une équipe scientifique du département des matériaux de l'université d'Oxford (GB).

★ TEMPS MESURABLE

La plus petite unité de temps est le temps de Planck : $5,4 \times 10^{-44}$ s. C'est le temps qu'il faut à la lumière dans le vide (la vitesse la plus grande : 3×10^{8} m/s) pour parcourir la longueur de Planck (la distance la plus courte : $1,62 \times 10^{-35}$ m).

POIDS

★ LE SOLIDE LE MOINS DENSE

Le laboratoire national Livermore (Californie) produit un aérogel à la densité de 1 mg/cm^3. Plus léger que l'air (1,2 mg/cm^3), il est presque invisible à l'œil nu. Il a été créé le 10 avril 2003.

DIVERS

★ LE PLUS LONG PENDULE

Les pendules les plus longs se composent de deux cordes à piano n° 24 en acier, chacune faisant 1 350 m, que les étudiants et professeurs de l'École des mines du Michigan ont suspendues en septembre 1901 dans le puits n° 4 des mines de Tamarack (Michigan).

★ LA TEMPÉRATURE LA PLUS ÉLEVÉE

Lors du Big Bang, il y a 13,7 milliards d'années, l'Univers aurait été à une température infinie, car il avait la forme d'un point infiniment petit et dense. À peine 10^{-43} s plus tard (le temps de Planck), la température avait baissé de 10^{32} K et il s'était dilaté à un diamètre de 10^{-33} cm.

LE KILO LE PLUS PRÉCIS

Le kilogramme est la seule unité de mesure SI (système international) encore définie à partir d'un étalon matériel, un cylindre en platine iridié réalisé en 1889 et conservé au Bureau international des poids et mesures (BIPM) de Sèvres. Les scientifiques essaient aujourd'hui de modifier la définition du kilogramme à partir de mesures plus précises liées à la constante de Planck. ↙

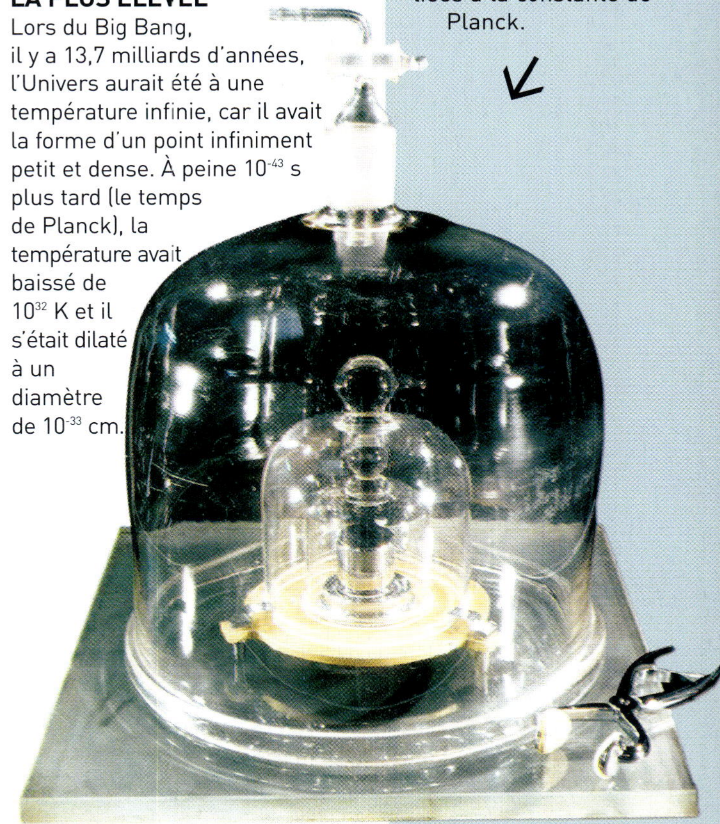

TECHNOLOGIE DE POINTE

★ LE PLUS PUISSANT EXOSQUELETTE HUMAIN

Présenté en mars 2004, l'exosquelette des membres inférieurs BLEEX développé par l'université de Californie à Berkeley (USA) est conçu pour apporter un surcroît de force et d'endurance. Sa source d'énergie intégrée actionne des muscles hydrauliques. Ainsi, un « porteur » chargé d'un sac à dos de 32 kg, en plus des 45 kg de l'exosquelette, ne ressent qu'une charge de 2,2 kg. BLEEX a été financé par l'agence pour la recherche avancée de la Défense DARPA (USA).

ORDINATEURS

LA PREMIÈRE SOURIS INFORMATIQUE

Douglas Engelbart (USA) a inventé la souris en 1964. Le brevet décrivait un « indicateur de position X-Y pour système d'affichage ». La ressemblance du fil avec la queue d'une souris lui a donné son nom.

LE PREMIER MICROPROCESSEUR

Apparue en janvier 1971, la puce 4004 a été conçue et réalisée par Intel (USA). Gros comme l'ongle du pouce, ce microprocesseur à processeur unique avait la même puissance qu'ENIAC, le premier ordinateur qui, lui, remplissait une pièce. Avec 2 300 transistors, la puce 4004 gérait environ 100 000 opérations par seconde.

● L'ORDINATEUR LE PLUS RAPIDE

Présenté en novembre 2004, le Blue Gene/L, un prototype de super-ordinateur construit par IBM (USA), peut effectuer 70,72 téraflops, soit 70,72 mille milliards d'opérations par seconde.

IMAGE ET SON

★ LA PLUS GROSSE MÉMOIRE DE TÉLÉPHONE PORTABLE

Lancé en septembre 2004 par Samsung (Corée-du-Sud), le SPH-V5400, premier portable à disque dur intégré, peut stocker 1,5 Go de données.

★ L'APPAREIL PHOTO INTÉGRÉ À HAUTE RÉSOLUTION

L'appareil numérique intégré à un téléphone portable qui a la plus haute résolution, le SCH-S250, prend des images d'une précision de 5 mégapixels. Il a été lancé en octobre 2004 par Samsung (Corée-du-Sud).

★ LE PLUS GRAND ÉCRAN À CRISTAUX LIQUIDES

Il mesure 57 m de large et 63 m de haut et a une surface de 3 591 m². Installé en septembre 2003, il orne le côté de l'immeuble qui abrite les bureaux d'Aurora Ltd à Shanghaï (Chine).

● LE PLUS GRAND ÉCRAN DE TÉLÉVISION

Le 31 mars 2004, Panasonic SS Marketing Co. Ltd a installé au Stade Suminoe de courses de bateau à Osaka (Japon) un écran de télévision de 59,90 x 11,13 m dont la surface fait 667 m².

100%

LE PLUS PETIT PC

OQO (USA) a développé un ordinateur personnel performant doté d'un processeur 1 GHz, d'un disque dur 10 Go ou 20 Go et de 256 Mo de RAM, capable d'installer une version complète de Windows XP (Microsoft). Ses dimensions sont 10,4 x 7,3 x 2,2 cm, il pèse moins de 225 g. Il a été présenté le 16 avril 2002 lors de la conférence 2002 de Microsoft Corp. sur la technologie Windows (WinHEC 2002) à la Nouvelle-Orléans (Louisiane).

★ NOUVEAU RECORD ● MISE À JOUR

★ LE MOTEUR IONIQUE SPATIAL LE PLUS PUISSANT ↑

Lancé le 24 octobre 1998, l'engin spatial de la Nasa *Deep Space 1* a été propulsé vers son objectif, la comète Borrelly, par un type de moteur révolutionnaire. Le moteur expulsait à 35 km/h un rayon d'atomes de xénon ionisés, créant une poussée de 0,09 newton, équivalente au poids d'une feuille de papier posée sur la main. Le moteur ionisé s'est montré 10 fois plus performant qu'une fusée chimique et a fonctionné 16 265 h durant sa mission.

★ UN PROJECTEUR DE PLANÉTARIUM FUTURISTE

MEGASTAR-2 Cosmos peut projeter simultanément 5 millions d'étoiles sous le dôme d'un planétarium. D'un poids de 50 kg et d'une hauteur de 60 cm, il se transporte facilement en voiture. Il a été développé par Takayuki Ohira (Japon) et installé en juillet 2004 au musée national des sciences et innovations de Tokyo.

DIVERS

LA PLUS GRANDE DISTANCE ENTRE UN PATIENT ET UN CHIRURGIEN

Le 7 septembre 2001, le robot ZEUS a procédé à une ablation de vésicule biliaire sur Madeleine Schaal (France) dans un bloc opératoire à Strasbourg. À New York, les chirurgiens Jacques Marescaux et Michel Gagner actionnaient à distance ses bras chirurgicaux via une ligne sécurisée en fibres optiques. Patiente et chirurgiens étaient distants de 6 222 km.

★ LA PLUS GRANDE BASE DE DONNÉES ADN LÉGALE

Au 31 mars 2004, la base nationale britannique de données ADN renfermait 2 527 728 empreintes ADN de 2 249 678 individus. Constituée en avril 1995 par le service de médecine légale, c'est la première base nationale de données de ce type.

★ LE BREVETEUR LE PLUS PROLIFIQUE

Le 31 mai 2004, Shunpei Yamazaki, président de Semiconductor Energy Laboratory Co. Ltd (Japon), détenait 3 245 brevets.

★ LE PLUS GRAND LIEN DANS L'ESPACE

Lancés le 29 mars 1993 et le 10 mars 1994, les satellites *SEDS-1* et *SEDS-2* (USA) ont jeté deux filins de 20 km alors qu'ils étaient en orbite. Premiers objets artificiels visibles de la Terre sous forme de ligne et non de point, ces filins ont été tranchés par des débris circulant en orbite.

● LE ROBOT HUMANOÏDE LE PLUS RAPIDE →

Développé depuis 2000 par Honda (Japon), ASIMO (*Advanced Step Innovative Mobility,* en français : étape avancée d'innovation mobile) est le dernier d'une série de prototypes d'humanoïdes conçus pour l'aide aux personnes. Honda a annoncé en décembre 2004 qu'ASIMO avait été amélioré pour lui permettre de courir à 3 km/h.

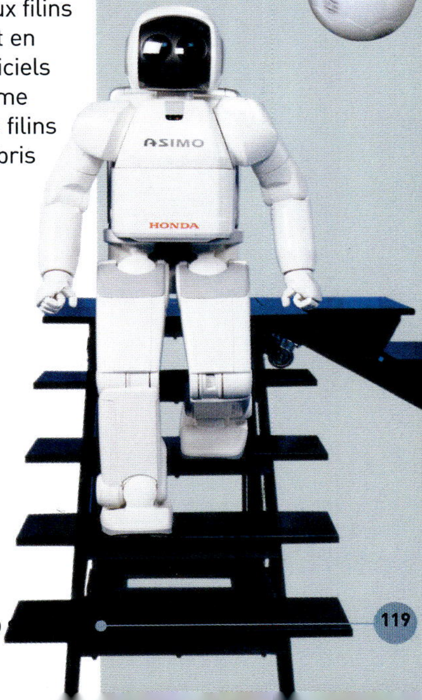

LA PLUS GRANDE BATAILLE DE TOMATES

Le dernier mercredi du moi d'août, la ville de Buñol, près de Valence (Espagne), accueille son festival annuel de la tomate, *La Tomatina*. En 1999, environ 25 000 personnes se sont livrées à une bataille de tomates géante en se lançant les uns les autres environ 125 t de tomates pendant 1 h. Les organisateurs ont déversé dans les rues les fruits rouges entassés dans des camions afin que les gens puissent les ramasser et se les jeter. Lorsque la bataille prend fin, les rues et les participants sont recouverts d'une pulpe visqueuse. Des rivières de jus de tomate, allant jusqu'à 30 cm de haut, coulent dans les rues de la ville jusqu'à l'arrivée des pompiers qui nettoient rues et participants à l'aide de leurs lances à incendie !

→ **SOMMAIRE**

NAISSANCES & VIE

← ● LA MARIÉE AYANT LE PLUS GRAND NOMBRE DE DEMOISELLES D'HONNEUR

Christa Rasanayagam (Canada) était accompagnée de 79 demoiselles d'honneur, dont l'âge variait de 1 à 79 ans lorsqu'elle épousa Arulanantham Suresh Joachim (Sri Lanka), à la Christ the King Catholic Church, à Mississauga, dans l'Ontario (Canada), le 6 septembre 2003.

● LE MARIÉ AYANT LE → PLUS GRAND NOMBRE DE GARÇONS D'HONNEUR

Accompagné de 47 garçons d'honneur dont l'âge variait de 2 à 63 ans, Arulanantham Suresh Joachim (Sri Lanka) a épousé Christa Rasanayagam (Canada), le 6 septembre 2003, à la Christ the King Catholic Church, à Mississauga, dans l'Ontario (Canada).

TAUX DE FERTILITÉ
(Nombre moyen d'enfant par femme, 2000-2005)

★ le plus élevé...	
1 Niger	8,00
2 Somalie	7,25
3 Angola	7,20
4 Guinée-Bissau	7,10
5 Ouganda	7,10

★...et le plus bas	
1 Hong Kong	1,00
2 Bulgarie	1,10
3 Lettonie	1,10
4 Macao	1,10
5 Russie	1,14

Source : The Economist

NAISSANCE & MORT

★ LA PLUS GRANDE POPULATION D'ENFANTS

En 2003, 50,8 % de la population de l'Ouganda était âgée de 0 à 14 ans. Excepté le Vatican, l'Italie possède la plus ★ **petite population d'enfants** avec seulement 14 % de la population âgée de 0 à 14 ans, en 2003.

TAUX DE NATALITÉ

La Lettonie et la Géorgie ont enregistré le taux de natalité le plus bas, avec 8 naissances viables pour 1 000 habitants en 2002. La moyenne mondiale pour la même année était de 21. Les pays au **taux de natalité le plus élevé** sont la Somalie et la Sierra Leone avec 50 naissances viables pour 1 000 habitants en 2002.

● CROISSANCE NATURELLE DE LA POPULATION

Le pays ayant la ● **croissance naturelle la plus élevée** (naissances moins les décès) est la Somalie avec une croissance estimée à 32 pour 1 000, en 2002. La moyenne mondiale est de 12 pour 1 000, en 2002.

La Lettonie et l'Ukraine ont eu la ● **croissance naturelle la plus basse** sur la même période avec une croissance de 6 pour 1 000.

● TAUX DE MORTALITÉ INFANTILE

La Suède a le ● **taux de mortalité infantile le plus bas** (le moins de décès d'enfants âgés de moins de 1 an) avec 3,44 pour 1 000 en décembre 2003. L'Angola a le ● **taux de mortalité infantile le plus élevé** avec 191,44 décès pour 1 000 naissances au cours de la même année.

● TAUX DE MORTALITÉ

Selon les renseignements les plus récents, la Sierra Leone et le Malawi ont eu le ● **taux de mortalité le plus élevé** avec 25 décès pour 1 000 en 2002. La moyenne mondiale étant de 9 au cours de la même année. Le Koweït et Oman ont enregistré le ● **taux de mortalité le plus bas** avec 3 décès pour 1 000 en 2002.

PRINCIPALE CAUSE DE DÉCÈS

Dans les pays industrialisés, les maladies cardiovasculaires sont la cause de plus de 50 % des décès. Les causes les plus courantes sont les crises cardiaques et les accidents vasculaires cérébraux, qui sont en règle générale dues à l'athérome (altération dégénérative des parois internes du vaisseau) qui obstrue les veines.

LA CAUSE LA PLUS FRÉQUENTE DE MORT SUBITE

La maladie coronarienne est la cause la plus fréquente des morts subites. Les facteurs à risque principaux sont le tabagisme, l'hypertension et le cholestérol.

● TAUX DE SUICIDE

La Lituanie détient le triste record du ● **plus haut taux de suicide du monde**, avec 91,7 suicides pour 100 000 personnes en 2000, selon les chiffres délivrés par l'OMS. Ce taux se répartit ainsi : 75,6 hommes et 16,1 femmes pour 100 000 personnes. Selon l'OMS, les pays suivants ont tous enregistré le ● **taux de suicide le plus bas**, avec aucun cas signalé dans les années précisées : Antigua et Barbuda (1995), la République dominicaine (1994), Saint Kitts et Nevis (1995), Saint-Vincent et les îles Grenadines (1986).

LE PLUS LONG TESTAMENT

Le testament de Frederica Evelyn Stilwell Cook (USA) – homologué au Somerset House de Londres, le 2 novembre 1925 – était composé de 4 volumes reliés qui contenaient 95 940 mots en rapport avec des biens d'une valeur de 100 000 $ (80 000 €).

★ NOUVEAU RECORD ● MISE À JOUR

● LE PLUS VIEUX COUPLE MARIÉ

Tadao Watanabe (Japon, né le 3 septembre 1898) a épousé Minoru Mita (Japon, née le 14 mai 1907) le 18 mai 1926. Âgés respectivement de 106 ans et 188 jours et de 97 années et 298 jours, ils ont à eux deux 203 ans et 285 jours. Le 10 mars 2005, ils ont fêté leurs 78 ans et 296 jours de mariage, ce qui en fait le **● mariage le plus long pour un couple encore vivant**.

MARIAGE

LE PLUS LONG MARIAGE

Sir Temulji Bhicaji Nariman et Lady Nariman furent mariés pendant 86 ans, de 1853 à 1940. Cousins, ils furent unis lorsqu'ils avaient 5 ans. Sir Temulji (né le 3 septembre 1848) est mort à 91 ans et 11 mois, en août 1940, à Bombay (Inde). Lazarus Rowe et Molly Webbe nés en 1725 se marièrent en 1743. Molly mourut en juin 1829, à Limington (Maine), dans leur 86e année de mariage.

LA PLUS GRANDE DIFFÉRENCE DE TAILLE ENTRE ÉPOUX

Né le 15 juin 1968, Fabien Pretou (France), 1,88 m, a épousé, le 14 avril 1990, à Seyssinet-Pariset, Nathalie Lucius (France), née le 19 janvier 1966. Elle mesure 94 cm, soit 94,5 cm de moins que son mari.

● RECORD DES BOUQUETS DE MARIÉE

Stephanie Monyak (USA) possède 11 bouquets de mariée qu'elle a attrapés lors des mariages auxquels elle a assisté depuis 1983.

LES JEUNES MARIÉS LES PLUS ÂGÉS

Le 1er février 2002, François Fernandez (né le 17 avril 1906) et Madeleine Francineau (née le 15 juillet 1907) se sont mariés à la maison de retraite de Clapiers. Ils avaient respectivement 96 ans et 290 jours et 94 ans et 201 jours.

LE TAUX DE DIVORCE LE PLUS ÉLEVÉ

Selon l'ONU, les Maldives enregistrent 10,97 divorces pour 1 000 habitants par an ; suivies par la Biélorussie et les États-Unis avec des taux de respectivement 4,63 et 4,34 pour 1 000 habitants.

★ LE TAUX DE MARIAGE LE PLUS FAIBLE

En 1994 (données les plus récentes), la République dominicaine enregistrait 2 mariages pour 1 000 personnes.

● LE PLUS FORT TAUX DE MARIAGE

Antigua et La Barbade ont enregistré 22,1 mariages pour 1 000 habitants, en 1998. En 2001, en France, le taux était de 4,9 pour 1 000.

★ CÉLÉBRATION DE MARIAGE EN ALTITUDE →

Le 10 août 2003, Yuri Malenchenko (Ukraine) a épousé Ekaterina Dmitriev (USA) à une altitude de 396 km. La cérémonie a eu lieu par vidéoconférence entre la mariée qui était à Houston (Texas) et le marié qui était alors commandant de l'Expédition 7 vers la station spatiale internationale.

● PAYS QUI GÉNÈRE LE PLUS GRAND NOMBRE DE RÉFUGIÉS

L'Afghanistan est le pays qui génère le plus grand nombre de demandeurs d'asile. D'après les chiffres prévisionnels de fin 2003 du Haut Commissariat aux réfugiés de l'ONU (UNHCR), 2,1 millions d'Afghans ont demandé asile dans 74 pays, soit 22 % de l'ensemble des réfugiés dans le monde.

Pays le plus peuplé :
Chine
1 298 847 624 habitants

Pays le moins peuplé :
Vatican
921 habitants

Plus grand pays :
Russie
17 075 400 km²

Plus petit pays :
Vatican
0,44 km²

VILLES

LA PLUS ANCIENNE CAPITALE

Damas (Dimashq, Syrie) a été habitée sans interruption depuis environ 2500 av. J.-C.

LA VILLE LA PLUS ÉLOIGNÉE DE LA MER

Capitale de la région autonome ouïghoure du Xinjiang (Chine), Urumqi est à 2 500 km de la côte la plus proche.

★ LA VILLE AYANT LE PLUS D'HABITANTS D'ORIGINE ÉTRANGÈRE

En 2001, 59 % de la population de Miami (Floride) est née en dehors du pays.

COÛT DE LA VIE

● LE PNB LE PLUS ÉLEVÉ PAR HABITANT

Avec 35 150 €, le Luxembourg avait le plus haut PNB (produit national brut) par habitant en 2003, selon les données de l'Atlas de la Banque mondiale en septembre 2004. Le PNB est la valeur totale des biens et services produits par un pays en un an. Divisé par la population, le PNB donne le PNB par habitant, montant du PNB du pays qui serait attribué à chacun s'il était divisé équitablement. Selon la même source, l'Éthiopie avait en 2003 le **★PNB par habitant le plus bas**, avec 72 $ (58 €).

TAUX D'IMPOSITION LE PLUS ÉLEVÉ

Au Danemark, le taux d'impôts sur les personnes le plus élevé est de 62,9 %. En juin 2003, le taux de base de l'impôt sur le revenu commençait à 43,7 %.

Les États souverains où l'impôt sur les personnes est le plus faible sont le Bahrain et le Qatar : il est nul, quel que soit le revenu.

● LE PLUS GROS BUDGET MILITAIRE PAR HABITANT

D'après des chiffres de 2003, Israël a dépensé 1 466 $ (1 173 €) par habitant en dépenses militaires. Selon le rapport annuel de la CIA, **★ le pays au budget de la Défense le plus faible est l'Islande** : dépense nulle (décembre 2003).

● LE PLUS FORT TAUX D'INFLATION

En 2003, le taux annuel d'inflation au Zimbabwe était de 385 %. Un pain de 70 cents zimbabwéens (0,0008 €) en 1998 coûtait 3 000 dollars zimbabwéens (0,4 €) en 2003. Hong-Kong est le pays au taux d'inflation le plus bas. Le coût de la consommation y a baissé de 2,6 % en 2003.

GÉOGRAPHIE

★ LE PAYS QUI GRANDIT LE PLUS VITE SUR LA MER (% DE LA SUPERFICIE DE DÉPART)

En 1960, la superficie de Singapour était 581,5 km². Depuis, il a grandi de plus de 100 km², soit une augmentation de 17 %.

★ LE PAYS LE PLUS BOISÉ

En 2000, 95,7 % des îles Cook (Pacifique Sud) étaient recouvertes de forêt.

★ NOUVEAU RECORD ● MISE À JOUR

● LE COÛT DE LA VIE LE PLUS ÉLEVÉ

L'Economist Intelligence Unit, qui enquête sur le coût de la vie dans le monde, compare les prix d'une gamme de biens et de services. Son dernier sondage cite Tokyo (Japon) comme la ville où la vie est la plus chère. La même source montre qu'à Téhéran (Iran), ★ **le coût de la vie est le plus bas.**

★ LE PLUS VASTE TERRITOIRE PORTANT LE PRÉNOM D'UN HOMME

Les continents d'Amérique du Nord et du Sud, 42 495 751 km² de superficie totale, furent baptisés à partir du prénom de l'explorateur italien du XVe s. Amerigo Vespucci.

POPULATION

★ LE PAYS QUI ACCUEILLE LE PLUS DE RÉFUGIÉS

Le Pakistan reçoit plus de demandeurs d'asile que tout autre pays. D'après le Haut Commissariat aux réfugiés de l'ONU (UNHCR), il en a accueilli 1,1 million en 2003.

★ LES HABITANTS QUI TRAVAILLENT LE PLUS (PAYS INDUSTRIALISÉS)

Selon le rapport sur l'emploi 2004 de l'Organisation pour la coopération et le développement économique (OCDE), le pays industrialisé dont la population travaille le plus est la Corée-du-Sud. Sa population active (à l'exclusion des travailleurs indépendants) a travaillé 2 390 h par employé en 2003.

LE PLUS GRAND DÉFICIT EN HOMMES

Le pays qui manque officiellement du plus grand nombre d'hommes est la Lettonie, où la population se composait en 2002 de 53,97 % de femmes et 46,03 % d'hommes. Les Émirats arabes unis sont ★ **le pays au plus grand déficit de femmes** avec, en 2001, une population masculine de 67,63 % contre 32,37 % de femmes.

DIVERS

● LE PLUS FORT TAUX DE CHÔMAGE

En 2003, on estimait que 85 % de la population active du Liberia n'avait pas de travail rémunéré. En 2002, selon les données disponibles, Andorre et la République de Nauru avaient le taux de chômage le plus bas : 0 %.

● LE PLUS FORT TAUX DE MORTS SUR LA ROUTE

En 2000, l'île Maurice a enregistré 43,9 tués pour 100 000 habitants.

★ LA CORRUPTION LA PLUS IMPORTANTE

Un rapport sur la corruption de Transparency International indique que le Bangladesh est le pays où elle était la plus forte en octobre 2004.

QUALITÉ DE VIE
(différents facteurs sont pris en compte, de l'offre de loisirs à la stabilité politique)

★ La meilleure qualité de vie...
1 Zurich, Suisse
2 Genève, Suisse
3 Vancouver, Canada
4 Vienne, Autriche
5 Auckland, Nouvelle-Zélande
6 Berne, Suisse
7 Copenhague, Danemark
8 Francfort, Allemagne
9 Sydney, Australie

★ ...et la moins bonne
1 Bagdad, Irak
2 Bangui, République centrafricaine
3 Brazzaville, République du Congo
4 Pointe-noire, République du Congo
5 Khartoum, Soudan
6 Sanaa, Yémen
7 Ouagadougou, Burkina-Faso
8 Nouakchott, Mauritanie
9 N'djamena, Tchad

Source : The Economist

● LE PAYS LE MOINS CORROMPU

En octobre 2004, le rapport sur la corruption de Transparency International indiquait que la Finlande était le pays le moins corrompu. Ce rapport compare le détournement de fonds publics à usage privé dans 146 pays, tel que les hommes d'affaires et analystes du pays (résidents et extérieurs) le perçoivent.

TOURISME & VOYAGES

LE PLUS GRAND → CROISIÉRISTE

Carnival est la plus grande compagnie de croisières au monde, avec plus de 128 000 couchettes sur 77 navires sous 12 marques différentes, dont Carnival, Princess, P & O et Windstar. En 2003, Carnival Corporation a fusionné avec P & O Princess plc. En illustration, un navire de Carnival, le *Carnival Valor*, passant devant la plage de Miami en direction du port.

Les neuf premières destinations touristiques (par nombre de visiteurs en 2003)

10. **Canada** – 17,5 millions
9. **Allemagne** – 18,4 millions
8. **Mexique** – 18,7 millions
7. **Autriche** – 19,1 millions
6. **Grande-Bretagne** – 24,7 millions
5. **Chine** – 33 millions
4. **Italie** – 39,6 millions
3. **États-Unis** – 41,2 millions
2. **Espagne** – 51,8 millions

●1. LA PREMIÈRE DESTINATION TOURISTIQUE

En 2003, la France a accueilli 75 millions de visiteurs étrangers, d'après l'Organisation mondiale du tourisme.

PAR VOIE TERRESTRE

LE RÉSEAU ROUTIER LE PLUS DENSE

L'ancienne colonie portugaise de Macao, aujourd'hui région administrative spéciale de la Chine, est équipée de 19,6 km de route par km² de territoire. En comparaison, les États-Unis, qui ont **le plus important réseau routier** du monde, ne présentent du fait de leur immensité qu'une densité de 0,69 km/km². Parmi les nations indépendantes, c'est Malte, avec 7,1 km /km², qui a le réseau routier le plus dense.

●LE RÉSEAU ROUTIER LE PLUS ENCOMBRÉ

À Hong Kong, on compte 286,7 véhicules à moteur immatriculés par kilomètre routier, ce qui en fait en théorie l'endroit le plus encombré de la planète. Les Émirats arabes unis viennent au 2e rang avec 231,6 véhicules au kilomètre. Du fait de leur immensité et de l'importance de leur réseau routier, les États-Unis viennent en 42e position avec 34,1 véhicules au kilomètre.

LE PAYS AUX ROUTES LES PLUS FRÉQUENTÉES

Les routes d'Indonésie sont les plus utilisées du monde : chaque année, on comptabilise 8 millions de km parcourus pour chaque kilomètre du réseau routier national.

LE PLUS LONG TRAJET DE BUS

Expreso Internacional Ormeño SA, à Lima (Pérou), gère une ligne de 9 660 km : elle relie Caracas (Venezuela) à Buenos Aires (Argentine), en passant par les capitales de six pays d'Amérique du Sud. Le trajet complet, arrêts compris, dure 214 h, soit 8 jours et 22 h.

PAR MER

●LE PORT LE PLUS ACTIF EN VOLUME DE MARCHANDISES

En 2004, 393 millions de tonnes de marchandises ont transité par le port de Singapour : 223 millions de tonnes en containers, 129 millions de tonnes de pétrole et le reste en cargaison « traditionnelle » et en vrac non pétrolier.

PREMIÈRE LIGNE PUBLIQUE D'AÉROGLISSEURS

Entre juillet et septembre 1962, une ligne d'aéroglisseurs a été ouverte pour traverser l'estuaire de la Dee entre Rhyl, Denbighshire, et Wallasey, Merseyside (GB).

LE PLUS GROS AÉROGLISSEUR CIVIL

Le SRN4 Mk III est un aéroglisseur britannique civil. Cet engin pèse 310 t et peut accueillir jusqu'à 418 passagers et 60 voitures. Long de 56,40 m, sa vitesse peut atteindre 65 nœuds (120 km/h).
En décembre 2000, on a cessé de l'utiliser pour la traversée de la Manche pour le remplacer par des catamarans Seacat. Ces derniers bien que plus lents sont plus économiques.

★ NOUVEAU RECORD ● MISE À JOUR

PAR LES AIRS

★LE PLUS GRAND NOMBRE DE VOLS RÉGULIERS EN 30 JOURS

Utilisant une carte d'abonnement mensuel de la compagnie belge Sabena, Michael Bartlett (GB) a fait 128 fois le trajet Londres-Bruxelles, entre le 18 octobre et le 17 novembre 1993. Il a fait agrafer ses billets pour former un seul ruban de 25,3 m. En 1 mois, il a volé sur 41 771 km.

LE PLUS GRAND NOMBRE DE VOLS RÉGULIERS EN 1 SEMAINE

Entre le 14 et le 20 février 2001, Tae Oka (Japon) a fait 70 vols en 7 jours sur Thai Airways. Tous étaient des vols intérieurs entre les aéroports de Chiang Mai, Chiang Rai et Mae Hong Son.

●L'AÉROPORT LE PLUS ACTIF PAR LE NOMBRE D'AVIONS

En 2003, d'après le Conseil international des aéroports (ACI), 928 691 envols et atterrissages ont été effectués à l'aéroport international O'Hare de Chicago (Illinois), ce qui en fait l'aéroport le plus actif du monde par le nombre d'avions.

★LE PLUS GRAND NOMBRE DE COMPAGNIES EMPRUNTÉES EN 1 AN

Entre le 28 août 2002 et le 12 février 2003, les Néo-Zélandais John Bougen et James Irving ont volé sur 104 compagnies aériennes différentes dans le cadre de leur « Quête des Nations ». Leur voyage a débuté et s'est achevé à Auckland (Nouvelle-Zélande), passant par 191 pays, battant aussi **le record du nombre de nations visitées en 6 mois** (191 des 193 nations en 167 jours 15 h et 39 min). Pour ce défi, ils ont effectué 242 vols sur 54 types d'avions, et battu un 3e record : celui du ★**plus grand nombre de vols effectués pour un seul voyage.** Suivant le règlement, ils n'ont visité qu'une seule fois les 191 aéroports et ne sont retournés en Nouvelle-Zélande qu'à la fin du voyage.

MAURIZIO GIULIANO

Le 20 février 2004, à 28 ans et 361 jours, Maurizio Giuliano (Italie/GB, né le 24 février 1975) avait visité les 193 nations du globe.

Votre but était-il d'être la personne la plus jeune à avoir visité toutes les nations du monde ?
Non, même si on peut trouver fascinant de passer les frontières... Ce qui me fait voyager autant, c'est ma passion de connaître les cultures, les mentalités et les peuples.

Est-ce que vous avez trouvé particulièrement difficile d'entrer dans un de ces pays ?
Oui. Sans conteste, c'est la Corée-du-Nord qui m'a posé le plus de problèmes. Après avoir essayé pendant un an d'obtenir le visa en envoyant des fax et des e-mails aux ambassades de différents endroits du globe, on m'a finalement prévenu en 2000 que mon visa avait été accordé.

Vous avez combien de passeports ?
J'en ai 42 : 12 britanniques, 30 italiens.

Pourquoi autant ?
C'est très utile d'avoir au moins deux passeports en cours de validité : quand on en confie un pour obtenir un visa, ça peut prendre un certain temps avant de le récupérer. Et aussi, je veille à ce que les visas et les tampons se présentent de la façon la plus esthétique possible. J'essaie donc d'éviter qu'on me tamponne la même page une multitude de fois. J'ai trois ou quatre tampons par page. J'ai visité beaucoup de pays plusieurs fois, ce qui fait des tampons supplémentaires.

LE PLUS GRAND NOMBRE DE VOLS PASSAGERS EN AVION SUPERSONIQUE

En février 2003, Fred Finn (GB) avait effectué 718 vols transatlantiques sur le Concorde. Son premier vol avait eu lieu le 26 mai 1976. Il a conservé l'étiquette commémorative de son bagage.

★LE PLUS LONG VOL RÉGULIER COMMERCIAL

Le vol proposé par Singapore Airlines entre Singapour et New York couvre près de 16 600 km et dure environ 18 h, sur un Airbus A340-500 de 181 places.

●LES TOURISTES LES PLUS DÉPENSIERS

En 2003, d'après l'Organisation mondiale du tourisme, les ressortissants allemands ont dépensé 57 milliards €, sans les billets d'avion, pour leurs vacances à l'étranger. Les plus grands dépensiers en 2002, les Américains, sont arrivés en deuxième position, avec 50 milliards €, devant les Britanniques, troisièmes avec 43 milliards €.

FÊTES & CÉLÉBRATIONS

← ★LE PLUS GRAND BUFFET POUR ÉLÉPHANTS

En 2003, la parade des éléphants, qui a lieu tous les ans dans la province de Surin (Thaïlande), a rassemblé 269 éléphants d'Asie. Ils ont englouti plus de 50 t de fruits et légumes présentés sur des tables couvertes de nappes en soie.

FÊTES GASTRONOMIQUES :

- Février : **Fête du Crabe** (San Francisco, Californie, USA)
- Mars : **Fête du Boudin** (Mortagne-au-Perche, France)
- Avril : **Fête du Sirop d'érable** (Saint-Georges, Canada)
- Mai : **Fête du Roulé au fromage** (Stilton, GB)
- Juillet : **Fête des Aliments pour bébés** (Freemont, Michigan, USA)
- Septembre : **Fête du Gâteau de lune** (Singapour)
- Octobre : **Fête de la Truffe** (Albea, Italie) et Fête des Dattes (Erfoud, Maroc)
- Novembre : **Fête des Cerises** (Ficksburg, Afrique du Sud)
- Décembre : **Nuit du Radis** (Oaxaca, Mexique)

FÊTES RELIGIEUSES

LE PLUS GRAND RASSEMBLEMENT DE CHEFS RELIGIEUX

Pour le millénaire, entre le 28 et le 31 août 2000, un sommet mondial des guides religieux et spirituels pour la Paix a rassemblé 1 000 délégués au siège de l'ONU (New York).

LE PLUS GRAND RASSEMBLEMENT DE SIKHS

Du 13 au 17 avril 1999, 8 millions de Sikhs se sont rassemblés au gurdwara (temple sikh) d'Anandpur Sahib, Pendjab (Inde), pour célébrer les 300 ans du Khalsa sikh, un ordre de cette religion. Le 13 avril, jour commémoratif de la fondation du Khalsa, la fête de Vaisakhi a réuni 3,5 millions de personnes.

LE PLUS GRAND NOMBRE DE PÈLERINS MUSULMANS

Tous les ans, le Hadj (pèlerinage) de la Mecque (Arabie Saoudite) attire plus de personnes que tout autre pèlerinage musulman, 2 millions en moyenne, provenant de 140 pays.

LE PLUS GRAND NOMBRE DE PÈLERINS CHRÉTIENS

La Maison de la Vierge, à Lorette (Italie), accueille chaque année 3,5 millions de pèlerins non touristes, trois fois plus que ceux qui se rendent à Lourdes (France).

LE PLUS GRAND NOMBRE DE PÈLERINS HINDOUISTES

Tous les 12 ans a lieu la fête du Kumbh Mela, au confluent du Gange et de la Yamuna, dans l'état d'Uttar Pradesh (Inde). Les fidèles s'y rassemblent pour se purifier dans le fleuve. Ils étaient 20 millions en 1995.

GASTRONOMIE

LA PLUS GRANDE FÊTE DES TAMALES

Le festival international des tamales d'Indio (Californie) marque le début des vacances de Noël. Pour sa 11e année, en décembre 2002, il a attiré plus de 154 000 personnes. Le tamale est un plat mexicain composé de farine de maïs, de différents fromages, de poudre de piment, de lard et de bouillon de poule.

LE PLUS GRAND DÎNER SERVI AVEC DE L'ARGENTERIE

Dans le quartier d'Earl's Court (Londres), le 28 avril 2001, 11 483 convives ont pris part à un dîner dressé avec des couverts en argent. Sponsorisée par le Vodafone, la soirée était organisée par Skybridge Group Plc. Le traiteur était Beeton Rumford Ltd.

●LE PLUS GRAND PETIT DÉJEUNER

Au stade Chung Shang (Taïwan), le 13 octobre 2001, un petit déjeuner a rassemblé 23 291 convives, qui ont bu 5 670 l de lait et mangé 1 920 kg de pain.

LA PLUS GRANDE FÊTE DES CUISSES DE GRENOUILLES →

Du 18 au 21 janvier 2001, la fête des Cuisses de grenouilles de Fellsmere (Floride) a attiré 75 000 visiteurs. Pendant les 4 jours de cette fête gratuite, on a servi à 13 200 convives plus de 3 t de beignets croustillants de cuisses de grenouilles.

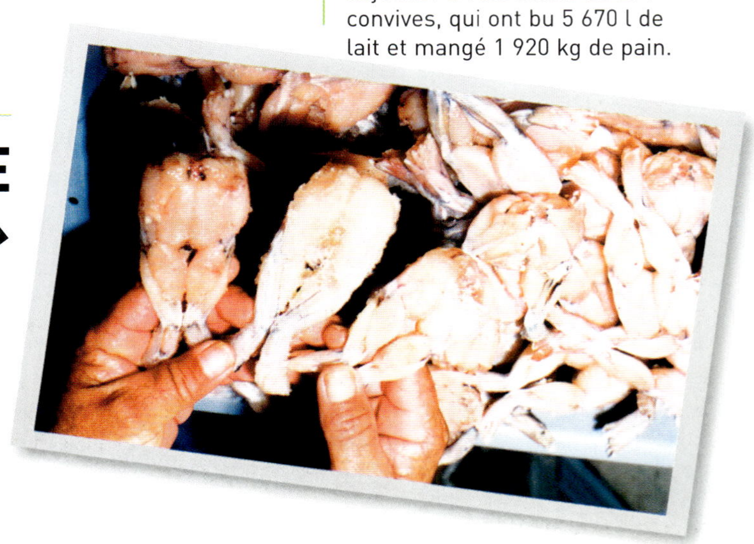

← LE DON DE CHEVEUX LE PLUS IMPORTANT

Les pèlerins du temple de Tirupati, dans l'Andhra Pradesh (Inde), font don de leur chevelure en sacrifice. On estime à 6,5 millions par an le nombre de pèlerins qui le pratiquent, et à plus de 1,7 million € la somme obtenue par la vente des cheveux aux enchères. Le temple attire 30 000 visiteurs par jour en moyenne. À proximité, quelque 600 barbiers travaillent 24 h sur 24 pour raser la tête des pèlerins. Les cheveux sont vendus aux enchères à des perruquiers, mais aussi à des usines chimiques et d'engrais.

LE PLUS GRAND BANQUET RELIGIEUX

À Ahmedabad (Inde), le 2 juin 1991, a eu lieu un banquet de 150 000 convives, au cours d'une cérémonie commémorant la renonciation d'Atul Dalpatlal Shah lorsqu'il est devenu moine.

LE PLUS GRAND FESTIVAL DE L'AIL

Chaque été pendant 3 jours, le festival de l'ail de Gilroy (Californie) attire 130 000 personnes, qui dégustent toutes sortes d'aliments préparés à l'ail, de la viande à la crème glacée.

LA PLUS GRANDE RÉCEPTION DE MARIAGE

Le 7 septembre 1995, Jayalalitha Jayaram, ancienne actrice et ex-chef du gouvernement du Tamil Nadu (Inde), a offert un banquet à 150 000 convives pour le mariage de son fils adoptif dans son domaine de 20 ha, à Madras. Le mariage aurait coûté plus de 750 millions de roupies (près de 16 millions €).

●LE PLUS GRAND PIQUE-NIQUE

8 000 personnes se sont rassemblées à Santa Cruz de Tenerife (Canaries), le 2 mai 1999, sur la Plaza de España pour partager les mets qu'elles avaient apportés lors d'un repas en plein air, organisé pour les fêtes de mai.

LA PLUS LONGUE TABLÉE

À Lisbonne (Portugal), le 22 mars 1998, une équipe de traiteurs a mis le couvert pour 15 000 convives autour d'une table de plus de 8 km, sur le nouveau pont Vasco da Gama, le plus long d'Europe avec 18 km.

VIN ET BOISSONS

LA PLUS GRANDE FÊTE DE LA BIÈRE

L'Oktoberfest, fête annuelle de la bière à Munich (Allemagne), du 18 septembre au 5 octobre, a reçu 7 millions de visiteurs, en 1999. Ils ont bu 5,8 millions de litres de bière, sous 11 chapiteaux occupant un emplacement grand comme 50 terrains de football.

LA PLUS GRANDE DÉGUSTATION DE SPIRITUEUX

Au World Trade Centre de Stockholm (Suède), le 24 novembre 2001, 1 210 personnes ont participé à une dégustation de whisky, en en goûtant 5 différents chacun.

LA PLUS GRANDE DÉGUSTATION DE VINS

En Californie, le 22 novembre 1986, 4 000 amateurs ont dégusté 9 360 bouteilles lors d'une seule journée organisée par KQED, la chaîne de télévision de San Francisco.

LE PLUS GRAND TOAST

Le 23 février 2001, à 23 h (côte Est), 462 572 participants se sont réunis dans des pubs, bars, restaurants de tous les États-Unis pour porter ensemble le Grand Toast Guinness.

→ OÙ SE TROUVE LE PLUS GRAND PARC À THÈME RELIGIEUX DU MONDE ? DÉCOUVREZ-LE P. 206

LE PLUS GRAND RASSEMBLEMENT DE CLOWNS →

En 1991, la Convention annuelle des clowns, qui s'est tenue à Bognor Regis, West Sussex (GB), a réuni 850 clowns, dont 430 venus d'Amérique du Nord. Clowns International, **la plus importante et plus ancienne association de clowns du monde**, organise la convention depuis 1946.

POLITIQUE

← ★ LE PLUS GRAND NOMBRE D'ÉLECTIONS EN 1 AN

Un record de 58 élections présidentielles et parlementaires ont eu lieu en 2004. Elles ont concerné plus de 1,1 milliard d'électeurs. La première fut l'élection présidentielle de Géorgie, le 4 janvier 2004. La dernière fut le troisième tour des élections présidentielles en Ukraine, le 26 décembre 2004. Ci-contre, quelques photos d'électeurs en Inde (en haut), aux Philippines (au centre) et en Afrique du Sud (en bas).

GOUVERNEMENT

★ RECORD DE VOTES DÉPOUILLÉS POUR UNE ÉLECTION NATIONALE

Entre les 20 avril et 10 mai 2004, 387,8 millions de votes ont été dépouillés en Inde pour l'élection de 543 membres du 14e Lok Sabha (chambre basse du parlement de l'Inde). Le 13 mai, le parti Bharatiya Janata a admis sa défaite contre le nouveau parti au pouvoir, le Indian National Congress du Premier ministre Manmohan Singh.

★ DROIT DE VOTE

Le droit de vote au suffrage universel en Iran est permis dès l'âge de 15 ans.

● LE PREMIER MINISTRE LE MIEUX RÉMUNÉRÉ

En août 2000, le Premier ministre singapourien, Goh Chok Tong, a vu son salaire annuel augmenté de 14 % soit 1,1 million $ (0,88 million €). Le Premier ministre actuel, Lee Hsien Loong, a prêté serment le 12 août 2004.

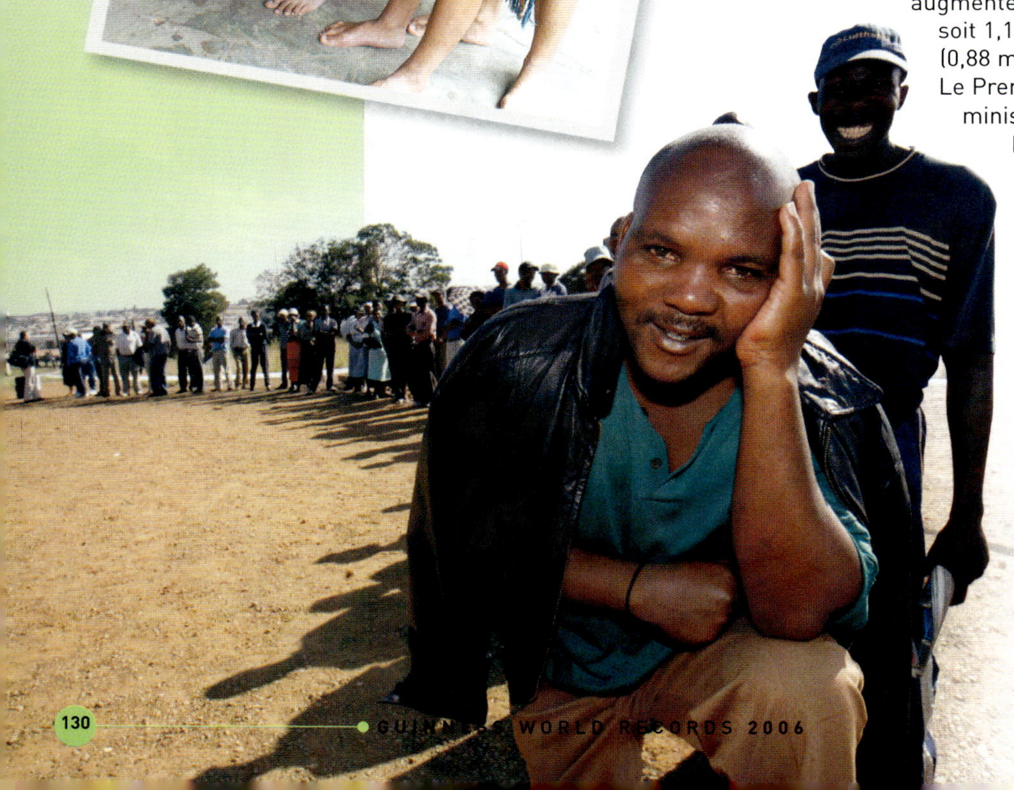

★ LE PREMIER MINISTRE LE PLUS RICHE

Silvio Berlusconi, Premier ministre italien, possèderait une fortune de 8 milliards € selon le magazine *Forbes* en 2004.

● LE PLUS JEUNE PREMIER MINISTRE

Roosevelt Skerritt (né le 8 juin 1972) a été nommé Premier ministre de la Dominique, le 8 janvier 2004, à 31 ans.

King Fahd bin Abdul Aziz (né en 1921) est **le plus vieux Premier ministre vivant**. Il devint roi et Premier ministre d'Arabie Saoudite, le 13 juin 1982.

Morarji Ranchhodji Desai (Inde, 1896-1995) est **le plus vieux Premier ministre nommé**. Il prit ses fonctions en mars 1977, à 81 ans, et fut au service de son pays jusqu'en 1979.

LE PLUS JEUNE PRÉSIDENT

Jean-Claude Duvalier (né le 3 juillet 1951) a succédé à son père, François Duvalier, en tant que président à vie d'Haïti, le 22 avril 1971, il avait 19 ans et 293 jours. Il fut président d'Haïti jusqu'en 1986.

RECORD DE LONGÉVITÉ AU POUVOIR POUR UN CHEF D'ÉTAT

Né le 13 août 1927, Fidel Castro, président du Conseil d'État, dirige Cuba depuis le 29 juillet 1959, date à laquelle il a renversé le gouvernement dictatorial militaire de Fulgencio Batista.

● PAYS AVEC LE PLUS DE FRÈRES AU POUVOIR

En Arabie Saoudite, 5 frères ont de hautes responsabilités gouvernementales. Le chef de l'État actuel est le roi Fahd bin Abdul Aziz. En raison de sa

maladie, son demi-frère, le prince héritier Abdullah bin Abdul Aziz, est prince régent, premier vice-premier ministre et commandant de la Garde nationale. Le frère du roi, le prince sultan bin Abdul Aziz, est le second vice-premier ministre et le ministre de la Défense et de l'Aviation. Deux autres frères sont au pouvoir, le prince Nayef bin Abdul Aziz est ministre de l'Intérieur et le prince Salman bin Abdul Aziz, gouverneur de Riyadh.

LA FEMME AYANT ÉTÉ PREMIER MINISTRE LE PLUS LONGTEMPS

Sirimavo Bandaranaike a été Premier ministre du Sri Lanka pendant 17 ans et 208 jours : du 21 juillet 1960 au 25 mars 1965 ; du 29 mai 1970 au 22 juillet 1977 ; et du 12 novembre 1994 au 10 août 2000. Elle fut aussi **la première femme Premier ministre**.

MONARCHIE

● LE ROI LE PLUS RICHE

Le magazine *Forbes* estime la fortune du roi Fahd bin Abdul Aziz (Arabie Saoudite), en 2004, à 25 milliards $(20 milliards €).

● LA PLUS GRANDE FAMILLE

En 2002, la famille de Al-Saud (Arabie Saoudite) comptait plus de 4 000 princes et 30 000 parents par alliance. Abdul Aziz fonda le royaume en 1932. Ses 17 épouses lui ont donné 44 fils, dont quatre ont dirigé le royaume jusqu'à la mort du roi en 1953.

LE PLUS JEUNE CHEF → D'ÉTAT ACTUEL

Né en mai 1965, Lt Yahya Jammeh est le plus jeune chef d'un État républicain en fonction. Il devint président du conseil provisoire et chef d'État de Gambie suite à un coup d'État militaire, le 26 juillet 1994. Le 27 septembre 1996, il fut élu président après le retour d'un gouvernement civil. Le président Jammeh a été réélu le 18 octobre 2001, pour un deuxième septennat.

LE PLUS JEUNE MONARQUE RÉGNANT

Le roi Mswati III (Swaziland), né prince Makhosetive, 67e fils du roi Sobhuza II, fut couronné le 25 avril 1986, à 18 ans et 6 jours.

LE PLUS LONG RÈGNE

Minhti, roi du Arakan (Myanmar) aurait régné 95 ans de 1279 à 1374. **Le plus long règne attesté d'un monarque** est celui de Néferkarê ou Pépi II, de la VIe dynastie des pharaons de l'Égypte ancienne. Son règne débuta vers 2281 av. J.-C. alors qu'il avait 6 ans et dura 94 ans.

LE PLUS LONG RÈGNE ACTUEL

Bhumibol Adulyadej, roi de Thaïlande (né le 5 décembre 1927), est monté sur le trône après la mort de son frère aîné, le 9 juin 1946. Le **monarque le plus... insistant** est le roi du Cambodge, Norodom Sihanouk (né le 31 octobre 1922). Roi le 16 avril 1941, il abdiqua le 2 mars 1955 puis remonta sur le trône le 24 septembre 1993.

LE RÈGNE LE PLUS COURT

Le prince héritier Luis Filipe du Portugal fut roi du Portugal (Dom Luis III) pendant 20 min, le 1er février 1908.

MSWATI III

Le roi Mswati III du Swaziland n'avait que 18 ans et 6 jours lors de son accession au trône. Il explique au *Guinness World Records* ce que signifie être le plus jeune monarque régnant.

Comment avez-vous vécu le fait de devenir roi du Swaziland aussi jeune ?
C'était assurément une grande responsabilité. J'étais jeune et totalement inexpérimenté. Je suis très reconnaissant à ma mère et à mes conseillers de m'avoir soutenu, leur aide et leurs recommandations ont été inestimables.

A quoi ressemble la journée d'un roi ?
Toujours très chargée, avec de nombreux problèmes à résoudre, au niveau personnel comme au niveau gouvernemental. Le roi du Swaziland doit se soucier de son peuple et le soutenir, tout en restant accessible à chacun.

Quel est le plus difficile dans le métier de roi ?
D'avoir l'énorme responsabilité du bien-être d'une nation et de ne pas se tromper lorsqu'il s'agit de faire des choix qui engagent l'avenir.

Si vous n'étiez pas roi, quel métier aimeriez-vous pratiquer ?
Sincèrement, je n'ai jamais vraiment réfléchi au choix d'une carrière. Je pense que je suis tout simplement né pour être roi. Je suis devenu roi avant d'avoir terminé mon éducation et j'ai conservé l'habitude de ne pas me poser cette question. Pour moi, être roi est un appel de Dieu.

Quels sont vos modèles, ou pour qui éprouvez-vous de l'admiration ?
Il y a beaucoup de gens que j'admire. Chacun a ses points forts, on apprend des choses différentes d'individus différents.

Quels sont les plus grands défis auxquels doit aujourd'hui faire face le Swaziland ?
Les principaux défis à relever sont le chômage, la pauvreté et le sida. Nous nous attaquons à ces problèmes, grâce à des programmes de création d'emplois qui s'adressent à la population le plus concrètement possible. Nous avons mis en place des programmes à la fois traditionnels et modernes, comme la campagne en faveur de l'abstinence sexuelle avant le mariage, qui vise à aider les jeunes générations à se protéger contre le sida.

★ DÉPENSES BUDGÉTAIRES

En décembre 2003, les **dépenses budgétaires les moins élevées** du monde étaient celles des îles Pitcairn dans l'océan Pacifique Sud, avec 878 119 $ (702 495 €) – y compris les dépenses d'équipement. Les **dépenses budgétaires les plus élevées** reviennent aux États-Unis (données de 2002) avec 2,30 milliards $ (1,82 milliards €).

CRIMES & JUSTICE

LA PLUS LONGUE INCARCÉRATION EN CELLULE D'ISOLEMENT

Condamné à 18 ans de prison, Mordecai Vanunu (Israël) a passé presque 12 ans dans une cellule d'isolement – c'est la plus longue incarcération en isolement total connue à ce jour (de 1986 à mars 1998). Né en 1954, Vanunu fut reconnu coupable de trahison pour avoir fourni des informations concernant le programme nucléaire d'Israël au *Sunday Times*. Il fut libéré le 21 avril 2004.

PEINES DE PRISON

★ LA PLUS LONGUE PEINE DE PRISON POUR PIRATAGE

Brian Salcedo (USA) a été condamné à 9 ans de prison à Charlotte (Caroline-du-Nord), le 16 décembre 2004, pour piratage informatique. Il a plaidé coupable pour complot et a été inculpé pour piratage en août 2004, après avoir essayé de voler les informations de cartes de crédit à partir des systèmes informatiques de la société Loewe's Hardware Stores (USA).

LA PLUS LONGUE PEINE POUR FRAUDE

Chamoy Thipyaso (Thaïlande) et sept de ses acolytes ont été condamnés à 141 078 années de prison par la Cour d'assises de Bangkok (Thaïlande), le 27 juillet 1989. Thipyaso, connue sous le nom de « Queen of the Underground », convainquit plus de 16 000 Thaïlandais de confier leurs économies à une caisse spécifique. Le gouvernement mit fin aux affaires de Thipyaso, après qu'elle a mis en péril le système bancaire de la Thaïlande.

★ LA PLUS COURTE DÉLIBÉRATION

Le 22 juillet 2004, après avoir été accusé de culture illicite de cannabis, Nicholas Clive McAllister (Nouvelle-Zélande) fut acquitté après 1 min de délibération du jury du tribunal d'instance de Greymouth, côte ouest (Nouvelle-Zélande). Le jury n'aurait pas eu le temps de prendre place à la table des délibérations.

★ LA PLUS LOURDE AMENDE POUR EXCÈS DE VITESSE

Jussi Salonoja (Finlande) a été condamné à 178 400 € d'amende pour avoir circulé à 80 km/h dans une zone limitée à 40 km/h, à Helsinki (Finlande), en février 2004. Selon la loi finlandaise, les amendes pour excès de vitesse sont proportionnelles au revenu du contrevenant. Héritier de la famille propriétaire d'un empire industriel de la saucisse, Jussi Salonoja gagnait près de 11 millions $ (8,8 millions €) en 2002.

CAMBRIOLAGE

LE PLUS GRAND VOL D'ŒUVRES D'ART

Le 14 avril 1991, 20 peintures estimées à 500 millions $ (400 millions €) ont été volées au musée Van Gogh, à Amsterdam (Pays-Bas). Elles ont été retrouvées 30 min après dans une voiture abandonnée à proximité.

OBJETS VOLÉS LES PLUS PRÉCIEUX

La Joconde de Léonard de Vinci est l'œuvre d'art la plus chère du monde à avoir été volée. Elle disparut du Louvre, le 21 août 1911, et fut retrouvée en 1913. Vincenzo Perugia (Italie) fut accusé du vol.

LE PLUS GRAND OBJET VOLÉ PAR UN INDIVIDU

Une nuit sans lune, le 5 juin 1966, N. William Kennedy trancha le câble d'amarrage du SS *Orient Trader* de 10 639 t, à Wolfes Cove (Canada). Le navire a dérivé jusqu'à un remorqueur camouflé qui l'attendait, esquivant ainsi une interdiction de naviguer due à une importante grève sur le

★ NOUVEAU RECORD ● MISE À JOUR

port. Il prit ensuite la mer en direction de l'Espagne.

LE PLUS GRAND CAMBRIOLAGE D'UN TRAIN

Le 8 août 1963, un train de la General Post Office, qui venait de Glasgow, est tombé dans un guet-apens à Sears Crossing et fut dévalisé à Bridego Bridge, dans le Buckinghamshire (GB). Le gang parvint à s'échapper avec 120 sacs postaux contenant 7 369 784 $ (5 895 827 €) en billets destinés à la destruction. Seuls 961 757 $ (769 405 €) furent retrouvés.

LE PLUS GRAND VOL DE JOYAUX

Des gemmes d'une valeur de 100 millions $ (80 millions €) furent volées lors d'un hold-up au centre diamantaire d'Anvers (Belgique), les 15 et 16 février 2003. 123 des 160 coffres furent vidés, sans effraction. Le système d'alarme ne s'est pas déclenché et les portes des coffres résistantes à l'explosif n'ont pas été forcées.

★ LE PLUS VIEUX BRAQUEUR DE BANQUE

Le 23 janvier 2004, à 92 ans, JL Hunter Rountree fut condamné à 151 mois de prison, après avoir plaidé coupable d'avoir volé 1 999 $ (1 599 €) dans une banque du Texas (USA), le 12 août 2003. Dans une interview, il explique : « C'est à cause d'une banque que j'ai fait faillite. Depuis ce temps-là, je ne porte pas les banques dans mon cœur..., j'avais décidé d'en tirer profit et c'est ce que j'ai fait. » Il déclara aussi que la nourriture en prison était meilleure que celle de certaines maisons de retraite.

MEURTRE

LE PLUS GRAND MEURTRIER

Behram, connu sous le nom de « Indian Thug », étrangla au moins 931 personnes avec sa bande de tissu jaune et blanche, dans la province d'Oudh (Uttar Pradesh, en Inde), entre 1790 et 1840. Les « Thugs » (voleurs) étaient les membres d'un gang qui – lors d'accès de folie meurtrière – sillonnaient l'Inde. Constitués vers 1550, ils ont été éliminés dans les années 1830.

LA PLUS GRANDE MEURTRIÈRE

La meurtrière qui a fait le plus de victimes dans le monde occidental est Elizabeth Bathory (Hongrie). Elle pratiquait le vampirisme sur des fillettes et des jeunes femmes. Au cours du XVIe siècle, elle tua plus de 600 femmes vierges afin de boire leur sang ou s'en servir pour prendre des bains. Lorsqu'on découvrit ses crimes en 1610, la comtesse fut enfermée dans son château jusqu'à sa mort en 1614.

LE PLUS GRAND TUEUR EN SÉRIE

Pedro López (Colombie) a avoué avoir violé et tué 300 fillettes en Colombie, au Pérou et en Équateur. Accusé de meurtre sur 57 chefs d'accusation en Équateur, le « monstre des Andes » a été condamné à perpétuité en 1980.

PEINE DE MORT

EXÉCUTIONS		
Le plus grand nombre d'exécutions	Chine	726 exécutions légales en 2003, selon Amnesty International.
Le plus grand nombre d'exécutions par habitant	Arabie Saoudite	1 409 exécutions entre 1980 et 2002, soit 1 pour 208 772 citoyens.
La méthode d'exécution la plus pratiquée		Peloton d'exécution dans 73 pays, unique méthode dans 45 d'entre eux, puis la pendaison dans 58 pays.
Première exécution par injection	7 décembre 1983	C. Brooke (USA), Huntsville (Alabama)
Première exécution sur la chaise électrique	8 août 1890	William Kemmler (USA), prison d'Auburn (New York)
La plus grande pendaison	38 Sioux	Le 26 décembre 1862 aux abords de Mankato (Minnesota)
Première abolition	1798	Liechtenstein
COULOIRS DE LA MORT		
Les plus peuplés	3 471	35 États américains en 2004.
Le plus long séjour pour un homme	39 ans	Sadamichi Hirasawa (Japon,1893-1987) mourut dans la prison de Sendai (Japon) pour avoir empoisonné 12 employés de banque
Le plus long séjour pour un chien	8 ans et 190 jours	Word fut enfermé pour avoir mordu des gens à Seattle (Washington).

LES PLUS GRANDES MEURTRIÈRES

Les sœurs Delfina et María de Jesús Gonzáles (Mexique) ont enlevé des fillettes pour les prostituer. Elles ont avoué au moins 90 meurtres. Elles furent condamnées à 40 ans de prison en 1964.

LE PAYS LE PLUS MEURTRIER

De 1998 à 2000, l'Inde a enregistré 37 170 meurtres. La Colombie affiche **le plus d'homicides volontaires** avec 65 meurtres pour 100 000 habitants.

→ DÉCOUVREZ P.122 LE PAYS QUI A LA PLUS GRANDE POPULATION D'ENFANTS.

LA PLUS GRANDE ORGANISATION CRIMINELLE

Selon Interpol, les six grandes sociétés secrètes de Chine vieilles de 600 ans (les triades) comptent au moins 100 000 membres dispersés dans le monde. (En photo, des membres suspectés d'appartenir au gang de la triade de Hong-Kong.) En termes de profits, la **plus importante association de grand banditisme** est la Mafia. En mars 1986, on estimait ses bénéfices à 75 milliards $ (60 milliards €). La Mafia est infiltrée dans les institutions suivantes : les pouvoirs exécutif, judiciaire et législatif des États-Unis. Elle compte jusqu'à 5 000 personnes dans 25 « familles », fédérée autour de la « Commission », impliquée dans les jeux d'argent, le racket, le trafic de drogue, la contrebande, le prêt d'argent illégal et la prostitution.

OBJETS DE CONVOITISE

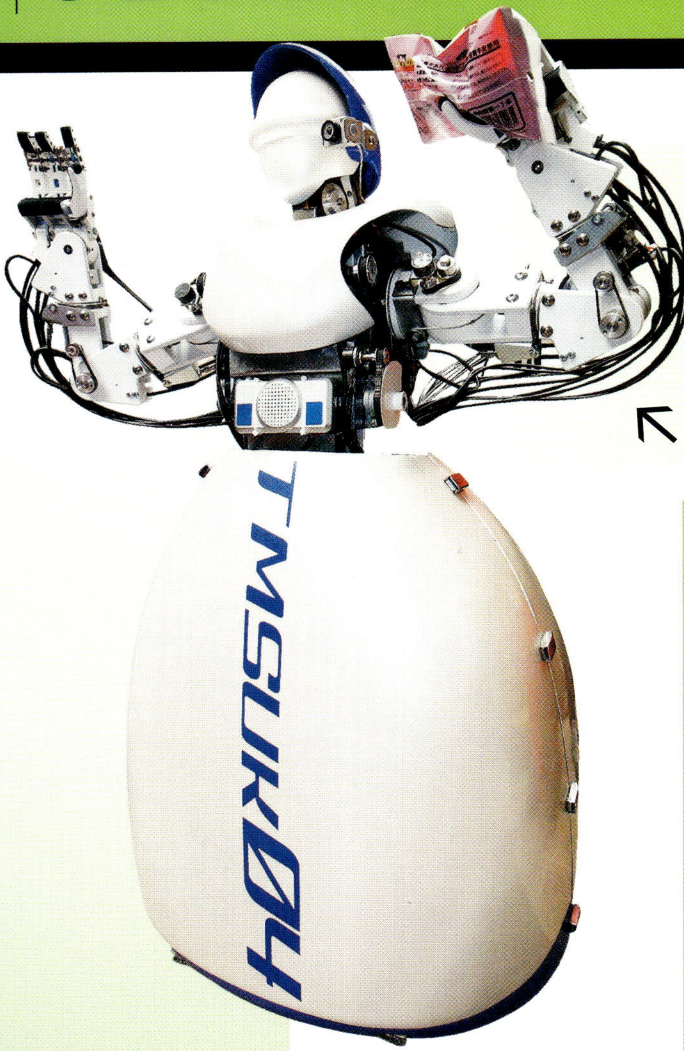

LE ROBOT DOMESTIQUE LE PLUS CHER SUR LE MARCHÉ

Thames (Japon) a exposé son robot TMSUK IV, au Japon, le 23 janvier 2000. Le robot de 82 kg mesure 1,2 m et coûte initialement 44 800 $ (35 840 €), soit aujourd'hui environ 49 500 $ (39 600 €). Il sait faire les courses, des massages, il obéit à 100 % et peut être commandé à distance (par téléphone).

★ LE FLIPPER LE PLUS CHER

Un flipper fabriqué en février 1992 a été vendu à 120 000 $ (96 000 €) à Los Angeles (Californie). Il coûterait aujourd'hui 162 765 $ (130 212 €).

LA MONTRE-BRACELET LA PLUS SOPHISTIQUÉE

La montre Piguet-Muller-Gerber Grand Complication est composée de 1 116 pièces et appartient à Willy Ernst Sturzenegger (Suisse). Elle a été assemblée par le maître horloger Paul Gerber (Suisse).

LE MOBILE LE PLUS CHER

Un mobile conçu par David Morris International (GB) a été vendu 66 629 £ (89 987 €), en 1996. Entièrement en or 18 carats, le clavier du téléphone est incrusté de diamants blancs et roses.

LE JEU DE SOCIÉTÉ LE PLUS ONÉREUX

La version de luxe du jeu de société Outrage !, dans lequel il faut voler les joyaux de la Couronne exposés dans la tour de Londres (GB), est vendu 7 995 £ (10 795 €) pièce. Le jeu comprend des reproductions fidèles en miniature des joyaux de la Couronne, fabriqués en or 18 carats sertis de diamants, rubis, émeraudes et saphirs. Il existe une série limitée de 20 jeux.

LA SUITE D'HÔTEL LA PLUS CHÈRE

En 2003, la suite Impériale de l'hôtel Président Wilson, à Genève (Suisse), pouvait être réservée pour 45 000 CHF (28 000 €) la nuit. Un ascenseur privé donne accès à la suite qui s'étend sur un étage entier. Elle comprend 4 chambres, toutes avec une vue sur le lac de Genève. La salle à manger peut accueillir 26 convives et le séjour, 40. Toutes les fenêtres et les portes sont blindées.

LE PORTEFEUILLE LE PLUS CHER

Un portefeuille en peau de crocodile dont les coins sont en platine, incrusté de diamants – création de Louis Quatorze de Paris (France) et de Mikimoto de Tokyo (Japon) – a été vendu 74 816 $ (59 850 €), en septembre 1984, ce qui équivaudrait aujourd'hui à 109 624 €.

100%

● LE PLUS GROS DIAMANT TAILLÉ

Le plus gros diamant taillé du monde est un Fancy Black qui contient des cristaux de diamants rouges (propriétaire anonyme). Il pèse 555,55 carats. Ran Gorenstein (Belgique) fut chargé de tailler les 55 facettes. Ce travail, qui dura plusieurs années, s'acheva en juin 2004. L'utilisation répétée du chiffre 5 est significative dans la culture musulmane.

★ NOUVEAU RECORD ● MISE À JOUR

LES 10 ARTICLES LES PLUS CHERS (ARCHIVES DU GUINNESS WORLD RECORDS)

CATÉGORIE	DESCRIPTION	PRIX	LIEU DE LA VENTE	DATE DE LA VENTE
1. Collection de bijoux	propriété de la Duchesse de Windsor	31 380 197 £ (4 3236 326 €)	Sotheby's, Genève (Suisse)	3 avril 1987
2. ★ Mobilier	« le cabinet Badminton », meuble du XVIIIe siècle	19 045 250 £ (2 571 108 €)	Christie's, Londres	9 décembre 2004
3. Manuscrit illustré	*Codex Hammer*, de Léonard de Vinci Rebaptisé *Codex Leicester*, son titre original, une fois vendu	30 802 500 $ (2 462 000 €)	Christie's, New York	11 novembre 1994
4. Bijou	couleur D d'une pureté parfaite diamant de 100,10 carats ; appelé 'Star of the Season' une fois vendu	19 858 500 CHF (1 324 893 €)	Sotheby's, Genève (Suisse)	17 mai 1995
5. Voiture	Bugatti 1931 Type 41 'Royale' Sports Coupé	15 millions $ (12 millions €)	NA	12 avril 1990
6. Montre	montre Patek Phillipe, ou Supercomplication, qui appartenait à Henry Graves Junior (USA)	11 002 500 $ (8 802 000 €)	Sotheby's, New York	2 décembre 1999
7. Collection de timbres (vente unique)	collection Kanai de183 pages de timbres-poste de l'île Maurice	15 millions CHF (7 985 626 €)	Suisse	3 novembre 1993
8. Livre	quatre volumes originaux d'abonnés de *The Birds of America*, de J.-J. Audubon	8 802 500 $ (7 042 000 €)	Christie's, New York	10 mars 2000
9. Ossement de dinosaure	le plus grand et le mieux conservé squelette de *Tyrannosaurus rex*, connu sous le nom de 'Sue'	8 362 500 $ (6 690 000 €)	Sotheby's, New York	4 octobre 1997
10. Cheval	une poulinière de 6 ans nommée Cash Run	7 100 000 $ (5 680 000 €)	Lexington, Kentucky (USA)	3 novembre 2003

LE BISCUIT LE PLUS CHER

Chez Christie's, à Londres, le 18 avril 2000, un biscuit faisant partie des provisions de l'expédition malheureuse de Sir Ernest Shackleton au pôle Sud en 1907-1909 a été vendu 4 935 £ (6 662 €). Il a été acheté par un vendeur d'art, Johnny Van Haeften (GB), dont le grand oncle était Sir Philip Brocklehurst, membre de l'expédition.

● LE CASQUE LE PLUS CHER

Le couvre-chef le plus cher a été vendu 156 450 £ (211 207 €). Ce casque ailé en bronze phrygien chalcidien du IVe siècle av. J.-C. a été vendu à un collectionneur britannique chez Christie's, à Londres, le 28 avril 2004.

L'ARTICLE DE PHILATÉLIE LE PLUS PRÉCIEUX

Une lettre de 1847 adressée à des négociants en vin de Bordeaux (affranchie avec des timbres de 1 penny et 2 pences de l'île Maurice) a été vendue 6 123 750 CHF (3 260 132 €) en moins de 1 min. La vente a été dirigée par David Feldman (Irlande), à Zurich (Suisse), le 3 novembre 1993. Feldman a aussi vendu le timbre-poste le plus cher, le suédois « Treskilling » jaune, à 2 870 000 CHF (1 804 322 €), à Genève, le 8 novembre 1996.

LA BALLE DE BASE-BALL LA PLUS CHÈRE

Une balle de base-ball a été vendue 3 054 000 $ (2 443 200 €) aux enchères de Guernsey's auction house, à New York à Todd McFarlane, le 12 février 1999. La balle avait été frappée par Mark McGwire (St Louis Cardinals) pour son 70e et dernier home run en 1988, une saison mémorable.

● LA GUITARE LA PLUS CHÈRE

La guitare Fender Stratocaster « Blackie » d'Eric Clapton (GB) a été vendue 959 500 $ (767 600 €), à l'« US Chain The Guitar Centre », chez Christie's, à New York, le 24 juin 2004. « Blackie » avait été fabriquée à partir de diverses Strats achetées à Nashville (Tennessee).

LA CARTE DE BASE-BALL (À COLLECTIONNER)

Une carte rare de 1909, connue sous le nom de T206 Honus Wagner, a été vendue aux enchères d'e-Bay sur Internet au prix de 1 265 000 $ (1 012 000 €), à Brian Seigal (USA), le 15 juillet 2000.

RECORD DE RECETTES
LE JOUR DE LA SORTIE D'UN FILM D'ANIMATION

Le film d'animation *Les Indestructibles* (USA, 2004) a rapporté 20,5 millions $ (16,4 millions €) le jour de sa sortie dans 3 933 salles aux États-Unis, le 5 novembre 2004. Il a battu le record de 11,8 millions $ (9,44 millions €) détenu par *Shrek 2* (USA, 2004), depuis le 19 mai 2004.

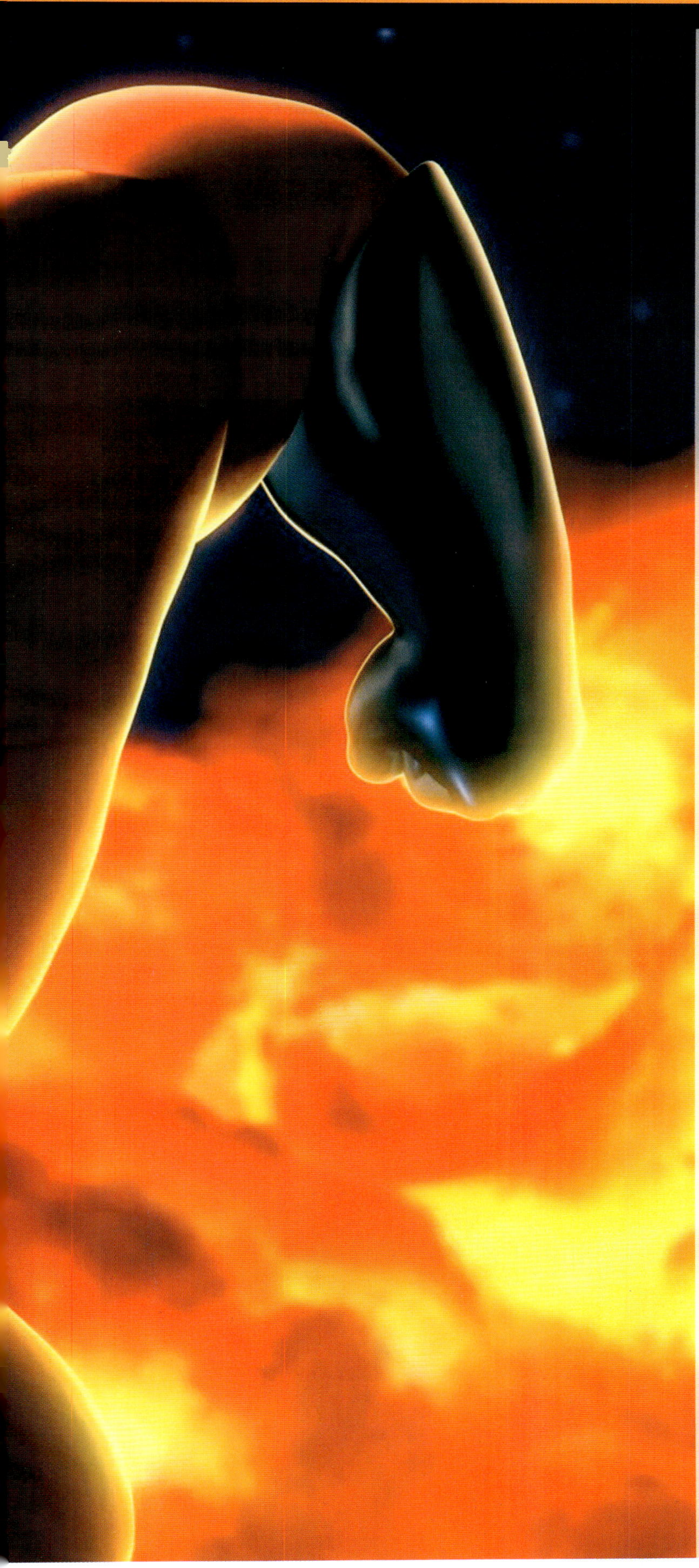

→ **SOMMAIRE**

ART & SCULPTURE

Carotte retirée de la balle de base-ball des Carmichael !

← ★ RECORD DE COUCHES DE PEINTURE SUR UNE BALLE

Michael Carmichael et sa femme Glenda d'Alexandria (Indiana, USA) ont recouvert une balle de base-ball d'environ 18 000 couches de peinture. Depuis le début en 1977, ils ont appliqué presque 2 couches par jour et en juin 2004, la balle avait une circonférence de 2,77 m. Le nombre de couches a été estimé en prélevant une carotte et en l'analysant à un grossissement de 1 200.

Les plus grandes balles de... La ville d'Alexandria (Indiana) détient le record de **la plus grande balle peinte** et a déposé une demande pour le record de la plus grande boule de poils ! En 1992, la ville a récupéré une masse de poils dans ses égoûts. Une copie de cette boule est exhibée lors des fêtes de la ville. Ce record n'est pas homologué, mais les balles suivantes le sont :

★ Film alimentaire : Andy Martell (Canada) a créé une balle en film alimentaire de 2,285 m de circonférence et de 70,3 kg.

Aluminium : Richard Roman (USA) a réalisé une balle en feuille d'aluminium de 732,5 kg, le 17 septembre 1987.

Ficelle : J. C. Payne (USA) a réalisé une balle en ficelle de 12,65 m de circonférence.

LE PLUS CHER...

NATURE MORTE

Le 10 mai 1999, *Rideau, cruchon et compotier*, de Paul Cézanne (1839-1906), s'est vendu 60 502 500 $ (48 402 000 €) chez Sotheby's, à New York.

PASTEL

Le 28 juin 1999, *Danseuse au repos* (vers 1879) d'Edgar Degas (France, 1834-1917) a atteint 17 601 500 £ (23 762 025 €) chez Sotheby's, à Londres.

★ PAYSAGE LUNAIRE

Alan Bean (USA), pilote du module lunaire sur *Apollo 12* (novembre 1969) et commandant de *Skylab 2* (juillet-septembre 1973), a peint le paysage lunaire le plus cher. Il représente un personnage futuriste, Bean lui-même, à la poursuite d'un ballon de football américain lancé sur la Lune par le commandant d'*Apollo 12*, Pete Conrad. L'œuvre intitulée *If We Could Do It All Over Again – Are You Ready For Some Football ?* a été vendue 182 369 $ (145 900 €) à un acquéreur anonyme en 2004.

PAYSAGE

Le 8 juin 1988, *Dans la prairie*, de Claude Monet (France, 1840-1926), s'est vendu 13 000 000 £ (17 550 000 €), chez Sotheby's, à Londres.

SCULPTURE

Le 11 novembre 1999, *La Petite Danseuse de Quatorze* (vers 1881), d'Edgar Degas (France, 1834-1917) s'est vendue 12 377 500 $ (9 902 000 €), chez Sotheby's, à New York.

POST-IT

Un Post-It travaillé au fusain et au pastel intitulé *After Rembrandt* a été vendu sur Internet, le 20 décembre 2000, 925 $ (740 €). R. B. Kitaj (USA) faisait partie du groupe de célébrités conviées à créer une œuvre d'art miniature pour fêter le 20e anniversaire du célèbre petit papier autocollant et collecter des fonds pour des œuvres caritatives.

LE PLUS GRAND...

● SCULPTURE EN PIERRE

Le *Dieu de la longévité*, une sculpture en pierre qui se dresse dans les montagnes Meng Shan, à Shandong (Chine), est visible à 30 km. Le personnage représenté, haut de 218 m et large de 200 m, porte un long bâton dans une main et une pêche (symbole d'immortalité et de longévité en Chine) dans l'autre.

SCULPTURE EN BÂTONS DE GLACE

Robert McDonald et son fils Robbie (USA) ont construit *OlaBison* (un drakkar de 3,89 m de long sur 1,18 m de large) avec 370 000 bâtons de glace. Il a flotté pendant 1 h dans le port d'Urk (Pays-Bas), le 12 septembre 2003.

★ PEINTURE MURALE

Des personnes condamnées à des travaux d'intérêt

LA PLUS GRANDE SCULPTURE EN SAVON →

L'artiste Bev Kirk (USA) a sculpté un cochon ailé intitulé *Sudsie, A Boar of Soap*, à Cincinnati (Ohio), en septembre 2003. *Sudsie* a été sculptée dans un pain de savon couleur ivoire de 1,5 x 1,5 x 1,8 m et de 3,175 kg – l'équivalent de 26 666 savonnettes.

● LA TOILE VENDUE ← LE PLUS CHER AUX ENCHÈRES

Le 5 mai 2004, *Le Garçon à la Pipe* (1905) de Pablo Picasso (Espagne) a été vendue à un acquéreur anonyme 104 millions $ (83 200 000 €), chez Sotheby's (New York). Avec les taxes et autres suppléments, cette œuvre coûte 104 168 000 $ (83 334 400 €). C'est la première œuvre d'art à dépasser 100 millions $ (80 millions €). C'est aussi la plus onéreuse des reproductions de ce livre !

général ont réalisé une peinture murale qui revêt tous les murs et les plafonds du Police and Citizens' Youth Club, de Bernie, Tasmanie (Australie), le 30 juin 2004. L'œuvre fut achevée en 18 mois. Elle mesure 727,52 m² et représente un paysage de la Tasmanie. Les travaux ont été coordonnés par un professionnel des peintures murales. **La plus grande peinture murale en extérieur** est le *Pueblo Levee Project*, qui mesure 3,21 km de long et 17,67 m de haut. Elle s'étend sur la digue de l'Arkansas à Pueblo (Colorado).

● FRESQUE EN PIÈCES DE MONNAIE (À L'EXTÉRIEUR)

Le personnel du magasin PennySaver à Rancho Cordova (Californie) a créé une fresque murale permanente composée de 100 000 pièces de monnaie de un cent. Achevée en mars 2004, elle mesure 17,8 m².

● PEINTURE AVEC DES CHIFFRES

L'association pour l'enfance de l'Ormond Street Hospital a réalisé une œuvre de « peinture avec des chiffres » de 400 m², lors de la manifestation Lindt Easter Bunny à Hyde Park, à Londres, le 5 avril 2004, au profit de l'hôpital.

● ŒUVRE EN CRAIE

Le 12 juin 2004, des scouts du Oosterhof-Niej Begin Scout Group, à Rijssen (Pays-Bas), ont réalisé sur le trottoir, une œuvre en craie de 3 298,95 m².

ŒUVRE EN SABLE

Les moines du temple bouddhiste Golden Pagoda ont créé une œuvre en sable de 12,24 x 12,24 m au parc des expositions de Singapour, du 15 au 22 mai 2004.

★ MOSAÏQUE EN GELÉE

Le 21 février 2004, des étudiants de l'Imperial College Singapore Society, à Londres, ont créé une mosaïque en gelée de 12,8 x 19,8 m. Composée de 16 125 pièces, elle représente le drapeau singapourien.

★ MOSAÏQUE EN BUBBLE-GUM

Le 17 août 2004, TBWA Digerati and ID Productions, SABC 1 et Cadbury's Chappies (Afrique du Sud) ont créé une mosaïque de 100 000 bubble-gum enveloppés, à Johannesburg (Afrique du Sud). Achevée en 5 jours, elle mesurait 19,4 m² et représentait le portrait de Nelson Mandela, ancien président d'Afrique du Sud.

★ MOSAÏQUE DE VOITURES MINIATURES

192 voitures Mini miniatures forment une mosaïque de 4 950 m² représentant le logo de Mini, à Villafranca di Verona (Italie). La mosaïque a été réalisée le 17 avril 2004.

↑ ● LA PLUS GRANDE BD

Une bande dessinée colossale a été réalisée par Norm Suchar (USA) et l'école des Beaux-Arts de Indianola (Mississippi). Elle fut exposée le 7 juin 2003. De 41,15 x 14,56 m, il s'agit de la BD *Lucky Cow* de Mark Pett (USA).

★ LA PEINTURE LA PLUS CHÈRE RÉALISÉE PAR DES ÉLÉPHANTS →

Cold Wind, Swirling Mist, Charming Lanna I est la peinture la plus chère réalisée par un groupe d'éléphants. Elle a été vendue 39 000 $ (31 200 €), à Panit Warin (Sinanta, Thaïlande), le 19 février 2005, à la réserve Maesa Elephant Camp, Chiang Mai (Thaïlande).

IMPRIMÉ

● LE PLUS GRAND CATALOGUE →

Le 30 août 2003, une reproduction du catalogue de mode *Bon Prix S2 Voila !* de 212 pages, mesurant 1,2 m x 1,5 m, a été présentée à Hambourg (Allemagne).

LES ÉCRIVAINS LES PLUS ÂGÉS (FEMME)
Sarah Louise Delany et A. Elizabeth Delany (USA)
Livre : *Le Livre de Sagesse quotidienne des sœurs Delany* (1994).
Âge au moment de la publication : Sarah Louise, 105 ans ; A. Elizabeth, 103 ans

L'ÉCRIVAIN LE PLUS ÂGÉ (HOMME)
Konstantinos Kallias (Grèce)
Livre : *Coup d'œil sur ma vie* (2003).
Âge au moment de la publication : 101 ans

LE PLUS JEUNE ÉCRIVAIN (FEMME)
Dorothy Straight (USA)
Livre : *Comment le monde a commencé* (1964).
Âge au moment de la publication : 4 ans

LE PLUS JEUNE ÉCRIVAIN (HOMME)
Dennis Vollmer (USA)
Livre : *Joshua désobéit* (1987).
Âge au moment de la publication : 6 ans

★LE PLUS VIEUX PAPIER CONNU

À Wuwei, dans la province du Gansu (Chine), on a découvert un morceau de papier, fabriqué pour l'essentiel à partir de chiffons de coton, qui daterait de l'an 150. Le papier tel qu'on le connaît aujourd'hui – une feuille obtenue sur un tamis à partir d'une suspension dans l'eau – a été inventé en Chine il y a environ 2 000 ans, autour de l'an 100. La tradition attribue son invention à un dignitaire de la cour du nom de Ts'ai Lun.

LIVRES

L'AUTEUR LE PLUS RICHE

Selon l'annuaire *Forbes 2005 des personnes les plus riches*, J. K. Rowling (GB), l'auteur de la série des *Harry Potter*, a amassé un capital de 800 millions €. Ses revenus annuels de juin 2003 à juin 2004 ont été estimés à 120 millions €, record absolu pour un auteur de livres de jeunesse. En 2003, 60 millions d'exemplaires de *Harry Potter* ont été achetés. À ce jour, 250 millions de livres de la série ont été vendus.

★LE PLUS PETIT LIVRE IMPRIMÉ

En 1996, Anatoliy Konenko (Russie) a publié une édition de *Caméléon*, d'Anton Tchekhov (Russie), mesurant 0,9 x 0,9 mm. Le livre compte 30 pages, 3 illustrations en couleur et 11 lignes de texte par page. Il a été imprimé dans une édition limitée de 100 exemplaires, la moitié en anglais, la moitié en russe. Il est relié en cuir, or et argent, et cousu au fil de soie. Il est vendu 400 €.

LE MAXIMUM DE PAGES BLANCHES DANS UN LIVRE PUBLIÉ

Le 9 septembre 1999, Anne Lydiat (GB), professeur en art plastique à l'université, a publié *Lost for Words [Sans Voix]*. Les 52 pages de cet ouvrage sont blanches. L'intention de l'auteur est de « créer un lieu féminin où il y ait du silence ».

LE ROMAN LE PLUS LONG

À la recherche du temps perdu de Marcel Proust compte environ 9 609 000 signes (espaces compris).

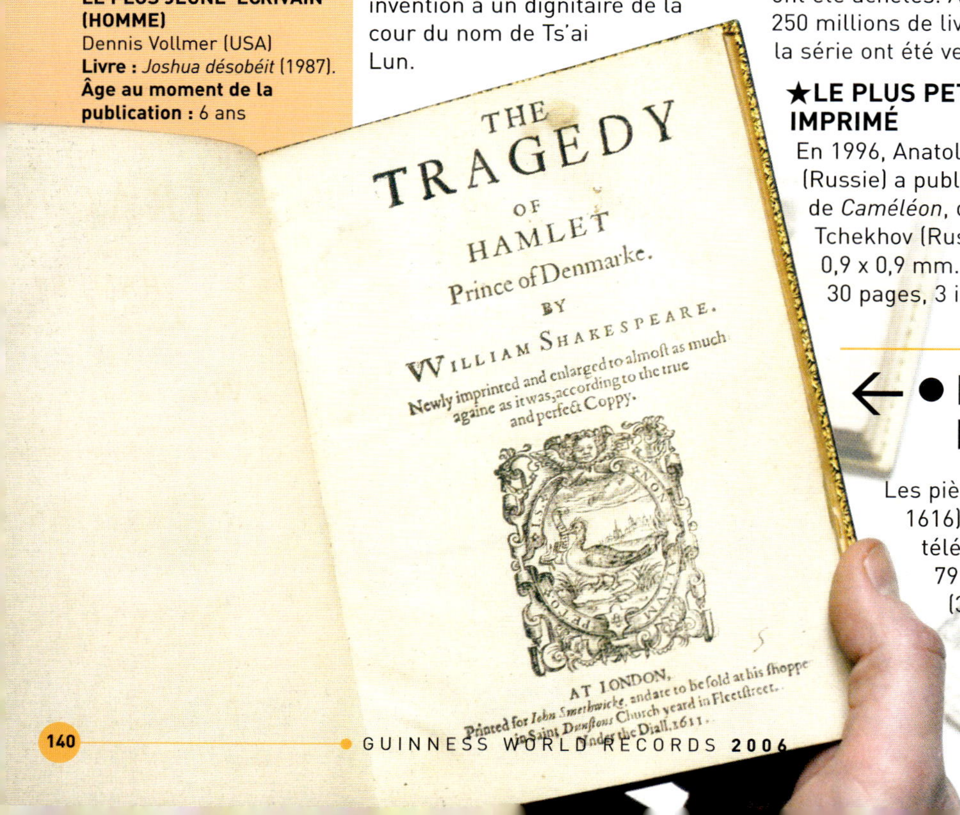

← ● L'AUTEUR LE PLUS PORTÉ À L'ÉCRAN

Les pièces et sonnets de William Shakespeare (GB, 1564-1616) ont été adaptés pour 420 longs métrages et films de télévision. *Hamlet* a le plus séduit les réalisateurs, avec 79 versions, suivi par *Roméo et Juliette* (52) et *Macbeth* (36). Les adaptations les plus récentes sont *Huapango* (Mexique, 2004), une version actualisée d'*Othello*, et *Le Marchand de Venise* (USA-Italie-Luxembourg-GB, 2004), avec Al Pacino (USA) dans le rôle de Shylock.

← ● LA PLUS GRANDE BIBLIOTHÈQUE

Fondée le 24 avril 1800, la bibliothèque du Congrès à Washington DC renferme 128 millions de documents, dont 29 millions de livres, 2,7 millions d'enregistrements, 12 millions de photographies, 4 millions de cartes et 57 millions de manuscrits. Ces documents occupent 853 km de rayons.

JOURNAUX ET MAGAZINES

★LE PLUS GRAND MAGAZINE

Le 14 octobre 2003, à Manama (Bahreïn), 150 exemplaires de 188 pages d'une version agrandie (70 x 100 cm) du magazine *Day & Night Jewellery and Watches, créé par* Naiem Jbara (Émirats arabes unis), ont été publiés à l'occasion de l'exposition *Jewellery Arabia 2003.*

★LA JOURNALISTE PRÉFÉRÉE DES AGENCES

Les pages conseils d'Ann Landers (USA) ont été publiées dans plus de 1 200 journaux, touchant un lectorat de 90 millions de personnes. Elle a aussi écrit des articles pour des sites Internet.

★PLUS GRANDE LONGÉVITÉ POUR UN CHRONIQUEUR

Chroniqueur pendant 71 ans, du 29 décembre 1933 jusqu'à son dernier article le 5 février 2004, Jack Ingram (GB), surnommé White Eagle [Aigle blanc], a fourni chaque semaine au *Heywood Advertiser* des articles sur le scoutisme.

LE PLUS GRAND NOMBRE DE LETTRES PUBLIÉES DANS UN JOURNAL

En 2003, 80 lettres de Subhash Chandra Agrawal (Inde) ont paru au courrier des lecteurs du *Kashmir Times.* C'est aussi le **★plus grand nombre de lettres publiées dans un journal en 1 an.** Depuis le début des années 1980, Subhash a aussi fait publier 319 lettres dans le *Hindustan Times*, le **★plus grand nombre de lettres écrites à un journal dans une vie**. En 2003, 23 grands journaux indiens au lectorat dépassant 50 000 personnes ont publié 334 lettres de Madhu Agrawal (Inde), le **★record de courriers d'un lecteur publiés en 1 an par différents journaux.**

BIBLIOTHÈQUES

★LA PEINE LA PLUS LOURDE POUR UN USAGER DE BIBLIOTHÈQUE

En janvier 2000, Beverly Goldman (USA) a été emprisonnée pour avoir rendu sept fois des livres après la date limite. Elle a été arrêtée après que la bibliothèque de Clearwater (Floride) a essayé pendant 16 mois de récupérer des ouvrages d'une valeur de 100 €.

★L'AMENDE LA PLUS LOURDE POUR UN USAGER DE BIBLIOTHÈQUE

Emily Canellos-Simms (USA) devait 280 € pour *Days and Deeds*, emprunté en avril 1955 à la bibliothèque publique de Kewanee (Illinois). Emily l'a retrouvé 47 ans plus tard chez sa mère, et l'a rapporté à la bibliothèque avec un chèque de régularisation.

LE PRÊT LE PLUS LONG

En 1667-1668, le colonel Robert Walpole (GB) a emprunté au Sussex College de Cambridge (GB) un livre sur l'archevêque de Brême. John Plumb (GB) a trouvé le livre 288 ans plus tard dans la bibliothèque du marquis de Cholmondeley, à Houghton Hall (GB). Il l'a rendu sans payer d'amende.

★LE MAXIMUM DE BEST-SELLERS SUR LA MÊME LISTE →

Le 26 février 1999, *La Mort dans l'Âme* de Ian Rankin (GB) occupait le premier rang des best-sellers écossais. Sept autres de ses livres se trouvaient également parmi les 10 premiers. Le 12 mars 1999, il était cité 11 fois sur la liste des 20 premiers livres.

LANGUES

★LA LANGUE FICTIVE LA PLUS RÉPANDUE →

La langue klingon dont le nombre d'usagers est difficile à évaluer, a été inventée pour *Star Trek* par le linguiste Mark Okrand (USA). C'est le langage « artificiel » le plus utilisé. Les participants aux rassemblements *Star Trek* conversent fréquemment dans cette langue. Il existe un dictionnaire de klingon, mais aussi des traductions de *Hamlet*, *Beaucoup de bruit pour rien* et *Gilgamesh*. Amazon.com propose au moins quatre autres ouvrages en klingon ou contenant des passages dans cette langue. Google existe aussi en klingon. L'insulte suprême dans cette langue est « Hab SoSlI' Quch ! » – qui signifie « Ta mère a le front lisse. »

Hab SoSlI' Quch!

LE GORILLE LE PLUS HABILE EN LANGUE DES SIGNES

En 1972, le Dr Francine Patterson (USA) a enseigné l'ameslan (langue des signes américaine) à la femelle gorille Koko. En 2000, Koko possédait un vocabulaire de plus de 1 000 signes et comprenait environ 2 000 mots d'anglais parlé. Elle peut s'exprimer sur le passé et l'avenir, argumenter, plaisanter et mentir. Quand le Dr Patterson lui a demandé si elle était un animal ou une personne, Koko a répondu : « Super animal gorille. »

L'ALPHABET LE PLUS COURT

L'alphabet des Rotokas qui vivent dans le centre de l'île Bougainville (Papouasie-Nouvelle-Guinée) est le plus court du monde. Il ne compte que 11 lettres : a, b, e, g, i, k, o, p, r, t, u.

L'ALPHABET LE PLUS LONG

Le khmer (cambodgien) utilise 74 lettres, ce qui en fait la langue qui compte le plus de lettres, certaines sont toutefois peu usitées.

DIFFICILES À PRONONCER, PIRES À ÉCRIRE – LES MOTS LES PLUS LONGS DU MONDE

Japonais – chinchinmogamaga (**16**) – « marelle à cloche pied ».

Castillan – superextraordinarísimo (**22**) – « tout à fait extraordinaire ».

Français – anticonstitutionnellement (**25**).

Italien – precipitevolissimevolmente (**26**) – « aussi vite que possible ».

Portugais – inconstitucionalissimamente (**27**) – « avec le plus haut degré d'anticonstitutionalité ».

Islandais – hæcstaréttarmalaflutningomaur (**30**) – « avocat à la cour suprême ».

Russe – ryentgyenoelyektrokardiografichyeskogo (**33** lettres cyrilliques transcrites en 38) – « de l'électrocardiographie par rayons X ».

Allemand – Rechtsschutzversicherungsgesellschaften (**39**) – « compagnies d'assurances offrant la protection juridique ».

Hongrois – megszentségtelenithetetlenségeskedéseitekért (**44**) – « pour vos actes impossibles à profaner ».

Anglais – pneumonoultramicroscopicsilicovolcano-coniosis (-koniosis) (**45**) – « maladie pulmonaire causée par l'inhalation de très fines particules de silice ».

Néerlandais – kindercarnavalsoptochtvoorbereidingswerkzaamheden (**49**) – « activités préparatoires pour un défilé de carnaval des enfants ».

Danois – speciallægepraksisplanlægningsstabiliseringsperiode (**51**) – « période de stabilisation de la programmation de la clientèle des médecins spécialistes ».

Finnois – lentokonesuihkuturbiinimoottoriapumekaanikkoaliupseerioppilas (**61**) – « élève-caporal travaillant comme aide-mécanicien en turbines d'avion ».

Suédois – nordöstersjökustartilleriflygspaningssimulatoranläggningsmateriel-underhållsuppföljningssystemdiskussionsinläggsförberedelse-arbeten (**130**) – « travail préparatoire pour contribuer à la discussion sur le système d'entretien des installations de surveillance aérienne dans le secteur nord-est de l'artillerie côtière de la Baltique ».

★LE STÉNOTYPISTE DE TRIBUNAL LE PLUS RAPIDE EN SIMULTANÉ

Mark Kislingbury (USA) est le champion de vitesse en temps réel de l'association américaine des reporters judiciaires. Au congrès de l'été 2003 de l'association, il a frappé 360 mots par minute avec 92 % d'exactitude.

LA LANGUE AYANT LE PLUS DE CONSONNES

La langue des Oubykhs du Caucase était la langue contenant le plus de consonnes distinctes : 81. Les Oubykhs ont émigré du Caucase en Turquie au XIXe siècle. Tevfik Esenç, dernière personne à maîtriser cette langue, est mort à Istanbul (Turquie) en octobre 1992.

★ NOUVEAU RECORD ● MISE À JOUR

LE NOM SCIENTIFIQUE LE PLUS LONG
La protéine A de la tryptophane synthétase, un enzyme composé de 267 acides aminés, a un nom scientifique de 1 913 lettres.

★LA LANGUE LA MOINS PARLÉE
D'après la base de données Ethnologue, plus de 400 langues sont en voie d'extinction dans le monde. Cela signifie que, pour chacune, seul un petit groupe de personnes âgées la parle encore. On estime qu'une langue disparaît de la planète tous les 15 jours.

★LA LANGUE OFFICIELLE POUR UN MAXIMUM DE PAYS
L'anglais est la langue officielle de 56 pays membres de l'ONU, soit plus d'un quart. Ce n'est toutefois pas la langue la plus parlée de ces pays, ni leur langue unique.

★LE PLUS GRAND SCRABBLE
Le 13 octobre 1998, pour célébrer les 50 ans du Scrabble, un scrabble géant de 30 m² a été installé au stade de Wembley, à Londres. Assistée par des champions de scrabble, l'armée a affronté la marine. Deux personnes étaient nécessaires pour déplacer chaque pion de 1,5 m².

★LA LANGUE AU PLUS GRAND NOMBRE DE CLICS
La langue xû des tribus khoisans d'Afrique du Sud comporte 48 clics différents.

★LE PREMIER ALPHABET
Le plus ancien alphabet – système d'écriture où des symboles représentent des sons plutôt que des concepts – remonte à 1800 av. J.-C. Gravé dans le calcaire, il a été découvert au début des années 1900, à Wadi el Hol, près de Louxor (Égypte), par John et Deborah Darnell, archéologues de l'université de Yale (USA). (Attention, il ne s'agit pas de « l'écriture » la plus ancienne.)

LA LANGUE LA PLUS PARLÉE
Le chinois est parlé par plus de 1,1 milliard de personnes. La « langue commune », le putonghua, en est la forme standard, fondée sur la prononciation de la région de Pékin (mandarin).

LE MAXIMUM ET LE MINIMUM DE VOYELLES
Le sedang, langue du centre du Vietnam, compte 55 voyelles. À l'opposé, l'abkhazien, langue du Caucase, n'en a que 2.

LE NOM DE LIEU LE PLUS LONG
Dans sa transcription la plus érudite, le nom officiel de Bangkok, capitale de la Thaïlande, contient 175 lettres. Sa version officielle en contient 169. Voici sa version courte, sans majuscules, celles-ci n'existant pas en thaï :
krungthephphramahanakhon
bowonratanakosin
mahintharayuthaya
mahadilokphiphobnovpharad
radchataniburirom udomsantisug
(6 mots, 111 lettres).

★LE SON PARLÉ LE PLUS COURANT
La voyelle « a » existe dans toutes les langues du monde.

LE SON PARLÉ LE PLUS RARE
Le son parlé le plus rare est le r (« rj ») tchèque, décrit comme une fricative roulée post-alvéolaire. On le trouve dans très peu de langues. C'est le dernier son appris par les enfants tchèques.

LE MOT LE PLUS SYNTHÉTIQUE
Le mot dont la définition reste un défi pour tout lexicographe est « mamihlapinatapai ». En fuégien (langue de la Terre de Feu), il signifie « se regardant en espérant que l'un des deux va proposer de faire quelque chose que tous deux désirent mais n'ont aucune envie de faire ».

QUEL ACTEUR A REÇU LE PLUS GRAND NOMBRE D'OSCARS DU MEILLEUR RÉALISATEUR ? LA RÉPONSE SE TROUVE PAGE 148.

LES 10 LANGUES LES PLUS PARLÉES DANS LE MONDE

1. Chinois (mandarin) – 915 millions de locuteurs
2. Anglais – 354 millions
3. Espagnol – 325 millions
4. Hindi – 300 millions
5. Arabe – 272 millions
6. Bengali – 194 millions
7. Portugais – 170 millions
8. Russe – 164 millions
9. Japonais – 125 millions
10. Français et Allemand 108 millions

SALLES OBSCURES

LE PLUS GRAND ÉCRAN PERMANENT

La salle IMAX Panasonic de 540 places du Darling Harbour à Sydney (Australie) abrite le plus grand écran fixe de projection du monde : 35,7 x 29,6 m, 2 fois la largeur d'un terrain de basket.

FRÉQUENTATION DES SALLES

LA PLUS FORTE FRÉQUENTATION

En 1929, on a enregistré un record de fréquentation aux États-Unis, avec 4 490 millions d'entrées.

● LA PLUS FORTE FRÉQUENTATION ACTUELLE

Suivant des chiffres récents, le nombre des entrées a atteint 2 800 millions, en 2001, en Inde.

● LA PLUS FORTE FRÉQUENTATION PAR HABITANT

En 2004, l'Islande a connu la plus grande affluence au cinéma par habitant, avec 5,45 entrées en moyenne par habitant pour 46 cinémas. Le pays compte 280 798 habitants.

LE PLUS GRAND...

MULTIPLEXE (NOMBRE DE PLACES)

Ouvert en Espagne, le 17 septembre 1998, Kinepolis Madrid est le premier multiplexe du monde, avec une capacité de 9 200 personnes et 25 salles, qui peuvent accueillir de 211 à 996 spectateurs.

ÉCRAN DE CINÉMA EN LARGEUR

Lors de l'exposition de Paris en 1937, les films de Henri Chrétien (France), précurseur du Cinérama, ont été projetés sur un écran concave de 90,5 cm de large et 9,9 m de haut.

● PAYS PRODUCTEUR DE FILMS

L'Inde produit plus de longs métrages qu'aucun autre pays. En 2002, elle a réalisé 1 200 films. En 1994, elle en avait produit 754, en 16 langues.

LE PREMIER...

★ CINÉMA

Le Cinématographe Lumière a ouvert le 28 décembre 1895 au Salon indien à Paris, sous la direction de Clément Maurice. La première projection, devant 35 spectateurs qui avaient payé leur billet 1 franc, comprenait *L'Arrivée d'un train en gare de La Ciotat* (France, 1895) des frères Lumière.

CINÉMA DRIVE-IN

La première licence de Drive-in a été délivrée le 16 mai 1933, à Richard Hollingshead (USA). Il a ouvert sa première affaire le 6 juin 1933 sur un emplacement pouvant accueillir 400 voitures à Camden (New Jersey), avec *Wife Beware* (USA, 1933).

CINÉMA PANORAMIQUE

La première salle de projection circulaire se trouve au Parc européen de l'Image, au Futuroscope de Poitiers (France). Neuf projecteurs et autant d'écrans couvrent 272 m^2 ; un système permettant de projeter neuf films synchronisés électroniquement offre une vision à 360°.

→ QUI A GAGNÉ 928 800 $ (743 040 €) PAR MINUTE DE TOURNAGE D'UNE PUBLICITÉ ? DÉCOUVREZ-LE P. 154.

Records de drive-in : Avec 66 m de large et 446 m^2, le plus grand écran de cinéma équipait le Algiers Drive-in de Detroit (Michigan) ouvert le 15 août 1956 et fermé en 1985. Avec 1 200 places, le All-Weather Drive-In de Copiague (État de New York) est le plus grand drive-in en nombre de places. Le Troy Drive-In de Detroit (Michigan) et le Panther Drive-In de Lufkin (Texas) détiennent le record mondial du **plus grand drive-in pour le nombre de voitures** avec 3 000 emplacements.

LA PLUS ANCIENNE SALLE DE CINÉMA EN SERVICE →

Ouvert à Londres, le 24 février 1911, avec 600 places, The Electric a été conçu par Gilbert Seymour Valentin en 1910. Ce cinéma classé a fermé dans les années 1980, puis rouvert le 22 février 2001 avec une capacité d'accueil de 240 places.

★ NOUVEAU RECORD ● MISE À JOUR

LE PLUS GRAND CINÉMA ACTUEL

Le Radio City Music Hall de New York (photo de gauche) a ouvert le 27 décembre 1932 avec 5 910 places. Construit pour 12 millions $ (9,6 millions €), le 11 mars 1927, le Roxy (New York) et ses 6 214 places était **le plus grand cinéma en nombre de fauteuils**. Il employait 16 projectionnistes et un orchestre de 110 musiciens dirigé par quatre chefs d'orchestre, avec trois organistes qui s'élevaient de la fosse d'orchestre en jouant de concert sur des orgues Kimball. Il a fermé le 29 mars 1960 et a été démoli la même année.

La plus petite salle commerciale en nombre de places compte 21 fauteuils. Propriété de Steven Metcalf (GB), le Screen Room a ouvert le 27 septembre 2002 sur Broad Street, à Nottingham (GB), avec le film *Lost in La Mancha* (Canada, 2002).

LE PLUS LONG...

SÉJOUR À L'AFFICHE

Titanic (USA, 1997) est resté à l'affiche du 19 décembre 1997 au 25 septembre 1998 sur le marché américain, soit 281 jours.

FILM COMMERCIAL DISTRIBUÉ DANS LES SALLES

Adapté par Star Film Co., à partir d'*Étranges Histoires d'un aventurier en pays sauvage*, un feuilleton publié dans un journal, *Feu au temple du Lotus rouge* (Chine, 1928-1931) de Shang K'ai-jan est sorti sous la forme de 18 longs métrages sur 3 ans. Il n'a jamais été projeté en public dans son intégralité (27 h !). Certaines salles ont proposé des séances d'une journée, avec 6 épisodes consécutifs.

SPECTACLE DE CINÉMA ININTERROMPU

Du 29 au 31 mai 1983, au Variety Arts Center de Hollywood (USA), un marathon de 50 h de films de série B a été organisé au prix de 15 $ (12 €). Les spectateurs ont visionné 37 classiques.

DIVERS

★ LE PAYS LE PLUS PAUVRE EN CINÉMAS

Avec 436 494 habitants, le Surinam n'a qu'un seul cinéma, situé à Paramaribo, sa capitale. En 1997, cette salle a totalisé 103 626 entrées.

★ LE PAYS AU PLUS GRAND NOMBRE D'ÉCRANS

Les chiffres les plus récents indiquent que la Chine dispose de 65 500 écrans de cinéma. En comparaison, les États-Unis en ont 35 280, l'Inde 11 962 et la France plus de 5 000.

★ LE TARIF MOYEN DU BILLET LE PLUS ÉLEVÉ

C'est au Japon que le cinéma coûte le plus cher, avec un prix moyen du billet de 10,80 $ (8,60 €). Les ★ **billets les moins chers sont vendus en Inde, où le prix moyen de la place est** 0,16 €.

LA PLUS PETITE SALLE D'ORIGINE TOUJOURS EN SERVICE

Le Cinema dei Piccoli a été construit en 1934 par Alfredo Annibali (Italie), dans le parc de la Villa Borghèse (Rome). Aujourd'hui, il couvre 71,5 m². D'abord appelé Topolino Cinema, il abritait un projecteur Pathé-Baby de 9,5 mm ; des draps servaient d'écran, et des 78-tours servaient de fond musical. Restauré en 1991, il offre 63 places, un écran de 5 x 2,5 m, le son stéréo et la climatisation.

BOX-OFFICE

● LA MEILLEURE DISTRIBUTION POUR LA SORTIE D'UN FILM DANS UN PAYS

Diffusé dans 3 855 salles, *Harry Potter et le Prisonnier d'Azkaban* (USA, 2004) a bénéficié de la plus large distribution pour sa sortie aux États-Unis, le 4 juin 2004.

→ QUELLE SUPERSTAR HOLLYWOODIENNE DÉTIENT LE RECORD DES PLUS GROSSES RECETTES AU BOX-OFFICE POUR SES FILMS ? DÉCOUVREZ-LE P. 148.

RECETTES RECORD

RECORD DE RECETTES BRUTES

Avec une recette de 1 milliard $ (800 millions €), *Titanic* (USA, 1997) est le premier film qui a rapporté 1,834 milliard $ (1,467 milliard €) au box-office. Il a aussi atteint le **record de recettes brutes** en 10 semaines d'exploitation : 918,6 millions $ (735 millions €).

● RECORD DE RECETTES TENANT COMPTE DE L'INFLATION

La hausse du billet de cinéma explique que les films qui ont rapporté le plus d'argent sont presque tous récents. *Autant en emporte le vent* (USA, 1939), qui a rapporté 393,4 millions $ (315 millions €) au box-office mondial, arrive en tête d'une liste qui tient compte de l'inflation, avec un total brut de recettes de 5, 362 milliards $ (4,3 milliards €). Rien qu'aux États-Unis, le film a totalisé 283 100 000 entrées (contre 130 900 000 pour *Titanic*, USA, 1997).

RECORD DE RECETTES UN JOUR DE SORTIE

À sa sortie, le 15 mai 2003, dans 3 603 salles, *Matrix 2* (USA, 2003) a rapporté 42,5 millions $ (34 millions €).

★ RECETTES RECORD POUR UN DOCUMENTAIRE LE WEEK-END DE SA SORTIE

Fahrenheit 9/11 (USA, 2004) a rapporté 21,8 millions $ (17,5 millions €) le week-end de sa sortie (25-27 juin 2004). C'est le premier documentaire à être arrivé en tête du box-office américain le week-end de sa sortie.

● RECETTES RECORD POUR UN FILM D'ANIMATION LE JOUR DE SA SORTIE

Les Indestructibles (USA, 2004) a rapporté 20,5 millions $ (16,4 millions €) à sa sortie le 5 novembre 2004, dans 3 933 salles américaines, battant le record précédent de 11,8 millions $ (9,5 millions €) de *Shrek 2* (USA, 2004), sorti le 19 mai 2004.

LE PLUS GROS SUCCÈS FRANÇAIS

Les recettes du *Fabuleux Destin d'Amélie Poulain*, de Jean-Pierre

LES CHAMPIONS DU BOX-OFFICE PAR DÉCENNIE

DÉCENNIE	TITRE DU FILM	RECETTES	RANG
années 1910	*Mickey* (USA, 1918)	*18 000 000 $ (14 400 000 €)	10
années 1920	*La Grande Parade* (USA, 1925)	*22 000 000 $ (17 600 000 €)	9
années 1930	*Autant en emporte le vent* (USA, 1939)	393 400 000 $ (314 720 000 €)	5
années 1940	*Bambi* (USA, 1942)	268 000 000 $ (214 400 000 €)	6
années 1950	*La Belle et le Clochard* (USA, 1955)	*93 600 000 $ (74 880 000 €)	8
années 1960	*Les 101 Dalmatiens* (USA, 1961)	215 880 014 $ (172 704 000 €)	7
années 1970	*La Guerre des Étoiles* (USA, 1977)	797 998 007 $ (638 398 000 €)	3
années 1980	*E.T. l'Extra-terrestre* (USA, 1982)	704 804 539 $ (563 843 000 €)	4
années 1990	*Titanic* (USA, 1997)	1 834 165 466 $ (1 467 332 000 €)	1
années 2000	*Le Seigneur des Anneaux, Le Retour du Roi* (USA-Nouvelle-Zélande, 2003)	1 129 219 252 $ (903 375 000 €)	2

* Données disponibles uniquement pour les États-Unis

●LES MEILLEURES RECETTES D'UN DESSIN ANIMÉ LE WEEK-END DE SA SORTIE

Shrek 2 (USA, 2004) a rapporté 104,3 millions $ (83,4 millions €) le week-end de sa sortie, le 22 mai 2004, battant le premier *Shrek* (USA, 2001), qui avait atteint 42,3 millions $ (33,8 millions €), le week-end du 19 mai 2001. Sorti sur 3 737 écrans, le mercredi 19 mai 2004, il s'était étendu à 4 163 salles pour le week-end (du 21 au 23 mai).

★ NOUVEAU RECORD ● MISE À JOUR

Jeunet, avec Audrey Tautou, ont atteint 144 488 955 $ (115 591 160 €) au box-office international.

SORTIES DE FILMS

● LA PLUS GRANDE PREMIÈRE SIMULTANÉE

Le 5 novembre 2003, Warner Bros. a distribué 10 013 copies de Matrix 3-Revolution (USA, 2003) à 94 pays.

★ LA PLUS GRANDE PREMIÈRE POUR UN DOCUMENTAIRE

Fahrenheit 9/11 (USA, 2004) de Michael Moore est sorti dans 868 salles le 25 juin 2004, et a rapporté 23 920 637 $ (19,14 millions €) le premier week-end. Son film précédent, *Bowling for Columbine* (USA, 2002), était sorti dans 8 cinémas et avait rapporté 209 148 $ (167 318 €) le week-end de sa sortie.

★ LA PLUS LARGE DISTRIBUTION EN 1 JOUR

Le 15 mai 2003, Warner Bros. a fait 8 517 copies de *Matrix 2* (USA, 2003), pour sa sortie dans 3 603 salles aux États-Unis.

★ RECORD DE DISTRIBUTION D'UN DESSIN ANIMÉ LE JOUR DE SA SORTIE

À sa sortie aux États-Unis, le 1er octobre 2004, *Gang de requins* (USA, 2004) a bénéficié de la plus large distribution jamais octroyée à un film d'animation, avec 4 016 cinémas, battant de 279 salles le record de *Shrek 2* (USA, 2004), le 19 mai 2004.

★ RECORD DE DISTRIBUTION POUR UN SEUL PAYS

Le 21 mai 2004, trois jours après sa sortie, *Shrek 2* (USA, 2004) bénéficiait de 4 163 salles aux États-Unis.

LES RECETTES LES PLUS RAPIDES

LE FILM QUI A RAPPORTÉ 100 MILLIONS $ LE PLUS VITE

Deux films ont dépassé 100 millions $ (80 millions €) de recettes en 3 jours : *Spiderman* (USA, 2002), sorti le 3 mai 2002 sur 3 615 écrans, et *Matrix 2* (USA, 2003), sorti le 5 mai 2003 dans 3 603 salles.

LE DESSIN ANIMÉ QUI A RAPPORTÉ 100 MILLIONS $ LE PLUS VITE

Le 20 mai 2003, 8 jours après sa sortie dans 3 374 salles, *Le Monde de Némo* (USA, 2003), dessin animé des studios Disney et Pixar, a atteint 100 millions $ de recettes (80 millions €) au box-office américain.

LE FILM QUI A RAPPORTÉ 200 MILLIONS $ LE PLUS VITE

Entre le 3 mai 2002, date de sa sortie, et le 12 mai 2002, *Spiderman* (USA) a dépassé les 200 millions $ de recettes (160 millions €), en atteignant la somme de 223,04 millions $ (178,43 millions €) en 10 jours.

LES FILMS À SUCCÈS

★ RELIGION
La Passion du Christ
(USA, 2004)
604 300 000 $
(483 400 000 €)

★ ANIMATION
Le Monde de Némo
(USA, 2003)
844 400 000 $
(675 500 000 €)

★ COMÉDIE MUSICALE
Grease (USA, 1978)
387 713 510 $
(310 000 000 €)

★ COMÉDIE DRAMATIQUE
Titanic (USA, 1978)
1 834 165 466 $
(1 470 000 000 €)

★ ACTION
Jurassic Park (USA, 1993)
920 067 947 $
(736 000 000 €)

★ FANTASTIQUE
L'Exorciste (USA, 1973)
12 000 000 $ (9 600 000 €)

★ POLICIER
Ocean's Eleven
(USA, 2001)
446 180 493 $
(357 000 000 €)

★ GUERRE
Il faut sauver le soldat Ryan (USA, 1998)
481 597 636 $
(385 000 000 €)

★ ADAPTATION DE SÉRIE TV
Mission Impossible II
(USA, 2000)
545 400 000 $
(436 000 000 €)

★ THRILLER
Le Sixième Sens
(USA, 1999)
657 600 000 $
(526 000 000 €)

★ SCIENCE-FICTION
Star Wars : Épisode I – La Menace fantôme
(USA, 1999)
923 136 824 $
(738 000 000 €)

VEDETTES DE CINÉMA

← ★ LE PLUS GRAND NOMBRE D'APPARITIONS PUBLIQUES EN 12 H

Will Smith (USA) détient le record du nombre d'apparitions publiques en 12 h pour la promotion d'un même film. Le 22 février 2005, il a foulé le tapis rouge, signé des autographes et présenté le film *Hitch* (USA, 2005) en Angleterre dans des cinémas de Manchester (en bas), de Birmingham (au milieu) et de Londres (en haut).

LES PLUS HAUTS...

● REVENUS ANNUELS POUR UN ACTEUR DE CINÉMA

D'après la liste Forbes des 100 célébrités 2004, Mel Gibson (USA) a gagné en 2003 210 millions $ (170 millions €). Avec 33 millions $ (27 millions €), Cameron Diaz (USA) aurait, en 2003, ● **les revenus annuels les plus importants pour une actrice**.

● MEILLEURS CHIFFRES DU BOX-OFFICE (DUS À UN ACTEUR)

En février 2005, Harrison Ford (USA) avait joué dans 27 films qui avaient rapporté 3 369 662 963 $ (2,7 milliards €) ; dix d'entre eux avaient dépassé 200 millions $ (160 millions €). ● **Les meilleures recettes engrangées au box-office grâce à une actrice** l'ont été par Julia Roberts (USA), vedette de 33 films depuis 1987, qui ont rapporté un chiffre brut de 2, 939 milliards $ (2,4 milliards €).

LE PLUS DE...

★ NOMINATIONS AUX OSCARS POUR UN ACTEUR-RÉALISATEUR

Woody Allen (USA) a été sélectionné 5 fois pour le prix du Meilleur Réalisateur, pour des films dans lesquels il jouait un premier rôle : *Annie Hall* (USA, 1977), *Intérieurs* (USA, 1978), *Broadway Danny Rose* (USA, 1984), *Hannah et ses Sœurs* (USA, 1986) et *Crimes et Délits* (USA, 1989). Il l'a été une 6e fois pour Coups de feu sur *Broadway* (USA, 1993), mais il ne jouait pas dans le film.

NOMINATIONS AUX OSCARS POUR LE MEILLEUR FILM ÉTRANGER

Entre 1948 et 2002, la France a fait l'objet de 34 nominations.

RECORD DE CÉSARS POUR UNE ACTRICE

Isabelle Adjani (France) a reçu 4 Césars de la Meilleure Actrice.

★ NOMINATIONS AU GOLDEN GLOBE POUR UN ACTEUR

Jack Lemmon (USA) a été sélectionné 22 fois au Golden Globe, entre 1960 et 2000. Il a reçu en 1991 le Cecil B. DeMille Award et, en 1994, une récompense pour le meilleur casting, en compagnie de toute l'équipe de *Short Cuts* (USA, 1993).

★ LE MAXIMUM D'OSCARS →
DU MEILLEUR RÉALISATEUR POUR UN ACTEUR

Clint Eastwood (USA) a reçu 2 fois l'Oscar du Meilleur Réalisateur pour des films où il jouait un premier rôle. Le 29 mars 1993, pour *Impitoyable* (USA, 1992), et le 27 février 2005 pour *Million Dollar Baby* (USA, 2004). Il a été sélectionné 3 fois pour ce prix ; la 2e, en 2004, était pour *Mystic River* (USA, 2003), film dans lequel il ne joue pas.

LES PLUS ÂGÉS NOMINÉS ET LAURÉATS DES OSCARS

NOM	ÂGE	FILM	OSCAR	NOMINÉ/LAURÉAT
★ Gloria Stuart (USA)	87 ans et 221 jours	*Titanic* (USA, 1997)	Meilleur Second Rôle féminin	Nominée, le 10 février 1998
Ralph Richardson (GB)	82 ans et 49 jours	*Greystoke, la Légende de Tarzan* (GB, 1984)	Meilleur Second Rôle masculin	Nom. à titre posthume, le 6 février 1985
Jessica Tandy (GB)	80 ans et 295 jours	*Miss Daisy et son Chauffeur* (USA, 1989)	Meilleure Actrice	Lauréate, le 29 mars 1990
George Burns (USA)	80 ans et 68 jours	*The Sunshine Boys* (USA, 1975)	Meilleur Second Rôle masculin	Lauréat, le 29 mars 1976
Richard Farsworth (USA)	79 ans et 167 jours	*Une Histoire Vraie* (USA, 1999)	Meilleur Acteur	Nominé, le 15 février 2000
★ Peggy Ashcroft (GB)	77 ans et 93 jours	*La Route des Indes* (GB/USA, 1984)	Meilleur Second Rôle féminin	Lauréate, le 25 mars 1985
Henry Fonda (USA)	76 ans et 317 jours	*La Maison sur le lac* (USA, 1981)	Meilleur Acteur	Lauréat, le 20 mars 1982

LES PLUS JEUNES NOMINÉS ET LAURÉATS DES OSCARS

NOM	ÂGE	FILM	OSCAR	NOMINÉ/LAURÉAT
★ Jackie Cooper (USA)	9 ans et 20 jours	*Skippy* (USA, 1931)	Meilleur Acteur	Nominé, le 5 octobre 1931
Tatum O'Neal (USA)	10 ans et 148 jours	*La Barbe à Papa* (USA, 1973)	Meilleur Second Rôle féminin	Lauréate, le 2 avril 1974
Keisha Castle-Hughes (Nouvelle-Zélande)	13 ans et 309 jours	*Paï – L'élue d'un peuple nouveau* (Nouvelle-Zélande-Allemagne, 2002)	Meilleure Actrice	Nominée, le 27 janvier 2004
★ Timothy Hutton (USA)	20 ans et 227 jours	*Des Gens comme les autres* (USA, 1980)	Meilleur Second Rôle masculin	Lauréat, le 31 mars 1981
Marlee Matlin (USA)	21 ans et 218 jours	*Les Enfants du silence* (USA, 1986)	Meilleure Actrice	Lauréate, le 30 mars 1987
● Adrien Brody (USA)	21 ans et 218 jours	*Le Pianiste* (FR/Allemagne/GB/Pologne), 2002	Meilleur Acteur	Lauréat, le 23 mars 2003

★ NOMINATIONS AU GOLDEN GLOBE POUR UNE ACTRICE

Meryl Streep (USA) a été sélectionnée 19 fois au Golden Globe, entre 1979 et 2004. Elle l'a remporté 5 fois : en 1980, 1982, 1983, 2003 et 2004.

LE PLUS ÂGÉ...

★ LAURÉAT DU GOLDEN GLOBE

Henry Fonda (USA, 1905-1982) avait 76 ans et 259 jours, le 30 janvier 1982, quand il a reçu le Golden Globe du Meilleur Acteur pour le rôle de Norman Thayer Jr dans *La Maison du lac* (USA, 1981).

★ LAURÉATE DU GOLDEN GLOBE

Jessica Tandy (GB, 1909-1994) avait 80 ans et 227 jours, le 20 janvier 1990, quand elle a reçu le Golden Globe de la Meilleure Actrice pour son interprétation de Daisy Werthan dans *Miss Daisy et son Chauffeur* (USA, 1989).

DIVERS

★ L'ACTEUR LE PLUS GRAND DANS UN PREMIER RÔLE

Deux acteurs partagent ce titre avec 1,94 m : Christopher Lee (GB), qui a joué la plupart des rôles terrifiants des films fantastiques depuis 1958 ; et Vince Vaughn (USA), qui tourne depuis les années 1990. Le record de l'actrice la plus grande dans un premier rôle est détenu conjointement par Margaux Hemingway, Sigourney Weaver, Geena Davis (USA) et Brigitte Nielsen (Danemark). Elles mesurent toutes 1,82 m.

★ LES PREMIÈRES CO-VEDETTES À GAGNER LES OSCARS

Aux Academy Awards du 27 février 1935, à l'hôtel Biltmore de Hollywood (Californie), les Oscars du Meilleur Acteur et de la Meilleure Actrice sont revenus aux co-vedettes Clark Gable et Claudette Colbert (USA) pour leurs rôles dans *It Happened One Night* (USA, 1934). La cérémonie la plus récente où cela s'est à nouveau produit date du 23 mars 1998, quand Jack Nicholson et Helen Hunt (USA) ont remporté l'Oscar avec *Pour le pire et le meilleur* (USA, 1997).

★ LES ACTEURS AMATEURS AYANT REÇU UN OSCAR

Le vétéran de la Seconde Guerre mondiale, Harold Russell (Canada), qui a joué l'ancien soldat mutilé (il a perdu ses deux bras au front) dans *Les Plus Belles Années de notre vie* (USA, 1946), et le réfugié cambodgien, Haing S. Ngor, qui a joué une victime du régime cambodgien de Pol Pot dans *La Déchirure* (GB, 1984), ont tous deux reçu l'Oscar du Meilleur Second Rôle.

● L'OSCAR DU PLUS JEUNE MEILLEUR ACTEUR

Adrien Brody (USA, né le 14 avril 1974) a remporté l'Oscar du Meilleur Acteur, le 13 mars 2003, pour son interprétation de Wladyslaw Szpilman dans *Le Pianiste* (France/Allemagne/GB/Pologne, 2002) à 29 ans et 343 jours.

↙

★ NOUVEAU RECORD ● MISE À JOUR

EFFETS SPÉCIAUX

★ LE PLUS LONG FILM UTILISANT LA TECHNIQUE DE « PERFORMANCE CAPTURE »

Le Pôle Express (USA, 2004) est le premier film entièrement créé à l'aide de la technique de « performance capture ». Celle-ci consiste à enregistrer numériquement les mouvements d'acteurs et à les recréer par ordinateur. Sorti le 10 novembre 2004, ce film dure 1 h 33. Inspiré d'un livre de Chris Van Allsburg (USA), ce film met en scène Tom Hanks (USA) interprétant cinq personnages. Il a coûté 165 millions $ (132 millions €). →

CASCADES

★LE PREMIER CASCADEUR

Ancien soldat de la cavalerie américaine, Frank Hanaway (USA) est le premier cascadeur de l'histoire du cinéma. Il obtint un rôle dans *The Great Train Robbery* (USA, 1903) d'Edwin S. Porter (Italie-USA), car il savait tomber de cheval sans se blesser.

LE CASCADEUR LE PLUS PROLIFIQUE DU CINÉMA

Au cours d'une carrière s'étendant sur cinq décennies, Vic Armstrong (GB) a été cascadeur, coordinateur de cascades et réalisateur de plus de 250 films. Il a doublé tous les acteurs qui ont tenu le rôle de James Bond.

LE PLUS LONG SAUT EFFECTUÉ PAR UNE VOITURE

Dans une cascade pour *Smokey and the Bandit II* (USA, 1980), Gary Davis (USA) a lancé une Plymouth vide à 128 km/h sur une rampe appuyée contre l'arrière d'une remorqueuse. La voiture a effectué un saut de 49,6 m avant d'atterrir sans subir de dégâts.

★ LA PLUS GRANDE DIFFÉRENCE DE TAILLE ENTRE UN CASCADEUR ET DES ACTEURS

Le cascadeur Riky Ash (GB) mesure 1,59 m et a été la doublure d'acteurs qui le dépassaient de 86 cm.

LA PLUS GROSSE EXPLOSION DANS UN FILM

Dans *Blown Away* (USA, 1994), une explosion mettait en scène un navire sabordé près d'un quai à l'est de Boston. Il contenait 2 727 l d'essence et 32 bombes de 453 g chacune. L'explosion a duré 9 s.

LA PLUS LONGUE CHUTE LIBRE DANS UN FILM

Dar Robinson (USA) a fait un saut en chute libre de 335 m en se lançant du sommet de la CN Tower, à Toronto pour le film *Highpoint* (Canada, 1979). Après 6 s de chute libre, son parachute s'est ouvert à 91 m du sol.

←LE PLUS PETIT CASCADEUR

Kiran Shah (GB) est le plus petit cascadeur professionnel : il mesurait 1,263 m, le 20 octobre 2003. Il est apparu dans 52 films depuis 1976 et a exécuté des cascades dans 31 d'entre eux, jouant notamment la doublure de Christopher Reeve (USA) dans *Superman* (GB, 1978) et *Superman II* (GB, 1980), et plus récemment celle d'Elijah Wood (USA) dans la trilogie du *Seigneur des Anneaux* (Nouvelle-Zélande-USA, 2001-2003).

← ★ RECORD DE FRACTURES AU COURS D'UNE VIE

Pionnier des démonstrations de saut à moto, Evel Knievel (USA, né Robert Craig Knievel) avait déjà subi 433 fractures fin 1975. Durant l'hiver 1976, il fut gravement blessé au cours d'une tentative de saut au-dessus d'un bassin de requins situé dans l'amphithéâtre de Chicago. Souffrant d'une commotion cérébrale et ayant les deux bras cassés, il décida de ne plus participer à d'importantes démonstrations.

EFFETS SPÉCIAUX

★ NOMBRE RECORD D'ARTISTES DU NUMÉRIQUE DANS UN FILM

320 artistes spécialistes des effets visuels ont travaillé sur *Capitaine Sky et le monde de demain* (USA-GB-Italie, 2004), le premier film hollywoodien filmé sur fond bleu, et dont les effets spéciaux ont été ajoutés après le tournage. Les images de ce film de 106 min, réalisé par Kerry Conran (GB) et interprété par Jude Law (GB) et Gwyneth Paltrow (USA), ont été tournées en 26 jours. Plus de 2 000 images numériques ont été conçues en huit mois.

LE PLUS GROS BUDGET CONSACRÉ AUX EFFETS SPÉCIAUX DANS UN FILM

6,5 millions $ (5,2 millions €) ont été consacrés aux effets spéciaux dans le film *2001 : l'Odyssée de l'espace* (USA, 1968), soit plus de 60 % du coût total de production qui s'élevait à 10,5 millions $ (8,4 millions €). En 2005, cette somme correspondrait environ à 49,1 millions $ (39,28 millions €).

LE PLUS LONG FILM D'ANIMATION EN PÂTE À MODELER

Dirigé par Peter Lord et Nick Park (GB), *Chicken Run* (GB, 2000) dure 82 min et est composé de 118 080 prises de vues utilisant la technique d'animation image par image. Un film d'action normal est composé de 500 à 1 000 prises.

★RECORD DE NOMINATIONS AUX OSCARS POUR LES EFFETS SPÉCIAUX

Dennis Muren (USA) a été nominé 12 fois aux Oscars pour ses effets spéciaux, la première fois pour *Le Dragon du lac de feu* (USA, 1981) en 1983 et dernièrement, en 2004, pour *Hulk* (USA, 2003). Il détient le record d'Oscars (six) pour les effets spéciaux, mais a également reçu deux Special Achievement Awards en 1981 pour *Le Retour du Jedi* (USA, 1983), ainsi que le Technical Achievement Award en 1982.

LA PLUS LONGUE GRUE ÉQUIPÉE D'UNE CAMÉRA

Afin de couvrir tous les angles du plateau de 236 m de *Titanic* (USA, 1997), une grue Akela d'une portée de 24 m a été transformée pour atteindre une portée de 61 m. Une caméra stabilisée par gyroscope était montée sur la nacelle de la grue. Cette dernière se déplaçait sur des rails le long du bateau. *Titanic* détient aussi le record du budget consacré aux cascades – plus de 3 millions $ (2,4 millions €) pour un budget total de 200 millions $ (160 millions €).

LE PLUS GRAND NOMBRE DE CAMÉRAS IMMOBILES POUR TOURNER UNE SÉQUENCE

Pour la réalisation d'une scène de *Matrix* (USA, 1999), Larry et Andy Wachowski (USA) ont utilisé 120 appareils photo spécialement adaptés pour faire des clichés panoramiques du héros, Neo (interprété par Keanu Reeves), qui esquive les balles d'un poursuivant. Cet effet spécial est aujourd'hui plus fréquemment appelé *time-slicing* (découpage temporel).

LE PLUS LONG SAUT EN HORS-BORD

Dans *Vivre et laisser mourir* (GB, 1973), Jerry Cormeaux (USA) fait un saut en hors-bord de 36,5 m au-dessus d'une route lors d'une scène de cascade où James Bond est poursuivi dans un marécage de Louisiane.

↙

VEDETTES DE TV

★ NOMBRE D'HEURES RECORD DEVANT LA CAMÉRA

Le présentateur Regis Philbin (USA) a passé 15 188 h devant la caméra, soit environ 1 h par jour durant les 46 années de sa carrière, qui s'est achevée le 20 août 2004.

→

★LE PLUS JEUNE ACTEUR NOMINÉ AUX EMMY AWARDS POUR UN PREMIER RÔLE

En 2000, alors qu'il n'avait que 15 ans, Frankie Muniz (USA) a été nominé aux Emmy Awards dans la catégorie meilleur acteur d'une série d'humour pour son rôle de Malcolm dans la série éponyme (FOX, USA).

LA PREMIÈRE PERSONNE APPARUE DANS UNE PUBLICITÉ DE LA TÉLÉVISION BRITANNIQUE

Le 22 septembre 1955, le soir des débuts de la télévision indépendante en Grande-Bretagne, Meg Smith (GB) a été choisie parmi 80 actrices pour être la première jeune femme à faire de la publicité. Elle vantait pendant 60 s les mérites du dentifrice Gibbs.

LES STARS DE LA PUBLICITÉ AYANT LA PLUS LONGUE CARRIÈRE

La campagne de publicité pour le thé PG Tips mettant en scène des chimpanzés a démarré en 1956. Plus de 100 publicités ont été tournées, la dernière en 1994. Les chimpanzés, qui auraient gagné plus de 1000 £ (1 350 €) par publicité, bénéficient d'un fonds de retraite.

★LA PLUS LONGUE CARRIÈRE TÉLÉVISÉE D'UN ANIMAL

George la tortue, apparue dans le programme Blue Peter (BBC, GB) en mai 1982, a fait sa dernière apparition le 14 avril 2004.

LE RÔLE LE PLUS LONG D'UNE SÉRIE TÉLÉVISÉE

Helen Wagner (USA) interprète Nancy Hughes Mac Closky dans *As the World Turns* (CBS, USA)

DAVID HASSELHOFF

David Hasselhoff (USA) était le héros d'*Alerte à Malibu* – la série télévisée la plus regardée, avec une audience hebdomadaire d'environ 1,1 milliard de téléspectateurs en 1996.

Quel effet cela fait-il de figurer dans le Guinness ?
C'est merveilleux car ce sont mes enfants qui me l'ont appris en me disant : « Hé, papa, tu es à la page 193. » C'est important de l'avoir su par leur intermédiaire. Ils étaient vraiment fiers.

Comment expliquez-vous le succès d'*Alerte à Malibu* ?
Un jour, quelqu'un m'a dit que le monde entier considérait l'Amérique comme la gardienne de la planète. Je suis assez d'accord. *Alerte à Malibu* est arrivé au bon moment... L'Amérique faisait figure de sauveteur et nous avons transmis ce message à l'échelle internationale.

De quoi êtes-vous le plus fier ?
C'est d'avoir gardé mon nom, « Hasselhoff », parce qu'il m'a causé beaucoup de problèmes au lycée ! Aujourd'hui, je dis à mon père : « Le nom que tu m'as donné... 1 milliard de personnes le connaissent. » Il arrive que nous nous promenions en Afrique du Sud, en Chine ou au Vietnam et que des personnes qui nous croisent prononcent mon nom.

Quels conseils donneriez-vous à nos lecteurs qui souhaiteraient suivre votre voie ?
Si vous pensez avoir du talent pour quelque chose, et quel que soit votre rêve, voyez loin. Ne le perdez pas de vue et foncez.

★ NOUVEAU RECORD ● MISE À JOUR

depuis le premier épisode diffusé le 2 avril 1956.

LE PREMIER PRÉSENTATEUR VIRTUEL

Le 27 mars 2002, « Maddy » a présenté *Tomorrow's World* (BBC, GB) en temps réel aux côtés de présentateurs en chair et en os. Maddy a été créée par Digital Animations Group de Glasgow.

LA PLUS FORTE AMENDE INFLIGÉE À UNE CHAÎNE

La Federal Communications Commission (USA) a infligé une amende de 555 000 $ (444 000 €) à CBS pour la retransmission du spectacle de la mi-temps du Super Bowl du 1er février 2004, au cours duquel Janet Jackson a dévoilé un sein.

LE PLUS LONG BAISER DANS UNE SÉRIE

Le 2 juillet 2002, un baiser de 3 min et 15 s a été diffusé dans *Friends*. Il mettait en scène Ellie Hunter et Ben Davies, joués par Sarah Baxendale et Marcus Patric (GB), en train de remporter un concours de baiser.

LE PLUS LONG TALK-SHOW

Zoltán Kováry (Hongrie) et Vador Lladó (Espagne) ont chacun réalisé une émission de 30 h. Kováry a interviewé en continu des invités et présenté son émission du 13 février 2003 à 16 h jusqu'au 14 février 2003 à 22 h aux studios Fix. tv à Budapest (Hongrie). Lladó, de la chaîne Flaix, a réalisé le même exploit du 3 au 4 mai 2002 à Barcelone (Espagne).

LE PRÉSENTATEUR LE PLUS ASSIDU

À l'exception de deux fois, Patrick Moore a présenté chaque mois *Sky at Night* (BBC, GB) sans interruption ni absence depuis le 24 avril 1957. En décembre 2002, l'émission comptait 600 diffusions et remportait le record de longévité d'une émission avec le même présentateur.

LA PLUS GRANDE MAISON
D'HOLLYWOOD

Aaron Spelling (USA) est propriétaire d'une maison de 123 pièces (5 253 m²) située au 594 Mapleton Drive. Il est le producteur, entre autres, de *Drôles de Dames* et *Beverly Hills*. Sa maison est actuellement estimée à 37 millions $ (29,6 millions €). Elle abrite un gymnase, des pistes de bowling et de rollers. Surnommée « Le Manoir » par la famille Spelling, elle a été construite après l'achat et la démolition de la précédente maison occupant le site, qui appartenait au chanteur Bing Crosby (USA).

↓

LES PLUS GROS SALAIRES DE LA TÉLÉVISION

★CHEF
En 2004, Jamie Oliver (GB) a gagné 4,8 millions £ (6,48 millions €).

PRÉSENTATRICE DU JT
Katie Couric (USA) gagne 13 millions $ (10,4 millions €) par an.

●JEUNE ACTRICE
En 2003, Hilary Duff (USA) a gagné 8 millions $ (6,8 millions €).

★JUGE D'ÉMISSION DE RECHERCHE DE TALENTS
En 2004, Simon Cowell (GB) a gagné 18 millions £ (24,3 millions €).

★INVITÉ D'UNE ÉMISSION DE TÉLÉ-RÉALITÉ
En 2003-2004, Donald Trump (USA) a gagné 7 millions $ (5,95 millions €) pour son apparition dans *The Apprentice*.

ACTEUR
En 1998, Jerry Seinfeld (USA) aurait gagné 267 millions $ (213,6 millions €).

★STARS DE LA TÉLÉ-RÉALITÉ (DANS SA PROPRE ÉMISSION)
En 2003, Jessica Simpson (en photo avec son mari) a gagné 4 millions $ (3,4 millions €).

ACTRICE DE TÉLÉVISION
En 1999, Helen Hunt a gagné 31 millions $ (26,35 millions €).

★STYLISTES
En 2003, Kyan Douglas, Ted Allen, Carson Kressley, Jai Rodriguez et Thom Filicia (USA), stars de *Queer Eye for the Straight Guy*, ont gagné 4 millions $ (3,4 millions €).

ANIMATRICE D'UN TALK-SHOW
En 2003, Oprah Winfrey (USA) a gagné 210 millions $ (178,5 millions €).

★SOMME RECORD POUR UN PRODUCTEUR DE TÉLÉVISION
David E. Kelley (USA), le créateur d'*Ally McBeal*, a gagné 300 millions $ (255 millions €) en l'an 2000 pour un contrat de 6 ans.

ACTEUR DE TÉLÉVISION
En 2004-2005, Ray Romano (USA) a gagné 1,8 million $ (1,53 million €) par épisode pour la série *Everybody Loves Raymond*.

ÉMISSIONS TV & PUBLICITÉ

← LE PLUS CHER DES DOCUMENTAIRES TÉLÉVISÉS

Sur la terre des dinosaures, une série documentaire décrivant la vie des dinosaures, leur mode de reproduction et la façon dont ils se sont éteints, a coûté plus de 37 654 £ (50 833 €) la minute. Plus de deux ans ont été nécessaires pour réaliser les six épisodes de 27 min, qui ont coûté au total 6,1 millions £ (8,23 millions €).

LA PLUS LONGUE DIFFUSION

DESSIN ANIMÉ
Les Simpson (FOX, USA)
1re diffusion : 17 décembre 1989
Épisodes : 352 depuis le 15 mai 2005

PROGRAMME POUR LA JEUNESSE
Bozo le clown (WGN TV, USA)
1re diffusion : 1949
Épisodes : plus de 150 000 depuis août 2001

★SÉRIE DE SCIENCE-FICTION
Doctor Who (BBC, GB)
1re diffusion : 23 novembre 1963
Épisodes : 709 (173 histoires) depuis le 18 juin 2005

SÉRIE TV
Guiding Light (CBS, USA)
1re diffusion : 30 juin 1952
Épisodes : 14 613 depuis le 25 février 2005

TÉLÉ-CROCHET
Opportunity Knocks (ITV, GB/BBC, GB)
1re diffusion : 1956
Épisodes : non communiqué

ÉMISSION DE MAGIE
Magicland (WMC-TV, USA)
1re diffusion : janvier 1966
Épisodes : 1200 depuis janvier 1989

SÉRIE COMIQUE
Last of the Summer Wine (BBC, GB)
1re diffusion : 12 novembre 1973
Épisodes : 235 depuis le 18 avril 2004

ÉMISSIONS TÉLÉVISÉES

★ PREMIÈRE SÉRIE D'ANIMATION PROGRAMMÉE EN PRIME TIME

Les Pierrafeu, un dessin animé créé par William Hanna et Joseph Barbera, a été diffusé pour la première fois sur ABC Television network (USA) en septembre 1960.

LES PLUS GROS PRODUCTEURS DE SÉRIES TV

Le Brésil, le Mexique et Porto Rico dominent le marché des *telenovelas*, feuilletons comptant en moyenne 100 épisodes. Ils fournissent des chaînes en Amérique latine, en Italie et au Portugal.

★ RECORD DE MARIAGES DANS UNE SÉRIE TV

59 mariages ont été célébrés dans *Coronation Street* (GB) depuis sa première diffusion en décembre 1960.

★ LE PLUS LONG PLAN

Le 8 octobre 2004, B.P. Singh (Inde) a tourné, à Mumbai, l'épisode d'une série télévisée en un seul plan-séquence (filmé sans interruption du point de vue) de 111 min. Il a été diffusé le 7 novembre 2004.

★ RECORD DE VICTOIRES CONSÉCUTIVES À UN JEU TV

En décembre 1998, Ian Lygo (GB) a remporté 75 victoires dans un jeu britannique, soit 100 % de victoires. Il détient aussi le record du **★ nombre d'adversaires vaincus au cours d'un seul jeu**, soit 150.

RECORD DE PARTICIPANTS À UN JEU TV

80 799 personnes ont participé aux championnats japonais de quiz des lycéens diffusé sur NTV, le 31 décembre 1983.

RECORD DE PARTICIPANTS À UN JEU TV SUR PLUSIEURS ANNÉES

Trans-America Ultra Quiz a compté 213 430 participants au cours de ses 16 années de diffusion, de 1977 à 1993. Seuls 31 concurrents ont atteint l'étape finale.

RECORD D'AUDIENCE POUR UNE COMÉDIE

125 millions de personnes ont regardé le dernier épisode de *M*A*S*H*, le 28 février 1983.

RECORD D'AUDIENCE POUR UNE SÉRIE TV

Au moment où sa popularité était à son maximum, en 1996, *Alerte à Malibu* bénéficiait d'une audience record de 1,1 milliard de télespectateurs dans 142 pays. Diffusé sur tous les continents excepté l'Antarctique, le feuilleton est actuellement programmé dans 148 pays et traduit en 44 langues.

★ LA PREMIÈRE SÉRIE TV EN COULEUR

The World Is Yours a été diffusé pour la première fois, le 26 juin 1951. La majorité des foyers américains possédaient alors des récepteurs noir et blanc et ne purent en profiter avant l'introduction des téléviseurs couleur en décembre 1953.

★ LA PUBLICITÉ TÉLÉVISÉE LA PLUS CHÈRE (PRODUCTION) →

La production de la publicité de 4 min du réalisateur Baz Luhrmann (Australie) faisant la promotion du N° 5 de Chanel a coûté 18 millions £ (24,3 millions €). Nicole Kidman (Australie) y jouait le rôle d'une actrice ressemblant à Marylin Monroe poursuivie par les paparazzi.
La publicité a d'abord été diffusée au cinéma, à partir du 1er novembre 2004, puis à la télévision, le 11 novembre 2004. L'actrice aurait reçu 3,71 millions $ (2,9 millions €) pour cette publicité, la somme la plus élevée par minute jamais gagnée par un acteur jouant dans une publicité, soit 928 800 $ (743 040 €) par minute.

★ NOUVEAU RECORD ● MISE À JOUR

★ LA PUBLICITÉ LA PLUS CHÈRE DIFFUSÉE PENDANT UNE SÉRIE ↑

Un créneau publicitaire de 30 s pendant le dernier épisode de *Friends*, diffusé aux États-Unis, le 6 mai 2004, coûtait en moyenne 2 millions $ (1,6 million €).

PUBLICITÉS

LA PLUS IMPORTANTE DIFFUSION SIMULTANÉE D'UNE PUBLICITÉ

À 21 h heure locale, le 1er novembre 1999, Ford a diffusé l'hymne de sa marque sur plus de 140 chaînes locales ou régionales dans 190 pays. Mettant en scène Charlotte Church (GB) et les sept marques du groupe Ford, la publicité a été tournée dans neuf pays.

★ RECORD DE PUBLICITÉS POUR UN MÊME PRODUIT PASSÉES AU COURS D'UN PROGRAMME

Le 17 août 1996, la bière Castlemaine a fait l'objet de neuf publicités au cours d'un même programme, sur ITV (GB). Trois versions de la publicité ont été présentées au cours de chacune des trois pauses publicitaires.

LE TARIF LE PLUS ÉLEVÉ POUR UNE PUBLICITÉ

Le tarif le plus élevé pour la diffusion d'une publicité est de 2,4 millions $ (1,92 million €) pour 30 s durant le prime-time du Super Bowl sur NBC, le 28 janvier 2001.

LA PREMIÈRE PUBLICITÉ FILMÉE DANS L'ESPACE

Une publicité pour le lait Tnuva, mettant en scène le cosmonaute Vasily Tsibliyev (Russie) en train de boire du lait à bord de la station Mir, a été diffusée pour la première fois le 22 août 1997.

RECORD DE PUBLICITÉS METTANT EN SCÈNE LE FONDATEUR D'UNE SOCIÉTÉ

De 1989 à 2002, Dave Thomas, le fondateur de Wendy's Old Fashioned Hamburgers, a fait 652 apparitions dans des publicités pour sa société.

PREMIÈRE PUBLICITÉ SUR UNE CHAÎNE PUBLIQUE

Le 27 juin 1941, la première publicité sur une chaîne publique a été diffusée sur WNBT de la NBC à New York. Elle présentait une montre Bulova.

← ★ LA PLUS FORTE SOMME GAGNÉE AU COURS D'UN JEU

Ken Jennings (USA) a gagné 2 520 700 $ (2 016 560 €) au jeu *Jeopardy* en gagnant 74 jeux durant 75 émissions diffusées du 2 juin au 30 novembre 2004. Jennings a battu 149 adversaires, en répondant correctement à plus de 2 000 questions.

↑ LA PLUS LONGUE DIFFUSION D'UNE ÉMISSION MUSICALE

Jimmy Savile (en haut) a présenté la première de *Top of the Pops* (BBC, GB), le 1er janvier 1964. Dusty Springfield, les Rolling Stones, les Dave Clark Five, les Swinging Blue Jeans et les Hollies y participaient. Les Beatles, Cliff Richards et les Shadows étaient aussi au programme. Bruno Brooks, Anthea Turner, Gary Davis (au centre, de gauche à droite), Fearne Cotton et Reggie Yates (en bas) ont aussi animé cette émission qui a fêté ses 41 ans en janvier 2005.

MUSIQUE NUMÉRIQUE

QU'EST-CE QUE LA MUSIQUE NUMÉRIQUE ?

• Traditionnellement, la musique est gravée et stockée sur des supports solides, comme les microsillons des disques vinyles ou les bandes des cassettes audio.

• La musique numérique se présente sous la forme d'**une chaîne binaire**, faite d'une série de **0 et de 1** qui jouent le même rôle que les microsillons d'un disque.

• La musique numérique étant un message codé, vous pouvez la **stocker et l'écouter sur votre ordinateur** – souvent sous la forme d'un fichier MP3.

• En raison du nombre croissant d'ordinateurs et de l'expansion d'Internet, il est **facile de transmettre** les données numériques des chansons dans le monde entier.

• Il est **plus facile que jamais** de trouver des chansons sur Internet. Ce nouveau mode d'achat et d'écoute de la musique pose toutefois des problèmes d'ordre juridique et met souvent en péril la notion de droits d'auteur.

★ PROGRAMME D'ÉCHANGES DE ← FICHIERS ILLÉGAL

Avant d'être interdit en 2001 à la suite d'un procès intenté par RIAA, le programme d'échanges de fichiers Napster (USA) a été utilisé par 70 millions d'internautes. Créé par un étudiant, Shawn Fanning (USA), il permettait aux abonnés d'échanger gratuitement des fichiers MP3 en ligne. Sur la photographie, on voit Shawn (à l'extrême gauche) avec son avocat David Boies, le 2 mars 2001, lors d'une conférence de presse, à l'extérieur du bâtiment de la Cour de justice fédérale, à San Francisco (Californie). Napster a été à nouveau lancé en 2003, cette fois légalement.

VENTES

★ LE SINGLE LE PLUS TÉLÉCHARGÉ EN GRANDE-BRETAGNE

En octobre 2004, en 1 semaine, 7 000 copies du single *Dogz Don't Kill People Wabbits Do* de Mouldy Looking Stain se sont vendues sur Internet en Grande-Bretagne.

★ LE SINGLE LE PLUS TÉLÉCHARGÉ AUX ÉTATS-UNIS

En octobre 2004, le single *Hey Ya* de OutKast (USA) s'est vendu à plus de 400 000 exemplaires.

La Recording Industry Association of America (RIAA) a remis aux chanteurs un disque de platine. C'était la première fois qu'une telle récompense était attribuée pour un morceau de musique téléchargé sur Internet.

★ LE PREMIER HIT VENDU UNIQUEMENT SUR INTERNET

En mars 2003, *Peacekeeper* de Fleetwood Mac (GB/USA) a été le premier single à figurer parmi les 100 titres du hit-parade américain alors qu'il n'était vendu que sur Internet.

LE 1er CD VENDU À 1 MILLION D'EXEMPLAIRES

En 1986, *Brothers in Arms* de Dire Straits a été le premier CD vendu à 1 million d'exemplaires dans le monde.

← ★ LE SINGLE LE PLUS TÉLÉCHARGÉ EN GRANDE-BRETAGNE

(Is This The Way To) Amarillo de Tony Christie (à gauche) et Peter Kay (GB, à droite) est sorti le 14 mars 2005. À ce jour, il a été téléchargé 57 804 fois.

Par la suite, les ventes en Europe ont atteint le même chiffre avec 250 000 disques vendus uniquement en Grande-Bretagne.

TECHNOLOGIE

★ LE PLUS VIEUX STUDIO D'ENREGISTREMENT NUMÉRIQUE

Construit en 1970, à Minneapolis (Minnesota), le Sound 80 Studios est devenu le premier studio d'enregistrement numérique multipistes grâce à la coopération de la 3M Company qui a mis au point ce type d'enregistrement. Il fait maintenant partie des laboratoires Orfield.

LE 1er DISQUE COMPACT

En 1980, Philips (Pays-Bas) et Sony (Japon) ont été les premiers à proposer un modèle de disque compact. Ce projet a été validé en 1981 par le comité du Compact Disc Standard Digital Audio Disc. Les premiers CD ont été commercialisés en Europe et au Japon à l'automne 1982, puis aux États-Unis en 1983, où 800 000 exemplaires ont été vendus dès la première année. Les disques optiques enregistrés

★ NOUVEAU RECORD ● MISE À JOUR

★ LE PLUS GRAND MAGASIN DE MUSIQUE EN LIGNE →

Lancé en mai 2003, l'Apple's iTunes comprend le plus grand nombre de morceaux de musique à télécharger légalement. Son catalogue compte aujourd'hui plus de 1 million de chansons en ligne.

et lus par un laser sont devenus des objets de consommation courante, puisqu'ils sont utilisés aussi bien pour jouer que pour travailler sur ordinateur.

★ LE PREMIER FOURNISSEUR DE SERVICES SUR INTERNET CRÉÉ PAR UN ARTISTE

Lancé le 1er septembre 1998, par David Bowie (GB) et les Ultrastar Internet Services, BowieNet (www.davidbowie. com – USA) est le premier fournisseur de services sur Internet créé par un chanteur.

LE JUKE-BOX MULTIMÉDIA DE GRANDE CAPACITÉ

Avec ses 80 gigaoctets de mémoire, l' AV380 est à ce jour le juke-box multimédia doté de la plus grande capacité de stockage. Créé par la société Archos (France) et lancé en août 2003, il peut stocker des morceaux de musique MP3, ainsi que des fichiers vidéo MPEG4. Avec une telle capacité de mémoire, l'AV380 peut stocker près de 2 000 cd, soit 160 h de télévision ou environ 120 DVD.

↓

★ LE PREMIER MP3

MP3 est l'abréviation de MPEG audio layer-3. Ce format de compression numérique permet de télécharger de la musique. Il est le descendant direct du MPEG-1, un système de compression vidéonumérique utilisé sur Internet. Le MP3 a été conçu en 1987, au Fraunhofer Institut Integrierte Schaltungen (Allemagne). En 1992, l'Organisation internationale de normalisation (ISO) l'a homologué.

★ LE SYNTHÉTISEUR LE PLUS VENDU

Le synthétiseur numérique le plus populaire est le Korg M1 Music Workstation. Depuis 1988, 250 000 exemplaires ont été produits en série.

RADIO SUR INTERNET

★ LA PREMIÈRE ÉMISSION DE RADIO SUR INTERNET

Produite par Internet Talk Radio (USA) et diffusée pour la première fois le 1er avril 1993, *Geek of the Week* est la première émission de radio sur Internet.

Carl Malumud (USA) l'a mise au point en utilisant la technologie MBONE (IP Multicast Backbone on the Internet).

★ LA PREMIÈRE STATION DE RADIO SUR INTERNET

Radio HK (USA) est la première radio permanente fonctionnant uniquement sur Internet. Créée en février 1995, en Californie, par Norman Hajjar (USA), elle a commencé par diffuser de la musique de groupes indépendants. Elle fonctionnait grâce à un réflecteur de CU-SeeMe (logiciel de téléconférence) connecté en boucle à un CD audio conçu à cet effet.

★ LE SINGLE LE PLUS TÉLÉCHARGÉ EN UNE SEMAINE AUX ÉTATS-UNIS

Le 7 mai 2005, *Hollaback Girl* de Gwen Stefani (USA) a enregistré 58 500 ventes en 1 semaine.

←

EN TÊTE DU HIT-PARADE

←★LE PLUS GRAND NOMBRE DE JURONS DANS UN SINGLE CLASSÉ N° 1

En tête des ventes de singles aux États-Unis, en Grande-Bretagne, en Australie et dans de nombreux pays européens début 2004, *Fuck it (I don't want you back)* d'Eamon Doyle (USA) contient 33 jurons.

★LE RECORD DE VITESSE DES VENTES POUR UNE COMPILATION

En avril 2004, dès la première semaine de sa sortie en Grande-Bretagne, le 57e volume des compilations *Now !*, record mondial des ventes, s'est arraché à 334 345 exemplaires.

★LE PLUS VIEIL ENREGISTREMENT CLASSÉ N° 1 DES SINGLES (USA)

En juillet 2004, le single n° 1 aux États-Unis était *That's Alright* d'Elvis Presley (USA), n° 3 en Grande-Bretagne, l'enregistrement était sorti sans succès en 1954.

★LA DÉBUTANTE LA MIEUX CLASSÉE AU HIT-PARADE AMÉRICAIN

La seule artiste à avoir débuté directement en première place du Top 100 américain est Fantasia Barrino (USA), qui a remporté le concours *American Idol* avec *I Believe,* le 10 juillet 2004.

LA PLUS LONGUE DURÉE AUX 1er ET 2e RANGS DES SINGLES (USA)

OutKast (USA) est resté huit semaines aux 1er et 2e rangs du hit des singles avec *Hey Ya !* et *The Way You Move*, du 20 décembre 2003 au 7 février 2004.

★LES PLUS MAUVAISES VENTES POUR UN SINGLE CLASSÉ N° 1 (USA)

Sélectionné pour *American Idol, Dreams* de Diana DeGarmo (USA) a atteint le sommet du hit des singles américains en septembre 2004 avec moins de 3 000 disques vendus par semaine.

★LES PLUS MAUVAISES VENTES POUR UN SINGLE CLASSÉ N° 1 (GB)

Call On Me de Eric Prydz (Suède) s'est vendu à 21 749 exemplaires le 30 octobre 2004, après 1 semaine passée en tête du hit britannique.

LE PLUS DE NOUVEAUX TITRES CLASSÉS N° 1

Pour ses débuts, 12 singles du

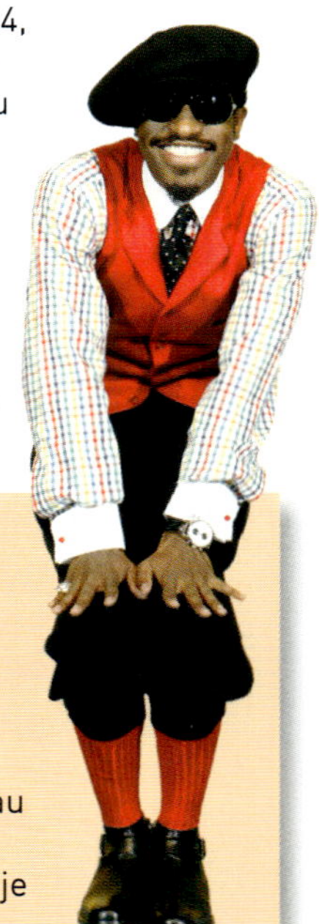

LES MEILLEURES VENTES POUR UN ALBUM

Thriller de Michael Jackson (USA) s'est vendu à plus de 51 millions d'exemplaires dans le monde depuis 1982.

↘

ANDRE 3000 BENJAMIN

Andre 3000 (né Andre Benjamin, USA), la moitié d'OutKast, détient le record de semaines consécutives aux 1er et 2e rangs du hit-parade.

Vous avez toujours voulu faire de la musique ?
Non, au départ, je suis un artiste visuel. Je me suis intéressé à la musique au lycée.

Qu'est-ce que vous préférez dans votre métier ?
Entendre, voir une idée, puis l'apporter au plus grand nombre.

Quand vous avez commencé, imaginiez-vous un tel succès ?
On espère que sa musique va trouver une résonance chez les gens, mais on ne sait pas quel succès on va avoir.

Quel est votre plus grand accomplissement dans le domaine musical ?
Arriver à un niveau où le public est aussi motivé que je le suis par un nouveau défi, une nouvelle création.

Quel conseil donneriez-vous à des jeunes qui veulent faire carrière dans la musique ?
Prenez du plaisir, amusez-vous. Apprenez le métier autant que la musique. Évaluez-vous honnêtement. Diversifiez-vous. Laissez la musique devenir un loisir, parce qu'aujourd'hui, c'est difficile d'en vivre.

← LA CHANSON DE NOËL ABONNÉE AU N° 1 BRITANNIQUE

À trois reprises, *Do They Know It's Christmas ?* est arrivé au 1er rang des singles à Noël en Grande-Bretagne : en 1984, 1989 et 2004. La première version s'est vendue à 3,6 millions d'exemplaires (GB). Interprétée par Band Aid 20, la dernière a été n° 1 des ventes en Grande-Bretagne en 2004, avec plus de 1 million d'exemplaires vendus. Ses auteurs sont Bob Geldof (Irlande) et Midge Ure (GB).

groupe irlandais Westlife (Shane Filan, Nicky Byrne, Bryan McFadden, Mark Feehily, Kian Egan) ont été classés n° 1 entre le 1er mai 1999 et le 22 novembre 2003.

★LE MAXIMUM DE NOUVEAUX TITRES AU HIT ANGLAIS

Le 16 octobre 2004, 17 nouveaux titres figuraient au Top 40 des singles.

★ LE MAXIMUM DE NOUVEAUX TITRES AU HIT AMÉRICAIN

Le 16 octobre 2004, 11 nouveaux titres figuraient au Top 20 des albums.

★L'ARTISTE LE PLUS CITÉ AU HIT-PARADE DE LA VARIÉTÉ (USA)

En septembre 2004, Elton John (GB) a figuré pour la 64e fois au hit-parade américain de la variété (adultes) avec *Answer in the Sky*, contre 63 fois pour Barbra Streisand (USA), première femme pour le nombre de citations.

LE SÉJOUR LE PLUS LONG AU HIT-PARADE

How Do I Live par LeAnn Rimes (USA), apparu au Top 25 américain des singles de musique country le 21 juin 1997, y était toujours en février 2003, détenant un record de 291 semaines (plus de 5 ans et demi).

LA PLUS GRANDE LONGÉVITÉ AU HIT DES SINGLES

Louis Armstrong (USA, 1901-1971) figure pour la première fois dans un palmarès le 6 avril 1946. On le voit pour la dernière fois au Top 50 en 1988, 17 ans après sa mort, pour *What a Wonderful World*, tiré de la bande-son du film *Good Morning Vietnam* (USA, 1987). Armstrong a lancé plus de 50 succès avant le début officiel des palmarès en 1940. Son premier, *Muskrat Ramble*, date de 1926. Ses hits couvrent une période de plus de 61 ans !

★LE GROUPE LE PLUS INTERNATIONAL POUR UN ALBUM CLASSÉ N° 1 (GB)

Quand l'album *Il Divo* est devenu n° 1 le 13 novembre 2004, le groupe Il Divo rassemblait quatre nationalités, avec Carlos Marin (Espagne), David Miller (USA), Urs Buhler (Suisse) et Seb Izambard (France). L'album alterne chansons pop et variétés chantées en anglais, en espagnol et en italien.

★LE PLUS GRAND SUCCÈS BRITANNIQUE

Le titre qui a remporté le plus de succès au hit-parade britannique est *Angel*, qui a figuré à 11 reprises au Top 40, avec pour derniers interprètes The Corrs (Irlande), en septembre 2004.

→ OÙ A LIEU LE PLUS GRAND FESTIVAL ANNUEL DE JAZZ DU MONDE ? DÉCOUVREZ-LE P. 173

★LE PLUS LONG SÉJOUR AU TOP DES SINGLES AUX ÉTATS-UNIS EN 1 AN →

En 2004, *Usher* de Usher Raymond IV (USA) est resté 28 semaines n° 1 des singles américains.

★HAMBURGER

Le plus gros hamburger du commerce pèse 4 kg. On peut le commander pour 23,95 $ (19 €) au Denny's Beer Barrel Pub, Inc. de Clearfield (Pennsylvanie). Le client qui arrive à le finir en 3 h maximum est remboursé, son nom est inscrit sur une plaque et on lui offre un bon d'achat de 65 $ (52 €). À ce jour, personne n'a réussi l'exploit.

←★TEE DE GOLF

En juillet 2004, pour le tournoi HARIBO de golf pour jeunes et enfants, HARIBO GmbH & Co. KG a créé un tee de golf en bois d'épicéa de 3,30 m, avec une tête de 74,5 cm de diamètre et une tige large de 30 cm.

★PLANCHE DE SURF

Une planche de surf géante réalisée par Nev Hyman (Australie) a été lancée le 5 mars 2005 à Snapper Rocks dans le Queensland (Australie). Elle mesure 12 m de long sur 3 m de large et 30 cm d'épaisseur. Pour fabriquer ce monstre de 800 kg, il lui a fallu 300 l de résine et 0,5 t de mousse.

GRANDS FORMATS

← ● BOTTE

Le 5 février 2005, on a dévoilé la plus grande botte en cuir du monde : 6 m de long, 2,1 m de large et 4,8 m de haut. Elle a été fabriquée par le personnel de la Red Wing Shoe Company dans leur atelier de Red Wing (Minnesota). Pesant plus de 1 t, sa fabrication a nécessité 80 peaux. Elle équivaut à une taille 850.

● TAPETTE À SOURIS

Le 5 novembre 2003, à Miami Gardens (Floride), la société de dératisation Truly Nolen a présenté au public une tapette à souris de 3,50 m de long et 1,67 m de large. →

TOUJOURS PLUS HAUT

Quel est le plus haut ? L'Empire State Building ou la Grande Pyramide de Giza ? Savez-vous que le plus grand iceberg connu aurait dépassé la grande roue de Londres (London Eye) ou que l'arbre le plus haut du monde ridiculise la statue de la Liberté ?

Nous avons réuni sur cette page des édifices qui sont les plus grands dans leur catégorie. Qu'ils soient ou non connus, la comparaison de leurs hauteurs respectives est toujours intéressante. La plupart sont des constructions humaines, mais nous y avons inclus des géants de la nature, comme le plus grand iceberg et l'arbre le plus haut : ils peuvent en effet être bien plus impressionnants qu'on ne l'imagine souvent.

Nous examinons aussi deux édifices en construction : la Freedom Tower, sur le site du World Trade Center, à New York et la Burj Dubai aux Émirats arabes unis. Bientôt, l'un, puis l'autre, sera l'immeuble le plus haut du monde. Mais pour combien de temps ?

LE PLUS GRAND ↑ BONHOMME DE NEIGE

Le 17 février 1999, les habitants de Bethel et des villes voisines (Maine) ont mis la touche finale à un bonhomme de neige de **34,63 m** qu'ils ont mis 14 jours à façonner.

Trilithons
Le plus grand des trilithons (assemblages de 3 pierres) de Stonehenge, au sud de la plaine de Salisbury (GB), se dresse à **6,7 m**, et a plus de 2,4 m enfouis sous terre. Ces pierres levées pèsent plus de 45 t et nécessiteraient 550 hommes pour les hisser sur une pente de 9°.

Cactus (sans branche)
En avril 1979, à Cave Creek (Arizona), Hube Yates a mesuré un cactus de **24 m**. Une tempête l'a abattu en juillet 1986, à un âge estimé à 150 ans.

Obélisque d'une seule pièce
Jadis, la « broche » (du grec *obeliskos*) de Touthmosis III s'élevait à 36 m. Cet obélisque, haut aujourd'hui de **32,8** m, orne la place Saint-Jean du Latran, à Rome (Italie).

Bonhomme de neige
34,63 m
(voir ci-dessus)

Sculpture
55 m
(voir ci-dessus)

Arbre de Noël
En décembre 1960, on a dressé et décoré un pin Douglas (*Pseudotsuga menziesii*) de **67,35 m** au centre commercial de Northgate à Seattle (État de Washington).

Statue de la Liberté
92,99 m
à New York

Arbre
Le Stratosphere Giant (*Sequoia sempervirens*), un séquoia géant découvert en août 2000 par Chris Atkins (USA) dans la forêt Rockefeller du parc de Humboldt Redwoods (Californie) est le plus grand arbre vivant. En juillet 2004, il mesurait **112,5 m**.

Attraction à chute verticale
Le Giant Drop de Dreamworld, dans le Queensland (Australie), tombe d'une hauteur de **119 m.** Les passagers effectuent une chute libre de 5 s avant d'être arrêtés par des freins électromagnétiques.

Statue
En janvier 1993, à Tokyo (Japon), on a inauguré une statue en bronze de Bouddha haute de **120 m**.

Hampe de drapeau sans haubans
Érigée par Trident Support Corporation (Jordanie), la plus haute hampe de drapeau sans haubans se dresse à **126,8 m**.

Montagnes russes
Kingda Ka, au parc Six Flags Great Adventure, près de Jackson (New Jersey), sont les plus hautes montagnes russes du monde. Elles montent jusqu'à **127,4 m** du sol. Ouvertes au printemps 2005, ce sont aussi les plus rapides du monde, atteignant 206 km/h quelques secondes après le départ.

LA SCULPTURE LA PLUS HAUTE

Haute de **55 m**, la sculpture B of the Bang de Thomas Heatherwick (GB) a été dévoilée par l'athlète Linford Christie (GB), le 12 janvier 2005, à Manchester. Elle doit son nom à une citation de Christie, qui avait déclaré qu'il démarrait la course au « B du BANG ! » du pistolet. La sculpture est plus haute (et plus penchée !) que la tour de Pise.

Flèche de cathédrale
Le flèche la plus haute du monde orne la cathédrale protestante d'Ulm (Allemagne). De style gothique primitif, l'édifice a été commencé en 1377. La tour de **160,9 m** qui se dresse au milieu de la façade ouest n'a été achevée qu'en 1890.

Hampe de drapeau
Près de la frontière de la Corée-du-Sud, la hampe de drapeau de Panmunjom (Corée-du-Nord) porte à **160 m** un drapeau long de 30 m. Résultant d'une guerre de propagande entre les deux pays, elle aurait été dressée en réponse à un immense mât élevé dans un village voisin de Corée-du-Sud.

Tour de contrôle d'aéroport
Avec **130 m**, la tour de l'aéroport international de Kuala Lumpur (Malaisie) est la plus haute tour de contrôle du trafic aérien au monde. En forme de flamme olympique géante, elle est due à un architecte malais. Elle abrite les contrôleurs du ciel, des systèmes radar et un réseau informatique high-tech sur l'espace aérien.

Pyramide
La pyramide de Khéops, à Giza (Égypte), est la plus haute du monde. Appelée aussi Grande Pyramide, elle faisait 146,7 m à son achèvement il y a environ 4 500 ans, mais l'érosion et le vandalisme l'ont réduite à **137,5 m**.

Grande roue d'observation
Conçu par les architectes David Marks et Julia Barfield, le London Eye (« Œil de Londres ») de la British Airways a un diamètre de **135 m**. Élevé dans les Jubilee Gardens sur la rive sud de la Tamise, il a fait son premier tour, le 1er février 2000. Il a été exploité le mois suivant.

Hôpital
Le plus haut bâtiment d'hôpital du monde est la Guy's Tower du Guy's Hospital de Londres. Haute de **142,6 m**, elle a été achevée en 1974 et compte 34 niveaux.

★PAIRE DE CISEAUX

La plus grande paire de ciseaux a été créée en juillet 2001 par Mike Stephenson (USA). Fermée, elle fait 90 cm de bout en bout. Grande ouverte, 82 cm d'une pointe à l'autre. Elle peut être utilisée pour couper.

★PLANCHE DE SKATE

À San Diego (Californie), Tod Swank, Greg Winter, Dana Hard et Damon Mills (USA) ont conçu et fabriqué le Foundation Skateboards WBS (plus grand skateboard du monde) long de 3,66 m, large de 1,2 m et haut de 0,76 m. Des pneus de voiture équipent ses roues montées sur de vrais essieux grand format, qui pivotent quand on incline la planche, comme sur les skates ordinaires.

★MACHINE À POPCORN

À Santa Clarita (Californie), Greg Scott Abbott (surnommé Rev Gadget), Wink Eller, Lisa Lejohn, Eric Scarlett, Christoff Koon et Charles Cretors (USA) ont mis 5 jours pour construire une machine à popcorn haute de 6,77 m, large de 2,92 m et profonde de 2,46 m. Ils l'ont présentée en juin 2004 dans le cadre du show télévisé *BIG!* sur Discovery Channel.

BOULE D'ÉLASTIQUES

Le 22 octobre 2003, on a mesuré au Delaware (USA) une boule ayant une circonférence de 4,59 m et pesant 1 415,2 kg. Elle a été fabriquée en rubans élastiques par John J. Bain (USA).

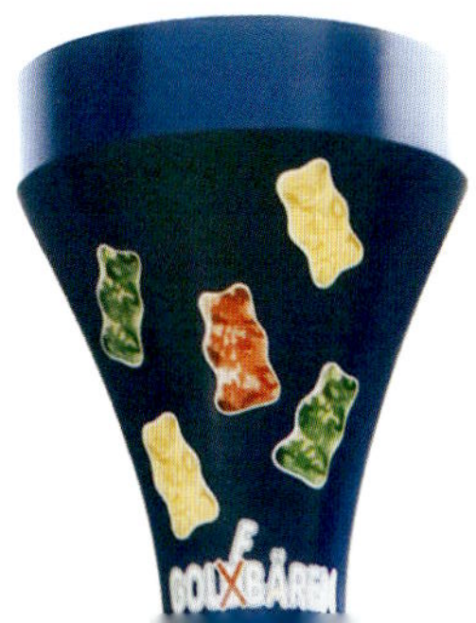

SPORTS EXTRÊMES

★ SNOW-BOARD →
RECORD DE MÉDAILLES EN SUPERPIPE
Danny Kass (USA) a gagné 4 médailles : l'or en 2001, l'argent en 2003 et 2004, le bronze en 2005.

● RECORD DE MÉDAILLES
EN INDIVIDUEL
Dave Mirra (USA) a gagné 18 médailles aux X-Games en Bike Stunt.

● RECORD
DE MÉDAILLES D'OR EN INDIVIDUEL
Dave Mirra (USA) détient aussi le record des médailles d'or remportées aux X-Games en individuel : 13, dans la discipline Bike Stunt.

LES X-GAMES

Les jeux de sports extrêmes ou X-Games ont lieu chaque année. Leur première édition s'est déroulée en juillet 1995, à Rhode Island et dans le Vermont (USA). Les premiers X-Games d'hiver ont été créés en 1997 à la station de Snow Summit Mountain (Californie). Ces jeux sont l'œuvre de la chaîne sportive de télévision américaine ESPN, qui souhaitait offrir un forum mondial aux athlètes de sport extrême. La popularité de ces jeux grandit à travers le monde. Des athlètes de haut niveau disputent différentes compétitions de qualification pour y participer.

X-GAMES D'ÉTÉ

SKATE-BOARD
★ STREET PARK – Piste en béton avec marches, rails, côtés et rebords.
★ BIG AIR – Saut à 18-24 m avec atterrissage sur un quart de cylindre de 8 m.
★ VERT – Figures effectuées en saut au-dessus d'un halfpipe (demi-cylindre).
★ VERT BEST TRICK – Plus belle figure sur halfpipe.

MOTO EXTRÊME (125 CC/250 CC MOTO-CROSS)
★ STEP-UP – Course verticale de 7,5 m sur une rampe de lancement en terre pour effectuer un saut au-dessus d'une barre.
★ FREE STYLE – Figures et sauts à partir de rampes ou de départs en terre, réception en terre.
★ BEST TRICK – Saut effectué à partir d'un tremplin en terre géant.
★ SUPER MOTO – Combinaison de street racing, moto-cross et free style sur une piste en terre et en asphalte.

BIKE STUNT (BMX)
★ VERT – Sauts et figures à partir d'un halfpipe.
★ PARK – Figures à partir de tremplins, caissons, plans inclinés et rails.

ROLLER ACROBATIQUE
★ VERT – Sauts et figures à partir d'un halfpipe.
★ SURFING THE GAME – 2 équipes en compétition pour un score général.
★ WAKEBOARD – Sauts et figures effectués derrière un bateau dans un parcours d'obstacles sur l'eau.

→ POUR UNE LISTE COMPLÈTE DES RECORDS DE MÉDAILLES AUX X-GAMES, REPORTEZ-VOUS À LA SECTION DU SPORT CONCERNÉ.

SNOW-BOARD
RECORD DE MÉDAILLES REMPORTÉES PAR UNE FEMME
Barrett Christy (USA) a gagné 10 médailles aux X-Games, en snow-board.

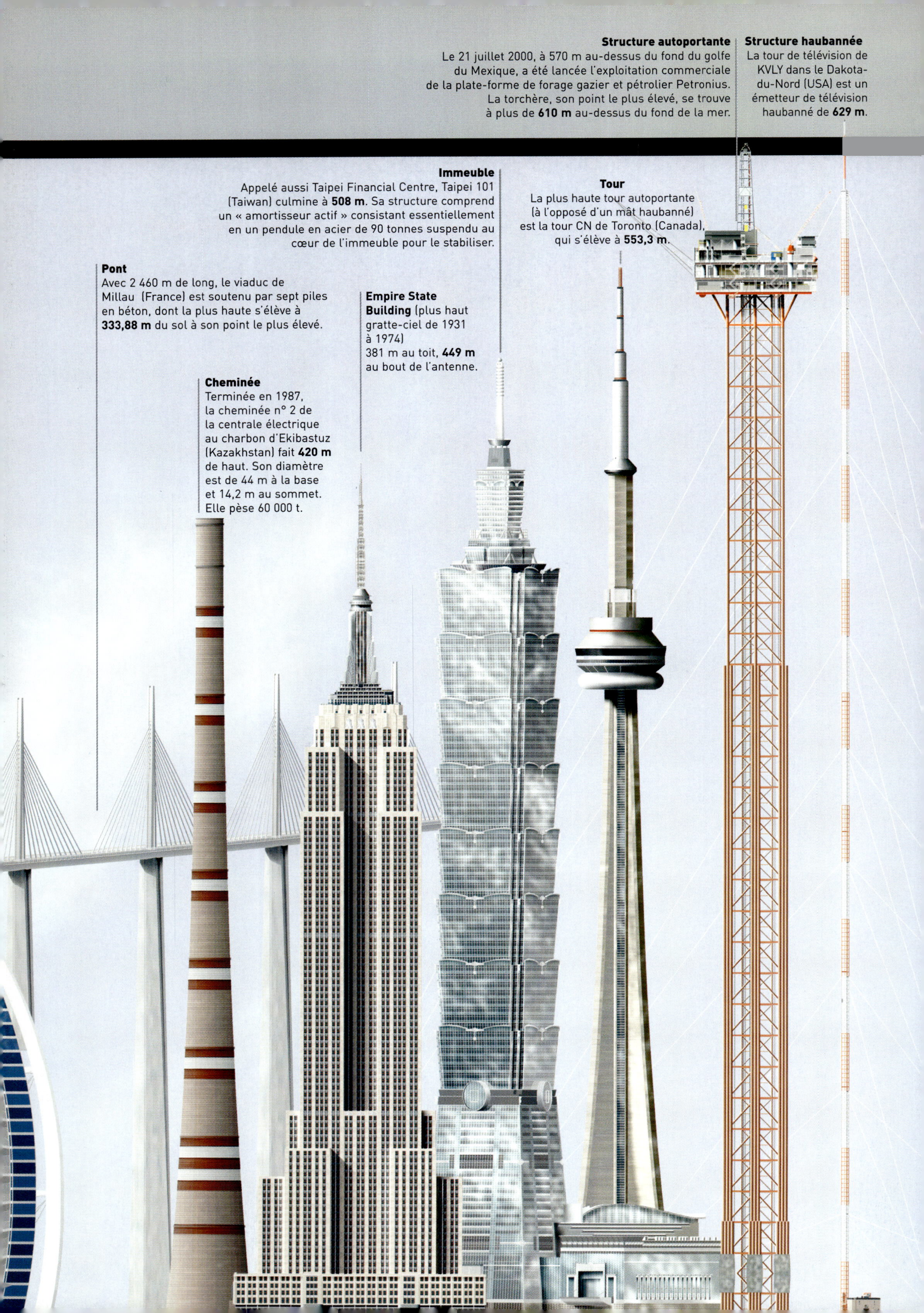
Pont
Avec 2 460 m de long, le viaduc de Millau (France) est soutenu par sept piles en béton, dont la plus haute s'élève à **333,88 m** du sol à son point le plus élevé.
Cheminée
Terminée en 1987, la cheminée n° 2 de la centrale électrique au charbon d'Ekibastuz (Kazakhstan) fait **420 m** de haut. Son diamètre est de 44 m à la base et 14,2 m au sommet. Elle pèse 60 000 t.
Empire State Building (plus haut gratte-ciel de 1931 à 1974)
381 m au toit, **449 m** au bout de l'antenne.
Immeuble
Appelé aussi Taipei Financial Centre, Taipei 101 (Taiwan) culmine à **508 m**. Sa structure comprend un « amortisseur actif » consistant essentiellement en un pendule en acier de 90 tonnes suspendu au cœur de l'immeuble pour le stabiliser.
Tour
La plus haute tour autoportante (à l'opposé d'un mât haubanné) est la tour CN de Toronto (Canada), qui s'élève à **553,3 m**.
Structure autoportante
Le 21 juillet 2000, à 570 m au-dessus du fond du golfe du Mexique, a été lancée l'exploitation commerciale de la plate-forme de forage gazier et pétrolier Petronius. La torchère, son point le plus élevé, se trouve à plus de **610 m** au-dessus du fond de la mer.
Structure haubannée
La tour de télévision de KVLY dans le Dakota-du-Nord (USA) est un émetteur de télévision haubanné de **629 m**.

PAS DE LIMITES ?

Aujourd'hui, la tour Taipei 101 (Taiwan) est le plus haut immeuble du monde, mais deux nouveaux gratte-ciel en construction vont certainement la détrôner dans moins de 5 ans. La Freedom Tower de New York (croquis à droite) s'élèvera symboliquement à **1 776 pieds (541 m),** 1776 étant l'année de la Déclaration d'Indépendance des États-Unis. La fin des travaux est prévue pour 2009, mais elle pourrait se faire dépasser en 2008 par un monstre : la Burj Dubai (tour de Dubaï, croquis à gauche) qui devrait s'élever à **705 m** et sera l'édifice le plus haut jamais construit par l'homme sur terre et sur mer, autoportant ou non.

Bâtiment résidentiel
Le bâtiment résidentiel le plus haut du monde est la 21st Century Tower de Dubaï (Émirats arabes unis). Elle compte 53 étages et atteint **269 m** de haut.

Hôtel
À 15 km au sud de Dubaï (Émirats arabes unis), l'hôtel de luxe Burj Al Arab (« la tour d'Arabie ») est le plus haut hôtel du monde. Le 26 octobre 1999, il mesurait **321 m** du sol à la pointe de son mât. En forme de voile, il a été bâti sur une île artificielle.

Minaret
Le minaret de la Grande Mosquée Hassan II de Casablanca (Maroc) est le plus haut du monde. Il mesure **200 m**. La construction de la mosquée a coûté 5 milliards de dirhams (450 millions €).

Iceberg
En 1958, le brise-glace East Wind a signalé un iceberg haut de **167 m** au large de la côte ouest du Groënland.

Monument
La Gateway Arch de St Louis (Missouri) est une arche d'acier inoxydable qui mesure **192 m**. Achevée le 28 octobre 1965, elle commémore l'expansion vers l'ouest qui a suivi l'achat de la Louisiane en 1803. Elle a été conçue en 1947 par Eero Saarinen, architecte finno-américain.

Obélisque
Le Washington Monument, à Washington DC, a été érigé en 1884 en hommage au premier président des États-Unis. Il se dresse à **169 m**. Un obélisque est une colonne à quatre côtés, s'amincissant vers le haut, souvent terminée par une pointe pyramidale.

★ MOTO EXTRÊME : ↗ RECORD DE MÉDAILLES EN INDIVIDUEL

Dans sa carrière en moto extrême, Brian Deegan (USA), le « Metal Mulisha », a gagné 9 médailles, dont 2 en or.

→ VOIR P. 13 L'INTERVIEW DE RYAN SCHECKLER, PLUS JEUNE MÉDAILLÉ D'OR EN SPORTS EXTRÊMES.

←★ LE PLUS JEUNE ATHLÈTE

Takeshi Yasutoko (Japan) avait 11 ans et 50 jours quand il a fait ses débuts aux X-Games dans l'épreuve Vert de roller acrobatique, en 1988.

LE PREMIER « 900 » EN SKATE-BOARD

Le 27 juin 1999, aux X-Games de San Francisco (Californie), la légende du skate-board Tony Hawk (USA) a été le premier à accomplir un « 900 » (2,5 rotations en plein vol) en compétition. Dans cette figure, le skater tourne sur 900°, c'est une des figures les plus difficiles de la discipline. Hawk l'a réussi au bout de 11 essais dans la même soirée.

↓

TONY HAWK

« L'homme-oiseau » (USA, à gauche) a gagné 16 médailles d'or en skate-board, aux X-Games. Il a aussi été le premier à réussir un « 900 » (voir à gauche).

Cela fait quel effet de détenir un record Guinness ?
Fantastique ! Si vous m'aviez dit, quand j'étais gamin, que je figurerais dans le livre, je ne l'aurais pas cru, surtout pour le skate-board. C'est un grand honneur.

Quel est votre plus bel exploit ?
Réussir le « 900 » pour la première fois en compétition a été pour moi un exploit. C'est la figure pour laquelle je me suis entraîné le plus longtemps (environ 5 ans). J'avais eu très tôt l'idée mais pas le courage d'essayer. Sport mis à part, figurer dans les *Simpsons* a été pour moi un événement. C'est un vrai signe d'intégration dans la culture populaire, surtout s'ils vous font jouer votre propre rôle !

Vous attendiez-vous à ce qui vous arrive aujourd'hui ?
J'ai encore du mal à croire que je gagne ma vie avec le skate-board. Même quand ce sport n'était pas très connu et que j'avais du mal à gagner ma vie, je me suis accroché. Aujourd'hui, il a pris une autre importance et j'y ai toujours ma place, mais à une plus grande échelle !

Quels conseils donneriez-vous aux jeunes qui démarrent dans ce sport ?
Ne soyez pas trop impatients, il faut beaucoup de temps pour apprendre toutes les figures. Et faites-vous plaisir ! Ne vous lancez pas en pensant que c'est un outil pour conquérir la gloire ou la fortune : il faut y prendre du plaisir pour avoir une chance de réussir.

★ SNOCROSS

RECORD DE MÉDAILLES (HOMMES)

Blair Morgan (Canada) a obtenu 7 médailles : l'or en 2001, 2002, 2003 et 2005, l'argent en 1999 et 2000, le bronze en 2004. Après s'être remis de fractures du dos et de la jambe, il a à nouveau gagné la médaille d'or en 2005.

X-GAMES D'HIVER

MOTO EXTRÊME
★ BEST TRICK – Plus belle figure en plein vol entre la rampe de départ et celle d'arrivée.

SKI
★ SKI EXTRÊME – Course de descente.
★ SLOPE STYLE – Figures sur un parcours d'obstacles, rampes et sauts.
★ SUPERPIPE – Figures à partir d'un demi-cylindre creusé dans la neige.

SNOCROSS
Course associant piste ovale et parcours cross-country.

SNOW-BOARD
★ SNOW-BOARD EXTRÊME – Course de descente.
★ SLOPE STYLE – (voir SKI)
★ SUPERPIPE– (voir SKI)

ULTRACROSS
Course de descente-relais associant un skieur et un snow-boarder.

★ RECORD DE MÉDAILLES EN SKI EXTRÊME

Jon Olsson (Suède) a remporté 8 médailles de ski extrême aux X-Games d'hiver, entre 2002 et 2005 : 4 en superpipe et 4 en slope style.

MOTO EXTRÊME

LE SAUT LE PLUS HAUT EN STEP-UP

En août 2000, Tommy Clowers (USA) a effectué un saut de 10,7 m en step-up aux X-Games. Pour ce saut à moto, le pilote doit passer une barre placée au-dessus d'une rampe de lancement à très forte pente. Le saut équivaut à la hauteur d'un immeuble de trois étages.

CHANTEURS ET RÉPERTOIRE

★LE MEILLEUR CLASSEMENT POUR 2 ALBUMS SORTIS LE MÊME JOUR (USA)

Deux albums de la chanteuse de rap Nelly (Cornell Haynes, USA), *Suit* et *Sweat*, sont arrivés en même temps aux 1er et 2e rangs du hit-parade américain, en octobre 2004.

→ QUEL EST L'ALBUM QUI S'EST VENDU À PLUS DE 51 MILLIONS D'EXEMPLAIRES DEPUIS SA SORTIE EN 1982 ? DÉCOUVREZ-LE P. 158.

LES MEILLEURES VENTES...

★POUR UN ALBUM DE JAZZ CONTEMPORAIN

Come Away With Me, l'album de Norah Jones (USA), est resté en tête du hit-parade américain du jazz contemporain 143 semaines consécutives, et s'est vendu à 16 millions d'exemplaires dans le monde. N° 1 en mars 2002, il est passé n° 2 en décembre 2004.

POUR UN ALBUM DE WORLD MUSIC

Buena Vista Social Club (Cuba, 1997), qui a reçu un Grammy Award (l'équivalent des Victoires de la musique) en 1998, s'est vendu à plus de 4 millions d'exemplaires.

POUR UNE CHANTEUSE LATINA

La société de production de Gloria Estefan (Cuba) estime les ventes de ses disques à 70 millions. Elle a reçu 8 disques d'or aux États-Unis, dont 4 ont dépassé 3 millions d'exemplaires : *Primitive Love* (1985), *Let It Loose* (1987), *Cuts Both Ways* (1989) et *Greatest Hits* (1992).

POUR UN CHANTEUR LATINO

Julio Iglesias (Espagne) a vendu plus de 200 millions d'albums. Son album *Julio* (1983) est le premier en langue étrangère qui se soit vendu à plus de 2 millions d'exemplaires aux États-Unis, et le seul en langue étrangère qui ait obtenu deux disques de platine.

POUR UN CHANTEUR DE RAP

2Pac (Tupac Shakur, USA) a vendu 36 millions d'albums aux États-Unis. Il a eu plus de succès après sa mort, à 25 ans, en septembre 1996, que de son vivant, avec entre autres trois albums classés n° 1.

POUR UN CHANTEUR DE COUNTRY

Garth Brooks (USA) a vendu plus de 100 millions d'albums depuis 1989.

POUR UN VIDÉO-CLIP

Le clip de *Thriller* de Michael Jackson, sorti en décembre 1983,

★LE MAXIMUM DE CONCERTS PUBLICS DONNÉS EN 24 H PAR UN CHANTEUR POP

Rachel Stevens (GB) a donné sept concerts publics les 8 et 9 septembre 2004 dans les villes de Salford, Liverpool, Stoke-on-Trent, Birmingham, Bristol, Oxford et Londres. Chacun a duré au moins 15 min.

★LE MAXIMUM DE SIGNATURES DE DISQUES CONSÉCUTIVES

Les 6 et 7 juillet 2004, le Mexicain Yahir Othön Parra a autographié 2 852 exemplaires de son album *Otra historia de amor*, Plaza Cuicuilco (Mexico), sans interruption pendant 8 h 13 min et 49 s.

s'est vendu à plus de 900 000 exemplaires.

★LE PLUS LONG HOMMAGE SUR UN SINGLE
Was Ist Passiert ? sorti par PUR (Allemagne), le 20 octobre 2003, énumère 1 491 noms de fans qui se sont enregistrés via le site Internet du groupe.

LE PLUS GRAND NOMBRE DE...

●BRIT AWARDS REÇUS PAR UN ARTISTE
Robbie Williams (GB) a reçu 15 BRIT (British Record Industry Trust) Awards. Il a obtenu le plus récent, celui de la meilleure chanson des 25 dernières années, pour *Angels*, lors de la cérémonie du 10 février 2005.

BRIT AWARDS REÇUS PAR UN GROUPE EN 1 AN
Blur a reçu 4 BRIT Awards en 1995. Ce groupe créé en 1988 était formé à l'époque de Damon Albarn, Graham Coxon, Alex James et Dave Rowntree.

GRAMMY AWARDS REÇUS PAR UN MUSICIEN
Entre 1958 et 1997, le chef d'orchestre classique Georg Solti (GB) a reçu 31 Grammy Awards (dont le spécial Trustees en 1967).

GRAMMY AWARDS REÇUS PAR UNE CHANTEUSE
Aretha Franklin (USA) a reçu 15 Grammy Awards depuis 1967, cette année-là, celui du meilleur interprète de R & B, avec *Respect*. Elle a poursuivi en recevant ce même trophée en catégorie féminine 11 fois entre 1967 et 1987.

GRAMMY AWARDS REÇU PAR UN CHANTEUR POP
Depuis 1973, Stevie Wonder (USA) a reçu 19 Grammy Awards, dont 6 fois en tant que meilleur interprète de R & B.

GRAMMY AWARDS REÇUS PAR UN GROUPE EN 1 AN
Santana, formé dans les années 1960, a reçu, le 23 février 2000, 8 Grammy Awards pour leurs prestations de l'année.

GRAMMY AWARDS REÇUS PAR UN ARTISTE EN 1 AN
Michael Jackson (USA) a reçu 8 Grammy Awards en 1984.

PERSONNES À PARTAGER UN GRAMMY AWARD
En février 1978, les 46 musiciens de l'orchestre symphonique de Chicago ont reçu le Grammy Award de la Meilleure interprétation vocale classique pour leur *Requiem de Verdi*.

LE PLUS CHER...

COSTUME DE SCÈNE
Le 16 septembre 1998, Sotheby's (Londres) a vendu 60 000 € la tenue que Geri Halliwell (GB) portait aux BRIT Awards de 1997. Karen Davis, sa sœur, avait réalisé pour une somme modique le corset sur lequel elle avait cousu le drapeau anglais.

CLIP VIDÉO
Tourné par Mark Romanek (USA), le clip de *Scream* de Michael et Janet Jackson (1995) a coûté 5,4 millions €.

★LA PLUS JEUNE CHANTEUSE CLASSÉE N° 1 (GB)

Le 9 octobre 2004, Joss Stone (GB) est arrivée n° 1 au hit-parade avec son 2e album *Mind, Body & Soul*, à 17 ans et 181 jours.

PROUESSES MUSICALES

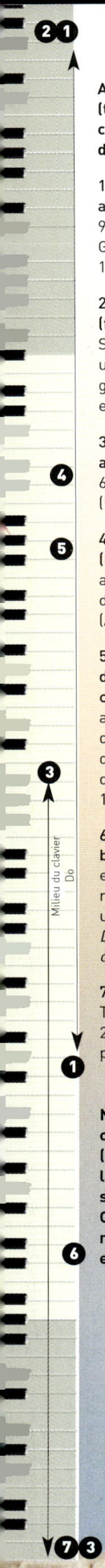

Amplitude vocale (tous les noms de notes correspondent à un clavier de piano)

1. ★ **La plus grande amplitude (femme) :** 9 octaves : Sol 2–Sol 10, Georgia Brown (Brésil), 18 août 2004.

2. **La note la plus haute (femme) :** Georgia Brown : Sol 10 – plus exactement une fréquence vérifiée grâce à un piano, un violon et un orgue Hammond.

3. **La plus grande amplitude (homme) :** 6 octaves, Tim Storms (USA).

4. **La note la plus haute (homme) :** Sol 7 (4 Ré au-dessus du Do du milieu du clavier), Adam Lopez (Australie), 17 mars 2003.

5. **La note la plus élevée dans un répertoire classique :** Sol 6 (3 Sol au-dessus du Do du milieu du clavier) dans Popoli di Tessaglia, une aria de Mozart (Autriche, 1756-1791).

6. ★ **La note la plus basse :** Ré (3 Ré abaissés en dessous du Do du milieu du clavier) dans une aria de Osmin dans *Die Entführung aus dem Serail* de Mozart.

7. **La note la plus basse :** Tim Storms : Si 2, presque 2 octaves en dessous de la plus basse note d'un piano.

N. B. : les clés les plus claires sur le clavier (à gauche) indiquent la gamme d'un piano standard de 88 touches. Celles en gris représentent les tons en dehors de la gamme.

● LE PLUS LONG CONCERT D'UN GROUPE

Du 20 au 22 février 2004, les Grand Boys – Paul Bromley, John Griffin, Bob et Robert Kelly, Alan Marshall, Adrian Robertson, Colin Sinclair et Alan Stewart (GB) – ont joué pendant 42 h et 38 min, au restaurant Smith, à Stirling (GB).

←

PUISSANCE VOCALE

LE RAPPEUR LE PLUS RAPIDE

Rebel XD (USA), aussi connu sous le nom de Seandale Price, est le rappeur qui rappe le plus vite. Le 24 juin 1998, il a rappé 683 syllabes en 54,501 s, soit plus de 12,5 syllabes/s, il pulvérise ainsi son record précédent de 1992, de 674 syllabes en 54,9 s, soit 12,2 syllabes/s.

★ LA NOTE VOCALE LA PLUS LONGUE

David McFetridge (Irlande) a maintenu une seule note vocale en continu pendant 29,03 s lors du *Big Toe Radio Show*, programme radio pour les enfants , à Londres, le 29 juillet 2003. David se trouvait à exactement 1 m de l'instrument de mesure et a choisi son propre ton. L'écart de ton par rapport à la note de départ fut vérifié par deux musicologues.

MARATHONS

● ELVIS

Franz Nübel (Allemagne), « Eifel-Elvis », a chanté durant 42 h 16 min et 8 s des chansons du King dans la ville de Kall (Allemagne), les 29 et 30 janvier 2004.

● DJ À LA RADIO

Arulanantham Suresh Joachim (Australie) a animé une émission pendant 120 h, sur Geethavaani Tamil Radio, à Scarborough (Canada), du 23 au 28 juin 2003.

DJ DE BOÎTE DE NUIT

DJ Martin Boss (USA) a effectué une session de 74 h, au Vinyl Frontier à Orlando (Floride), du 1er au 4 février 2002.

★ KARAOKÉ

Mark Pearson (GB) a chanté 25 h et 45 min, au Keighley Cougars Rugby Club de Keighley (GB), les 25 et 26 juin 2004. La ★ **plus longue session de karaoké d'un groupe** a été réalisée du 26 au 30 décembre 2004 lors d'une manifestation qui

LE PLUS GRAND ENSEMBLE MUSICAL

INSTRUMENT	NOMBRE	LIEU	DATE
Cloches (carillons)	10 000	Gdansk (Pologne)	31 décembre 2000
Violon	4 000	Londres (GB)	15 juin 1925
Flûte à bec	3 337	Hong-Kong (Chine)	4 mars 2001
Tambour	3 140	Hong-Kong (Chine)	13 juillet 2003
★ **Flûte de Pan**	2 317	La Paz (Bolivie)	24 octobre 2004
Mirliton	1 791	Quincy (USA)	30 juin 2004
★ **Erhu**	1 490	Jiangsu (Chine)	17 octobre 2004
Guitare	1 322	Vancouver (Canada)	7 mai 1994
Violoncelle	1 103	Kobe (Japon)	29 novembre 1998
● **Harmonica**	851	Poznan (Pologne)	13 septembre 2003
Shamisen	815	Tokyo (Japon)	27 novembre 1999

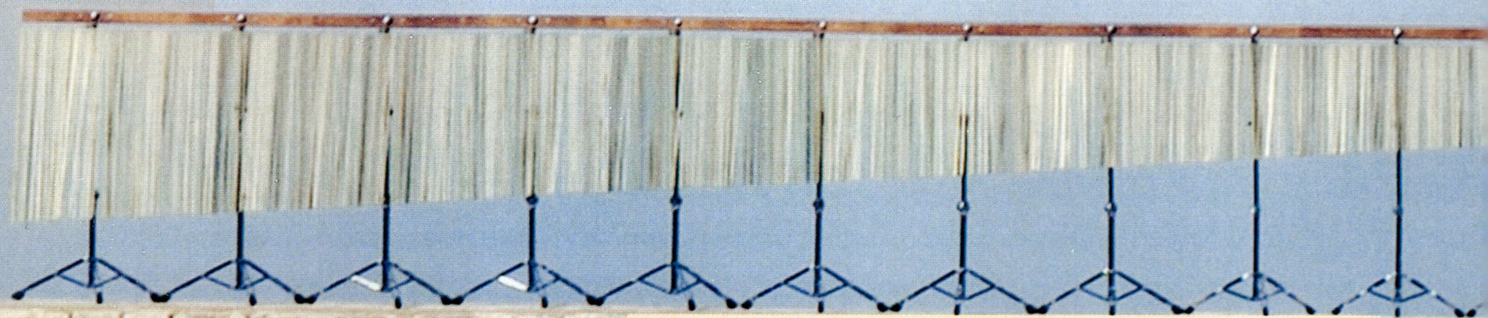

★ NOUVEAU RECORD ● MISE À JOUR

a eu lieu au Guanghou Victory Plaza (Chine). Le groupe a joué 399 morceaux pendant 100 h.

LE PLUS DE...

★ DJ EN RELAIS
59 DJ ont mixé sans interruption un vinyle chacun, au D-Train, Bridge & Tunnel Club, à Londres, le 18 juin 2003. Les DJ ont mixé un disque les uns après les autres. Chaque mixage était continu, synchronisé et professionnel.

★ PLATINES VINYLES DANS UN MIX
DJ Trixta (Andrew Cooper, GB) a utilisé six vinyles sur six platines dans un mixage synchronisé au Phoenix Centre d'Exeter, dans le Devon (GB), le 26 septembre 2002.

★ INSTRUMENTS UTILISÉS DANS UN MORCEAU
Le 3 juillet 2002, les enfants de l'école primaire Caistor ont utilisé 147 instruments lors d'un récital qui a lieu à Caistor, dans le Lincolnshire (GB). Le morceau, *Caistor Symphony,* a duré 30 min.

BATTEMENTS DE TAMBOUR EN 1 MIN
Oliver Butterworth (GB) a effectué 1 080 battements de tambour en 1 min, le 13 juin 2002, à l'université de Lincoln (GB).

LE PLUS GRAND...

GROUPE
Le 28 juin 1964, 20 100 musiciens du Norges Musikkorps Forbund se sont réunis au Ullevaal Stadium, à Oslo (Norvège).

LE PLUS GRAND ENSEMBLE DE TAMBOURS →
Il était composé de 3 140 participants qui se sont réunis pour jouer la cérémonie d'ouverture du festival de tambours de Hong-Kong dans le Victoria Park, à Hong-Kong (Chine), le 13 juillet 2003. Parmi ceux qui dirigeaient le groupe, il y avait 100 tambours du Hong-Kong Chinese Orchestra.

★ CARILLON
Le carillon de Hyechon College, à Seo-ku, Taejon (Corée-du-Sud), est le plus grand du monde. Composé de 78 cloches, il couvre cinq octaves. Sa plus grosse cloche, le Bourdon pèse 10 t.

CHORALE
60 000 choristes ont interprété une chanson lors de la finale du concours de chorale à Breslau (Allemagne), le 2 août 1937.

★ BEATBOX HUMAIN (BRUITAGE AVEC LA BOUCHE)
106 personnes (la plupart habitant Laburnham Road, à Maidenhead, GB) ont fait un beatbox le 3 juin 2002. Ils ont maintenu une rythmique pendant plus de 3 min.

● FESTIVAL DE JAZZ
Le Festival international de Jazz de Montréal (Canada) est le plus grand festival de jazz du monde. Pour son 25e anniversaire, en juillet 2004, il a accueilli 1 913 868 spectateurs.

★ COURS DE GUITARE
Len Collins (GB) a donné un cours de guitare à 211 étudiants au Middleton Hall, à Milton Keynes (GB), le 11 mai 2004.

ORGUE
L'orgue de l'auditorium d'Atlantic City (New Jersey) est l'instrument le plus grand et le plus sonore jamais construit. Terminé en 1930, il compte 2 consoles, 1 477 tirages et 33 112 tuyaux. Il possède une gamme de 7 octaves et le volume de 25 orchestres de cuivres.

ORCHESTRE
Un groupe de 6 452 musiciens composé de l'orchestre de Vancouver et d'étudiants de Colombie-Britannique (Canada) a interprété *Ten Minutes of Nine* pendant 9 min et 44 s, au Place Stadium de Vancouver (Canada), le 15 mai 2000.

★ CHŒUR DANS UN MÊME LIEU
Le 9 mai 2004, Freddy Quinn (Allemagne) a dirigé 88 600 personnes dans *La Paloma*, sur le bateau-musée *Rickmer Rickmers,* à Hambourg (Allemagne).

★ LE PLUS LONG CARILLON
Construit par George Barbar (Liban), ce carillon a été utilisé lors du festival Byblos-off, à Byblos (Liban), le 17 juin 2004. Long de 15 m, il est composé de 1 000 cloches dont la longueur varie de 5,1 cm à 105 cm. Ces dernières sont fixées à 20 barres en bois maintenues horizontalement par 20 pieds de cymbales. ↙

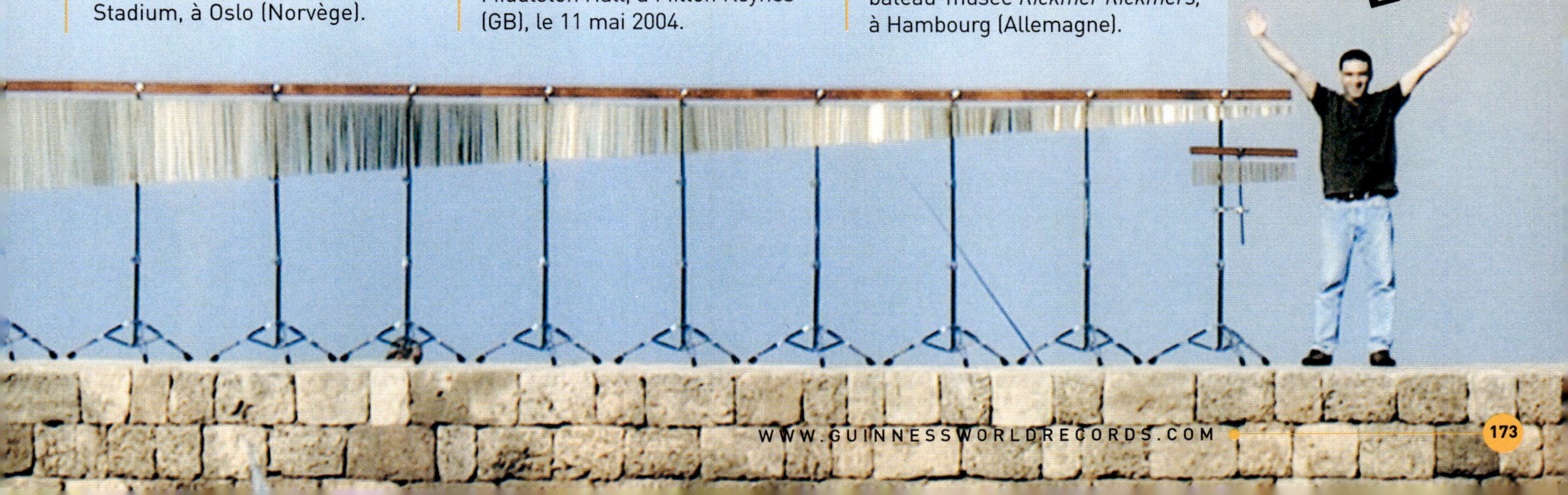

ARTS DE LA SCÈNE

★LE RECORD DE PRODUCTIONS MUSICALES SIMULTANÉES

Depuis février 2005, la comédie musicale *Mamma Mia !* est produite simultanément à 12 endroits dans le monde : elle est notamment mise en scène dans neuf salles : en Grande-Bretagne, aux États-Unis (2 salles), en Espagne, au Japon, en Suède, en Allemagne, au Canada et en Hollande. Trois tournées sont organisées en Europe, en Afrique du Sud et aux États-Unis. La comédie musicale *Les Misérables*, de Cameron Mackintosh, est **la plus grosse production** avec 15 lieux de représentations différents dans le monde entier.

COMÉDIES MUSICALES

★LA PIÈCE LONDONIENNE LA MOINS LONGTEMPS À L'AFFICHE

Une production d'*Oscar Wilde* s'est arrêtée après sa première représentation le 22 octobre 2004. 5 sièges avaient été réservés pour le lendemain au Shaw Theatre de Londres, qui compte 466 places.

★L'ACTEUR LE MIEUX PAYÉ DANS UNE COMÉDIE MUSICALE DE BROADWAY

Michael Crawford (GB) a été payé 180 000 $ par semaine (144 000 €) pour le rôle du comte Von Krolock dans *Dance of the Vampire*, à l'affiche à Broadway. La première a eu lieu le 9 décembre 2002, au Minskoff Theater (New York), et la dernière, le 25 janvier 2003. Ce spectacle a eu plus d'avant-premières (61) que de représentations (56), ce qui a entraîné une perte record pour un spectacle théâtral.

★LE COMPOSITEUR LE PLUS PROLIFIQUE

Avec divers collaborateurs, Richard Rodgers (USA) a écrit 51 comédies musicales pour le théâtre et le cinéma au cours d'une carrière de 70 ans : sa première œuvre était *You'd Be Surprised* (1920) et sa dernière *I Remember Mama* (1979). Celle qui a remporté le plus de succès est *South Pacific*, produite pour la première fois en 1949, et qui a donné lieu à un film en 1958. La bande son a figuré 70 semaines au hit-parade anglais, un record.

LA PRODUCTION LONDONIENNE LA PLUS CHÈRE

Chitty Chitty Bang Bang, d'Eon Productions, qui a démarré le 16 avril 2002 au London Palladium (GB), mettait en scène Michael Ball (UK). Sa mise en scène a coûté 6,2 millions £ (8,37 millions €), battant le record de *Cats*, le 11 mai 1981, qui est de 6 millions de £ (8,1 millions €).

RECORD DE TONY AWARDS POUR UNE COMÉDIE MUSICALE

En 2001, *Les Producers* ont reçu 12 Tony Awards pour 15 nominations – dont celle de la meilleure comédie musicale. *Chitty Chitty Bang Bang*, dirigé par Susan Stroman (USA), a battu le record de récompenses détenu depuis 1964 par *Hello Dolly !*

THÉÂTRE

LES PLUS FORTES RECETTES DU BOX-OFFICE AU THÉÂTRE

Depuis sa création à Londres, le 9 octobre 1986, *Le Fantôme de l'opéra* d'Andrew Lloyd Webber's

★LE PLUS GROS BUDGET (PRÉPRODUCTION)

Le plus gros budget de préproduction consacré à un spectacle avant sa première mondiale est celui de la comédie musicale *The Lord of the Rings* (*Le Seigneur des Anneaux*), qui a dépassé jusqu'ici 11,7 millions £ (17,84 millions €). Dirigée par Matthew Warchus (GB) et produite par Kevin Wallace Ltd, celle-ci va être présentée au théâtre Prince of Wales, à Toronto (Canada), en 2006.

RECORD DE NOMINATIONS AUX TONY AWARDS

★Acteur : 8, Jason Robards (USA), 1957–1978

★Actrice : 10, Julie Harris (USA), 1952–1997

Pièce : 9 pour *Angels in America : Millennium Approaches* (1993) et *Indiscretions* (1995)

★Pièce (sans récompense) : 9 pour *Indiscretions* (1995)

★Comédie musicale (sans récompense) : 11 pour *Chicago* (1976) et *Steel Pier* (1997)

→ QUELLE POP STAR A BATTU LE RECORD DE CONCERTS EN 24 H ? LA RÉPONSE SE TROUVE P. 170.

a fait l'objet de plus de 65 000 représentations dans 20 pays et a rapporté 2 milliards £ (2,7 milliards €) au box-office.

★LE PLUS GRAND NOMBRE DE RÔLES JOUÉS PAR UN ACTEUR DANS UNE PIÈCE

Laxman Deshpande (Inde) endosse les 52 rôles du one-man-show de 3 h intitulé *Varhad Nighalay Londonla*. Celui-ci a été joué 2 125 fois depuis la première payante de décembre 1979, à Aurangabad (Inde).

★LA PIÈCE LA PLUS RAPIDEMENT MONTÉE

Le 27 septembre 2003, l'équipe de la Dundee University Musical Society, en association avec Apex Productions, a produit et joué *Seven Brides for Seven Brothers,* au Gardyne Theatre, à Dundee (GB), 23 h et 30 min après la réception du script. Cette durée inclut les auditions, le casting, les répétitions, la conception de la publicité, des costumes, le décor de la scène et l'aménagement.

★RECORD DE PIÈCES D'UN AUTEUR PRÉSENTÉES SIMULTANÉMENT À BROADWAY

Durant 186 jours, du 21 décembre 1966 au 25 juin 1967, quatre pièces de Neil Simon (USA) ont été jouées à Broadway : *Barefoot in the Park* (23 octobre 1963-25 juin 1967), *The Odd Couple* (1er août 1966-2 juillet 1967), *The Star-Spangled Girl* (21 décembre 1966-5 août 1967) et *Sweet Charity* (9 janvier 1966-15 juillet 1967).

RECORD D'APPARITIONS AU THÉÂTRE EN UNE SOIRÉE

Au cours de la soirée du 24 février 2004, Jerry Hall (USA) a endossé plusieurs rôles célèbres dans le cadre de six productions théâtrales différentes présentées dans le West End à Londres. →

★COMÉDIE LE PLUS LONGTEMPS À L'AFFICHE

Après sa création au Festival Fringe d'Édimbourg, le 18 août 1979, *NewsRevue* a été à l'affiche à Londres, au Kings Head Theatre (1979), au Gate Theatre (1980-1985), puis au Canal Café Theatre (de 1985 à aujourd'hui), tout en continuant d'être produite chaque mois d'août, au Festival Fringe.

★LE PLUS JEUNE PRODUCTEUR LONDONIEN

Gary Sullivan (GB) avait 20 ans et 152 jours lorsque son spectacle de variétés, *Energy*, a été présenté au théâtre de sa Majesté, à Londres, le 18 mars 2001. Il mettait en scène 200 personnes, dont des chanteurs solistes, des danseurs, des musiciens et des chœurs.

★LA PLUS GRANDE SOCIÉTÉ DE SPECTACLE

Clear Channel Entertainment Inc. est la plus grande société d'organisation et de production de spectacles : elle organise des concerts, des spectacles à Broadway et des événements sportifs. Elle est présente dans 65 pays et a réalisé un chiffre d'affaires de 2 649 900 millions $ (2 119 920 €) en 2003.

LE PLUS ANCIEN THÉÂTRE NATIONAL

Fondé en 1680 par Louis XIV, la Comédie-Française est le théâtre national le plus ancien du monde.

★LA PRODUCTION THÉÂTRALE LA PLUS COÛTEUSE DE BROADWAY

L'adaptation sur scène du *Roi Lion*, le dessin animé de Disney sorti en 1994, est la production théâtrale la plus coûteuse jamais réalisée, avec le Broadway show – qui a démarré le 13 novembre 1997 et a coûté environ15 millions $ (12 millions €).

↖

PROGRAMME THÉÂTRAL DE JERRY HALL, LE 24 FÉVRIER 2004

***Fantôme de l'opéra* :**
Personnage : monsieur André
Entrée en scène : 19 h 30.
Fin du rôle : 19 h 40.

Les Misérables
Personnage : une prostituée
Entrée en scène : 19 h 59.
Fin du rôle : 20 h 04.

Fame
Personnage : Mr Myers
Entrée en scène : 20 h 30.
Fin du rôle : 20 h 35.

Blood Brothers
Personnage : Brenda
Entrée en scène : 20 h 55.
Fin du rôle : 21 h.

Anything Goes
Personnage : un des six « Swings »
Entrée en scène : 21 h 25.
Fin du rôle : 21 h 40.

Chitty Chitty Bang Bang
Personnage : un des 24 membres de la troupe
Entrée en scène : 22 h 09.
Fin du rôle : 22 h 18.

durée totale : 2 h et 42 min

PROUESSES DU CIRQUE

★ ÉCHASSIERS EN PROMENADE

Afin de célébrer le 20e anniversaire du Cirque du Soleil, le 16 juin 2004, 544 employés ont effectué une marche de 100 m sur des échasses pour rejoindre leur quartier général à Montréal, au Québec (Canada).

Durée - jonglage

3 objets
Terry Cole (GB)
11 h 4 min et 22 s (1995)

★ 3 objets sous l'eau :
Ashrita Furman (USA)
48 min et 36 s (2002)

★ 3 lancers du poids (masculin) :
Milan Roskopf (Slovaquie)
52,02 s (2002)

5 massues :
Anthony Gatto (USA)
45 min et 2 s (1989)

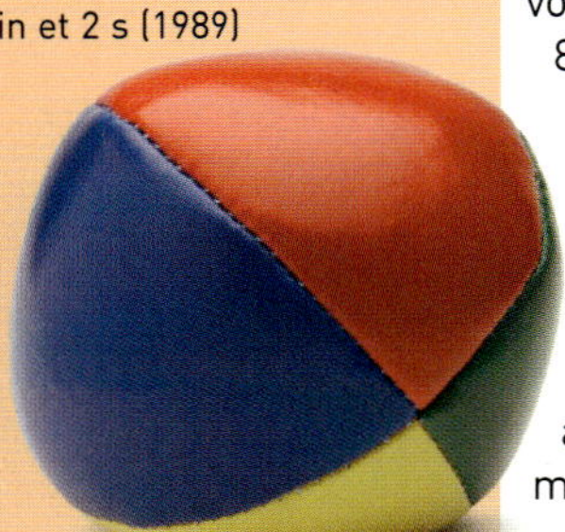

LE PLUS GRAND...

CHAPITEAU

Le Ringling Bros and Barnum & Bailey Circus (USA) voyage avec un chapiteau de 8 492 m². Composé d'un sommet circulaire de 61 m de diamètre avec des sections intermédiaires de 18 m de large chacune, il fut utilisé sur les tournées de 1921 à 1924. Le plus grand chapiteau actuellement utilisé a un sol qui mesure la moitié de cette taille.

FAÎTES

Les deux plus grands faîtes mesurent 120,7 x 37,8 m – un peu plus long et plus étroit qu'un terrain de football américain – et sont utilisés par Carson et Barnes Circus (USA) et Clyde Beatty-Cole Brothers' Circus (USA). Le chapiteau de Carson et Barnes est démonté 7 jours par semaine pendant 36 semaines consécutives chaque année. Le chapiteau de Clyde Beatty-Cole Brothers abrite 3 000 spectateurs.

CHAPITEAU SPECTACLE

Le chapiteau spectacle du Ringling Bros and Barnum & Bailey Circus a accueilli 16 702 spectateurs (dont 15 686 places payantes) pour une représentation à Concordia (Kansas), le 13 septembre 1924.

NUMÉRO AVEC DES LIONS

« Captain » Alfred Schneider (GB) domptait et nourrissait 70 lions dans une cage, sans aucune aide, au cirque Bertram Mills, à Londres, en 1925.

NUMÉRO AVEC DES OURS POLAIRES

Willy Hagenbeck (Allemagne) a travaillé avec 70 ours polaires lors d'une représentation au Paul Busch Circus, à Berlin (Allemagne), en 1904.

BOTTES DE CLOWN

Le clown Coco (Lettonie, né Nicolai Poliakoff) chaussait du 58.

LE PLUS LONG...

★ FONCTIONNEMENT D'UN CIRQUE

« Le plus grand show du monde » du Ringling Bros and Barnum & Bailey Circus a fonctionné pendant 135 ans. Barnum a commencé son show en 1870 et s'est uni aux frères Ringling en 1919.

★ RECORD DE NUMÉROS CONSÉCUTIFS DE JONGLERIE AVEC LES PIEDS

Stiv et Roni Bello (Italie) ont effectué 45 numéros consécutifs de jonglerie avec les pieds pendant le tour « Varekai », du Cirque du Soleil, à San Jose (Californie), le 15 février 2003.

PERCHE EN ÉQUILIBRE SUR LE MUSEAU

Le 18 avril 2001, Chipie, l'otarie de Petra et Roland Duss (France), a gardé en équilibre sur son museau une perche souple (avec un seau vide à son extrémité) pendant 6,9 s.

LE PLUS DE...

★ TOURS DE JONGLERIE AVEC LES PIEDS EN 30 S

Stiv et Roni Bello (Italie, page de gauche) du Cirque du Soleil ont effectué 38 tours de jonglerie consécutifs avec les pieds en 30 s lors d'une représentation en Californie, le 15 février 2003.

★ ÉLÉPHANTS

Le Ringling Bros and Barnum & Bailey Circus a fait une tournée avec 55 éléphants à travers les États-Unis, dans les années 1920 et 1930. **Le plus grand numéro de cirque** mettait en scène 263 artistes et 175 animaux lors de la tournée de Barnum & Bailey Circus aux États-Unis, en 1890.

★ LE CLOWN LE PLUS CRÉATIF

Entre 1927 et 1937, Charlie Cairoli (Italie) et son père ont fait plus de 700 numéros au cirque Medrano à Paris. Il fit ensuite 40 saisons consécutives sans jamais répéter le même numéro.

JONGLERIE ET FLASHING

OBJETS	NOMBRE	DÉTENTEUR	DATE
Balles (jonglerie)	10	Enrico Rastelli (Italie)	1920
		Bruce Sarafian (USA)	1996
Balles (flashing)	12	Bruce Sarafian (USA)	1995
Balles (rebondir)	10	TIM NOLAN (USA)	1998
Torches en feu	7	Anthony Gatto (USA)	1989
Massues	7	Albert Petrovski (ex-URSS)	1963
		Sorin Munteanu (Roumanie)	1975
		Jack Bremlov (Tchécoslovaquie)	1985
		Albert Lucas (USA)	1996
		Anthony Gatto (USA)	1988
		Bruce Tiemann (USA)	1995
Massues (flashing)	8	Anthony Gatto (USA)	1989
		Scott Sorensen (USA)	1995
Bâtons	7	Françoise Rochais (FR)	1999
Anneaux	11	Albert Petrovski (ex-URSS)	1963
		Eugene Belaur (USSR)	1968
		Sergei Ignatov (ex-URSS)	1973
Anneaux (en feu)	13	Albert Lucas (USA)	2002

Jonglage : le nombre d'objets rattrapés est égal au nombre d'objets multiplié par le nombre de mains. **Flashing :** le nombre d'objets rattrapés est au moins égal au nombre d'objets, mais moins qu'en jonglage.

★ GALIPETTES EN 1 MIN

Ami Miller (GB) et Funky Fools ont fait 19 galipettes sur le dos d'un cheval à Newcastle-Upon-Tyne (GB), le 1er septembre 2004.

★ SAUTS CONSÉCUTIFS SUR UN FIL

Juan Pedro Carrillo (USA) a fait 1 323 sauts consécutifs à la corde, sur un fil à 8,2 m de haut, au Big Apple Circus Big Top (Massachusetts), le 26 avril 2004.

● AVALEUR D'ÉPÉES

Natasha Verushka (USA) a avalé 13 épées, à Wilkes-Barre (USA), le 3 septembre 2004.

LE PLUS LOIN...

★ LA FLÈCHE HUMAINE

Vesta Gueschkova (Bulgarie) a été propulsé à 22,9 m par une arbalète au Ringling Bros and Barnum & Bailey Circus, à Tampa (Floride), le 27 décembre 1995.

★LE JONGLAGE LE PLUS RAPIDE SUR 10 KM AVEC 3 OBJETS

Paul-Erik Lillholm (Norvège) a couru sur 10 km tout en jonglant avec 3 balles lestées sans jamais les faire tomber en 41 min et 18 s, à Skansemyrer, Bergen (Norvège), le 9 juillet 2000.

CRACHER DU FEU

Robert Milton (GB, photo ci-contre) a craché une flamme de 4,10 m de haut et détient ainsi le record de la ● **flamme la plus haute**. Reg Morris (GB) a « craché » une flamme de 9,4 m, le 29 octobre 1986.

Matthew Cassiere (« Matt the Knife ») (USA) a tenu une torche enflammée verticalement entre ses dents pendant 23 s, le 30 octobre 2004. Antti Karvinen (Finlande) a éteint 36 torches avec sa bouche le 9 octobre 2000, décrochant ainsi le **record de torches éteintes en 1 min**. →

MAGIE & ILLUSION

★ LE VIRTUOSE DU CHANGEMENT DE TENUE

En 2001-2002, à Paris, Arturo Brachetti (Italie) a changé 22 500 fois de costume au cours de 250 représentations de son spectacle *L'Homme aux mille visages*. Son changement le plus rapide, chaussures comprises, prend 2 s : d'un frac noir à une tenue blanche, sous le nez du public.

↑

★ LA PREMIÈRE SOCIÉTÉ DE MAGIE FIGURANT SUR UN TIMBRE NATIONAL

Le 15 mars 2005, la Royal Mail (GB) a sorti 5 timbres interactifs pour marquer le centenaire du Magic Circle (GB), une des plus vieilles sociétés de magiciens. Autre première, le principe du « grattez et découvrez » qui permet, en frottant le timbre avec une pièce, de révéler une image : Pile ou Face.

★ LE MAXIMUM DE SPECTACLES DE MAGIE À L'AFFICHE DANS UNE VILLE

Au 1er mars 2005, mis à part les revues et spectacles de variétés, on comptait 11 spectacles de magie à l'affiche à Las Vegas (USA).

★ LA PLUS GRANDE COLLECTION VISIBLE D'AFFICHES DE MAGICIENS

Commencée en 1991, la collection de Norm et Lupa Nielsen (USA) comprend 587 lithographies de spectacles de magie parmi lesquelles 34 affiches de Houdini, dont 14 lithographies en couleurs, et 64 lithographies de Chung Ling Soo.

★ L'AFFICHE DE MAGICIEN LA PLUS CHÈRE

Le 30 octobre 2004, David Copperfield (USA) → a acheté 55 000 $ (44 000 €) aux enchères, au CRG Auctions de Las Vegas (USA), une lithographie représentant Houdini dans son numéro de la Torture de l'eau. Le même numéro (photo) figure sur la lithographie imprimée par Dangerfield (GB), achetée 30 000 £ (40 500 €) par Norm Nielsen (USA) aux enchères chez Christie's, à Londres, le 25 mai 2000.

★ LA PLUS GRANDE AFFICHE DE MAGICIEN

En 1895, la Strobridge Lithograph Company (USA) a imprimé une lithographie géante en 28 planches de 2,75 x 7,6 m pour Frederick Bancroft (USA).

★ LA PLUS HAUTE ÉVASION D'UNE CAMISOLE DE FORCE

Le 13 août 2003, suspendu à une corde par les pieds sous une montgolfière se trouvant à 2 200 m au-dessus de Knoxville (Tennessee), Scott Hammell (Canada) s'est extirpé seul d'une camisole de force. La corde pendait à 15 m de la nacelle.

★ LE TOUR DE MAGIE LE PLUS DANGEREUX

Au moins 11 personnes sont mortes au cours du numéro de « l'attrape-balle », durant lequel on tire au moins une balle de fusil marquée sur un magicien, qui semble l'attraper avec les dents ou dans une assiette. L'exploit comprend des éléments d'illusion, mais reste extrêmement dangereux. Le décès le plus célèbre fut celui de Chung Ling Soo (USA, né William Elsworth Robinson), abattu le 23 mars 1918, sur la scène du Wood Green Empire de Londres.

★ LE MAXIMUM DE ROULERS DE PIÈCES CONSÉCUTIFS

Le 17 juillet 2004, au Magical Arts Center de Las Vegas (USA), Jeff McBride (USA) a fait rouler en même temps 8 pièces de 1 dollar en argent autour de ses doigts (4 pièces par main) en utilisant la méthode classique du rouler de pièces. Chaque pièce a effectué 18 tours consécutifs en 5 min et 43 s.

LE MAXIMUM D'ANIMAUX VIVANTS PRODUITS DANS UN SPECTACLE DE MAGIE

↖ En 1990, au cours du spectacle télévisé *Don't Try This at Home*, Penn & Teller (USA) ont fait apparaître plus de 80 000 abeilles !

DAVID COPPERFIELD

David Copperfield (USA) détient 11 records Guinness, plus qu'aucun autre magicien. Il nous parle de ses exploits.

Qui vous a donné l'idée de devenir magicien ?
J'ai toujours été attiré par la magie, et c'est quelque chose que je réussissais bien. J'adore aussi le cinéma, pour sa capacité à créer du merveilleux et du fantastique. Mais mon fort, c'était la magie, alors j'ai essayé de combiner les deux. Mes inspirateurs sont donc des grands du cinéma, comme Walt Disney, Orson Welles, Frank Capra et Victor Fleming.

Quel est votre numéro préféré ?
Je suis très fier de Flying, surtout lorsque je vole dans la boîte en plexiglas. J'aime aussi Death Saw [la scie de la mort] et le numéro de loterie où une voiture apparaît dans le public.

De quoi êtes-vous le plus fier ?
Je suis très fier de Project Magic, un programme que j'ai créé, qui utilise la magie comme thérapie auprès des personnes handicapées. Il est actuellement utilisé dans 1 000 hôpitaux et dans 30 pays.

Pensez-vous arrêter ?
Pourquoi donc ? Mon travail est un jeu pour moi. Chaque fois que je donne un spectacle, je profite d'une de mes passions. Pourquoi voudrais-je abandonner ?

Quel effet cela vous fait d'être détenteur de plusieurs records Guinness ?
C'est un grand honneur de figurer dans un livre en compagnie du mangeur de fayots le plus rapide du monde ! Je me souviens que je lisais le *Guinness World Records* quand j'étais enfant. C'est fantastique d'être reconnu de cette façon.

Les Records Guinness de David Copperfield

1 ★ Le plus de billets vendus par un magicien

2 ★ Les plus hauts revenus d'une carrière de magicien

3 ★ La plus grosse recette sur Broadway en 1 semaine

4 ★ La plus grande audience sur Broadway en 1 semaine

5 ★ La plus grande audience télévisée mondiale pour un magicien

6 ★ Le plus grand nombre de spectacles de magie donnés en 1 an

7 ★ La plus grande collection privée d'objets relatifs à la magie

8 ★ L'affiche de magicien la plus chère

9 ★ Les plus grandes archives de magicien

10 ● Les revenus annuels les plus élevés pour un magicien

11 Le plus grand numéro d'illusion présenté

★ LE MAXIMUM DE BILLETS VENDUS DANS LE MONDE PAR UN MAGICIEN

Entre 1984 et 2004, David Copperfield (USA) a vendu environ 39 690 000 billets.

★ LA PLUS LONGUE LIGNÉE DE MAGICIENS

Pendant 200 ans et 6 générations, la famille Bamberg a émerveillé le public par son art de la magie.

LA PLUS GRANDE LONGÉVITÉ D'UN THÉÂTRE DE MAGICIENS

Du 26 mai 1873 au 10 décembre 1904, John Nevil Maskelyne et George Cooke (GB) ont dirigé et animé le Maskelyne & Cooke à l'Egyptian Hall de Piccadilly, à Londres. Quand Maskelyne et David Devant ont transféré le spectacle au St George's Hall de Langham Place, à Londres, les Maskelyne ont joué un spectacle quotidien jusqu'au 14 octobre 1933.

LE SPECTACLE DE MAGIE LE PLUS COÛTEUX DU MONDE

Avec pour vedettes Siegfried Fishbacher et Roy Horn (Allemagne), le spectacle Siegfried et Roy, au Mirage, à Las Vegas (USA), dont la première a eu lieu le 1er février 1990, a coûté plus de 28 millions $ (22,4 millions €). Présentant des dizaines d'animaux sauvages, un dragon mécanique géant cracheur de feu et 60 artistes, le spectacle s'est arrêté le 3 octobre 2003 après 5 750 représentations.

LA MÉTAMORPHOSE LA PLUS RAPIDE

Illusionnistes de renommée mondiale, les Pendragons (USA) présentent le numéro de métamorphose de Houdini à une vitesse qui laisserait son inventeur perplexe. Jonathan Pendragon est enfermé dans une malle sur laquelle se tient debout sa femme Charlotte. Elle se cache derrière un rideau, qui tombe après seulement un quart de seconde pour révéler son époux, Charlotte se retrouvant enfermée à clef dans la malle.

LE SAUT DE LA MORT
LE PLUS RISQUÉ →

Enchaîné, pieds et poings liés, enfermé dans un sac postal scellé et cadenassé dans une cage en fer de 0,75 m², Robert Gallup (USA) a été lâché d'un avion à 5 500 m d'altitude au-dessus du désert de Mojave, en Californie. À 240 km/h, il s'en est extirpé 1 min avant l'impact, pour atteindre un parachute attaché à l'extérieur de la cage, qui s'est ouvert en sécurité à 360 m du sol, juste 5 s avant l'impact.

JEUX VIDÉO

← ●LE PERSONNAGE DE JEU VIDÉO LE PLUS COMPLEXE

Le jeu *Black and White II*, élaboré par Lionhead Studios, doit sortir fin 2005. Le joueur contrôle un personnage qui forme une créature à l'intelligence artificielle. Au fil du jeu, la créature va acquérir une personnalité. Lorsqu'elle sera vraiment mature, son cerveau pourra occuper jusqu'à 1,2 Mo sur le disque dur de l'ordinateur.

★LE PLUS CHER

Le 11 décembre 2004, David Storey (Australie), alias Deathifier, a payé 265 000 PEDs (Dollars Project Entropia) pour acheter une île dans le cadre du MMORPG (jeu de rôle en ligne) *Project Entropia*. Le jeu permettant d'établir un véritable taux de change entre la monnaie virtuelle et la monnaie réelle, l'île au trésor Amethera a été vendue 26 500 $ (21 200 €). ↓

★LE JEU VIDÉO LE PLUS POPULAIRE

Inventé par Alexeï Pajitnov (Russie) en 1987, *Tetris* est considéré comme l'un des jeux les plus simples et les plus originaux. Depuis son lancement, il a été transféré sur plus de 70 plates-formes, y compris des téléphones mobiles.

★LE PLUS GRAND TETRIS

En novembre 1995, des étudiants de l'université de technologie de Delft (Pays-Bas) ont temporairement transformé l'édifice de la faculté d'électrotechnique en une immense version du jeu *Tetris*. Dans chaque salle du bâtiment de 96 m de haut, ils ont installé tout un ensemble de lampes qui s'allumaient et s'éteignaient afin de représenter les fameux blocs en train de descendre. Ce Tetris géant s'étendait sur 15 étages tous occupés par 10 salles, soit un espace de jeu de 2 000 m².

★LE PLUS DE JEUX D'ARCADES

Le Grand Prix Race-O-Rama Arcade de Fort Lauderdale (Floride) comprenait 844 jeux d'arcades individuels en 1984. Il en contenait près de 950 en 1986 avant sa démolition destinée à permettre la création d'une nouvelle route. L'édifice a été reconstruit à un autre emplacement. Près de 1 200 jeux sont maintenant entreposés dans différents bâtiments.

★LA PLUS GROSSE SOMME D'ARGENT GAGNÉE PAR UN JOUEUR

Le 19 octobre 2004, Meng « RocketBoy » Yang (Chine) a gagné 125 000 $ (100 000 €) après sa victoire sur Jonathan « Fatal1ty » Wendell, lors du ACON Fatal1ty Shootout de la Grande Muraille.

★LE PLUS GRAND RDV INFORMATIQUE SUR UN RÉSEAU LOCAL

Le DreamHack 2004 est le plus grand rendez-vous informatique sur réseau local. Organisé du 25 au 28 novembre 2004, à Jönköping (Suède), il a rassemblé 5 272 joueurs. 5 852 ordinateurs ont été utilisés lors de cette manifestation réalisée à l'initiative de Martin Öjes et Kenny Eklund (Suède).

★LE PLUS ANCIEN ARBITRE PROFESSIONNEL EN EXERCICE

Walter Day (USA), fondateur de Twin Galaxies, est arbitre de jeux vidéo à gros scores depuis 1982, date à laquelle son logiciel de statistiques fut commercialisé. La plupart des fabricants de jeux reconnaissent son autorité.

★LA PLUS GROSSE SOMME D'ARGENT GAGNÉE LORS D'UN TOURNOI

La Cyberathlete Professional League (CPL) a commencé à organiser des tournois réservés aux professionnels en 1997. Le gagnant du tournoi qui s'est tenu au Texas en août 2004 a reçu 250 000 $ (200 000 €).

★LE PLUS GRAND NOMBRE DE JOUEURS UTILISANT LE MÊME SERVEUR

Le 27 novembre 2004, grâce à une équipe de Microsoft et d'Unisys, 1 073 personnes ont joué à *Counterstrike* en se connectant sur un seul serveur Unisys ES7000. L'événement a eu

★ NOUVEAU RECORD ● MISE À JOUR

lieu dans le cadre du DreamHack 2004 de Jönköping (Suède).

★ L'ÉCONOMIE LA PLUS PROSPÈRE DANS UN JEU VIDÉO

Selon les recherches du Professeur Edward Castronova de l'université d'Indiana, le PNB du royaume de Norrath dans le jeu *Everquest* est de 2 266 $ (1 813 €) par personne. Ce calcul est fondé sur le taux de change des pièces d'or virtuelles de Norrath vendues aux enchères en ligne et sur celui du dollar. Cela place le royaume de Norrath parmi les 73 pays les plus prospères du monde, entre la Turquie – PNB de 2 451 $ (1 960 €) par personne –, et le Ghana – PNB de 2 174 $ (1 739 €) par personne.

LE SIMULATEUR DE CHAMP DE BATAILLE LE PLUS PERFECTIONNÉ

Situé à Warminster (GB) et Sennelager (Allemagne), le Combined Arms Tactical Trainer peut réunir plus de 850 personnes dans un scénario de combat réaliste impliquant des véhicules, des avions, des soldats et des armes. Opérationnel depuis le 1er septembre 2002, il permet de simuler des champs de bataille de 10 000 km².

● LE JEU LE PLUS CHER

L'histoire de *Enter the Matrix*, élaboré par Atari en 2003, est fidèle à celle des films écrits et réalisés par les frères Andy et Larry Wachoski (USA). Le jeu comprend 2 h de séquences non dévoilées dans les films. Il aurait coûté plus de 30 millions $ (24 millions €).

★ LE JEU EN LIGNE QUI COMPTE LE PLUS D'ABONNÉS

Lancé en mai 1997 par Electronic Arts, *Ultima Online* marque l'apparition d'une nouvelle catégorie de jeux : les MMORPG (jeux de rôle en ligne impliquant plusieurs joueurs). Des millions d'internautes originaires de plus de 100 pays y jouent.

LE JEU D'ARCADES À PIÈCES LE PLUS POPULAIRE

Entre son lancement en 1981 et 1987, 293 822 cabines de jeux d'arcades *PAC-MAN* ont été produites et installées dans le monde. Conçu par Tohru Iwatani de Namco (Japon), le jeu aurait donné lieu à plus de dix milliards de parties au cours de ses 25 années d'existence.

★ LE PREMIER SCORE PARFAIT AU PAC-MAN

Billy Mitchell (USA) est le premier et seul joueur à avoir réalisé une partie de *PAC-MAN* parfaite. Le 3 juillet 1999, il a joué pendant presque 6 h et a obtenu un score de 3 333 360 points après avoir franchi les 256 niveaux du jeu, mangeant le maximum de points semés sur son parcours. Le jeu s'est brusquement arrêté faute de mémoire. Bill n'a utilisé qu'une vie. L'événement a été supervisé par Twin Galaxies, qui fait autorité dans le monde des jeux vidéo.

● LES JEUX QUI SE VENDENT LE MIEUX

PlayStation 2 : le jeu qui connaît le plus grand succès est *Grand Theft Auto Vice City* (sur la photographie). 9 millions d'exemplaires ont été vendus en décembre 2003.
GameCube : *Mario Sunshine* s'est vendu à 3,5 millions d'exemplaires pendant la même période.
Xbox : *Halo*, lui, s'est vendu à 4 millions d'exemplaires.

Les premiers jeux...

★ JEU ÉLECTRONIQUE
Spacewar ! (1961-1962)
MIT, USA (ci-dessous)

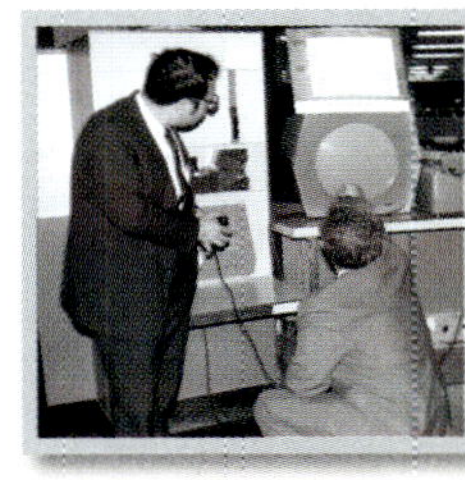

★ JEU VIDEO D'ARCADES
Computer Space (1971)
Conçu par Nolan Bushnell (USA), fondateur d'Atari

★ JEU D'ARCADES SUR PLATE-FORME
Donkey Kong (1981)
Nintendo

★ ENVIRONNEMENT MUD (JEU DE RÔLE)
MUD1 (1980)
Conçu par Roy Trubshaw (GB) de l'université d'Essex

★ FILM D'ANIMATION SUR DISQUE LASER
Dragon's Lair (1983)
Cinematronics (ci-dessus)

★ JEU DE SIMULATION DIVINE
Populous (1989) de Peter Molyneux (GB) de Bullfrog

★ JEU DE STRATÉGIE EN TEMPS RÉEL
Dune 2 (1992) de Westwood (USA)

★ JEU DE TIR SUBJECTIF (VERSION PC)
Wolfenstein 3D (1992/3) de ID Software (USA)

★ MMORPG (JEU DE RÔLE EN LIGNE IMPLIQUANT PLUSIEURS JOUEURS)
Meridian 59 (1996) de 3DO Studios (USA)

★LE PONT LE PLUS HAUT DU MONDE

Le viaduc de Millau en France a été construit pour mettre fin à l'engorgement de la vieille ville de Millau. S'étendant sur 2 460 m au-dessus du Tarn dans le massif central, ce pont routier est supporté par sept piles en béton. La plus haute de toutes culmine à 343 m (y compris le pylône) – soit plus de deux fois la hauteur de la grande Pyramide de Gizeh en Égypte. Conçu par l'entreprise Foster and Partners (GB), le viaduc a été ouvert au public en décembre 2004.

SOMMAIRE

MONSTRES MÉCANIQUES

← VÉHICULES TERRESTRES

L'excavatrice à godets RB293 est une pelleteuse mécanique longue de 220 m, haute de 94,5 m à son sommet, pesant 14 196 t. Elle peut déplacer 240 000 m³ de terre par jour. Les 18 godets de 6,6 m³ chacun sont fixés sur le pourtour d'une énorme roue à l'avant de l'engin, aussi haut qu'un immeuble de quatre étages. À l'échelle illustrée ci-contre, un homme serait à peine plus grand que le point qui clot cette phrase.

→ QUELLE EST LA MOTO DE SÉRIE LA PLUS PUISSANTE DU MONDE ? DÉCOUVREZ-LE P. 188

LA PLUS GRANDE, LE PLUS GROS…

AMBULANCE

Les « Jumbulances » Alligator, ambulances articulées de 18 m de long de Trust Across (GB) sont conçues pour transporter malades et handicapés en vacances et en pèlerinage dans toute l'Europe.

MOTEUR DE VOITURE

Le plus gros moteur produit pour une voiture de série, 13,5 l, équipait les Américaines Pierce-Arrow 6-66 Raceabout (1912-1918), Peerless 6-60 (1912-1914) et Fageol (1918). En dépit de leur taille, ces géants des tout débuts de l'automobile n'étaient pas extrêmement performants comparés à leurs homologues modernes.

★Le plus gros moteur de voiture de série actuel est le V 10 de 8,3 l. Il équipe la Dodge Viper SRT-10. Avec une puissance de 500 CV (373 kW) et un couple moteur de 712 N-m, il l'amène de 0 à 100 km/h en 4,1 s.

GRUE PIVOTANTE

La grue pivotante du chantier naval Yantai Raffles à Yantai (Chine) peut lever jusqu'à 2 000 t à une hauteur de 95 m avec son crochet principal et 200 t à 135 m avec sa flèche secondaire. Elle sert notamment pour la construction de plates-formes pétrolières et d'autres grands ouvrages.

La plus grosse grue à tour du monde, la Kroll K-10000, peut soulever jusqu'à 120 t sur un rayon de 82 m (distance entre la colonne centrale et le lieu de levage du poids). Cette grue s'élève à 120 m sur un cylindre rotatif de 12 m de diamètre sans haubans. Son contrepoids pèse 223 t pour contrebalancer sa flèche qui mesure 84 m.

★MOTEUR DIESEL

Le moteur diesel à 2 temps et 14 cylindres Wärtsila Sulzer RTA96C offre une puissance maximale de 80 080 kW (soit 108,920 CV) et pèse plus de 2 300 t pour une hauteur de 13,5 m et une largeur de 27,3 m. Chaque piston mesure 96 cm de diamètre, avec une course de 2,50 m de long. Ce moteur d'exception a été conçu pour équiper notamment les plus gros navires porte-containers du monde.

← ★VÉHICULES DE COURSE

Les camions de la Coupe d'Europe de Courses de camions de la FIA pèsent au moins 5,5 t. Ils sont souvent équipés de moteurs turbo 12 l d'une puissance dépassant 1 000 CV (746 kW), avec un couple moteur de 3 000 N-m. Malgré cette puissance, leur vitesse est limitée à 160 km/h pour des raisons de sécurité.

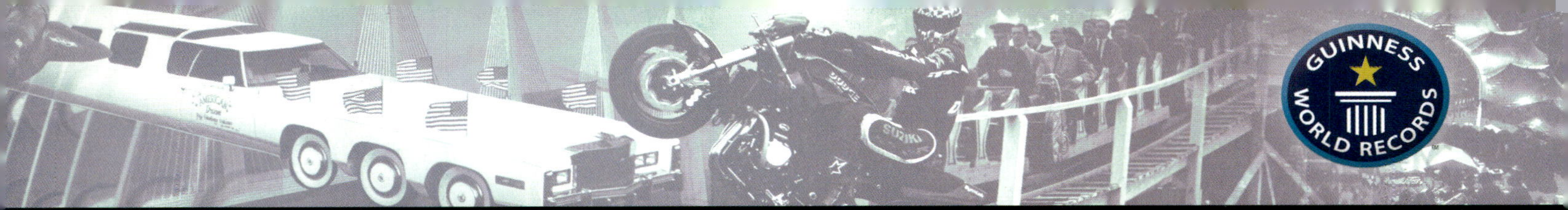

★PARC DE STATIONNEMENT AUTOMATISÉ

Hautes de 48 m, les deux « tours à voitures » de l'Autostadt Volkswagen, à Wolfsburg (Allemagne), permettent de parquer chacune 400 automobiles. Les acheteurs peuvent choisir et se faire livrer leur nouvelle voiture à partir d'une des tours de 20 étages et admirer le système automatisé qui fonctionne à 2 m/s (ci-contre).

←

EXCAVATRICE

Durant son activité, *Big Muskie*, une excavatrice mobile de 13 200 t (soit le poids de 10 000 voitures) a enlevé 3,6 millions de m^3 de terre, ce qui représente presque deux fois le volume dégagé à l'occasion du creusement du canal de Panama.

●DUMPER

Le Liebherr T 282 B affiche une charge utile évaluée à 363 t. Long de 14,5 m, large de 8,8 m et haut de 7,4 m, il pèse plus de 200 t à vide. Ses pneumatiques, très impressionnants mesurent deux fois la taille d'un homme.

MONSTRE MÉCANIQUE

Construit en 1986, *Bigfoot 5*, haut de 4,7 m, pesant 17 t, avec des pneus de 3 m, fait partie d'une série de 17 monstres créés par Bob Chandler de Saint Louis (USA). Parqué à Saint Louis, il fait de temps en temps une apparition dans les spectacles de la région.

★TRACTEUR

En 1978, l'entreprise Northern Manufacturing de Havre (Montana) a créé un tracteur d'environ 43 t sans contrepoids. Le prototype *Big Bud* 16V-747, 900 CV (670 kW) est entraîné par un moteur 16 cylindres Detroit Diesel double turbo de 24 l. Chacun de ses 8 pneus géants a un diamètre de 2,4 m.

Le **★tracteur le plus puissant** est le 9620T de John Deere et le Challenger MT865 de Caterpillar ; tous deux annoncent une puissance de 500 CV (373 kW). Le 9620T a 4 roues motrices à doubles pneus et pèse 17,7 t sans contrepoids. Le MT865 possède un moteur de 14,6 l et se déplace sur chenilles.

TUNNELIER

Le tunnelier qui a creusé le tunnel Groene Hart (7 km) qui relie les villes d'Amsterdam et de Rotterdam (NL) mesure 14,87 m de diamètre pour une longueur totale de 120 m et un poids de 3 520 t.

★LA PLUS LONGUE MOTO À 3 ROUES

Jusqu'à 10 personnes peuvent enfourcher l'*Anaconda* qui mesure 5,95 m de long et 645 kg. Cet engin, construit par Stephen McGill (USA), est composé d'une Harley Davidson Electra-Glide de 1998 et d'un arrière spécifique. Il est autorisé à rouler sur la voie publique.

↙

VOITURES

●LA VOITURE LA PLUS RAPIDE

Le 28 février 2005, une Koenigsegg CCR a atteint une vitesse moyenne de 387,866 km/h sur une distance de 1 km sur le circuit Nardo Prototipo (Italie). Cette supercar de 806 ch (601 kW), dotée d'un moteur V8 en aluminium, était pilotée par Loris Bicocchi (Italie).

●LA VOITURE LA PLUS ÉCONOMIQUE

L'équipe FANCY CAROL-NOK (Japon) est parvenue à une consommation de 0,0245 l/100 km en parcourant 19,2 km durant la course à l'économie de 2004 organisée au centre des permis de Hiroshima (Japon), le 29 août 2004.

PRODUCTION

★RECORD DE FABRICATION D'AUTOMOBILES

Les Ford Séries F sont les véhicules les plus répandus : plus de 29,3 millions de camionnettes Série F ont été fabriquées. La F1, la première des Séries F, est apparue en 1948, et la carrosserie de la F 150 a été employée pour le premier camion Bigfoot. De 800 000 à 900 000 camionnettes Séries F sont vendues actuellement, en Amérique du Nord principalement, ce qui représente environ 1/8e du chiffre d'affaires global de Ford.

●LA VOITURE LA PLUS UTILISÉE

La Toyota Corolla est la voiture la plus utilisée, avec plus de 28,2 millions d'automobiles produites dans le monde. La voiture a subi au total neuf transformations depuis le début de sa fabrication en 1966 et ne ressemble plus du tout aujourd'hui à ce qu'elle était alors.

●LA VOITURE HYBRIDE (À ESSENCE ET ÉLECTRIQUE) LA PLUS COMMERCIALISÉE

Plus de 250 000 Toyota Prius, une voiture hybride, ont été vendues dans le monde depuis 1997. En 2004, Toyota a annoncé que sa production mondiale passerait de 10 000 à 15 000 exemplaires par mois afin de répondre à une demande croissante, notamment sur le marché américain, où 100 000 modèles devraient être vendus en 2005.

●LE COUPÉ SPORT LE PLUS VENDU

Depuis le début de sa production, en avril 1989, la Mazda Motor Corporation (Japon) a fabriqué dans son usine de Hiroshima (Japon) plus de 700 000 exemplaires de son roadster (appelé Miata en Amérique du Nord et MX-5 en Europe), un biplace ouvert.

PROUESSES AU VOLANT

RECORD DE DISTANCE SUR DEUX ROUES

Sven-Eric Soderman (Suède) a parcouru 345,6 km en conduisant une voiture sur deux roues latérales à l'aéroport Mora Siljan, à Dalarna (Suède), le 25 septembre 1999. En 10 h et 38 min, il a effectué 108 tours d'un circuit de 3,2 km.

●LE PLUS LONG SAUT EFFECTUÉ À PARTIR D'UNE RAMPE AVEC UNE CARAVANE

Dans le cadre de l'émission *Fifth Gear*, le cascadeur professionnel Derek Lea (GB) a sauté 57,2 m dans une voiture remorquant une caravane, à Bentwaters Parks, dans le Suffolk (GB), le 5 mai 2004.

LE PLUS LONG DÉRAPAGE HORIZONTAL

Le 29 juillet 2001, sur le circuit MIRA, à Nuneaton (GB), Simon de Banke (GB) a fait un dérapage de 2 h 11 min et 18 s. Il pilotait une Subaru Impreza WRX 2001. La route était recouverte de galets de Bridgeport. Humides, ils ont les mêmes caractéristiques que de la neige compacte.

★RECORD DE VITESSE POUR FAIRE 10 TÊTE-À-QUEUE

Le 11 septembre 2004, Russ Swift (GB) a fait 10 tête-à-queue en 16,07 s dans une Mitsubishi Lancer Evo VIII sur le plateau du *Guinness World Records : 50 Ans, 50 Records* aux London Television Studios.

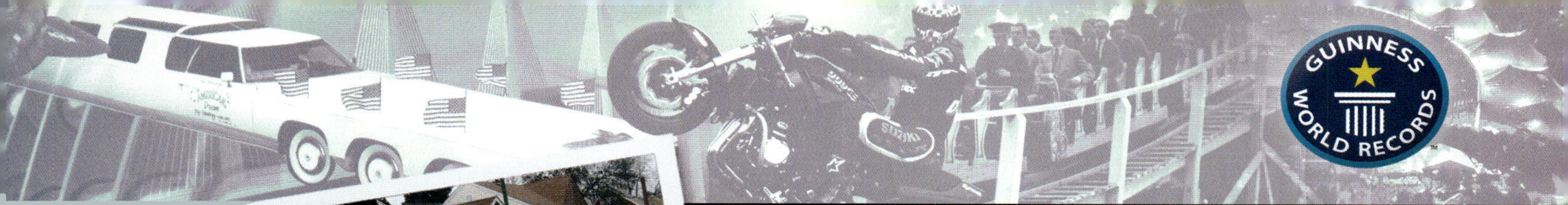

★RECORD DE DURÉE DE PROPRIÉTÉ D'UNE VOITURE

En juin 1953, John O'Hara (USA) a acheté une Chevrolet Bel-Air à Détroit et possède toujours ce véhicule. Celui-ci est en excellent état.

L'IMMATRICULATION LA PLUS COÛTEUSE

Au cours d'une vente aux enchères organisée par le gouvernement de Hong-Kong, la plaque d'immatriculation n° 9 a été vendue 13 millions $ HK (1,7 million $; 1,1 million €), le 19 mars 1994, à Albert Yeung Sau-Shing (Chine). En cantonais, la prononciation du mot « neuf » est identique à celle du mot « chien », et la plaque était donc censée porter chance, car 1994 était l'année du chien.

★RECORD DE TÊTE-À-QUEUE SIMULTANÉS PAR LE MÊME CONDUCTEUR

Terry Grant (GB) a accompli des tête-à-queue avec trois voitures (à 360°) lors du spectacle du salon MPH'04 à Earl's Court, Londres, le 20 novembre 2004.

RECORD DE VITESSE...

●EN REMORQUANT UNE CARAVANE

Le 24 octobre 2003, une Mercedes Benz S600 conduite par Eugene Herbert (Afrique du Sud) a atteint 223,881 km/h en remorquant une caravane classique sur la base de l'armée de l'Air située à Hoedspruit (Afrique du Sud). Cette tentative de record a été organisée par Risk Administrative Consultants.

★AVEC UNE VOITURE À MOTEUR DIESEL

le 25 août 1973, à Bonneville Salt Flats (USA), Virgil Snyder (USA) a atteint 379,4 km/h avec la *Thermo King-Wynns*, une streamliner.

●AVEC UN VÉHICULE À ROUES MOTRICES

Le 21 août 1991, à Bonneville Salt Flats (USA), Al Teague (USA) a atteint 659,808 km/h dans une *Spirit of '76* sur deux circuits, avec une pointe de vitesse à 696,331 km/h.

DIVERS

LA PLUS GRANDE VOITURE DE SÉRIE

La Bugatti « royale » type 41, ou « Golden Bugatti » au Royaume-Uni, a été construite en 1927 et mesure plus de 6,7 m de long, le capot lui-même atteignant plus de 2,13 m.

LE PLUS ANCIEN VÉHICULE À MOTEUR GRANDEUR NATURE

En octobre 1769, Nicolas-Joseph Cugnot (France, 1725-1804) a mis au point, à l'Arsenal de Paris, le premier tracteur à vapeur militaire. Le véhicule atteignait 4 km/h.

●LA VOITURE DE SÉRIE LA PLUS PUISSANTE

La Bugatti Veyron, dont la production a commencé en septembre 2005, a une puissance de 736 kW (988 CV) développée par son moteur 8 l pour 16 cylindres. Celui-ci est doté de 4 turbocompresseurs. Sa vitesse maximale n'a pas été testée officiellement, mais Bugatti annonce qu'elle peut dépasser 400 km/h.

★LE POOL DE TRANSPORT LE PLUS ANCIEN

M. te Lindert, A. Hogendoorn, J. Kalisvaart et J.J. Kooy (Pays-Bas) font partie d'un pool de transport mis en place le 1er janvier 1972, grâce auquel ils vont au travail.

★LA PLUS GROSSE CAMIONNETTE

Le 7300 CXT d'International Truck & Engine Company's (USA) est la plus grosse camionnette du monde : elle pèse 6 577 kg. Bien qu'elle atteigne 6,55 m de long et 2,74 m de haut, elle peut être conduite avec un permis de conduire ordinaire.

VÉLOS & MOTOS

← ★LA MOTO DE SÉRIE LA PLUS PUISSANTE

C'est la MTT Turbine Superbike avec un moteur turbine Rolls-Royce/Allison au prix de 185 000 $ (148 000 €). Le fabricant affirme qu'il fournit une puissance de 213 kW (286 CV) à la roue arrière, avec 576 N-m à 2 000 tours/min. Ceci fait de la Superbike la plus puissante des motos de série jamais fabriquées.

Définitions

CC (cu in) : cm cube. Mesure de capacité de volume utilisée pour définir la taille d'un moteur.

kW (CV) : kilowatt (cheval-vapeur). Unité de mesure énergétique valant 1,34 CV

N.m : Newtons par mètre. Unité mécanique équivalant à la force qui, appliquée à une masse de 1 kg, lui communique une accélération de 1 m/s depuis le point d'appui.

Couple moteur : mesure d'une force tournante qu'un moteur peut transmettre au vilebrequin (donc aux roues du véhicule).

MOTOS

★RECORD DE DISTANCE SUR DEUX ROUES EN QUAD

Ron Flerlage (USA) a parcouru une distance de 19,3 km sur les deux roues latérales de son quad sur la piste d'athlétisme de Scott High School, Covington (Kentucky), le 5 octobre 2003.

★RECORD DE VITESSE EN QUAD

Graham « G-Force » Hicks (GB) a atteint la vitesse de 214,07 km/h sur un quad à RAF Wittering (GB), le 14 août 2004. Hicks étant aveugle et sourd, Brian Sharman (GB) a voyagé sur le siège arrière et lui a communiqué les instructions de pilotage par un système tactile.

ESCALADE D'UN MUR À MOTO

Le 13 août 2003, Jérôme Béthune (France) a escaladé depuis une plate-forme un mur vertical de 3,21 m sur le plateau de *L'Été de tous les records*, à Courchevel (France).

● RECORD DE VITESSE SUR LA ROUE ARRIÈRE SUR 1 KM

Dave Rogers (GB) a atteint la vitesse de 220,3 km/h à moto sur une roue arrière, sur plus de 1 km, sur le terrain d'aviation d'Elvington, Yorkshire (GB), le 28 octobre 2002.

★LA PLUS PUISSANTE MOTO DE SÉRIE AVEC UN MOTEUR À PISTONS

Selon Kawasaki, la plus puissante moto de série avec un moteur à pistons est la Kawasaki Ninja ZX-12R 1,198 CC, d'une puissance de 131 kW (175,6 CV) sans prise d'air RAM, et 140 kW (187,7 CV) avec prise d'air RAM. Ses concurrents – Honda, Suzuki et Yamaha – fabriquent tous des motos de sport avec une puissance fournie supérieure à 127 kW (170 CV).

★LA MOTO DE SÉRIE LA PLUS CHÈRE

La MTT Turbine Superbike, équipée d'un moteur turbine fabriqué par Rolls-Royce/Allison, a été mise en vente en 2004 au prix de 185 000 $ (148 000 €).

★LE PLUS IMPORTANT BURN-OUT DE MOTOS

37 motos au total ont participé à un *burn-out* organisé par IBM Klub Motobiking à Heidesheim (Allemagne), le 28 août 2004. Un *burn-out* consiste à faire brûler le pneu arrière. En faisant patiner la roue, le pneu chauffe puis se consume avec de la fumée.

→

★RECORD DE PASSAGERS AVEC UN QUAD

Roger LeBlanc (Canada) a fait une roue arrière avec sa Honda 350 Fourtrax ATV non modifiée avec 16 personnes, sur 50 m sur la piste de Riverglade (Canada), le 15 mai 2004.

VITESSE * tous les records : Fédération internationale de motocyclisme ** toutes vitesses moyennes sur plus de 1 km (départ lancé)

CATÉGORIES*	CONDUCTEUR	MOTO	LIEU	DATE	VITESSE**
★125 cm^3	AJ Smit (Pays-Bas)	Cagiva Plompen	Lelystad, Pays-Bas	03/08/81	257,113 km/h
★250 cm^3	Fabrizio Braccini Lazari (Italie)	Aprilia	Nardo, Italie	27/08/95	254,021 km/h
★500 cm^3	Ron Haslam (GB)	Honda Elf 3	Nardo, Italie	14/09/86	278,853 km/h
★1 000 cm^3	Christian Le Liard (France)	Holda Elf	Nardo, Italie	14/09/86	306,491 km/h
★1 300 cm^3	Nicolas Brisset (France)	Suzuki GSX	Nardo, Italie	23/06/02	338,221 km/h
'Absolute'	Dave Campos (USA)	Easyriders	Bonneville, USA	14/07/90	518,450 km/h

★LE MONOWHEEL → LE PLUS RAPIDE

Kerry McLean (USA) a atteint la vitesse de 91,7 km/h en monowheel sur la piste de vitesse de Irwindale (Californie), le 10 janvier 2001. Son monowheel d'un diamètre de 1,22 m était propulsé par un moteur de scooter des neiges de 340 cm^3 d'une puissance de 30 kW (40 CV). Un monowheel est fait d'une roue – abritant conducteur et moteur – qui tourne autour d'un axe.

★LA FOURCHE LA PLUS LONGUE

William Longest, Rick Dozer, Bill Decker et Rob Moore (USA) ont fabriqué un *chopper* – la moto **la plus longue au monde** – avec une fourche de 4,57 m. Le *chopper* est haut de 1,8 m et mesure 8,9 m d'une roue à l'autre. William Longest l'a conduit sur la voie publique près de Georgetown (Kentucky), le 15 juin 2003.

★LE RECORD DE PIROUETTES À MOTO EN 30 SECONDES

Horst Hoffman (Allemagne) a réalisé 16 pirouettes (360°) en 30 s sur la roue arrière de sa moto sur le plateau de *Guinness World Records : Die Grössten Weltrekorde* à Cologne (Allemagne), le 23 janvier 2004.

CYCLISME

●LE VÉLO LE PLUS LONG

Le vélo le plus long – à deux roues et sans stabilisateur – mesure 28,1 m. Il a été construit par des étudiants en ingénierie de la Delft University of Technology. Il a fonctionné sur plus de 100 m à Delft (Pays-Bas), le 11 décembre 2002.

●LE VÉLO LE PLUS HAUT

Terry Goertzen (Canada) a parcouru plus de 300 m sur une véritable bicyclette haute de 5,55 m – sans stabilisateur – à North Kildonan Mennonite Brethren Church (Canada), le 26 juin 2004.

● LE PLUS GRAND VÉHICULE A PÉDALES

Jacques Frechette (Canada) a fabriqué un véhicule à pédales pouvant transporter 74 cyclistes qui ont parcouru 3,5 km à travers la ville de Laurierville au Québec, le 31 juillet 2004. 72 des 74 personnes portaient le même patronyme : Bergeron.

★RECORD CYCLISTE SOUS L'EAU

Vittorio Innocente (Italie) a pédalé à une profondeur de 52,5 m à Gênes (Italie), le 23 juillet 2002. Il a utilisé un équipement de plongée et un VTT standard avec des poids en plomb et une aile en plastique derrière la selle. Les pneus étaient remplis d'eau. Le 4 mai 2003, Innocente a parcouru **la plus longue distance sur un vélo** sous l'eau au fond du canal de Naviglio à Milan (Italie). Il a fait 2 km en 36 min 38,15 s.

●LE VÉLO DE COURSE LE PLUS LÉGER

Sub 4.0 est un vélo de course standard – fabriqué par Mirko Glöckner (Allemagne) – pesant seulement 3,89 kg. Son cadre en fibre de carbone pèse 873 g ; la plupart des autres pièces sont fabriquées en aluminium, titane et fibre de carbone.

★LA ROUE ARRIÈRE LA PLUS RAPIDE AVEC UN VÉLO

Bobby Root (USA) a atteint la vitesse de 138,56 km/h en faisant une roue arrière avec son vélo à Palmdale (Californie), le 31 janvier 2001 pour *Guinness World Records : Prime time*. Le **record de vitesse** à vélo est de 268,831 km/h.

LE PLUS LONG SAUT DEBOUT SUR UN VÉLO

Le 3 août 2004, Vincent Hermance (France) a réussi un saut de 3,2 m, en se tenant debout sur son vélo, sur le plateau de l'émission *L'Été de tous les records*, à Bénodet (France).

RECORD D'ÉQUILIBRISME SUR UN VÉLO

Rudi Jan Jozef De Greef (Belgique) est resté à l'arrêt sur son vélo – sans appui – pendant 10 h à Meensel-Kiezegem (Belgique), le 19 novembre 1982.

★LA PLUS LONGUE ROUE ARRIÈRE EN PENTE (DÉPART LANCÉ)

Gilles Cruchaud (Suisse) a dévalé une pente de 500 m sur la roue arrière de son vélo en 26,341 s, à une vitesse moyenne de 68,33 km/h au col de l'Aiguillon (Suisse), le 12 juillet 2004.

↓

TRAINS

LA LIGNE DROITE DE VOIE FERRÉE LA PLUS LONGUE

La ligne du chemin de fer transaustralien qui traverse la plaine de Nullarbor (Australie) est parfaitement rectiligne sur 478 km, bien qu'elle ne soit pas plane. Ce tronçon de voie ferrée relie le km 793 (Mile 496) – entre Nurina et Loongana, à l'ouest du pays – au km 1271 (Mile 793) – entre Ooldea et Watson, au sud. Le terme de « nullarbor » signifiant littéralement « sans arbres » fait référence au manque de végétation de ce plateau calcaire quasiment inhabité.

↓

★LE RÉSEAU FERRÉ LE PLUS FRÉQUENTÉ

Selon l'Union internationale des chemins de fer (UIC), 8,6 milliards de passagers ont emprunté le réseau ferré japonais en 2003, faisant de ce dernier le plus fréquenté du monde. 5,2 milliards de personnes ont voyagé en train en Inde au cours de la même année, et près de 1,7 milliard en Allemagne.

★LA COMPAGNIE FERROVIAIRE LA PLUS FRÉQUENTÉE

En 2003, la compagnie de chemin de fer de l'est du Japon a transporté 5,846 milliards de passagers, soit 16 millions de voyageurs par jour en moyenne. Elle contrôle 7 530 km de voies ferrées, notamment le réseau très dense de la région de Tokyo.

★LE MÉTRO LE PLUS FRÉQUENTÉ

En Russie, le métro de Moscou est emprunté chaque jour par 8 à 9 millions de personnes. À titre de comparaison, celui de New York, **le plus vaste réseau** au monde, transporte chaque jour 4,5 millions de passagers, et celui de Londres – le **plus ancien** – un peu moins de 3 millions.

★LES PLUS FERVENTS USAGERS DU TRAIN

Chaque année, les Suisses parcourent en moyenne 2 077 km en train, suivis de près par les Japonais, qui parcourent eux 1 900 km.

★LE PLUS PETIT TRAIN BLINDÉ

Pendant la Seconde Guerre mondiale, le chemin de fer Romney, Hythe & Dymchurch fut réquisitionné par le gouvernement britannique. Ses voies ferrées possédaient un écartement de 381 mm et permettaient de relier Hythe à Dungeness, le long de la côte du Kent. Une locomotive à vapeur, *Hercules*, et plusieurs wagons furent recouverts d'un blindage en acier, puis équipés de mitrailleuses, dans un but défensif en cas d'invasion et pour protéger les trains de marchandises. Comme l'écartement des voies faisait le quart d'un écartement normal, la taille des locomotives et des wagons était elle aussi réduite.

★LE TUNNEL LE PLUS HAUT

Sur la ligne de chemin de fer reliant Qinghai auTibet, le tunnel du mont Fenghuo culmine à 4 905 m, là où il surplombe la région montagneuse du même nom, entre la Chine et le Tibet. Construit entre le 18 octobre 2001 et le 30 septembre 2003, il mesure 1 338 m de long.

★LE RÉSEAU FERRÉ À GRANDE VITESSE LE PLUS DENSE DU MONDE

Selon l'UIC, le Japon possède le réseau de lignes de chemin de fer à grande vitesse le plus vaste du monde, avec 2 700 km de voies en fonctionnement ou en cours de construction. C'est dans ce pays que la première ligne de trains à grande vitesse a été inaugurée en 1964. Elle reliait Tokyo à Osaka.

LA LOCOMOTIVE À VAPEUR LA PLUS RAPIDE

Il s'agit de la Class A4 N° 4468 *Mallard* de la société de chemin de fer London North Eastern Railway. Le 3 juillet 1938, elle tracta 7 wagons, soit 243 t jusqu'à Stoke Bank, près d'Essendine, entre Grantham, dans le Lincolnshire, et

← ★LE TRAIN À HÉLICE LE PLUS RAPIDE

Construit par l'ingénieur Franz Kruckenberg (Allemagne), le « Zeppelin sur rail » atteignit 230 km/h lors d'un voyage d'essai entre Hambourg et Berlin, le 21 juin 1931. Le véhicule fut ainsi surnommé en raison de l'immense hélice qui se trouvait derrière le compartiment des voyageurs, ainsi que de la légèreté de sa structure en acier. Il était équipé d'un moteur d'avion BMW de 433-kW, mais n'a jamais été mis en service.

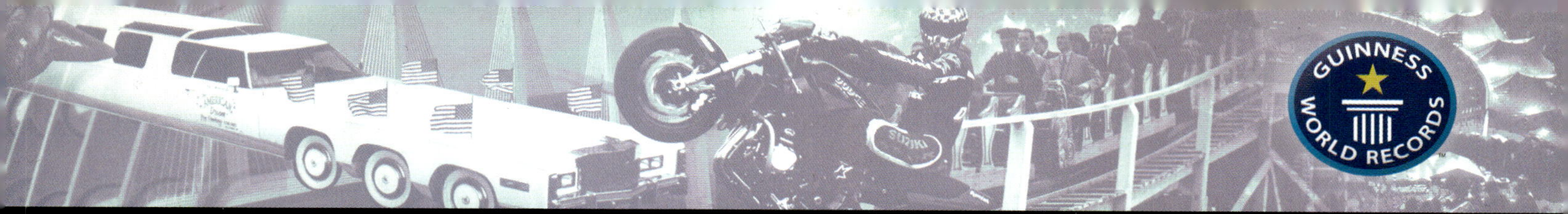

★ NOUVEAU RECORD ● MISE À JOUR

LE PLUS LONG VOYAGE DANS LE MÊME TRAIN →

Le train qui relie Moscou (Russie) à Pyongyang (Corée-du-Nord) parcourt 10 214 km. Une fois par semaine, il effectue ce trajet, en empruntant un tronçon de la ligne du fameux Transsibérien. Le voyage dure normalement 7 jours 20 h et 25 min. Représentée à droite, la ligne du Transsibérien apparaît sous la forme d'une fine ligne latérale. La partie sombre près de son centre est la ville d'Omsk.

Peterborough, dans le Cambridgeshire, à 201 km/h.

LA PLUS ANCIENNE VOIE FERRÉE

Bien que les Babyloniens et les Grecs de l'Antiquité aient utilisé des véhicules sur rails, la plus ancienne voie ferrée est celle figurant sur une illustration qui représente des wagons sur des rails en bois, dans une mine de Leberthal, en Alsace, vers 1550.

LE TRANSPORT EN COMMUN LE PLUS RAPIDE

Le train à sustentation magnétique qui mène les voyageurs de l'aéroport international de Shanghai jusqu'au quartier financier de la ville (30 km) affiche une vitesse de pointe de 431 km/h. Il a été inauguré le 31 décembre 2002.

LE TRAIN À SUSTENTATION MAGNÉTIQUE LE PLUS RAPIDE

Le 2 décembre 2003, le MLX01, un train à sustentation magnétique mis au point par la société des chemins de fer du centre du Japon et l'Institut de recherche technique japonais sur les réseaux ferrés, a atteint 581 km/h. Ce record fut établi sur la ligne d'essai Yamanashi, dans la préfecture de Yamanashi.

★LE PREMIER TRAIN À GRANDE VITESSE EXPLOITÉ SUR UNE COURTE DISTANCE

De 1984 à 1995, un train à sustentation magnétique permettait de relier l'aéroport international de Birmingham et l'échangeur international proche de la ville (600 m). Il fut abandonné car trop cher à entretenir.

LA PLUS GRANDE VITESSE

Le 18 mai 1990, le TGV Atlantique (n° 325) a parcouru la distance de Courtalain à Tours à 515,3 km/h.

L'EUROSTAR LE PLUS RAPIDE

L'Eurostar qui relie la gare de Waterloo, à Londres, à la gare du Nord, à Paris, roule à 300 km/h sur les voies ferrées françaises.

LE TRAIN DE MARCHANDISES LE PLUS LOURD

Le 21 juin 2001, un train assemblé par BHP Iron Ore (Australie) pesait 99 732,1 t. Il s'agissait du plus long train de marchandises ayant jamais existé : 7,35 km.

LE VÉHICULE LE PLUS RAPIDE SE DÉPLAÇANT SUR DES RAILS ↓

Le 30 avril 2003, sur la ligne d'essai d'Holloman située sur la base des forces aériennes d'Holloman (Nouveau-Mexique), un traîneau de fusée a permis de propulser une charge de 87 kg à 2 886 m/s en 6,031 s, soit 10 385 km/h.

NAVIRES & BATEAUX

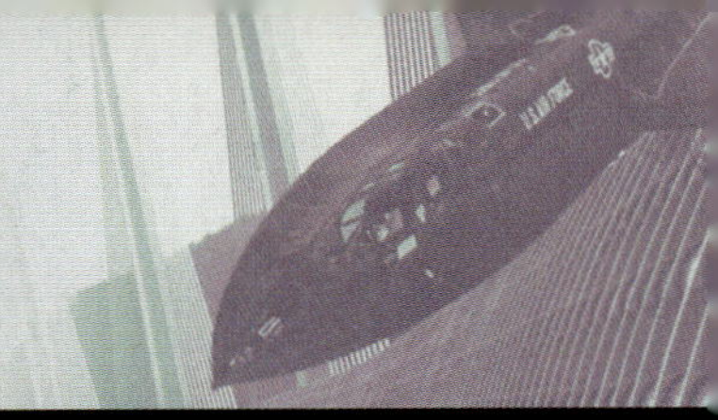

← ★LE PLUS LONG SLOOP

Le *Mirabella V* est un luxueux voilier de 75,2 m de long. Il est le plus long sloop du monde, ou voilier mono-mât. ce bateau dernier cri a une coque en composite, une quille de 150 t et a **le mât le plus haut du monde :** 90 m.

LE PLUS GRAND...

★NOMBRE DE PASSAGERS POUR UN NAVIRE

Les navires qui ont la plus grande capacité de passagers sont les ferries de Staten Island (New York), les navires jumeaux *Andrew J Barberi et Samuel I Newhouse*. Long de 95 m, large de 21 m avec une vitesse de 30 km/h, Ils peuvent transporter 6 000 passagers.

★VRAQUIER

Long de 343 m, large de 63,5 m, le *Berge Stahl* peut transporter 364 767 t de marchandises (surtout du minerai de fer). Le navire appartient à l'armateur Bergesen (Norvège).

VOILIER

Club Med 1 et 2 sont les plus grands voiliers en service. Dotés de mâts en aluminium et de 2 800 m de voilure commandée par ordinateur, ils mesurent 187 m de long. Ils transportent environ 400 passagers et 200 membres d'équipage. Leur voilure relativement petite est actionnée par des moteurs puissants, ce qui fait de ces bateaux des voiliers à moteur.

★NAVIRE DE FORAGE

Les Discoverer Enterprise, *Discoverer Spirit* et *Discoverer Deep Seas* déplacent chacun 103 000 t. Longs de 255 m et larges de 38 m, ils appartiennent à Transocean, Inc. (USA) et peuvent forer un puit d'eau de plus de 3 050 m, à une profondeur de 10 650 m.

BRISE-GLACE

Long de 306,9 m, le SS *Manhattan* (152 407 t), transformé en brise-glace, est équipé d'une cuirasse en acier de 2,7 m d'épaisseur, 9,1 m de profondeur et 204 m de long. Il a effectué un trajet dans le passage nord-ouest de l'Arctique canadien en août 1969.

★OPÉRATION DE SAUVETAGE EFFECTUÉE PAR UN SEUL NAVIRE

Durant la guerre de Corée, le navire de charge SS *Meredith Victory* a effectué la plus massive des opérations d'évacuation par mer de l'histoire militaire : 14 000 réfugiés civils ont été transférés de Hungnam (Corée-du-Nord) vers Pusan (Corée-du-Sud) en une seule fois, du 22 au 25 décembre 1950.

CARGO

Le pétrolier *Jahre Viking* (anciennement *Happy Giant* et *Seawise Giant*) peut transporter 564 763 t de fuel et de provisions (port en lourd). Il est long de 458,45 m, large de 68,8 m et a un tirant d'eau de 24,61 m.

YACHT PRIVÉ

Le yacht royal *Abdul Aziz* appartenant au roi d'Arabie Saoudite mesure 147 m de long. Terminé le 22 juin 1984 au chantier naval de Vospers, Southampton (GB), son prix est estimé à plus de 80 millions € en 1987.

★TRIMARAN DU MONDE

Le trimaran *Geronimo* d'Olivier de Kersauson mesure 34 m

RECORD DE VITESSE SUR L'EAU

RECORD	Commandant (nationalité)	Nom du bateau (date)	Vitesse
À propulsion humaine	Mark Drela (USA)	*Decavitator* (1991)	18,5 nœuds (34,2 km)
Paquebot (passager)	(USA)	*United States* (1952)	44 nœuds (81,4 km)
Destroyer (navire de guerre)	(France)	*Le Terrible* (1935)	45,25 nœuds (83,42 km/h
Bateau à voile	Finian Maynard (Irlande)	2004	46,82 nœuds/h (86,71 km/h)
Aquabike (PWC)	Forrest Smith (USA)	Yamaha GP1200R (2002)	122,79 km/h
Bateau à propulsion turbine	Dave Villwock (USA)	*Miss Budweiser* (2004)	354,84 km/h
Record de vitesse classement général	Ken Warby (Australie)	*Spirit of Australia* (1977)	275.97 nœuds (511,1 km/h)

★LE PLUS GRAND
NAVIRE À PONT OUVERT →

Le semi-submersible *Blue Marlin* a un pont plat ouvert de 178,2 m de long et 63 m de large. Il peut transporter jusqu'à 76 061 t de cargaison hors-format. Le pont du transporteur géant, exploité par Dockwiseof (Pays-Bas), peut s'immerger à 16 m afin de charger des marchandises géantes comme des plates-formes de gaz et de pétrole en se glissant dessous.

de long et 22 m de large. Il fut construit au chantier naval de Multiplast à Vannes entre 1999 et 2001.

LE PLUS RAPIDE...

★PAQUEBOT TRANSPORTANT DES PASSAGERS

Le paquebot SS *United States* atteignit des vitesses de plus de 44 nœuds (81,4 km/h) pendant les essais et sillonnait l'Atlantique à une moyenne de 34,51 nœuds (63,9 km/h) en 1952. Il mesurait 301,9 m et sa vitesse était due à son poids « plume » (sa construction était en aluminium) et ses puissants moteurs de 241 000 CV.

●RECORD DE VITESSE EN PLANCHE À VOILE

Finian Maynard (Irlande) a atteint 46,82 nœuds (86,71 km/h) en planche à voile aux Saintes-Maries-de-la-Mer, le 13 novembre 2004. À titre de comparaison, l'animal le plus rapide sur de longues distances est l'antilope d'Amérique (*Antilocapra americana*), qui peut atteindre 56 km/h.

★RECORD DE DISTANCE EN MONOCOQUE EN 24 HEURES

Le monocoque *Mari-Cha IV* de Robert Miller (GB) et ses 24 membres d'équipage a parcouru 525,7 miles nautiques (973,59 km) à la voile les 6 et 7 octobre 2003.

●BATEAU À PROPULSION À TURBINE

Dave Villwock (USA) a atteint 354,849 km/h avec son *Miss Budweiser* (hydroglisseur en catégorie illimitée), le 13 mars 2004, à Thermalito Afterbay (Californie). Le bateau est équipé d'un moteur d'hélicoptère Lycoming t-55 l-7, de 2 650 CV.

LE PLUS LOURD...

VOILIER

Le *France II*, un vaisseau à cinq mâts et coq d'acier a pris la mer en 1911. Il mesurait 127,4 m et pesait 5 806 t. Il fit naufrage près de la Nouvelle-Calédonie, le 12 juillet 1922.

← ★LE PLUS VIEUX
NAVIRE DE GUERRE (EN SERVICE)

Le USS *Constitution* – connu aussi sous le nom de « Vieux Flancs de Fer » – a été mis en service le 21 octobre 1797 et est encore officiellement mobilisable par la US Navy. Son équipage se compose de 50 à 80 marins. Le port d'attache du *Constitution* est Charlestown (Massachusetts), il effectue quelques sorties en mer.

TAILLE DES BATEAUX
1 cm = 130 m

Abdul Aziz
Le plus grand yacht privé
Longueur : 147 m

Blue Marlin
Le plus grand navire à pont ouvert
Longueur : 178,2 m

Titanic
Longueur : 269 m

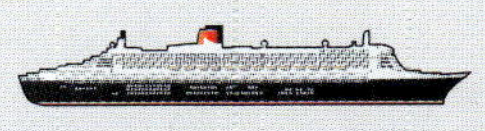

Queen Mary 2
Le plus grand paquebot transportant des passagers
Longueur : 345 m

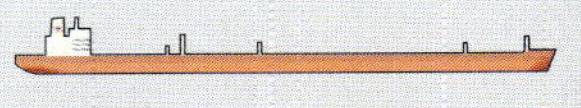

Jahre Viking
Le plus grand cargo
Longueur : 458, 45 m

MACHINES VOLANTES

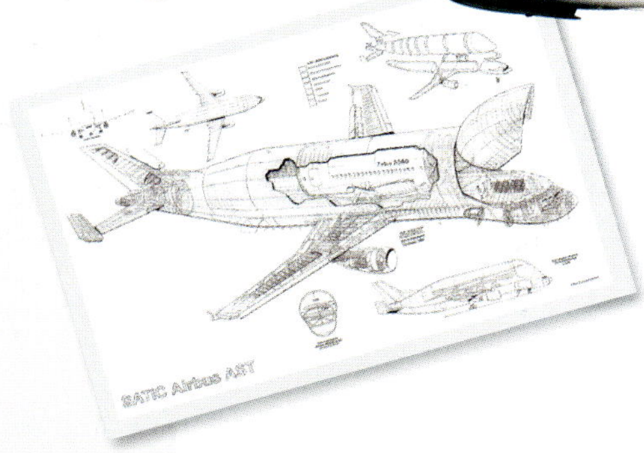

LE PLUS GROS
AVION CARGO

Avec 37,7 m de long, une largeur et une hauteur maximum de 7,1 m, l'avion de transport Airbus A300-600ST Beluga peut accueillir un volume de fret de 1 400 m³ et un poids total de marchandises de 47 t. Le schéma ci-contre montre comment on le charge par l'avant.

RECORDS DE VITESSE

★**Parapente :** Edel Energy 30/Patrick Berod (France) 28,26 km/h

★**Deltaplane :** Moyes Delta Gliders Litespeed 4/Tomas Suchanek (République tchèque) 50,81 km/h

★**Ultraléger motorisé** : B-612/Pavel Skarytka (République tchèque) 194,2 km/h

★**Planeur** : Jantor STD11/Horacio Miranda (Argentine) 249,09 km/h

Hélicoptère : Westland Lynx/John Trevor Eggington (GB) 400,86 km/h

Avion à réaction de série : Lockheed Martin SR-71/Capitaine E Joersz et major G Morgan (USA) 3 529,56 km/h

Avion fusée expérimental : X-15A2/Pete Knight (USA) 7 274 km/h

★**Avion à réaction expérimental** : X-43A/sans pilote 10 300 km/h

VOLS

L'ALTITUDE MAXIMUM ATTEINTE PAR UN AVION

Le record d'altitude de la Fédération aéronautique internationale (FAI), 37 650 m, a été remporté par Alexandre Fedotov (Russie) à bord d'un MIG-25 Foxbat baptisé E266M, au départ de l'aérodrome de Podmoskovnoe (Russie), le 31 août 1977.

L'ALTITUDE MAXIMUM ATTEINTE PAR UN HÉLICOPTÈRE

Jean Bouletan (France) a atteint l'altitude de 12 442 m à bord d'un hélicoptère Lama SA315B de l'Aérospatiale au-dessus de la base d'Istres le 21 juin 1972.

★L'AVION À RÉACTION LE PLUS RAPIDE

Le 16 novembre 2004, l'avion sans pilote Hyper-X (X-43A) de la Nasa a atteint Mach 9,68. Il a été projeté à 33 000 m par une fusée Pegasus, elle-même lancée par un B52-B. Le jet kamikaze a ensuite grillé son moteur avant de s'écraser dans l'océan Pacifique.

★LE VOL LE PLUS LONG D'UN MODÈLE RÉDUIT

En 38 heures, entre le 9 et le 11 août 2003, les Américains Maynard Hill, Barrett Foster et David Brown ont fait voler, sans ravitaillement ni atterrissage, un avion télécommandé équipé d'un moteur à pistons sur 3 030 km, du cap Spear à Terre-Neuve (Canada) à Mannin Beach (Irlande).

L'AVION LE PLUS LÉGER À TRAVERSER L'ATLANTIQUE

Le 7 mai 1933, Stanislaw Skarzynski (Pologne) a piloté un RWD-5bis sur 3 582 km, de Saint-Louis (Sénégal) à Maceio (Brésil) en 20 h 30 min. C'est le record de distance parcouru d'une traite à bord d'un avion monoplace d'un poids de 450 kg.

LE PLUS HAUT VOL EN MONTGOLFIÈRE

Le 6 juin 1988, Per Lindstrand (GB) s'est élevé à 19 811 m d'altitude dans une montgolfière Colt 600 au-dessus de Laredo, au Texas.

LE PLUS HAUT VOL EN BALLON

L'altitude maximum jamais atteinte par un ballon piloté par l'homme est de 34 668 m. Le capitaine de frégate Malcolm D. Ross et le capitaine de corvette Victor A. Prather, de la marine américaine, ont battu ce record au-dessus du golfe du Mexique (USA) le 4 mai 1961, dans une cabine non pressurisée. Le ballon en polyéthylène gonflé au gaz s'appelait *Lee Lewis Memorial.*

L'AVION LE PLUS LOURD

L'avion qui détient le record du poids standard au décollage est l'Antonov An-225 Mriya (« rêve »), avec 600 t. Il n'en a été construit que deux. Avec son envergure de 88,4 m – presque 4 courts de tennis bout à bout –, il a été conçu pour « porter sur son dos » la navette spatiale russe Bourane et l'amener en position de lancement. Le Mriya est la version poids lourd de l'avion cargo standard Antonov An-124 Rouslan.

LE VOL LE PLUS HAUT
POUR UN AVION À HÉLICES

Le 13 août 2001, l'aile volante Helios, un prototype à énergie solaire, a atteint 29 524 m d'altitude au-dessus de l'île hawaïenne de Kauai. Conçue pour la Nasa par AeroVironment Inc., de Monrovia (Californie), cette nouvelle race d'avions d'altitude à vitesse réduite pourrait offrir une alternative aux satellites de communication. →

POIDS ET TAILLE

★LES PLUS GRANDS BIPLANS DE TOURISME

Il s'agit de quatre avions construits pour l'US Navy en 1918 par la Curtiss Company. Ils avaient une envergure de 38,4 m, mesuraient 20,8 m et pesaient 12 t. L'Antonov An-2/An-3 a une envergure de 18,8 m et un poids au décollage de 5 800 kg. Sorti d'usine en 1947, il transporte 12 passagers en configuration standard.

★LE PLUS GRAND HYDRAVION

Le Martin JRM-3 Mars a une envergure de 61 m pour un poids au décollage de 73 500 kg. La société Glenn L. Martin en a construit cinq pour la marine américaine dans les années 1940 ; deux sont toujours exploités comme bombardiers d'eau par la société canadienne Flying Tankers.

★LE PLUS GRAND AVION À AILE DELTA

Le bombardier nucléaire anglais Avro B2 Vulcan à aile delta a une envergure de 33,8 m et atteint une vitesse de 1 038 km/h. La version B2 du Vulcan est entrée en service en 1958 ; la Royal Air Force a décommissionné le dernier en 1986.

L'AVION CARGO LE PLUS LOURD

L'Antonov ukrainien An-124 Rouslan offre un poids maximum au décollage de 405 t. Sa soute présente un volume utile de 1 014 m³.

LE PLUS LONG DES AVIONS DE LIGNE EN SERVICE

L'Airbus A340-600, long de 75,3 m, avec une envergure de 63,45 m et un poids total au décollage de 365 t, peut accueillir jusqu'à 419 passagers.

★LE PLUS GRAND TÉLESCOPE EMBARQUÉ

L'avion de l'observatoire stratosphérique pour l'astronomie à infrarouge de la NASA (Sofia) est un Boeing 747SP équipé d'un télescope à infrarouges dont le miroir primaire fait 2,7 m de diamètre. La « première lumière » (son premier essai réussi) a eu lieu le 18 août 2004.

LE PLUS GRAND AVION DE LIGNE

Le Boeing 747-400 a une envergure de 64,4 m pour une longueur de 70,6 m et un poids total au décollage de 397 t. Mais, l'Airbus A380, dont le premier vol a eu lieu en avril 2005, a une envergure de 79,8 m, une longueur de 72,7 m et un poids maximum au décollage de 590 t. Il entrera en service en 2006.

★LE PLUS GRAND DIRIGEABLE EN EXPLOITATION

Produit par Zeppelin Luftschifftechnik, en Allemagne, le Zeppelin NT, long de 75 m, peut transporter 14 passagers. Le volume de l'enveloppe est de 8 225 m³. Les **plus gros zeppelins** jamais réalisés sont le *Hindenburg* (LZ 129) et le *Graf Zeppelin II* (LZ 130). Chacun mesurait 245 m et pesait 214 t.

LE PLUS PETIT BIMOTEUR

Le *Cricri* MGI5 vola pour la première fois le 19 juillet 1973. Conçu par l'ingénieur Michel Colomban (France), le *Cricri* pèse 72,56 kg, a une envergure de 4,9 m et une longueur de 3,91 m. Le prototype était équipé de deux moteurs Rowena de 6,7 kW.

TAILLES COMPARÉES DES AVIONS
1 cm = 10 m

Antonov An-2/An-3
Plus grand biplan en service
Envergure : 18,8 m
(voir armement, p. 198)

Avro B2 Vulcan
Plus grand avion à aile delta
Envergure : 33,8 m

Airbus A380
Plus grand avion de ligne
Envergure : 79,8 m

Antonov An-225
L'avion le plus lourd
Envergure : 88,4 m

Hindenburg* (LZ 129), ci-dessus, et *Graf Zeppelin II
Les plus grands dirigeables
Longueur 245 m

ARMES

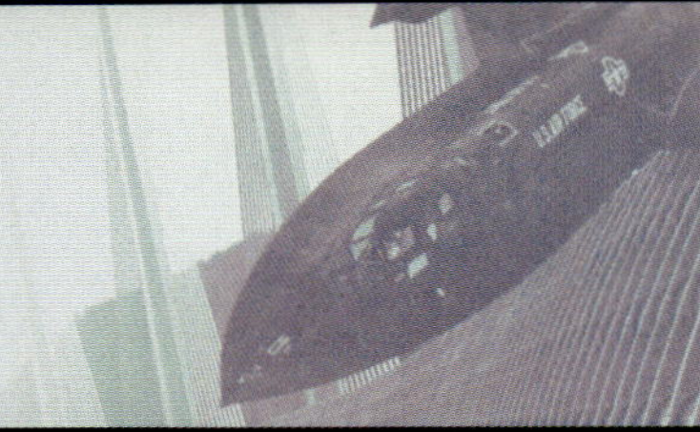

★ LE PLUS GROS AVION À AILES DELTA

Le bombardier nucléaire à ailes delta Avro B2 Vulcan de la RAF avait une envergure de 33,8 m et pouvait atteindre1 038 km/h grâce à ses quatre moteurs Bristol Siddeley Olympus. Le modèle B2 du Vulcan est entré en service en 1958 et le dernier appareil a été retiré de la circulation par la RAF en 1986.

GUERRES INTERNATIONALES

La plus brève : de 9 h à 9 h 45, le 27 août 1896, entre Zanzibar et la Grande-Bretagne.

La plus longue : la guerre de Trente Ans, opposant différents pays européens, de 1618 à 1648. Elle redessina complètement la carte de l'Europe.

LE PLUS GROS NAVIRE AMPHIBIE

Long de 257 m, les bâtiments américains de classe Wasp ont un déplacement de 36 500 t. Capables de transporter des avions, des vaisseaux de débarquement et de nombreux hommes, leur rôle consiste essentiellement à transporter les troupes sur les côtes ennemies.

★ RECORD D'AVIONS TRANSPORTÉS PAR UN SOUS-MARIN

Les trois sous-marins japonais I-400 Sen Toku construits pendant la Seconde Guerre mondiale transportaient chacun trois hydravions Aichi M6A1 « Seiran », qui étaient garés avec leurs ailes repliées dans un hangar de 35 m de long sur le pont des sous-marins et propulsés le long du pont par une catapulte. Les sous-marins avaient un déplacement d'environ 6 000 t en plongée et atteignaient 122 m de long : ils étaient les plus grands de l'époque.

★ LA PLUS GRANDE ARME PRÉSENTE SUR UN SOUS-MARIN

Les trois sous-marins de classe M de la Marine royale britannique conçus vers la fin de la Première Guerre mondiale étaient équipés d'un canon de 30 cm monté sur le pont, une arme que l'on trouvait plus fréquemment sur les cuirassés. Ces sous-marins, fonctionnant à la fois au diesel et à l'électricité, atteignaient 90,5 m de long, avaient un déplacement de 1 600 t en surface et pouvaient atteindre 8 nœuds (15 km/h) sous l'eau et 14 nœuds (26 km/h) en surface.

★ L'AVION À RÉACTION MILITAIRE LE PLUS FABRIQUÉ

Selon des estimations, plus de 8 000 chasseurs russes MIG-21 Fishbed ont été fabriqués depuis le vol du premier prototype, en 1955 : il s'agit de l'avion à réaction militaire le plus courant et le plus produit depuis la Seconde Guerre mondiale. Il en existe plus de 30 modèles, qui ont servi au sein d'une cinquantaine d'armées de l'air dans le monde.

LE BOMBARDIER À LA PLUS GRANDE ENVERGURE

Le bombardier américain Convair B-36J Peacemaker avait une envergure de 70,1 m. Son poids maximum au décollage était de 185 t, soit le poids de 120 voitures moyennes. Une quinzaine de ces voitures auraient pu être garées bout à bout sur ses ailes. Il pouvait voler à 700 km/h.

★ PREMIÈRE UTILISATION DE BALLONS MILITAIRES EN COMBAT

Des ballons militaires ont été utilisés pour la première fois en 1794 par des Français pour observer les troupes ennemies, en Autriche, pendant les guerres de la période révolutionnaire.

★ PREMIÈRE UTILISATION D'UN AVION À AILES FIXES EN COMBAT

Le 22 octobre 1911, durant la guerre italo-turque (1911-1912), le capitaine Carlo Piazza (Italie) a rallié Tripoli à Azzia (Lybie) dans un monoplan Blériot, pour effectuer une mission de reconnaissance au-dessus des forces turques.

★ PREMIER RAID OFFENSIF EFFECTUÉ PAR UN VÉHICULE AÉRIEN SANS PILOTE

Le 3 novembre 2002, au Yémen, un missile Hellfire AGM-114 a été lancé par un General Atomics RQ-1 Predator de la CIA sur six membres présumés d'Al-Qaida qui étaient en voiture.

LES TANKS LES PLUS LOURDS →

Le tank Abrams de combat M1A2 (en photo), construit par General Dynamics Land Systems (USA), a un poids au combat de 63 t, ce qui en fait ★ **le char le plus lourd en service**. Équipé d'un canon de 120 mm, il peut atteindre 68 km/h. Le tank le plus lourd jamais mis en service était le char de rupture français 2C bis de 1922, qui transportait 13 hommes. Équipé d'un obusier de 15,5 cm, il était doté de deux moteurs de 186 kW (250 ch), lui permettant d'atteindre 12 km/h.

LA PLUS GROSSE BATAILLE DE TANKS

La bataille de Koursk a eu lieu le 12 juillet 1943 dans la région de Prokhorovka (Russie). 1 500 tanks allemands et russes ont participé à un combat rapproché. À la fin de la journée, les deux parties avaient perdu chacune plus de 300 chars.

★ RECORD DE PORTÉE DE TIR D'UN TANK

La plus longue distance de tir d'un tank qui en a touché un autre est de 4,1 km. Ce tir a été effectué par un British Challenger des Royal Scots Dragoon Guards au cours de l'offensive terrestre de la guerre du Golfe (du 24 au 28 février 1991). Le tank irakien touché était un T 55 russe.

★ RECORD DE PORTÉE DE TIR D'UN NAVIRE

À deux reprises pendant la Seconde Guerre mondiale, les canons d'un navire en ont touché un autre à 24 km de distance. Le 8 juin 1940, le « cuirassé de poche » allemand Scharnhorst a touché le porte-avions britannique HMS Glorious depuis cette distance au nord de l'Atlantique. Un mois plus tard, le 9 juillet, durant la bataille de Calabre, le navire britannique HMS Warspite a touché le vaisseau amiral italien Guilio Cesare à la même distance. Il s'agit de deux tirs d'artillerie remarquables si l'on tient compte du fait que dans les deux cas, les vaisseaux impliqués se déplaçaient à grande vitesse.

LE PREMIER USAGE DU CAMOUFLAGE MODERNE

Le 12 février 1915 marque l'introduction du camouflage moderne dans l'armée. La première section du camouflage vit le jour en France, et fut placée sous le contrôle de Lucien Victor Guirand de Scevola. Des ateliers de confection furent créés à Paris, Amiens et Nancy.

★L'AVION DE COMBAT LE PLUS RAPIDE DE LA SECONDE GUERRE MONDIALE

Le Messerschmitt allemand ME 163 était un avion-fusée qui pouvait atteindre 960 km/h. Utilisé dans la Luftwaffe dès mai 1944, il n'a jamais été très efficace sur le plan opérationnel, en raison de son temps de vol très limité. ↙

ARMES

← ★LA PREMIÈRE UTILISATION DE ROBOTS MILITAIRES EN COMBAT

En juillet 2002, des robots ont été utilisés pour la première fois en combat au sol durant la guerre d'Afghanistan. Un robot du nom de « Hermès » a exploré un réseau de grottes à Qiqay (Afghanistan). Hermès et les trois autres prototypes – Professor, Thing et Fester – sont assez lourds (19 kg) pour déclencher des mines, assez hauts (30 cm) pour que les pièges au sol fonctionnent et assez longs (1 m) pour transporter 12 caméras, un lance-grenades et un fusil de calibre 12.

★PREMIER BOMBARDEMENT AÉRIEN

Le premier bombardement aérien a été effectué en 1849, lorsque les Autrichiens ont lancé 200 ballons à air chaud sans pilote destinés à larguer des bombes à retardement sur les défenses ennemies à Venise (Italie). En raison de vents imprévus, il y eut peu de victimes. Les ★**premiers bombardements aériens** effectués par avion ont eu lieu le 1er novembre 1911, au cours de la guerre italo-turque de 1911-1912. Depuis son monoplan Taube, qui volait à 185 m d'altitude, le Second Lieutenant Giulio Gavotti de l'Italian Air Flotilla a lancé quatre petites grenades de 2 kg sur un camp turc stationné à Ain Zara (Lybie).

★LE CANON LE PLUS LOURD

Un canon construit en 1868 à Perm (Russie) pèse 144,1 t, a un calibre de 50,8 cm et un tube de 4,6 m de long. Ses boulets pesaient environ 500 kg. Appelé « canon du Tsar », il est exposé au musée Lénine de Moscou.

★LA TORPILLE LA PLUS RAPIDE

L'extrémité et la surface de la torpille russe Shkval (« rafale »), propulsée par des fusées, libèrent des bulles, qui l'entourent d'une poche de gaz, ce qui réduit sa friction avec l'eau de mer. Elle peut ainsi atteindre 360 km/h, pour une portée d'environ 6,8 km.

★LE PLUS ANCIEN FILM DOCUMENTAIRE SUR LA GUERRE ↑

La bataille de Volo, qui s'est déroulée en Thessalie (Grèce) en avril 1897, est la première guerre à avoir été filmée. Cette guerre entre la Turquie et la Grèce a été immortalisée par Frederick Villiers, correspondant de guerre et cinéaste britannique. Ce film ne fut cependant jamais diffusé. **Le plus ancien film de guerre conservé** a été réalisé le 12 novembre 1899 par John Bennett (GB) au cours de la campagne britannique d'Orange River (Afrique du Sud), durant la guerre des Boers.

★L'ARME AU LASER ↓ LA PLUS PUISSANTE

Développée par Boeing, Lockheed Martin et Northrop Grumman, l'Airborne Laser (ABL) est conçue pour être intégrée à un Boeing 747 modifié et sera utilisée pour suivre et détruire des missiles balistiques. Cette arme n'est pas encore au point mais a déjà une puissance d'un mégawatt. Le laser COIL (Chemical Oxygen Iodine Laser) de l'ABL a été utilisé dans un essai au sol à l'Edwards Air Force Base (Californie), en novembre 2004. Le premier essai de tir sur un missile balistique est programmé en 2005.

★ LE PLUS PETIT MAMMIFÈRE EMPLOYÉ POUR LA DÉTECTION DES MINES

Le rat géant de Gambie (*Cricetomys gambianus*) mesure 76 cm (queue comprise) et pèse 1,35 kg. Il est donc trop léger pour faire exploser une mine. Selon APOPO, la société belge qui a découvert cette qualité, un rat et son dresseur peuvent explorer 150 m² par jour. Les rats sont entraînés à réagir à l'odeur de l'explosif en rongeant ou en grattant à l'endroit où il se trouve et sont alors récompensés par de la nourriture.

LA BOMBE NUCLÉAIRE LA PLUS LOURDE

La Mk 17, transportée par les bombardiers américains B-36 dans les années 1950, pesait 19 050 kg et mesurait 7,49 m.

PREMIER ESSAI D'UNE ARME LASER

Lors d'un essai effectué en novembre 1973, un laser au dioxyde de carbone de 100 kW a détruit un drone de 3,60 m au-dessus du laboratoire de Sandia, sur la base aérienne de Kirkland (Nouveau-Mexique).

LA PLUS FORTE CADENCE DE TIR D'UNE ARME BALISTIQUE

Un prototype de mitrailleuse à 36 canons fabriquée par la société Metal Storm de Brisbane (Australie) a une cadence de tir de plus de 1 million de munitions par minute. Cette cadence est possible parce que les munitions sont empilées dans les canons et que leur mise à feu est commandée électroniquement et non par un détonateur à percussion.

LA PLUS GROSSE BOMBE NON NUCLÉAIRE

Guidée par satellite, la MOAB (arme massive à effet de souffle) pèse 9 752 kg. Elle a été testée le 11 mars 2003, à l'Air Force Armement Center d'Eglin (Floride).

★ RECORD DE PORTÉE D'UN MISSILE

Entré en service en 1959, le missile américain Atlas avait une portée de 16 669 km, c'est-à-dire supérieure de 4 828 km à la distance nécessaire pour toucher un point du territoire soviétique à partir d'un site de lancement occidental.

LE PLUS GRAND NOMBRE D'ÉTRANGERS DANS UNE ARMÉE

En janvier 2005, 7 622 étrangers originaires de 136 pays servaient dans la Légion étrangère française.

★ LE PAYS AYANT LE PLUS DE TROUPES À L'ÉTRANGER

Depuis mai 2004, les États-Unis ont un personnel militaire au sol de 370 000 personnes en service actif. Au total, 500 000 soldats originaires de 47 pays sont en service à l'étranger, pour se battre, préserver la paix ou intervenir en cas de catastrophe.

LA PREMIÈRE UTILISATION D'UNE ARBALÈTE

L'arbalète a été utilisée pour la première fois en 341 av. J.-C., au cours de la bataille de Ma-Ling, à Linyi (Chine).

LE PISTOLET LE PLUS INTELLIGENT

Le « Variable Lethality Law Enforcement » (VLe), conçu par O'Dwyer, est un prototype fabriqué par Metal Storm Limited, une société de Brisbane (Australie). La mise à feu de ses munitions n'est pas mécanique, mais électronique. L'arme ne peut être utilisée que par une personne portant un anneau d'identification et a une cadence de tir extrêmement rapide (trois tirs en 1/500e de seconde).

PROJECTILES

LE PLUS GRAND NOMBRE DE POMMES DE TERRE PROJETÉES EN L'AIR EN 3 MIN

Le 14 décembre 2004, à Londres, Tom Pringle (GB), alias Dr Bunhead, a projeté en l'air 8 pommes de terre avec un lanceur. Dr Bunhead est un journaliste scientifique qui cherche à « faire sortir la science des laboratoires afin de la promouvoir à l'école, dans les théâtres et à la télévision ». ←

Jet d'un avion en papier fabriqué avec une feuille de papier A4 et un morceau de scotch de longueur appropriée à 63,19 m, par Stephen Krieger (USA), près de Moses Lake (Washington), 6 septembre 2003.

RECORD DE DISTANCE...

Les objets représentés sur cette double page ont été lancés, crachés, projetés en l'air ou propulsés plus loin que les autres.

Brique de 2,27 kg lancée à 44,54 m par Geoff Capes (GB) Orton Goldhay, Cambridgehire (GB), le 19 juillet 1978.

Bouchon de champagne provenant d'une bouteille n'ayant pas été chauffée au préalable projeté à 54,18 m par Heinrich Medicus (USA) à Woodbury Vineyards Winery (New York), le 5 juin 1988.

Rouleau à pâtisserie de 907 g lancé à 53,47 m par Lori La Deane Adams (USA) à l'Iowa State Fair (USA), le 21 août 1979.

●Élastique projeté à 30,16 m par Leo Clouser (USA) à Wyomissing (Pennsylvanie), le 18 juin 1999.

Saucisse écossaise d'un poids minimal de 680 g lancée à 55,11 m par Alan Pettigrew (GB) à Inchmurrin, Argyll and Bute, Écosse (GB), le 24 mai 1984.

Noyau de cerise craché à 28,51 m par Brian « Young Gun » Krause (USA) au Championnat 2004 de crachat de noyaux de cerise, à Eau Claire (Michigan).

Chique de tabac projetée à 16,23 m par David O'Dell (USA) au Championnat mondial de crachat de tabac, à Calico Ghost (Californie), le 22 mars 1997.

Pépin de pastèque lancé à 22,91 m par Jason Schayot (USA) à De Leon (Texas), le 12 août 1995.

★ NOUVEAU RECORD ● MISE À JOUR

RECORD DE CAPSULES DE PEINTURE ATTRAPÉES EN 2 MIN →

Le 30 mai 2003, à Ultimate Skirmish, en Nouvelle-Galles du Sud, Anthony Kelly (Australie) a attrapé en 2 min 28 capsules de peinture qui avaient été lancées d'une distance de 20 m.

Jet d'une botte en caoutchouc (record masculin) botte Dunlop Challenger taille 42, à 63,98 m par Teppo Luoma (Finlande), à Hämeenlinna, Finlande, le 12 octobre1996.

Jet d'une botte en caoutchouc (record féminin) botte en caoutchouc Dunlop taille 42, à 40,87 m, par Sari Tirkkonen (Finlande), à Hämeenlinna, Finlande, le 19 avril 1996.

Bouse de vache de forme non sphérique, 100 % « organique » lancée à 81,1 m, par Steve Urner (USA), au Mountain Festival de Tehachapi (Californie), le 14 août 1981.

Œuf de poule frais et cru (devant être intact à la réception) lancé à 98,51 m, par Johnny Fell à Keith Thomas (USA) à Jewett (Texas), le 12 novembre 1978.

Balle de base-ball (record masculin) lancée à 135,88 m, par Glen Edward Gorbous (Canada), le 1er août 1957.

Balle de Base-ball (record féminin) lancée à 90,2 m, par Mildred Ella 'Babe' Didrikson (USA), le 25 juillet 1951.

Jet d'un disque (record masculin) à 250 m par Christian Sandstrom (Suède) à El Mirage (Californie), le 26 avril 2002.

Jet d'un disque (record féminin) à 138,56 m par Jennifer Griffin (USA) à Fredericksburg (Virginie), le 8 avril 2000.

Objet sans attache anneau lancé à 406,29 m, par Erin Hemmings (USA), à Fort Funston (Californie), le 14 juillet 2003.

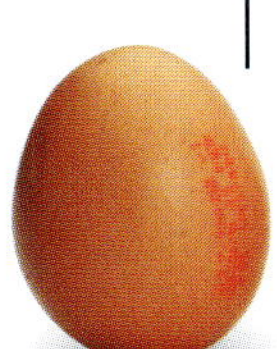

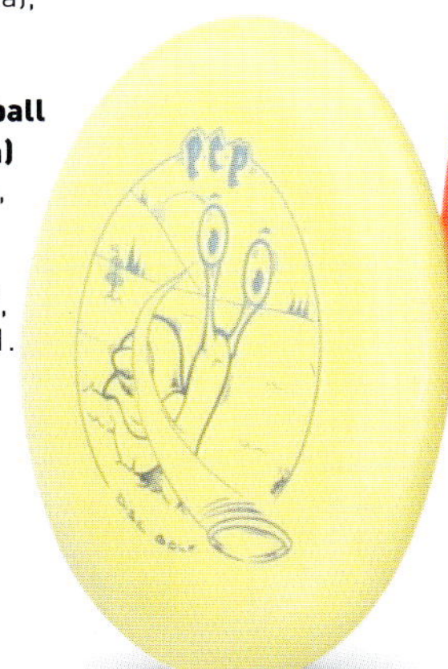

★LE PLUS GRAND TREBUCHET PERMETTANT DE LANCER DES PROJECTILES DE PLUS DE 20 KG

Construit par Angus Robson et l'équipe de la société Rocktec Ltd (Nouvelle-Zélande), le trébuchet *Car Thrower* a projeté un bloc d'acier de 3 400 kg à 15, 32 m, soit une énergie cumulée de 52 088 kg/m. Ce record fut établi le 19 février 2004, à Matamata (Nouvelle-Zélande). Ci-dessous, le *Car Thrower* soulève une voiture ! ↓

L'HÔTEL ← LE PLUS HAUT

Situé à 15 km au sud de Dubaï (Émirats arabes unis), l'hôtel de luxe Burj Al Arab (« la Tour d'Arabie ») mesurait le 26 octobre 1999, 320,94 m du sol à la pointe de son mât. L'illustration montre son héliport, transformé en 2005 en court de tennis le temps d'un match amical entre Roger Federer (Suisse) et André Agassi (USA).

★ LE PLUS HAUT BÂTIMENT INOCCUPÉ

L'hôtel Ryugyong de Pyongyang (Corée-du-Nord) avait atteint sa hauteur définitive (330 m) en 1992, lorsque les travaux de construction ont été interrompus. Dix-huitième bâtiment au monde par sa hauteur, il serait l'hôtel le plus haut s'il était achevé.

★LE DÔME LE PLUS VASTE

Ce n'est pas un dôme authentique car il n'est pas autoportant, mais le Dôme du Millénaire de Greenwich à Londres est le plus grand bâtiment du monde en forme de dôme. Couvrant 80 000 m², avec un diamètre total de 365 m, un diamètre intérieur de 320 m et une hauteur sous plafond de 50 m, il consiste en une membrane de fibre de verre recouverte de Teflon® (PTFE) et suspendue à 12 mâts en acier de 95 m.

↘

LE PLUS GRAND BÂTIMENT ADMINISTRATIF

Le Pentagone, à Arlington (Virginie), a une surface de 600 000 m². Chacun des cinq côtés extérieurs s'étire sur 281 m et son pourtour mesure environ 1,4 km. Il abrite 28 km de couloirs et offre 7 754 fenêtres aux laveurs de carreaux. Plus de 26 000 employés militaires et civils y travaillent.

● L'ASCENSEUR LE PLUS RAPIDE

Les deux ascenseurs ultra-rapides installés par Toshiba Elevator & Building Systems (Japon) sur Taipei 101, la plus haute tour du monde, située à Taipei (Taïwan), circulent jusqu'à 1 010 m/min, soit 60,6 km/h. Monter du rez-de-chaussée au 89e étage, à 382 m du sol, demande donc 40 s. Un système de pressurisation a été prévu pour éviter les effets de pression inconfortables pour les oreilles.

★ LE PLUS GRAND BÂTIMENT À USAGE MIXTE

Avec 678 000 m², le bâtiment Berjaya Times Square KL, inauguré en 2003 à Kuala Lumpur (Malaisie), englobe un centre commercial de 320 000 m², un parc à thème couvert, et deux tours de 48 étages renfermant des bureaux et un hôtel.

★ LE PREMIER BÂTIMENT ÉQUIPÉ D'UN ASCENSEUR SÉCURISÉ

Le 28 mars 1857, le premier ascenseur moderne sécurisé, actionné par un moteur à vapeur, a été installé par Elisha Otis et mis en service au grand magasin Haughwout (New York).

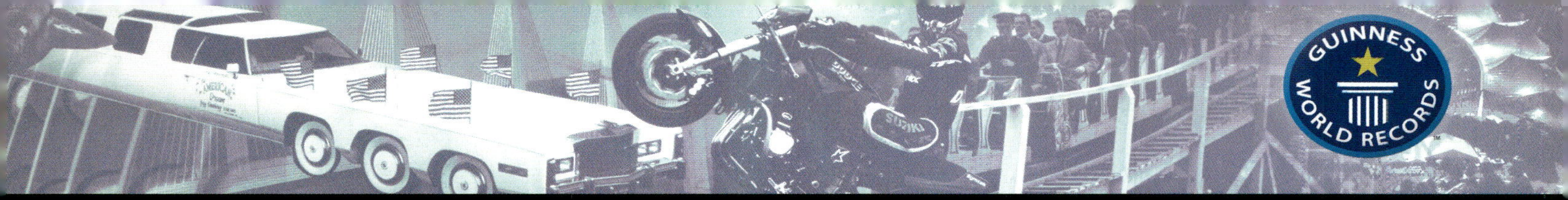

★ NOUVEAU RECORD ● MISE À JOUR

● LE BÂTIMENT LE PLUS LOURD DÉPLACÉ INTACT

Entre le 25 mai et le 3 juin 2004, on a déplacé de 30 m le Talent Exchange Centre de Wuzhou (Chine), 10 étages, 13 254 t, grâce à un système roulant construit pour l'occasion. C'est l'entreprise d'ingénierie spécialisée Dalian Jiuding qui a procédé au déplacement, au rythme de 3 à 7 m/jour. Pendant l'opération, ses occupants ont continué à y travailler.

★ LA MOSQUÉE LA PLUS HAUTE

La mosquée Prince Abdullah, achevée le 5 juillet 2004, culmine à 183 m, au 77e étage du Kingdom Centre à Riyad (Arabie Saoudite).

★ LE PLUS GRAND CENTRE COMMERCIAL SOUTERRAIN

Avec 370 000 m² d'espace commercial pour 1 200 boutiques et services, le passage PATH de Toronto (Canada) offre 27 km de galeries commerçantes. Il relie plus de 50 immeubles, 5 stations de métro et une gare.

★ LE PLUS GRAND KALÉIDOSCOPE

Érigé pour l'exposition Aichi 2005 près de Nagoya (Japon), le pavillon de la ville de Nagoya, « Tour de la Terre », se dresse à 47 m. Les spectateurs peuvent admirer à la base de la tour triangulaire des images kaléidoscopiques de 40 m.

★ L'HÔPITAL LE PLUS HAUT

La tour Guy's Tower de 34 étages du Guy's Hospital de Londres s'élève à 142,5 m.

★ LA PLUS GRANDE STRUCTURE EN BOIS AUTOPORTANTE

Bâtiment en forme de dôme, le Odate Jukai, à Odate (Japon), mesure 178 m sur son plus grand axe, 157 sur le plus petit. Il consiste en une membrane opaque tendue sur un maillage fabriqué avec 25 000 cèdres locaux.

LA PLUS GROSSE PYRAMIDE

La pyramide de Quetzalcóatl à Cholula de Rivadavia, à 100 km au sud-est de Mexico (Mexique), est à la fois la plus grande des pyramides et le plus grand monument jamais bâti. Sa base couvre plus de 18 ha pour 54 m de hauteur. Son volume total est estimé à 3,3 millions de m³. La Grande Pyramide de Kéops ou Khoufou (Égypte), la plus haute pyramide du monde, fait en comparaison 2,4 millions de m³.

LE PLUS VASTE ÉDIFICE RELIGIEUX

Construit en l'honneur du dieu hindou Vishnou par le roi khmer Suryavarman II entre 1113 et 1150, Angkor Wat ou « temple de la cité » (Cambodge) couvre une superficie de 163 ha, avec un mur d'enceinte de 1 028 m. Avant son abandon en 1432, sa population se montait à 80 000 personnes. Le temple fait partie d'un complexe de 72 grands monuments qui s'étendent sur 25 km.

LA PLUS GRANDE ZIGGOURAT À VISITER

La ziggourat est une pyramide à degrés rectangulaire. Celle d'Ur, aujourd'hui Muqayyar (Irak), n'est pas la plus grande jamais construite, mais la plus grande restée debout. Elle avait une base de 61 x 45,5 m et trois niveaux couronnés d'un temple. Le premier niveau et une partie du deuxième demeurent, s'élevant à 18 m. Le monument date du règne d'Ur-Nammu (env. 2113-2095 av. J.-C.).

↑

★ LA PLUS GRANDE TOITURE D'UN SEUL TENANT

La gigantesque arche d'acier qui soutient la toiture des tribunes nord au nouveau stade de Wembley, à Londres, a une portée de 315 m. Avec ses 7 m de diamètre et ses 1 750 t, cela en fait le plus grand toit autoportant du monde. La tour Eiffel (324 m) est juste un petit peu plus haute.

→ POUR COMPARER LES PLUS HAUTS BÂTIMENTS DU MONDE, RENDEZ-VOUS P. 163.

CONSTRUCTIONS

LE PLUS LONG PONT TIBÉTAIN ↑

Le pont qui relie les îles de Procida et Vivara (Italie) a une portée de 362 m. Il a été achevé le 15 juillet 2001.

LE PLUS HAUT...

PONT

Le pont qui enjambe la Royal Gorge (Colorado) se trouve à 321 m au-dessus de l'Arkansas. Ce pont suspendu dont le tablier principal fait 268 m, a été achevé le 6 décembre 1929 après 6 mois de construction.

BARRAGE

Le barrage en terre de Nurek se dresse sur 300 m au-dessus de la Vakhsh (Tadjikistan). Il devrait être bientôt dépassé par les 335 m du Rogunskaya, sur la même rivière, mais dont l'achèvement a été retardé par la dissolution de l'Union soviétique.

BARRAGE EN BÉTON

Construit entre 1953 et 1967 sur la Dixence (Suisse), le barrage de Grande Dixence, haut de 285 m, fait à son couronnement 700 m de large. Il a fallu 5 960 000 m^3 de béton pour le bâtir.

PASSAGE ROUTIER SURÉLEVÉ

Construit en août 1982 à 5 602 m d'altitude pour passer le col de Khardungla au Ladakh (Inde), le pont Bailey était le pont routier le plus haut. Au milieu des années 1990, après des dégâts dus aux avalanches, on l'a remplacé par une chaussée surélevée.

LE PLUS GRAND...

★ BARRAGE D'ESTUAIRE

Au sud-ouest des Pays-Bas, le barrage anti-tempête de l'Escaut oriental est le plus grand barrage d'estuaire. Avec 64 piles de béton et 62 portes en acier, il court sur 9 km.

RÉSERVOIR (EN VOLUME)

Avec un volume de 169 km^3 et une superficie de 5 470 km^2, le plus important réservoir artificiel du monde en volume est celui de Bratskoïe sur l'Angara (Russie).

RÉSERVOIR (EN SUPERFICIE)

Achevé en 1965, le lac Volta (Ghana), en amont du barrage Akosombo, est le plus grand lac artificiel du monde en superficie. En 1969, les eaux avaient recouvert une surface de 8 482 km^2, bordée de 7 250 km de rives.

TOUR AÉRORÉFRIGÉRANTE

Terminée en 1976, la plus haute tour aéroréfrigérante du monde se dresse à 180 m à côté de la centrale nucléaire de Uentrop (Allemagne).

TUNNEL ROUTIER (DIAMÈTRE)

Le tunnel routier percé à l'explosif sous l'île de Yerba Buena, à San Francisco (Californie), est large de 24 m, haut de 17 m et long de 165 m. Chaque jour, plus de 280 000 véhicules circulent dans ses deux niveaux.

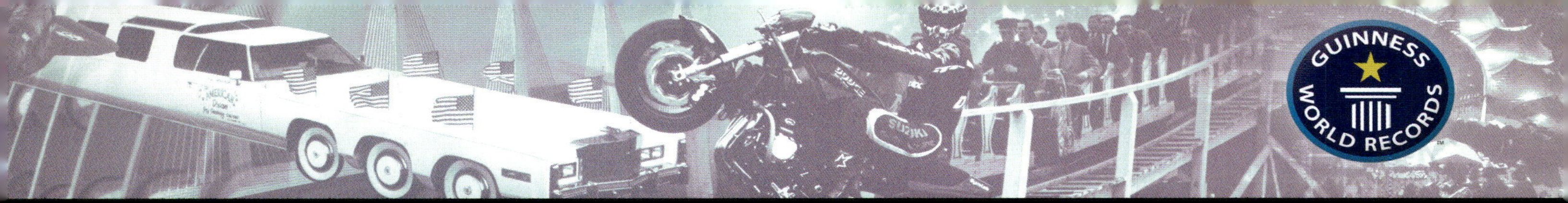

★ NOUVEAU RECORD ● MISE À JOUR

LE MUR LE PLUS LONG →

La Grande Muraille de Chine fait dans sa plus grande longueur 3 460 km, plus de trois fois la longueur de la France, auxquels on ajoute 3 530 km d'éperons et d'embranchements. Sa construction débute sous le règne de Qin Shi Huangdi (221-210 av. J.-C.). Sa hauteur varie entre 4,5 et 12 m, son épaisseur atteint 9,8 m. Elle court de Shanhaiguan, sur le golfe de Bohai, à Yumenguan et Yangguan. Elle a été entretenue jusqu'au XVIe s. Depuis 1966, environ 50 km ont été détruits. Un tronçon a été dynamité en juillet 1979 pour construire un barrage.

LE PLUS LONG...

PONT MIXTE ROUTIER ET FERROVIAIRE

Avec ses six travées, le pont Seto-Ohashi (Japon) s'étire sur 9,4 km.

JETÉE

Il s'agit du quai Hermann-du-Pasquier, au Havre (France). Mesurant 1 520 m, elle se trouve dans un bassin clos de 9,8 m de profondeur.

PONT SUSPENDU (ROUTIER ET FERROVIAIRE)

Avec une longueur totale de 2,2 km, une travée centrale de 1,377 km et une largeur de 40 m, le pont Tsing Ma qui se trouve à Hong-Kong, inauguré en mai 1997, est le plus long pont suspendu du monde à circulation routière et ferroviaire. La hauteur libre sous tablier atteint 62 m, celle des pylônes 206 m.

PONT CANTILEVER

Le pont de Québec sur le Saint-Laurent (Canada) a une travée cantilever de 549 m entre ses piles, et une longueur totale de 987 m. Il comporte une voie ferrée et deux chaussées. Les travaux ont débuté en 1899, et il n'a été inauguré que le 3 décembre 1917.

PONT À POUTRELLES DE BÉTON

Le pont Raftsundet, qui relie les grandes îles de l'archipel norvégien des Lofoten, mesure 298 m, presque la longueur de quatre Boeings 747 mis bout à bout. Il a été achevé en 1998.

PONT FLOTTANT

Le deuxième pont du lac Washington, dans l'État de Washington (USA), a une longueur de 3,8 km. La partie flottante mesure 2,3 km. Il a été ouvert à la circulation en août 1963.

PONT À ARCHES MÉTALLIQUES

Le pont Lupu à Shanghaï (Chine) enjambe la Huangpu sur 550 m. Inauguré le 28 juin 2003, il a été construit en 3 ans.

PONT DE BOIS

Fabriqué en pin jaune créosoté, le pont ferroviaire à chevalets du lac Pontchartrain (Louisiane) est long de 9,36 km. La construction a débuté en février 1882 et s'est achevée en septembre de la même année. À son ouverture en 1883, il faisait 34,6 km.

LE PLUS GRAND BARRAGE EN BÉTON

Sur la Columbia, dans l'État de Washington (USA), le barrage Grand Coulee (commencé en 1933 et opérationnel le 22 mars 1941) a demandé 8 092 000 m^3 de béton pour un poids de 19 600 000 t. Achevé en 1942, il a coûté 56 millions $. Son couronnement mesure 1,272 km pour un mur de 168 m de haut.

LE PONT SUSPENDU À PLUS LONGUE PORTÉE

Le tablier principal du pont routier Akashi-Kaikyo (Japon), qui relie Honshu et Shikoku, mesure 1 990,8 m. Toute la partie suspendue, y compris les travées d'accès, mesure 3 911,1 m.

PARCS D'ATTRACTIONS

← LES PLUS VIEILLES MONTAGNES RUSSES

Inauguré le 13 décembre 1912, le Scenic Railway au Luna Park de St Kilda à Melbourne (Australie) n'a pas cessé de fonctionner depuis.

LE PLUS GRAND PARC À THÈME RELIGIEUX

Le 5 février 2001, le Holy Land Experience a ouvert sur 6 ha à Orlando (Floride). Il met en scène Jérusalem de 1450 av. J.-C. à 66 de notre ère.

↓

LE PLUS GRAND, LA PLUS GRANDE...

★ ENTREPRISE DE PARCS À THÈME

D'après *Amusement Business,* Walt Disney Parks & Resorts est la plus grande société de parcs à thème, avec un nombre de visiteurs estimé à 101 millions en 2004. En comparaison, la France, **●première destination touristique du monde**, reçoit 75 millions de visiteurs étrangers par an. En 2004, 8 des 10 premiers parcs à thème étaient gérés par Disney.

PARC D'ATTRACTIONS COUVERT

À l'intérieur du centre commercial West Edmonton Mall, dans l'Alberta (Canada), Galaxyland propose, sur 37 200 m², 30 jeux d'adresse et 27 manèges et attractions.

ROUE PANORAMIQUE

Conçu par les architectes David Marks et Julia Barfield (GB), le London Eye (« Œil de Londres ») de British Airways a un diamètre de 135 m. Installé dans les Jubilee Gardens, sur la rive Sud de la Tamise, il a « pris son envol » le 1er février 2000 et a ouvert au public le mois suivant.

BASSIN À VAGUES

D'après l'association mondiale des parcs aquatiques, la plus grande piscine à vagues est la mer artificielle de 16 000 m² du Siam Park de Bangkok (Thaïlande).

LES PLUS LONGUES...

MONTAGNES RUSSES

Inauguré le 1er août 2000, le « dragon de fer » Steel Dragon 2000 du Nagashima Spaland à Mie (Japon) est long de 2 479 m. Les wagons effectuent des allers-retours sur des rails en acier, s'élevant jusqu'à 95 m et roulant jusqu'à 149 km/h.

★ MONTAGNES RUSSES SUSPENDUES

L'attraction Batwing du parc Six Flags America (Maryland), tout comme le X-Flight du lac Geauga (Ohio), fait 1 020 m de long. Les passagers circulent suspendus à l'horizontale sous les rails, ce qui leur donne la sensation de voler.

★ MONTAGNES RUSSES DEBOUT

Le Riddler's Revenge du Six Flags Magic Mountain (Californie) court sur 1,33 km. Cette attraction, où les passagers sont debouts et non assis, est aussi la plus rapide du genre, avec des pics à 105 km/h.

MONTAGNES RUSSES EN BOIS

Construite en bois laminé en 1979 au Paramount's Kings Island (Ohio), l'attraction Beast est avec 2,3 km la plus longue montagne russe traditionnelle. Le circuit de 3 min et 40 s atteint 104 km/h.

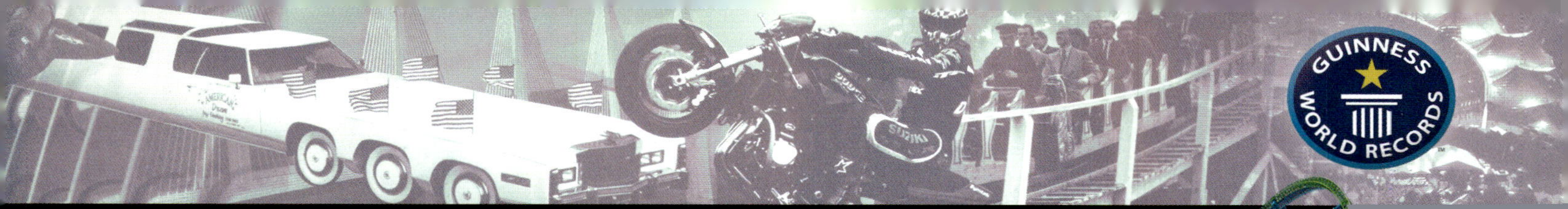

★ NOUVEAU RECORD ● MISE À JOUR

LE PLUS GRAND NOMBRE DE...

MANÈGES DANS UN PARC D'ATTRACTION

Ouvert dès 1870 à Sandusky (Ohio), le parc d'attractions de Cedar Point propose 68 manèges mécaniques, plus que tout autre parc d'attractions ou à thème du monde.

● VISITEURS

Le parc à thème à la plus forte fréquentation est le Magic Kingdom du Walt Disney World (Floride), qui d'après le magazine *Amusement Business* a reçu plus de 15,1 millions de personnes en 2004. Disneyland, à Anaheim (Californie), arrive deuxième avec presque 13,4 millions de visiteurs, devant Tokyo Disneyland (Japon), avec 13,2 millions.

● LES MONTAGNES RUSSES → LES PLUS RAPIDES

Inaugurée au printemps 2005, l'attraction Kingda Ka du Six Flags Great Adventure près de Jackson (New Jersey) est conçue pour atteindre 206 km/h. C'est aussi **● la plus haute des montagnes russes** : les passagers sont emportés à 127,4 m au-dessus du sol.

MONTAGNES RUSSES

En 2003, les deux parcs américains Six Flags Magic Mountain à Valencia (Californie) et Cedar Point près de Sandusky (Ohio) ont inauguré leurs 16es montagnes russes, partageant le record du nombre de ce type d'attraction.

★ PASSAGERS NUS SUR UNE ATTRACTION

Le 27 août 2004, 32 passagers ont embarqué tout nus sur le Nemesis d'Alton Towers, dans le Staffordshire (GB) pour l'opération *50 Ans, 50 Records* du *Guinness World Records*.

← LA PREMIÈRE GRANDE ROUE

George Washington Gale Ferris Jr (USA, 1859-1896) a inventé la première grande roue. Haute de 80 m, avec une circonférence de 240 m, elle a été installée en 1893 pour l'Exposition universelle Columbia à Chicago (Illinois) et a coûté 385 000 $ (308 000 €) de l'époque.

ROY VOCKING

Roy Vocking est vice-président d'Intamin AG, un des premiers fabricants de montagnes russes.

Quel est le coût d'un manège haut de gamme ?
Avec la fabrication, la décoration, l'installation..., cela dépasse facilement 8 millions €.

Comment les concevez-vous ?
Nous développons une bonne partie des idées en lien avec des parcs américains et anglais : ils viennent à nous pour voir ce qui se fait de nouveau, ou ils nous proposent des idées pour voir si elles sont réalisables.

Comment démarre un projet ?
Tout est fait par ordinateur. Même pour un manège assez simple, les calculs et les dessins peuvent coûter des centaines de milliers €.

Quel est le plus grand défi dans la création d'un nouveau manège ?
Trouver les clients prêts à nous acheter le premier modèle. On ne sait pas encore si le public va apprécier !

Quel est votre prochain grand défi ?
Avec l'urbanisation croissante, les parcs sont confrontés à des problèmes d'encombrement et de bruit. C'est une préoccupation, mais plus il y a de contraintes, plus le manège devient intéressant à concevoir. Nous travaillons à des attractions compactes, mais toujours avec le grand frisson !

→ SPORTS

→ **SOMMAIRE**

LE PLUS LONG SAUT EN SKATE-BOARD

Le 8 août 2004, aux X-Games de Los Angeles (Californie), le skate-boarder professionnel Danny Way (USA) a réussi un saut de 24 m sur sa mégarampe. Danny détient aussi le record du saut le plus haut en skate à partir d'un quarterpipe, le 17 avril 2002, au camp Point X près d'Arunga (Californie) : un méthode air de 5,56 m au-dessus d'un pipe de 6 m.
Découvrez d'autres records en sports extrêmes p. 167.

SPORTS AÉRIENS

RECORD DE SAUTS EN PARACHUTE EN TANDEM EN 24 H

Au cours d'une fête de bienfaisance organisée pour l'organisme Echo Trust pour l'enfance le 28 juin 2004, 128 sauts en parachute en tandem ont été effectués depuis le petit aérodrome d'Hibaldstow (GB).

Définitions de la Fédération aéronautique internationale (FAI) :

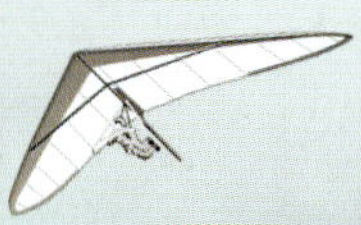

Deltaplane
Planeur qui peut être porté, lancé à pied et réceptionné à l'aide de la seule force des jambes du pilote.

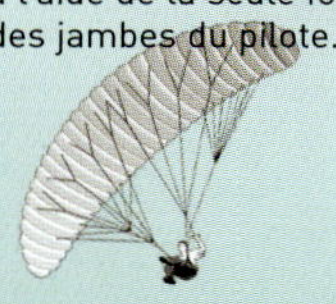

Parapente
Deltaplane dépourvu d'une structure de base rigide.

ULM
Aéroplane doté d'un ou deux sièges et d'une masse maximale, avec une voilure très légère.

Planeur
Aéronef (avion plus lourd que l'air s'élevant grâce aux courants) à ailes fixes, capable de voler de manière régulière et dépourvu de moyens de propulsion.

ACROBATIES

RECORD DE VICTOIRES AUX CHAMPIONNATS DU MONDE

Petr Jirmus (ex-Tchécoslovaquie, actuelle République tchèque) a été deux fois champion du monde, en 1984 et 1986.

★LE CHAMPION DU MONDE LE PLUS ÂGÉ

Henry Haigh (USA, né le 12 décembre 1924) était champion du monde d'acrobaties à 64 ans, en 1988.

ASCENSION EN BALLON

★LE PLUS LONG VOYAGE (SOLO)

Steve Fossett (USA) a volé 14 jours 19 h et 50 min, du 19 juin au 4 juillet 2002, alors qu'il faisait le tour du monde dans son ballon, le *Bud Light Spirit of Freedom*.

PLANEUR

RECORD DE VITESSE

James et Thomas Payne (USA) ont atteint la vitesse maximale répertoriée par la FAI de 247,49 km/h en moyenne sur 500 km lorsqu'ils ont établi le record de vitesse aller-retour à California City (USA), le 3 mars 1999.

Pamela Kurstjens-Hawkins (GB) a atteint la **vitesse record pour une femme** de 159,06 km/h avec un planeur, selon les données de la FAI, en effectuant un trajet triangulaire de 200 km au départ du petit aérodrome Mc Caffrey (Australie), le 14 décembre 2002.

DELTAPLANE

RECORD D'ALTITUDE

Larry Tudor (USA) a volé en deltaplane à une altitude de 4 343 m au-dessus d'Owens Valley (Californie), le 4 août 1985.

Le record d'altitude atteint par une femme en deltaplane est celui de Judy Leden (GB), qui est parvenue à 3 970 m, à Kuruman (Afrique du Sud), le 1er décembre 1992.

★RECORD DE VITESSE

Thomas Suchanek (République tchèque) a atteint une vitesse record de 50,81 km/h en effectuant un trajet triangulaire de 25 km à Riverside (Australie), le 5 décembre 2000.

Jenny Ganderton (Australie) détient ★ **le record féminin de vitesse en deltaplane** sur la même distance : elle est ainsi parvenue à la vitesse maximale de 26 km/h, à Forbes, en Nouvelles-Galles du Sud (Australie), le 14 février 1990.

★PREMIERS CHAMPIONNATS DU MONDE DE BALLONS D'AIR CHAUD

Ce type de ballon a été remis au goût du jour aux États-Unis, en 1961. Le premier championnat du monde a été organisé à Albuquerque (Nouveau-Mexique), du 10 au 17 février 1973. Un nombre record de ballons d'air chaud se sont élevés en même temps en l'an 2000, lorsque 329 ballons ont été lâchés en 1 h.

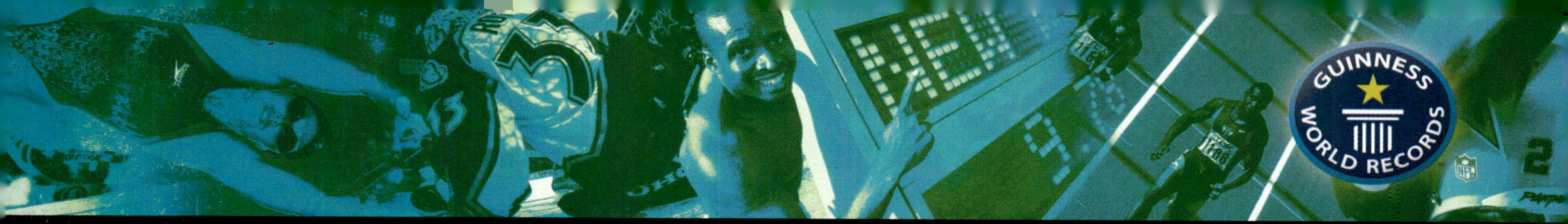

LE PLUS GRAND NOMBRE DE PARACHUTISTES À SAUTER SIMULTANÉMENT D'UN BALLON

20 membres du club de parachutisme Flevo de Lelystad (Pays-Bas) ont effectué ensemble un saut à 2 000 m au-dessus de Markelo (Pays-Bas), le 10 mai 2003.

ESTRID GEERTSEN

Le 30 septembre 2004, Estrid Geertsen (Danemark, née le 1er août 1904) est devenue la parachutiste la plus âgée pratiquant le saut en tandem, en sautant à 4 000 m au-dessus de Roskilde (Danemark), alors qu'elle avait 100 ans et 60 jours.

Qu'avez-vous ressenti ?
Le parachute était très bruyant, mais c'était une magnifique expérience.

Qu'est-ce qui vous a poussé à faire votre premier saut ?
Après avoir lu que le record appartenait à une Américaine, j'ai eu envie que le Danemark l'emporte.

Avez-vous eu peur avant de sauter ?
Pas du tout. N'oubliez pas que j'ai 100 ans !

Que pense votre famille de votre passe-temps ?
Elle pense qu'il est magnifique. Au début, je ne voulais pas l'avouer – je pensais qu'ils voudraient me dissuader de le faire.

Avez-vous l'intention de continuer à sauter en parachute ?
Seulement si mon record est battu par quelqu'un d'autre !

PARACHUTE

LA PLUS GRANDE FORMATION DE CHUTE LIBRE RECONNUE PAR LA FAI

357 parachutistes de 40 pays ont sauté en formation au-dessus de Takhli (Thaïlande), le 6 février 2004. L'événement était organisé par la World Team 04 dans le cadre de la fête du Ciel en Thaïlande, organisée en l'honneur de la famille royale thaïlandaise.

LE PLUS LONG SAUT EN CHUTE LIBRE (RECORD NON OFFICIEL)

Joseph Kittinger (USA) a sauté en parachute d'un ballon à 31 330 m au-dessus de Tularosa (Nouveau-Mexique), le 16 août 1960. Il a obtenu le record de vitesse en atmosphère raréfiée, soit 1 006 km/h (un peu plus que la vitesse du son), à 27 400 m. Il a chuté 4 min et 37 s avant que son parachute s'ouvre automatiquement.

PARAPENTE

★LE PLUS LONG VOL (DISTANCE) EN TANDEM

André Luis Grosso Fleury et Claudia Otila Guimaraes Ribeiro (Brésil) ont parcouru 299,7 km sans atterrir, de Patu à Varzea da Cacimba (Brésil), le 17 octobre 2003.

★NOMBRE RECORD DE PARAPENTES À MOTEUR VOLANT SIMULTANÉMENT

78 parapentes à moteur ont survolé simultanément le musée Fantasy of Flight à Polk City (Floride), le 12 avril 2003.

CHUTE LIBRE

RECORD DE VITESSE EN CHUTE LIBRE

Pratiquer la vitesse en chute libre consiste à sauter d'un avion à 4 000 m et à accélérer en se plaçant en position presque verticale dans la « zone de mesure » qui s'étend de 2 700 à 1 700 m d'altitude.

Michael Brooke (France) a atteint 524,13 km/h au cours de la compétition de parachutisme du millénaire organisée au-dessus de Gap, le 19 septembre 1999.

La parachutiste la plus rapide est Lucia Bottari (Italie), qui a atteint 432,12 km/h à Bottens (Suisse), le 16 septembre 2002.

L'ÉPREUVE DE CHUTE LIBRE LA PLUS IMPORTANTE

La Convention internationale de chute libre tenue en 2000, organisée à Quincy (Illinois), du 4 au 13 août, a attiré 5 732 parachutistes originaires de 55 pays. Ils ont effectué plus de 63 000 sauts.

★RECORDS DE SAUTS → EN PARACHUTE EN 24 H

Jay Stokes (USA) a effectué 534 sauts réussis en 24 h, les 11 et 12 novembre 2003, au-dessus du lac Elsinore (Californie). Pour cela, Jay a dû effectuer un saut toutes les 2 min 30 s.

FOOTBALL AMÉRICAIN

★ RECORD DE VICTOIRES CONSÉCUTIVES

Entre le 28 septembre 2003 et le 24 octobre 2004, les New England Patriots ont remporté 18 victoires consécutives en saison régulière. L'entraîneur principal Bill Belichick (USA, photo) brandit le trophée Vince Lombardi après la victoire de l'équipe au 38e Superbowl, le 1er février 2004, au stade Reliant de Houston (Texas).

LIGUE NATIONALE DE FOOTBALL (NFL)

LE MEILLEUR SCORE DE LA SAISON RÉGULIÈRE

Le 27 novembre 1966, les Washington Redskins ont gagné 72 à 41 face aux New York Giants, à Washington (USA). Le score total de 113 est aussi un record !

★ LE PLUS LONG RETOUR SUR INTERCEPTION

Le 7 novembre 2004, Ed Reed des Baltimore Ravens a effectué le plus long retour sur interception, soit 106 yards (96,9 m), contre les Cleveland Browns.

★ RECORD DE VICTOIRES EN POST-SAISON PAR UN ENTRAÎNEUR

Deux entraîneurs de la NFL ont remporté 10 victoires en post-saison : Vince Lombardi (USA), entraîneur des Green Bay Packers, de 1961 à 1967 ; et Bill Belichick (USA), celui des New England Patriots, de 1994 à 2005. Belichick détient le record absolu des deux, avec 10 victoires pour une défaite contre 10 victoires et 2 défaites pour Lombardi.

LE PLUS GRAND NOMBRE D'INTERCEPTIONS

Paul Krause (USA), free-safety (défenseur) de l'université de l'Iowa, est le meilleur intercepteur de passe de tous les temps, avec 81 ballons interceptés en 16 saisons pour les Washington Redskins (1964-1967) et les Minnesota Vikings (1968-1979).

LA PASSE GAGNANTE LA PLUS LONGUE

On connaît 8 cas de passes de 99 yards (90,5 m) suivies d'un touchdown. La plus récente est celle entre Brett Favre et Robert Brooks, des Green Bay Packers, face aux Chicago Bears, le 11 septembre 1995.

RECORD DE TITRES

Les Green Bay Packers ont gagné 12 titres : 1929-1931, 1936, 1939, 1944, 1961, 1962, 1965-1967, 1996.

★ LE MAXIMUM DE PASSES RÉCEPTIONNÉES EN 1 MATCH

Le 17 décembre 2000, Terrell Owens (USA) a réceptionné 20 passes pour les Forty-Niners (San Francisco) contre les Chicago Bears.

LE PLUS DE TIRS ENTRE LES POTEAUX DANS UNE CARRIÈRE

Gary Anderson (USA) a marqué 465 tirs entre les poteaux pour les Pittsburgh Steelers (1982-1994), les Philadelphia Eagles (1995-1996), les Forty-Niners de San Francisco (1997) et les Minnesota Vikings (1999-2001).

RECORD DE YARDS À LA PASSE EN 1 SAISON

En tant que receveur des Forty-Niners de San Francisco, Jerry Rice (USA) a gagné, en 1995, 1 848 yards (1,7 km).

RECORD DE MATCHS POUR UN JOUEUR

George Blanda (USA) a joué 340 matchs en NFL en 26 saisons pour les Chicago Bears (1949-1958), les Baltimore Colts (1950), les Houston Oilers (1960-1966) et les Oakland Raiders (1967-1975).

★ LE JOUEUR LE MIEUX PAYÉ

Le 23 décembre 2004, Michael Vick (USA), quarterback des Atlanta Falcons, a signé un contrat de 10 ans pour 130 millions $ (104 millions €), incluant une prime à la signature de 27 millions $ (21,6 millions €).

● LE PLUS DE PASSES RÉCEPTIONNÉES EN SUPER BOWL

Trois joueurs partagent le record de 11 passes : Dan Ross pour les Cincinnati Bengals, en 1982 ; Jerry Rice pour les Forty-Niners de San Francisco, en 1989 et Deion Branch (photo) pour les New England Patriots, en 2005.

RECORD DE TOUCHDOWNS EN 1 MATCH

6 est le plus grand nombre de touchdowns marqués dans un match : le 28 novembre 1929, par Ernie Nevers pour les Chicago Cardinals face aux Chicago Bears ; le 25 novembre 1951, par William Jones pour les Cleveland Browns face aux Chicago Bears ; et le 12 décembre 1965, par Gale Sayers pour les Chicago Bears face aux Forty-Niners de San Francisco.

● RECORD DE TOUCHDOWNS DANS 1 VIE

Jerry Rice (Forty-Niners de San Francisco, Oakland Raiders et Seattle Seahawks) a marqué 197 touchdowns, entre 1985 et 2004. Il détient aussi 3 records de carrière en Superbowl : celui de points (48), celui de **yards gagnés comme receveur** (589, soit 538,3 m) et celui de **passes réceptionnées** (33).

RECORD DE YARDS GAGNÉS EN COURSE PAR UN QUARTERBACK EN 1 MATCH

Le maximum de yards gagnés en course par un quarterback en un match est 173 (158,122 m). Ce record est détenu par Michael Vick pour les Atlanta Falcons face aux Minnesota Vikings, lors de leur victoire 30-24, le 1er décembre 2002, à Minneapolis (Minnesota).

● RECORD DE YARDS À LA COURSE

De 1990 à 2004, avec les Dallas Cowboys et les Arizona Cardinals, Emmitt Smith (USA) a gagné 18 355 yards (16,8 km).

★ LE PLUS MAUVAIS DÉPART

Les Tampa Bay Buccaneers ont pris le plus mauvais départ, avec 26 défaites consécutives en saison régulière après avoir rejoint la ligue en 1976.

SUPER BOWL

LE MEILLEUR SCORE PAR ÉQUIPE

Le meilleur score et la plus grande marge de points ont été atteints le 28 janvier 1990 par les Forty-Niners de San Francisco contre les Denver Broncos (55-10), à La Nouvelle-Orléans (Louisiane).

LE PLUS LONG TOUCHDOWN EN SUPER BOWL

Le 1er février 2004, au 38e Super bowl, Muhsin Muhammad (USA) a marqué à 85 yards (77,7 m) de distance pour les Carolina Panthers.

LE JOUEUR TRIPLE MVP EN SUPER BOWL

Joe Montana, quarterback des Forty-Niners de San Francisco, a été élu MVP (meilleur joueur) pour 3 Super bowls : 1982, 1985 et 1990.

● LE PLUS DE PASSES DE TOUCHDOWN EN 1 SAISON

En 2004, Peyton Manning a fait 49 passes de touchdown pour les Indianapolis Colts.

★ LE MAXIMUM DE POINTS MARQUÉS EN 1 QUART-TEMPS DE SUPER BOWL

Le plus grand nombre de points marqués par les deux équipes en un quart-temps de Super bowl est 37. Ce score a été obtenu le 1er février 2004 par les New England Patriots et les Carolina Panthers dans le 4e quart-temps du 38e Super bowl à Houston (Texas).

SPORTS CANINS & ÉQUESTRES

LA PLUS LONGUE CHEVAUCHÉE

SUR UN RODÉO MÉCANIQUE

Warren Morgan (GB, à gauche) a chevauché un rodéo mécanique pendant 1 min et 42,62 sec au parc d'attractions d'Alton Towers (GB), le 27 juillet 2002. Ce record consiste à se maintenir 8 s sur le niveau 1 du rodéo, puis 8 s sur le niveau 2, et ainsi de suite jusqu'au dernier niveau. Il faut ensuite rester sur celui-ci – qui doit être réglé sur 50 hz – le plus longtemps possible.

COURSES DE CHIENS

★RECORD DE VICTOIRES CONSÉCUTIVES
Du 15 avril 1985 au 9 décembre 1986, Ballyregan Bob (GB) a remporté 32 courses consécutives de lévriers.

★LA PLUS GROSSE SOMME GAGNÉE DURANT UNE COURSE
La course de lévriers dotée du plus gros budget est la Great American Greyhound Futurity Race, organisée au cynodrome de Woodland (USA). Le 28 mai 2001 (huitième année de la course), le total des prix attribués était de 344 762,25 $ (275 809 €), dont 155 143 $ (124 114 €) ont été remportés par le vainqueur, Tom S. Green Mile.

LE LÉVRIER LE PLUS RAPIDE
Le 5 mars 1994, le lévrier Star Title a atteint 67,32 km/h à Wyong, en Nouvelle-Galles du Sud (Australie).

DRESSAGE

★LE PLUS GRAND NOMBRE DE TITRES INDIVIDUELS DE CHAMPION DU MONDE
Reiner Klimke (ex-RFA) a obtenu 2 fois ce titre, avec Mehmed, en 1974, et avec Ahlerich, en 1982. Isabell Werth (Allemagne) a accompli la même performance, avec Gigolo, en 1994 et 1998.

RECORD DE TITRES DE CHAMPION DU MONDE PAR ÉQUIPES
L'Allemagne a remporté 9 fois ce titre, de 1966 à 2002 (en tant qu'ex-RFA, de 1968 à 1990).

★LA PLUS LONGUE PARADE D'ATTELAGES DE CHEVAUX
208 attelages de chevaux ont parcouru 5,7 km dans les rues de Lingen (Allemagne), le 1er août 2004. L'événement était organisé par le club de dressage Hanekenfähr, dans le cadre du festival international de dressage.

COURSES DE CHEVAUX

RECORD DE VICTOIRES AU COURS D'UNE CARRIÈRE
Laffit Pincay Jr (USA) a remporté 9 531 courses dans sa carrière, du 16 mai 1964, date de sa première victoire, au 1er mars 2003.

LE CHEVAL DE COURSE GAGNANT LE PLUS ÂGÉ
Al Jabal, un pur-sang arabe monté par Brian Boulton et appartenant à Andrea Boulton (GB), avait 19 ans lorsqu'il a gagné le Three Horseshoes Handicap Stakes (environ 1 200 m), le 9 juin 2002, à Barbury Castle (GB).

NOMBRE DE PARTICIPANTS RECORD À UNE COURSE
66 concurrents participaient à la course Grand National, à Aintree (GB), le 22 mars 1929. Le nombre record de participants à une course de plat était de 58 au Lincolnshire Handicap, à Lincoln (GB), le 13 mars 1948.

●RECORD DE VICTOIRES EN STEEPLE-CHASE
Tony McCoy (GB) a remporté 2 211 courses, de 1992 à 2004. Il détient également le record de **victoires en steeple-chase en une saison**, avec 289 victoires à son actif en 2001-2002.

RODÉO

★LE PRIX LE PLUS ÉLEVÉ DÉCERNÉ POUR UN RODÉO
Ty Murray (USA) a reçu 124 821 $ (99 856 €) au cours de la finale nationale de rodéo de Las Vegas (USA), en 1993.

← LES PLUS GROS GAINS AU COURS D'UNE CARRIÈRE DE RODÉO
Ty Murray (USA) a gagné 2 931 227 $ (2 344 981 €) de 1989 à 2002.

★ NOUVEAU RECORD ● MISE À JOUR

RECORDS DE COURSE DE PLAT

COURSE (1re COURSE)	TEMPS/CHEVAL	VICTOIRES/JOCKEY	VICTOIRES/ENTRAÎNEUR
Epsom Derby (1780)	2 min et 32,3 s, Lammtarra (1995)	9, Lester Piggott (GB), 1954-1983	7, Robert Robson (GB), 1793-1823
Prix de l'Arc de Triomphe (1920)	2 min et 24,6 s, Peintre Célèbre (1997)	4, Jacques Doyasbère (France), 1942-1951 4, Frédéric Head (France), 1966-1979 4, Yves Saint Martin (France), 1970-1984 4, Pat Eddery (Irlande), 1980-1987	5, André Fabre (France), 1987-1998
Dubaï World Cup (1996)	1 min et 59,5 s, Dubaï Millennium (2000)	4, Jerry Bailey (USA), 1996-2003	4, Saeed bin Suroor (Émirats arabes unis), 1999-2003
VRC Melbourne Cup (1861)	3 min 16.3 sec, Kingston Rule (1990)	4, Bobby Lewis (Australie), 1902-1927 4, Harry White (Australie), 1974-1979	11, Bart Cummings (Australie), 1965-1999
Kentucky Derby (1875)	1 min et 59,4 s, Secretariat (1973)	5, Eddie Arcaro (USA), 1938-1952 5, Bill Hartack (USA), 1957-1969	6, Ben Jones (USA), 1938-1952

RECORD DE TITRES DE CHAMPIONS DU MONDE

Ty Murray (USA) a gagné 7 titres complets (attribués à la personne ayant gagné la plus forte somme en une saison pour une ou deux épreuves), lors des championnats du monde de la Professional Rodeo Cowboy Association (PRCA), de 1989 à 1998.

★RECORD DE TITRES DE CHAMPION DU MONDE EN ÉPREUVES COMBINÉES

Jim Shoulders (USA) a remporté 16 épreuves combinées aux championnats du monde de la PRCA, de 1949 à 1959.

★LA PLUS FORTE SOMME GAGNÉE PAR UN DÉBUTANT

Will Lowe (USA) a gagné 149 690 $ (119 752 €), en 2002 (l'année de ses débuts), en concours de monte à cru.

★RECORD DE TITRES DE CHAMPIONS DU MONDE

Guy Allen (USA) a été 18 fois champion du monde de capture de bœuf au lasso : en 1977, 1980, 1982, 1984 et 1989, puis 11 fois consécutives de 1991 à 2001, et enfin en 2003 et 2004.

CONCOURS HIPPIQUE

MEILLEUR SAUT EN HAUTEUR

Huaso ex-Faithful, monté par Alberto Larraguibel Morales (Chili), a fait un saut de 2,47 m le 5 février 1949 à Viña del Mar (Chili).

MEILLEUR SAUT EN LONGUEUR

Le record officiel de saut en longueur au-dessus de l'eau répertorié par la FEI est de 8,4 m. Ce saut a été accompli le 25 avril 1975 par Something, monté par André Ferreira (Afrique du sud) à Johannesbourg.

RECORD DE TITRES DE CHAMPION DU MONDE

Deux hommes ont remporté 2 fois ce titre : Hans Günter Winkler (Allemagne), en 1954 et 1955, et Raimondo d'Inzeo (Italie) en 1956 et 1960. La seule femme à avoir été 2 fois **championne du monde de concours hippique** est Janou Tissot (née Lefebvre, France), qui a obtenu 2 victoires sur Rocket en 1970 et 1974.

RECORD DE TITRES DE CHAMPION DU MONDE PAR ÉQUIPES

Trois équipes ont 2 titres de champion du monde de concours hippique : la France en 1982 et 1990, l'Allemagne en 1994 et 1998 et les États-Unis en 1986 et 2002.

PLUS GROS PRIX
POUR UN SEUL CHEVAL

La Dubaï World Cup, qui se tient à Dubaï (Émirats arabes unis), affiche 6 millions $ (4,8 millions €) de prix, dont 3,6 millions $ (2,88 millions €) pour le seul vainqueur. Ci-contre, le jockey Jerry Bailey, montant Balletto (Émirats arabes unis).

★LE PLUS GRAND NOMBRE DE TITRES DE CHAMPION DU MONDE EN INDIVIDUEL

Bruce Davidson (USA) a gagné 2 titres de champion du monde, sur Irish Cap en 1974 et sur Might Tango en 1978. Blyth Tait (Nouvelle-Zélande, ci-dessus) a également atteint ce record sur Messiah en 1990 et sur Ready Teddy en 1998.

ATHLÉTISME

← RECORD FÉMININ DE TRIPLE SAUT

Le 6 mars 2004, lors du championnat du monde d'athlétisme en salle de l'Association internationale des fédérations d'athlétisme (IAAF), qui s'est tenu à Budapest (Hongrie), Tatiana Lébédiéva (Russie) a remporté la finale avec un saut de 15,36 m.

CROSS-COUNTRY

RECORD DE TITRES DE CHAMPION DU MONDE

John Ngugi (Kenya) a gagné 5 championnats du monde de 1986 à 1989 et en 1992. Paul Tergat (Kenya) a, lui aussi, remporté 5 victoires, entre 1995 et 1999.

RECORD DE TITRES DE CHAMPIONNE DU MONDE

Grete Waitz (Norvège) a été 5 fois championne du monde entre 1978 et 1981 et en 1983.

●RECORD DE TITRES AUX CHAMPIONNATS DU MONDE PAR ÉQUIPE MESSIEURS

Le Kenya a obtenu 18 victoires par équipe lors de championnats du monde officiels entre 1986 et 2003.

RECORD DE TITRES AUX CHAMPIONNATS DU MONDE PAR ÉQUIPE DAMES

L'URSS a remporté 8 titres en 1976-1977, 1980-1982 et 1988-1990.

JEUX OLYMPIQUES

RECORD MASCULIN DE MÉDAILLES

Paavo Nurmi (Finlande) a gagné 12 médailles (9 d'or et 3 d'argent) aux Jeux de 1920, 1924 et 1928.

RECORD FÉMININ DE MÉDAILLES

Merlene Ottey (Jamaïque) a gagné 8 médailles (3 d'argent et 5 de bronze) aux Jeux de 1980, 1984, 1992, 1996 et 2000.

RECORD FÉMININ DE MÉDAILLES D'OR

4 athlètes le détiennent, avec 4 médailles d'or chacune : Francina « Fanny » Elsje Blankers-Koen (Pays-Bas) pour le 100 m, le 200 m, le 80 m haies et le relais 4 x 100 m qu'elle a remportés en 1948 ; Elizabeth « Bett » Cuthbert (Australie) pour le 100 m, le 200 m et le relais 4 x 100 m en 1956 et le 400 m en 1964 ; Bärbel Wöckel (née Eckert, ex-RDA) pour le 200 m et le relais 4 x 100 m en 1976 et 1980 et Evelyn Ashford (USA) pour le 100 m en 1984, et le relais 4 x 100 m en 1984, 1988 et 1992.

CHAMPIONNATS DU MONDE D'ATHLÉTISME

RECORD DE MÉDAILLES D'OR

Les championnats du monde, qui diffèrent des Jeux olympiques, ont été inaugurés en 1983 à Helsinki (Finlande). Michael Johnson (USA) a décroché 9 médailles d'or : pour le 200 m en 1991 et 1995, le 400 m en 1993, 1995, 1997 et1999, et le relais 4 x 400 m en 1993, 1995 et 1999.

Chez les femmes, Gail Devers (USA) a gagné 5 médailles d'or : en 1993 pour le 100 m, en 1993, 1995 et 1999 pour le 100 m haies, et en 1997 pour le 4 x 100 m.

●RECORD DE MÉDAILLES D'OR LORS D'ÉPREUVES INDIVIDUELLES

Iván Pedroso (Cuba) a remporté 5 médailles d'or en saut en longueur en 1993, 1995, 1997, 1999 et 2001.
Chez les femmes, 2 athlètes ont gagné 5 médailles : Stefka Kostadinova (Bulgarie) qui est devenue championne de saut en hauteur en 1985, 1987, 1989, 1993 et 1997, et Maria Mutola (Mozambique) qui a décroché l'or pour le 800 m en 1993, 1995, 1997, 2001 et 2003.

→ QUEL EST L'ÂGE DE LA PLUS JEUNE MÉDAILLÉE D'OR OLYMPIQUE ? DÉCOUVREZ-LE P. 247.

POUR AVOIR LA LISTE COMPLÈTE DES RECORDS D'ATHLÉTISME, VOIR P. 266-269.

★RECORD DE PAYS PARTICIPANT AU CHAMPIONNAT DU MONDE DE SEMI-MARATHON →

Le 3 octobre 2004, les athlètes de 64 nations ont pris part au 13e championnat du monde de semi-marathon organisé par l'Association des fédérations d'athlétisme (IAAF), à New Delhi (Inde).

★ NOUVEAU RECORD ● MISE À JOUR

← ●LE MARATHON LE PLUS POPULAIRE

36 562 des 37 257 participants ont réussi à terminer le marathon de New York, le 7 novembre 2004. Sur la photographie ci-contre, on peut voir le pont Verrazano, à Brooklyn, où fut donné le départ. En 1970, seules 55 personnes avaient franchi la ligne d'arrivée, après avoir effectué quatre fois le tour de Central Park. Le marathon est devenu plus populaire en 1976 lorsque les organisateurs ont décidé de le faire passer dans la ville.

RECORD MASCULIN DE MÉDAILLES

Carl Lewis (USA) a obtenu 10 médailles : 8 d'or (100 m, saut en longueur et relais 4 x 100 m en 1983 ; 100 m, saut en longueur et relais 4 x 100 m en 1987 ; 100 m et relais 4 x 100 m en 1991), 1 d'argent (saut en longueur en 1991) et 1 de bronze (200 m en 1993).

RECORD FÉMININ DE MÉDAILLES

De 1983 à 1997, Merlene Ottey (Jamaïque) a remporté 14 médailles : 3 d'or, 4 d'argent et 7 de bronze sur 100 m, 200 m et 4 x 100 m.

DIVERS

★LA COURSE SUR ROUTE LA PLUS ANCIENNE

La Red Hose Five Mile Race (Course des chaussettes rouges) se tient chaque année à Carnwath (GB), depuis 1508. Elle doit son nom au prix original qui récompense le vainqueur : une paire de chaussettes rouges.

●RECORD DE PARTICIPANTS À UN RELAIS

Le 24 avril 2004, 7 375 personnes ont participé au Batavieren qui se tient chaque année aux Pays-Bas. Les coureurs vont de Nimègue à Enschede.

RELAIS 100 MILES (160 KM) LE PLUS RAPIDE RÉALISÉ PAR UNE ÉQUIPE DE 10 PERSONNES

Le 21 septembre 2003, 10 cadets du 2331 (St Ives) Squadron Air Training Corps (GB) ont couru le relais en 10 h 21 min et 35 s, au St Ivo Outdoor Centre, dans le Cambridgeshire (GB).

RECORD DE VICTOIRES EN 1 JOURNÉE

Jesse Owens (USA) a battu 6 records du monde en 45 min à Ann Arbor (Michigan), le 25 mai 1935. Il réalisa dans l'ordre : **1.** le 100 yards (91,4 m) en 9,4 s à 15 h 15 ; **2.** un saut en longueur de 8,13 m à 15 h 25 ; **3 & 4** le 220 yards (et le 200 m) en 20,3 s à 15 h 45 ; **5 & 6** le 220 yards, et le 200 m basses haies en 22,6 s à 16 h 00.

RECORD DE VICTOIRES CONSÉCUTIVES SUR PISTE

Edwin Corley Moses (USA) a remporté 122 courses de 400 m haies consécutives. Il resta invaincu du 2 septembre 1977 au 4 juin 1987, date à laquelle il fut battu par Danny Lee Harris (USA) à Madrid.

RECORD DE COUREURS À L'ARRIVÉE D'UNE COURSE SUR ROUTE DE 5 KM

Le 6 juin 1998, à Washington DC, 35 957 personnes ont terminé la course de 5 km sur route organisée par la Fondation de lutte contre le cancer du sein de Susan G. Komen.

●LA PLUS LONGUE COURSE

La Sri Chinmoy se tient chaque année à Jamaica (New York). Les participants doivent parcourir 4 989 km. En 2002, Wolfgang Schwerk (Allemagne) a réussi cet exploit en 42 jours 13 h et 24 min, établissant un nouveau record.

RECORD DE VICTOIRES CONSÉCUTIVES SUR UN TERRAIN DE SPORT

Iolanda Balas (Roumanie) a remporté 150 compétitions de saut en hauteur de 1956 à 1967.

LA FEMME LA PLUS ÂGÉE À AVOIR BATTU UN RECORD DU MONDE

Le 17 septembre 1986, à Tachkent (Ouzbékistan), Marina Stiépanova (Russie, née le 1er mai 1950) avait 36 ans et 139 jours lorsqu'elle battit un record de vitesse, en courant le 400 m haies en 52,94 s.

RECORD DE VITESSE EN COSTUME DE PANTOMIME

Le 2 décembre 2001, à Loxley, Sheffield (GB), Simon Wiles et Les Morton (GB) ont parcouru 10 km d'une course à pied, la Percy Pud, en un temps record de 44 min et 2 s, revêtus d'un costume de... chameau.

LE MARATHON LE PLUS EN ALTITUDE

Inauguré le 27 novembre 1987, le marathon de l'Everest se déroule à très haute altitude. La course débute à Gorak Shep (5 212 m) et se termine à Namche Bazar (3 444 m). Chez les hommes, en 2000, Hari Roka (Népal) a battu le record de vitesse en 3 h 50 min et 23 s. Chez les femmes, Anne Stenford (GB) a couvert la distance en 5 h 16 min et 3 s.

↓

ATHLÉTISME & ENDURANCE

← RECORD DU SAUT À LA PERCHE

Chez les hommes, Sergueï Boubka (Ukraine) détient ce record avec un saut de 6,15 m réalisé à Donetsk (Ukraine), le 21 février 1993. Helena Issinbaiéva (Russie, ci-contre) a franchi la barre à 4,9 m, s'emparant du record ●**du saut à la perche féminin** en salle à Madrid, le 6 mars 2005.

ENDURANCE

●RECORD DE DISTANCE PARCOURUE DANS UNE VIE PAR UN HOMME

Dr Ron Hill (GB), champion du marathon d'Europe en 1969 et de celui du Commonwealth en 1970, s'est entraîné tous les jours depuis le 20 décembre 1964. Il aurait couru 234 177 km, du 3 septembre 1956 au 23 mars 2005. Il a participé à 115 marathons dans 88 pays. Il les a terminés en moins de 2 h et 52 min sauf le dernier.

★RECORD DE DISTANCE PARCOURUE DANS UNE VIE PAR UNE FEMME

Kathy Pycior (USA) n'a pas manqué une journée d'entraînement depuis le 31 décembre 1980. Elle a conservé un journal dans lequel sont consignés les détails des courses qu'elle a effectuées entre le 1er janvier 1981 et le 30 juin 2004. Au total, elle a parcouru 78 305 km.

LA PLUS LONGUE COURSE AYANT JAMAIS EXISTÉ

La course transcontinentale de 1929 partait de New York pour s'achever à 5 850 km, à Los Angeles (Californie). Johnny Salo (Finlande) la gagna en 79 jours, du 31 mars au 17 juin. À l'arrivée, il ne devançait que de 2 min et 47 s Pietro Gavuzzi (GB), avec un temps de 525 h 57 min et 20 s (soit une vitesse moyenne de 11,12 km/h).

●RECORD DE PARTICIPATION À DES COURSES DE 100 KM

Entre le début de l'année 1979 et le 6 novembre 2004, Henri Girault (France) a participé à 517 courses de 100 km, une distance homologuée par l'IAAF.

SEMI-MARATHONS

RECORD MASCULIN

À Lisbonne, le 26 mars 2000, Paul Tergat (Kenya) a couru un semi-marathon en 59 min et 5 s, mais ce record ne fut pas homologué. Le coureur détient cependant le record officiel de 59 min et 17 s, établi à Milan (Italie), le 4 avril 1998.

RECORD FÉMININ

Le 19 janvier 1997, Masako Chiba (Japon) a couru un semi-marathon en 66 min et 43 s, à Tokyo (Japon).

LE SEMI-MARATHON LE PLUS POPULAIRE

Le 22 octobre 2000, le BUPA Great North Run, qui se déroule entre Newcastle et South Shields, Tyne and Wear (GB), a attiré 50 173 participants. 36 822 l'ont terminé.

★EN PROFONDEUR

Le 4 mars 2004, 11 participants ont effectué 8,5 tours d'une piste de 2 438 m située à 212 m de profondeur dans la mine de sel de Bochnia (Pologne).

●RECORD DE VICTOIRES INDIVIDUELLES LORS DE CHAMPIONNATS DU MONDE

Deux coureurs ont gagné à 3 reprises : Tegla Loroupe (Kenya) en 1997, 1998 et 1999, et Paula Radcliffe (GB) en 2000, 2001 et 2003.

MARATHON MODERNE LE PLUS ANCIEN

Le marathon de Boston a été organisé pour la première fois le 19 avril 1897. Le parcours proposé était alors de 39 km. John A. Kelley (USA) l'a terminé 61 fois entre 1928 et 1992, le remportant en 1935 et 1945. →

← RECORD FÉMININ DE VITESSE À L'IRONMAN DE HAWAÏ

En 1992, Paula Newby-Fraser (Zimbabwe) a accompli ce triathlon en 8 h 55 min et 28 s. Elle a également remporté le plus de victoires lors de cette épreuve : 8 au total en 1986, 1988-1989, 1991-1994 et 1996.

●RECORD DE MÉDAILLES PAR ÉQUIPE LORS DE CHAMPIONNATS DU MONDE

Le Kenya a décroché 8 médailles lors de championnats du monde, dans la catégorie messieurs, de 1992 à 1995, puis en 1997, 2000, 2002 et 2004. La Roumanie détient le record du plus grand nombre de médailles dans la catégorie dames. Elle en a gagné 6 de 1993 à 1997 et en 2000.

●RECORD DE MÉDAILLES INDIVIDUELLES AUX CHAMPIONNATS DU MONDE

Entre 1996 et 2000, Lidia Simon-Slavuteanu (Roumanie) a gagné 8 médailles : 3 d'or et 1 d'argent par équipe ; 1 d'argent et 3 de bronze en individuel.

RECORD DE MARCHE AVEC UN PAQUETAGE DE 18 KG

Le 25 mars 2001, William Hugh MacLennan (GB) a couru le semi-marathon du Redcar (GB), en costume de combat avec un sac à dos de 18 kg, en 1 h 43 min et 42 s.

MARATHONS

RECORD MASCULIN LORS D'UN MARATHON COURU SUR LES SEPT CONTINENTS

Entre le 13 février et le 23 mai 1999, Tim Rogers (GB) a participé à un marathon sur chacun des sept continents, en un temps cumulé de 34 h 23 min et 8 s. Il a été par ailleurs le plus rapide à enchaîner tous ces marathons puisqu'il lui a fallu 99 jours.

★RECORD FÉMININ LORS D'UN MARATHON COURU SUR LES SEPT CONTINENTS

Amie Dworecki (USA) a accompli le même exploit en 32 h 24 min et 29 s, entre le 5 février 2002 et le 2 août 2003.
C'est aussi elle **★qui a réalisé ce marathon en plusieurs étapes le plus vite,** puisqu'elle a mis 523 jours.

●RECORD DE PARTICIPATIONS

De 1974 au 31 décembre 2004, Horst Preisler (Allemagne) a participé à 1 305 marathons d'une distance de 42,195 km.

★LE MARATHON LE PLUS AU NORD

Homologué par l'Association des marathons et des courses sur route internationaux (AIMS), le marathon du pôle Nord a lieu chaque année depuis 2002. Chez les hommes, le record de vitesse est détenu par Sean Burch (USA) qui a parcouru la distance en 3 h 43 min et 17 s. Chez les femmes, Stevie Matthews (USA) a été la plus rapide, avec un temps de 7 h 55 min et 32 s.

3 JOURS, 3 MARATHONS

Du 16 au 18 avril 1988, Raymond Hubbard (GB) a couru le marathon de Belfast en 2 h 45 min et 55 s, celui de Londres en 2 h 48 min et 45 s, pour finir par celui de Boston en 2 h 47 min et 51 s. Il a mis 3 jours au total et couru en tout 8 h 22 min et 31 s.

TRIATHLON

RECORD MASCULIN DE VICTOIRES À L'IRONMAN DE HAWAÏ

Dave Scott (USA) a gagné 6 courses en 1980, de 1982 à 1984 et en 1986 et 1987. Il partage ce record avec Mark Allen (USA), victorieux de 1989 à 1993 et en 1995.

RECORD MASCULIN DE VITESSE À L'IRONMAN DE HAWAÏ

En 1996, Luc van Lierde (Belgique) a terminé le triathlon en 8 h 4 min et 8 s.

N. B. : Le triathlon comprend trois épreuves consécutives.

Lors du triathlon de l'Ironman, les concurrents doivent effectuer une course de natation de 3,8 km, puis une course à vélo de 180 km avant de terminer par un marathon de 42 km.

Le triathlon est une discipline distincte de l'athlétisme.

●RECORD DE TITRES DE CHAMPION DU MONDE DE TRIATHLON ↗

Simon Lessing (GB) a obtenu 4 titres de champion du monde de triathlon en 1992, 1995, 1996 et 1998. Outre ces victoires, il a décroché le plus grand nombre de médailles lors de championnats du monde, 2 d'argent en 1993 et 1999 et 1 de bronze en 1997.

SPORTS DE BALLE

← RECORD FÉMININ DE VICTOIRES LORS DU TROPHÉE DE HOCKEY

L'Australie (Wendy Alcorn, à l'extrême gauche) a remporté ce trophée 6 fois, en 1991, 1993, 1995, 1997, 1999 et 2003. Ce prix fut créé en 1987.

La Brownlow medal est décernée chaque année depuis 1924 au joueur jugé par la Ligue de football australienne (AFL) comme étant le plus performant et le plus fair-play.

FOOTBALL AUSTRALIEN (AFL)

★RECORD DE MÉDAILLES BROWNLOW

Haydn Bunton, Dick Reynolds, et Ian Stewart (Australie) ont recu 3 fois cette médaille : le premier en 1931, 1932 et 1935, le deuxième en 1934, 1937 et 1938, et le troisième en 1965, 1966 et 1971.

★RECORD DE TITRES REMPORTÉS PAR UN JOUEUR

Michael Tuck (Australie) a remporté 7 titres avec l'équipe de Hawthorn, de 1972 à 1991.

RECORD DE MATCHS JOUÉS

Michael Tuck (Australie) a joué 426 matchs pour Hawthorn, de 1972 à 1991.

RECORD DE TITRES EN CHAMPIONNAT AFL

2 équipes ont remporté 16 titres en championnat AFL : celle de Carlton entre 1906 et 1995, et celle d'Essedon entre 1897 et 2000.

BEACH-VOLLEY

●RECORD DE TITRES EN CHAMPIONNATS DU MONDE

L'équipe masculine du Brésil a gagné 3 championnats : 1997, 1999 et 2003.

★RECORD DE TITRES MONDIAUX

Sinjin Smith et Randy Stoklos (USA) ont gagné 4 titres : 1989, 1990, 1992 et 1993. Shelda Bede et Adriana Behar (Brésil) ont remporté 6 victoires de 1997 à 2001 et en 2004. **★Elles forment l'équipe féminine la plus titrée.**

FOOTBALL CANADIEN (CFL)

★RECORD DE POINTS LORS D'UNE FINALE DE GREY CUP

En 1989, les Saskatchewan Roughriders ont battu les Hamilton Tiger-Cats sur le score de 43-40, soit un total de 83 points.

LA PLUS LONGUE TRANSFORMATION

Paul McCallum (Canada) a marqué un but à 54,86 m pour les Saskatchewan Roughriders lors du match contre les Edmonton Eskimos, le 27 octobre 2001.

★RECORD DE MÈTRES GAGNÉS SUR RÉCEPTION AU COURS D'UN MATCH

Hal Patterson (USA) a gagné 300 m sur des réceptions de passes pour les Montréal Alouettes, lors du match contre

← AMENDE POUR INDISCIPLINE LA PLUS IMPORTANTE LORS D'UN MATCH AFL

Le 4 mai 2003, lors d'un match AFL entre les Western Bulldogs et St Kilda, 9 joueurs ont reçu une amende de 67 500 dollars australiens (39 818 €). Seul l'un d'eux a été suspendu : Ryan Hargrave des Bulldogs (à gauche) qui n'a pas pu disputer trois matchs consécutifs pour avoir donné, au cours d'une bagarre, un coup de pied au visage de Heath Black, joueur des St Kilda.

★RECORD DE VICTOIRES CONSÉCUTIVES LORS D'UNE GRANDE FINALE →

De 2001 à 2003, les Brisbane Lions ont remporté 3 victoires consécutives. L'équipe des Lions résulte de la première union de deux clubs AFL. En 1996, les Brisbane Bears ont fusionné avec les Fitzroy Lions. Le nouveau club a commencé à participer à des matchs nationaux en 1997.

les Hamilton Tiger-Cats, le 29 septembre 1956.

★RECORD DE TOUCHDOWNS MARQUÉS PAR UN JOUEUR AU COURS D'UN MATCH

Deux joueurs ont marqué en tout 6 touchdowns : Eddie James (Canada) pour les Winnipeg St Johns lors du match contre les Winnipeg Garrison, le 28 septembre 1932 ; et Bob McNamara (USA) pour les Winnipeg Blue Bombers lors du match contre les British Columbia Lions (alias BC Lions), le 13 octobre 1956.

HOCKEY SUR GAZON

RECORD DE VICTOIRES LORS DE CHAMPIONNATS MASCULINS

L'Allemagne détient le record, avec 8 victoires, de 1986 à 1988 (ex-RFA), puis en 1991, 1992, 1995, 1997 et 2001.

RECORD DE BUTS AU COURS D'UN MATCH INTERNATIONAL FÉMININ

L'Angleterre a battu la France 23 à 0 à Merton (GB), le 3 février 1923.

●RECORD DE BUTS EN TANT QUE JOUEUR INTERNATIONAL

Sohail Abbas (Pakistan) a marqué 274 buts entre 1998 et 2004.

RECORD D'AFFLUENCE

Le 11 mars 1978, 65 165 personnes ont assisté au match Angleterre/États-Unis, au stade de Wembley, à Londres.

FOOTBALL GAÉLIQUE

★RECORD DE BUTS MARQUÉS PAR 2 ÉQUIPES IRLANDAISES

Il est de 45, quand Cork (26, 3-17)* a battu Galway (19, 2-13) en 1973.

●LE PLUS GRAND NOMBRE DE VICTOIRES LORS DE CHAMPIONNATS IRLANDAIS

Kerry a gagné 33 championnats de 1903 à 2004.

★LE PLUS GRAND NOMBRE DE VICTOIRES CONSÉCUTIVES

Wexford a remporté 4 victoires entre 1915 et 1918. Kerry a réalisé cet exploit 2 fois, entre 1929 et 1932, et entre 1978 et 1981.

HANDBALL

LE PLUS GROS SCORE D'UN MATCH INTERNATIONAL

En août 1981, l'URSS a battu l'Afghanistan 86 points à 2 lors d'un tournoi militaire amical, à Miskolc (Hongrie).

LE PLUS GRAND NOMBRE DE TIRS VICTORIEUX

Jonas Källman (Suède) a réalisé 8 tirs victorieux en 30 s à Stockholm, le 27 novembre 2001.

*N. B. : En football gaélique, le score global des équipes est donné en premier, les buts et les points respectifs ensuite.

← RECORD DE TITRES EN CHAMPIONNATS DU MONDE MASCULINS DE HANDBALL

La Roumanie a été 4 fois championne du monde en 1961, 1964, 1970 et 1974 ; la Suède l'a rejointe au palmarès, en s'octroyant une quatrième victoire en 1999, après celles de 1954, 1958 et 1990. Sur la photo, le capitaine de l'équipe suédoise, Stefan Lovgren, fête celle de 1999.

→ QUEL SPORT DE BALLE EST CONSIDÉRÉ COMME LE PLUS RAPIDE DU MONDE ? DÉCOUVREZ-LE P. 223.

SPORTS DE BALLE

RECORD DE VICTOIRES DE NETBALL AUX JEUX DU COMMONWEALTH

Le Netball n'a été joué que deux fois aux Jeux du Commonwealth : à Kuala Lumpur (Malaisie), en 1998, puis à Manchester (GB), en 2002. L'Australie a été chaque fois victorieuse. Sherelle McMahon (Australie, à gauche) et Sherly Clarke (Nouvelle-Zélande), lors de la finale, en 2002.

N. B. : en hurling, le score global est donné en premier. Les buts et les points des équipes respectives sont notés ensuite entre parenthèses.

HURLING

★RECORD DE POINTS LORS D'UNE FINALE 100 % IRLANDAISE

64 points ont été marqués lorsque Cork a battu Wexford, lors de la finale en 1970. Le score était : 39 (6-21) et 25 (5-10).

RECORD DE POINTS MARQUÉS PAR UNE ÉQUIPE DANS UNE FINALE 100 % IRLANDAISE

L'équipe de Tipperary a marqué 41 points (4-29) lors du match contre Antrim qui n'a enregistré que 18 points (3-9) au Croke Park de Dublin, en 1989.

★LE PLUS PETIT SCORE POUR DEUX ÉQUIPES

Il est de 4. Tipperary 4 (1-1) avait battu Galway (score nul) lors du premier championnat qui s'est tenu à Birr (Irlande), en 1887.

●RECORD DE VICTOIRES

Cork a remporté 29 championnats entre 1890 et 2004.

RECORD DE VICTOIRES CONSÉCUTIVES

Cork a gagné 4 fois de suite lors de finales 100 % irlandaises de 1941 à 1944, au Croke Park de Dublin.

KORFBALL

PLUS GROS SCORE EN FINALE DE CHAMPIONNAT DU MONDE

Les Pays-Bas ont battu la Belgique 23 à 11, en 1999.

★LE TOURNOI LE PLUS IMPORTANT

Le 14 juin 2003, 2 571 femmes et hommes ont participé au tournoi international junior Kom Keukens-Ten Donck à Ridderkerk (Pays-Bas).

RECORD DE TITRES DE CHAMPION DU MONDE

Les Pays-Bas sont devenus 6 fois champions : en 1978, 1984, 1987, 1995, 1999 et 2003.

LACROSSE

LE LANCER LE PLUS LONG

Le 10 septembre 1892, Barnet Quinn (Canada) a lancé une balle à 148,91 m.

★RECORD DE VICTOIRES EN CHAMPIONNAT DU MONDE *INDOOR*

Le premier championnat du monde *indoor* de lacrosse s'est tenu à Ontario (Canada), en 2003. Le Canada a battu les Iroquois Nationals 21 à 4, remportant la médaille d'or. L'équipe gagnante est restée invaincue pendant toute la compétition.

← FOOTBALL CANADIEN – RECORD DE MATCHS JOUÉS

Lui Passaglia (Canada) a participé à 408 matchs de la CFL pour les British Columbia Lions, de 1976 à 2000. Il a également battu le record du nombre de buts marqués (3 991), au sein de l'équipe des BC Lions.

★ NOUVEAU RECORD ● MISE À JOUR

← LA BALLE LA PLUS RAPIDE

Lors d'un match de jai-alai, une balle a fusé à 302 km/h. Il s'agit de la plus grande vitesse jamais atteinte par un projectile lancé. À titre de comparaison, la vitesse maximale d'une balle de golf est de 273 km/h.

NETBALL

LE PLUS GROS SCORE D'UNE ÉQUIPE À UN CHAMPIONNAT DU MONDE

Le 9 juillet 1991, au championnat du monde de Sydney, les îles Cook ont battu Vanuatu 120 à 38.

RECORD DE TITRES DE CHAMPION DU MONDE

L'Australie a remporté 8 titres en 1963, 1971, 1975, 1979, 1983, 1991, 1995 et 1999.

RECORD DE POINTS MARQUÉS PAR UN JOUEUR À UN CHAMPIONNAT DU MONDE

Irene van Dyk (Afrique du Sud) a marqué 543 buts lors du tournoi de 1995.

SHINTY

★RECORD DE TITRES CONSÉCUTIFS

Kingussie (Écosse) a remporté 7 victoires entre 1997 et 2003.

LE PLUS GROS SCORE PAR ÉQUIPE LORS D'UNE FINALE

Il fut établi en 1997, quand Kingussie a battu Newtonmore 12 à 1, à Fort William, Highland (GB).

VOLLEY

★RECORD DE PASSES CONSÉCUTIVES

Le plus grand nombre de passes consécutives lors d'un match de beach-volley est de 29. Il a été établi lors de *L'Été de tous les records*, à Biscarrosse (France), le 1er juillet 2004.

★RECORD DE TITRES AUX CHAMPIONNATS DU MONDE (HOMMES)

L'URSS a été 6 fois championne du monde en 1949, 1952, 1960, 1962, 1978 et 1982.

●RECORD DE TITRES AUX CHAMPIONNATS DU MONDE (FEMMES)

L'URSS a remporté 5 titres en 1952, 1956, 1960, 1970 et 1990.

★RECORD DE TITRES CONSÉCUTIFS AUX CHAMPIONNATS DU MONDE (HOMMES)

L'Italie a été 3 fois championne du monde : au Brésil (1990), en Grèce (1994) et au Japon (1998).

★RECORD DE VICTOIRES EN COUPE DU MONDE (HOMMES)

L'URSS a gagné 4 coupes du monde masculines de volley en 1965, 1977, 1981 et 1991. La Russie a gagné la coupe en 1999.

★RECORD DE VICTOIRES EN COUPE DU MONDE (FEMMES)

L'équipe féminine cubaine s'est imposée 4 fois : en 1989, 1991, 1995 et 1999.

↑ RECORD DE GREY CUPS

Les Toronto Argonauts ont gagné 15 Grey Cups : en 1914, 1921, 1933, 1937-1938, 1945-1947, 1950, 1952, 1983, 1991, 1996-1997 et 2004. Damon Allen (USA, ci-dessus) soulève la coupe après la victoire de 2004.

BEACH-VOLLEY – RECORD DE TITRES MONDIAUX FÉMININS →

L'équipe brésilienne est devenue 3 fois championne du monde, en 1997, 1999 et 2001. Shelda Bede (à gauche) et Adriana Behar célèbrent leur victoire lors de la demi-finale du tournoi 2004 à Rio de Janeiro (Brésil), en septembre 2004.

BASE-BALL

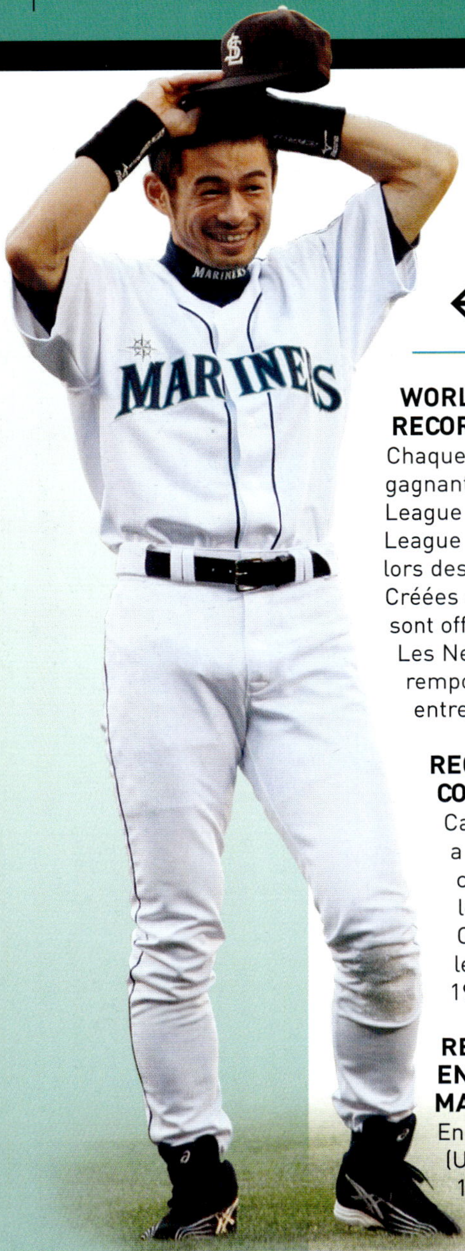

●RECORD DE COUPS DE BATTE EN MAJOR LEAGUE

← En 2004, Ichiro Suzuki (Japon) a effectué 262 coups sûrs avec l'équipe des Seattle Mariners.

WORLD SERIES– RECORD DE VICTOIRES

Chaque année, les gagnants de la National League et de l'American League se rencontrent lors des World Series. Créées en 1903, elles sont officielles depuis 1905. Les New York Yankees ont remporté 26 victoires entre 1923 et 2000.

RECORD DE MATCHS CONSÉCUTIFS

Cal Ripken Jr (USA) a joué 2 632 matchs consécutifs avec les Baltimore Orioles, entre le 30 mai 1982 et le 19 septembre 1998.

RECORD DE POINTS EN UNE SAISON DE MAJOR LEAGUE

En 1894, Billy Hamilton (USA) a marqué 192 points avec les Philadelphia Phillies.

RECORD DE POINTS EN UNE SAISON DE MAJOR LEAGUE

Hack Wilson (USA) des Chicago Cubs a marqué 191 points en 1930. Entre 1954 et 1976, Hank Aaron (USA) en a réussi 2 297 avec les Milwaukee Braves. Ce dernier détient le record de points dans une carrière en Major League.

★RECORD DE DOUBLES LORS D'UNE SAISON EN MAJOR LEAGUE

Earl Webb (USA) en a frappé 67 en 1931, avec les Boston Red Sox.

RECORD DE DOUBLES DANS UNE CARRIÈRE EN MAJOR LEAGUE

Tris Speaker (USA) a fait 792 doubles, de 1907 à 1928, avec les Boston Red Sox, les Cleveland Indians, les Washington Senators et les Philadelphia Athletics.

★RECORD DE TRIPLES AU COURS D'UNE SAISON EN MAJOR LEAGUE

Chief Wilson (USA) a réussi 36 triples avec les Pittsburgh Pirates en 1912.

RECORD DE TRIPLES EN UNE CARRIÈRE EN MLB

Sam Crawford (USA) réalisa 309 triples de 1899 à 1917, avec les Cincinnati Reds et les Detroit Tigers.

LE LANCER LE PLUS LONG POUR UN HOME RUN

Le 10 septembre 1960, Mickey Mantle (USA) envoya la balle à 193 m, réussissant un home run ou coup de circuit alors qu'il jouait avec les New York Yankees contre les Detroit Tigers au Briggs Stadium, à Détroit (Michigan).

RECORD DE HOME RUNS AU COURS D'UNE SAISON

En 2001, Barry Bonds (USA) réalisa 73 home runs pour les San Francisco Giants.

RECORD DE HOME RUNS AU COURS D'UNE CARRIÈRE

Hank Aaron (USA) en réalisa 755 : 733 pour les Milwaukee (1954-1965) et les Atlanta Braves (1966-1974) en National League, et 22 pour les Milwaukee Brewers en American League, en 1975 et 1976. Le 8 avril 1974, il a battu le record de 1935 de George Herman (USA), soit 714 home runs.

RECORD DE POINTS DANS UNE CARRIÈRE

À la fin de la saison 2003, Rickey Henderson (USA) en avait marqué 2 295.

★LA PUISSANCE MOYENNE LA PLUS ÉLEVÉE LORS D'UNE SAISON

Elle est calculée en divisant le nombre des bases gagnées par le nombre de fois où le joueur est à la batte. En 2001, la moyenne de Barry Bonds (USA) des San Francisco Giants était de 0,863.

HISTOIRE DU BASE-BALL

Le base-ball est un dérivé du cricket anglais.
Les origines de ce sport américain restent toutefois peu précises. Le premier règlement a été rédigé par Alexander Cartwright (USA) – souvent considéré comme le père du base-ball moderne –, en 1845, pour le compte du Knickerbocker Club de New York.
Le cricket est devenu un sport professionnel en 1865. Le premier championnat opposa les ligues nationale et américaine en 1903.

★TEMPS RECORD POUR VISITER TOUS LES STADES DE MLB →

Originaire d'Irvine (Californie), Joe Pfeiffer a assisté entre le 22 juillet et le 20 août, soit en 30 jours, à un match complet de base-ball, dans tous les stades de MLB des États-Unis et du Canada. Il a commencé à San Francisco (Californie) et a terminé à Houston (Texas).

★ NOUVEAU RECORD ● MISE À JOUR

★LA PUISSANCE MOYENNE LA PLUS ÉLEVÉE EN MAJOR LEAGUE
Celle de Babe Ruth (USA) était de 0,690, avec les Boston Red Sox et les New York Yankees, entre 1914 et 1935.

LA MOYENNE À LA BATTE LA PLUS ÉLEVÉE AU COURS D'UNE CARRIÈRE EN MLB
Tyrus Raymond (USA) des Detroit Tigers et des Philadelphia Athletics avait une moyenne de 0,367 à la batte, entre 1905 et 1928.

RECORD DE COUPS SÛRS LORS D'UNE CARRIÈRE EN MLB
Peter Rose (USA) totalisa 4 256 coups sûrs avec les Cincinnati Reds, les Philadelphia Phillies, les Montreal Expos et les Cincinnati, entre 1963 et 1986.

RECORD DE BASES PASSÉES LORS D'UNE CARRIÈRE
Entre 1954 et 1976, Hank Aaron (USA) a passé 6 856 bases.

RECORD DE MANCHES JOUÉES DANS UNE CARRIÈRE
Cy Young (USA) a disputé 7 356 manches, entre 1890 et 1911.

RECORD DE MATCHS GAGNÉS PAR UN LANCEUR
Cy Young (USA) a gagné 511 matchs avec les Cleveland Spiders, les St Louis Perfectos-Cardinals, les Boston Americans-Somersets-Pilgrims-Red Sox, les Cleveland Naps et les Boston Braves, entre 1890 et 1911.

RECORD DE MATCHS JOUÉS EN MAJOR LEAGUE →

À la fin de la saison 2003, Jesse Orosco (USA) avait joué 1 251 matchs pour les New York Mets, les LA Dodgers, les Cleveland Indians, les Milwaukee Brewers, les Baltimore Orioles, les St Louis Cardinals, les Minnesota Twins, les New York Yankees et les San Diego Padres.

★RECORD DE MATCHS PERDUS PAR UN LANCEUR
Cy Young (USA) a perdu 316 matchs de 1890 à 1911.

★RECORD DE MATCHS SAUVÉS PAR UN LANCEUR
Le titre de sauveur est donné au dernier lanceur en lice lors d'un match gagné par son équipe. Lee Smith (USA) a sauvé 478 matchs de 1980 à 1997 avec les Chicago Cubs, les Boston Red Sox, les St Louis Cardinals, les New York Yankees, les Baltimore Orioles, les California Angels, les Cincinnati Reds et les Montreal Expos.

★RECORD DE BATTEURS TOUCHÉS PAR UN LANCEUR
Gus Weyhing (USA) a touché 277 batteurs, de 1887 à 1901, avec les Philadelphia Athletics, les Brooklyn Ward's Wonders, les Philadelphia Phillies, les Louisville Colonels, les Pittsburgh Pirates, les Washington Senators, les St Louis Cardinals, les Brooklyn Superbas, les Cincinnati Reds et les Cleveland Blues.

★RECORD DE MAUVAIS LANCERS
Tony Mullane (USA) en a fait 343 avec les Detroit Wolverines, les Louisville Eclipse, les St Louis Browns, les Toledo Blue Stockings, les Cincinnati Red Stockings-Reds, les Baltimore Orioles et les Cleveland Spiders, de 1881 à 1894.

→À QUEL PRIX A ÉTÉ VENDUE LA CARTE DE BASE-BALL LA PLUS CHÈRE ? DÉCOUVREZ-LE P. 135.

RECORD DE RÉCOMPENSE
EN TANT QUE MEILLEUR JOUEUR

Barry Bonds (USA) le détient, puisqu'on lui a décerné 7 fois le titre de meilleur joueur en MBL. Il a obtenu cette distinction en 1990, 1992, 1993, et de 2001 à 2003. Il a été récompensé par un septième titre à l'issue de la saison 2004, durant laquelle il a joué avec les San Francisco Giants.

BASKET-BALL

← ★LA PLUS LONGUE SUSPENSION POUR UN INCIDENT SUR LE TERRAIN

La plus longue suspension infligée à un basketteur pour un incident sans lien avec une affaire de dopage fut de 72 jours. Ron Artest (USA) des Indiana Pacers (à gauche) reçut cette sanction après un match contre les Detroit Pistons, le 19 novembre 2004. Le joueur ne put disputer aucune rencontre pendant le reste de la saison 2004-2005 pour avoir provoqué une bagarre sur le terrain.

Histoire du basket-ball

Ce sport fut inventé en 1891 par le Dr James Naismith (Canada) à Springfield (Massachusetts), afin de procurer une activité sportive aux jeunes dont il avait la charge pendant les longs mois d'hiver. Il prit un ballon de football, établit quelques règles simples et cloua un filet à provision au mur du gymnase de la YMCA locale.

L'un de ses étudiants baptisa alors le nouveau jeu « basket ball » (« basket » signifiant « panier » en anglais). Après le premier match officiel, le 20 janvier 1892, ce nouveau sport se répandit très vite aux États-Unis.

LA MOYENNE DE POINTS LA PLUS ÉLEVÉE DANS UNE CARRIÈRE NBA

Parmi les joueurs ayant marqué plus de 10 000 points (le minimum pour calculer une moyenne), la moyenne la plus élevée est de 30,1 points par match. Michael Jordan (USA) détient ce record. Il a marqué 32 292 points en 1 072 matchs, pour les Chicago Bulls (1984-1998), puis pour les Washington Wizards (2001-2003).

LA MOYENNE DE POINTS LA PLUS ÉLEVÉE EN UNE SAISON

Wilt Chamberlain (USA) a marqué 50,4 points par match pour les Philadelphia Warriors, lors de la saison 1961-1962.

RECORD DE REBONDS AU COURS D'UNE CARRIÈRE NBA

Wilt Chamberlain (USA) a récupéré au rebond 23 924 ballons en 1 045 matchs, pour les Philadelphia Warriors (1959-1962), pour les San Francisco Warriors (1962-1964), pour les Philadelphia 76ers (1964-1968) et pour les Los Angeles Lakers (1968-1973).

RECORD DE CONTRES DANS UNE CARRIÈRE NBA

Hakeem Olajuwon (USA) a réussi 3 830 contres en 1 238 matchs avec les Houston Rockets (1984-2001) et les Toronto Raptors (2001-2002).

RECORD DE PANIERS DANS UNE SAISON NBA

Wilt Chamberlain (USA), désigné en 1996 comme l'un des 50 meilleurs basketteurs de la NBA, a réussi 1 597 paniers pour les Philadelphia Warriors (1961-1962).

RECORD DE PASSES DÉCISIVES DANS UNE CARRIÈRE NBA

John Stockton (USA) a réussi 15 806 passes décisives en 1 504 matchs pour les Utah Jazz (1984-2003).

RECORD DE MATCHS NBA CONSÉCUTIFS

A. C. Green (USA) a participé à 1 177 matchs consécutifs pour les Los Angeles Lakers, les Phoenix Suns, les Dallas Mavericks et les Miami Heat, du 19 novembre 1986 au 20 mars 2001.

RECORD DE POINTS MARQUÉS PAR UNE ÉQUIPE EN NBA

Le 13 décembre 1983, à Denver (Colorado), les Detroit Pistons, champions NBA 2003-2004, ont

●RECORD DE PANIERS À 3 POINTS EN CARRIÈRE NBA →

Reggie Miller (USA) est le recordman avec 2 491 paniers à trois points pour les Indiana Pacers entre 1987 et 2005. Il a battu un autre record, en réussissant 61 paniers en 1987-1988, lors de sa première saison en tant que joueur professionnel.

RECORD DE MINUTES JOUÉES DANS UNE CARRIÈRE NBA

Kareem Abdul-Jabbar (USA) a joué 57 446 min au cours de sa carrière, entre 1969 et 1989.

gagné le match qui les opposait aux Denver Nuggets sur le score de 186 points à 184.

RECORD DE VICTOIRES CONSÉCUTIVES EN NBA
Les Los Angeles Lakers ont remporté 33 matchs successifs en NBA, du 5 novembre 1971 au 7 janvier 1972.

★RECORD DE LANCERS FRANCS DANS UNE CARRIÈRE NBA
Karl Malone (USA) a réussi 9 787 lancers francs en 1 476 matchs pour les Utah Jazz (1985-2003) et les Los Angeles Lakers (2003-2004).

RECORD DE LANCERS FRANCS EN 2 MIN
Le 29 mars 2000, Laurent Sciarra (France) a réussi 60 lancers francs en 2 min sur le plateau de *L'Émission des records*, à Paris.

RECORD DE POINTS MARQUÉS PAR UN JOUEUR DANS UN MATCH NBA
Wilt Chamberlain (USA) a marqué 100 points au cours d'un match opposant les Philadelphia Warriors, avec lesquels il jouait, aux New York Knicks, le 2 mars 1962.

RECORD DE MATCHS DANS UNE CARRIÈRE EN NBA
Robert Parish (USA) a joué 1 611 matchs entre 1976 et 1997.

RECORD DE TITRES EN NBA
Les Boston Celtics ont remporté à 16 reprises le championnat NBA, en 1957, 1959-1966, 1968-1969, 1974, 1976, 1981, 1984 et 1986.

★LE PLUS LONG LANCER POUR MARQUER UN PANIER (FEMMES)
Le 6 décembre 2002, Allyson Fasnacht (USA) a marqué un panier à 24,85 m avec les Glenvar Highlanders contre les JJ Kelly, au Salem Civic Center de Salem (Virginie).

★RECORD DE LANCERS EN 1 MIN SUR UN TERRAIN MINIATURE
Le 11 juillet 2004, Jay Kletecka (USA) a fait 139 lancers en 1 min sur un terrain de basket miniature aux Willoughby Hills (Ohio).

★SMASH DEPUIS UN TRAMPOLINE
Le 3 août 2004, Jonathan Thibout (France) a réussi un smash depuis un trampoline à 5,86 m du panneau.

UN BALLON DE BASKET QUI TOURNE SUR UN DOIGT
Le 29 janvier 2003, à Shennyang (Chine), Zhao Guang (Chine) a fait tourner un ballon de basket sur un doigt pendant 3 h et 59 min.

★NOMBRE DE DRIBBLE EN 24 H
La plus grande distance parcourue en 24 h en dribblant avec un ballon de basket est de 174,46 km. Ce record a été établi par Tyler Curiel (USA) à l'université de Tulane, Nouvelle-Orléans (Lousiane), du 15 au 16 décembre 2003.

→ QUEL TEMPS MINIMUM FAUT-IL POUR SE RENDRE DANS TOUS LES STADES DE BASE-BALL DE MAJOR LEAGUE EN ASSISTANT CHAQUE FOIS À UN MATCH ENTIER ? DÉCOUVREZ-LE P. 224.

★RECORD DE MATCHS NBA GAGNÉS PAR UN ENTRAÎNEUR

En 1996, durant les célébrations en l'honneur du cinquantenaire de la NBA, Lenny Wilkens (USA) fut proclamé l'un des 10 plus grands entraîneurs. À ce jour, il a gagné 1 315 matchs en tant qu'entraîneur en NBA. Il est aussi l'un des deux hommes figurant en tant que joueur et entraîneur au panthéon du basket, c'est-à-dire au Hall of Fame, un musée en l'honneur de ceux qui ont marqué l'histoire de ce sport.

SPORTS DE COMBAT

↑

● LE MAXIMUM DE TITRES MONDIAUX DE KARATÉ KUMITÉ EN ÉQUIPE (HOMMES)

Deux pays ont remporté 6 championnats du monde de karaté kumité, institués en 1970, en catégorie hommes : le Royaume-Uni en 1975, 1982, 1984, 1986, 1988 et 1990 ; la France en 1972, 1994, 1996, 1998, 2000 et 2004. En japonais, karaté veut dire « main ouverte » et kumité « entraînement ». Ci-dessus, l'équipe de France après sa victoire au 17e championnat du monde de kumité, le 19 novembre 2004.

BOXE

LA PLUS GRANDE LONGÉVITÉ D'UN BOXEUR POIDS LOURD

Joe Louis (USA) est resté champion 11 ans et 252 jours, du 22 juin 1937, jour où il a mis K.-O. James Joseph Braddock (USA), à son départ en retraite le 1er mars 1949.

LE MAXIMUM DE K.-O.

Lors du championnat du monde des poids coqs à Johannesburg (Afrique du Sud), le 2 décembre 1950, Vic Toweel (Afrique du Sud) a mis K.-O. Danny O'Sullivan (GB) 14 fois en 10 rounds.

LE COMBAT LE PLUS COURT POUR UN TITRE MONDIAL

À Porto Rico, le 7 août 1993, Gerald McClellan (USA) a battu Jay Bell (USA) en 20 s dans un combat de poids moyens WBC.

LE PLUS GRAND NOMBRE DE TITRES MONDIAUX

Le seul boxeur qui ait remporté 5 fois un titre mondial dans la même catégorie est « Sugar » Ray Robinson (USA). Le 25 mars 1958, il a repris pour la 4e fois le titre de champion des poids moyens en battant Carmen Basilio (USA) au Chicago Stadium.

LE MAXIMUM DE ROUNDS

En 1825, dans le Cheshire (GB), Jack Jones a battu Patsy Tunney lors d'un match de 276 rounds de 4 h et 30 min.

★ LE PLUS D'ANNONCES DE COMBATS EN 1 SEMAINE

Lors du championnat américain de 1998 à Colorado Springs (Colorado), Hank Kropinski (USA) a annoncé 240 combats entre les 16 et 21 mars 1998.

JUDO

RECORD DE MÉDAILLES D'OR AUX J. O.

Les judokas concernés sont Wilhelm Ruska (Pays-Bas) dans les plus de 93 kg et en toutes catégories en 1972, Peter Seisenbacher (Autriche) dans les 86 kg en 1984 et 1988, Hitoshi Saito (Japon) dans les plus de 95 kg en 1984 et en toutes catégories en 1988, Waldemar Legien (Pologne) dans les 78 kg en 1988 et les 86 kg en 1992, David Douillet (France) dans les plus de 95 kg en 1996 et les plus de 100 kg en 2000, et Tadahiro Nomura (Japon) dans les 60 kg en 1996 et 2000.

RECORD DE TITRES MONDIAUX (FEMMES)

Ingrid Berghmans (Belgique) a remporté 6 titres mondiaux : l'Open en 1980, 1982, 1984 et 1986, et le moins de 72 kg en 1984 et 1989.

KARATÉ

LE PLUS DE PARTICIPANTS À UN CHAMPIONNAT

En 1988, 1 157 karatékas ont pris part au 9e championnat du monde au Caire (Égypte).

LE MAXIMUM DE COUPS AVEC LE MÊME PIED EN 1 MIN

Le 11 novembre 2001, sur le plateau d'*El Show de los Records* à Madrid, Fabian Cuenca Pirroti (Espagne) a lancé 128 coups de pied de la même jambe en 1 min.

LA PLUS ANCIENNE COMPÉTITION DE LUTTE →

Le tournoi de lutte de Kirkpinar a lieu depuis 1460 dans la péninsule de Sarayici, près d'Édirne (Turquie).

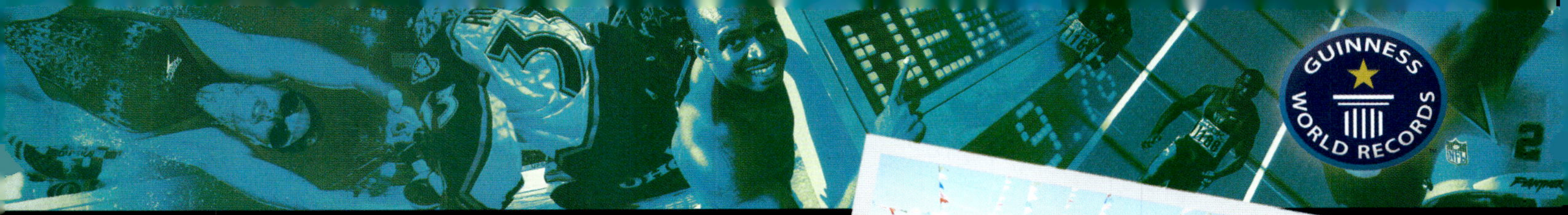

★ NOUVEAU RECORD ● MISE À JOUR

★ LE PLUS GRAND TOURNOI DE LUTTE MONGOLE →

Entre les 28 juillet et 1er août 2004, 2 048 lutteurs ont pris part au tournoi de lutte mongole de Bayanwula, dans la province de Xiwuzhumuqinqi, en Mongolie intérieure (Chine).

LE PLUS GRAND NOMBRE DE TITRES MONDIAUX EN KUMITÉ (INDIVIDUEL)

Guusje van Mourik (Pays-Bas) a remporté 4 titres mondiaux féminins de karaté kumité dans la catégorie plus de 60 kg : en 1982, 1984, 1986 et 1988.

KICKBOXING

LE PLUS GRAND NOMBRE DE TITRES MONDIAUX

Entre 1980 et 1999, Don Wilson « Le Dragon » (USA) a remporté 11 championnats mondiaux dans 3 catégories de poids (moyen, super-moyen, mi-lourd) pour 6 organisations : la World Kickboxing Association (WKA), le Standardized Tournaments And Ratings (STAR), le Karate International Council of Kickboxing (KICK), l'International Sport Karate Association (ISKA), la Professional Kickboxing Organization (PKO) et l'International Kickboxing Federation (IKF).

LUTTE

★ LE MAXIMUM DE SPECTATEURS

Le 29 avril 1995, 190 000 spectateurs ont assisté au Festival international des Sports et de la Culture pour la Paix dans le stade de Pyongyang (Corée-du-Nord).

LE LUTTEUR SUMO (YOKOZUNA) LE PLUS LOURD

En janvier 1993, Chad Rowan (Hawaï), dit Akebono, est devenu le premier *rikishi* (lutteur sumo) étranger promu au rang suprême de *yokozuna*. Avec 2,04 m et 227 kg, c'est aussi **le plus grand et le plus lourd *yokozuna*** de l'histoire du sumo.

LE MAXIMUM DE VICTOIRES CONSÉCUTIVES EN LUTTE SUMO

Le *yokozuna* Sadaji Akiyoshi, dit Futabayama (Japon), a gagné 69 victoires consécutives de 1937 à 1939.

DIVERS

★ LE MAXIMUM D'ASSIETTES CASSÉES AU NUNCHAKU EN 1 MIN

Sur le plateau de *L'Été de tous les records* à Bénodet, le 2 août 2004, Thierry Guyon (France) a cassé 51 assiettes en argile en 1 min au nunchaku (arme d'arts martiaux japonais composée de deux bâtons de bois dur reliés par une chaîne ou une lanière).

★ LE MAXIMUM DE TIRS RÉUSSIS AU BALLON DE FRAPPE EN 1 MIN

Le 7 mai 2001, Michael Benham (Australie) a réussi 373 coups en 1 min au Crown Casino de Melbourne (Australie).

★ LE MAXIMUM DE COUPS DE PIED EN FULL-CONTACT EN 1 H

Le 22 mai 2004, Suzanne Nobles (USA) a lancé 2 180 coups de pied en full-contact en 1 h au gymnase de l'église baptiste de Deep Creek, à Chesapeake (Virginie).

● LE COMBAT LE PLUS LOURD POUR UN TITRE MONDIAL

Le 11 décembre 2004, au Mandalay Bay Resort de Las Vegas (USA), le champion en titre Vitali Klitschko (Ukraine, ci-dessous à droite) a combattu Danny Williams (GB, ci-dessous à gauche) pour le titre de champion poids lourd WBC. Le poids combiné des deux boxeurs était 235,7 kg, dont 113,3 pour Klitschko et 122,4 pour Williams. Klitschko a conservé le titre en mettant Williams K.-O. au 8e round.

↙

CRICKET

← ● LE MAXIMUM DE CENTAINES POUR UN JOUEUR (ONE-DAY INTERNATIONAL)

Entre 1989 et 2005, l'Indien Sachin Tendulkar a marqué 37 centaines en 342 matchs.

LE MAXIMUM DE POINTS MARQUÉS PAR UN JOUEUR (TEST-MATCH)

Au cours du 1er match contre l'Inde à Lords, dans le Middlesex (GB), du 26 au 31 juillet 1990, Graham Gooch a marqué 456 points. Capitaine de l'équipe anglaise, il en a marqué 333 aux premiers tours de batte et 123 aux seconds.

★ LE MAXIMUM DE POINTS POUR UNE MANCHE (TEST-MATCH)

Le 14 décembre 2003, jouant pour les Antilles contre l'Afrique du Sud au Wanderers, à Johannesburg (Afrique du Sud), Brian Lara (Trinité & Tobago) a marqué 28 points en une manche contre le lanceur Robin Peterson (Afrique du Sud), avec le score balle par balle de 4-6-6-4-4-4. B. Lara a totalisé 202 points.

LE MEILLEUR SCORE DE BATTEUR

Les 3 et 6 juin 1994, à Edgbaston (GB), Brian Lara a marqué 501 points en 7 h et 54 min, lors du match Warwickshire-Durham. Ses tours de batte ont rapporté le **record de points en un jour** (390 le 6 juin) et le **record de points issus de frappes valant 4 points ou plus** (308, dont 62 à 4 et 10 à 6).

★ LE MEILLEUR COUPLE DE BATTEURS (ONE-DAY INTERNATIONAL)

À Hyderabad (Inde), le 8 novembre 1999, Sachin Tendulkar (186*) et Rahul Dravid (153) ont marqué 331 points contre la Nouvelle-Zélande, chacun marquant son meilleur score en rencontre internationale avec nombre limité de manches.

LE MEILLEUR COUPLE DE BATTEURS (TEST-MATCHS)

Les 4 et 6 août 1997, à Colombo, Sanath Jayasuriya (340) et Roshan Mahanama (225) ont totalisé 576 points au 2nd guichet contre l'Inde pour le Sri Lanka.

BATTEURS

LA MEILLEURE MOYENNE POUR UN BATTEUR EN TEST-MATCH

Après avoir joué 52 test-matchs pour l'Australie entre 1928 et 1948, Don Bradman a fini sa carrière avec une moyenne de 99,94 (6 996 points pour 80 tours de batte).

LE MAXIMUM DE PÉNALITÉS EN TEST-MATCH

Le joueur qui a rapporté le plus de pénalités est Courtney Walsh (Jamaïque) : 43 en 185 tours de batte pour les Caraïbes, de novembre 1984 à avril 2001.

LE PLUS GRAND NOMBRE DE POINTS EN TEST-MATCH

Entre 1978 et 1994, Allan Border (Australie) a marqué 11 174 points en 156 test-matchs, soit 50,56 en moyenne.

●LE MAXIMUM DE POINTS EN ONE-DAY INTERNATIONAL

Sachin Tendulkar (Inde) a marqué 13 497 points en 342 matchs one-day international, soit 44,84 en moyenne.

→ QUI A MARQUÉ LE PLUS DE BUTS LORS DE RENCONTRES INTERNATIONALES DE FOOTBALL ? UN HOMME OU UNE FEMME ? DÉCOUVREZ LA RÉPONSE P. 234.

← ★ LE PLUS GRAND NOMBRE D'ARBITRAGES (TEST-MATCHS)

Steve Bucknor (Jamaïque) a arbitré 102 test-matchs entre 1989 et 2005.

★ NOUVEAU RECORD ● MISE À JOUR

★ MEILLEUR SCORE AUX TOURS DE BATTE DANS UN MATCH À MANCHES LIMITÉES (ÉQUIPE) ↑

Le 19 juin 2002 à l'Oval (Londres), le Surrey a marqué 438 points contre Glamorgan dans un match du trophée Cheltenham & Gloucester limité à 50 manches. Ci-dessus, le batteur du Surrey, Alistair Brown (GB), dont le score, 268 – affiché au panneau – est le meilleur obtenu par un joueur dans un match en manches limitées.

● LE MAXIMUM DE CENTAINES (TEST-MATCHS)

Deux batteurs indiens ont chacun marqué 34 centaines en test-match : Sunil Gavaskar entre 1971 et 1987, et Sachin Tendulkar entre 1989 et 2005.

● MEILLEUR SCORE EN TEST-MATCH

Au Recreation Ground, à St John (Antigua), les 10 et 12 avril 2004, Brian Lara (Trinité & Tobago) a marqué 400* points pour les Antilles contre l'Angleterre. Ses tours de batte ont rapporté 4 « 6 pts » et 43 « 4 pts », pour un score en équipe de 751 à 5.

LANCEURS

LA BALLE LA PLUS RAPIDE

Mesurée électroniquement, elle a été lancée à 161,3 km/h par Shoaib Akhtar (Pakistan) contre l'Angleterre, le 22 février 2003, lors d'un tournoi de coupe du monde au Cap (Afrique du Sud). Le directeur de la communication de la coupe a commenté : « L'ICC a toujours dit qu'il n'y a pas assez d'uniformité entre les moyens de mesure pour officialiser un record. » Il s'agirait pourtant bien de la balle la plus rapide jamais lancée par un bowler.

LE MAXIMUM DE GUICHETS DÉTRUITS PAR UN JOUEUR (ONE-DAY INTERNATIONAL)

Entre 1984 et 2003, Wasim Akram (Pakistan) a détruit 502 guichets (23,52 en moyenne) en 356 matchs.

GARDIENS

LE MAXIMUM DE BALLES RATTRAPÉES PAR UN GARDIEN (TEST-MATCHS)

Entre 1988 et 1999, Ian Healy a rattrapé 366 balles pour l'Australie en119 test-matchs.

LE MAXIMUM DE POINTS RAPPORTÉS PAR UN GARDIEN (TEST-MATCHS)

En jouant pour l'Australie, entre 1988 et 1999, Ian Healy a totalisé 395 points en 119 matchs, dont 366 en rattrapant la balle et 29 en détruisant son guichet.

LE GARDIEN QUI A DÉTRUIT LE PLUS DE GUICHETS (TEST-MATCHS)

Entre 1920 et 1937, William Oldfield (Australie) a réussi à détruire 52 fois son guichet en 54 matchs.

ÉQUIPES

MEILLEUR SCORE (TEST-MATCHS)

Les 4 et 6 août 1997, le Sri Lanka a battu l'Inde 952-6, à Colombo. Les 20, 22 et 23 août 1938, l'Angleterre a battu l'Australie 903-7, à l'Oval, à Londres, en 15 h et 17 min.

LE PLUS GRAND NOMBRE DE VICTOIRES EN COUPE DU MONDE

L'Australie a gagné la coupe du monde de cricket en 1987, 1999 et 2003. Lancée en 1975, elle se déroule tous les 4 ans.

DIVERS

★ LE JOUEUR LE PLUS CONSTANT

Depuis 50 ans, Mike Garwood (GB, né le 24/02/1928) marque des points pour le club de cricket des Old Minchendenians de South Gate (GB).

★ LE RECORD DE MATCHS JOUÉS (ONE-DAY INTERNATIONAL)

Entre 1984 et 2003, Wasim Akram (Pakistan) a participé à 356 matchs internationaux en One-day.

LE SCORE LE PLUS FAIBLE (TEST-MATCHS)

Le 28 mars 1955, la Nouvelle-Zélande a battu l'Angleterre avec un score de 26 points à Auckland.

LE MAXIMUM D'EXTRAS EN UN MATCH (ONE-DAY INTERNATIONAL)

Deux équipes ont eu 59 balles à rejouer (extras) en rencontre internationale One-day. Les Antilles (8 byes, 10 leg-byes, 4 no-balls, 37 wides) contre le Pakistan à Brisbane (Australie), le 7 janvier 1989 ; et l'Écosse (5 byes, 6 leg-byes, 15 no-balls, 33 wides) contre le Pakistan à Chester-le-Street (GB), le 20 mai 1999. En test-match, le maximum d'extras a été atteint par les Antilles : 71 les 3 et 4 avril 1988 pour le 1er tour de batte du Pakistan, à Georgetown au Guyana (21 byes, 8 leg-byes, 4 wides, 38 no-balls).

Termes de cricket
* indique un score « sans élimination »
bye : point obtenu sans utiliser la batte
duck : un score de zéro pour un batteur
leg-bye : pénalité si le batteur touche la balle avec son corps
no-ball : la balle n'a pas été lancée dans les règles. Elle est à rejouer, et l'équipe adverse reçoit un point
wide : la balle a été lancée hors du champ d'action du batteur. Elle est à rejouer, et l'équipe adverse reçoit un point.

● LE MAXIMUM DE GUICHETS DÉTRUITS ↓

D'août 1992 à mars 2005, Shane Warne (Australie) a détruit un maximum de guichets en test-match avec 583 points (25,21 en moyenne par guichet) en 123 matchs.

CYCLISME

← ★ LE MEILLEUR GRIMPEUR – ROI DE LA MONTAGNE

Le meilleur grimpeur du Tour de France porte un maillot blanc à pois rouges et le titre de roi de la montagne. Richard Virenque (France) a remporté le titre 7 fois entre 1994 et 2004.

TOUR DE FRANCE

LE PLUS GRAND NOMBRE D'ÉTAPES REMPORTÉES

Eddie Merckx (Belgique) a remporté 34 étapes entre 1969 et 1978.

LA VICTOIRE LA PLUS SERRÉE

La victoire la plus serrée du Tour de France a eu lieu à Paris en 1989 quand, après 3 267 km et 23 jours (1er-23 juillet), Greg LeMond (USA), qui a couru le Tour en 87 h 38 min et 35 s, a battu Laurent Fignon (France) de 8 s.

LE PLUS JEUNE VAINQUEUR

Quand il a gagné le Tour en 1904, Henri Cornet (France) avait 19 ans et 350 jours. Il avait terminé 5e, mais la victoire lui a été accordée après disqualification des quatre premiers : Maurice Garin, Lucien Pothier, César Garin et Hippolyte Aucouturier (France).

LE VAINQUEUR LE PLUS ÂGÉ

Quand il a gagné le Tour en 1922, Firmin Lambot (Belgique) avait 36 ans et 4 mois.

LA MEILLEURE VITESSE MOYENNE

Pendant le Tour de 1999, Lance Armstrong (USA) a pédalé à une moyenne de 40,276 km/h. La meilleure moyenne sur une seule étape est 50,355 km/h, réalisée le 7 juillet 1999 par Mario Cipollini (Italie), à la 4e étape.

LA PLUS GRANDE FOULE POUR UNE MANIFESTATION SPORTIVE

Tous les ans, environ 10 millions de personnes se rassemblent sur une période de 3 semaines pour voir passer le Tour de France.

LA PLUS BELLE MARGE

Le temps le plus long entre le vainqueur et le deuxième du Tour de France a été mesuré en 1972 : 28 min et 27 s, entre Fausto Coppi (Italie) et Stan Ockers (Belgique).

LA PLUS LONGUE ÉCHAPPÉE EN SOLITAIRE

Longue de 253 km, elle permit à Albert Bourlon (France) de remporter la 14e étape du Tour, entre Carcassonne et Luchon, en 1947.

GRANDES DISTANCES

★ LE MEILLEUR TEMPS POUR TRAVERSER L'AMÉRIQUE DU SUD À VÉLO

Giampietro Marion (Italie) a parcouru à vélo le tronçon sud-américain de la Pan-American Highway, de Chigorodo (Colombie) à Ushuaia (Argentine), en 59 jours, du 17 septembre au 15 novembre 2000.

LA PLUS LONGUE DISTANCE EN 24 H À VÉLO

Les 26 et 27 avril 1990, sur le terrain de course international de Phoenix (Arizona), Michael Secrest (USA) a remporté le record des 24 h derrière moto : 1 958,2 km. Les 23 et 24 octobre 1997, il a pédalé sur 857,36 km, cette fois seul, sur le vélodrome olympique de l'université de Californie, à Carson (USA).

→ QUEL EST LE CYCLISTE LE PLUS RAPIDE SUR UNE SEULE ROUE ? DÉCOUVREZ-LE P. 189.

RECORDS MONDIAUX ABSOLUS DE CYCLISME SUR PISTE

HOMMES	TEMPS/DISTANCE	NOM & NATIONALITÉ	LIEU	DATE
200 m	9 s 865	Curt Harnett (Canada)	Bogota (Colombie)	28 septembre 1995
500 m	25 s 850	Arnaud Duble (France)	La Paz (Bolivie)	10 octobre 2001
1 km	58 s 875	Arnaud Tournant (France)	La Paz (Bolivie)	10 octobre 2001
4 km	4 min 11 s 114	Chris Boardman (GB)	Manchester (GB)	29 août 1996
4 km en équipe	3 min 56 s 610	Graeme Brown, Brett Lancaster, Bradley McGee, Luke Roberts (Australie, à droite)	Athènes (Grèce)	22 août 2004
1 h	49,441 km	Chris Boardman (GB)	Manchester (GB)	27 août 1996
FEMMES	**TEMPS/DISTANCE**	**NOM & NATIONALITÉ**	**LIEU**	**DATE**
200 m	10 s 831	Olga Slioussareva (Russie)	Moscou (Russie)	25 avril 1993
500 m	29 s 655	Erika Saloumiaee (ex-URSS)	Moscou (ex-URSS)	6 août 1987
3 km	3 min 24 s 357	Sarah Ulmer (Nouvelle-Zélande)	Athènes (Grèce)	22 août 2004
1 h	48,159 km	Jeannie Longo-Ciprelli (France)	Mexico (Mexique)	26 octobre 1996

LANCE ARMSTRONG

Entre 1994 et 2005, Lance Armstrong (USA) a remporté 7 fois le Tour de France. En octobre 1996, on lui avait diagnostiqué un cancer des testicules, avec un pronostic de moins de 50 % de chances de survie. Après sa convalescence, contre toute attente, il a gagné le maillot jaune dès son retour sur la scène cycliste.

Qui vous a le plus inspiré pendant votre période de formation ?
Ma maman ! Si je devais citer le cycliste que j'admire le plus, je dirais Eddy Merckx... mon idole, le plus grand coureur de tous les temps.

Quand vous avez débuté votre carrière de cycliste, vous imaginiez que vous auriez tant de succès ?
Je savais que j'aurais du succès, mais jamais au niveau que j'ai atteint aujourd'hui.

Vous avez toujours voulu être cycliste ?
J'ai débuté par le triathlon. Je me suis tourné vers le cyclisme quand j'étais ado.

Quel est votre plus bel exploit de cycliste ?
Sans conteste, gagner 6 fois le Tour de France, la course que je préfère.

Comment trouvez-vous votre motivation chaque saison après l'incroyable succès que vous avez remporté ?
Je considère toute saison comme un recommencement. Ce qui s'est passé les années précédentes n'a aucune importance quand la nouvelle saison débute.

Quel conseil donneriez-vous aux jeunes sportifs ?
Se souvenir que rien n'est jamais acquis !

VTT

★ LE PLUS DE TITRES MONDIAUX EN CROSS-COUNTRY (HOMMES)
En 1992, 1993 et 1995, Thomas Frischknecht (Suisse) a remporté 3 titres mondiaux de VTT.

★ LE PLUS DE TITRES MONDIAUX EN CROSS-COUNTRY (FEMMES)
Juli Furtado (USA) a gagné 3 titres, de 1993 à 1995, tout comme Alison Sydor (Canada), de 1996 à 1999.

● LA MEILLEURE CHAMPIONNE MONDIALE DE DESCENTE
Anne-Caroline Chausson (France) a gagné 11 titres de descente : 3 en junior, de 1993 à 1995, et 8 en senior, de 1996 à 2003.

★ LE MEILLEUR CHAMPION MONDIAL DE DESCENTE
Nicolas Vouilloz (France) a été 10 fois champion du monde de descente : 3 en junior (1992-1994) et 7 en senior (1995-1999, 2001 et 2002).

★ LA CHAMPIONNE LA PLUS TITRÉE
Anne-Caroline Chausson (France) a gagné 5 titres de 1998 à 2002.

DIVERS

★ LE PLUS DE TITRES MONDIAUX EN VÉLO-CROSS (FEMMES)
Deux femmes ont gagné 2 fois le championnat du monde : Hanka Kupfernagel (Allemagne) en 2000 et 2001, et Laurence Leboucher (France) en 2002 et 2004.

★ LE PLUS GRAND DÉNIVELÉ EN 24 H
Les 19 et 20 octobre 2002 à Trente (Italie), Alessandro Forni a grimpé 17 612 m, presque 2 fois la hauteur de l'Everest, hauteur cumulée sur 23 tours d'un circuit de 22,8 km présentant une différence d'altitude de 770,5 m entre son point le plus haut et son point le plus bas.

★ LE PLUS LONG MARATHON SUR VÉLO FIXE
Du 30 avril au 3 mai 2004, Niels Rietveld et Edwin Snijders (Pays-Bas) ont pédalé de concert sans arrêt pendant 77 h et 15 min au Sportstudio Buiten d'Almere (Pays-Bas).

● LE MAXIMUM DE SPINS EN 1 MIN EN BMX
Le 20 juillet 2004, dans les bureaux du Guinness World Records à Londres, Sam Foakes (GB) a exécuté 33 spins sur lui-même en 1 min.

LES DOUBLES CHAMPIONS DU MONDE DE TRIAL
Deux cyclistes ont remporté un record de deux championnats du monde de Trial Elite : Marco Hösel (Allemagne) en 1999 et 2002 et Benito Ros Charral (Espagne, ci-contre) en 2003 et 2004. ↗

★ NOUVEAU RECORD ● MISE À JOUR

FOOTBALL

← LE MAXIMUM DE BUTS MARQUÉS EN INTERNATIONAL PAR UNE FEMME

Mia Hamm (USA) a marqué 144 buts en rencontres internationales. Considérée comme la meilleure joueuse de tous les temps, elle a débuté sa carrière de senior internationale en 1997, à 15 ans. Sacrée Footballeuse mondiale 2001 par la FIFA, elle joue pour les Washington Freedom dans la Ligue professionnelle féminine américaine (WUSA).

BUTS ET SÉLECTIONS

RECORD DE SÉLECTIONS INTERNATIONALES

Kristine Lilly (USA) a été sélectionnée en international 270 fois, entre 1987 et 2004. Claudio Suarez (Mexique) est le joueur le plus sélectionné entre 1992 et 2003 (171 fois).

MEILLEUR SCORE EN MATCH INTERNATIONAL

Le 11 avril 2001, l'Australie a gagné 31-0 face aux Samoa américaines, dans un match de qualification pour la finale de la Coupe du monde, à Coffs Harbour, Nouvelle-Galles-du-Sud (Australie).

RECORD DE BUTS MARQUÉS AU COURS D'UN MATCH

Le 13 décembre 1942, Stephan Stanis (né Stanikowski, en Pologne, le 15 juillet 1913) a marqué 16 buts pour le Racing Club de Lens lors d'un match de Coupe de France face à Aubry-Asturies.

TOURNOIS INTERNATIONAUX

RECORD DE VICTOIRES EN CHAMPIONNAT D'EUROPE

L'Allemagne a remporté 3 fois le championnat d'Europe, en 1972 et 1980, en tant que RFA, et en 1996. Le championnat féminin a débuté en 1984. L'Allemagne détient aussi le record avec 4 victoires : 1989, 1991, 1995, 1997.

RECORD DE VICTOIRES À L'AFRICA CUP

Le record de victoires (4) est détenu par le Ghana (1963, 1965, 1978, 1982), l'Égypte (1957, 1959, 1986, 1998) et le Cameroun (1984, 1988, 2000, 2002).

RECORD DE VICTOIRES AU CHAMPIONNAT D'AMÉRIQUE DU SUD

L'Argentine a gagné 15 fois le Championnat d'Amérique du Sud (Copa America depuis 1975) entre 1910 et 1993.

MAXIMUM DE TRIPLÉS EN INTERNATIONAL

Le 16 février 2000, pendant un match de qualification de la Coupe d'Asie, l'international Masashi « Gon » Nakayama (Japon) a marqué 3 buts consécutifs en 3 min et 15 s, face à Brunei : à 1 min, 2 min et 3 min et 15 s, pulvérisant le record vieux de 62 ans de George William Hall (GB), qui avait marqué 3 buts en 3 min et 30 s face à l'Irlande, au Old Trafford de Manchester (GB), le 16 novembre 1938.

Football (ou soccer) et football américain
La première organisation mondiale de football a vu le jour en Angleterre en 1863 avec la Football Association, après la différenciation entre rugby et football. La *Fédération internationale de football Association* (FIFA) est née en 1904 avec sept membres fondateurs : la Belgique, le Danemark, l'Espagne, la France, les Pays-Bas, la Suède et la Suisse.

Le dérivé d'association en « assoc. » a donné « soccer », qui désigne le football dans plusieurs pays.

★ RECORD → DE BUTS MARQUÉS PAR UN JOUEUR EN INTERNATIONAL

Ali Daei (Iran, à droite) a marqué 103 buts en international, entre 1993 et 2005.

● RECORD DE VICTOIRES → EN COUPE D'ASIE

Le record de victoires en Coupe d'Asie (3) est détenu par l'Iran (1968, 1972, 1976), l'Arabie Saoudite (1984, 1988, 1996) et le Japon (1992, 2000 et 2004, en photo).

COUPE DU MONDE

★ MAXIMUM DE PENALTIES ARRÊTÉS

Deux gardiens de but ont arrêté 4 penalties en match de finale de Coupe du monde : Harald Schumacher pour la RFA, en 1982 et 1986, et Sergio Goycochea pour l'Argentine, en 1990.

RECORD DE SPECTATEURS

Le 16 juillet 1950, 199 854 personnes ont assisté au match de Coupe du monde Brésil-Uruguay, au stade municipal Maracanã de Rio de Janeiro (Brésil).

RECORD DE BUTS EN FINALE DE COUPE DU MONDE

Just Fontaine (France) a marqué 13 buts lors de la finale de Coupe du monde, en 1958, en Suède.

★ RECORD DE BUTS PAR UN JOUEUR EN 1 MATCH

Le 28 juin 1994, Oleg Salenko (Russie) a marqué 5 buts pour la Russie face au Cameroun, lors de la finale, au Stanford Stadium de San Francisco (Californie).

★ MEILLEUR GARDIEN EN COUPE DU MONDE

Walter Zenga est le gardien qui a tenu le plus longtemps sans encaisser de but pendant les matchs de la Coupe du monde. Il a tenu 518 min pour l'Italie, en 1990, en Italie.

RECORD DE BUTS MARQUÉS EN INTERNATIONAL PAR 1 JOUEUR

Le 11 avril 2001, à Coffs Harbour, en Nouvelle-Galles-du-Sud (Australie), durant le match de qualification pour la Coupe du monde où l'Australie a battu les Samoa américaines par un score de 31-0 ; Archie Thompson (Australie) a marqué 13 buts.

↑

★ L'ÉQUIPE LA PLUS SOUVENT EN FINALE DE COUPE DU MONDE

Entre 1930 et 2002, le Brésil a été 17 fois en finale de la Coupe du monde. L'illustration ci-dessus montre l'équipe brésilienne écoutant l'hymne national, le 29 juin 1958, avant la finale où elle a battu la Suède et remporté son premier titre.

CONTRÔLE DU BALLON

RECORD	DURÉE OU TOUCHES	ATTEINTES PAR	LIEU	DATE
Pieds, jambes, tête (homme)	19 min et 30s	Martinho Eduardo Orige (Brésil)	Ararangua (Brésil)	02-03/08/2003
Pieds, jambes, tête (femme)	7 min et 5,25 s	Cláudia Martini (Brésil)	Caxias do Sul (Brésil)	12/07/1996
Tête	8 min et 12,25 s	Goderdzi Makharadze (Géorgie)	Tbilisi (Géorgie)	26/05/1996
Tête, assis	3 min et 59 s	Andrzej Kukla (Pologne)	Biala Podlaska (Pologne)	20/03/1998
Poitrine	30 min et 29 s	Amadou Gueye (France)	Paris	07/09/2001
●Allongé	8 min et 27 s	Tomas Lundman (Suède)	Bankery (Suède)	31/10/2004
●En rotation, front	12 min et 9 s	Tommy Baker (GB)	Newcastle (GB)	04/12/2004
Le marathon le plus rapide	7 min et 18,55 s	Jan Skorkovsky (Rép. Tchèque)	Prague (Rép. tchèque)	08/07/1990
Le max. de touches en 1 min (homme)	266	Ferdie Adoboe (USA)	Blaine, Minnesota (USA)	19/07/2000
Le max. de touches en 1 min (femme)	269	Tasha-Nicole Terani (USA)	Atlanta, Géorgie (USA)	04/09/2003
Le max. de touches en 30 s (homme)	141	Ferdie Adoboe (USA)	New York	27/08/2003
Le max. de touches en 30 s (femme)	137	Tasha-Nicole Terani (USA)	New York	27/08/2003
Le plus grand nombre de personnes simultanément	446	Fêtes des Centres de la FA	Warwick (GB)	19/06/1999

FOOTBALL

←★ LE MEILLEUR SCORE CUMULÉ EN CHAMPIONNAT DE LA LIGUE

Le maximum de buts marqués par 2 équipes est 11, quand les Monégasques ont battu les Espagnols du Deportivo La Coruña 8-3, au stade Louis II, à Monaco, le 5 novembre 2003. Sur la photo, on voit l'avant de Monaco, Dado Prso (Croatie, à droite), et le défenseur de La Corogne, Jorge Andrade.

> QUI EST LE JOUEUR LE MIEUX PAYÉ DE LA NFL ? DÉCOUVREZ-LE P. 212.

COUPE D'EUROPE

RECORD DE VICTOIRES

Le Real Madrid (Espagne) a remporté 9 fois la Coupe d'Europe des Champions : 1955-1956, 1956-1957, 1957-1958, 1958-1959, 1959-1960, 1965-1966, 1997-1998, 1999-2000 et 2002-2003.

RECORD DE VICTOIRES CONSÉCUTIVES EN LIGUE DES CHAMPIONS

Le FC Barcelone a connu la plus longue durée en tête des matchs de la Ligue des Champions de l'UEFA avec 11 victoires, en 2002-2003. L'équipe catalane a établi son record dès le début de la compétition avant de faire match nul 0-0 face à l'Inter de Milan.

LE BUT LE PLUS RAPIDE EN LIGUE DES CHAMPIONS

À Eindhoven (Pays-Bas), le 25 septembre 2002, Gilberto Silva (Brésil) a marqué en 20,07 s pour Arsenal face au PSV Eindhoven. Arsenal a poursuivi en gagnant 4-0.

AUTRES RENCONTRES

★ LE MEILLEUR GARDIEN EN PREMIÈRE DIVISION (GB)

Gardien de Chelsea (GB), Peter Cech (République tchèque) a tenu le plus longtemps sans prendre de but (781 min), entre le 27 novembre 2004 et le 2 février 2005.

RECORD DE TITRES EN CHAMPIONNAT NATIONAL

Entre 1891 et 2003, le Rangers FC (GB) a remporté 50 titres en Championnat d'Écosse de 1re Division et en Championnat national de 1re Division.

● RECORD DE VICTOIRES EN COUPE D'ANGLETERRE

Manchester United (GB) a remporté 11 victoires : 1909, 1948, 1963, 1977, 1983, 1985, 1990, 1994, 1996, 1999 et 2004.

★ LE COMBAT LE PLUS ACHARNÉ POUR LA COUPE D'ANGLETERRE

En novembre 1971, Alvechurch et Oxford City (GB) sont restés à égalité pendant 6 matchs et 11 h, avec les scores de 2-2, 1-1, 1-1, 0-0 et 0-0. Alvechurch a fini par l'emporter 1-0.

MEILLEUR SCORE EN FINALE DE COUPE NATIONALE

En 1935, Lausanne-Sports a battu Nordstern Basel 10-0 en finale de la Coupe de Suisse. Deux ans plus tard, ils ont été vaincus avec le même score en finale de la Coupe 1937, par le Grasshopper-Club de Zürich.

★ MEILLEURE LONGÉVITÉ POUR UN TROPHÉE CARITATIF

Lancé en 1908, le Charity Shield de la Football Association se joue tous les ans depuis 1924 au stade de Wembley, à Londres,

★ RECORD DE BUTS ↘ EN 1re DIVISION (GB)

Alan Shearer (GB) a marqué 250 buts en 1re Division anglaise. Il a débuté à Southampton avant d'être transféré aux Blackburn Rovers, et enfin à Newcastle United en juillet 1996 pour la somme record à l'époque de 15,6 millions £ (21,06 millions €). Shearer a continué de jouer pour Newcastle United et marque encore des buts.

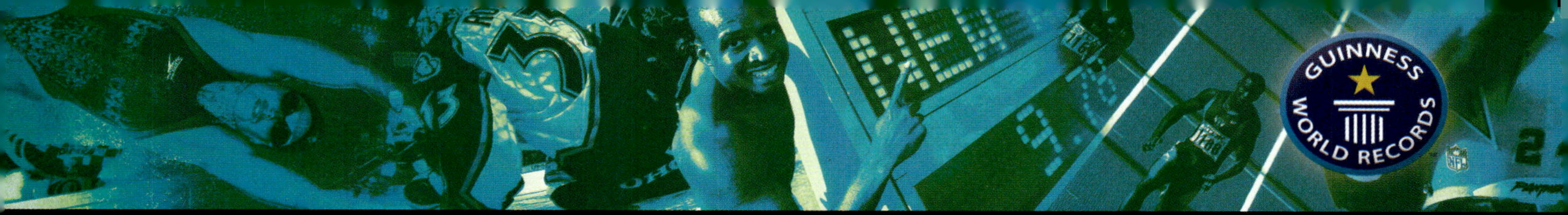

← ★ PLUS LONG SÉJOUR EN TÊTE DE 1re DIVISION (GB)

Arsenal a joué 49 matchs consécutifs sans défaite en 1re Division anglaise, entre le 7 mai 2003 et le 16 octobre 2004. Cela inclut les 2 derniers matchs de la saison 2002-2003, 38 matchs sans défaite pour la saison 2003-2004, et les 9 premiers matchs de la saison 2004-2005. Arsenal détient le record de ★ **longévité au sommet du football britanique**.

et plus récemment, au stade du Millénaire, à Cardiff, au pays de Galles.

DIVERS

★ LE MANAGER DE CLUB LE PLUS ANCIEN

Roly Howard (GB) du Marine Football Club a commencé sa première saison le 12 août 1972, et poursuivi jusqu'en 2004-2005, sa 33e et dernière saison.

LE JOUEUR LE PLUS CHER

Le 9 juillet 2001, le transfert de Zinédine Zidane de la Juventus (Italie) au Real Madrid a coûté 59 millions € au club espagnol.

LE TOUR DE TOUS LES STADES LE PLUS RAPIDE (LIGUE BRITANNIQUE)

Entre le 10 septembre 1994 et le 6 mai 1995, Ken Ferris (GB) a assisté à un match dans chacun des 92 stades anglais et gallois de la Ligue (dont celui des Berwick Rangers) en l'espace de 237 jours. Il a commencé par Carlisle Utd et terminé par Everton.

RECORD DE LETTRES DE REFUS POUR UN POSTE DE MANAGER

Professeur de sports, Richard Dixon (GB) s'est porté candidat pour devenir manager du club de football et a essuyé 29 refus. Richard ne postule que pour des postes officiellement offerts. Par exemple, il a reçu des réponses de Tottenham Hotspur, Manchester United, Atlético de Madrid et des équipes nationales anglaise et chypriote. Ces démarches ont commencé en 2000 quand il a contracté une mononucléose et a posé sa candidature au club de Millwall.

★ LA PLUS LONGUE TOURNÉE

Entre le 3 juillet et le 3 août 2004, le club de Lenton Griffins (GB) a visité 12 pays. L'équipe a joué au pays de Galles, en Belgique, au Luxembourg, en Allemagne, en Autriche, au Liechtenstein, en Suisse, en Italie, en France, en Andorre, en Espagne et au Maroc, sans compter les rencontres amicales en Angleterre et en Irlande.

★ LA PLUS JEUNE JOUEUSE AYANT MARQUÉ UN TRIPLÉ

Amy Wilding (GB) avait 15 ans et 220 jours, le 30 mars 2003, quand elle a marqué 3 buts pour Camberley Town Ladies contre CTC Ladies à Croydon, dans le Surrey (GB).

LE BUT LE PLUS RAPIDE

Plusieur joueurs ont marqué un but 3 secondes, voire moins, après le coup d'envoi. La vidéo atteste que Ricardo Olivera (Uruguay) a marqué en 2,8 secondes pour Río Negro face à Soriano, le 26 décembre 1998, au stade José Enrique Rodó de Soriano (Uruguay).

● RECORD DE VICTOIRES EN CHAMPIONNAT DE MAJOR LEAGUE (USA)

Le plus grand nombre de titres gagnés par une équipe de 1re division américaine de soccer est 4, par le DC United : 1996, 1997, 1999 et 2004. En photo, au centre, le joueur vedette Freddy Adu (USA).

↙

GOLF

★ LE MAXIMUM DE PARCOURS JOUÉS DANS PLUSIEURS ← PAYS EN 1 JOUR

Le 19 juin 2004, Eric Kirchner et Patrick Herresthal (Allemagne) ont joué 6 parcours complets dans 6 pays différents sur des golfs 18-trous : Golfpark Riefensberg (Autriche), Golfclub Waldkirch (Suisse), golf de Soufflenheim (France), club de golf des Cinq-Nations (Belgique), golf de Clervaux (Luxembourg) et Golfclub de Heddessheim (Allemagne).

LE MAXIMUM DE VICTOIRES EN COUPE DU MONDE

Instaurée en 1953 sous le nom de Canada Cup, la coupe du monde a été gagnée 23 fois par les États-Unis entre 1955 et 2000.

→ QUELLE EST LA TAILLE DU PLUS GRAND TEE DE GOLF DU MONDE ? DÉCOUVREZ LA RÉPONSE P. 160.

LE PLUS GRAND NOMBRE DE TITRES AMÉRICAINS

4 golfeurs américains ont gagné 4 fois l'US Open : Willie Anderson (1901, 1903, 1904, 1905) ; Bobby Jones Jr (1923, 1926, 1929, 1930) ; Ben Hogan (1948, 1950, 1951, 1953) et Jack Nicklaus (1962, 1967, 1972, 1980).

LE PLUS GRAND NOMBRE DE TITRES BRITANNIQUES

Harry Vardon (GB) a remporté 6 British Open : 1896, 1898, 1899, 1903, 1911 et 1914.

LE MAXIMUM DE VICTOIRES À L'US MASTERS

Jack Nicklaus (USA) a gagné 6 fois le Masters : 1963, 1965, 1966, 1972, 1975 et 1986. En 1973, il est devenu le premier joueur à avoir gagné 2 millions $ (1,6 million €). En 1986, à 46 ans, il est devenu **le joueur le plus âgé à gagner le Masters**.

★ LE PLUS DE VICTOIRES EN INDIVIDUEL AU CHAMPIONNAT

Ernie Els (Afrique du Sud) a gagné 6 championnats : de 1994 à 1996 et de 2002 à 2004.

L'ÉQUIPE QUI A REMPORTÉ LE PLUS DE COUPES SOLHEIM

L'équivalent féminin de la Ryder Cup (coupe Solheim) se joue tous les 2 ans entre les joueuses professionnelles d'Europe et des États-Unis. Les États-Unis l'ont remportée 5 fois : en1990, 1994, 1996, 1998 et 2002 ; l'Europe a gagné en 1992, 2000 et 2003.

LE MAXIMUM DE TIES ET DE VICTOIRES EN INDIVIDUEL EN COUPE CURTIS

Entre 1974 et 2002, Carole Semple-Thompson (USA) a partagé 12 ties et gagné 18 matches.

LES GAINS LES PLUS ÉLEVÉS AU TOURNOI DE L'USPGA

Tiger Woods (USA) a gagné 46 356 737 $ (3 708 538 €) d'août 1996 à janvier 2005.

★ LA PLUS GRANDE MARGE DE VICTOIRE DANS UN GRAND TOURNOI

En 2000, Tiger Woods (USA) a gagné l'US Open par 15 drives. Après des scores de 65, 69 et 71, il a terminé par un score de 67 avec un total de 272, soit 12 au-dessous du par.

LE MEILLEUR SCORE EN 18 TROUS (FEMMES)

Le 16 mars 2001, Annika Sorenstam (Suède) a obtenu un score de 59 au Standard Register PING du Moon Valley Country Club à Phoenix (Arizona).

★ NOUVEAU RECORD ● MISE À JOUR

RYDER CUP – LA MEILLEURE ÉQUIPE

Compétition professionnelle biennale entre les Etats-Unis et l'Europe, la Ryder Cup a été instituée en 1927. Jusqu'en 2004, les États-Unis l'ont gagnée 24 fois contre 9 (et 2 ties). Sur l'illustration, le capitaine de l'équipe américaine, Ben Crenshaw, reçoit le trophée à Brookline (Massachusetts), le 26 septembre 1999. →

LE MEILLEUR SCORE RELATIVEMENT À L'ÂGE

Le 21 avril 2001, au Golf & Country Club de Valleybrook à Hixson (Tennessee), James D. Morton (USA) a réussi à 89 ans un score de 72, ce qui en fait le champion avec 17 points de moins que son âge.

★ LE ROUND LE PLUS RAPIDE POUR UN FOURSOME

Le 12 juin 2004, Kenny Crawford, Colin Gerard, John Henderson et Joe McParland (GB) a joué un parcours 18 trous en 1 h 32 min et 48 s, sur le Torrance Course du St Andrews Bay Golf Resort & Spa à St Andrews (Écosse).

LE PLUS GRAND NOMBRE D'ÉLÈVES POUR UNE LEÇON

Le 26 septembre 2003, à Chesterfield dans le Derbyshire (GB), 478 personnes ont suivi un cours d'Andrew Carnall (GB), golfeur homologué par la PGA (Professionnal Golf Association).

LE PARCOURS LE PLUS RAPIDE EN ÉQUIPE

Le 12 août 2003, l'équipe de golfeurs du WBAP News/Talk 820 a joué 18 trous en 8 min et 47 s, au Bridlewood Golf Club de Flower Mound (Texas).

LE PLUS GRAND NOMBRE DE HOLES-IN-ONE CONSÉCUTIFS

Au moins 20 joueurs ont réussi 2 holes-in-one consécutifs, le meilleur reste l'unique double albatros de Norman L. Manley sur les 7e et 8e trous (par-4 sur 265 m et par-4 sur 301 m) du parcours du Del Valle Country Club à Saugus (Californie), le 2 septembre 1964. La première femme à accomplir cet exploit est Sue Prell (Australie) sur les 13e et 14e trous du golf de Chatswood à Sydney (Australie), le 29 mai 1977.

★LA PLUS GRANDE DISTANCE ENTRE DEUX PARCOURS JOUÉS LE MÊME JOUR

Le 15 septembre 2004, John Knobel (Australie) a effectué deux parcours 18-trous complets, le premier au Coast Golf Club de Sydney, le second à 14 843 km de là, au White Pines Golf Club de Bensenville (Illinois).

LE DRIVE LE PLUS LONG À MOINS DE 1 000 M D'ALTITUDE

Le 30 juin 1999, au Golf del Sur de Tenerife, Karl Woodward (GB) a envoyé une balle à 373 m.

★LE PLUS GRAND NOMBRE DE TROUS EN 7 JOURS AVEC VOITURETTE

Entre les 3 et 10 février 2004, en circulant en voiturette de golf, Troy Grant, alias Rusty Gate (Australie), a joué 1 800 trous au Tenterfield Golf Club, dans le New South Wales (Australie).

★ LA PLUS GRANDE PARADE EN VOITURETTES DE GOLF

Le 15 mars 2004, 1 138 voiturettes de golf ont pris part à un défilé au village de retraite de Timber Pines à Spring Hill (Floride).

Termes de golf

albatros : 3 coups de moins que le par sur un trou. Appelé aussi double eagle.
handicap : nombre de coups au-dessus du par accordé à un joueur pour terminer un round complet.
hole-in-one : une balle qui va directement du tee au trou en un coup.
par : nombre de coups estimé pour un joueur à faible handicap pour terminer un trou ou un parcours. Pour chaque trou, on ajoute 2 coups pour putter la balle au nombre de coups nécessaires pour atteindre le green.
scratch : joueur sans handicap, qui peut donc terminer un parcours dans le par.

★ LE PLUS GRAND TERRAIN DE GOLF

Depuis avril 2004, le club de golf de Mission Hills (Chine) propose 10 parcours 18 trous entièrement opérationnels. Les immenses vestiaires peuvent accueillir jusqu'à 3 000 visiteurs.

HOCKEY-SUR-GLACE

← RECORD DE HAT-TRICKS DURANT UNE CARRIÈRE DANS LE CADRE DE LA NHL

Wayne Gretzky (Canada) a réalisé 50 *hat-tricks* au cours de sa carrière en NHL, en jouant pour les Oilers d'Edmonton, les Kings de Los Angeles, les Blues de Saint Louis et les Rangers de New York, de 1979 à 1999.

HISTOIRE & PRIX DE LA NHL

Une ligue de hockey-sur-glace réunissant quatre équipes a été fondée au Canada en 1885. La coupe Stanley (qui porte le nom du gouverneur général anglais du Canada, Lord Stanley of Preston) a été créée en 1892, elle récompensait l'équipe remportant les finales. La National Hockey Ligue (NHL), telle qu'on la connaît aujourd'hui, a organisé son premier match le 19 décembre 1917.

Aujourd'hui, la NHL décerne plusieurs coupes et trophées, notamment :

le trophée Art Ross : détenteur du plus grand nombre de points au sein de la NHL

le trophée Bill Masterton Memorial : qualités de persévérance et de sportivité

le trophée Calder Memorial : débutant de l'année

la coupe Clarence S. Campbell : champion de la Western Conference

le trophée Conn Smythe : meilleur joueur en finale de la coupe Stanley

NHL

★ RECORD DE BUTS EN UN MATCH (ÉQUIPE)

Les Canadiens de Montréal ont marqué 16 buts et battu les Bulldogs de Québec 16 à 3, le 3 mars 1920.

RECORD DE BUTS EN UNE SAISON (ÉQUIPE)

Les Oilers d'Edmonton ont marqué 446 buts lors de la saison 1983-1984. Ils ont aussi obtenu un record de 1 182 points au cours de la même saison.

RECORD DE BUTS MARQUÉS PAR UN MÊME JOUEUR EN UN MATCH

Joe Malone (Canada) a marqué 7 buts pour les Bulldogs de Québec au cours d'un match contre les St. Patricks de Toronto, à Québec (Canada), le 31 janvier 1920.

★ LE HAT-TRICK LE PLUS RAPIDE

Bill Mosienko (Canada) a réalisé un *hat-trick* en 21 s, en jouant pour les Blackhawks de Chicago contre les Rangers de New York, le 23 mars 1952.

RECORD DE VICTOIRES D'UN GARDIEN DE BUT EN UNE CARRIÈRE

De 1985 à 2003, Patrick Roy (Canada) a obtenu 551 victoires en jouant pour les Canadiens de Montréal, puis pour les Colorado Avalanche.

RECORD DE BUTS MARQUÉS PAR UN JOUEUR EN UNE SAISON

Wayne Gretzky (Canada) a marqué 92 buts pour les Oilers d'Edmonton, en 1981-1982.

RECORD DE BUTS MARQUÉS PAR UN BLEU EN UNE SAISON

Teemu Selanne (Finlande) a marqué 76 buts pour les Jets de Winnipeg, en 1992-1993.

RECORD DE BLOCAGES AU COURS D'UNE CARRIÈRE

Terry Sawchuk (Canada) a bloqué 103 buts pour les Red Wings de Détroit, les Bruins de Boston, les Maple Leafs de Toronto, les Kings de Los Angeles et les Rangers de New York, de 1949 à 1970.

★ RECORD DE TROPHÉES LADY BYNG

Frank Boucher (Canada) a gagné 7 fois le trophée Lady Byng, de 1928 à 1931 et de 1933 à 1935, pour les Rangers de New York.

RECORD DE MINUTES DE PÉNALITÉ DANS UNE CARRIÈRE

Dave « Tiger » Williams (Canada) a subi 3 966 min de pénalité en 17 saisons (1971-1988), alors qu'il jouait pour les Maple Leafs de Toronto, les Canucks de Vancouver, les Red

★ APPARTENANCE À UN NOMBRE RECORD D'ÉQUIPES DE LA NHL →

Deux joueurs qui ont commencé leur carrière chez les Canucks de Vancouver ont joué dans 10 équipes de la National Hockey League (NHL). J.-J. Daigneault (Canada, en photo) a quitté les Canucks à la fin de la saison 1985-1986 pour rejoindre les Flyers de Philadelphie, les Canadiens de Montréal, les Blues de Saint Louis, les Penguins de Pittsburgh, les Mighty Ducks d'Anaheim, les Islanders de New York, les Predators de Nashville, les Coyotes de Phoenix et les Wild du Minnesota. Michael Petit (Canada) a quitté les Canucks durant la saison 1987-1988 et a ensuite joué pour les Rangers de New York, les Nordiques de Québec, les Maple Leafs de Toronto, les Flames de Calgary, les Kings de Los Angeles, les Lightning de Tampa bay, les Oilers d'Edmonton, les Flyers de Philadelphie et les Coyotes de Phoenix.

★ NOUVEAU RECORD ● MISE À JOUR

← ● RECORD DE VICTOIRES AUX CHAMPIONNATS DU MONDE DE HOCKEY

Le Canada a gagné 23 championnats du monde de 1920 à 1932 (organisés à des dates irrégulières), puis en 1934-1935, 1937-1939, 1948, 1950-1952, 1958-1959, 1961, 1994, 1997 et 2003-2004.

Wings de Détroit, les Kings de Los Angeles et les Whalers d'Hartford, aujourd'hui disparus.

RECORD DE COUPES STANLEY (ÉQUIPE)

Les Canadiens de Montréal ont remporté 24 fois cette coupe en 32 finales : en 1916, 1924, 1930-1931, 1944, 1946, 1953, 1956-1960, 1965-1966, 1968-1969, 1971, 1973, 1976-1979, 1986 et 1993.

RECORD DE SÉLECTIONS POUR LE ALL-STAR GAME

De 1946 à 1979, Gordie Howe (Canada) a été sélectionné 21 fois pour le All-Star Game de la NHL alors qu'il jouait pour les Red Wings de Détroit (12 sélections pour la première équipe et 9 fois pour la seconde).

★ RECORD DE MINUTES DE PÉNALITÉ EN UNE SAISON

Dave « The Hammer » Schultz (Canada) a subi 472 min de pénalité en jouant pour les Flyers de Philadelphie en 1974-1975.

RECORD DE PÉNALITÉS D'UN JOUEUR EN UN MATCH

Chris Nilan (USA), qui jouait pour les Bruins de Boston contre les Whalers d'Hartford, le 31 mars 1991, a fait l'objet de 10 pénalités, dont six mineures et deux majeures, une pénalité de 10 min et un match de suspension, ces derniers pour mauvaise conduite.

★ RECORD DE MINUTES DE PÉNALITÉ EN FINALE

Dave « The Hammer » Schultz (Canada) des Flyers de Philadelphie a reçu 42 min de pénalité lors d'une finale de la coupe Stanley contre les Maple Leafs de Toronto, le 22 avril 1976.

DIVERS

★ TOURNOI DE HOCKEY AVEC LE PLUS DE JOUEURS

Le tournoi de hockey mineur Quickcard, organisé du 10 au 19 janvier 2003, à Edmonton (Canada), a été disputé par 471 équipes regroupant 7 127 joueurs.

★ LA PLUS LONGUE CARRIÈRE DE HOCKEYEUR

John Burnosky (USA) a joué au hockey de 1929 à 2005.

LE SCORE LE PLUS ÉLEVÉ EN UN MATCH

Le 15 mars 1987, à Perth, l'Australie a battu la Nouvelle-Zélande 58 à 0.

● RECORD DE VICTOIRES AUX CHAMPIONNATS DU MONDE DE HOCKEY (FEMMES)

Les championnats du monde féminins sont organisés depuis 1990 et ont été gagnés 8 fois par le Canada : en 1990, 1992, 1994, 1997, 1999-2001 et 2004.

le trophée Frank J. Selke : meilleur défenseur avant de la NHL

le trophée Hart Memorial : meilleur joueur de la NHL

le prix Jack Adams : entraîneur de l'année

le trophée James Norris Memorial : meilleur défenseur de la NHL

le trophée King Clancy Memorial : qualités de leadership et engagement dans des causes humanitaires

le trophée Lady Byng Memorial : joueur le plus gentleman

le prix Lester B. Pearson : meilleur joueur sélectionné par la NHL

le trophée Lester Patrick : service exceptionnel rendu au hockey-sur-glace aux États-Unis

le trophée Maurice Richard : meilleur marqueur de la NHL

le trophée President : meilleure performance générale

le trophée Prince of Wales : champion de l'Eastern Conference

le trophée Vezina : meilleur gardien de but de la NHL

le trophée William M. Jennings : gardien de but ayant laissé passer le moins de buts

RECORD DE BUTS MARQUÉS AU COURS D'UN MATCH DE LA COUPE STANLEY →

Au cours d'un match de la coupe Stanley, 5 buts ont été marqués par Newsy Lalonde (Canada) qui jouait pour Montréal contre Ottawa, le 1er mars 1919 ; par Maurice Richard pour Montréal (5) contre Toronto (1), le 23 mars 1944 ; par Darryl Glen Sittler pour Toronto (8) contre Philadelphie (5), le 22 avril 1976 ; par Reggie Leach pour Philadelphie (6) contre Boston (3), le 6 mai 1976 ; et par Mario Lemieux (en photo) pour Pittsburgh (10) contre Philadelphie (7), le 25 avril 1989.

SPORTS MÉCANIQUES

● RECORD DE VICTOIRES D'UN CONSTRUCTEUR EN UNE SAISON

McLaren (GB, 1988) et Ferrari (Italie, 2002 et 2004) ont tous deux obtenu 15 victoires au cours d'une seule saison de F1.

DRAGSTERS

● RECORD DE VITESSE AVEC UN DRAGSTER TOP FUEL

Brandon Bernstein (USA) a atteint 536,57 km/h sur 400 m, à Lake Forest (Californie), le 22 mai 2004, dans un dragster MacKinney.

MEILLEUR TEMPS AVEC UN DRAGSTER TOP FUEL

Anthony Schumacher (USA) a parcouru 400 m en 4,441 s dans un dragster MacKinney à Long Grove (Illinois), le 4 octobre 2003. Les top fuel roulent avec 90 % de nitrométhane et 10 % de méthanol, ou « alcool de course ». Le moteur est ainsi 2,4 fois plus puissant qu'un moteur similaire fonctionnant à l'essence et développe au moins 8 000 ch.

● MEILLEUR TEMPS RÉALISÉ AVEC UNE FUNNY CAR

John Force (USA) a parcouru 400 m en 4,665 s en pilotant une Ford à Yorba Linda (Californie), le 10 mars 2004.

● RECORD DE VITESSE AVEC UN DRAGSTER PRO STOCK

Le record de vitesse d'une voiture à essence avec un moteur à pistons (Pro Stock) est 334,34 km/h. Il a été établi par Greg Anderson (USA) au volant d'une Pontiac à Concord (Caroline-du-Nord), le 10 février 2004.

● MEILLEUR TEMPS OBTENU AVEC UN DRAGSTER PRO STOCK

Greg Anderson (USA) a parcouru 400 m en 6,661 s dans une Pontiac Grand Am à Concord (Caroline-du-Nord), le 10 février 2004.

RECORD DE VITESSE OBTENU AVEC UNE MOTO PRO STOCK

Matt Hines (USA) a atteint 312,37 km/h sur une Suzuki à Englishtown (New Jersey), en mai 2001.

● MEILLEUR TEMPS OBTENU AVEC UNE MOTO PRO STOCK

Andrew Hines (USA) a parcouru 400 m en 7,016 s sur sa Harley V-Rod à Brownsburg (Indiana), le 19 juin 2004.

GRAND PRIX : RECORD DE VICTOIRES D'UN PILOTE

Michael Schumacher (Allemagne) a remporté 83 courses de 1991 à 2004. Il détient également **le record de victoires aux championnats du monde de Formule 1**, avec 7 victoires (1994-1995, 2000-2004).

★ RECORD DE VITESSE → D'UNE FUNNY CAR (DRAGSTER)

Le 10 mars 2004, John Force (USA) a atteint 536,84 km/h sur une Ford en course de départ-arrêté sur 400 m à Yorba Linda (Californie).

FORMULE 1

★ MEILLEURE VITESSE MOYENNE EN GRAND PRIX
Michael Schumacher a atteint une vitesse moyenne de 247,585 km/h sur Ferrari à Monza, au cours du Grand Prix d'Italie, le 14 septembre 2003.

★ RECORD DE VICTOIRES CONSÉCUTIVES À DES GRANDS PRIX
Alberto Ascari (Italie), pilote pour Ferrari, a remporté 9 Grands Prix consécutifs de Formule 1 en 1952-1953. Il a gagné les six courses de la saison 1952 et les trois premières de 1953, et a été vainqueur aux championnats du monde ces deux années-là.

RECORD DE POLE POSITIONS CONSÉCUTIVES
En 1993, Alain Prost (France) a été 7 fois de suite en pole position, au volant d'une Williams-Renault. La même année, il fut sacré champion du monde.

● RECORD DE POINTS D'UN CONSTRUCTEUR EN UNE SAISON
En 2004, Ferrari a marqué 262 points aux championnats du monde.

● RECORD DE POINTS D'UN PILOTE EN UNE SAISON
Michael Schumacher a obtenu 148 points en 2004.

●RECORD DE GRANDS PRIX REMPORTÉS PAR UN CONSTRUCTEUR
Ferrari a gagné 166 Grands Prix.

● RECORD DE POINTS OBTENUS PAR UN PILOTE
Michael Schumacher a obtenu 1 186 points de 1991 à 2004. (Ce total inclut les 78 points remportés lors de la saison 1997 de Formule 1, au cours de laquelle il a été exclu du classement.)

★ LE PLUS JEUNE PILOTE À PRÉTENDRE AUX CHAMPIONNATS DU MONDE
Jenson Button (GB, né le 19 janvier 1980) avait 20 ans et 67 jours lorsqu'il a fini sixième, le 26 mars 2000 au Grand Prix du Brésil.

CHAMPIONNATS DU MONDE DE MOTO

RECORD DE TITRES EN 50 CC
Angel Roldán Nieto (Espagne) a remporté 6 titres en 50 cc : 1969, 1970, 1972, 1975-1977.

RECORD DE TITRES EN 80 CC
Jorge Martinez (Espagne) a remporté 3 championnats du monde en 80 cc, de 1986 à 1988.

RECORD DE TITRES EN 125 CC
Angel Roldán Nieto (Espagne) a remporté 7 titres en 125 cc : 1971, 1972, 1979 et 1981-1984.

RECORD DE TITRES EN 250 CC
Phil Read (GB) a remporté 4 titres en 250 cc : 1964, 1965, 1968 et 1971. Max Biaggi (Italie) a égalé ce record de 1994 à 1997.

RECORD DE TITRES EN 350 CC
Giacomo Agostini (Italie) a gagné 7 titres en 350 cc, de 1968 à 1974.

RECORD DE TITRES EN 500 CC
Giacomo Agostini (Italie) a remporté 8 titres, de 1966 à 1972 et en 1975.

→ QUELLE EST LA VOITURE LA PLUS RAPIDE DU MONDE ? DÉCOUVREZ LA RÉPONSE P. 186.

● LE PLUS JEUNE PILOTE À REMPORTER UNE COURSE DE CHAMPIONNAT DU MONDE →

Pilote Renault, Fernando Alonso (Espagne, né le 29 juillet 1981) avait 22 ans et 26 jours lorsqu'il a remporté le Grand Prix de Formule 1 de Hongrie, le 24 août 2003. Il est photographié ici, en avril de la même année, tenant le trophée pour sa troisième place au Grand Prix du Brésil.

SPORTS MÉCANIQUES

← ● RECORD DE COURSES GAGNÉES PAR UN CONSTRUCTEUR

Les championnats du monde de superbike ont été créé en 1988. Ducati y a remporté 235 courses, de 1988 à 2004. La photo représente Carlos Checa (Espagne).

NASCAR

RECORD DE VICTOIRES CONSÉCUTIVES EN CHAMPIONNAT

Huit pilotes ont remporté successivement les championnats de la NASCAR (National Association for Stock Car Auto Racing). Cale Yarborough (USA) les a remportés trois fois consécutives, de 1976 à 1978.

★ RECORD DE TITRES REMPORTÉS PAR UN PROPRIÉTAIRE

Richard Petty (USA) a remporté 6 titres, de 1964 à 1979 ; tout comme Junior Johnson (USA), de 1976 à 1985 ; et Richard Childress, de 1986 à 1994.

RECORD DE TITRES REMPORTÉS PAR UN PILOTE

Richard Petty (USA) a été 7 fois vainqueur, de 1964 à 1979. Dale Earnhardt (USA) a égalé ce record entre 1980 et 1994.

RECORD DE VICTOIRES EN UNE SAISON

Richard Petty (USA) a remporté 27 courses au cours de la saison 1967 de la NASCAR, durant laquelle il a aussi obtenu le record de victoires consécutives, avec 10 victoires.

★ RECORD DE TITRES REMPORTÉS PAR UNE MARQUE DE VOITURE

Chevrolet (USA) a fourni 21 fois la voiture du champion de la NASCAR, entre 1957 et 2001.

RECORD DE POLE POSITIONS AU COURS D'UNE CARRIÈRE

Richard Petty (USA) a décroché 126 fois la pole position, de 1958 à 1992.

RALLYE

★ RECORD DE VICTOIRES AU PARIS-DAKAR (CAMION)

Karel Loprais (République tchèque) a gagné 6 fois le rallye dans la catégorie camion : 1988, 1994-1995, 1998-1999 et 2001.

RECORD DE VICTOIRES AU PARIS-DAKAR (MOTO)

Stéphane Peterhansel (France) a gagné 6 fois le rallye : 1991-1993, 1995 et 1997-1998.

LE PLUS JEUNE PILOTE AUX CHAMPIONNATS DU MONDE DE RALLYE

Jari-Matti Latvala (Finlande) avait 18 ans et 61 jours lors du 50e rallye de l'Acropole à Athènes (Grèce), du 6 au 8 juin 2003.

● RECORD DE VICTOIRES AUX COURSES DE CHAMPIONNAT DU MONDE

De 1990 à 2004, Carlos Sainz (Espagne) a remporté 26 courses de championnat du monde.

RECORD DE VICTOIRES AU CHAMPIONNAT DU MONDE EN 1 SAISON

Didier Auriol (France) a remporté 6 championnats du monde de rallye en 1992.

RECORD DE TITRES AU CHAMPIONNAT DU MONDE

Juha Kankkunen et Tommi Makinen (Finlande)

RECORD DE VICTOIRES AU PARIS-DAKAR (VOITURE)

Ari Vatanen (Finlande) a remporté le rallye 4 fois : en 1987, puis de 1989 à 1991. ↘

★ NOUVEAU RECORD ● MISE À JOUR

LES GAINS LES PLUS ÉLEVÉS AU COURS D'UNE CARRIÈRE EN NASCAR

Jeff Gordon (USA) a gagné de 66 956 249 $ (53 565 000 €) durant sa carrière en NASCAR, de 1992 à 2005.

←

ont remporté 4 titres chacun, le premier en 1986, 1987, 1991 et 1993 ; le second de 1996 à 1999.

★ LE RALLYE LE PLUS LONG
Le rallye Londres-Sydney de Singapore Airlines couvre 31 107 km. Il a été remporté le 28 septembre 1977 par Andrew Cowan, Colin Malkin et Michael Broad (GB) dans une Mercedes 280E.

SUPERBIKE

RECORD DE POLE POSITIONS D'UN CONSTRUCTEUR
Ducati (Italie) a décroché 126 pole positions au championnat du monde de superbike, de 1988 à 2005.

RECORD DE TITRES MONDIAUX EN SUPERBIKE
Avec 4 titres obtenus en 1994, 1995, 1998 et 1999, Carl Fogarty (GB) détient le record de titres mondiaux.

● RECORD DE TITRES REMPORTÉS PAR UN CONSTRUCTEUR
Ducati a remporté 13 titres, de 1991 à 1996 et de 1998 à 2004.

DIVERS

★ LA PLUS JEUNE PILOTE DE STOCK CAR
Dès 12 ans, Amanda A K Stroud (USA, née le 21 mars 1989) concourait dans la catégorie Papa John's Pizza Pro-Cup sur le circuit d'Hickory (Caroline-du-Nord), en 2001.

★ LE PILOTE LE PLUS ÂGÉ
Les 5 et 6 février 2005, Paul Newman a concouru pour le Rolex 24 dans une voiture Pixar-Newman Prod-Silverstone Racing-Ford Crawford sur le circuit de Daytona (Floride), alors qu'il avait 80 ans et 10 jours.

★ RECORD DE COURSES DE VOITURES EN 24 H
Fiona Leggate (GB) a participé à 5 courses de voitures en 24 h, sur le circuit de Silverstone (GB), le 25 juillet 2004. Les courses étaient organisées par le Car Club MG de Silverstone. Leggate a remporté la dernière course.

LE TOUR DE PISTE LE PLUS RAPIDE AUX 24 H DU MANS
Le 10 juin 1989, Alain Ferté (France) a fait un tour de piste en 3 min et 21,27 s, à la vitesse moyenne de 242,093 km/h au volant d'une Jaguar XJR-9LM.

RECORD DE VICTOIRES À L'INDIANAPOLIS 500
A.J. Foyt (USA ; 1961, 1964, 1967 et 1977) ; Al Unser Senior (USA ; 1970-1971, 1978, 1987) et Rick Mears (USA ; 1979, 1984, 1988 et 1991) l'ont chacun gagné 4 fois.

→ QUELLE EST LA MOTO DE SÉRIE LA PLUS PUISSANTE AU MONDE ? DÉCOUVREZ LA RÉPONSE P. 188.

RECORD DE VICTOIRES AUX 24 H DU MANS →

Tom Kristensen (Danemark, en photo) a remporté 6 fois les 24 h du Mans : en 1997 et de 2000 à 2004. Jacky Ickx (Belgique) détient le même record : en 1969, 1975-1977, 1981-1982.

JEUX OLYMPIQUES

← RECORD DE MÉDAILLES REMPORTÉES AUX JEUX OLYMPIQUES D'HIVER (PAYS)

L'Allemagne a obtenu 35 médailles aux XIXe Jeux d'hiver de Salt Lake City (USA), en 2002. La photo ci-contre est celle de Stephan Hocke, un membre de l'équipe allemande de saut à ski qui a remporté la médaille d'or.

LES JEUX INTERCALÉS
Conçus comme une compétition intermédiaire qui devait avoir lieu à Athènes tous les 4 ans, les Jeux intercalés de 1906 ont cependant été les seuls du nom.
Les Jeux intercalés devaient avoir lieu entre deux célébrations des Jeux olympiques, en 1904, 1908, 1912... (l'espace intermédiaire de 4 ans étant appelé Olympiade), mais furent abandonnés en raison de problèmes de calendrier. Aujourd'hui, les médailles remportées aux Jeux de 1906 ne sont plus reconnues par le Comité international olympique (CIO).
(Les seuls Jeux olympiques à avoir été annulés ont été ceux de 1916, 1940 et 1944, en raison de la Seconde Guerre mondiale.)

INDIVIDUS

RECORD DE MÉDAILLES

La gymnaste Larisa Latynina (ex-URSS, actuelle Ukraine) a remporté 9 médailles d'or, 5 d'argent et 4 de bronze, de 1956 à 1964, soit 18 médailles au total. Le **record de médailles olympiques obtenues par un homme** est de 15 : le gymnaste Nikolay Andrianov (ex-URSS) a ainsi remporté 7 médailles d'or, 5 d'argent et 3 de bronze, entre 1972 et 1980.

RECORD DE MÉDAILLES D'OR

Trois hommes ont remporté 9 médailles d'or aux Jeux olympiques. Paavo Nurmi (Finlande) en a obtenu 3 en 1920, 5 en 1924 et 1 en 1928, en athlétisme ; Mark Spitz (USA) en a gagné 2 en 1968 et 7 en 1972, en natation ; et Carl Lewis (USA) en a remporté 4 en 1984, 2 en 1988, 2 en 1992 et 1 en 1996, en athlétisme. Si l'on inclut les Jeux intercalés de 1906, le record de 10 médailles est détenu par Raymond Ewry (USA), qui a remporté 3 médailles en 1900, 3 en 1904, 2 en 1906 et 2 en 1908. Il a concouru au saut en hauteur sans élan, au saut en longueur sans élan et au triple saut sans élan, trois disciplines supprimées des programmes olympiques après 1912. Larisa Latynina (ex-URSS, actuelle Ukraine) détient le record de médailles d'or obtenues par une femme, avec 9 médailles d'or olympiques de gymnastique : 4 en 1956, 3 en 1960 et 2 en 1964.

RECORD DE MÉDAILLES D'OR CONSÉCUTIVES

Les seuls athlètes concourant aux Jeux olympiques à avoir remporté 4 titres individuels consécutifs pour une même épreuve sont Al Oerter (USA) au disque, entre 1956 et 1968, et Carl Lewis (USA) au saut en longueur, de 1984 à 1996. Raymond Ewry (USA) a remporté à la fois le saut en longueur et le saut en hauteur sans élan au cours de quatre Jeux consécutifs (1900, 1904, 1906 et 1908) – si l'on inclut les Jeux intercalés de 1906, organisés officiellement par le CIO. Paul Elvstrøm (Danemark) a obtenu 4 médailles d'or successives en yacht monotype, de 1948 à 1960, mais avec un changement de classe entre-temps (classe Firefly en 1948, puis classe Finn de 1952 à 1960).

★RECORD DE MÉDAILLES OLYMPIQUES CONSÉCUTIVES

George Hackl (Allemagne) a obtenu 1 médaille pour l'épreuve de luge durant cinq Jeux consécutifs (1988–2002).

LES ATHLÈTES AYANT CONCOURU LE PLUS LONGTEMPS AUX J.O.

40 ans est la durée record de participation d'un athlète aux J.O. Ce record est détenu à la fois par le Dr Ivan Joseph Martin Osiier (Danemark) en escrime (1908-

← ●RECORD DE MÉDAILLES D'OR AUX J.O. (PAYS)

Les États-Unis ont remporté 976 médailles d'or aux J.O. d'hiver et d'été entre 1896 et 2004. Sur la photo, de gauche à droite, on peut voir Tina Thompson, Tamika Catchings, Lisa Leslie et Ruth Riley, venant de recevoir la médaille d'or du basket féminin, le 29 août 2004, au cours des Jeux olympiques d'été à Athènes.

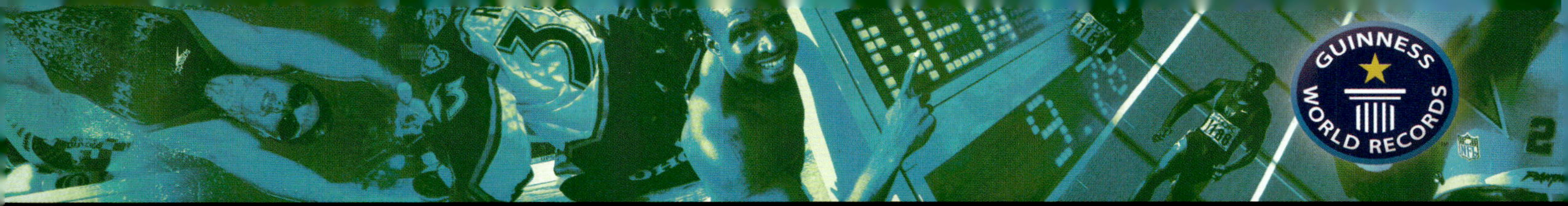

1932 et 1948) ; par Magnus Andreas Thulstrup Clasen Konow (Norvège) en course de yacht (1908-1920, 1928 et 1936-1948) ; par Paul Elvstrøm (Danemark) en course de yacht (1948-1960, 1968-1972 et 1984-1988) ; et par Durward Randolph Knowles (GB en 1948, puis Bahamas) en course de yacht (1948-1972 et 1988).

La durée record de participation d'une femme est de 28 ans : Anne Jessica Ransehousen (née Newberry, USA) a présenté l'épreuve de dressage en 1960, 1964 et 1988 et Christilot Hanson-Boylen (Canada) la même épreuve en 1964-1976, 1984 et 1992.

LA PLUS JEUNE MÉDAILLÉE D'OR

Kim Yun-mi (Corée-du-Sud, née le 1er décembre 1980) avait 13 ans et 85 jours en 1994 quand elle est devenue championne de patinage de vitesse en relais sur 3 000 m.

PAYS

RECORD DE MÉDAILLES D'OR REMPORTÉES AUX JEUX D'ÉTÉ

Les États-Unis ont obtenu 83 médailles d'or aux XXIIIe Jeux olympiques, en 1984, à Los Angeles (Californie). Ils détiennent également le record mondial **●du nombre de médailles d'or gagnées aux Jeux d'été** (907), le **●record de médailles remportées aux J.O.** (2 399) et le **●record de médailles remportées aux Jeux d'été** (2 215).

★RECORD DE PAYS AYANT REMPORTÉ LA MÉDAILLE D'OR AUX JEUX D'ÉTÉ

57 pays ont obtenu au moins 1 médaille d'or aux XXVIIIe Jeux d'été, à Athènes en 2004. 931 médailles ont été décernées, dont 303 d'or, 301 d'argent et 327 de bronze : il s'agit **●du record de médailles attribuées aux J.O.**

★RECORD DE PAYS AYANT REMPORTÉ LA MÉDAILLE D'OR AUX JEUX D'HIVER

18 pays ont remporté au moins 1 médaille d'or aux XIXe Jeux d'hiver, à Salt Lake City (USA), en 2002. Le **nombre record de pays à remporter 1 médaille durant des Jeux d'hiver** est de 25 : cela s'est produit en 2002 à Salt Lake City.

RECORD DE MÉDAILLES AUX J.O. D'HIVER

La Norvège a reçu 236 médailles aux différents Jeux d'hiver.

DIVERS

★ NOMBRE RECORD D'ÉPREUVES ORGANISÉES AU COURS DES JEUX

301 épreuves étaient au programme des XXVIIIe Olympiades d'Athènes en 2004.

RECORD DU NOMBRE DE SPECTATEURS

En 1984, 5 797 923 personnes ont assisté aux Jeux olympiques de Los Angeles (Californie).

LES PAYS LES PLUS ASSIDUS AUX J. O.

L'Australie, la France, la Grèce, la Grande-Bretagne et la Suisse ont pris part aux 24 Olympiades qui se sont tenues entre 1896 et 1996. En 1956, la Suisse ne participa qu'aux épreuves équestres qui eurent lieu à Stockholm et ne se rendit pas à Melbourne.

↑ ●NOMBRE RECORD DE PAYS PARTICIPANT AUX JEUX OLYMPIQUES D'ÉTÉ

201 comités nationaux olympiques ont participé aux Jeux olympiques d'été à Athènes (Grèce), du 13 au 29 août 2004.

← ●RECORD DE MÉDAILLES REMPORTÉES PAR UN HOMME (JEUX SIMPLES)

Michael Phelps (USA) a remporté 6 médailles d'or (100 m et 200 m papillon, 200 m et 400 m 4 nages, 4 x 200 m nage libre et 4 x 100 m 4 nages), ainsi que 2 médailles de bronze (200 m nage libre et 4 x 100 m nage libre) aux Jeux olympiques d'Athènes en 2004.

SPORTS DE RAQUETTE

RECORD DE VICTOIRES D'UNE ÉQUIPE MASCULINE AUX CHAMPIONNATS DU MONDE DE PING-PONG →
L'équipe masculine de Chine a remporté 14 fois la coupe Swaythling créée en 1926 : en 1961, 1963, 1965, 1971, 1975, 1977, 1981, 1983, 1985, 1987, 1995, 1997, 2001 et 2004 (photo).

BADMINTON

RECORD DE VICTOIRES INDIVIDUELLES AUX CHAMPIONNATS DU MONDE
Quatre joueurs chinois ont chacun 2 titres mondiaux : Yang Yang a remporté le titre masculin en 1987 et 1989 ; Li Lingwei a remporté le titre féminin en 1983 et 1989 ; Han Aiping, en 1985 et 1987 et Ye Zhaoying, en 1995 et 1997.

RECORD DE VICTOIRES EN COUPE THOMAS
L'équipe masculine d'Indonésie a gagné 13 fois la coupe Thomas aux championnats du monde de badminton : en 1958, 1961, 1964, 1970, 1973, 1976, 1979, 1984, 1994, 1996, 1998, 2000 et 2002.

RECORD DE VICTOIRES EN COUPE SUDIRMAN
L'équipe mixte de Chine a gagné 4 fois la coupe Sudirman aux championnats du monde : en 1995, 1997, 1999 et 2001.

RECORD DE COUPES DU MONDE EN SIMPLE DAMES
Susi Susanti (Indonésie) a gagné 5 tournois en simple dames : en 1989, 1993, 1994, 1996 et 1997.

LE MATCH LE PLUS COURT
Le 19 mai 1996, Ra Kyung-min (Corée-du-Sud) a battu Julia Mann (GB) 11-2, 11-1 en 6 min, lors de la coupe Uber organisée à Hong-Kong.

→ QUEL JOUEUR DE TENNIS A LE SERVICE LE PLUS RAPIDE DU MONDE ? DÉCOUVREZ LA RÉPONSE P. 254.

← RECORD DE VITESSE D'UN VOLANT FRAPPÉ PAR UNE RAQUETTE DE BADMINTON
Au cours de tests effectués au club Racquets and Health de Warwickshire, le 5 novembre 1996, Simon Archer (GB, à gauche sur la photo) a renvoyé un volant à 260 km/h.

RACQUETBALL

★ RECORD DE VICTOIRES INDIVIDUELLES EN DOUBLE DAMES AUX CHAMPIONNATS DU MONDE
Jackie Paraiso (USA) a remporté 6 championnats du monde de racquetball de 1990 à 2004.

● RECORD DE VICTOIRES EN SIMPLE DAMES AUX CHAMPIONNATS DU MONDE
Deux femmes ont remporté 3 fois les championnats du monde : Michelle Gould (USA) en 1992, 1994 et 1996 et Cheryl Gudinas (USA), en 2000, 2002 et 2004.

★ RECORD DE VICTOIRES AUX CHAMPIONNATS DU MONDE EN DOUBLE MESSIEURS
Doug Ganim et Dan Obremski (USA) ont gagné cette épreuve en 1988 et 1990. Ce record a été égalé par Adam Karp et Bill Sell (USA), en 1996 et 1998.

★ RECORD DE VICTOIRES EN SIMPLE MESSIEURS AUX CHAMPIONNATS DU MONDE
3 joueurs détiennent ce record : Egan Inoue (USA), en 1986 et 1990 ; Sherman Greenfeld (Canada), en 1994 et 1998 et Jack Huczek (USA), en 2002 et 2004.

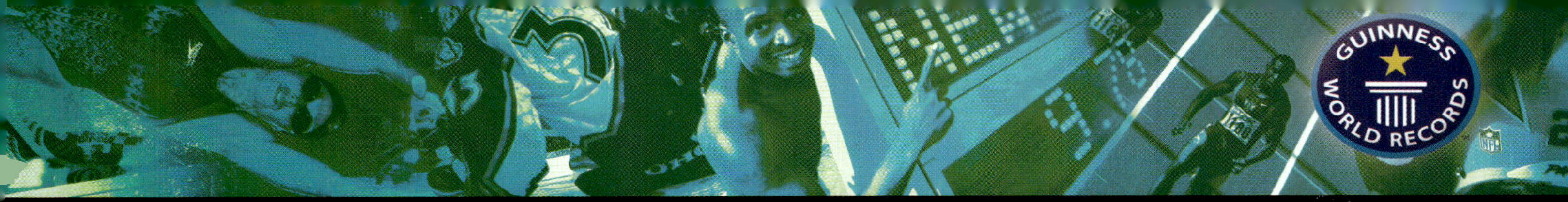

Le badminton se joue sur un court et consiste à envoyer un volant par-dessus un filet haut placé. Comme le tennis, il inclut cinq types d'épreuves : le simple messieurs, le simple dames, le double messieurs, le double dames et le double mixte.
Le racquetball se joue surtout aux États-Unis avec des raquettes et une balle creuse en caoutchouc sur un terrain couvert, comportant des lignes sur le sol et le mur arrière.
Le jeu de paume (en photo) est l'ancêtre du tennis. Il se joue avec une balle en liège ou en feutre recouverte de tissu et fabriquée à la main. Les courts sont clos et trois des murs ont des toits en pente.
Le squash, proche du racquetball, se joue avec des raquettes un peu plus grandes et une balle creuse en caoutchouc plus souple sur un court couvert.
Le tennis de table, ou ping-pong, se joue sur une table rectangulaire avec de petites raquettes en bois garnies de caoutchouc et une balle en cellulose.

JEU DE PAUME

RECORD DE CHAMPIONNATS DU MONDE REMPORTÉS PAR UNE FEMME

Créés en 1985, les championnats du monde féminins ont été remportés 6 fois par Penny Lumley (née Fellows, GB) : en 1989, 1991, 1995, 1997, 1999 et 2003.

★ RECORD DE VICTOIRES AUX CHAMPIONNATS DU MONDE EN DOUBLE DAMES

Penny Lumley et Sue Haswell (GB) ont gagné 3 fois l'épreuve de double dames aux championnats du monde de jeu de paume : en 1995, 1997 et 1999.

RECORD DE VICTOIRES AUX CHAMPIONNATS DU MONDE MASCULINS

Pierre Etchebaster (France) a obtenu 8 fois le titre de champion de 1928 à 1952.

Jacques Edmond Barre (France) a réalisé **la plus longue carrière de champion du monde**. Même si à l'époque les championnats n'avaient pas lieu chaque année, il a été champion du monde durant 33 ans, de 1829 à 1862.

★ LE PLUS GROS GAIN AU COURS D'UN TOURNOI

Rob Fahey (Australie) a gagné 57 400 $ (45 920 €) en remportant les championnats du monde de jeu de paume organisés à Newport, Rhode Island (USA), le 20 mai 2004.

SQUASH

RECORD DE VICTOIRES AUX CHAMPIONNATS DU MONDE PAR ÉQUIPES MESSIEURS

L'Australie a décroché plus de 8 titres mondiaux par équipe messieurs : en 1967, 1969, 1971, 1973, 1989, 1991, 2001 et 2003.

RECORD DE VICTOIRES AUX CHAMPIONNATS DU MONDE EN SIMPLE DAMES

Sarah Fitzgerald (Australie) a décroché 5 titres : en 1996-1998 et 2001-2002.

● RECORD DE VICTOIRES AUX CHAMPIONNATS DU MONDE D'UNE ÉQUIPE FÉMININE

Le titre féminin a été remporté 8 fois par l'Australie : en 1981, 1983, 1992, 1994, 1996, 1998, 2002 et 2004.

RECORD DE TITRES AUX OPENS INTERNATIONAUX

Jansher Khan (Pakistan) a remporté 8 titres : en 1987, 1989, 1990 et de 1992 à 1996.

TENNIS DE TABLE

● RECORD DE VICTOIRES D'UNE ÉQUIPE FÉMININE AUX CHAMPIONNATS DU MONDE

La Chine a gagné 16 fois la coupe Corbillon créée en 1926 : en 1965, 1971, de 1975 à 1989, en 1993, 1995, 1997, 2000, 2001 et 2004.

★ LE PLUS LONG RALLYE

Leif Alexis (Suède) et Mat Hand (GB) ont fait un rallye de 5 h 8 min et 22 s à la galerie Bonington de Nottingham (GB), le 9 décembre 2003.

RECORD DE VICTOIRES EN COUPE UBER (BADMINTON) →

De 1984 à 2004, l'équipe féminine de Chine a décroché 9 fois la coupe Uber (créée en 1956) aux championnats du monde de badminton. Sur la photo, on peut voir la joueuse Dai Yun tenant la coupe Uber, le 20 mai 2000.

RUGBY

● RECORD DE TITRES EN SÉRIE → DE L'IRB SEVENS

La Nouvelle-Zélande a remporté 5 fois (chaque année) la série de l'International Rugby Board Sevens, lancée en 1999. Cette compétition inclut de 7 à 11 tournois de rugby à sept. Elle est organisée tous les ans sous forme de circuit autour du monde. Orene Ai'i, capitaine de l'équipe de Nouvelle-Zélande, est photographié ici en train d'accomplir la danse traditionnelle des Maoris, le haka, un défi lancé à l'adversaire : il célèbre ainsi la victoire de son équipe 34 à 5 contre l'Argentine en finale du tournoi de Los Angeles, à Carson (Californie), le 13 février 2005.

LIGUE DE RUGBY

RECORD DE TITRES DE LA NRL

La National Rugby League est la principale compétition de rugby en Australie. Les Broncos de Brisbane y ont remporté 2 titres, en 1998 et 2000.

RECORD DE VICTOIRES EN COUPE CHALLENGE

Wigan a gagné 17 fois la coupe Challenge de la ligue de rugby britannique : 1924, 1929, 1948, 1951, 1958, 1959, 1965, 1985, 1988-1995 et 2002.

RECORD DE TITRES EN SUPER LEAGUE

Créée en 1996, la Super League est la principale compétition de rugby en Grande-Bretagne. Le record de titres par équipe est détenu par St Helen, qui en a obtenu quatre : en 1996, 1999, 2000 et 2002.

RECORD DE COUPES DU MONDE

La coupe du monde a été créée en 1954. L'Australie l'a décrochée 8 fois : en 1957, 1968, 1970, 1977, 1988, 1992, 1995 et 2000. Elle a aussi remporté les championnats internationaux de 1975.

LE HAT-TRICK LE PLUS RAPIDE

Chris Thorman (GB) a marqué 3 essais en 6 min et 54 s, pour les Giants d'Huddersfield contre les Dragons de Doncaster, en demi-finale de la coupe de la Buddies National League de Doncaster (GB), le 19 mai 2002.

LE PLUS GROS SCORE DANS UN MATCH INTERNATIONAL

L'Australie a battu la Russie 110 à 4 lors d'un match de coupe du monde des ligues de rugby qui s'est déroulé à Hull (GB), le 4 novembre 2000.

RUGBY UNION

★ LES PLUS JEUNES JOUEURS INTERNATIONAUX

Ninian Jamieson Finlay (1858-1936) et Charles Reid (1864-1909) d'Édimbourg avaient 17 ans et 36 jours quand ils ont joué respectivement en 1875 et en 1881 pour l'Écosse contre l'Angleterre. Finlay ayant connu une année bissextile de moins au moment de sa sélection, il peut être considéré comme le plus jeune. Semi Taupeaafe avait 16 ans quand il a joué pour Tonga contre les Samoa occidentales, en 1989.

★ LA PLUS ANCIENNE COMPÉTITION

La coupe United Hospitals a été créée en 1875 entre des équipes des hôpitaux d'Angleterre.

← ★ RECORD DE VICTOIRES EN SÉRIE DE LA STATE OF ORIGIN

La Nouvelle-Galles-du-Sud a remporté 11 fois la série de la ligue de rugby State of Origin, de 1980 à 2004. Brad Fittler (sur la photo) est le capitaine de la Nouvelle-Galles-du-Sud (Australie).

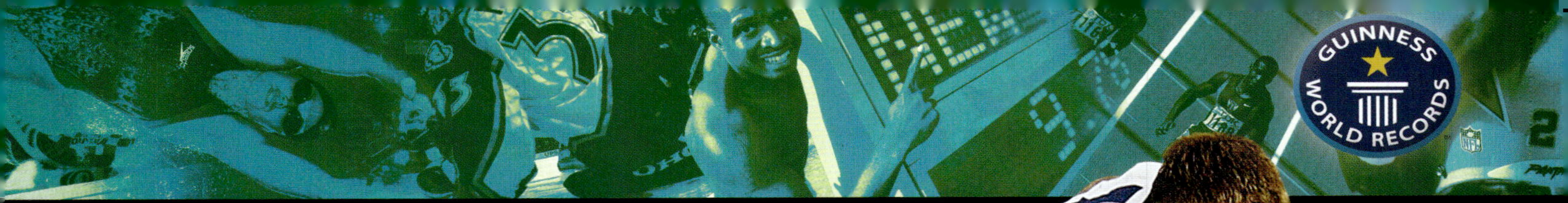

★ NOUVEAU RECORD ● MISE À JOUR

LA PLUS GRANDE VICTOIRE EN MATCH DE COUPE DU MONDE DE RUGBY

La plus importante différence de points enregistrés au cours de matchs de coupe du monde de la rugby union est 142, une prouesse réalisée par l'Australie contre la Namibie (142 à 0) à Adélaïde (Australie), le 25 octobre 2003.

● RECORD DE TITRES AU TOURNOI DES TRI-NATIONS

Le tournoi des Tri-Nations est une compétition internationale inaugurée en 1996 et organisée chaque année entre l'Australie, la Nouvelle-Zélande et l'Afrique du Sud. Elle a été gagnée 5 fois par la Nouvelle-Zélande : en 1996, 1997, 1999, 2002 et 2003. L'Australie l'a remportée 2 fois : en 2000 et 2001, tout comme l'Afrique du Sud : en 1998 et 2004.

RECORD DE VICTOIRES AUX SIX NATIONS

Les Six Nations ont remplacé les Cinq Nations en 2000 quand l'Italie a rejoint cette compétition. L'Angleterre a remporté 3 championnats des Six Nations : en 2000 et 2001 (années au cours desquelles elle n'a pas fait le grand chelem) et en 2003 (où elle a fait le grand chelem).

★ RECORD DE TITRES EN SUPER 12

Le Super 12 est un tournoi annuel au cours duquel s'affrontent des équipes australiennes, sud-africaines et néo-zélandaises. Les Crusaders de Canterbury ont gagné 4 fois le Super 12 : 1998-2000 et 2002.

L'ESSAI LE PLUS RAPIDE EN COUPE DU MONDE

Elton Flatley a marqué un essai pour l'Australie contre la Roumanie, au bout de 18 s, le 18 octobre 2003, au stade Suncorp de Brisbane (Australie).

RECORD D'ESSAIS DANS UNE CARRIÈRE INTERNATIONALE

De 1982 à 1996, David Campese a marqué 64 essais pour l'Australie en 101 matchs internationaux.

RECORD D'APPARITIONS INTERNATIONALES POUR LES BRITISH LIONS ET LES IRISH LIONS

William James « Willie John » McBride (Irlande) a fait 17 apparitions pour la Grande-Bretagne et 63 pour l'Irlande.

RECORD D'APPARITIONS INTERNATIONALES

Jason Leonard (GB) a fait 114 apparitions pour l'Angleterre, de 1990 à 2004.

RECORD DE POINTS OBTENUS DANS UNE CARRIÈRE INTERNATIONALE

Neil Jenkins (GB) a obtenu 1 049 points en 87 matchs : 1 008 points en 83 matchs pour le pays de Galles et 41 points en 4 matchs pour les British Lions, de mars 1991 à 2001.

IRB SEVENS

★ RECORD D'APPARITIONS DANS DES TOURNOIS DE L'IRB SEVENS

Shane Thompson (Canada) est apparu 46 fois dans des tournois de l'International Rugby Board Sevens, de 1999 à 2005.

★ RECORDS DE POINTS OBTENUS PAR UN JOUEUR AU COURS DE SEPT TOURNOIS DE L'IRB

Ben Gollings (GB) a marqué 1 120 points pour l'Angleterre, de 1999 à 2005.

★ RECORD D'ESSAIS MARQUÉS PAR UN JOUEUR

Karl Te'Nana (Nouvelle-Zélande) a marqué 113 essais dans des tournois de l'IRB Sevens, de 1999 à 2004.

↖ RECORD DE BUTS MARQUÉS EN TOURNOI DES SIX NATIONS

Jonny Wilkinson (GB) a marqué 13 buts – 9 transformations et 4 penalties – pour l'Angleterre au cours d'un match contre l'Italie à Twickenham, près de Londres, le 17 février 2001. Wilkinson détient aussi le record du nombre de points marqués par un joueur en une saison, avec 78 points (12 transformations et 18 penalties) au cours des 5 matchs de la série 2000 des championnats internationaux.

← ★ LE PLUS GRAND NOMBRE DE TITRES EN COUPE HEINEKEN

Inaugurée en 1995, la coupe Heineken, la plus importante des compétitions de rugby de l'European club, a été gagnée 2 fois par deux équipes : par Toulouse, en 1996 et 2003, et par les Tigers de Leicester (GB), en 2001 et 2002. Martin Johnson (GB) (sur la photo) est le capitaine de Leicester.

SPORTS DE PRÉCISION

RECORD DE DISTANCE D'UNE FLÈCHE TIRÉE AVEC LES PIEDS

Claudia Gomez (Argentine) a tiré une flèche avec les pieds sur une cible à 5,5 m sur le plateau d'*El Show de los Records*, à Madrid, le 15 novembre 2001.

TIR À L'ARC

★RECORD DE POIDS D'ÉTIREMENT D'UN ARC DROIT

Mark Stretton (GB) a tendu un arc droit à son poids d'étirement maximal de 90 kg sur une flèche de 82,5 cm au club de Bath Archers (GB), le 15 août 2004.

★RECORD DE FLÈCHES DANS LE MILLE

Jérémie Masson (France) a réussi à lancer 3 flèches dans le mille en 90 s, en se plaçant à 18 m de la cible, à Argelès-Gazost, le 15 juillet 2004.

LE SCORE LE PLUS ÉLEVÉ EN 24 H

Michael Howson et Stephen Howard (GB) ont réalisé un score de 26 064 points à l'Oakbank Sports College de Keighley (GB), les 11 et 12 novembre 2000.

RECORD DE FLÈCHES TIRÉES PAR DES ARBALÈTES EN RELAIS

Le plus grand nombre de flèches lancées par un seul tir d'arbalète, la dernière ayant touché une cible donnée, est de 9. Ross et Elisa Hartzell ont accompli cet exploit le 18 décembre 1998, sur le plateau du *Guinness World Records*, à Los Angeles (Californie).

CROQUET

RECORD DE TITRES NATIONAUX

Bob Jackson (Nouvelle-Zélande) a gagné 14 fois les championnats ouverts de Nouvelle-Zélande, en 1975, 1978, de 1982 à 1984, en 1989, 1991, 1992, 1995, de 1997 à 1999 et en 2002, 2003.

RECORD DE VICTOIRES AUX CHAMPIONNATS DU MONDE

Robert Fulford (GB) a remporté 5 victoires individuelles en 1990, 1992, 1994, 1997 et 2002.

FLÉCHETTES

LE PLUS JEUNE PARTICIPANT À UNE COMPÉTITION

Nick Stoekenbroek (Pays-Bas, né le 11 mai 1989) avait 12 ans lorsqu'il a participé à l'open de Hollande de Veldhoven, du 5 au 7 février 2002.

★RECORD DE FLÉCHETTES PLACÉES DANS LE MILLE OU À PROXIMITÉ EN 2 MIN

Josette Kerdraon et Yannick Geay (France) ont obtenu un score de 475 (15 x 25 et 2 x 50), le 5 août 2004, sur le plateau de *L'Été de tous les records* à Bénodet.

●LE PLUS GROS TOURNOI DE FLÉCHETTES ÉLECTRONIQUES

Un tournoi de fléchettes électroniques a été organisé à Barcelone (Espagne), du 26 au 28 mars 2004 : il comptait 5 099 participants.

LE SCORE DE 100 001 RÉALISÉ AVEC LE MOINS DE FLÉCHETTES

Chris Gray (GB) a réalisé un score de 100 001 avec 3 579 fléchettes au Dolphin, à Cromer (GB), le 27 avril 1993.

TIR À LA CARABINE 50 M COUCHÉ (HOMMES)

Dans cette discipline, de nombreux compétiteurs obtiennent le score maximal de 600 points à l'issue du match précédant la finale. Durant cette dernière, les 8 meilleurs joueurs sélectionnés tirent 10 coups supplémentaires, évalués au dixième près et ajoutés au score réalisé pendant le match. En 1996, aux Jeux olympiques d'Atlanta, Christian Klees (Allemagne) a ainsi obtenu 704,8 points, un record, en finale.

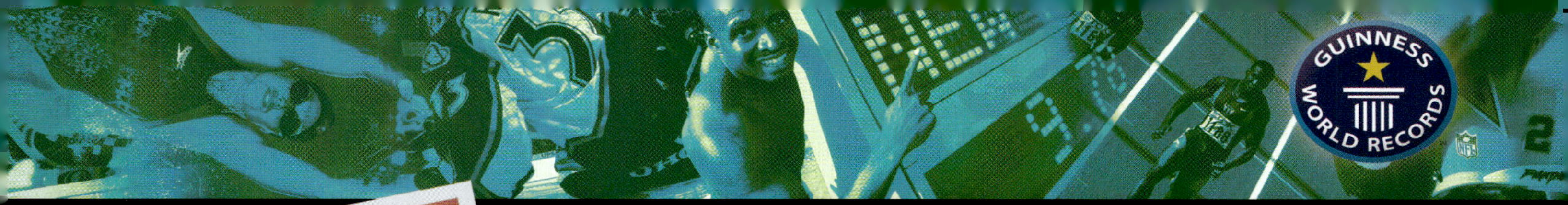

← LE SCORE DE 147 POINTS LE PLUS VITE OBTENU DANS UN TOURNOI PROFESSIONNEL DE SNOOKER

Ronnie O'Sullivan (GB) a réalisé un score de 147 points en 5 min et 20 s au cours des championnats du monde organisés à Sheffield (GB), le 21 avril 1997.

BILLARD AMÉRICAIN

★RECORD DE TITRES

Ralph Greenleaf (USA) a été champion du monde professionnel à 19 reprises entre 1919 et 1937.

L'EMPOCHAGE LE PLUS RAPIDE SUR UNE TABLE AMÉRICAINE (HOMMES)

Dave Pearson (GB) a empoché la totalité des 15 boules en 26,5 s, à Windsor (Canada), le 4 avril 1997.

★L'EMPOCHAGE LE PLUS RAPIDE SUR DEUX TABLES AMÉRICAINES (HOMMES)

Le 14 octobre 2002, Dave Pearson (GB) a empoché deux lots consécutifs de 15 boules en 1 min et 22 s, à Natick (USA).

★L'EMPOCHAGE LE PLUS RAPIDE SUR DIX TABLES AMÉRICAINES (HOMMES)

Dave Pearson (GB) a empoché 15 boules sur 10 tables américaines en 8 min et 57 s, le 12 octobre 2002, à Natick (USA).

SNOOKER

LE BREAK RECORD

Wally West (GB) a fait un break de 151 lors d'un match à Hounslow Lucania, Middlesex (GB), en octobre 1976. Une boule libre a été utilisée au cours du break, faisant office de boule rouge supplémentaire, alors que les 15 boules rouges étaient toujours sur la table. Dans ces conditions exceptionnelles, le score le plus élevé possibleest de 155 points.

LE PLUS JEUNE CHAMPION DU MONDE

Le 29 avril 1990, Stephen Hendry (GB, né le 13 janvier 1969) est devenu champion du monde professionnel de snooker à 21 ans et 106 jours.

LE PLUS JEUNE JOUEUR À OBTENIR 147 POINTS

Ronnie O'Sullivan (GB, né le 5 décembre 1975) a obtenu un score de 147 points en compétition à 15 ans et 98 jours lors du championnat amateur d'Aldershot (GB), le 13 mars 1991.

EMPOCHAGE LE PLUS RAPIDE DES BOULES DE COULEUR

Ken Doherty (Irlande) a empoché toutes les boules de couleurs dans l'ordre correct en 23,4 s. Cela s'est déroulé au Chase Centre, Staffordshire (GB), le 29 août 1997.

DIVERS SPORTS

★PÊCHE AU LANCER – RECORD DE TITRES MONDIAUX (FEMMES)

Jana Maisel (Allemagne) a remporté 36 médailles d'or aux championnats du monde de l'International Casting Sport Federation de 1990 à 2002. Elle a obtenu 46 médailles mondiales (dont 36 d'or) et 42 médailles européennes (dont 30 d'or).

★RECORD DE LANCERS EN 24 H

Brent Olgers (USA) a effectué 6 358 lancers en 24 h au lac Michigan, les 9 et 10 juillet 1999.

★RECORD DE VITESSE DE TIR SUR PIGEONS D'ARGILE

José Lopes (France) a touché 25 pigeons d'argile en 1 min et 11 s sur le plateau de *L'Été de tous les records,* à Argelès-Gazost, le 12 juillet 2004.

●RECORD DE QUILLES ABATTUES EN 24 H AU TENPIN BOWLING

12 joueurs ont abattu 37 129 quilles au REVS Bowling & Entertainment Centre de Burnaby (Canada), les 20 et 21 février 2004.

★RECORD DE STRIKES AU TENPIN BOWLING EN 1 MIN

Tomas Leandersson (Suède) a fait 6 strikes en 1 min au Bowling Hall de Sundbybergs (Suède), le 24 octobre 2001.

RECORD DE TITRES DE CHAMPION DU MONDE DE FLÉCHETTES →

Phil Taylor (GB) a 12 titres de champion du monde obtenus auprès de la World Darts Organization, en 1990 et 1992, et du Professional Darts Council, de 1995 à 2002 et en 2004 et 2005.

ISSF

Le tir à la **carabine, au pistolet ou au fusil** est une discipline olympique depuis 1896 et est régi par la Fédération internationale de tir sportif (ISSF). Le conseil d'administration répertorie les records masculins, féminins et par équipes.

Dans les épreuves de tir à la **carabine, au pistolet ou sur cible mobile**, les tireurs visent des cercles concentriques noirs disposés sur fond blanc. Ces cercles sont au nombre de 10. Les cibles sont électroniques et un système informatique enregistre immédiatement chaque tir.

Pour les épreuves **de tir au fusil**, chaque fois que le tireur vise et touche la cible en la brisant, son tir est compté comme une touche et compte 1 point.

→ POUR CONSULTER LES ÉPREUVES ET LES DISCIPLINES INDIVIDUELLES GÉRÉES PAR L'ISSF, REPORTEZ-VOUS À LA PAGE 273.

TENNIS

ROGER FEDERER

La tête de série n° 1 du tennis messieurs et détenteur du record de 16 victoires consécutives en tournoi parle de ses exploits encore inégalés.

Quels athlètes admiriez-vous lorsque vous étiez enfant ?
J'admirais Michael Jordan et Björn Borg.

Quel est, selon vous, votre plus bel exploit en tennis ?
D'avoir remporté trois tournois du Grand Chelem, la Masters Cup, six épreuves supplémentaires, en perdant seulement six matchs… tout cela au cours d'une année [2004] !

Quels sont vos objectifs ?
Rester n° 1… Remporter la victoire à Wimbledon reste mon objectif ! J'aimerais faire du bénévolat. J'ai créé la Fondation Roger Federer pour encourager les jeunes à faire du sport et financer des projets pour les enfants défavorisés. Je souhaite rester actif dans le domaine sportif.

Quel conseil donneriez-vous aux jeunes sportifs ?
Vous allez avoir des hauts et des bas, mais vous apprendrez beaucoup grâce aux difficultés. Vous ne devez jamais vous éloigner de vos objectifs à long terme et aimer ce que vous faites. Vous aurez aussi besoin d'être aidés et soutenus par votre famille et vos amis.

★LE RECORD DE VICTOIRES EN FINALE

Entre octobre 2003 et mai 2005, Roger Federer (Suisse) a gagné 19 victoires consécutives en finale : Vienne (10/2003), masters de Houston (11/2003), open d'Australie (01/2004), open de Dubaï et masters d'Indian Wells (03/2004), masters de Hambourg (05/2004), Halle (06/2004), Wimbledon, Gstaad et Canadian Masters (07/2004), US Open (09/ 2004), Bangkok (10/2004), Masters Cup (11/2004), open du Qatar (01/2005), Rotterdam et open de Dubaï (02/2005), masters d'Indian Wells (03/2005), Miami Nasdaq-100 Open (04/2005) et masters de Hambourg (05/2005).

GRAND CHELEM

LA PLUS LONGUE CARRIÈRE À WIMBLEDON

Jean Borotra (France) a participé pendant 55 ans à Wimbledon : 35 fois en simple (de 1922 à 1964), puis au double messieurs et mixte (vétérans), de 1965 à 1977.

LE RECORD DE VICTOIRES EN TOURNOIS (DOUBLE DAMES)

De 1942 à 1957, l'équipe féminine composée d'Althea Louise Brough (USA) et de Margaret Evelyn Du Pont (USA) a remporté 20 titres en Grand Chelem ; Pam Shriver (USA) et Martina Navratilova (USA) également, de 1981 à 1989. Avec 12 victoires à leur actif, John Newcombe et Tony Roche (tous deux australiens) détiennent **le record de victoires en Grand Chelem par une équipe masculine en double** entre 1965 et 1976.

●LE MATCH LE PLUS LONG

En 2004, il a fallu 6 h 33 min de jeu à Fabrice Santoro (FR) et Arnaud Clément (FR) pour se départager au tournoi de Roland Garros.

LE RECORD DE VICTOIRES À WIMBLEDON EN SIMPLE

Pete Sampras (USA) a remporté 7 titres en simple à Wimbledon de 1993 à 1995 et de 1997 à 2000. Martina Navratilova (USA) a remporté 9 matchs en 1978, 1979, de 1982 à 1987 et en 1990. C'est **le plus grand nombre de titres en simple remportés par une femme à Wimbledon**.

★LE RECORD DE TITRES EN DOUBLE À WIMBLEDON

Todd Woodbridge (Australie) a gagné 9 titres en double entre 1993 et 2004. Il remporta les six premiers avec Mark Woodforde (Australie) et les trois autres avec Jonas Bjorkman (Suède).

● LE SERVICE LE PLUS RAPIDE →

Le **service le plus puissant effectué par une femme** est détenu par Venus Williams (USA) avec 205 km/h, à Zurich (Suisse), le 16 octobre 1998. Pour les hommes, **le record est détenu par** Andy Roddick (USA), avec un service de 246,2 km/h, au Queen's Club, Londres (GB), le 11 juin 2004.

LE RECORD DE TITRES (SIMPLE MESSIEURS) À L'US OPEN

Trois joueurs ont remporté 7 titres à l'US Open en simple : Richard Sears (USA) de 1881 à 1887, William Larned (USA) en 1901, 1902 et de 1907 à 1911 et Bill Tilden (USA) de 1920 à 1925 et en 1929. Molla Mallory (Norvège) a gagné 8 fois le **titre en simple dames à l'US Open**, de 1915 à 1918, de 1920 à 1922 et en 1926.

LE RECORD DE TITRES EN SIMPLE À ROLAND GARROS

Björn Borg (Suède) a gagné 6 fois Roland Garros (simple) : 1974, 1975 et de 1978 à 1981. Chez les femmes, Chris Evert (USA) l'a remporté 7 fois en 1974, 1975, 1979, 1980, 1983, 1985 et 1986.

LE RECORD DE TITRES MASCULIN À ROLAND GARROS

Henri Cochet (France) a gagné 9 fois le tournoi de Roland Garros : 4 fois en simple, 3 fois en double et 2 fois en double mixte, entre 1926 et 1930.

LA COUPE DAVIS

LE RECORD DE VICTOIRES À LA COUPE DAVIS

Les États-Unis détiennent le record avec 31 victoires entre 1900 et 1995 (Coupe Davis : compétition annuelle messieurs).

LE JOUEUR LE PLUS ÂGÉ AYANT PARTICIPÉ

Yaka-Garonfin Koptigan (Togo) avait 59 ans et 147 jours, le 27 mai 2001, lorsqu'il a joué contre l'île Maurice. Le **joueur le plus âgé** du monde est José Guadalupe Leal Lemus (Mexique, né le 13 décembre 1902). Il commença à jouer au tennis en 1925 et continue à 102 ans à taper dans la balle !

LE JOUEUR DE TENNIS LE PLUS JEUNE

Kenny Banzer (Liechtenstein) avait 14 ans et 5 jours, le 16 février 2000, lorsqu'il joua contre l'Algérie.

LES VAINQUEURS LES PLUS JEUNES DE WIMBLEDON

NOM	PAYS	ÂGE	ANNÉE
Messieurs			
Boris Becker	Allemagne	17 ans et 227 jours	1985
Wilfred Baddely	GB	19 ans et 174 jours	1891
Sidney Wood	USA	19 ans et 245 jours	1931
Björn Borg	Suède	20 ans et 22 jours	1976
Ellsworth Vines	USA	20 ans et 278 jours	1932
Dames			
Charlotte Dod	GB	15 ans et 285 jours	1887
Martina Hingis	Suisse	16 ans et 278 jours	1997
Maria Sharapova *(à droite)*	Russie	17 ans et 75 jours	2004
Maureen Connolly	USA	17 ans et 292 jours	1952
May Sutton	USA	18 ans et 286 jours	1905

DIVERS

LE PLUS LONG MATCH DE COMPÉTITION EN SIMPLE

Christian Albrecht Barschel et Hauke Daene (Allemagne) ont joué un match de 25 h 25 min, les 12 et 13 septembre 2003, au club de tennis de Mölln (Allemagne). Ils ont joué 36 manches.

★LE PLUS LONG MATCH DE COMPÉTITION EN DOUBLE

Il a été joué par Christian Albrecht Barschel et Hauke Daene (Allemagne) contre tous les arrivants du 13 au 15 août 2004, au club de tennis de Mölln (Allemagne). Le match a duré 33 h 33 min 33 s.

LE PLUS LONG ENTRAÎNEMENT

Butch Heffernan (Australie) a effectué un entraînement de tennis de 52 h, les 23-25 novembre 2001, au Next Generation Club à Brierley Hill, Dudley (GB).

★NOMBRE RECORD DE BALLES REBONDISSANT EN MÊME TEMPS

258 personnes ont fait rebondir en même temps des balles de tennis sur des raquettes dans un même endroit au Devonport Tennis Club, Tasmanie (Australie), le 11 mars 2004.

NOMBRE RECORD DE BALLES TENUES DANS UNE SEULE MAIN

Francisco Peinado Toledo (Espagne) est parvenu à tenir 18 balles de tennis dans sa seule main gauche pendant 10 s, à Valence (Espagne), le 18 septembre 2003.

TENNIS « GRAND SLAMS »
Le terme « Grand Slam » (Grand Chelem) a été utilisé la première fois en 1933 pour décrire la victoire totale aux quatre grands tournois internationaux dans la même année :

L'Open d'Australie (Melbourne, Australie) : inauguré en 1905, sur ciment, en janvier

Tournoi de Roland Garros (Paris, France) : inauguré en 1925, sur terre battue, en mai-juin

Wimbledon (Londres, GB) : inauguré en 1877, sur gazon, en juin-juillet

L'US Open (New York, USA) : inauguré en 1881, sur ciment, en août-septembre

● LE RECORD DE CHAMPIONNATS EN CLUB →

Le ● **plus grand nombre de championnats remportés en club par un seul individu** dans le même club est détenu par Stuart Foster (GB) avec 16 victoires (dont 10 consécutives). Il a été réalisé au Leverstock Green Lawn Tennis Club, à Hemel Hempstead (GB), entre 1987 et 2004. Stuart détient aussi le record du ● **plus grand nombre de championnats gagnés en double** avec 17 victoires de 1988 à 2004 en duo avec Graham Fish (GB), et le ● **plus grand nombre de victoires en mixte** – 11 –, avec divers partenaires, entre 1985 et 2001.

SPORTS INSOLITES

RECORD → DE VITESSE POUR DÉPLACER UN SAC DE CHARBON

David Jones (GB) a décroché le record de vitesse de déplacement d'un sac de charbon lors des championnats qui ont eu lieu le 1er avril 1991, à Gawthorpe (GB) : il a porté un sac de 50 kg sur 1012,5 m en 4 min et 6 s – la performance masculine la plus rapide. Au cours du championnat du 6 avril 2002, Ruth Clegg (GB) a transporté un sac de 20 kg sur la même distance en 5 min et 4 s, remportant le record de vitesse féminin dans cette épreuve.

RECORD DE DISTANCE EN JETÉ (ESCALADE)

En escalade, un jeté est un mouvement consistant à se lancer d'une prise vers une plus haute sans prises intermédiaires. Matt Heason (GB) a ainsi effectué un jeté de 2,60 m au centre d'escalade Edge Climbing de Sheffield (GB), le 20 avril 2002.

Le ● **record de distance en jeté par une femme** est celui d'Anne-Laure Chevrier (France). Elle a effectué un jeté d'1,95 m à Bénodet, le 5 août 2004.

★ RECORD DE VICTOIRES AUX CHAMPIONNATS DU MONDE DE POLO SUR ÉLÉPHANT

Les Tiger Top Tuskers (Népal) ont remporté 8 fois les championnats : de 1983 à 1985, en 1987, 1992, 1998, 2000 et 2003.

★ LE 100 M LE PLUS RAPIDE AVEC UN BALLON SAUTEUR

Ashrita Furman (USA) a parcouru 100 m en 30,2 s avec un ballon sauteur, à Flushing Meadow (New York), le 16 novembre 2004.

★ RECORD DE VICTOIRES EN COUPE DU MONDE DE KABADDI

Inaugurée en 2004, la seule coupe du monde de kabaddi (sport d'origine indienne) disputée à ce jour a été remportée par l'Inde, qui a battu l'Iran 55 à 27 en finale, au club de sport South Kanara de Mumbai (Inde), le 21 novembre 2004.

★ RECORD DE COUPS DE PIEDS CONSÉCUTIFS EN FOOTBAG

Juha-Matti Rytilahti (Finlande) a donné successivement 68 coups de pieds dans deux footbags, à la foire de Turku (Finlande), le 30 septembre 2001.

● RECORD DE CONCURRENTS AUX CHAMPIONNATS DU MONDE DE NAGE SOUS-MARINE EN MARÉCAGE

146 personnes ont participé aux championnats du monde de nage sous-marine en marécage organisés le 30 août

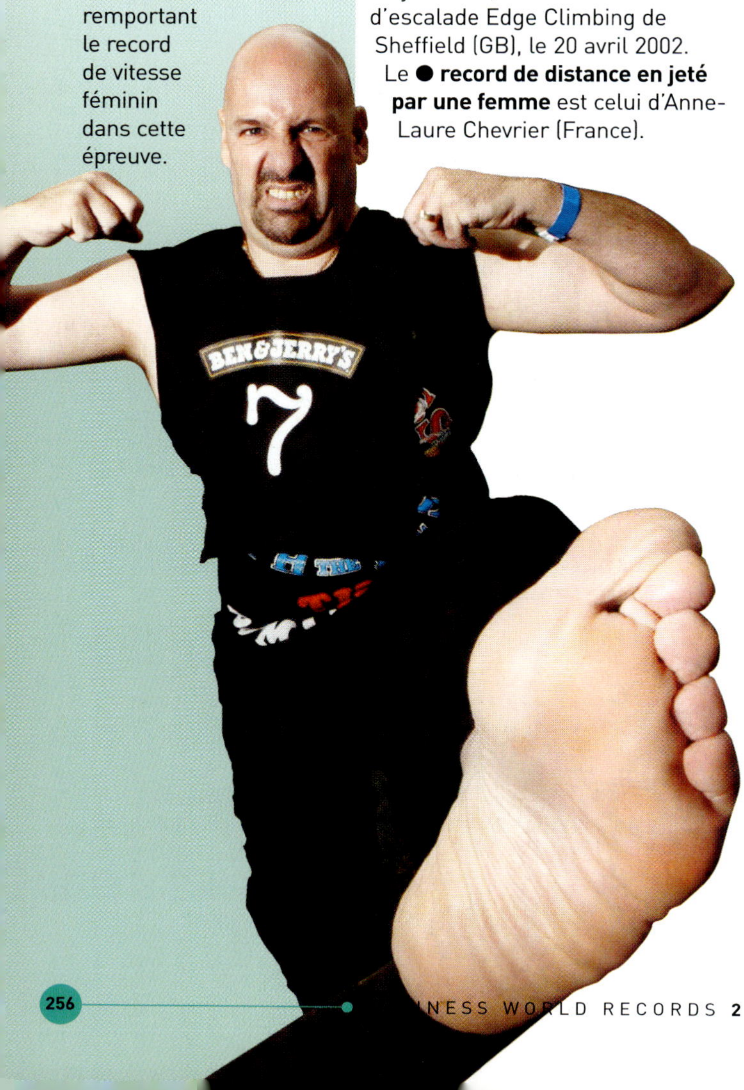

← RECORD DE VICTOIRES AUX CHAMPIONNATS DU MONDE DE COMBAT D'ORTEILS

Les championnats du monde de combat d'orteils sont organisés chaque année le premier samedi de juin dans le pub Ye Olde Royal Oak, à Wetton (GB). Les concurrents doivent repousser le pied de leur adversaire à l'extrémité d'un ring appelé « toerack », à l'aide de leurs seuls orteils. Les matchs mixtes ne sont pas autorisés.

Dans la catégorie hommes, Alan Nash (GB) a remporté 5 championnats : en 1994, 1996, 1997, 2000 et 2002. Nash, surnommé « Nasty » [cruel], a été fait chevalier par sa majesté le roi Leo Ier de Redonda (Antilles). Karen Davies (GB) détient le record de victoires aux championnats du monde de combat d'orteils avec quatre victoires de 1999 à 2002.

★ NOUVEAU RECORD ● MISE À JOUR

● RECORD DE VICTOIRES CONSÉCUTIVES AUX CHAMPIONNATS DE NAGE SOUS-MARINE EN MARÉCAGE →

Deux compétiteurs ont remporté 3 fois consécutives le titre très convoité de champion du monde de nage sous-marine en marécage : Steve Griffiths (GB), de 1985 à 1987, et Philip John (GB, en photo ci-dessus), de 2002 à 2004.

● LA PLUS LONGUE BALANÇOIRE POUR FAIRE UN TOUR COMPLET EN KIIKING →

Andrus Aasamäe (Estonie) a fait un tour complet sur une balançoire dont les tiges de suspension faisaient 7,02 m, à Haapsalu (Estonie), le 21 août 2004. Kätlin Kink (Estonie) détient le record féminin, sur une balançoire de 5,93 m, à Palmse (Estonie), le 19 juillet 2003.

2004 au marécage Waen Rhydd, à Llanwrtyd Wells, Powys (GB).

LE SAUTEUR LE PLUS RAPIDE

Le 18 avril 2001, Matthieu Bommier (France) a sauté 27 fois de suite dans un slip, sur le plateau de *L'Émission des Records*, à Paris.

RECORD DE BOUTEILLES DE VIN DÉBOUCHÉES

Le 18 avril 2001, sur le plateau de *L'Émission des Records*, à Paris, Alain Dorotte (France) a débouché 13 bouteilles de vin à l'aide d'un tire-bouchon classique (sans levier) en 1 min.

★ LA PLUS LONGUE DISTANCE À LA RAME SUR TERRE

Rob Bryant (USA) a fait 5 278,5 km avec un rameur conçu pour la terre. Il a quitté Los Angeles le 2 avril 1990 et atteint Washington DC le 30 juillet 1990.

★ RECORD DE TOURS D'UNE TABLE EN « TABLE WRESTLING »

Le *table wrestling* consiste à faire le tour du plateau d'une table sans toucher le sol. Chris Sturman a fait 11 tours en 1 min, le 10 juillet 1999.

★ RECORD DE RAPIDITÉ EN COURSE DE TIR SOUS L'EAU

Nicolas Rizzo (France) a fait 3 circuits dans une course de tir sous l'eau en 1 min et 21 s, à Port Leucate, le 23 juillet 2004.

★ RECORD D'AGNEAUX HYBRIDES TONDUS EN 8 H

Trevor Bacon (Australie) a tondu 471 agneaux hybrides – en respectant les règles du World Shearing Record Committee –, le 7 octobre 2002, dans la ferme de Walla Brook à Frances (Australie).

★ RECORD DE DURÉE D'UN MATCH DE BABY-FOOT

Le 12 août 2004, un match de baby-foot organisé sur la plage de Foz do Arelho à Caldas de Rainha (Portugal) a duré 24 h.

← RECORD DE VICTOIRES AUX CHAMPIONNATS DU MONDE DE TIR DE PETITS POIS

Les championnats du monde de tir de petits pois sont organisés chaque année à Witcham, dans le Cambridgeshire (GB). L'épreuve consiste à tirer des petits pois d'une distance de 3,20 m sur une cible enduite de mastic : le centre de la cible vaut 5 points, la partie médiane 3 points et le cercle externe 1 point. La sarbacane ne doit pas excéder 30,48 cm de long. Mike Fordham (GB) a remporté 7 fois les championnats : en 1977, 1978, 1981, de 1983 à 1985 (record de victoires consécutives) et en 1992. David Hollis GB, en photo) a égalisé ce record (de 1999 à 2001). Il est aussi le champion le plus jeune. Il n'avait que 13 ans pour son premier titre.

Qu'est-ce que le kiiking ?
Le kiiking est un sport originaire de la Baltique et des pays scandinaves. Il consiste à effectuer un tour complet avec une très grande balançoire. Le record est déterminé par la longueur des tiges de suspension du siège : plus celles-ci sont longues, plus le score est élevé.

SPORTS NAUTIQUES

★HAUTEUR RECORD DE DÉCOLLAGE D'UN HYDROPTÈRE →

Le 1er août 2004, Billy Rossini (USA, à droite) a atteint 7,01 m avec son hydroptère sur le lac Norman (Caroline-du-Nord). Un hydroptère a une longue et fine dérive attachée sous une coque sur laquelle le navigateur est assis en position surélevée. Le **★plus grand hydroptère** fait 3,28 m créé par William Blair (GB).

lifesavers
The Royal Life Saving Society UK

↑ RECORDS DE RÉCOMPENSES POUR DES SAUVETAGES

De 1954 à 2004, Eric Deakin de Hightown (GB) a obtenu 250 récompenses pour les sauvetages qu'il a effectués, un record au sein de la Royal Life Saving Society.

TERMINOLOGIE

C : se réfère à un canoë, une embarcation (généralement ouverte) propulsée à l'aide d'une rame simple et dans laquelle le rameur est agenouillé (canoës d'eaux calmes et douces).

K : abréviation de kayak, une embarcation complètement fermée propulsée en position assise à l'aide d'une double rame.

Le chiffre qui suit la lettre (C4, K2...) désigne le nombre de personnes présentes dans l'embarcation.

AQUABIKING

●RECORD DE BARREL ROLLS EN 2 MIN

Fred Guerreiro (France) a exécuté 10 barrel rolls en 2 min avec son aquabike pour l'émission *L'Été de tous les records*, à Argelès-Gazost, le 15 juillet 2004.

RECORD DE VITESSE

Forrest Smith (USA) a atteint 122,79 km/h sur un aquabike Yamaha GP 1200R modifié en parcourant une distance de 1 km, à Savannah (Géorgie), le 5 juillet 2002.

CANOË-KAYAK

RECORD DE TITRES MONDIAUX ET OLYMPIQUES

Birgit Fischer (ex-RDA/Allemagne) a remporté 37 titres de 1979 à 1998, soit 8 titres olympiques et 29 titres mondiaux.

Trois hommes ont remporté chacun 13 titres, un record : Gert Fredriksson (Suède), de 1948 à 1960 ; Rüdiger Helm (ex-RDA), de 1976 à 1983 ; et Ivan Patzaichin (Roumanie), de 1968 à 1984.

RECORD DE MÉDAILLES D'OR OLYMPIQUES (HOMMES)

Gert Fredriksson (Suède) a obtenu 6 médailles d'or entre 1948 et 1960. Il a également remporté 1 médaille d'argent et 1 médaille de bronze et détient donc un record, avec 8 médailles.

LA COURSE LA PLUS LONGUE

Le parcours de la reconstitution historique d'une course de canoë organisée par le gouvernement canadien entre la Rocky Mountain House d'Alberta et l'Expo 1967 de Montréal (Québec) était de 5 283 km. Dix canoës représentaient les provinces et les territoires canadiens. Le gagnant de la course, qui a eu lieu du 24 mai au 4 septembre 1967, était le canoë Radisson, de la province de Manitoba.

LE PLUS LONG VOYAGE ENTRECOUPÉ DE PORTAGES

Verlen Kruger et Steven Landick (USA) ont parcouru 45 129 km entre Red Rock (Montana) et Lansing (Michigan), du 29 avril 1980 au 15 décembre 1983. Ils se sont chargés eux-mêmes de tous les portages (c'est-à-dire du transport du canoë).

DESCENTE DE LA PLUS LONGUE CHUTE D'EAU

Tao Berman (USA) a descendu une chute de 30 m en 2,4 s, dans l'Upper Johnstone Canyon au parc national de Banff, dans la province d'Alberta (Canada), le 23 août 1999.

RECORD → DE JOURS CONSÉCUTIFS PASSÉS À SURFER

Dale Webster (USA) a surfé tous les jours depuis le 2 septembre 1975, atteignant son 10 407e jour consécutif de surf, le 29 février 2004. Selon Webster, une séance de surf consiste au moins à prendre trois vagues jusqu'au rivage.

RECORD DE MÉDAILLES D'OR OLYMPIQUES EN CANOË (FEMMES)

Birgit Fischer (née Birgit Schmidt, ex-RDA/Allemagne) détient le record de médailles d'or olympiques, obtenues de 1980 à 2004. Elle a aussi gagné 4 médailles d'argent sur 12 médailles.

LA TRAVERSÉE EN KAYAK LA PLUS RAPIDE (EN SOLO)

Peter Bray (GB) a traversé l'Atlantique en 76 jours en kayak de mer, en solo et sans assistance, du 22 juin au 5 septembre 2001.

RECORD DE RAPIDITÉ POUR 100 ESQUIMAUTAGES

Ray Hudspith (GB) a effectué 100 esquimautages en 3 min et 7,25 s, au centre de loisirs de Killingworth, à Tyne and Wear (GB), le 3 mars 1991.

●NOMBRE RECORD D'ESQUIMAUTAGES (TANDEM)

Trois équipes ont exécuté 26 esquimautages en tandem dans un canoë à l'aide de leurs pagaies en 1 min. Bernard Bregeon et Richard Vezzoli (France) ont accompli ce record à Biscarosse, le 30 juin 2004. Marc Girardin et Frédéric Lascourrèges (France) ont égalé ce record à Argelès-Gazost, le 15 juillet 2004. Yann Hascoët et Emmanuel Baclet (France) ont réalisé le même exploit à Bénodet, le 2 août 2004. Tous ces records ont été obtenus sur le plateau de *L'Été de tous les records*.

★RECORDS DE TITRES INDIVIDUELS DE CHAMPION DU MONDE (HOMMES)

Vladimir Vala et Jaroslav Slucik (Slovaquie) ont remporté 4 titres dans le cadre des championnats du monde de course en eaux vives organisés par l'International Canoe Foundation : C2 en 1996 et en 2000, et 2 titres en 2004.

★RECORD DE TITRES PAR ÉQUIPE AUX CHAMPIONNATS DU MONDE (HOMMES)

L'Allemagne a obtenu 3 titres par équipes (K1 en 1996 et C2 en 1996 et 2004).

PLONGÉE

RECORD DE MÉDAILLES

Klaus Dibiasi (Autriche) a gagné 5 médailles pour l'Italie (3 d'or et 2 d'argent) de 1964 à 1976 ; Gregory Efthimios Louganis (USA) en a aussi remporté 5 (4 d'or et 1 d'argent) aux J.O. de 1976, 1984 et 1988. Deux plongeurs ont remporté les deux épreuves de plate-forme et de tremplin au cours de deux Jeux : Patricia Joan McCormick (née Keller, USA), en 1952 et 1956 ; et Gregory Louganis, en 1984 et 1988.

★RECORD DE TITRES DE CHAMPIONS DU MONDE DE PLONGÉE DE HAUT VOL

Orlando Duque (Colombie) a remporté 3 fois les championnats du monde de la High Diving Federation : en 2000, 2001 et 2002.

★LE SCORE LE PLUS ÉLEVÉ POUR UN PLONGEON

En 2000, lors des championnats du monde de plongée d'une falaise à Kaunolu (Hawaï), Orlando Duque (Colombie) a fait un double saut périlleux sur le dos avec 4 tire-bouchons de 24,40 m. Pour ce saut, il a obtenu une note de 10 de la part des sept juges, et un score de 159 points.

→ **QUELLE EST LA TAILLE DE LA PLUS GRANDE PLANCHE DE SURF JAMAIS FABRIQUÉE ? DÉCOUVREZ LA RÉPONSE P. 160.**

LES PLONGEONS LES PLUS HAUTS TÊTE LA PREMIÈRE

À Acapulco (Mexique), des plongeurs professionnels de La Quebrada (qui signifie « la trouée dans les rochers ») plongent régulièrement tête la première de 35 m dans 3,65 m d'eau. Les rochers en contrebas, qui saillent de 6,4 m de la zone de saut, exigent un bond de 8,22 m.

SPORTS NAUTIQUES

★WAKEBOARD – LE PLUS LONG SAUT SUR RAMPE

Un wakeboard est un ski court et large sur lequel un skieur est remorqué derrière un bateau à moteur. Le plus long saut exécuté sur rampe avec un wakeboard est de 15 m : il a été accompli par Jérome MacQuart (France) sur le plateau de *L'Été de tous les records*, à Argelès-Gazost, le 14 juillet 2004.

AVIRON

RECORD DE MÉDAILLES D'OR OLYMPIQUES

Steve Redgrave (GB) a remporté 5 médailles d'or : à quatre avec barreur (1984), à deux sans barreur (1988, 1992 et 1996) et à quatre sans barreur (2000). Le **★record féminin de médailles d'or en aviron** est détenu par Elisabeta Lipa (Roumanie) qui a remporté 5 médailles d'or de 1984 à 2004.

NATATION

RECORD DE DISTANCE EN 24 H PAR UNE ÉQUIPE DE 20 PERSONNES EN RELAIS

L'équipe de Nouvelle-Zélande a parcouru 182 807 km à Lower Hutt (Nouvelle-Zélande), passant le cap de 160 km en 20 h 47 min et 13 s, les 9 et 10 décembre 1983.

LA TRAVERSÉE DE LA MANCHE LA PLUS RAPIDE

Le record officiel de la Channel Swimming Association (fondée en 1927) est de 7 h et 17 min : il est détenu par Chad Hundeby (USA), le 27 septembre 1994, qui a traversé la Manche entre Shakespeare Beach, à Douvres (GB), et le Cap Gris-Nez. En 1988, Richard Davey (GB) a accompli la traversée la plus rapide France-Angleterre, en 8 h et 5 min. Dans l'autre sens, le record a été établi par la US National Swim Team, le 1er août 1990, en 6 h et 52 min. Celle-ci a ensuite battu le record d'aller-retour en relais le plus rapide, en 14 h et 18 min.

RECORD DE PARTICIPANTS DANS UNE COURSE EN EAUX LIBRES

Le 10 janvier 1998, 3 070 personnes ont participé à une course en mer entre la jetée et l'hôtel Pub Swim, à Lorne (Australie).

LA PLUS LONGUE DISTANCE PARCOURUE DANS L'OCÉAN

En 38 h et 33 min, Susie Maroney (Australie) a nagé 197 km entre le Mexique et Cuba, soit la plus longue distance à la nage en eaux libres sans palmes. Elle est arrivée à Cuba le 1er juin 1998.

RECORD DE MÉDAILLES AUX CHAMPIONNATS DU MONDE

Michael Gross (ex-RFA) a remporté 13 médailles – 5 d'or, 5 d'argent et 3 de bronze –, de 1982 à 1990. Le **record de médailles remportées par une femme aux championnats du monde** est de 10 : Kornelia Ender (ex-RDA) a obtenu 8 médailles d'or et 2 d'argent, en 1973 et 1975. Le **record de médailles de champion du monde remportées en une fois** est de 7 : Matt Biondi (USA) a ainsi remporté 3 médailles d'or, 1 d'argent et 3 de bronze, en 1986. Ian Thorpe a obtenu 8 médailles d'or aux championnats du monde, en 1998 et 2001.

RECORD DE MÉDAILLES D'OR OLYMPIQUES CONSÉCUTIVES

Deux nageurs ont remporté 3 fois la même épreuve : Dawn Fraser (Australie), en 1956, 1960 et 1964, pour le 100 m nage libre ; et Krisztina Egerszegi (Hongrie), en 1988, 1992 et 1996, pour le 200 m dos.

WAKEBOARDING

●RECORD DE TITRES MONDIAUX (HOMMES)

Darin Shapiro (USA) a remporté 3 fois le titre de champion du monde (hommes) en 1999, 2001 et 2002. Le **record de titres aux championnats du monde (femmes)** est détenu par Tara

●LE NAGEUR LE PLUS ÂGÉ →

George Brunstad (USA, né le 25 août 1934) avait 70 ans et 4 jours, le 29 août 2004, lorsqu'il a traversé la Manche entre Douvres (GB) et Sangatte (France), en 15 h et 59 min. La femme la plus âgée ayant accompli le même exploit s'appelle Susan Fraenkel (Afrique du Sud, née le 22 avril 1948) ; elle avait 46 ans et 103 jours lorsqu'elle a effectué le même parcours en 12 h et 5 min, le 24 juillet 1994.

LA MANCHE

La Manche est un secteur de l'Atlantique situé entre la France et la Grande-Bretagne, d'environ 550 km. Elle est la plus étroite entre Douvres (Angleterre) et le Cap Gris-Nez (France): 34 km, et beaucoup de nageurs tentent cette célèbre traversée.

Le **premier homme à traverser à la nage ce détroit (sans veste de sauvetage)** a été le capitaine de la marine marchande Matthew Webb (1848-1883), qui a parcouru environ 61 km à la nage pour réaliser cette traversée de 34 km – en 21 h et 45 min, les 24 et 25 août 1875.

La **première femme** à accomplir cet exploit s'appelait Gertrude Caroline Ederle (USA), qui a nagé entre la France et l'Angleterre, le 6 août 1926, en 14 h et 39 min, un temps record, ce qui lui a valu d'être accueillie par une parade et une pluie de serpentins à son retour à New York.

RECORD DE TITRES DE SURF PRO AUX CHAMPIONNATS DU MONDE (FEMMES)

Layne Beachley (Australie) a remporté 6 titres mondiaux aux championnats de l'ASP (Association of Surfing Professionals), de1998 à 2003.

Hamilton (USA), qui les a remportés en 1998 et 2002, et Meghan Major (USA), qui les a remportés en 1999 et 2000.

WATER-POLO

●RECORD DE VICTOIRES OLYMPIQUES (HOMMES)
La Hongrie a remporté 8 victoires en 1932, 1936, 1952, 1956, 1964, 1976, 2000 et 2004. Depuis l'introduction du water-polo aux J.O. en l'an 2000, les vainqueurs dans cette discipline ont été l'Australie (2000) et l'Italie (2004).

●RECORD DE TITRES AUX CHAMPIONNATS DU MONDE
Les premiers championnats du monde de water-polo ont eu lieu en 1973 : l'URSS les a remportés en 1975, 1982 et 2002. Depuis sa création en 1986, le championnat du monde de water-polo féminin a été gagné 2 fois par l'Italie, en 1998 et 2001.

RECORD DE BUTS DANS UNE RENCONTRE INTERNATIONALE

Le plus grand nombre de buts marqués par une personne lors d'une rencontre internationale est de 13 : Debbie Handley a réalisé ce score pour l'Australie (16) contre le Canada (10) au cours des championnats du monde à Guayaquil (Équateur), en 1982.

LE PLUS LONG MARATHON
Rapido 82 Haarlem a effectué un marathon de water-polo de 24 h, dans la piscine De Planeet à Haarlem (Pays-Bas), du 30 avril au 1er mai 1999.

SKI NAUTIQUE

●RECORD DE TITRES AUX CHAMPIONNATS DU MONDE (PAR ÉQUIPE)
Les États-Unis ont été 9 fois détenteurs du titre par équipe, entre 1988 et 2004.

RECORD DE FLIPS EN 30 S
Le 5 août 2003, Nicolas Le Forestier (France) a effectué 16 flips complets à 360 degrés sur un seul ski nautique en 30 s, dans le cadre de l'émission *L'Été de tous les records*, au lac de Biscarrosse (France).

●LE SKIEUR LE PLUS ÂGÉ
Le 20 février 2005, George Blair, « Banana George » (USA, né le 22 janvier 1915), a skié pieds nus sur le lac Florence, à Winter Haven (Floride), à 90 ans et 29 jours.

RAFTING EN EAUX VIVES

TITRES DE CHAMPIONS DU MONDE (HOMMES)
La Slovénie l'a remporté 5 fois depuis sa création en 1995 à 1999.

★TITRES DE CHAMPIONS DU MONDE (FEMMES)
La Nouvelle-Zélande a été championne en 1999, 2000 et 2003.

●LE CHAMPION DU MONDE DE SKI NAUTIQUE PIEDS NUS (HOMMES)

Ron Scarpa (USA) est l'homme qui a obtenu le plus grand nombre de victoires dans cette discipline, en 1992, 1996, 1998 et 2000.

SPORTS D'HIVER

★ CURLING : LE PLUS DE MÉDAILLES EN CHAMPIONNAT DU MONDE (INDIVIDUEL) →

Dordi Nordby (Norvège – photo) a remporté 10 médailles en curling, entre 1989 et 2004 : 2 d'or, 3 d'argent et 5 de bronze. ★ **Le plus grand nombre de médailles remportées par un homme** est 9 : 3 d'or, 2 d'argent et 4 de bronze, pour Eigil Ramsfjell (Norvège), entre 1978 et 1991.

LE CRESTA-RUN

Le Cresta-Run, goulet de glace sinueux en forte pente, est creusé chaque année dans le flanc de la vallée Cresta, à Saint-Moritz (Suisse). Long de 1 212 m, il offre un dénivelé de 157 m. Les lugeurs peuvent atteindre 129 km/h. Ils contrôlent leur bobsleigh utra-léger en se servant de leurs chaussures à pointes comme de freins.

Le Cresta-Run offre deux points de départ. La course longue commence au « Top ». Seuls les sportifs expérimentés sont autorisés à l'emprunter. L'autre, la « Junction », est située un tiers de piste plus bas.

BOBSLEIGH

●L'ÉQUIPE FÉMININE 3 FOIS CHAMPIONNE DU MONDE

Depuis l'inauguration du Championnat du monde féminin de bobsleigh en 2000 et son intégration en 2002 aux Jeux olympiques d'hiver, l'Allemagne a remporté 3 fois le titre, en 2000, 2003 et 2004.

RECORD DE TITRES DE CHAMPION DU MONDE (INDIVIDUEL)

Entre 1957 et 1968, Eugenio Monti (Italie) a gagné 11 titres (8 en équipe de 2 et 3 en équipe de 4).

LE MEILLEUR TEMPS DU CRESTA-RUN

Longue de 1 212 m, la piste Cresta-Run offre un dénivelé de 157 m. James Sunley (GB) détient le temps record de descente avec 50,09 s (vitesse moyenne : 87,11 km/h), depuis le 13 février 1999.

LE MEILLEUR TEMPS DU CRESTA-RUN AU DÉPART DE JUNCTION

Le 17 janvier 1999, Johannes Badrutt (Suisse) a mis 41,02 secondes pour descendre 890 m du Cresta-Run au départ de Junction.

CURLING

LE PLUS GRAND BONSPIEL

Le Bonspiel de 1988 à Winnipeg (Canada) a regroupé 1 424 équipes de 4 hommes, soit 5 696 curlers, qui ont joué sur 187 surfaces glacées. « Bonspiel » signifie « match de ligue ».

● LE GRAND GAGNANT DES CHAMPIONNATS DU MONDE

Le Canada a été 28 fois champion du monde, entre 1959 et 2003.

COURSES DE CHIENS DE TRAÎNEAU

LA PLUS VIEILLE PISTE DE COURSE DE TRAÎNEAUX

La plus ancienne piste pour chiens de traîneau est l'Iditarod. Longue de 1 688 km, elle relie Anchorage à Nome (Alaska). Elle existe depuis 1910 et accueille une course annuelle depuis 1967.

LA PLUS LONGUE PISTE

La course la plus longue suit la piste Berengia (2 000 km) entre Esso et Markovo (Russie). Elle a débuté en avril 1990 par un tronçon de 250 km et se tient aujourd'hui tous les ans. En 1991, Pavel Lazarev (Russie) l'a parcouru en 10 jours 18 h 17 min et 56 s, à une vitesse moyenne de 8 km/h.

← ●PATINAGE DE VITESSE : LE SCORE LE PLUS BAS POUR UN CHAMPION DU MONDE

Le score le plus bas, et donc le meilleur, pour un champion du monde de vitesse sur glace est 150,478 points, score de Chad Hedrick (USA), qui a remporté le titre combiné à Hamar (Norvège), les 7 et 8 février 2004. Gunda Niemann-Stirnemann (Allemagne) a atteint le score le plus bas pour une femme, 161,479 points, à Hamar, les 6 et 7 février 1999.

● CURLING : RECORD DE CHAMPIONNATS DU MONDE (FEMME) →

L'équipe féminine canadienne a amassé 13 titres de championnes du monde de curling : 1980, 1984-1987, 1989, 1993, 1994, 1996, 1997, 2000, 2001 et 2004.

PATINAGE ARTISTIQUE : RECORD DE TITRES MONDIAUX ↑

Sonja Henie (Norvège, en photo) a remporté 10 fois le championnat du monde féminin, entre 1927 et 1936. Ulrich Salchow (Suède) a gagné 10 titres mondiaux en figures imposées : 1901-1905 et 1907-1911, le plus grand nombre de championnats du monde pour un homme.

PATINAGE ARTISTIQUE

LE PLUS DE VICTOIRES EN CHAMPIONNAT DU MONDE EN COUPLE

Irina Rodnina (Russie) a gagné 10 titres en couple (championnat instauré en 1908) : 4 avec Alekseï Nikolaïevich Ulanov, de 1969 à 1972 et 6 avec son époux Aleksandr Gennadïevich Zaitsev (Russie), de 1973 à 1978. En danse sur glace (instituée en 1952), Liudmila Alekseïevna Pakhomova a été championne 6 fois entre 1969 et 1976. Son époux Aleksandr Georgiyevich Gorshkov l'a été de 1970 à 1974 et en 1976. Le couple a gagné le premier titre olympique de danse sur glace en 1976.

LES MEILLEURES NOTES

Donald George Jackson (Canada) a marqué sept 6.0 au Championnat du monde masculin de 1962 à Prague (Tchécoslovaquie, actuelle République tchèque). Midori Ito (Japon) est la femme la mieux notée, avec sept 6.0 accordés lors du Championnat du monde, en figures imposées de 1989, à Paris.

LA PLUS JEUNE CHAMPIONNE DU MONDE

Tara Lipinski (USA, née le 10 juin 1982) avait 14 ans et 286 jours quand elle a gagné le titre en individuel, le 2 mars 1997.

PATINAGE DE VITESSE

RECORD DE VICTOIRES EN SPRINT (HOMMES)

Igor Zhelezovskiy (Russie-Biélorussie) a gagné 6 titres de combiné sprint : 1985, 1986, 1989, 1991, 1992 et 1993.

RECORD DE TITRES DE CHAMPION DU MONDE

Deux patineurs ont gagné 5 titres : Oscar Mathisen (Norvège) : 1908, 1909, 1912, 1913 et 1914, et Clas Thunberg (Suède) : 1923, 1925, 1928, 1929 et 1931.

← BOBSLEIGH : CHAMPIONS DU CRESTA-RUN GRAND NATIONAL

Champion olympique en 1948, Nino Bibbia (Italie) a remporté 8 fois le Grand National (institué en 1885) : 1960-1964, 1966, 1968 et 1973. Franco Gansser (Suisse) en a fait autant en 1981, 1983-1986, 1988, 1989 et 1991.

→ QUEL PAYS A REMPORTÉ LE PLUS DE MÉDAILLES AUX JEUX OLYMPIQUES D'HIVER ? DÉCOUVREZ-LE P. 246.

SPORTS D'HIVER

RECORD → DE COUPES DU MONDE DE SKI EN 1 SAISON

Le record de 13 victoires (hommes) est détenu conjointement par Ingemar Stenmark (Suède), pour la saison 1978-1979, et Hermann Maier (Autriche, photo de droite), pour 2000-2001. Celui des femmes revient à Vreni Schneider (Suisse), qui a gagné 13 courses (et un combiné), dont les 7 épreuves de slalom, en 1988-1989.

SKI ALPIN

LA COURSE LA PLUS LONGUE

Du haut du Schilthorn jusqu'à Lauterbrunnen (Suisse), « l'Enfer » s'étire sur 15,8 km. Urs von Allmen (Suisse) a descendu cette piste en 13 min et 53,4 s, en 1992. Chez les femmes, Christine Sonderegger (Suisse) détient le record avec 17 min et 8,42 s, également en 1992.

Le ● **plus grand nombre d'inscrits pour la course** était 1 611, en 2004.

RECORD DE COUPES DU MONDE (HOMMES)

La Coupe du monde de ski alpin a été instituée en 1967. Ingemar Stenmark (Suède) l'a remportée le plus souvent en individuel : 86 fois, entre 1974 et 1989, dont 46 slaloms géants et 40 slaloms sur 287 courses. En font partie ses 14 fabuleuses victoires consécutives en slalom géant, entre le 18 mars 1978 (son 22e anniversaire) et le 21 janvier 1980.

RECORD DE VITESSE DANS UNE DESCENTE OLYMPIQUE

Le 13 février 1998, aux J.O. de Nagano (Japon), Jean-Luc Cretier (France) a fait une descente à ski à la vitesse moyenne de 107,53 km/h.

RECORD FÉMININ DE VITESSE

Le 2 mai 1999, Karine Dubouchet (France) a descendu une piste à 234,528 km/h aux Arcs (France).

SKI ARTISTIQUE

LE PLUS DE TITRES EN COUPE DU MONDE

Eric Laboureix (France) a gagné 5 titres : 1986-1988, 1990 et 1991. Connie Kissling (Suisse) a obtenu 10 titres, entre 1983 et 1992, le plus

← ● SNOW-BOARD : LE PLUS DE TITRES EN COUPE DU MONDE

Karine Ruby (France) a remporté 20 titres : combiné (1996-1998, 2001-2003), slalom-slalom parallèle (1996-1998, 2002), slalom géant (1995-1998, 2001), boarder-cross (1997, 2001, 2003, 2004) et sauts (2004).

Le record pour les hommes est de 6 titres. Il est détenu par Mathieu Bozzetto (France) : combiné (1999, 2000) et slalom-slalom parallèle (1999-2002).

grand nombre pour une femme en coupe du monde.

LE PLUS GRAND NOMBRE DE FIGURES EN 1 SAUT
Le 4 avril 2001, au Winter Park Resort du Colorado, Matt Chojnacki (USA) a réussi un quadruple saut périlleux arrière avec quadruple rotation.

SKI NORDIQUE

LE MEILLEUR CHAMPION
Les premiers championnats de ski nordique ont eu lieu aux Jeux olympiques d'hiver de 1924 à Chamonix. De 1991 à 1998, Bjørn Dæhlie (Norvège, né le 19 juin 1967) a remporté 17 titres (dont des titres olympiques) : 12 en individuel et 5 en relais. Il a gagné 29 médailles, entre 1991 et 1999.

LA MEILLEURE CHAMPIONNE
Yelena Välbe (Russie) a remporté 10 courses en individuel et 7 en relais, entre 1989 et 1998. Avec 7 médailles supplémentaires, elle détient aussi le record de 24 médailles.

LE MEILLEUR CHAMPION DU MONDE DE SAUT
Avec 5 titres remportés en 1931, 1932 et de 1935 à 1937, le record appartient au sauteur Birger Ruud (Norvège).

● LE PLUS LONG SAUT À SKIS → EN COMPÉTITION (HOMMES)

Le 23 mars 2003, à Planica (Slovénie), Matti Hautamaeki (Finlande) a réussi un saut de 231 m. On le voit ici aux Jeux olympiques d'hiver de Salt Lake City (USA) en 2002.

LA PLUS LONGUE DISTANCE EN SKI EN 24 H (HOMMES)
Le skieur nordique qui a effectué la plus longue distance en 24 h est Seppo-Juhani Savolainen (Finlande), qui a skié sur 415,5 km à Saariselk (Finlande), les 8 et 9 avril 1988. La skieuse qui a réalisé le plus long parcours en 24 h est Kamila Horakova (République tchèque), avec 333 km, les 12 et 13 avril 2000, au centre de ski nordique de Canmore, dans l'Alberta (Canada).

LA COURSE LA PLUS LONGUE
La course annuelle de la Vasaloppet couvre 89 km. Bengt Hassis (Suède) l'a parcourue en 3 h 48 min et 55 s, le 2 mars 1986.

SAUT À SKIS

● LE PLUS LONG SAUT EN COMPÉTITION (FEMMES)
Avec un saut de 127,5 m, Anette Sagen (Norvège) a effectué le plus long saut à skis, le 14 mars 2004, à Oslo (Norvège).

● LE PLUS LONG SAUT À SKIS SUR TREMPLIN D'ÉTÉ
Veli-Matti Lindstroem (Finlande) a effectué un saut à skis de 148 m, le 4 août 2001, à Kuusamo (Finlande), au départ d'un tremplin à revêtement artificiel.

SNOW-BOARD

● LE PLUS DE TITRES EN CHAMPIONNAT DU MONDE
Karine Ruby (France) a remporté 7 titres en championnat du monde : slalom géant en 1996 ; boarder-cross en 1997 ; médaille d'or aux Jeux olympiques de 1998 ; slalom géant, slalom parallèle et boarder-cross en 2001 ; boarder-cross en 2003.

LE PLUS RAPIDE
201,907 km/h est la vitesse atteinte par Darren Powell (Australie), le 2 mai 1999, aux Arcs.

← SKI ARTISTIQUE

LE PLUS DE TITRES EN CHAMPIONNAT DU MONDE

Le premier championnat du monde de ski artistique s'est tenu en 1986, à Tignes, avec des titres décernés pour le ballet, les bosses, le saut et des combinés. Edgar Grospiron (France) détient un record de 3 victoires : en bosses (1989, 1991) et en saut (1995). Il a aussi gagné un titre olympique en 1992.

Vocabulaire du ski

Nordique = ski de fond, saut à skis.

Alpin = ski de descente.

Épreuve des bosses = le skieur effectue des virages ou des sauts sur une pente neigeuse couverte de bosses.

Épreuve de saut = figures de voltige et sauts jugés sur la performance individuelle.

→ QUEL EST LE MEILLEUR SCORE DE TOUS LES TEMPS EN HOCKEY-SUR-GLACE ? DÉCOUVREZ-LE P. 241.

TABLEAU SPORTIF

TIR À L'ARC

Le 16 juin 2003, Jang Yong-ho (Corée-du-Sud) sur le point de battre un record du monde, avec un score de 337 points à 90 m, lors du 42e championnat du monde de tir à l'arc outdoor.

↘

TIR À L'ARC – *OUTDOOR*

HOMMES	SCORE	NOM ET PAYS	LIEU	DATE
Manche FITA	1 379	Oh Kyo-moon (Corée-du-Sud)	Wonju, Corée-du-Sud	1er novembre 2000
90 m	337	Jang Yong-ho (Corée-du-Sud)	New York, USA	16 juin 2003
70 m	347	Choi Young-kwang (Corée-du-Sud)	Hongseong, Corée-du-Sud	20 août 2002
50 m	351	Kim Kyung-ho (Corée-du-Sud)	Wonju, Corée-du-Sud	1er septembre 1997
30 m	360/17	Kye Dong-hyun (Corée-du-Sud)	Cheongiu, Corée-du-Sud	1er septembre 1997
Manche par équipes	4 074	Jang Yong-ho, Choi Young-kwang et Im Dong-hyun (Corée-du-Sud)	New York, USA	16 juillet 2003

FEMMES	SCORE	NOM ET PAYS	LIEU	DATE
●Manche FITA	1 405	Park Sung-hyun (Corée-du-Sud)	Cheongju, Corée-du-Sud	10 octobre 2004
●70 m	351	Park Sung-hyun (Corée-du-Sud)	Cheongju, Corée-du-Sud	9 octobre 2004
●60 m	351	Kim Yu-mi (Corée-du-Sud)	Cheongju, Corée-du-Sud	27 août 2004
50 m	350	Park Sung-hyun (Corée-du-Sud)	Yecheon, Corée-du-Sud	12 mars 2003
●30 m	360/15	Yun Mi-jin (Corée-du-Sud)	Yecheon, Corée-du-Sud	27 octobre 2004
Manche par équipes	4 094	Cho Youn-jeong, Kim Soo-nyung, et Lee Eun-kyung (Corée-du-Sud)	Barcelone, Espagne	1er août 1992

ATHLÉTISME – *INDOOR*

HOMMES	RECORD	NOM ET PAYS	LIEU	DATE
Saut en hauteur	2,43 m	Javier Sotomayor (Cuba)	Budapest, Hongrie	4 mars 1989
Perche	6,15 m	Sergei Boubka (Ukraine)	Donetsk, Ukraine	21 février 1993
Saut en longueur	8,79 m	Carl Lewis (USA)	New York, USA	27 janvier 1984
Triple saut	17,83 m	Aliecer Urrutia (Cuba)	Sindelfingen, Allemagne	1er mars 1997
Poids	22,66 m	Randy Barnes (USA)	Los Angeles, USA	20 janvier 1989
Heptathlon*	6 476 points	Dan O'Brien (USA)	Toronto, Canada	13-14 mars 1993

**60 m*	6"67*
Saut en longueur	*7,84 m*
Poids	*16,02 m*
Saut en hauteur	*2,13 m*
60 m haies	*7"85*
Perche	*5,20 m*
1 000 m	*2'57"96*

FEMMES	RECORD	NOM ET PAYS	LIEU	DATE
Saut en hauteur	2,07 m	Heike Henkel (Allemagne)	Karlsruhe, Allemagne	9 février 1992
●Perche	4,90 m	Yelena Isinbayeva (Russie)	Madrid, Espagne	6 mars 2005
Saut en longueur	7,37 m	Heike Drechsler (ex-RDA)	Vienne, Autriche	13 février 1988
●Triple saut	15,36 m	Tatyana Lebedeva (Russie)	Budapest, Hongrie	6 mars 2004
Poids	22,50 m	Helena Fibingerova (Tchécoslovaquie)	Jablonec, Tchécoslovaquie	19 février 1977
Pentathlon*	4 991 points	Irina Belova (Russie)	Berlin, Allemagne	14-15 février 1992

**60 m haies*	*8"22*
Saut en hauteur	*1,93 m*
Poids	*13,25 m*
Saut en longueur	*6,67 m*
800 m	*2'10"26*

ATHLÉTISME – *OUTDOOR*

HOMMES	RECORD	NOM ET PAYS	LIEU	DATE
Saut en hauteur	2,45 m	Javier Sotomayor (Cuba)	Salamanque, Espagne	27 juillet 1993
Perche	6,14 m	Sergei Boubka (Ukraine)	Sestrières, Italie	31 juillet 1994
Saut en longueur	8,95 m	Mike Powell (USA)	Tokyo, Japon	30 août 1991
Triple saut	18,29 m	Jonathan Edwards (GB)	Göteborg, Suède	7 août 1995
Poids	23,12 m	Randy Barnes (USA)	Los Angeles, USA	20 mai 1990
Disque	74,08 m	Jürgen Schult (ex-RDA)	Neubrandenburg, Allemagne	6 juin 1986
Marteau	86,74 m	Yuriy Sedykh (ex-URSS)	Stuttgart, Allemagne	30 août 1986
Javelot	98,48 m	Jan Zelezny (Rép. tchèque)	Iéna, Allemagne	25 mai 1996
Décathlon*	9 026 points	Roman Sebrle (Rép. tchèque)	Götzis, Autriche	26-27 mai 2001

**100 m*	*10"64*
Saut en longueur	*8,11 m*
Poids	*15,33 m*
Saut en hauteur	*2,12 m*
400 m	*47"79*
110 m haies	*13"92*
Disque	*47,92 m*
Perche	*4,80 m*
Javelot	*70,16 m*
1 500 m	*4'21"98*

FEMMES	RECORD	NOM ET PAYS	LIEU	DATE
Saut en hauteur	2,09 m	Stefka Kostadinova (Bulgarie)	Rome, Italie	30 août 1987
●Perche	4,92 m	Yelena Isinbayeva (Russie)	Bruxelles, Belgique	3 septembre 2004
Saut en longueur	7,52 m	Galina Chistyakova (ex-URSS)	Saint-Pétersbourg, Russie	1er juin 1988
Triple saut	15,50 m	Inessa Kravets (Ukraine)	Göteborg, Suède	10 août 1995
Poids	22,63 m	Natalya Lisovskaya (ex-URSS)	Moscou, Russie	7 juin 1987
Disque	76,80 m	Gabriele Reinsch (ex-RDA)	Neubrandenburg, Allemagne	9 juillet 1988
Javelot	71,54 m	Osleidys Menédez (Cuba)	Réthymno, Grèce	1er juillet 2001
Heptathlon*	7 291 points	Jacqueline Joyner-Kersee (USA)	Séoul, Corée-du-Sud	23-24 septembre 1988

**100 m haies*	*12" 69*
Saut en hauteur	*1,86 m*
Poids	*15,80 m*
200 m	*22"56*
Saut en longueur	*7,27 m*
Javelot	*45,66 m*
800 m	*2'8"51*

★ NOUVEAU RECORD ● MISE À JOUR

LE 5 000 M HOMMES →

Le 20 février 2004, Kenenisa Bekele (Éthiopie) célèbre son record du monde du 5 000 m lors du Grand Prix Norwich Union, au National Indoor Arena de Birmingham (GB).

ATHLÉTISME – *INDOOR*

HOMMES	TEMPS	NOM ET PAYS	LIEU	DATE
50 m	5"56	Donovan Bailey (Canada)	Reno, USA	9 février 1996
		Maurice Greene (USA)	Los Angeles, USA	3 février 1999
60 m	6"39	Maurice Greene (USA)	Madrid, Espagne	3 février 1998
		Maurice Greene (USA)	Atlanta, USA	3 mars 2001
200 m	19"92	Frank Fredericks (Namibie)	Liévin, France,	18 février 1996
400 m	44"57	Kerron Clement (USA)	Fayette ville, USA	12 mars 1995
800 m	1'42"67	Wilson Kipketer (Danemark)	Paris, France	9 mars 1997
1 000 m	2'14"96	Wilson Kipketer (Danemark)	Birmingham, GB	20 février 2000
1 500 m	3'31"18	Hicham El Guerrouj (Maroc)	Stuttgart, Allemagne	2 février 1997
1 mile	3'48"45	Hicham El Guerrouj (Maroc)	Gand, Belgique	12 février 1997
3 000 m	7'24"90	Daniel Komen (Kenya)	Budapest, Hongrie	6 février 1998
5 000 m	12'49"60	Kenenisa Bekele (Éthiopie)	Birmingham, GB	20 février 2004
50 m haies	6"25	Mark McCoy (Canada)	Kobe, Japon	5 mars 1986
60 m haies	7"30	Colin Jackson (GB)	Sindelfingen, Allemagne	6 mars 1994
Relais 4 x 200 m	1'22"11	Grande-Bretagne (Linford Christie, Darren Braithwaite, Ade Mafe, John Regis)	Glasgow, GB	3 mars 1991
Relais 4 x 400 m	3'02"83	USA (Andre Morris, Dameon Johnson, Deon Minor, Milton Campbell)	Maebashi, Japon	7 mars 1999
Marche 5 000 m	18'07"08	Mikhail Shchennikov (Russie)	Moscou, Russie	14 février 1995

FEMMES	TEMPS	NOM ET PAYS	LIEU	DATE
50 m	5"96	Irina Privalova (Russie)	Madrid, Espagne	9 février 1995
60 m	6"92	Irina Privalova (Russie)	Madrid, Espagne	11 février 1993
200 m	21"87	Merlene Ottey (Jamaïque)	Liévin, France	13 février 1993
400 m	49"59	Jarmila Kratochvílovà (Tchécoslovaquie)	Milan, Italie	7 mars 1982
800 m	1'55"82	Jolanda Ceplak (Slovénie)	Vienne, Autriche	3 mars 2002
1 000 m	2'30"94	Maria Mutola (Mozambique)	Stockholm, Suède	25 février 1999
1 500 m	3'59"98	Regina Jacobs (USA)	Boston, USA	2 février 2003
1 mile	4'17"14	Doina Melinte (Roumanie)	East Rutherford, USA	9 février 1990
3 000 m	8'29"15	Berhane Adere (Éthiopie)	Stuttgart, Allemagne	3 février 2002
●5 000 m	14'32"93	Tirunesh Dibaba (Éthiopie)	Boston, USA	29 janvier 2005
50 m haies	6" 58	Cornelia Oschkenat (ex-RDA)	Berlin, Allemagne	20 février 1988
60 m haies	7" 69	Lyudmila Engquist (Russie)	Tchéliabinsk, Russie	4 février 1993
●Relais 4 x 200 m	1'32"41	Russie (Yekaterina Kondratyeva, Irina Khabarova, Yuliva Pechonkina, Julia Gushchina)	Glasgow, GB	29 janvier 2005
●Relais 4 x 400 m	3'23"88	Russie (Olesya Krasnomovets, Olga Kotlyarova, Tatyana Levina, Natalya Nazarova)	Budapest, Hongrie	7 mars 2004
Marche 3 000 m	11'40"33	Claudia Iovan (Roumanie)	Bucarest, Roumanie	30 janvier 1999

LE 200 M HOMMES

Le 18 février 1996, Frank Fredericks (Namibie) photographié après avoir battu le record du monde du 200 m, pendant le meeting Vittel du Pas-de-Calais, à Liévin (France).

← LE 3 000 M FEMMES

Le 3 février 2002, Berhane Adere (Éthiopie), lors du 3 000 m qu'elle a couru en 8'29"15 au meeting international d'athlétisme qui s'est déroulé au Schleyer-Halle de Stuttgart (Allemagne).

LE 100 M FEMMES →

En 1996, Merlene Ottey (Jamaïque), détentrice du record du monde du 200 m, en train de courir le 100 m aux J. O. d'Atlanta (Géorgie).

TABLEAU SPORTIF

↗

LE 100 M MESSIEURS

Le 14 septembre 2002, lors de la finale du Grand-Prix de l'IAAF à Paris, Tim Montgomery (USA) a couru le 100 m en 9,78 s.

↑

LE 5 000 M DAMES

Le 11 juin 2004, Elvan Abeylegesse (Turquie) lors de sa victoire dans le 5 000 m dames, au cours des jeux de Bergen Bislett, à Bergen (Norvège).

ATHLÉTISME – *OUTDOOR*

HOMMES	RECORD	NOM ET PAYS	LIEU	DATE
100 m	9"78	Tim Montgomery (USA)	Paris, France	14 septembre 2002
200 m	19"32	Michael Johnson (USA)	Atlanta, USA	1er août 1996
400 m	43"18	Michael Johnson (USA)	Séville, Espagne	26 août 1999
800 m	1'41"11	Wilson Kipketer (Danemark)	Cologne, Allemagne	24 août 1997
1 000 m	2'11"96	Noah Ngeny (Kenya)	Rieti, Italie	5 septembre 1999
1 500 m	3'26"00	Hicham El Guerrouj (Maroc)	Rome, Italie	14 juillet 1998
1 mile	3'43"13	Hicham El Guerrouj (Maroc)	Rome, Italie	7 juillet 1999
2 000 m	4'44"79	Hicham El Guerrouj (Maroc)	Berlin, Allemagne	7 septembre 1999
3 000 m	7'20"67	Daniel Komen (Kenya)	Rieti, Italie	1er septembre 1996
●5 000 m	2'37"35	Kenenisa Bekele (Éthiopie)	Hengelo, Pays-Bas	31 mai 2004
●10 000 m	26'20"31	Kenenisa Bekele (Éthiopie)	Ostrava, Rép. tchèque	8 juin 2004
20 000 m	56'55"6	Arturo Barrios (Mexique, aujourd'hui USA)	La Flèche, France	30 mars 1991
25 000 m	1 h 13'55"80	Toshihiko Seko (Japon)	Christchurch, Nouvelle-Zélande	22 mars 1981
30 000 m	1 h 29'18"80	Toshihiko Seko (Japon)	Christchurch, Nouvelle-Zélande	22 mars 1981
1 h	21 101 m	Arturo Barrios (Mexique, aujourd'hui USA)	La Flèche, France	30 mars 1991
110 m haies	12"91	Colin Jackson (GB)	Stuttgart, Allemagne	20 août 1993
400 m haies	46"78	Kevin Young (USA)	Barcelone, Espagne	6 août 1992
●3 000 m steeple	7'53"63	Saif Saaeed Shaheen (Qatar)	Bruxelles, Belgique	3 septembre 2004
Relais 4 x 100 m	37"40	USA (Michael Marsh, Leroy Burrell, Dennis Mitchell, Carl Lewis)	Barcelone, Espagne	8 août 1992
		USA (John Drummond Jr, Andre Cason, Dennis Mitchell, Leroy Burrell)	Stuttgart, Allemagne	21 août 1993
Relais 4 x 200 m	1'18"68	Santa Monica Track Club, USA (Michael Marsh, Leroy Burrell, Floyd Heard, Carl Lewis)	Walnut, USA	17 avril 1994
Relais 4 x 400 m	2'54"20	USA (Jerome Young, Antonio Pettigrew, Tyree Washington, Michael Johnson)	New York, USA	23 juillet 1998
Relais 4 x 800 m	7'03"89	Grande-Bretagne (Peter Elliott, Garry Cook, Steve Cram, Sebastian Coe)	Londres, GB	30 août 1982
Relais 4 x 1 500 m	14'38"80	RFA (Thomas Wessinghage, Harald Hudak, Michael Lederer, Karl Fleschen)	Cologne, Allemagne	17 août 1977
FEMMES	**RECORD**	**NOM ET PAYS**	**LIEU**	**DATE**
100 m	10"49	Florence Griffith-Joyner (USA)	Indianapolis, USA	16 juillet 1988
200 m	21"34	Florence Griffith-Joyner (USA)	Séoul, Corée-du-Sud	29 septembre 1988
400 m	47"60	Marita Koch (ex-RDA)	Canberra, Australie	6 octobre 1985
800 m	1'53"28	Jarmila Kratochvílová (Tchécoslovaquie)	Munich, Allemagne	26 juillet 1983
1 000 m	2'28"98	Svetlana Masterkova (Russie)	Bruxelles, Belgique	23 août 1996
1 500 m	3'50"46	Qu Yunxia (Chine)	Pékin, Chine	11 septembre 1993
1 mile	4'12"56	Svetlana Masterkova (Russie)	Zürich, Suisse	14 août 1996
2 000 m	5'25"36	Sonia O'Sullivan (Irlande)	Édimbourg, GB	8 juillet 1994
3 000 m	8'06"11	Wang Junxia (Chine)	Pékin, Chine	13 septembre 1993
●5 000 m	14'24"68	Elvan Abeylegesse (Turquie)	Bergen, Norvège	11 juin 2004
10 000 m	29'31"78	Wang Junxia (Chine)	Pékin, Chine	8 septembre 1993
20 000 m	1 h 05'26"60	Tegla Loroupe (Kenya)	Borgholzhausen, Allemagne	3 septembre 2000
25 000 m	1 h 27'05"90	Tegla Loroupe (Kenya)	Megerkirchen, Allemagne	21 septembre 2002
30 000 m	1 h 45'50"	Tegla Loroupe (Kenya)	Warstein, Allemagne	6 juin 2003
1 heure	18 340 m	Tegla Loroupe (Kenya)	Borgholzhausen, Allemagne	7 août 1998
100 m haies	12"21	Yordanka Donkova (Bulgarie)	Stara Zagora, Bulgarie	20 août 1988
400 m haies	52"34	Yuliya Pechonkina (Russie)	Toula, Russie	8 août 2003
●3 000 m steeple	9'01"59	Gulnara Samitova (Russie)	Iraklio, Grèce	4 juillet 2004
Relais 4 x 100 m	41"37	ex-RDA (Silke Gladisch, Sabine Rieger, Ingrid Auerswald, Marlies Göhr)	Canberra, Australie	6 octobre 1985
Relais 4 x 200 m	1'27"46	États-Unis « Blue » (LaTasha Jenkins, Latasha Colander Richardson, Nanceen Perry, Marion Jones)	Philadelphie, USA	29 avril 2000
Relais 4 x 400 m	3'15"17	ex-URSS (Tatyana Ledovskaya, Olga Nazarova, Maria Pinigina, Olga Bryzgina)	Séoul, Corée-du-Sud	1er octobre 1988
Relais 4 x 800 m	7'50"17	ex-URSS (Nadezhda Olizarenko, Lyubov Gurina, Lyudmila Borisova, Irina Podyalovskaya)	Moscou, Russie	5 août 1984

ATHLÉTISME – COURSE SUR ROUTE

HOMMES	RECORD	NOM ET PAYS	LIEU	DATE
10 km	27'02"	Haile Gebrselassie (Éthiopie)	Doha, Qatar	11 décembre 2002
15 km	41'29"	Felix Limo (Kenya)	Nimègue, Pays-Bas	11 novembre 2001
20 km	56'18"	Paul Tergat (Kenya)	Milan, Italie	4 avril 1998
Semi-marathon	59'17"	Paul Tergat (Kenya)	Milan, Italie	4 avril 1998
●25 km	1 h 12'45"	Paul Kosgei (Kenya)	Berlin, Allemagne	9 mai 2004
●30 km	1 h 28'00"	Takayuki Matsumiya (Japon)	Kumamoto, Japon	27 février 2005
Marathon	2 h 04'55"	Paul Tergat (Kenya)	Berlin, Allemagne	28 septembre 2003
100 km	6 h 13'33"	Takahiro Sunada (Japon)	Yubetsu, Japon	21 juin 1998
FEMMES	**RECORD**	**NOM ET PAYS**	**LIEU**	**DATE**
10 km	30'21"	Paula Radcliffe (GB)	San Juan, Porto Rico	23 février 2003
15 km	46'57"	Elana Meyer (Afrique du Sud)	Le Cap, Afrique du Sud	2 novembre 1991
20 km	1 h 03'26"	Paula Radcliffe (GB)	Bristol, GB	6 octobre 2001
Semi-marathon	1 h 06'44"	Elana Meyer (Afrique du Sud)	Tokyo, Japon	15 janvier 1999
25 km	1 h 22'31"	Naoko Takahashi (Japon)	Berlin, Allemagne	30 septembre 2001
30 km	1 h 39'02"	Naoko Takahashi (Japon)	Berlin, Allemagne	30 septembre 2001
Marathon	2 h 15'25"	Paula Radcliffe (GB)	Londres, GB	13 avril 2003
100 km	6 h 33'11"	Tomoe Abe (Japon)	Yufutsu, Japon	25 juin 2000

ATHLÉTISME – LONGUE DISTANCE

HOMMES	TEMPS/DISTANCE	NOM ET PAYS	LIEU	DATE
100 km	6 h 10'20"	Don Ritchie (GB)	Londres, GB	28 octobre 1978
●100 miles	11 h 28'03"	Oleg Kharitonov (Russie)	Londres, GB	2 octobre 2002
1 000 miles	11 jours 13 h 54'58"	Piotr Silikin (Lituanie)	Nanango, Australie	11-23 mars 1998
24 h	303,5 km	Yiannis Kouros (Australie)	Adelaïde, Australie	4-5 octobre 1997
6 jours	1 022 km	Yiannis Kouros (Grèce)	New York, USA	2-8 juillet 1984
FEMMES	**TEMPS/DISTANCE**	**NOM ET PAYS**	**LIEU**	**DATE**
●100 km	7 h14'05"80	Norimi Sakurai (Japon)	Vérone, Italie	27 septembre 2003
●100 miles	14 h 25 '45	Edit Berces (Hongrie)	Vérone, Italie	21-22 septembre 2002
1,000 miles	13 jours 1 h 54'02	Eleanor Robinson (GB)	Nanango, Australie	11-24 mars 1998
●24 heures	250,1 km	Edit Berces (Hongrie)	Vérone, Italie	21-22 septembre 2002
6 jours	883,60 km	Sandra Barwick (Nouvelle-Zélande)	Campbelltown, Australie	18-24 novembre 1990

APNÉE

PLONGÉE EN APNÉE	PROFONDEUR	TEMPS ET PAYS	LIEU	DATE
●Hommes – poids constant	103 m	Martin Stepanek (Rép. tchèque)	Île Spétsai, Grèce	10 septembre 2004
●Femmes – poids constant	78 m	Mandy-Rae Cruickshank (Canada)	Grand Caïman	21 mars 2004
●Hommes (sans palmes) – poids constant	80 m	Martin Stepanek (Rép. tchèque)	Grand Caïman	9 avril 2005
●Femmes (sans palmes) – poids constant	50 m	Mandy-Rae Cruickshank (Canada)	Grand Caïman	8 avril 2005
●Hommes– poids variable	136 m	Martin Stepanek (Rép. tchèque)	Grand Caïman	14 avril 2005
Femmes – poids variable	122 m	Tanya Streeter (GB)	Îles Turks et Caïcos	21 juillet 2003
●Hommes – « No limits »	171 m	Loïc Leferme (France)	Nice, France	30 octobre 2004
Femmes –« No limits »	160 m	Tanya Streeter (USA)	Îles Turks et Caïcos	17 août 2002
●Hommes – immersion libre	102 m	Martin Stepanek (Rép. tchèque)	Grand Caïman	23 mars 2004
●Femmes – immersion libre	74 m	Mandy-Rae Cruickshank (Canada)	Grand Caïman	11 avril 2005
APNÉE DYNAMIQUE	**PROFONDEUR**	**NOM ET PAYS**	**LIEU**	**DATE**
Hommes	200 m	Peter Pedersen (Danemark)	Randers, Danemark	18 juillet 2003
●Femmes	158 m	Johanna Nordblad (Finlande)	Limassol, Chypre	14 juin 2004
●Hommes (sans palmes)	166 m	Stig Aavail Severinsen (Danemark)	Aarhus, Danemark	19 juillet 2003
●Femmes (sans palmes)	104 m	Renate De Bruyn (Pays-Bas)	Huy, Belgique	25 avril 2004
APNÉE STATIQUE	**TEMPS**	**NOM ET PAYS**	**LIEU**	**DATE**
●Hommes (sans palmes, durée)	8'58"	Tom Sietas (Allemagne)	Eindhoven, Pays-Bas	12 décembre 2004
●Femmes (sans palmes, durée)	6'31"	Lotta Ericson (Suède)	Limassol, Chypre	19 juin 2004

LE 10 KM DAMES

En février 2003, Paula Radcliffe (GB) s'entraînant pour le 10 km, qu'elle a couru en 30 min et 21 s. Elle détient aussi le record du 20 km.

PLONGÉE EN APNÉE

Le 30 octobre 2004, Loïc Leferme (France) est descendu en apnée à 171 m de profondeur, à Villefranche-sur-Mer (France).

★ NOUVEAU RECORD ● MISE À JOUR

TABLEAU SPORTIF

RECORD FÉMININ EN SKIFF ↓

Le 21 septembre 2002, Roumiana Neykova (Bulgarie) fête la médaille d'or qu'elle a remportée en skiff lors des championnats du monde d'aviron de la FISA, à Séville (Espagne).

AVIRON

HOMMES	TEMPS	RAMEURS/PAYS	LIEU	ANNÉE
Skiff	6'36"33	Marcel Hacker (Allemagne)	Séville, Espagne	2002
2 de couple	6'04"37	Luka Spik, Iztok Cop (Slovénie)	St Catharines, Canada	1999
4 de couple	5'37"68	Italie	Indianapolis, USA	1994
2 sans barreur	6'14"27	Matthew Pinsent, James Cracknell (GB)	Séville, Espagne	2002
4 sans barreur	5'41"35	Allemagne	Séville, Espagne	2002
2 barrés*	6'42"16	Igor Boraska, Tihomir Frankovic, Milan Razov (Croatie)	Indianapolis, USA	1994
4 barrés*	5'58"96	Allemagne	Vienne, Autriche	1991
●8 barrés	5'19"85	USA	Athènes, Grèce	2004

FEMMES	TEMPS	RAMEURS/PAYS	LIEU	ANNÉE
Skiff	7'07"71	Roumiana Neykova (Bulgarie)	Séville, Espagne	2002
2 de couple	6'38"78	Georgina et Caroline Evers-Swindell	Séville, Espagne	2002
4 de couple	6'10"80	Allemagne	Duisbourg, Allemagne	1996
2 sans barreur	6'53"80	Georgeta Andrunache, Viorica Susanu (Roumanie)	Séville, Espagne	2002
4 sans barreur*	6'25"47	Canada	Vienne, Autriche	1991
●8 barrés	5'56"55	USA	Athènes, Grèce	2004

HOMMES (POIDS LÉGERS)	TEMPS	RAMEURS/PAYS	LIEU	ANNÉE
Skiff*	6'47"97	Karsten Nielsen (Danemark)	St Catharines, Canada	1999
2 de couple	6'10"80	Elia Luini, Leonardo Pettinari (Italie)	Séville, Espagne	2002
4 de couple*	5'45"18	Italie	Montréal, Canada	1992
2 sans barreur*	6'29"97	Christian Yantani Garces, Miguel Cerda Silva (Chili)	Séville, Espagne	2002
4 sans barreur	5'45"60	Danemark	Lucerne, Suisse	1999
8 barrés*	5'30"24	Allemagne	Montréal, Canada	1992

FEMMES (POIDS LÉGERS)	TEMPS	RAMEURS/PAYS	LIEU	ANNÉE
Skiff*	7'15"88	Marit van Eupen (Pays-Bas)	Lucerne, Suisse	1999
●2 de couple	6'49"90	Sally Newmarch, Amber Halliday (Australie)	Athènes, Grèce	2004
4 de couple*	6'29"55	Australie	Séville, Espagne	2002
2 sans barreur*	7'18"32	Eliza Blair, Justine Joyce (Australie)	Aiguebelette, France	1997

*non-homologués aux J. O.

→ QUELLE EST LA PLUS LONGUE DISTANCE JAMAIS PARCOURUE À LA RAME SUR TERRE ? DÉCOUVREZ LA RÉPONSE P. 257.

↙ RECORD MASCULIN EN SKIFF

Le 3 août 2002, Marcel Hacker (Allemagne) a gagné le skiff individuel lors de la Coupe du monde d'aviron, à Munich (Allemagne).

★ NOUVEAU RECORD ● MISE À JOUR

← PATINAGE DE VITESSE : 10 000 M HOMMES

Jochem Uytdehaage (Pays-Bas) en train de battre le record du monde détenu jusque-là par son compatriote Gianni Romme. Le 22 février 2002, il a parcouru 10 000 m en 12 min et 58,92 s, sur la patinoire olympique d'Utah (USA).

↑ PATINAGE DE VITESSE : 1 000 M HOMMES

Médaillé d'or, détenteur du record du monde et du record olympique de patinage de vitesse, Gerard Van Velde (Pays-Bas) en train de disputer le 1 000 m, le 16 février 2002, aux J. O. de Salt Lake City (USA).

PATINAGE DE VITESSE – PISTE LONGUE

HOMMES	TEMPS	NOM ET PAYS	LIEU	DATE
500 m	34"32	Hiroyasu Shimizu (Japon)	Salt Lake City, USA	10 mars 2001
1 000 m	1'07"18	Gerard van Velde (Pays-Bas)	Salt Lake City, USA	16 février 2002
●1 500 m	1'43"33	Shani Davis (USA)	Salt Lake City, USA	9 janvier 2005
●3 000 m	3'39"02	Chad Hendrick (USA)	Calgary, Canada	10 mars 2005
5 000 m	6'14"66	Jochem Uytdehaage (Pays-Bas)	Salt Lake City, USA	9 février 2002
10 000 m	12'58"92	Jochem Uytdehaage (Pays-Bas)	Salt Lake City, USA	22 février 2002
FEMMES	**TEMPS**	**NOM ET PAYS**	**LIEU**	**DATE**
500 m	37"22	Catriona LeMay Doan (Canada)	Calgary, Canada	9 décembre 2001
1 000 m	1'13"83	Christine Witty (USA)	Salt Lake City, USA	17 février 2002
●1 500 m	1'53"87	Cindy Klassen (Canada)	Salt Lake City, USA	9 janvier 2005
3 000 m	3'57"70	Claudia Pechstein (Allemagne)	Salt Lake City, USA	10 février 2002
5 000 m	6'46"91	Claudia Pechstein (Allemagne)	Salt Lake City, USA	23 février 2002

PATINAGE DE VITESSE – PISTE COURTE

HOMMES	TEMPS	NOM ET PAYS	LIEU	DATE
500 m	41"184	Jean-François Monette (Canada)	Calgary, Canada	18 octobre 2003
1 000 m	1'24"674	Jiajun Li (Chine)	Bormio, Italie	14 février 2004
1 500 m	2'10"639	Ahn Hyun-soo (Corée-du-Sud)	Marquette, USA	24 octobre 2003
3 000 m	4'32"646	Ahn Hyun-soo (Corée-du-Sud)	Pékin, Chine	7 décembre 2003
●Relais 5 000 m	6'39"990	Canada (Charles Hamelin, Steve Robillard, François-Louis Tremblay, Mathieu Turcotte)	Pékin, Chine	13 mars 2005
FEMMES	**TEMPS**	**NOM ET PAYS**	**LIEU**	**DATE**
500 m	43"671	Evgenia Radanova (Bulgarie)	Calgary, Canada	19 octobre 2001
1 000 m	1'30"483	Byun Chun-sa (Corée-du-Sud)	Budapest, Hongrie	3 février 2002
1 500 m	2'18"861	Jung Eun-ju (Corée-du-Sud)	Pékin, Chine	11 janvier 2004
3 000 m	5'01"976	Choi Eun-kyung (Corée-du-Sud)	Calgary, Canada	22 octobre 2000
●Relais 3 000 m	4'11"742	Corée-du-Sud (Choi Eun-kyung, Kim Min-jee, Byun Chun-sa and Ko Gi-hyun)	Calgary, Canada	19 octobre 2003

PATINAGE DE VITESSE : 5 000 M FEMMES

Le 23 février 2002, avec un temps de 6'46"91, Claudia Pechstein (Allemagne) remporte la médaille d'or et bat le record du monde féminin sur 5 000 m, aux J.O. de Salt Lake City (USA). ←

TABLEAU SPORTIF

LES ÉPREUVES MARATHONS

SPORT	TEMPS	NOM ET PAYS	LIEU	DATE
●Basket	30 h et 12 min	Beatrice Hoops, Basketball Organisation (USA)	Beatrice, Nebraska, USA	6-7 août 2004
Billiards, individuel	181 h et 8 min	Pierre De Coster (Belgique)	Kampenhout, Belgique	3-10 juin 2003
Billiards, par équipe	45 h et 10 min	Arie Hermans et Jeff Fijneman (Pays-Bas)	Oosterhout, Pays-Bas	12-14 février 2004
●Bowling à 10 quilles	60 h et 15 min	Giancarlo Tolu (Italie)	Baie de Saint-Georges, Malte	17-19 septembre 2004
Boules, indoor	36 h	Arnos Bowling Club (GB)	Southgate, GB	20-21 avril 2002
●Boules, outdoor	80 h et 25 min	South Grafton Bowling, Sport and Recreation Club (Australie)	South Grafton, Australie	1-4 octobre 2004
Cricket	26 h et 13 min	Cricket Club des Ormes (France)	Dol-de-Bretagne, France	21-22 juin 2003
★Curling	30 h et 7 min	Wheat City Curling Club (Canada)	Brandon, Canada	13-14 mars 2004
Fléchettes, indiv.	72 h	G Hofstee, AJ Amerongen et E Mol (Pays-Bas)	Borculo, Pays-Bas	22-25 avril 2004
★Football	25 h et 35 min	Trevor McDonald XI et Elstead Village Idiots (GB)	Reading, GB	25-26 septembre 2004
Futsal	25 h et 10 min	Ayuntamiento de Almodóvar del Campo (Espagne)	Puertollano, Espagne	28-29 juin 2003
Handball	70 h	HV Mighty/Stevo (Pays-Bas)	Tubbergen, Pays-Bas	30 août-2 septembre 2001
●Hochey-sur-glace	203 h	Sudbury Angels (Canada)	Azilda, Canada	3-11 avril 2004
Hockey, indoor	24 h	Mandel Bloomfield AZA (Canada)	Edmonton, Canada	28-29 février 2004
Hockey, inline	24 h	8K Roller Hockey League (USA)	Eastpointe, USA	13-14 septembre 2002
★Street-hockey	30 h	Conroy Ross Partners (Canada)	Edmonton, Alberta, Canada	17-18 septembre 2004
Korfball	26 h et 2 min	Korfball Club de Vinken (Pays-Bas)	Vinkeveen, Pays-Bas	23-24 mai 2001
Netball	54 h et 15 min	Castle View School, (GB)	Canvey Island, GB	22-24 mars 2002
Parachutisme ascensionnel	24 h et 10 min	Berne Persson (Suède)	Lac Graningesjön, Suède	19-20 juillet 2002
★Pétanque	27 h et 30 min	Club de pétanque de Newcastle (Australie)	Newcastle, Australie	24-25 janvier 2004
Billiard américain, indiv.	75 h et 19 min	Raf Goossens (Belgique)	Kampenhout, Belgique	19-22 février 2003
●Billiars américain, équipe	144 h	Bell Hotel (GB)	Driffield, GB	2-8 août 2004
★Punching-ball	36 h et 3 min	Ron Sarchian (USA)	Encino, Californie, USA	15-17 juin 2004
Tir à la carabine, éuipe	26 h	St Sebastianus Schützenbruderchaft (Allemagne)	Ettringen, Allemagne	20-21 septembre 2003
Ski	168 h	Christian Flühr (Allemagne)	Tyrol, Autriche	8-15 mars 2003
★Snowboard	180 h et 34 min	Bernhard Mair (Autriche)	Bad Kleinkirchheim, Autriche	9-16 janvier 2004
●Softball	55 h et 11 min	Ronan's and Burns Blues (Irlande)	Dublin, Irlande	30 avril-2 mai 2004
Tennis, en simple	25 h et 25 min	Christian Barschel et Hauke Daene (Allemagne)	Molln, Allemagne	12-13 septembre 2003
Tennis, en double	48 h et 6 min	Kadzielewski, Siupka, Zatorsk, Milian (Pologne)	Giliwice, Pologne	30 août-1 septembre 2002
★Tennis, en double, une équipe	33 h et 33 min	Christian Barschel et Hauke Daene (Allemagne)	Molln Tennis Club, Allemagne	13-15 août 2004
Tennis, seul	52 h	Butch Heffernan (Australie)	Dudley, GB	23-25 novembre 2001
Volley-ball	24 h et 10 min	Torgau Vocational School, Allemagne	Torgau, Allemagne	30 septembre-1er octobre 2002
Water-polo	24 h	Rapido 82 Haarlem (Pays-Bas)	Haarlem, Pays-Bas	30 avril-1 mai 1999
Planche à voile	71 h et 30 min	Sergiy Naidych (Ukraine)	Simferopol, Ukraine	6-9 juin 2003

Tous ces records ont été établis conformément au règlement entré en vigueur après 1998

MARATHON DE CRICKET

Le Club des Ormes (France) a réalisé le plus long marathon de cricket. Ce dernier a duré 26 h et 13 min et s'est déroulé à Dol-de-Bretagne (France), du 21 au 22 juin 2003.

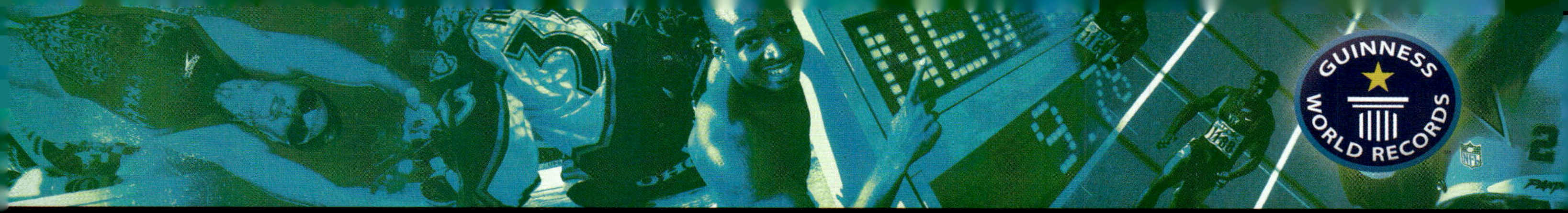

←TIR À 300 M
ÉPREUVE INDIVIDUELLE CATÉGORIE DAMES

En 2002, Charlotte Jakobsen (Danemark), détentrice du record du monde de tir à la carabine à 300 m en position couchée, lors du championnat du monde, à Lhati (Finlande). Elle a remporté la médaille d'or avec un score de 594 points.

TIR (ISSF)

HOMMES	RECORD	NOM ET PAYS	LIEU	DATE
10 m cible mobile mixte	391	Manfred Kurzer (Allemagne)	Pontevedra, Espagne	14 mars 2001
300 m carabine (trois positions)	1 178	Thomas Jerabek (Rép. tchèque)	Lahti, Finlande	13 juillet 2002
300 m carabine (en position couchée)	600	Harald Stenvaag (Norvège)	Moscou, Russie	15 août 1990
	600	Bernd Ruecker (Allemagne)	Tolmezzo, Italie	31 juillet 1994
300 m carabine standard 3 x 20	589	Trond Kjoell (Norvège)	Boden, Suède	7 juillet 1995
	589	Marcel Buerge (Suisse)	Lahti, Finlande	16 juillet 2002
50 m cible mobile	596	Nicolai Lapine (ex-URSS)	Lahti, Finlande	25 juillet 1987
50 m cible mobile mixte	398	Lubos Racansky (Rép. tchèque)	Milan, Italie	4 août 1994
10 m pistolet à air comprimé	593	Sergei Pyzhianov (ex-URSS)	Munich, Allemagne	13 octobre 1989
10 m carabine à air comprimé	600	Tevarit Majchacheeap (Thaïlande)	Langkawi, Thaïlande	27 janvier2000
25 m pistolet à percussion centrale	590	Afanasijs Kuzmins (ex-URSS)	Zagreb, Yougoslavie	15 juillet 1989
	590	Sergei Pyzhianov (ex-URSS)	Moscou, Russie	5 août 1990
	590	Mikhail Nestruev (Russie)	Kouvola, Finlande	1er juillet 1997
	590	Park Byung-Taek (Corée)	Lahti, Finlande	14 juillet 2002
Double trap	147	Michael Diamond (Australie)	Barcelone, Espagne	19 juillet 1998
50 m pistolet	581	Alexsander Melentiev (URSS)	Moscou, Russie	20 juillet 1980
50 m carabine (trois positions)	1 186	Rajmond Debevec (Slovénie)	Munich, Allemagne	29 août 1992
50 m carabine (en position couchée)	600	De nombreux concurrents ont marqué le même score		
25 m pistolet standard	584	Erich Buljung (USA)	Caracas, Venezuela	20 août 1983
Trap	125	Giovanni Pellielo (Italie)	Nicosie, Italie	1 avril 1994
	125	Ray Ycong (USA)	Lahti, Finlande	9 juin 1995
	125	Marcello Tittarelli (Italie)	Suhl, Allemagne	11 juin 1996
	125	Lance Bade (USA)	Barcelone, Espagne	23 juillet 1998
★25 m pistolet à tir rapide	583	Dongming Yang (Chine)	Changwon, Corée	14 avril 2005
	583	Emil Milev (Bulgarie)	Ft Benning, USA	14 mai 2005
★Skeet	124	Vincent Hancock (USA)	Changwon, Corée	16 avril 2005
FEMMES	**SCORE**	**NOM ET PAYS**	**LIEU**	**DATE**
10 m cible mobile	391	Wu Xuan (Chine)	Lahti, Finlande	6 juillet 2002
10 m cible mobile mixte	390	Audrey Soquet (France)	Lahti, Finlande	9 juillet 2002
300 m carabine (trois positions)	588	Charlotte Jakobsen (Danemark)	Lahti, Finlande	12 juillet 2002
300 m carabine en position couchée	597	Marie Enquist (Suède)	Plzen, Rép. tchèque	22 juillet 2003
10 m pistolet à air comprimé	393	Svetlana Smirnova (Russie)	Munich, Allemagne	23 mai 1998
10 m carabine à air comprimé	400	de nombreuses concurrentes ont marqué le même score		
25 m pistolet	594	Diana Iorgova (Bulgarie)	Milan, Italie	31 mai 1994
	594	Tao Luna (Chine)	Munich, Allemagne	23 août 2002
50 m carabine (trois positions)	592	Vesela Letcheva (Bulgarie)	Munich, Allemagne	15 juin1995
	592	Shan Hong (Chine)	Milan, Italie	28 mai 1999
50m carabine en position couchée	597	Marina Bobkova (Russie)	Barcelona, Espagne	19 juillet1998
	597	Olga Dovgun (Kazakhstan)	Lahti, Finlande	4 juillet 2002
	597	Olga Dovgun (Kazakhstan)	Busan, Phillipines	4 octobre 2002
Trap	74	Victoria Chuyko (Ukraine)	Nicosie, Sicile	23 juillet 1998
★Skeet	71	Christine Brinker (Allemagne)	Changwon, Corée	15 avril 2005
	71	Haley Dunn (USA)	Changwon, Corée	15 avril 2005
	71	Cristina Vitali (Italie)	Changwon, Corée	15 avril 2005
	71	Ning Wei (Chine)	Changwon, Corée	15 avril 2005

★ NOUVEAU RECORD ● MISE À JOUR

TABLEAU SPORTIF

LE 50 M PAPILLON MASCULIN

Le 9 octobre 2004, lors du championnat du monde de natation de la FINA, à Indianapolis, Ian Crocker (USA) a gagné l'épreuve qualificative du 50 m papillon et remporta la finale le lendemain.

↓

LE 4 X 100 M NAGE LIBRE DAMES

Les membres de l'équipe de natation australienne – Petria Thomas (à gauche), Lisbeth Lenton (au centre) et Alice Mills (à droite) – acclament leur coéquipère Jodie Henry sur le point de remporter la finale du relais 4 x 100 m nage libre, le 14 août 2004, lors des J.O. d'Athènes (Grèce).

↘

NATATION – BASSIN DE 25 M

HOMMES	TEMPS	NOM ET PAYS	LIEU	DATE
●50 m nage libre	21"10	Fred Bousquet (France)	New York	25 mars 2004
●100 m nage libre	46"25	Ian Crocker (USA)	New York	27 mars 2004
200 m nage libre	1'41"10	Ian Thorpe (Australie)	Berlin, Allemagne	6 février 2000
400 m nage libre	3'34"58	Grant Hackett (Australie)	Sydney, Australie	18 juillet 2002
800 m nage libre	7'25"28	Grant Hackett (Australie)	Perth, Australie	3 août 2001
1 500 m nage libre	14'10"10	Grant Hackett (Australie)	Perth, Australie	7 août 2001
4 x 50 m nage libre	1'25"55	Pays-Bas (Mark Veens, Johan Kenkhuis, Gijs Damen, Pieter van den Hoogenband)	Dublin, Irlande	14 décembre 2003
4 x 100 m nage libre	3'09"57	Suède (Johan Nyström, Lars Frolander, Mattias Ohlin, Stefan Nystrand)	Athènes, Grèce	16 mars 2000
4 x 200 m nage libre	6'56"41	Australie (William Kirby, Ian Thorpe, Michael Klim, Grant Hackett)	Perth, Australie	7 août 2001
●50 m papillon	22"71	Ian Crocker (USA)	Indianapolis, USA	10 octobre 2004
●100 m papillon	49"07	Ian Crocker (USA)	New York, USA	26 mars 2004
200 m papillon	1'50"73	Frank Esposito (France)	Antibes, France	8 décembre 2002
50 m dos	23"31	Matthew Welsh (Australie)	Melbourne, Australie	2 septembre 2002
●100 m dos	50"32	Peter Marshall (USA)	New York, USA	26 mars 2004
●200 m dos	1'50"52	Aaron Peirsol (USA)	Indianapolis, USA	11 octobre 2004
50 m brasse	26"20	Oleg Lissogor (Ukraine)	Berlin, Allemagne	26 janvier 2002
100 m brasse	57"47	Ed Moses (USA)	Stockholm, Suède	23 janvier 2002
200 m brasse	2'02"92	Ed Moses (USA)	Berlin, Allemagne	17 janvier 2004
●100 m 4 nages	52"51	Roland Schoeman (Afrique du Sud)	Stockholm, Suède	18 janvier 2005
●200 m 4 nages	1'53"93	George Bovell (Trinidad)	New York, USA	25 mars 2004
400 m 4 nages	4'02"72	Brian Johns (Canada)	Victoria, Canada	21 février 2003
4 x 50 m 4 nages	1'34"46	Allemagne (Thomas Rupprath, Mark Warnecke, Fabian Freidrich, Carstein Dehmlow)	Dublin, Irlande	11 décembre 2003
●4 x 100 m 4 nages	3'25"09	USA (Aaron Peirsol, Brendan Hansen, Ian Crocker, Jason Lezak)	Indianapolis, USA	11 octobre 2004

FEMMES	TEMPS	NOM ET PAYS	LIEU	DATE
50 m nage libre	23"59	Therese Alshammar (Suède)	Athènes, Grèce	18 mars 2000
100 m nage libre	52"17	Therese Alshammar (Suède)	Athènes, Grèce	17 mars 2000
200 m nage libre	1'54"04	Lindsay Benko (USA)	Moscou, Russie	7 avril 2002
400 m nage libre	3'59"53	Lindsay Benko (USA)	Berlin, Allemagne	26 janvier 2003
800 m nage libre	8'13"35	Sachiko Yamada (Japon)	Nishinomya-shi, Japon	24 janvier 2004
●1 500 m nage libre	15'42"39	Laure Manaudou (France)	La Roche-sur-Yon, France	9 novembre 2004
4 x 50 m nage libre	1'37"27	USA (Kara Lynn Joyce, Neka Mabry, Paige Kearns, Andrea Georoff)	Texas, USA	18 mars 2004
4 x 100 m nage libre	3'34"55	Chine (Le Jingyi, Na Chao, Shan Ying, Nian Yin)	Göteborg, Suède	19 avril 1997
4 x 200 m nage libre	7'46"30	Chine (Xu Yanvei, Zhu Yingven, Tang Jingzhi, Yang Yu)	Moscou, Russie	3 avril 2002
50 m papillon	25"36	Anne-Karin Kammerling (Suède)	Stockholm, Suède	25 janvier 2001
100 m papillon	56"34	Natalie Coughlin (USA)	New York, USA	22 novembre 2002
200 m papillon	2'04"04	Yu Yang (Chine)	Berlin, Allemagne	18 janvier 2004
50 m dos	26"83	Hui Li (Chine)	Shanghai, Chine	2 décembre 2001
100 m dos	56"71	Natalie Coughlin (USA)	New York, USA	23 novembre 2002
200 m dos	2'03"62	Natalie Coughlin (USA)	New York, USA	27 novembre 2001
50 m brasse	29"96	Emma Igelstrom (Suède)	Moscou, Russie	4 avril 2002
●100 m brasse	1'04"79	Tara Kirk (USA)	Texas, USA	19 mars 2004
200 m brasse	2'17"75	Leisel Jones (Australie)	Melbourne, Australie	29 novembre 2003
100 m 4 nages	58"80	Natalie Coughlin (USA)	New York	23 novembre 2003
200 m 4 nages	2'07"79	Allison Wagner (USA)	Palma de Majorque	5 décembre 1993
400 m 4 nages	4'27"83	Yana Klochkova (Ukraine)	Paris, France	19 janvier 2002
4 x 50m 4 nages	1'48"31	Suède (Therese Alshammar, Emma Igelström, Anna-Karin Kammerling, Johanna Sjöberg)	Valence, Espagne	16 décembre 2000
●4 x 100m 4 nages	3'54"95	Australie (Sophie Edington, Brooke Hanson Jessica Schipper, Lisbeth Lenton)	Indianapolis, USA	9 octobre 2004

★ NOUVEAU RECORD ● MISE À JOUR

NATATION – BASSIN DE 50 M

HOMMES	TEMPS	NOM ET PAYS	LIEU	DATE
50 m nage libre	21"64	Alexander Popov (Russie)	Moscou, Russie	16 juin 2000
100 m nage libre	47"84	Pieter van den Hoogenband (Pays-Bas)	Sydney, Australie	19 septembre 2000
200 m nage libre	1'44"06	Ian Thorpe (Australie)	Fukuoka, Japon	25 juillet 2001
400 m nage libre	3'40"08	Ian Thorpe (Australie)	Manchester, GB	30 juillet 2002
800 m nage libre	7'39"16	Ian Thorpe (Australie)	Fukuoka, Japon	24 juillet 2001
1 500 m nage libre	14'34"56	Grant Hackett (Australie)	Fukuoka, Japon	29 juillet 2001
●Relais 4 x 100 m nage libre	3'13"17	Afrique du Sud (Roland Schoeman, Lydon Ferns, Darian Townsend, Ryk Neethling)	Athènes, Grèce	15 août 2004
Relais 4 x 200 m nage libre	7'04"66	Australia (Grant Hackett, Michael Klim, William Kirby, Ian Thorpe)	Fukuoka, Japon	27 juillet 2001
●50 m papillon	23"30	Ian Crocker (USA)	Austin, USA	29 février 2004
●100 m papillon	50"76	Ian Crocker (USA)	Long Beach, USA	13 juillet 2004
●200 m papillon	1'53"93	Michael Phelps (USA)	Barcelone, Espagne	22 juillet 2003
●50 m dos	24"80	Thomas Rupprath (Allemagne)	Barcelone, Espagne	27 juillet 2003
●100 m dos	53"45	Aaron Peirsol (USA)	Athènes, Grèce	21 août 2004
●200 m dos	1'54"74	Aaron Peirsol (USA)	Long Beach, USA	12 juillet 2004
50 m brasse	27"18	Oleg Lisogor (Ukraine)	Berlin, Allemagne	2 août 2002
●100 m brasse	59"30	Brendan Hansen (USA)	Long Beach, USA	8 juillet 2004
●200 m brasse	2'09"04	Brendan Hansen (USA)	Long Beach, USA	11 juillet 2004
200 m 4 nages	1'55"94	Michael Phelps (USA)	Maryland, USA	9 août 2003
●400 m 4 nages	4'08"26	Michael Phelps (USA)	Athènes, Grèce	14 août 2004
●Relais 4 x 100 m 4 nages	3'30"68	USA (Aaron Peirsol, Brendon Hanson, Ian Crocker, Jason Lezak)	Athènes, Grèce	21 août 2004
FEMMES	**TEMPS**	**NOM ET PAYS**	**LIEU**	**DATE**
50 m nage libre	24"13	Inge de Bruijn (Pays-Bas)	Sydney, Australie	22 septembre 2000
●100 nage libre	53"52	Jodie Henry (Australie)	Athènes, Grèce	18 août 2004
200 m nage libre	1'56"64	Franziska van Almsick (Allemagne)	Berlin, Allemagne	3 août 2002
400 m nage libre	4'03"85	Janet Evans (USA)	Séoul, Corée-du-Sud	22 septembre 1988
800 m nage libre	8'16"22	Janet Evans (USA)	Tokyo, Japon	20 août 1989
1 500 m nage libre	15'52"10	Janet Evans (USA)	Orlando, USA	26 mars 1988
●Relais 4 x 100 m nage libre	3'35"94	Australie (Alice Mills, Lisbeth Lenton Petria Thomas, Jodie Henry)	Athènes, Grèce	14 août 2004
●Relais 4 x 200 m nage libre	7'53"42	USA (Natalie Coughlin, Carly Piper Dana Vollmer, Kaitlin Sandeno)	Athènes, Grèce	18 août 2004
50 m papillon	25"57	Anna-Karin Kammerling (Suède)	Berlin, Allemagne	31 juillet 2000
100 m papillon	56"61	Inge de Bruijn (Pays-Bas)	Sydney, Australie	17 septembre 2000
200 m papillon	2'05"78	Otylia Jedrejczak (Pologne)	Berlin, Allemagne	2 août 2002
50 m dos	28"25	Sandra Voelker (Allemagne)	Berlin, Allemagne	17 juin 2000
100 m dos	59"58	Natalie Coughlin (USA)	Fort Lauderdale, USA	13 août 2002
200 m dos	2'06"62	Krisztina Egerszegi (Hongrie)	Athènes, Grèce	25 août 1991
50 m brasse	30"57	Zoe Baker (GB)	Manchester, GB	30 juillet 2002
100 m brasse	1'06"37	Jones Liesel (Australie)	Barcelone, Espagne	21 juillet 2003
●200 m brasse	2'22"44	Amanda Beard (USA)	Long Beach, USA	12 juillet 2004
200 m 4 nages	2'09"72	Wu Yanyan (Chine)	Shanghai, Chine	17 octobre 1997
400 m 4 nages	4'33"59	Yana Klochkova (Ukraine)	Sydney, Australie	16 septembre 2000
●Relais 4 x 100 m 4 nages	3'57"32	Australie (Giaan Rooney, Leisel Jones, Petria Thomas, Jodie Henry)	Athènes, Grèce	21 août 2004

↑

LE 200 M DOS MESSIEURS

Le 12 juillet 2004, Aaron Peirsol (USA) a remporté le 200 m dos, lors des épreuves olympiques de sélection par équipes, à Long Beach (Californie).

LE 4 X 200 M NAGE LIBRE DAMES →

Le 18 août 2004, Carly Piper (à gauche), Natalie Coughlin (au centre) et Dana Vollmer (à droite) de l'équipe américaine du relais 4 x 200 m nage libre célèbrent leur victoire après avoir décroché la médaille d'or lors des J.O. d'Athènes. Kaitlin Sandeno, qui faisait aussi partie de l'équipe, ne figure pas sur la photographie.

TABLEAU SPORTIF

SKI NAUTIQUE

HOMMES	RECORD	NOM ET PAYS	LIEU	DATE
Slalom	1 bouée sur 9,75 m	Jeff Rogers (USA)	Charleston, USA	31 août 1997
		Andy Mapple (GB)	Miami, USA	4 octobre 1998
		Jamie Beauchesne (USA)	Charleston, USA	6 juillet 2003
Figures	12 320 points	Nicolas Le Forestier (France)	Chaugey, France	13 juillet 2003
Vol	91,1 m	Jaret Llewellyn (Canada)	Orlando, USA	4 mai 2000
Saut	71,9 m	Jimmy Siemers (USA)	Lago Santa Fe, USA	10 août 2003
Combiné	2 818,01 points	Jaret Llewelyn (Canada)	Seffner, USA	29 septembre 2002

FEMMES	RECORD	NOM ET PAYS	LIEU	DATE
Slalom	1 bouée sur 10,25 m	Kristi Overton Johnson (USA)	West Palm Beach, USA	14 septembre 1996
Figures	8 630 points	Tawn Larsen Hahn (USA)	Wilmington, USA	11 juillet 1999
Vol	69,4 m	Eléna Milakova (Russie)	Pine Mountain, USA	mai 2002
Saut	56,6 m	Eléna Milakova (Russie)	Rio Linda, USA	27 juillet 2002
●Combiné	2 903,43 points	Clémentine Lucine (France)	Mauzac, France	8 août 2004

★ MOTO-CROSS

Brian Deegan (USA) a remporté 9 médailles dans cette discipline. Sur la photographie ci-dessous, il dispute la première manche de l'épreuve de freestyle, lors des VIIIe X-Games de l'ESPN, le15 août 2002, à Philadelphie (Pennsylvanie).

↘

SKI NAUTIQUE – BAREFOOT (PIEDS NUS)

HOMMES	RECORD	NOM ET PAYS	LIEU	DATE
Saut	27,4 m	David Small (GB)	Nouvelle-Galles-du-Sud, Australie	8 février 2004
Slalom	20,5 croisements en 15 s	Brian Fuchs (USA)	Nouvelle-Galles-du-Sud, Australie	avril 1994
Figures	9 550 points	David Small (GB)	Nouvelle-Galles-du-Sud, Australie	5 février 2004

FEMMES	RECORD	NOM ET PAYS	LIEU	DATE
Saut	20,6 m	Nadine de Villiers (Afrique du Sud)	Roodeplaat Dam, Afrique du Sud	4 mars 2000
Slalom	17 croisements en 15 s	Nadine de Villiers (Afrique du Sud)	Wolwekrans, Afrique du Sud	5 janvier 2001
Figures	4 400 points	Nadine de Villiers (Afrique du Sud)	Wolwekrans, Afrique du Sud	5 janvier 2001

X-GAMES D'HIVER

HOMMES	MÉDAILLES	NOM ET PAYS
★ Général	10	Barrett Christy (USA)
★ Ski (combiné)	8	Jon Olsson (Suède)
★ Snowboard (combiné)	10	Barrett Christy (USA)
★ Snowcross	7	Blair Morgan (Canada)
★ Ultracross	3	Peter Lind (Suède) et Xavier de la Rue (France)
★ Moto-cross	2	Tommy Clowers, Mike Jones, Mike Metzger, Caleb Wyatt (USA)

★ ROLLER ACROBATIQUE

Détentrice du plus grand nombre de médailles en roller, Fabiola da Silva (Brésil) offre ici une démonstration de son talent lors du lancement des X-Games, le 1er juillet 2003, à Anaheim (Californie).

↓

X-GAMES D'ÉTÉ

DISCIPLINE	MÉDAILLES	NOM ET PAYS
★ Général	18	Dave Mirra (USA)
★ Bike stunt	18	Dave Mirra (USA)
★ Moto-cross	9	Brian Deegan (USA)
★ Skateboard	16	Tony Hawk (USA)
★ Roller acrobatique	8	Fabiola da Silva (Brésil)
★ Wakeboard	6	Darin Shapiro (USA)

RECORDS DU MONDE D'HALTÉROPHILIE

HOMMES	CATÉGORIE	POIDS	NOM ET PAYS	LIEU	DATE
56 kg	épaulé-jeté	168 kg	Halil Mutlu (Turquie)	Trencín, Slovaquie	24 avril 2001
	arraché	138,5 kg	Halil Mutlu (Turquie)	Antalya, Turquie	4 novembre 2001
	combiné	305 kg	Halil Mutlu (Turquie)	Sydney, Australie	16 septembre 2000
62 kg	épaulé-jeté	182,5 kg	Maosheng Le (Chine)	Busan, Corée	2 octobre 2002
	arraché	153 kg	Zhiyong Shi (Chine)	Izmir, Turquie	28 juin 2002
	combiné	325 kg	Record non attribué*		
69 kg	épaulé-jeté	197,5 kg	Guozheng Zhang (Chine)	Qinhuangdao, Chine	11 septembre 2003
	arraché	165 kg	Georgi Markov (Bulgarie)	Sydney, Australie	20 septembre 2000
	combiné	357,5 kg	Galabin Boevski (Bulgarie)	Athènes, Grèce	24 novembre 1999
77 kg	épaulé-jeté	210 kg	Oleg Perepetchenov (Russie)	Trencín, Slovaquie	27 avril 2001
●	arraché	173,5 kg	Sergey Filimonov (Kazakhstan)	Almaty, Kazakhstan	9 avril 2004
	combiné	377,5 kg	Plamen Zhelyazkov (Bulgarie)	Doha, Qatar	27 mars 2002
85 kg	épaulé-jeté	218 kg	Zhang Yong (Chine)	Tel Aviv, Israël	25 avril 1998
	arraché	182,5 kg	Andrei Ribakov (Bulgarie)	Havirov, Rép. tchèque	2 juin 2002
	combiné	395 kg	Record non attribué*		
94 kg	épaulé-jeté	232,5 kg	Szymon Kolecki (Pologne)	Sofia, Bulgarie	29 avril 2000
	arraché	188 kg	Akakios Kakiashvilis (Grèce)	Athènes, Grèce	27 novembre 1999
	combiné	417 kg	Record non attribué*		
105 kg	épaulé-jeté	242 kg	Record non attribué*		
	arraché	198,5 kg	Marcin Dolega (Pologne)	Havirov, Rép. tchèque	4 juin 2002
	combiné	440 kg	Record non attribué*		
●+105 kg	épaulé-jeté	263,5 kg	Hossein Rezazadeh (Iran)	Athènes, Grèce	25 août 2004
	arraché	213 kg	Hossein Rezazadeh (Iran)	Qinhuangdao, Chine	14 septembre 2003
	combiné	472,5 kg	Hossein Rezazadeh (Iran)	Sydney, Australie	26 septembre 2000

FEMMES	CATÉGORIE	POIDS	NOM ET PAYS	LIEU	DATE
48 kg	épaulé-jeté	116,5 kg	Zhuo Li (Chine)	Qinhuangdao, Chine	10 septembre 2003
●	arraché	97,5 kg	Nurcan Taylan (Turquie)	Athènes, Grèce	14 août 2004
●	combiné	210 kg	Nurcan Taylan (Turquie)	Athènes, Grèce	14 août 2004
53 kg	épaulé-jeté	127,5 kg	Xueju Li (Chine)	Busan, Corée-du-Sud	20 novembre 2002
	arraché	102,5 kg	Ri Song Hui (Corée-du-Nord)	Varsovie, Pologne	1 octobre 2002
	combiné	225 kg	Yang Xia (Chine)	Sydney, Australie	18 septembre 2000
58 kg	épaulé-jeté	133 kg	Caiyan Sun (Chine)	Izmir, Turquie	28 juin 2002
	arraché	110 kg	Li Wang (Chine)	Bali, Indonésie	10 août 2003
	combiné	240 kg	Li Wang (Chine)	Bali, Indonésie	10 août 2003
63 kg	épaulé-jeté	138 kg	Natalia Skakun (Ukraine)	Vancouver, Canada	18 novembre 2003
●	arraché	115 kg	Anna Batsiushka (Biélorussie)	Athènes, Grèce	18 août 2004
	combiné	247,5 kg	Xia Liu (Chine)	Qinhuangdao, Chine	12 septembre 2003
●69 kg	épaulé-jeté	153 kg	Chunhong Liu (Chine)	Athènes, Grèce	19 août 2004
●	arraché	122,5 kg	Chunhong Liu (Chine)	Athènes, Grèce	19 août 2004
●	combiné	275 kg	Chunhong Liu (Chine)	Athènes, Grèce	19 août 2004
75 kg	épaulé-jeté	152,5 kg	Ruiping Sun (Chine)	Busan, Corée-du-Sud	7 octobre 2002
●	arraché	125 kg	Natalia Zaboloynaia (Russie)	Athènes, Grèce	20 août 2004
●	combiné	272,5 kg	Natalia Zaboloynaia (Russie)	Athènes, Grèce	20 août 2004
+75 kg	épaulé-jeté	182,5 kg	Gonghong Tang (Chine)	Athènes, Grèce	21 août 2004
	arraché	137,5 kg	Meiyuan Ding (Chine)	Vancouver, Canada	21 novembre 2003
●	combiné	305 kg	Gonghong Tang (Chine)	Athène, Grèce	21 août 2004

* Depuis le 1er janvier 1998, la Fédération internationale d'haltérophilie (FIH) a mis en place un système de catégories, rendant les records du monde redondants. Il s'agit ici de la liste des records établis et des nouvelles catégories dans les compétitions de la FIH (tranche supplémentaire de 0,5 kg pour l'arraché ou l'épaulé-jeté, et de 2,5 kg pour le combiné).

HALTÉROPHILIE ÉPAULÉ-JETÉ CATÉGORIE DES +105 KG (MESSIEURS)

Le 25 août 2004, Hossein Rezazadeh (Iran) fête sa médaille d'or dans la catégorie des plus de 105 kg, aux J.O. d'Athènes (Grèce). Il a soulevé un poids de 263,5 kg, battant son propre record de l'épaulé-jeté, qui était de 263 kg.

HALTÉROPHILIE – CATÉGORIE DES 56 KG (HOMMES) →

Halil Mutlu (Turquie) sur le point de remporter la médaille d'or de l'arraché, dans la catégorie des 56 kg, aux J.O. de Sydney (Australie). Il détient actuellement tous les records dans cette catégorie.

INDEX

A

B

C

D

E

F

G

H

I

J

K

L

M

N

O

P

REMERCIEMENTS

L'équipe du Guinness World Records 2006 souhaite remercier les personnes suivantes pour leur contribution à la réalisation de cette nouvelle édition :
Laura Baker ; Laura Barrett ; Jim Booth ; Nicky Boxall ; James Bradley ; Nadine Causey ; Ann Collins ; Sam Fay ; Marco Frigatti ; Lisa Gibbs ; Simon Gold ; Nick Hanbridge ; James Herbert ; Mary Hill ; Sam Knights ; Peter Laker ; Joyce Lee ; Anthony Liu ; Simon McKeown ; Laura McTurk ; Rob Molloy ; Yeung Poon ; Christopher Reinke ; Alistair Richards ; David Roberts ; Paul Rouse ; Nicola Savage ; Malcolm Smith ; Nicola Shanks ; Amanda Sprague ; Ryan Tunstall ; Nicholas Watson ; Kate White.

L'équipe remercie tout particulièrement les personnes et les organismes suivants :
Faisa Abdi ; Ernest Adams ; aéroport Kingsford Smith de Sidney ; aéroport de Stapleford ; Dr Leslie Aiello ; Stan Allen ; Roy Allon ; Dr Martyn Amos ; Jorgen Vaaben Andersen ; David Anderson ; Anritsu ; Aqua Hotel South Beach Miami ; Lance Armstrong ; Vic Armstrong ; Augie ; Aussie Man et Van ; Ron Baalke ; John Bain ; Bank of England ; Banque mondiale ; Dr Peter Barham ; BBC ; BBC Wildlife Magazine ; Capt. Alan Bean ; Guenter Bechly ; Thomas Blackthorne ; Chris Bishop ; Richard Boatfield ; Jim Booth ; Dr Richard Bourgerie ; Pr John Brown Bernie Barker ; BP ; Laura Bradley ; Sir Richard Branson ; British Academy of Film & Television Arts ; British Antarctic Survey ; British Board of Film Classification ; British Museum ; British National Space Centre ; Tim Brostom ; British Telecom ; Dr Robert Angus Buchanan ; Caida ; Caltech ; Dr Robert Carney ; Cassella CEL, Inc ; Alan Cassidy ; Dr Kenneth Catania ; CERN ; Dr Hubert Chanson ; Pr Phil Charles ; Charlotte Street Hotel ; Franklin Chang-Diaz ; Edd China ; Christie's ; CIA World Fact Book ; Cinderella May A Holly Grey ; Isabelle Clark ; Amiral Roy Clare ; Richard Clark ; CMR/TNS Media Intelligence ; Competitive Media Reporting/TNS Media ; Kathleen Conroy ; David Copperfield ; Dr Mike Coughlan ; Warren Cowan ; Dr Paul Craddock ; Neil Cresswell ; Pr Mike Cruise ; Jack Cruwys-Finnigan ; Dr Pam Dalton ; Davy's, Regent's Place ; Elaine Davidson ; Pr Kris Davidson ; Dr Ashley Davies ; Jim DeMerritt ; Dr David Dilcher ; Discovery News ; Martin Dodge ; Tracy Eberts ; *The Economist* ; Lourdes Edlin ; Dr Joan Edwards ; EETimes ; Brad Ekman ; Dr Farouk El-Baz ; Elysium ; Dr John Emsley ; Louis Epstein ; Dr Cynan Ellis-Evans ; Xiaohui Fan ; Adam Fenton ; Keo Films ; Sarah Finney ; Forbes ; Brian Ford ; Steve Fossett ; Arran Frood ; Tim Furniss ; Drew Gardner ; Michael Galbe ; Martin Gedny ; Geographical Magazine ; Geological Society, Londres ; Dr Richard Ghail ; Mauricio Giuliani ; Stephanie Gordon ; Donald Gorske ; Pr John Guest ; Dr Jim Gunson ; Mary Hanson ; Andy Harris ; Colin Hart ; Fiona Hartley ; Russell Harrington ; Harvard-Smithsonian Center for Astrophysics ; David Hasselhoff ; Tony Hawk ; Jeff Hecht ; Stuart Hendry ; Mark Higgins ; Dr Paul Hillyard ; Ron Hildebrant ; Shannon Holt ; Dr David Horne ; Graham Hudson ; Paul Hughes ; Amanda Hunter ; David Huxley ; Intel ; Intelligence ; International Energy Agency ; International Jugglers' Association ; Imperial College, Londres ; Institute of Nanotechnology ; Steve Irwin ; Pr Steve Jones ; Iggy Jovanovic ; JoAnn Kaeding ; Emily Kao ; Judy Katz ; David Keys ; Dr Nichol Keith ; Taïg Khris ; Paul Kieve ; Pr Joseph Kirschvink ; Jamie et Ryan Knowles ; Sir John Kreb ; Panama J. Kubecka ; Dr Rolf Landua ; Dr Roger Launius ; Alain Leger ; John Lee ; Tony Lloyd ; Lockheed Martin ; Kate Long ; Los Alamos National Laboratories ; Robert Loss ; M. et Mme Michel Lotito (M. Mangetout) ; Dr Karl Lyons ; Ranald Mackechnie ; Klaus Madengruber ; R. Aidan Martin, Directeur du ReefQuest Centre for Shark Research (centre d'études sur les requins) ; Ludivine Maitre ; Simone Mangaroo ; Pr Giles Marion ; Brian Marsden ; Jenny Marshall ; Dr Jim Marshall ; Dave McAleer ; McDonald's Family Restaurant, Mont Fort, Dallas, Texas ; Matthew McGrory ; Paul McKain ; Dr Alan McNaught ; The Met Office (service météorologique) ; Erin Mick ; Microsoft ; Lauren Miller ; Lucy Millington ; Andy Milroy ; Robert Milton ; Edgar Mitchell ; Dr Sir Patrick Moore ; Pr Jon Morse ; Michael Motsa, British High Commission, Swaziland ; Sa Majesté le roi Mswati III du Swaziland ; Derek Musso ; Munich Re ; Martin Munt ; Michael Murphy ; National Academy of Sciences ; National Federation of Window Cleaners (laveurs de carreaux) ; National Geographic ; Natural History Museum ; National Physical Laboratory ; National Maritime Museum ; National Science Foundation ; NASA ; the Nelson ; NetNames ; Ted Nield ; NOAA ; Barry Norman ; NT gaming clan ; Nua.com ; Oracle ; Alan Paige ; Ed Parsons ; Stephen et Morag Paskins ; Conoco Phillips ; PPARC ; Qantas ; Qinetiq ; Pr Sir Martin Rees ; Regional Planetary Image Facility, University College, Londres ; Brian Reinert ; Greg Rice ; John Rice ; Ian Ridpath ; Dr Mervyn Rose ; Cory Ross ; Sally Roth ; Royal Astronomical Society ; Royal Geographical Society et l'Institut des Géographes britanniques ; Royal Horticultural Society : dictionnaire du jardinage ; The Royal Institution ; Royal Philips Electronics ; Royal Society of Chemistry ; Laboratoire Rutherford Appleton ; Ryan Sampson ; Amy Saunders ; Franz Schreiber ; Score on Lincoln Road, Ali Scrivens ; The Science Museum, Londres ; Search Engine Watch ; Istvan Sebestyen ; Dr Paul Selden ; Prof Dick Selley ; Jordi Serra ; SETI Institute ; Kit Shah ; Kiran Shah ; Chris Sheedy ; Dr Seth Shostak ; Schumacher West Palm Beach ; Dr Martin Siegert ; Siemens ; Sotheby's ; Speed Stacks Inc ; Lara Speicher ; Dirk Steiner ; Natalie Stormer ; Danny Sullivan ; SuperHire ; Sword Swallowers Association International (avaleurs de sabres) ; Greg Swift ; Carolyn Syangbo ; Charlie Taylor ; Telegeography ; Gary Thuerk ; Heather Tinsley ; T J Graphics ; Garry Turner ; Twin Galaxies ; UK Planetary Forum ; Pr Martin Uman ; Nations unies ; les universités de Bath, de Birmingham, de Boston, de Cambridge, du Colorado, de Dundee, d'Exeter, de Floride, de Greenwich, du Hertfordshire, de Lancaster, de Louisiane, de l'Oklahoma, d'Oxford, de Southampton ; Emily Voigt ; Juhani Virola ; Ryan Wallace ; Dr David Wark ; Pr Kevin Warwick ; Bryony Watts ; Danny Way ; Isabel Way ; Andy Weintraub ; James Withers ; Richard Winter ; Dr Richard Wiseman ; Greg Wood ; World Flying Disc Federation (frisbee) ; World Footbag Association ((tennis ballon) ; World Meteorological Organisation ; Pr Joshua Wurman ; Dr David Wynn-Williams ; www.nationmaster.com ; Robert Young.

PAGES DE GARDE

Garde avant : Le plus grand nombre de vols réguliers en 30 jours ; la plus grande distance à moto ; la carotte la plus lourde ; le lanceur de mallee (bois australien) le plus performant ; le plus grand cône glacé ; le maximum d'élèves en cours de golf ; la plus grande fanfare ; le plus long haricot ; le poids le plus lourd soulevé avec le petit doigt ; le plus grand ensemble de flûtes à bec ; la barbe la plus longue (d'une personne vivante) ; le plus petit téléphone ; le maximum de tours de montagnes russes en 24 h ; la plus grande quantité de maïs récoltée par une moissonneuse-batteuse en 8 h ; la plus grande collection privée de véhicules Ford ; le maximum de véhicules empruntés en auto-stop en 1 h ; le plus grand stylo-plume ; le drive le plus long à moins de 1 000 m d'altitude ; le plus long parcours à l'envers sur un monocycle ; le plus gros sandwich ; la voiture la plus longue ; la plus grande distance parcourue par une voiture sur deux roues ; le maximum de pompes en 1 h ; le plus gros nid de guêpes ; le plus grand ensemble de shamisens ; le plus jeune joueur à marquer 100 points au snooker ; le plus grand arbre de Noël artificiel ; la note la plus basse émise par un homme ; la plus grande tortue.

Garde arrière : L'ascension la plus rapide des sept sommets ; la plus grande collection de souvenirs royaux ; marathon de mah jong ; le tableau le plus long ; la plus grande distance parcourue en sautant sur un ballon ; le chien le plus médaillé aux expositions canines internationales ; le plus grand mangeur de petits pois en boîte en 3 min ; le plus grand feu de joie ; le plus gros paquet de pop-corn ; les 10 km les plus rapides à deux dans un costume de spectacle ; le plus long parcours solo en moto pour une femme ; le plus grand bâton d'encens ; le plus grand ensemble de saxophonistes ; le plus grand tapis de fleurs ; la plus grande marionnette ; la plus grande clarine ; la plus grande parade de voiturettes de golf ; le plus grand sauté au wok ; le maximum de passagers dans une 2 CV ; le plus gros cochon-tirelire ; le plus jeune commentateur sportif ; la plus grande sandale ; le cheval de trait le plus cher ; la plus grande tea-party ; le plus gros paquet de chips ; le plus grand étal de produits de la mer.

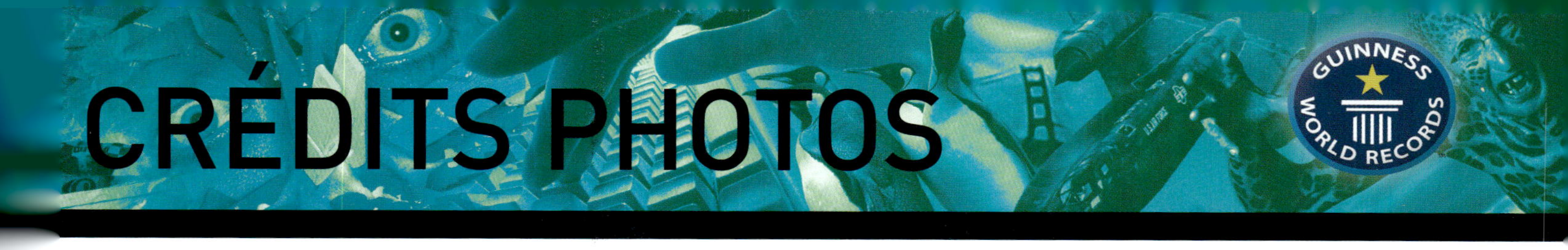

CRÉDITS PHOTOS

GUINNESS WORLD RECORDS 2006

4-5 : Getty Images(5) GWR (2)
4 : ASIMO Honda ; © 2001-2005 Lionhead Studios Limited, Tous droits réservés ; Ardea ; avec la permission d'Apple
5 : Getty Images ; © Ranald Mackechnie/GWR
6 UK : Andy Catterall/ HIT Entertainment Ltd ; © Ranald Mackechnie/ GWR ; Rex Features
6 US : © Ranald Mackechnie/GWR ; Andy Catterall/ HIT Entertainment Ltd ; GWR (3)
6 AUS : Getty Images ; ©€ David Anderson/GWR ; Andy Catterall/ HIT Entertainment Ltd ; Getty Images (2)
6 NZ : Getty Images ; Philip Barnes et Dean Ferguson ; Andy Catterall/ HIT Entertainment Ltd ; Mike Sullivan ; Getty Images
7 : Jonny Greene/ Taylor Herring ; Taylor Herring/GWR
8 : Fox Broadcasting(5) ; Mike Howard ; Seven Network Australia (2)
9 : © ITV (3) ; © Drew Gardner/GWR ; *L'Été de tous les records* (2) ; Rob Molloy
10 : Taylor Herring/GWR (2) ; Centre commercial de Deira City ; Julian Camilleri
11 : Andy Roberts ; Rocketbuster Boots ; Laura Barrett
12 : National Geographic Kids ; Nickelodeon Australia (3)
13 : Dante Lamb ; Corbis ; Adám Lörincz
14-15 : © Drew Gardner/GWR
16-17 : GWR (5)
16 : Empics ; Famille Coffey
17 : Getty Images ; Gamma
18 : Paul Hughes/GWR ; John Prestwich ; Alexander Stone (2)
19 : Kolyo Tanev Kolov (2) ; Brett House
20 : © Drew Gardner/GWR (3)
21 : Flossie Bennett ; Ana Venegas ; Beverly Allen
22 : © Drew Gardner/GWR ; Famille Flaherty (2)
23 : Laura Shelley ; Caroline Cargado ; Jay L. Clendenin/Polaris
24-25 : © Ranald Makechnie/GWR ; Alamy ; © Drew Gardner/GWR ; Radhakant Bajpai ; Alamy ; Corbis ; Alamy ; Tribhuwan et Triloki Yadav ; Daniel Valdes
26-27 : © Ranald Mackechnie/GWR
28-29 : GWR (6)
28 : Rick Hansen ; Corbis
29 : David Dyson ; David Abrutat
30 : Rainer Zietlow et Ronald Bormann ; Corbis
31 : Matty McNair ; Tina Sjögren
32 : Corbis ; Getty Images
33 : Getty Images (2)
34 : © Ranald Mackechnie/GWR
35 : Getty Images ; © David Anderson/GWR
36 : Ricki Lake Show ; Heart Health Hop
37 : © Drew Gardner/GWR
38 : Getty Images ; © Paul Hughes/GWR ; Sentosa Leisure Management
39 : Brian Spotts ; Maverick Marketing & Communications
40 : Empics/PA ; © Paul Hughes/GWR ; Reuters
41 : East Lansing High School ; Benny Schmidt
42 : © Drew Gardner/GWR ; © Fotostudio Huber André/GWR
43 : Paul Hughes/GWR ; Deafblind UK (sourds-muets) ; Jonny Greene/GWR
44 : Gary Duschl ; © Paul Hughes/GWR ; © Ranald Mackechnie/GWR
45 : © Ranald Mackechnie/GWR ; © Drew Gardner/GWR
46 : Rex Features ; © Paul Hughes/GWR (2)
47 : Great East Asia Surveyors & Consultants Co. Ltd ; © Paul Hughes/GWR ; Domino Day 2004
48 : YMCA de Chine ; Empics/AP ; © Paul Hughes/GWR
49 : © Paul Hughes/GWR (2) ; Youlia Bereznitskiaia
50 : Getty Images ; Brad Barket/GWR
51 : Université de Pretoria ; Jeff Day/Splash News
52/53/54 : Rex Features (2) ; Photothèque scientifique ; Cindy Jackson (2) ; Rex Features ; Kam Ma ; © Ranald Mackechnie/GWR ; © Drew Gardner/GWR ; Alamy ; Corbis ; Fulvia Celica Siguas Sandoval ; Corbis
55-58 : Photothèque du Natural History Museum ; Photothèque scientifique ; Corbis (3) ; OSF ; Photothèque scientifique ; Corbis (2) ; NHPA ; Corbis
59-61 : Igor Kvetko ; Marina Merne ; © Matthew Pontin/GWR ; Paulette Keller ; Rex Features ; © Drew Gardner/GWR ; Corinna Atkinson ; Cathy Smith ; Ferme Mokumoku Tedsukuri ; Bill Pierfert ; Waymon et Margaret Nipper ; © Drew Gardner/GWR
62 : © Drew Gardner/GWR ; Salil Wilson (3) ; © Paul Hughes/GWR
63 : Anita Cash ; Henry Shelford
64 : © Drew Gardner/GWR ; Kevin Cook ; Zuma Press ; Will et Deni McIntyre/Photo Researchers, Inc. ; © Paul Hughes/GWR
66-67 : Getty Images
68-69 : Getty Images (5) Carol Kane
68 : NASA ; Corbis
69 : Getty Images ; Corbis
70 : Corbis ; BAS/EPICA
71 : Corbis ; Jacques Descloitres, Équipe de veille terrestre MODIS, NASA/GSFC
72 : Photothèque scientifique ; Images National Geographic
73 : USGS x 3
74 : Images National Geographic ; Getty Images
75 : Corbis (2)
76 : Photothèque scientifique (2) ; Corbis
77 : Photothèque scientifique ; Cliff Tan ; Ian Bull
78 : Brad Seibel ; Getty Images
79 : JAMSTEC ; SeaPics
80 : Ardea ; Getty Images
81 : SeaPics ; Ardea
82 : Taylor Herring/GWR ; Reuters ; Base de Recherches de Chengdu ; Barcroft Media
84 : Alamy ; Vanderbilt Education
85 : Alamy
86 : Corbis ; SeaPics
87 : OSF ; SeaPics
88 : OSF ; Steve Bird/Birdseekers
89 : OSF (2)
90 : Rex Features ; Getty Images ; Corbis
91 : Corbis ; Topham Picturepoint
92 : Photothèque scientifique ; Dr Neil Clark
93 : Photothèque scientifique ; The Heyuan Museum ; Corbis
94 : Photothèque scientifique (2)
95 : Empics/AP ; Corbis
96 : OSF (2)
97 : Corbis ; OSF
98 : Norm Craven ; Scott Robb
99 : Forest Service, services des forêts du DARD, Irlande du Nord
100 : Getty
101 : Corbis ; USGS Eros Data Center, sur des données fournies par l'équipe scientifique Landsat (3) ; Senna Tree Company
102-103 : Getty Images
104-105 : Getty Images (5) GWR
104 : NASA/LMSAL ; NASA/JPL ; ESA/NASA/Université de l'Arizona ; NASA/JSC/Cornell ; Photothèque scientifique
105 : NASA/JPL/SSI
106 : ESA/NASA, le projet AVO et Paolo Padovani ; ESA
107 : NASA/ESA et l'équipe du Hubble Heritage (STScI/AURA) ; NASA, ESA et H.E Bond (STScI) (5)
108 : Corbis ; Getty Images
109 : Corbis ; Getty Images
110 : Complan Medien GmbH ; Getty Images
111 : NASA-HQ-GRIN ; Arecibo
112 : DefCon Wi-Fi Shootout ; TNO TPD
113 : Gary Thuerk ; image-test du projet PICA, CCETT, France (2) ; Getty Images ; Martin Dodge/ www.cybergeography.com
114 : © Paul Hughes/GWR ; EFDA-JET (2) ; Corbis ; Edison International
116 : Don Harley ; NASA - KSC ; Université de Cornell
117 : NASA ; Getty Images
118 : UC Berkeley ; OQO
119 : NASA ; ASIMO Honda (3)
120-121 : Getty Images
122-123 : Getty Images (6)
122 : Christa Rasanayagam ; Suresh Arulanantham
123 : Tadao et Minoru Watanabe ; Getty Images
124 : Corbis (2)
125 : Corbis (2)
126 : Getty Images ; Alamy
127 : Maurizio Giuliano ; Alamy
128 : Getty Images ; Paul Hughes/GWR ; Fête des cuisses de grenouille de Fellsmere
129 : Corbis ; Rex Features
130 : Getty Images (3)
131 : Getty Images (2)
132 : Corbis ; Empics
133 : Corbis
134 : Getty Images ; Ran Gorenstein
135 : Christie's Images ; Empics/AP
136-137 : Rex Features/ © 2004 Disney Enterprises, Inc./Studios d'animation Pixar
138-139 : Getty Images (5) GWR (2)
138 : Michael Carmichael ; Bev Kirk
139 : Getty Images/ © Succession Picasso / DACS 2005 ; Universal Press Syndicate ; Camp des éléphants de Maesa (2)
140 : Bon Prix ; Rex Features
141 : Alamy ; © Rankin
142 : Getty Images
143 : Colleen Manassa ; Corbis
144 : NewsPix ; Alamy
145 : Getty Images ; Cinema Dei Piccoli
146 : Corbis
147 : Rex Features/ Photographie du film *Shrek 2* TM & © 2004 DreamWorks L.L.C. et PDI, imprimée avec l'autorisation de DreamWorks Animation ; Rex Features ; Getty Images (2) ; Rex Features (3) ; Archives Ronald Grant
148 : Sony (3) ; Getty Images
149 : Getty Images
150 : THE POLAR EXPRESS © 2004 Warner Bros. Entertainment Inc. Tous droits réservés ; © Ranald Mackechnie/GWR
151 : Empics/AP ; © Ranald Mackechnie/GWR ; Moviestore Collection
152 : Getty Images ; © Ranald Mackechnie/GWR
153 : Rex Features (2) ; Getty Images ; Rex Features (3) ; Getty Images (2)
154 : © Archives de la BBC ; Getty Images
155 : Corbis ; © Archives de la BBC (2) ; Jonny Greene/Taylor Herring ; Getty Images
156 : Getty Images ; Comic Relief UK
157 : Courtesy of Apple (2) ; Archos ; Getty Images
158 : Getty Images (3)
159 : Getty Images (3)
160-162 : Laura Hughes ; Truly Nolen ; Mike Stephenson ; Foundation Skateboards ; © Drew Gardner/GWR ; Rex Features ; HARIBO GmbH & Co KG ; Discovery Channel BIG! ; Getty Images
163-166 : Corbis ; Habitants de Bethel ; Empics/AP ; Getty Images ; Getty Images ; Tour 101 ; Images de bâtiments, Cliff Tan
167-169 : Buzz Pictures ; Getty Images (2) ; Action Plus (2) ; Buzz Pictures ; Getty Images (3)
170 : Getty Images (2)
171 : Yahir Othön Parra ; Getty Images
172 : The Grand Boys ; George Barbar
173 : Getty Images
174 : Rex Features ; Cylla von Tiedemann © Kevin Wallace Ltd. 2005
175 : Getty Images (3)
176 : Cirque du Soleil ; © Paul Hughes/GWR ; Rick Diamond/Cirque du Soleil (2)
177 : Paul-Erik Lillholm ; © Ranald Mackechnie/GWR
178 : Royal Mail (2) ; Christie's Images ; Showtime 2003 ; Corbis ; Ramon Torra ; Galllup Extreme Productions
180 : © 2001-2005 Lionhead Studios Limited, Tous droits réservés ; David Storey
181 : Namco ; Rockstar Games (2) ; autorisation du Computer History Museum ; © Bluth Group LTD
182-183 : Corbis
184-185 : Getty Images (4) GWR (2)
184 : MAN TAKRAF Fördertechnik GmbH ; Jonathan Reeves (2)
185 : Autostadt GmbH (2) ; Stephen McGill
186 : Koenigsegg CCR ; l'équipe FANCY CAROL-NOK
187 : Ken O'Hara ; Corbis ; International 7300 CTX
188 : MTT ; Roger LeBlanc
189 : Getty Images ; Bobby Root
190 : Great Southern Railway ; Corbis
191 : Corbis ; Holloman High Speed Test Track
192 : Getty Images
193 : Reuters (2)
194 : AirTeamImages.com ; The Flight Collection ; Jan Lidestrand
195 : Corbis
196 : Richard Hunt ; U.S. Navy
197 : Defence Picture Library ; Corbis
198 : Getty Images (2) ; Lockheed Martin
199 : APOPO ; Corbis
200 : Ian Stirling
200-201 : © Paul Hughes/GWR ; Angus Robson (9)
201 : Tim Barnsley/Armidale Express
202 : Getty Images ; Corbis ; Alamy
204 : Sportchallengers ; Corbis
205 : Corbis (2)
206 : Mollison Communications/Luna Park Melbourne ; The Holy Land Experience
207 : Kristin Siebeneicher PR ; Corbis
208-209 : Getty Images
210-211 : Getty Images (7)
210 : The Echo Trust ; Corbis
211 : Paraclub Flevo ; Thomas S. Nielsen ; Jay Stokes
212 : Getty Images (2)
213 : Getty Images (3)
214 : Mad Cow Entertainment P/L (5) ; Getty Images
215 : Getty Images (2)
216 : Getty Images (2)
217 : Getty Images (2)
218 : Getty Images (2)
219 : Getty Images (2)
220 : Getty Images ; Newspix
221 : Getty Images ; Empics
222 : Getty Images ; Corbis
223 : Empics ; Reuters ; Getty Images
224 : Getty Images ; Joe Pfeiffer
225 : Getty Images (2)
226 : NBA/Getty Images (2)
227 : NBA/Getty Images ; Getty Images
228 : Empics ; Getty Images ; Tournoi de lutte mongole ; Corbis
230 : Getty Images (2)
231 : Getty Images (2)
232 : Getty Images (2)
233 : Getty Images (2)
234 : Eric Kirchner et Patrick Herresthal ; Club de golf de Mission Hills
235 : Getty Images
236 : Empics ; Getty Images
237 : Empics ; Getty Images
238 : Getty Images (3) ; Empics ; Getty Images ; Corbis
240 : Getty Images (2)
241 : Getty Images (2)
242 : Getty Images (2)
243 : Getty Images (2)
244 : Getty Images (2)
245 : Sporting Pictures ; Empics
246 : Corbis ; Getty Images
247 : Getty Images (2)
248 : Getty Images (2)
249 : Getty Images (2)
250 : Getty Images (2)
251 : Getty Images (2)
252 : El Show de los Récord (4) ; Getty Images ; © Paul Hughes/GWR
253 : Getty Images (2) ; Ian Bull/ISSF
254 : Getty Images (2)
255 : Getty Images ; Stuart Foster
256 : Ross Parry Picture Agency ; Ben & Jerry's
257 : Ben & Jerry's ; George Hollis ; Ene Laansalu
258 : Getty Images (2) ; Getty Images
259 : Time Life/Getty Images ; Getty Images (2)
260 : Getty Images (2)
261 : Getty Images (2)
262 : Royal Lifesaving Society (sauvetage) ; Billy Rossini ; Getty Images
263 : Getty Images ; Empics/AP
264 : Buzz Pictures ; Empics/PA
265 : Buzz Pictures ; Ron Scarpa
266 : Getty Images (2)
267 : Getty Images (3) ; Empics/PA
268 : Empics/PA ; Getty Images
269 : Getty Images (2)
270 : Getty Images (2)
271 : Getty Images (3)
272 : Club de cricket des Ormes
273 : Empics/PA
274 : Getty Images (2)
275 : Corbis ; Getty Images
276 : Getty Images (2)
277 : Getty Images (2)
288 : © Paul Hughes/GWR ; autorisation de LUCASFILM LTD. *Star Wars : Épisode III - La Revanche des Siths* © 2005 Lucasfilm Ltd. & TM. Tous droits réservés ; Fan Yang ; Jason Lindsey/ GWR
Toutes les autres illustrations. : Ian Bull.

DERNIÈRE MINUTE

→ ●LES MEILLEURES RECETTES AU BOX-OFFICE DÈS LA SORTIE

Le 19 mai 2005, jour de sa sortie dans 3 661 salles aux États-Unis, *Star Wars : La Revanche des Siths* (USA) a rapporté 50 013 859 $ (40 011 087 €). Le film compte aussi ●**le plus grand nombre de copies** (9 000). Enfin, il a connu ●**la plus grande première simultanée**, dans 115 pays !

★LA PLUS GRANDE RÉUNION DE « SOSIES » D'ELVIS ↑

Le 17 avril 2005, 77 sosies d'Elvis Presley se sont rassemblés au grand magasin Selfridges de Londres pour chanter *Viva Las Vegas*. Chaque Elvis arborait un costume rappelant une période de la carrière du King, dont des tenues de GI et de parachutiste.

●LA PLUS HAUTE MONTÉE EN VOITURE

Le 4 mars 2005, Matthias Jeschke (Allemagne) a piloté un Land Cruiser 90 Toyota jusqu'à 6 358 m d'altitude sur les pentes du volcan Ojos del Salado, à la frontière Chili-Argentine.

★LE PLUS GRAND MEETING AÉRIEN MILITAIRE

Le Royal International Air Tattoo, qui a lieu tous les ans au RAF Fairford, dans le Gloucestershire (GB), est le plus grand meeting aérien du monde par le nombre d'avions : 350 appareils, au sol ou en vol. Le record a été atteint en 2003, avec 535 avions.

●LE MARIAGE LE PLUS LONG

Le 1er juin 2005, Percy et Florence Arrowsmith (GB) ont fêté leurs 80 ans de mariage. À cette date, ils étaient aussi ●**le plus vieux couple marié vivant**, avec un âge combiné de 205 ans et 293 jours. Percy Arrowsmith est décédé le 15 juin 2005.

★LE MAXIMUM DE CONCERTS POUR UN ORCHESTRE SYMPHONIQUE

Sur les 162 dernières années, le New York Philharmonic (USA) a donné 14 000 concerts. D'après les archives de l'orchestre, le premier date du 7 décembre 1842, le 14 000e du 18 décembre 2004.

★LA PLUS GRANDE MASCOTTE D'ENTREPRISE

Le 20 avril 2005, à Los Angeles (Californie), l'entreprise Duracell Latin America a présenté et fait mesurer une version géante de 12,6 m du lapin Duracell.

★L'AFFLUENCE RECORD POUR UN CLUB DE BASE-BALL

Avec 165 770 718 personnes, les Los Angeles Dodgers (USA) est le club de base-ball qui a atteint le plus grand nombre cumulé de spectateurs entre 1901 et 2004.

●LE PLUS IMPORTANT CAMBRIOLAGE DE BANQUE

Entre les 19 et 20 décembre 2004, des malfaiteurs ont dérobé, à la Northern Bank de Belfast (Irlande-du-Nord), 26,5 millions £ (35,775 millions €).

●LE MAXIMUM DE ← GENS DANS UNE BULLE DE SAVON

Le 19 mars 2005, au magasin Toys "R" Us de Times Square (New York), Fan Yang (Canada) a soufflé une bulle de savon assez grande pour contenir 18 adultes de plus de 1,52 m.

●LES PLUS LONGUES OREILLES DE CHIEN

Bryan et Christina Flessner, de St Joseph (Illinois), sont les maîtres de Tigger, dont l'oreille droite mesure 34,9 cm et la gauche 34,2 cm.

↙

O MAIOR SACO DE PIPOCA DO MUNDO.
0800 644 4000
Assine BrTurbo
brturbo
1 KM
Adecco
Lite 97.5
MILMAR
MILMAR
MID-AMERICA DRAFT HORSE SALE